統計図表レファレンス事典
商業・広告・マーケティング

日外アソシエーツ

●編集担当● 金子 燈／山岡 加奈

刊行にあたって

　本書は、調べたいテーマについての統計図表が、どの資料の、どこに、どんなタイトルで掲載されているかを、幅広い資料・年度にわたって調べられるレファレンスツールである。1997年（平成9年）から2024年（令和6年）までに日本国内で刊行された白書・年鑑などの資料に掲載されている、商業・広告・マーケティングに関する統計図表の所在を、キーワードから検索することができる。

　近年のインターネット普及、SNSの発達は、小売業界や広告業界に大きな変化をもたらした。ネット通販の利用が拡大する一方、百貨店や書店を始めとした小売店の倒産・閉店が後を絶たない。2023年度はインターネット広告費が過去最高となり、日本の総広告費の45.5％を占めた。いまやネット広告は、マスコミ4媒体（新聞・雑誌・ラジオ・テレビ）の広告費総額を大きく上回る市場となっている。これを受けて、マーケティング手法においても、従来とは異なる取組が求められている。このような変化を把握し、対応していくには、基礎になるデータを調査・集計した統計図表類が資料として重要である。その一方で、統計図表を掲載する行政資料などは多岐にわたり、かつ、年度ごとに刊行されるものが多く、調べたい統計がどの資料のどこに掲載されているかを調べるのは容易ではない。

　本書では、政府白書や各種団体の白書・年鑑類853種を精査し、商業・広告・マーケティングに関する統計図表8,718点の標題・図表番号・掲載頁を、主題の見出しの下に、資料横断的に掲載した。排列は見出しの五十音順とし、キーワードを特定できなくても、見出し語を一覧できる目次をたどれば、周辺テーマの中から求める見出しを探すことができる。

　本書が、統計図表の調査のためのツールとして、多くの方々に活用されることを願っている。

2024年7月

日外アソシエーツ

凡　例

1．本書の内容

　　本書は、国内の白書・年鑑などの資料に掲載されている、商業（主に小売業・卸売業）、広告・宣伝、マーケティングに関する統計図表をキーワードから検索するための索引である。

2．収録の対象

　(1) 1997年（平成9年）から2024年（令和6年）までに日本国内で刊行された白書・年鑑・統計集853種を精査し、主題に該当する表やグラフなどの形式の統計図表8,718点を収録した。
　(2) 地図、年表、流れ図、組織図、名簿などの図表類は収録対象外とした。

3．見出し

　(1) 統計図表の主題を表す語を見出しとした。
　(2) 複数の主題に関する統計資料は、それぞれに見出しを立てた。
　(3) 必要に応じて「を見よ」参照、「をも見よ」参照を付し、利用の便を図った。
　(4) 見出しの詳細は目次（巻頭）に示した。

4．排　列

　(1) 見出し
　　1) 見出しの読みの五十音順に排列した。アルファベットで始まるものは末尾にABC順で排列した。
　　2) 濁音・半濁音は清音扱いとし、ヂ→シ、ヅ→スとした。また拗促音は直音扱いとし、長音（音引き）は無視した。

(2) 収載資料名

　各見出しの下は、統計図表が掲載された白書・年鑑等の書名の五十音順・年次順に排列し、収載資料名の小見出しを立てた。

(3) 統計図表

　同一の収載資料の下は、資料中の統計図表の掲載順とした。

5．統計資料の記述

(1) 統計図表の表題とその図表番号、掲載頁を示した。

(2) 統計図表に表題がない場合は、収載資料の本文中から主題を表す語句を選んで表題とし、〔　〕で囲んで示した。

6．収録資料一覧（巻末）

　本書に収録した資料名を書名の読みの五十音順に排列し、書名、年次、出版者、出版年月、ISBNを記載した。

目　　次

【あ】

アウトソーシング ………………………… 1
アウトレットモール ……………………… 1
空き店舗 …………………………………… 1
秋葉原電気街 ……………………………… 1
アクセス数 ………………………………… 1
アクセス誘導対策 ………………………… 2
アジア ……………………………………… 2
アドフラウド ……………………………… 2
アパレル …………………………………… 2
アフィリエイト広告 ……………………… 2
アプリ広告 ………………………………… 2
アメリカ合衆国 …………………………… 3
アルバイト ………………………………… 4
異業種進出 ………………………………… 4
異業種連携 ………………………………… 4
イギリス（小売関係） …………………… 4
イタリア（小売売上） …………………… 4
移動販売 …………………………………… 5
イノベーション …………………………… 5
医療機関（広告） ………………………… 5
衣料品（販売額） ………………………… 5
衣料用品店 ………………………………… 5
岩手県 ……………………………………… 5
インカムゲイン …………………………… 5
飲食業界 …………………………………… 5
飲食店 ……………………………………… 6
飲食料品（小売関係） …………………… 7
インターネット …………………………… 7
インターネット広告 ……………………… 7
インターネット通販 ……………………… 14
インターネット販売 ……………………… 15
インド ……………………………………… 16
インドネシア（小売売上） ……………… 17
インフラ …………………………………… 17
インプレッション ………………………… 17
飲料（スーパーマーケット） …………… 17

ウェブ広告　⇒インターネット広告 を見よ
ウェブサイト ……………………………… 18
ウェブマガジン …………………………… 18
売上 ………………………………………… 18
売上原価率 ………………………………… 20
売上構成比 ………………………………… 20
売上総利益 ………………………………… 21
売上高 ……………………………………… 21
売上高営業利益率 ………………………… 29
売上高総利益率 …………………………… 29
売上高比率 ………………………………… 29
売場面積 …………………………………… 29
映画（費用） ……………………………… 31
営業外収益 ………………………………… 31
営業時間 …………………………………… 31
営業費用 …………………………………… 31
営業用固定資産 …………………………… 32
営業利益 …………………………………… 32
衛星メディア関連広告 …………………… 32
駅メディア ………………………………… 33
欧州 ………………………………………… 33
欧州委員会 ………………………………… 33
大型小売店 ………………………………… 33
大型店 ……………………………………… 35
大阪圏 ……………………………………… 36
大阪府 ……………………………………… 36
屋外広告 …………………………………… 37
オーバーチュア …………………………… 38
折込広告 …………………………………… 38
折込広告（閲読） ………………………… 41
折込広告（接触） ………………………… 43
折込広告（利用） ………………………… 43
卸売価格 …………………………………… 44
卸売業 ……………………………………… 45
卸売業（医療用機械器具） ……………… 49
卸売業（飲食料品） ……………………… 49
卸売業（売上高） ………………………… 49
卸売業（金属加工・その他一般機械器具） ……49
卸売業（仕入） …………………………… 50
卸売業（事業所数） ……………………… 50
卸売業（自動車部品・付属品） ………… 51

卸売業(従業者数)	51	韓国	62
卸売業(商店数)	52	関西地方	62
卸売業(食品)	52	関東地方	66
卸売業(繊維製品)	53	看板 ⇒広告板 を見よ	
卸売業(鉄鋼)	53	企業	69
卸売業(電気機械器具)	53	企業系列	70
卸売業(販売額)	53	企業広告	70
卸売業(非鉄金属)	54	企業コミュニティ	70
卸売業(輸送)	54	企業サイト	70
卸売業(IT利活用)	54	企業収益	71
卸売業者	55	企業数	71
卸売市場	55	企業ブログ	71
卸売販売額(魚介類)	55	喫煙(飲食店)	71
卸売販売高	55	喫茶店	71
卸売物価	55	客単価	71
卸売物価指数	56	客単価DI	72
卸売物価上昇率	56	キャッシュレス決済	72
オンラインゲーム(広告宣伝費)	56	キャラクター商品	73
オンラインショッピング	57	九州地方	74
オンライン書店	57	給与所得	74
オンライン販売	57	教育プログラム(マーケティング)	75
オンラインモール	57	業況判断DI	75
		競合状況DI	75
【か】		業種別構成比(小売業)	75
		業績(百貨店)	75
海外進出企業	58	共同化(卸売・小売業)	75
外食業界	58	寄与度分解	75
外部相談先(卸売業)	58	キーワード広告	76
買回品	58	近畿地方	76
買い物	58	緊急事態宣言	76
価格	59	金利負担感(卸売・小売業)	76
価格(工業地)	59	クーポン	76
価格高騰	59	熊本県	77
価格変動係数	59	クリエイティブスコア(Cスコア)	77
加工食品(スーパーマーケット等)	59	クレジットカード	77
菓子(スーパーマーケット)	60	クロスメディア型広告	77
貸金業(広告)	60	グローバル広告	77
カタログ	60	経営	77
カタログ販売	61	経営指標	78
価値実現	61	経営者	78
家電量販店	61	経営状況	78
株式公開	61	景気判断DI	78
過不足感DI	62	景況	79
カラオケ	62	経済効果	79
環境対策	62	経済成長	79
環境変化(影響)	62	経常損益	79
		経常利益	79
		経常利益率	80

(7)

けい　　　　　目　次

携帯電話 … 80	購入意欲(消費者) … 124
景品プロモーション … 80	購入額 … 125
系列加盟(小売業) … 80	購入額(品目別) … 125
決済手数料 … 80	購入商品 … 127
決済方法 … 81	購入動機 … 128
ケーブルテレビ … 82	購入頻度 … 128
ゲームセンター … 82	購入量 … 128
ゲーム内広告 … 82	購買行動 … 129
原価構成 … 82	購買生協 … 129
研究開発 … 82	購買データ … 129
検索 … 82	広報 … 129
検索広告市場 … 83	小売 … 129
検索連動型広告 … 83	小売(家具) … 129
現状判断DI … 83	小売(建材) … 130
後継者(卸売・小売業) … 83	小売売上 … 130
広告 … 83	小売売上高指数 … 131
広告(ゲーム関連) … 87	小売価格 … 131
広告(効果) … 88	小売吸引力 … 132
広告(認知) … 88	小売業 … 132
広告(反応) … 89	小売業(飲食料品) … 137
広告売上 … 89	小売業(売上高) … 137
広告企業 … 89	小売業(家電) … 138
広告業 … 91	小売業(決済方法) … 138
広告業(売上高) … 92	小売業(仕入) … 138
広告業(事業所数) … 94	小売業(事業所数) … 138
広告業(従業者数) … 95	小売業(従業者数) … 139
広告業務 … 97	小売業(商店数) … 141
広告効果測定 … 97	小売業(食品) … 141
広告市場 … 98	小売業(販売額) … 142
広告審査 … 100	小売業(不動産所有) … 144
広告宣伝活動 … 101	小売業(不当廉売) … 145
広告宣伝費 … 101	小売業(面積) … 145
広告宣伝費(企業・業種別) … 103	小売業(IT利活用) … 146
広告代理業 … 104	小売市場 … 146
広告主 … 105	小売数量 … 147
広告媒体 … 106	小売総額 … 147
広告板 … 109	小売店 … 147
広告費 … 109	小売物価 … 148
広告費(インターネット広告) … 115	固定資産投資 … 148
広告費(折込広告) … 116	コーポレート・コミュニケーション … 148
広告費(海外・世界) … 117	コミュニケーション戦略　⇒マーケティング戦略 を見よ
広告費(媒体別) … 118	コミュニティーサイト … 148
広告費(マスコミ4媒体) … 120	コモディティ化 … 149
広告評価 … 122	コンテンツ連動型広告 … 149
広告郵便物 … 122	コンビニエンスストア … 149
広告予算 … 122	コンビニエンスストア(販売額) … 150
交通広告 … 123	
行動ターゲティング広告 … 124	

(8)

【さ】

在庫 …………………………………… 151
採算状況 ……………………………… 151
サイバービジネス（店舗）…………… 151
酒類（スーパーマーケット等）……… 151
雑誌 …………………………………… 152
雑誌広告 ……………………………… 152
サービス ……………………………… 154
サービス業 …………………………… 154
三大都市圏 …………………………… 154
仕入 …………………………………… 155
仕入原価DI …………………………… 155
仕入先 ………………………………… 155
ジェイアール東日本企画 …………… 156
事業者数 ……………………………… 156
事業承継 ……………………………… 156
事業所数 ……………………………… 156
事業展開 ……………………………… 157
嗜好品（スーパーマーケット）……… 157
市場規模 ……………………………… 157
市場規模（広告）……………………… 160
市場規模（小売）……………………… 161
市場競争 ……………………………… 161
市場成長率 …………………………… 162
実店舗 ………………………………… 162
自動車販売 …………………………… 162
資本金 ………………………………… 163
事務所（面積）………………………… 163
地元産品（スーパーマーケット）…… 163
社会貢献 ……………………………… 164
社会消費品 …………………………… 164
写真業界 ……………………………… 164
車内広告 ……………………………… 164
収益DI ………………………………… 164
集客 …………………………………… 165
従業者 ………………………………… 165
就業者数 ……………………………… 166
従業者数 ……………………………… 166
収入 …………………………………… 167
受注 …………………………………… 168
受注件数 ……………………………… 168
受注方法 ……………………………… 168
出荷額 ………………………………… 168
出版市場 ……………………………… 168
出版販売額 …………………………… 168
首都圏（広告）………………………… 169
首都圏（商業）………………………… 170
商業 …………………………………… 170
商業エリア（電力使用量）…………… 171
商業施設 ……………………………… 171
商業集積地区 ………………………… 171
商業地 ………………………………… 171
商業地地価 …………………………… 171
商業登記数 …………………………… 172
商圏人口 ……………………………… 172
商圏範囲 ……………………………… 172
商工会 ………………………………… 172
上場企業 ……………………………… 173
商店 …………………………………… 173
商店街 ………………………………… 173
商店街（来街者数）…………………… 174
商店数 ………………………………… 174
消費意欲 ……………………………… 175
消費財 ………………………………… 175
消費者 ………………………………… 175
消費者意識 …………………………… 175
消費者還元事業 ……………………… 175
消費税（引き上げ）…………………… 175
消費生活協同組合 …………………… 175
消費生活相談 ………………………… 176
消費タイプ …………………………… 176
商品 …………………………………… 176
商品開発 ……………………………… 176
商品検索性 …………………………… 176
商品購入先 …………………………… 176
商品選択 ……………………………… 177
情報システム ………………………… 178
情報収集（消費者）…………………… 178
情報収集源 …………………………… 178
食品（スーパーマーケット）………… 178
食品価格 ……………………………… 179
食品業界 ……………………………… 179
食品購入 ……………………………… 180
食品廃棄物 …………………………… 181
食料消費支出（通信販売）…………… 181
書籍 …………………………………… 181
ショッピングサイト ………………… 181
ショッピングセンター ……………… 181
書店 …………………………………… 182
新型コロナウイルス感染症（影響）… 183
新規開業追跡調査 …………………… 183
人件費 ………………………………… 184

新興国市場	184	ソーシャルメディアマーケティング	215
新聞	184	ソフトウェア開発	216
新聞広告	185	損益分岐点	216
新聞販売体制	188		
新聞販売店	188		
深夜飲食店	188	【た】	
水産物（小売関係）	189		
水産物卸売市場	189		
水産物価格	190	タイ（小売関係）	216
水産物直売所	190	大規模小売店	216
スーパーセンター	190	大規模小売店舗立地法	217
スーパーマーケット	190	大規模店舗	217
スーパーマーケット（売上高）	200	代金引換	217
スーパーマーケット（店舗数）	201	タイム広告 ⇒タイムCM を見よ	
スーパーマーケット（販売額）	201	タイムCM	217
スーパーマーケット（来客数）	203	台湾（広告費）	221
スーパーマーケット販売動向	203	宅配サービス	221
スペイン（小売売上）	203	ターゲティング広告	221
スポーツ紙	203	チェーン店	222
スポット広告 ⇒スポットCM を見よ		畜産（スーパーマーケット）	222
スポット広告収入	204	地方都市	223
スポットCM	204	チャネル	223
スポーツ用品（売上）	208	中国	223
スマートフォン	208	中国・四国地方	224
スマートフォン広告	208	中部地方	225
スマホ決済	208	調味料（スーパーマーケット）	225
青果（卸売・小売関係）	209	直売所	226
青果物卸売市場	210	直販	226
生産額	210	チラシ	227
生産者価格	210	賃貸料（店舗）	227
生産性（卸売・小売業）	210	通信サービス会社	227
生産性向上（卸売・小売業）	210	通信販売	227
生産性指標	211	通信販売（年間利用回数）	232
正社員	211	通信販売（年間利用金額）	232
生鮮品（卸売・小売関係）	211	通信販売（年間利用率）	232
成長率（インターネット通販）	212	通信販売産業	233
精肉（卸売・小売関係）	212	通信販売事業者	233
製品需給判断DI	212	通信・放送衛星（市場規模）	233
設備投資	212	ディスカウントストア	234
セールスプロモーション	213	デジタル化	234
繊維製品（卸売物価）	213	デジタル広告	234
鮮魚（小売関係）	213	デジタルサイネージ	235
創業時期	213	デジタルマーケティング	235
総合スーパー	213	鉄鋼（卸売物価）	235
惣菜（スーパーマーケット）	214	デパート ⇒百貨店 を見よ	
相場（スーパーマーケット）	214	デビットカード	235
ソーシャルメディア	214	出前（利用機会）	235
ソーシャルメディア広告	214	テレビ	236

テレビ広告	236
テレビ広告費	237
テレビCM	238
テレビショッピング	241
展示（広告費）	241
電子商店街	241
電子商取引	241
電子マネー	243
電通	243
電通広告統計	243
店舗	243
店舗改装	245
店舗数	246
店舗着工面積	248
店舗面積	248
電話帳広告	249
ドイツ（小売売上）	249
動画共有サイト	250
動画広告	250
東急エージェンシー	250
東京圏	251
東京都	251
東京都（卸売業）	252
東京都（小売業）	253
東京都中央卸売市場	257
統合型マーケティング	257
倒産件数（スーパーマーケット）	257
投資広告	258
投資対効果	258
東北地方	258
特区	259
ドラッグストア	259
トラフィックゲート	260
トラフィック効果	260
取扱商品	260
取次会社	261
トレーサビリティシステム	261

【 な 】

仲卸業	261
名古屋圏	261
名古屋市	261
日用雑貨（購入先）	262
日経広告研究所	262
日配品（スーパーマーケット）	262
日本広告審査機構　⇒JARO（日本広告審査機構）を見よ	
入荷量（卸売）	263
ネット卸売業	263
ネット小売業	263
ネットショップ	263
ネット書店	263
ネットスーパー	263
ネット通販　⇒インターネット通販 を見よ	
ネット・ローカル	264
年間売上高	264
年間販売額	265
農産物卸売市場	267
農産物直売所	267
農商工等連携事業計画	268

【 は 】

廃業時期	268
配送	268
波及効果	268
博報堂	268
パソコン	269
パーソナライズド広告	269
パートタイム労働者	269
バナー広告	269
番組CM　⇒タイムCM を見よ	
販売価格	269
販売額	270
販売管理費比率	270
販売効率	271
販売先	271
販売戦略	271
販売促進	271
販売促進費	271
販売費率	272
販売部数	272
東日本大震災	272
非効率性（小売業）	272
非食品	272
非正規社員（小売業）	272
ビデオゲームチェーン	273
ビデオソフト小売店	273
ビデオレンタル店	273
人手不足（スーパーマーケット）	273

100円ショップ ……………………… 273
百貨店 …………………………………… 274
百貨店（販売額）…………………… 277
ビューアビリティ …………………… 278
費用項目（小売業）………………… 278
ファスト化商品 ……………………… 278
ファーストフード店 ………………… 279
ファミリービジネス ………………… 279
付加価値生産性（企業）…………… 279
福岡県 …………………………………… 279
副業広告 ………………………………… 279
福島県 …………………………………… 279
負債（小売関係）…………………… 279
不正広告　⇒アドフラウド を見よ
物価 ……………………………………… 279
物流コスト（卸売業）……………… 280
不当表示（広告）…………………… 280
不当廉売 ………………………………… 280
プライベートブランド　⇒PB商品 を
　見よ
ブラジル（小売売上）……………… 280
フランス（小売売上）……………… 280
ブランディング ……………………… 280
ブランド ………………………………… 281
ブランドセーフティ ………………… 281
フリーダイヤル ……………………… 281
フリーペーパー ……………………… 281
フリーマガジン ……………………… 282
ブログ …………………………………… 282
ブロードバンド ……………………… 283
プロモーションメディア ………… 283
平均単価 ………………………………… 283
閉店 ……………………………………… 283
ペイパーコール広告 ………………… 283
弁当（スーパーマーケット）…… 283
返品 ……………………………………… 284
返品率 …………………………………… 284
ポイントカード ……………………… 284
法人企業 ………………………………… 284
放送事業 ………………………………… 284
放送事業者 …………………………… 285
北海道 …………………………………… 285
ホビー …………………………………… 285
ホームセンター ……………………… 286
ホームページ ………………………… 286

【ま】

マーケットシェア …………………… 286
マーケット指標 ……………………… 287
マーケティング ……………………… 287
マーケティング（リスク）………… 287
マーケティング会社 ………………… 287
マーケティング戦略 ………………… 288
マーケティング予算 ………………… 289
マージン率 …………………………… 289
マスコミ4媒体 ……………………… 289
宮城県 …………………………………… 291
民間放送 ………………………………… 291
メガネ（小売）……………………… 292
メキシコ（小売売上）……………… 292
メディアミックス …………………… 292
免税売上 ………………………………… 292
モバイル広告 ………………………… 293
モバイルコマース …………………… 294
最寄品 …………………………………… 294

【や】

薬局 ……………………………………… 294
山口県 …………………………………… 294
ユーザー（広告）…………………… 294
輸入広告 ………………………………… 294
ユーロ圏（小売）…………………… 295
ヨーロッパ …………………………… 295

【ら】

ライブコマースサービス ………… 295
ラジオ …………………………………… 296
ラジオ広告 …………………………… 296
ラジオ広告費 ………………………… 297
ラジオCM ……………………………… 298
立地 ……………………………………… 299
リテールメディア広告 …………… 299
リードジェネレーション広告 …… 299
流通系列関係 ………………………… 300

流通経路（小売） …………………… 300
利用店舗 …………………………… 300
冷凍食品（スーパーマーケット） ……… 301
労働生産性（卸売・小売業） ………… 301
ロシア（小売売上） ………………… 302

【 ABC 】

ADK（アサツー・ディ・ケイ） ………… 302
BSテレビ広告　⇒衛星メディア関連広
　告 を見よ
B to B EC …………………………… 302
B to C EC …………………………… 303
CM …………………………………… 305
CM起用社数 ………………………… 306
CPM（インプレッション単価） ………… 306
CSテレビ広告　⇒衛星メディア関連広
　告 を見よ
DI　⇒客単価DI，業況判断DI，競合状
　況DI，景気判断DI，収益DI を見よ
DM（ダイレクトメール） ……………… 306
DS　⇒ディスカウントストア を見よ
DX …………………………………… 306
EC（エレクトロニック・コマース） …… 306
EC市場 ……………………………… 308
ECプラットフォーム広告 …………… 310
EDI（広告） ………………………… 310
Facebook …………………………… 310
GDP比率 …………………………… 310
GNP比率 …………………………… 310
Google ……………………………… 311
HI指数 ……………………………… 311
ICT端末（消費者） ………………… 311
ICT・IT利活用 ……………………… 311
JARO（日本広告審査機構） ………… 311
JR東日本 …………………………… 312
KGI（重要目標達成指標） …………… 312
NEF ………………………………… 313
PB商品 ……………………………… 313
POP広告 …………………………… 313
QRコード決済 ……………………… 314
SNS ………………………………… 315
VTR（ビュースルーレート） ………… 316
WAP広告 …………………………… 316
Yahoo！ …………………………… 316
YouTube …………………………… 316

統計図表レファレンス事典　商業・広告・マーケティング　　　　　　　　　　　　あくせす

【あ】

アウトソーシング
『インターネット白書　2004』インプレス　ネットビジネスカンパニー　2004.7
　◇ネットショップがアウトソーシングしている分野　［資料6-2-10　p301］

アウトレットモール
『新装　商業施設計画総覧　2024年版』産業タイムズ社　2023.11
　◇国内アウトレットモールの売上高　［p14］
『レジャー白書　2019』日本生産性本部　2019.8
　◇複合ショッピングセンター、アウトレットモールの性・年代別参加率の推移　［図表1-25　p39］

空き店舗
『関西経済白書　2021』日経印刷　2021.10
　◇商業店舗空室率の推移（心斎橋）　［図4-4-9　p158］
『建設白書　平成9年版』大蔵省印刷局　1997.8
　◇全国の商店街の空店舗比率　［表2-Ⅰ-3　p139］
『中小企業白書　平成9年版』大蔵省印刷局　1997.5
　◇商店街の空き店舗割合　［第2-3-63図　p271］
　◇5年前と比較した商店街の中の空き店舗数　［第2-3-64図　p271］
　◇空き店舗の存在が街や商店街に与える影響　［第2-3-65図　p272］

秋葉原電気街
『情報メディア白書　1997年版』電通総研　1997.1
　◇秋葉原電気街店舗別売上高構成（1994/1995年度）　［図表Ⅰ-17-15　p107］

アクセス数
『インターネット白書　2016』インプレスR&D　2016.2
　◇PCカテゴリー別有力サイトの訪問者数：グルメ・クーポン/ソーシャルネットワーク/ゲーム/通販（2015年9月、家庭と職場からのアクセス）　［資料1-2-15　p79］
『広告白書　2019年度版』日経広告研究所　2019.7
　◇サイト訪問者数（シャボン玉石けん）　［p56］
『広告白書　2022年度版』日経広告研究所　2022.8
　◇サイトのブランド別訪問者数　［p78］
『情報メディア白書　2019』ダイヤモンド社　2019.2
　◇主な雑誌ブランドサイト指標〈2018年4～6月〉［図表Ⅰ-2-31　p77］
『ファミ通ゲーム白書　2019』KADOKAWA　2019.7
　◇2018年年間PCサイトのユニークビジター数TOP30　［p283］
『ファミ通ゲーム白書　2022』KADOKAWA　2022.8
　◇2021年　年間PCサイトのユニークビジター数TOP30　［p247］

1

あくせす　　　　　　　　　統計図表レファレンス事典　商業・広告・マーケティング

アクセス誘導対策
『ケータイ白書　2007』インプレスR&D　2006.12
　　◇モバイルウェブサイトで実施しているアクセス誘導対策（複数回答）　［資料3-7-38　p240］

アジア
　　⇒インド，インドネシア（小売売上）をも見よ
『情報通信白書　平成25年版』日経印刷　2013.7
　　◇日米およびアジア諸国のテレビ広告費とインターネット広告費の推移　［図表1-2-3-9　p126］
『情報メディア白書　2007』ダイヤモンド社　2007.1
　　◇各国における広告費比率［アジア］　［図表Ⅱ-1-2　p215］
『通商白書　2010』日経印刷　2010.7
　　◇インド及びアジア各国の小売規模　［第1-2-4-15図　p96］
『通商白書　2023』経済産業省　2023
　　◇ASEAN各国の小売売上高の推移　［Ⅰ-3-4-9図　p141］

アドフラウド
『広告主動態調査　2024年版』日経広告研究所　2024.3
　　◇ロボットなどによるクリックへの対応〔インターネットと広告宣伝活動〕　［p17］
『広告白書　2019年度版』日経広告研究所　2019.7
　　◇アドフラウドへの対策　［p39］
　　◇ロボットなどによるクリックへの対策（複数回答）〔インターネットとマーケティング戦略/広告〕　［p212］
『広告白書　2020年度版』日経広告研究所　2020.9
　　◇ロボットなどによるクリックへの対策〔インターネットとマーケティング戦略/広告〕　［p212］

アパレル
『商業施設計画総覧　2023年版』産業タイムズ社　2022.11
　　◇主なアパレル企業の売上高、店舗数　［p120］
　　◇紳士服大手出店　［p131］
　　◇紳士服大手売り上げ　［p131］

アフィリエイト広告
『ケータイ白書　2007』インプレスR&D　2006.12
　　◇携帯電話・PHSにおけるブログへのアフィリエイト広告掲載状況　［資料1-11-6　p130］
　　◇アフィリエイト広告市場規模予測　［資料3-6-5　p211］

アプリ広告
『情報メディア白書　2022』ダイヤモンド社　2022.3
　　◇マンガアプリ広告市場規模　［Ⅰ-2-19　p66］
『情報メディア白書　2023』ダイヤモンド社　2023.2
　　◇マンガアプリ広告市場規模　［図表Ⅰ-2-18　p62］
『デジタルコンテンツ白書　2022』デジタルコンテンツ協会　2022.9
　　◇マンガアプリ広告市場規模　［図表4-1-5　p64］

アメリカ合衆国

『広告白書 2007』日経広告研究所 2007.7
　◇米国広告業全体の売上ソースの比率 ［p128］

『ジェトロ世界貿易投資報告 2010年版』ジェトロ 2010.9
　◇小売業の生産性比較(日米英) ［図表Ⅲ-34 p109］

『ジェトロ世界貿易投資報告 2016年版』日本貿易振興機構 2016.10
　◇米国の電子商取引額と小売業に占める比率 ［図表Ⅲ-33 p93］

『情報化白書 2004』コンピュータ・エージ社 2004.8
　◇アメリカ小売業のEC売上とEC比率 ［図表3-2-5 p132］

『情報化白書 2006』BCN 2006.10
　◇日米のBtoB EC市場規模とBtoB EC化率(全体) ［図表2-3-1 p98］
　◇日米のBtoB EC市場規模とBtoB EC化率(業種別) ［図表2-3-2 p99］
　◇日米のBtoC EC市場規模とBtoC EC化率(全体) ［図表2-3-3 p100］
　◇日米のBtoC EC市場規模とBtoC EC化率(業種別) ［図表2-3-4 p100］

『情報化白書 2009』増進堂 2009.9
　◇日米BtoC EC市場規模の推移(1998～2007年) ［図表1-2-4-1 p163］

『情報通信白書 平成25年版』日経印刷 2013.7
　◇日米における小売企業の成長率比較 ［図表1-1-3-24 p24］
　◇日米およびアジア諸国のテレビ広告費とインターネット広告費の推移 ［図表1-2-3-9 p126］

『情報メディア白書 2005』ダイヤモンド社 2004.12
　◇新聞売上高(販売/広告)(アメリカ) ［図表Ⅱ-1-10 p220］
　◇1作品当たり製作費/マーケティング費(アメリカ) ［図表Ⅱ-1-14 p221］
　◇テレビ広告費(アメリカ) ［図表Ⅱ-1-22 p223］

『情報メディア白書 2007』ダイヤモンド社 2007.1
　◇新聞売上高(販売/広告)［アメリカ］ ［図表Ⅱ-2-1 p227］
　◇1作品当たり製作費/プリント費/広告費［アメリカ］ ［図表Ⅱ-2-10 p228］
　◇テレビ広告費［アメリカ］ ［図表Ⅱ-2-23 p231］
　◇ラジオ広告費［アメリカ］ ［図表Ⅱ-2-27 p231］
　◇ケーブルテレビネットワークの広告収入［アメリカ］ ［図表Ⅱ-2-31 p232］

『情報メディア白書 2010』ダイヤモンド社 2010.1
　◇雑誌広告費/ページ数 ［図表Ⅱ-1-4 p234］
　◇新聞広告費 ［図表Ⅱ-1-6 p235］
　◇ケーブルテレビネットワーク広告収入 ［図表Ⅱ-1-23 p238］
　◇インターネット広告費 ［図表Ⅱ-1-32 p240］
　◇2008年広告業種上位10項目 ［図表Ⅱ-1-37 p241］
　◇2008年広告主上位10社 ［図表Ⅱ-1-38 p241］
　◇プライムタイム/深夜トークショーの形態別1時間当たり広告出稿時間 ［図表Ⅱ-1-39 p241］

『スーパーマーケット白書 2022年版』全国スーパーマーケット協会 2022
　◇米国の小売売上高伸び率(2019年同月比) ［図表2-7 p46］

『地球白書 2004-2005』家の光協会 2004.5
　◇世界とアメリカの広告費(1950-2002年) ［図1-1 p25］

『ネット広告白書 2010』インプレスR&D 2009.9
　◇米国のインターネット広告費の四半期ごとの成長推移(2001年―2009年) ［資料3-3-2 p106］

あるはい　　　　　　　　　統計図表レファレンス事典　商業・広告・マーケティング

　　◇米国のインターネット広告市場の種別内訳（2007年―2008年）　［資料3-3-3　p107］
　　◇米国のオンラインビデオ広告成長予測（2007年―2013年）　［資料3-3-5　p109］
　　◇米国における2009年のメディア別広告費増減予測（対2008年比、項目抜粋）　［資料3-3-6　p110］

アルバイト
　『スーパーマーケット白書　2019年版』全国スーパーマーケット協会　2019
　　◇スーパーマーケットのパート・アルバイト時間給の変化　［図表1-12　p27］

【い】

異業種進出
　『中小企業白書　平成9年版』大蔵省印刷局　1997.5
　　◇進出した異業種分野（中小卸売業）　［第2-3-54図　p261］
　　◇異業種分野への進出目的（中小卸売業）　［第2-3-55図　p262］

異業種連携
　『中小企業白書　平成9年版』大蔵省印刷局　1997.5
　　◇中小小売業が異業種連携を行う目的　［第2-3-51図　p258］
　　◇異業種連携を行う目的（中小卸売業）　［第2-3-58図　p264］

イギリス（小売関係）
　『海外労働白書　平成9年版』日本労働研究機構　1997.6
　　◇イギリスの賃金・小売物価上昇率（前年同期比）の推移　［表1-3-4　p163］
　『ジェトロ世界貿易投資報告　2010年版』ジェトロ　2010.9
　　◇小売業の生産性比較（日米英）　［図表Ⅲ-34　p109］
　『世界経済の潮流　2013年　Ⅰ』日経印刷　2013.6
　　◇英国の小売売上と新車登録台数　［第1-4-40図　p93］
　『世界経済の潮流　2019年　Ⅰ』日経印刷　2019.9
　　◇英国の小売売上　［第2-4-27図　p159］
　『世界経済の潮流　2022年　Ⅰ』日経印刷　2022.9
　　◇英国の実質小売売上　［第1-2-56図　p118］
　『世界経済の潮流　2022年　Ⅱ』日経印刷　2023.3
　　◇実質小売売上高〔英国〕　［第1-2-63図　p102］
　　◇英国の小売売上高　［第1-2-65図　p102］
　『通商白書　2010』日経印刷　2010.7
　　◇英国の小売販売及び物価の推移　［第1-2-2-27図　p76］
　『通商白書　2013』勝美印刷　2013.8
　　◇ユーロ圏諸国と英国の小売数量の推移　［第Ⅲ-2-2-30図　p245］

イタリア（小売売上）
　『世界経済の潮流　2013年　Ⅰ』日経印刷　2013.6
　　◇イタリアの小売売上と新車登録台数　［第1-4-28図　p88］

移動販売
『九州経済白書　2010年版』九州経済調査協会　2010.2
　　◇移動店舗での購入割合(熊本県)　〔図表5-22　p104〕
　　◇飲食・喫茶・菓子製造業移動・仮設店舗販売業者数の推移　〔図表5-26　p106〕

イノベーション
　　⇒商品開発　をも見よ
『九州経済白書　2010年版』九州経済調査協会　2010.2
　　◇小売、外食チェーン企業によるイノベーション活動の成功率　〔図表2-14　p37〕

医療機関(広告)
『医療白書　1997年版』日本医療企画　1997.10
　　◇平成4年度医療法改正による医療機関の広告内容の変更点　〔表8-1　p241〕

衣料品(販売額)
『九州経済白書　2010年版』九州経済調査協会　2010.2
　　◇大型店衣服販売額と家計消費指数(衣服)の推移　〔図表1-8　p6〕

衣料用品店
『新聞折込広告効果測定調査―調査レポート―』エム・エス・エス　2006.3
　　◇2004年　配布された新聞折込広告に対し閲読した枚数の割合　衣料用品店〔年齢別〕　〔p56,121〕
　　◇配布された新聞折込広告に対し閲読した枚数の割合　衣料用品店〔性別〕　〔p56,121〕
　　◇2004年　配布された新聞折込広告の利用有無　衣料用品店〔年齢別〕　〔p78,129〕
　　◇配布された新聞折込広告の利用有無　衣料用品店〔性別〕　〔p78,129〕
　　◇印象に残った箇所　衣料用品店〔新聞折込広告〕　〔p98,136〕
　　◇利用するきっかけ　衣料用品店〔新聞折込広告〕　〔p100,138〕

岩手県
『地域の経済　2012』日経印刷　2012.12
　　◇被災3県の大型小売店販売額の推移　〔第2-2-31図　p110〕

インカムゲイン
『経済白書　平成9年版』大蔵省印刷局　1997.7
　　◇商業地インカムゲイン等の標準偏差推移　〔第1-6-5図　p99〕

飲食業界
『観光白書　令和4年版』昭和情報プロセス　2022.8
　　◇宿泊業、飲食サービス業の規模別売上高の動向(2019年～2021年)　〔図表Ⅱ-2　p46〕
　　◇宿泊業、飲食サービス業の営業利益の動向(2019年～2021年)　〔図表Ⅱ-4　p47〕
　　◇宿泊業、飲食サービス業の規模別その他の営業外収益の動向(2019年～2021年)　〔図表Ⅱ-6　p48〕
　　◇宿泊業、飲食サービス業の規模別経常利益の動向(2019年～2021年)　〔図表Ⅱ-8　p49〕
　　◇宿泊業、飲食サービス業の規模別負債比率の動向(2019年～2021年)　〔図表Ⅱ-12　p52〕
『地域の経済　2020～2021』日経印刷　2021.12
　　◇各地域の飲食業の従業者数の割合　〔第2-2-14図　p110〕
『中小企業白書　2007年版』ぎょうせい　2007.6
　　◇小売業・個人向けサービス業・飲食業販売額の推移　〔第2-2-1図　p88〕

いんしょ　　　　　　　　　統計図表レファレンス事典　商業・広告・マーケティング

飲食店

『観光ビジネス未来白書　2010年版』同友館　2010.3
　　◇飲食店市場規模　［p152］

『観光ビジネス未来白書　2013年版』同友館　2013.4
　　◇飲食店市場規模推移　［p128］

『観光ビジネス未来白書　2019年版』同友館　2019.4
　　◇飲食店市場規模推計　［p120］

『九州経済白書　2004年版』九州経済調査協会　2004.2
　　◇飲食店の店舗数と従業者数の推移（九州8県）　［図2-5　p21］
　　◇地域別にみた飲食料品小売業と一般飲食店の従業者数の増加率（九州8県・1991～2001年）　［図3-35　p35］
　　◇農村レストランの立地数（2001年）と一般飲食店の従業者増加数（1991～2001年）の構成比（九州7県）　［図3-37　p76］

『九州経済白書　2010年版』九州経済調査協会　2010.2
　　◇モスフードサービス（株）の国内地域別売上動向　［図表1-23　p19］
　　◇モスフードサービス（株）の月次売上（前年度比）動向　［図表1-24　p19］
　　◇熊本県内グルメ情報の地域別掲載件数　［図表4-5　p67］

『国民健康・栄養の現状　平成22年』第一出版　2013.8
　　◇受動喫煙の状況「エ　飲食店」（性・年齢階級別）　［第63表の4　p142］

『国民健康・栄養の現状　平成29年』第一出版　2019.7
　　◇喫煙の状況別，受動喫煙の状況「エ　飲食店」－喫煙の状況，受動喫煙の状況，年齢階級別，人数，割合－総数・男性・女性，20歳以上　［第70表の4　p169］

『新規開業白書　2022年版』佐伯コミュニケーションズ　2022.7
　　◇宅配とテイクアウトの実施状況（飲食店・宿泊業）　［図3-16　p97］

『新聞折込広告効果測定調査―調査レポート―』エム・エス・エス　2006.3
　　◇2004年　配布された新聞折込広告に対し閲読した枚数の割合　テイクアウト・ケータリング〔年齢別〕　［p60,123］
　　◇2004年　配布された新聞折込広告に対し閲読した枚数の割合　外食・飲食〔年齢別〕　［p61,124］
　　◇配布された新聞折込広告に対し閲読した枚数の割合　外食・飲食〔性別〕　［p61,124］
　　◇2004年　配布された新聞折込広告の利用有無　テイクアウト・ケータリング〔年齢別〕　［p82,130］
　　◇配布された新聞折込広告の利用有無　テイクアウト・ケータリング〔性別〕　［p82,130］
　　◇2004年　配布された新聞折込広告の利用有無　外食・飲食〔年齢別〕　［p83,130］
　　◇配布された新聞折込広告の利用有無　外食・飲食〔性別〕　［p83,130］
　　◇印象に残った箇所　外食・飲食〔新聞折込広告〕　［p97,136］
　　◇利用するきっかけ　外食・飲食〔新聞折込広告〕　［p100,138］

『図説　食料・農業・農村白書　平成15年度』農林統計協会　2004.6
　　◇飲食店の原価構成等の推移　［図Ⅰ-36　p71］

『地域経済総覧（週刊東洋経済臨時増刊/Data Bank SERIES）2024年版』東洋経済新報社　2023.9
　　◇飲食店，喫茶店営業許可数〔都道府県別データ〕　［p191］

『地域の経済　2020～2021』日経印刷　2021.12
　　◇飲食店の売上高の推移（地域別）　［第2-2-13図　p109-110］

『通商白書　2013』勝美印刷　2013.8
　　◇8番らーめんの国内外店舗数　［コラム第8-2表　p155］
　　◇タイの年度別店舗数推移　［コラム第8-3図　p155］

飲食料品（小売関係）

『九州経済白書　2010年版』九州経済調査協会　2010.2
　　◇2007年年間商品販売額の04年比（食料品スーパー）　［図表3-16　p49］

『子ども白書　1997年版』草土文化　1997.9
　　◇コンビニエンスストアでよく買う飲食物　［表3　p91］

『食料・農業・農村白書　平成22年版』佐伯印刷　2010.6
　　◇小売業の食料品販売額の対前年（同月）増減率の推移　［図2-16　p70］

『スーパーマーケット白書　2019年版』全国スーパーマーケット協会　2019
　　◇業態別飲食料品販売額の推移　［図表2-2　p51］

『世界統計白書　2010年版』木本書店　2010.6
　　◇主要食料品の小売価格　［p504～506］

『世界統計白書　2013年版』木本書店　2013.9
　　◇主要食料品の小売価格　［p481～483］

『世界統計白書　2015-2016年版』木本書店　2015.12
　　◇主要食料品の小売価格（1）　［p481］
　　◇主要食料品の小売価格（2）　［p482］
　　◇主要食料品の小売価格（3）　［p483］

『物価レポート　'97』経済企画協会　1997.10
　　◇東京及び海外主要5都市における食料品の小売価格調査（農林水産省）　［図表3　p86］

インターネット

『九州経済白書　2010年版』九州経済調査協会　2010.2
　　◇インターネットにより購入・取引した商品・サービス（2008年末）　［図表5-10　p95］

『情報化白書　1997』コンピュータ・エージ社　1997.6
　　◇広告を利用したインターネット無料接続サービスの例　［Ⅱ-3-2-2図　p222］

『情報通信白書　平成25年版』日経印刷　2013.7
　　◇インターネット上における実店舗への誘因手段と効果　［図表1-1-3-33　p49］

『情報メディア白書　2019』ダイヤモンド社　2019.2
　　◇マーケティング活動で重点を置くインターネット分野〈2017年〉［図表Ⅰ-11-17　p193］

『製造基盤白書（ものづくり白書）　2004年版』ぎょうせい　2004.6
　　◇直販事業の今後の方向性（インターネット販売）　［図132-18　p233］

『世界経済の潮流　2019年Ⅰ』日経印刷　2019.9
　　◇インターネット小売〔中国〕　［第2-3-7図　p124］

『東京の中小企業の現状（流通産業編）　平成29年度』東京都産業労働局　2018.3
　　◇インターネット仕入高の割合〔小売業〕　［図表Ⅱ-2-52　p176］

『東京の中小企業の現状（流通産業編）　令和2年度』東京都産業労働局　2021.3
　　◇インターネット仕入高の割合〔小売業〕　［図表Ⅱ-2-44　p178］

インターネット広告

　　⇒アフィリエイト広告，アプリ広告，検索連動型広告，コンテンツ連動型広告，スマートフォン広告，デジタル広告，動画広告，バナー広告，モバイル広告，ECプラットフォーム広告　をも見よ

『インターネット白書　2004』インプレス　ネットビジネスカンパニー　2004.7
　　◇インターネット広告費の推移　［資料6-1-6　p289］
　　◇エーハチネットの広告主　［資料6-1-8　p293］

『インターネット白書　2007』インプレスR&D　2007.7
　◇インターネット広告市場規模の推移・予測　［資料5-4-1　p290］
　◇業種広告売上の推移（CCIの例）　［資料5-4-3　p291］
　◇上場インターネット広告関連事業者の業績動向（社数ベースでの内訳比率）　［資料5-4-4　p291］
　◇P4P広告の市場規模推移とインターネット広告に占める割合　［資料5-4-6　p293］

『インターネット白書　2010』インプレスジャパン　2010.6
　◇インターネット広告市場（媒体費のみ）の推移と予測　［資料1-2-1　p53］
　◇国内広告市場とインターネット広告市場の成長率比較測　［資料1-2-2　p55］
　◇業種別広告売上の推移　［資料1-2-3　p55］
　◇ウェブ広告の視認率（複数回答）　［資料7-6-1　p214］
　◇視認した広告へのリアクション（複数回答）　［資料7-6-2　p214］

『インターネット白書　2012』インプレスジャパン　2012.7
　◇ウェブ広告の視認率（複数回答）［利用デバイス別］　［資料1-5-1　p67］
　◇視認した広告へのリアクション（複数回答）［利用デバイス別］　［資料1-5-2　p68］
　◇国内インターネット広告市場（媒体費のみ）の推移と予測　［資料2-2-1　p111］
　◇国内広告市場とインターネット広告市場の成長率比較　［資料2-2-2　p112］

『インターネット白書　2016』インプレスR&D　2016.2
　◇国内インターネット広告市場（媒体費のみ）の推移と予測　［資料1-2-2　p65］

『インターネット白書　2019』インプレスR&D　2019.1
　◇国内インターネット広告市場（媒体費のみ）の推移と予測　［資料1-2-2　p48］

『インターネット白書　2022』インプレスR&D　2022.2
　◇国内インターネット広告市場（媒体費のみ）の推移と予測　［資料2-2-7　p107］

『インターネット白書　2023』インプレスNext Publishing　2023.2
　◇国内インターネット広告媒体費の推移と予測　［資料2-2-9　p89］

『インターネット白書　2024』インプレスNext Publishing　2024.2
　◇2022年のインターネット広告費の媒体別内訳　［資料2-2-9　p97］

『ケータイ白書　2010』インプレスR&D　2009.12
　◇インターネット上で見た広告のジャンル（複数回答）　［資料1-10-1　p127］
　◇クリックした広告のジャンル（複数回答）　［資料1-10-2　p128］
　◇インターネット広告に対する要望（複数回答）　［資料1-10-3　p129］

『広告主動態調査　2024年版』日経広告研究所　2024.3
　◇サードパーティクッキー利用制限に対する考え（複数回答）〔インターネットと広告宣伝活動〕　［p17］
　◇ブランド毀損の可能性があるサイトへの掲載対策〔インターネットと広告宣伝活動〕　［p17］
　◇ロボットなどによるクリックへの対応〔インターネットと広告宣伝活動〕　［p17］
　◇目に触れにくい場所への露出の対策〔インターネットと広告宣伝活動〕　［p17］
　◇インターネット広告費の配分　広告タイプ別・出稿方式別　［p26］

『広告白書　2007』日経広告研究所　2007.7
　◇インターネット広告関連企業の業績（連結決算）　［p15］
　◇利用したインターネット広告の種類　［p75］
　◇利用しているインターネット広告　［p82］
　◇主要業種の対前年度伸び率　［p83］
　◇インターネット広告の主な媒体買い付け委託先　［p221］
　◇インターネット広告を出稿・計画中のサイト　［p222］

『広告白書　2010』日経広告研究所　2010.7

◇国内のインターネット広告市場　［p39］
　　◇インターネット広告関連企業の業績　［p44］
　　◇インターネット広告費　［p71］
　　◇ドメイン別利用者数（家庭のパソコンからのアクセス）　［14　p212］
『広告白書　2013』日経広告研究所　2013.7
　　◇インターネット広告費の推移　［p10］
　　◇インターネット広告会社の業績（連結ベース）　［p89］
『広告白書　2016』日経広告研究所　2016.7
　　◇インターネット広告費の推移　［p20］
　　◇テレビCMとインターネット広告についての自由回答分類　［p36］
『広告白書　2019年度版』日経広告研究所　2019.7
　　◇強化したいインターネット分野（広告宣伝費規模別）　［p31］
　　◇海賊版サイト内に掲載された広告数　［p38］
　　◇インターネット広告媒体費の広告種別構成比　［p78］
　　◇運用型広告における取引の透明性　［p113］
　　◇上場インターネット広告会社　［p113］
　　◇パソコン、スマートフォンに出している、広告コンテンツの形態（複数回答）〔インターネットとマーケティング戦略〕　［p210］
　　◇パソコン・スマートフォンに出している、取り引き別にみた広告形態（複数回答）〔インターネットとマーケティング戦略〕　［p211］
　　◇情報利用するソーシャルメディア、広告利用するソーシャルメディア（複数回答）〔インターネットとマーケティング戦略〕　［p211］
　　◇インターネット関連の担当範囲（複数回答）〔インターネットとマーケティング戦略〕　［p212］
　　◇インターネット関連の費用で広告宣伝部予算に含まれるもの（複数回答）〔インターネットとマーケティング戦略〕　［p212］
　　◇ブランド毀損の可能性があるサイトへの掲載対策（複数回答）〔インターネットとマーケティング戦略/広告〕　［p212］
　　◇ロボットなどによるクリックへの対策（複数回答）〔インターネットとマーケティング戦略/広告〕　［p212］
　　◇目に触れにくい位置への露出の対策（複数回答）〔インターネットとマーケティング戦略/広告〕　［p212］
『広告白書　2020年度版』日経広告研究所　2020.9
　　◇広告メディアとして利用するソーシャルメディア　［p20］
　　◇インターネット広告市場割合　［p77］
　　◇テレビメディア広告費とインターネット広告費　［p77］
　　◇広告受容度〔インターネット広告〕　［p80］
　　◇運用型広告における仲介業者の介在費用　［p109］
　　◇パソコン、スマートフォンに出している、広告コンテンツの形態（複数回答）〔インターネットとマーケティング戦略〕　［p209］
　　◇パソコン・スマートフォンに出している、取り引き別にみた広告形態（複数回答）〔インターネットとマーケティング戦略〕　［p209］
　　◇情報利用するソーシャルメディア、広告利用するソーシャルメディア（複数回答）〔インターネットとマーケティング戦略〕　［p210］
　　◇ブランド毀損の可能性があるサイトへの掲載対策〔インターネットとマーケティング戦略/広告〕　［p212］
　　◇ロボットなどによるクリックへの対策〔インターネットとマーケティング戦略/広告〕　［p212］
　　◇広告メディアとして利用しているSNSの目的（複数回答）〔インターネットとマーケティング戦略〕　［p212］

◇目に触れにくい位置への露出の対策〔インターネットとマーケティング戦略/広告〕
　　　　［p212］
　『広告白書　2021年度版』日経広告研究所　2021.8
　　　◇マス4媒体合計広告費とインターネット広告費の推移　［p75］
　　　◇マスコミ4媒体由来のインターネット広告費　［p77］
　　　◇運用型広告のインターネット広告媒体費における割合の推移　［p78］
　『広告白書　2022年度版』日経広告研究所　2022.8
　　　◇インターネットと組み合わせると最も効果的だと考えられる媒体　［p59］
　　　◇マスコミ4媒体とインターネット広告費の推移　［p69］
　　　◇インターネット広告費の配分　［p72］
　　　◇サードパーティクッキー利用制限への対応　［p75］
　『広告白書　2023-24年版』日経広告研究所　2023.10
　　　◇広告種別の金額推移〔インターネット広告の媒体市場〕　［p81］
　『消費者白書　令和4年版』勝美印刷　2022.7
　　　◇SNS上で見たことがある広告（SNS利用者）　［図表Ⅰ-2-2-29　p85］
　　　◇リンク先を確認した経験があるSNS上の広告（SNS利用者）　［図表Ⅰ-2-2-30　p86］
　　　◇「SNS上の広告のリンク先を確認した経験」と「チャンスと感じたら逃したくない」の
　　　　関係(15-29歳)　［図表Ⅰ-2-2-31　p87］
　　　◇「SNSに表示された広告をきっかけとして商品・サービスを購入した経験がある」かど
　　　　うか、という問への回答の割合（年齢層別・2016年）　［【図表1】　p88］
　　　◇「SNSに表示された広告をきっかけにした商品やサービスの購入に関して、トラブルや
　　　　困った経験がある」かどうか、という問への回答の割合(2016年)　［【図表3】　p89］
　『情報化白書　1997』コンピュータ・エージ社　1997.6
　　　◇インターネット広告の出稿額トップ15（1996年上半期）　［Ⅱ-2-2-1表　p201］
　『情報通信白書　平成25年版』日経印刷　2013.7
　　　◇日米およびアジア諸国のテレビ広告費とインターネット広告費の推移　［図表1-2-3-9
　　　　p126］
　『情報通信白書　令和5年版』日経印刷　2023.7
　　　◇プラットフォーマー各者売上高に占める広告費の割合(2022年)　［2-2-3-1　p23］
　　　◇パーソナライズされた検索結果や広告等が表示されることへの不安感の有無　［2-2-3-6
　　　　p27］
　　　◇パーソナライズされた広告が表示されることによる利用への影響　［2-2-3-7　p27］
　『情報メディア白書　2005』ダイヤモンド社　2004.12
　　　◇インターネット広告費　［図表Ⅰ-12-30　p209］
　　　◇主なインターネット広告会社売上高　［図表Ⅰ-12-31　p209］
　　　◇推定接触者数上位10ドメイン〈2004年8月第1週〉［図表Ⅰ-12-32　p209］
　『情報メディア白書　2007』ダイヤモンド社　2007.1
　　　◇インターネット広告費　［図表Ⅰ-13-30　p205］
　　　◇主なインターネット広告会社の売上高　［図表Ⅰ-13-31　p205］
　『情報メディア白書　2010』ダイヤモンド社　2010.1
　　　◇インターネット広告費　［図表Ⅰ-13-15　p199］
　　　◇主なインターネット広告会社の売上高　［図表Ⅰ-13-16　p199］
　　　◇インターネット広告出稿動向（バナー広告・テキスト広告）〈2009年2月〉［図表Ⅰ-13-17
　　　　p199］
　　　◇インターネット広告を選ぶ際に重視するポイント〈2008年〉［図表Ⅰ-13-18　p199］
　　　◇インターネット広告評価〈東京都〉［図表Ⅰ-13-19　p199］
　　　◇インターネット広告費　［図表Ⅱ-1-32　p240］

『情報メディア白書　2013』ダイヤモンド社　2013.1
　　◇インターネット広告費　［図表Ⅰ-12-24　p180］
　　◇インターネット広告費　［図表Ⅰ-13-10　p192］
　　◇主なインターネット広告会社の売上高　［図表Ⅰ-13-11　p192］
　　◇インターネット広告（バナー広告）出稿動向〈2011年〉［図表Ⅰ-13-12　p192］
『情報メディア白書　2016』ダイヤモンド社　2016.2
　　◇インターネット広告市場の発展　1996-2014 and beyond　［p20〜21］
　　◇インターネット広告費　［図表Ⅰ-10-20　p177］
　　◇企業が実施したインターネット広告の種類〈2014年末〉［図表Ⅰ-10-21　p177］
　　◇インターネット広告費　［図表Ⅰ-11-10　p190］
　　◇主なインターネット広告会社の売上高　［図表Ⅰ-11-12　p190］
　　◇インターネット広告（バナーおよび動画広告）出稿動向〈2014年度〉［図表Ⅰ-11-13　p191］
『情報メディア白書　2019』ダイヤモンド社　2019.2
　　◇インターネット広告費　［図表Ⅰ-10-16　p178］
　　◇産業別インターネット広告の実施〈2017年〉［図表Ⅰ-10-17　p178］
　　◇インターネット広告費　［図表Ⅰ-11-11　p192］
　　◇インターネット広告費（デバイス別・広告種別）　［図表Ⅰ-11-12　p192］
　　◇主なインターネット広告会社の売上高　［図表Ⅰ-11-13　p192］
　　◇PCインターネット広告出稿動向〈バナーおよび動画広告/2017年度〉［図表Ⅰ-11-14　p193］
　　◇スマートフォンインターネット広告の業種別出稿件数〈2017年度〉［図表Ⅰ-11-15　p193］
　　◇パソコン、スマートフォン用に流している広告コンテンツの形態〈2017年〉［図表Ⅰ-11-16　p193］
『情報メディア白書　2022』ダイヤモンド社　2022.3
　　◇インターネット広告費　［Ⅰ-10-16　p170］
　　◇インターネット広告費　［Ⅰ-11-11　p184］
　　◇インターネット広告媒体費〈2020年〉［Ⅰ-11-12　p184］
　　◇主なインターネット広告会社の売上高　［Ⅰ-11-13　p184］
　　◇PCインターネット広告出稿動向　［Ⅰ-11-14　p185］
　　◇スマートフォンインターネット広告出稿動向〈2020年度〉［Ⅰ-11-15　p185］
『情報メディア白書　2023』ダイヤモンド社　2023.2
　　◇インターネット広告費　［図表Ⅰ-11-11　p178］
　　◇インターネット広告媒体費〈2021年〉［図表Ⅰ-11-12　p178］
　　◇主なインターネット広告会社の売上高　［図表Ⅰ-11-13　p178］
　　◇ウェブサイトの運営状況と広告収入〈2021年〉［図表Ⅰ-11-35　p183］
『スマホ白書　2012』インプレスジャパン　2012.3
　　◇インターネット広告の視聴状況　［資料3-5-1　p128］
　　◇インターネット広告の視聴状況［OS別］　［資料3-5-2　p128］
　　◇広告を見たあとの行動（複数回答）　［資料3-5-3　p129］
　　◇広告を見たあとの行動（複数回答）［OS別］　［資料3-5-4　p129］
『世界経済の潮流　2013年Ⅰ』日経印刷　2013.6
　　◇世界の広告市場とインターネット広告の割合　［第2-2-32図　p160］
『デジタルコンテンツ白書　2007』デジタルコンテンツ協会　2007.8
　　◇インターネット広告費、衛星メディア関連広告費の推移　［p258］
『デジタルコンテンツ白書　2010』デジタルコンテンツ協会　2010.9
　　◇インターネット広告費、衛星メディア関連広告費の推移　［p194］
『デジタルコンテンツ白書　2013』デジタルコンテンツ協会　2013.9
　　◇新聞、雑誌、折込広告、インターネット広告費　［図表5-4-5　p161］

11

◇インターネット広告費、衛星メディア関連広告費の推移　［p238］
『デジタルコンテンツ白書　2016』デジタルコンテンツ協会　2016.9
　　◇新聞、雑誌、ラジオ、折込広告、インターネット広告の広告費の推移　［図表5-4-4　p161］
　　◇インターネット広告費、衛星メディア関連広告費の推移　［p250］
『デジタルコンテンツ白書　2019』デジタルコンテンツ協会　2019.9
　　◇新聞、雑誌、ラジオ、地上波テレビ、折込広告、インターネット広告の広告費の推移　［図表5-4-3　p130］
　　◇インターネット広告費におけるマスコミ四媒体由来のデジタル広告費　［図表5-4-4　p130］
　　◇インターネット広告費、衛星メディア関連広告費の推移　［p182］
『デジタルコンテンツ白書　2022』デジタルコンテンツ協会　2022.9
　　◇新聞、雑誌、ラジオ、地上波テレビ、折込広告、インターネット広告の広告費の推移　［図表5-3-3　p115］
　　◇インターネット広告費の推移　［p161］
『データベース白書　2004』データベース振興センター　2004.5
　　◇インターネット広告売上高　［図9-1-2　p308］
『ネット広告白書　2010』インプレスR&D　2009.9
　　◇各種メディアのターゲット別CPM比較表　［資料2-2-1　p50］
　　◇トラフィック（顧客誘導）効果の比較　［資料2-2-3　p52］
　　◇広告商品とサイトコンテンツの親和性とVTR　［資料2-2-4　p52］
　　◇他サイトとの重複接触ユーザーのVTR　［資料2-2-5　p52］
　　◇月間アドインプレッション数（2009年6月）　［資料3-1-1　p66］
　　◇検索連動型広告費の市場規模とインターネット広告費（媒体費）に占める割合　［資料3-2-1　p72］
　　◇米国のインターネット広告費の四半期ごとの成長推移（2001年―2009年）　［資料3-3-2　p106］
　　◇米国のインターネット広告市場の種別内訳（2007年―2008年）　［資料3-3-3　p107］
　　◇デジタルサイネージ放映前後のクーポン利用状況変化　［資料4-1-2　p115］
　　◇大手広告主のインターネット広告の利用経験　［資料6-1-3　p136］
　　◇中小広告主のインターネット広告の利用経験［従業者規模別］　［資料6-1-4　p136］
　　◇中小広告主のインターネット広告の認知度と利用率　［資料6-1-5　p137］
　　◇中小広告主のオンラインリードジェネレーション広告の認知度と利用状況[従業者規模別］　［資料6-1-6　p138］
　　◇大手広告主のインターネット広告に関与している部署（複数回答）　［資料6-1-7　p139］
　　◇中小広告主のインターネット広告に関与している部署［従業者規模別］（複数回答）　［資料6-1-8　p139］
　　◇大手広告主のインターネット広告商品情報入手先（複数回答）　［資料6-1-11　p141］
　　◇中小広告主のインターネット広告商品情報入手先[従業者規模別］（複数回答）　［資料6-1-12　p141］
　　◇大手広告主の入手されたインターネット広告商品情報の確認状況　［資料6-1-13　p142］
　　◇中小広告主の入手されたインターネット広告商品情報の確認状況［従業員規模別］　［資料6-1-14　p142］
　　◇大手広告主のインターネット広告の発注先（複数回答）　［資料6-1-17　p144］
　　◇中小広告主のインターネット広告の発注先［従業員規模別］（単一回答）　［資料6-1-18　p144］
　　◇中小広告主のインターネット広告の発注先の満足点（複数回答）　［資料6-1-19　p145］
　　◇中小広告主のパソコンでのインターネット広告の不満点（複数回答）　［資料6-1-28　p154］
　　◇中小広告主のケータイでのインターネット広告の不満点（複数回答）　［資料6-1-29　p155］
　　◇大手広告主のコミュニティースペースの開設　［資料6-1-34　p158］
　　◇中小広告主のコミュニティースペースの開設［従業員規模別］　［資料6-1-35　p158］

◇大手広告主のコミュニティーサイトの広告としての活用意向　［資料6-1-36　p159］
◇中小広告主のコミュニティーサイトの広告としての活用意向［従業員規模別］　［資料6-1-37　p159］
◇大手広告主のコミュニティーサイトに広告を出稿しない理由　［資料6-1-38　p160］
◇中小広告主のコミュニティーサイトに広告を出稿しない理由　［資料6-1-39　p160］
◇大手広告主の広告宣伝費全体に占めるインターネット広告費の割合　［資料6-1-40　p161］
◇中小広告主の広告宣伝費全体に占めるインターネット広告費の割合［従業員規模別］　［資料6-1-41　p161］
◇大手広告主の広告宣伝費全体に占めるインターネット広告費の理想割合　［資料6-1-42　p162］
◇中小広告主の広告宣伝費全体に占めるインターネット広告費の理想割合［従業員規模別］　［資料6-1-43　p162］
◇大手広告主のインターネット広告費内訳　［資料6-1-44　p163］
◇中小広告主のインターネット広告費内訳　［資料6-1-45　p164］
◇大手広告主のインターネット広告の出稿目的［広告種類別］　［資料6-1-46　p165］
◇中小広告主のパソコンでのインターネット広告の出稿目的［広告種類別］　［資料6-1-47　p166］
◇中小広告主のケータイでのインターネット広告の出稿目的［広告種類別］　［資料6-1-48　p167］
◇大手広告主のインターネット広告の出稿目的［媒体別］　［資料6-1-49　p168］
◇中小広告主のインターネット広告の出稿目的［媒体別］　［資料6-1-50　p169］
◇大手広告主のインターネット広告の出稿目的［広告手法別］　［資料6-1-51　p170］
◇中小広告主のインターネット広告の出稿目的［広告手法別］　［資料6-1-52　p170］
◇大手広告主のインターネット広告の効果測定指標［広告種類別］　［資料6-1-53　p171］
◇中小広告主のパソコンでのインターネット広告の効果測定指標［広告種類別］　［資料6-1-54　p172］
◇中小広告主のケータイでのインターネット広告の効果測定指標［広告種類別］　［資料6-1-55　p173］
◇大手広告主のインターネット広告の効果測定指標［媒体種別］　［資料6-1-56　p174］
◇中小広告主のインターネット広告の効果測定指標［媒体種別］　［資料6-1-57　p175］
◇大手広告主のインターネット広告の効果測定指標［広告手法別］　［資料6-1-58　p176］
◇中小広告主のインターネット広告の効果測定指標［広告手法別］　［資料6-1-59　p176］
◇大手広告主のインターネット広告商品におけるメディアプランへの関与　［資料6-1-60　p177］
◇中小広告主のインターネット広告商品におけるメディアプランへの関与［従業員規模別］　［資料6-1-61　p177］
◇大手広告主のメディアミックスでのインターネット広告の利用経験　［資料6-1-64　p179］
◇中小広告主のメディアミックスでのインターネット広告の利用経験［従業員規模別］　［資料6-1-65　p179］
◇大手広告主のインターネット広告の位置づけ　［資料6-1-72　p183］
◇中小広告主のインターネット広告の位置づけ［従業員規模別］　［資料6-1-73　p183］
◇大手広告主のインターネット広告の評価［広告種類別］　［資料6-1-74　p184］
◇中小広告主のインターネット広告の評価［広告種類別］　［資料6-1-75　p185］
◇中小広告主の今後のインターネット戦略　［資料6-1-76　p186］
◇中小広告主の次年度のインターネット広告の増減割合［従業員規模別］　［資料6-1-81　p189］
◇各媒体利用者における広告視認状況　［資料6-2-4　p195］
◇視認したインターネット広告(複数回答)　［資料6-2-5　p195］
◇インターネット上で見た広告のジャンル(複数回答)　［資料6-2-6　p196］
◇パソコンでのインターネット広告を見た後の行動(複数回答)　［資料6-2-8　p198］

◇ケータイでのインターネット広告を見た後の行動（複数回答）　［資料6-2-9　p199］
　　◇インターネット広告をクリックする理由（複数回答）　［資料6-2-10　p200］
　　◇インターネット広告をクリックしない理由（複数回答）　［資料6-2-11　p200］
　　◇クリックした広告のジャンル（複数回答）　［資料6-2-12　p201］
　　◇各インターネット広告視認者が有益と思う比率　［資料6-2-14　p202］
　　◇クリックした広告が情報源となるか　［資料6-2-15　p203］
　　◇インターネット広告の量に対する意識　［資料6-2-16　p203］
　　◇インターネット広告に対する要望（複数回答）　［資料6-2-17　p204］
　　◇自分の関心事項や興味に関する広告を表示して欲しいか　［資料6-2-18　p205］
　　◇ターゲティングされた情報が不要な理由（複数回答）　［資料6-2-19　p205］
　　◇受容可能なターゲティングされた情報（複数回答）　［資料6-2-20　p206］
　　◇ターゲティングされた広告によりとると思う行動　［資料6-2-22　p207］
　『ファミ通ゲーム白書　2019』KADOKAWA　2019.7
　　◇インターネット広告媒体費デバイス別広告費　［p282］
　　◇広告統計データ　［p282～283］

インターネット通販

　『関西経済白書　2016』丸善プラネット　2016.10
　　◇インターネット通販販売額と成長率の推移　［図2-1-4　p18］
　『九州経済白書　2010年版』九州経済調査協会　2010.2
　　◇「当初計画値を上回る」超の比較　［図表2-16　p38］
　『広告白書　2021年度版』日経広告研究所　2021.8
　　◇ネットショッピング利用世帯の割合の推移（2019～2021年）　［p48］
　『広告白書　2022年度版』日経広告研究所　2022.8
　　◇ネットショッピングの支出額の推移（2020～2022年）　［p28］
　　◇商品カテゴリー別コロナ終息後もオンラインで購入したい商品　［p62］
　『消費社会白書　2005』JMR生活総合研究所　2004.12
　　◇各業態の半年以内の利用率、利用回数と、支出金額　［図表10-2　p131］
　　◇ネット通販で購入されている商品　［図表10-9　p138］
　　◇ネット通販の利用理由　［図表10-10　p139］
　　◇消費タイプ、都市規模別のネット通販の利用理由　［図表10-11　p140］
　『消費者白書　平成25年版』勝美印刷　2013.7
　　◇この1年間に半数近くの消費者がインターネット通販を利用　［図表1-2-7　p18］
　『消費者白書　平成28年版』勝美印刷　2016.6
　　◇「インターネット通販」の商品・サービス別構成比（2015年度）　［図表3-1-16　p124］
　『消費者白書　令和元年版』勝美印刷　2019.7
　　◇「インターネット通販」の商品・サービス別構成比（2018年）　［図表Ⅱ-1-3-15　p169］
　『消費者白書　令和4年版』勝美印刷　2022.7
　　◇「インターネット通販」に関する消費生活相談件数の推移（商品・サービス別）　［図表Ⅰ-1-4-3　p28］
　『情報メディア白書　2010』ダイヤモンド社　2010.1
　　◇インターネット通販市場規模〈サイトから購入した取扱高〉［図表Ⅰ-14-23　p213］
　　◇インターネット通販主要企業の売上高とEC化率　［図表Ⅰ-14-27　p214］
　　◇インターネット通販事業者の受注件数・売上高　［図表Ⅰ-14-28　p214］
　『情報メディア白書　2013』ダイヤモンド社　2013.1
　　◇書籍・雑誌・コミック購入場所〈インターネット通販利用者〉［図表Ⅰ-2-43　p70］

◇インターネット通信販売市場規模〈サイトから購入した取扱高〉［図表Ⅰ-14-22　p207］
　　◇インターネット通販主要企業の売上高〈2012年〉［図表Ⅰ-14-27　p208］
『情報メディア白書　2016』ダイヤモンド社　2016.2
　　◇インターネット通販市場規模　　［図表Ⅰ-12-26　p206］
　　◇インターネット通販平均売上高　　［図表Ⅰ-12-28　p206］
　　◇インターネット通販主要企業の売上高〈2015年〉［図表Ⅰ-12-30　p207］
『情報メディア白書　2019』ダイヤモンド社　2019.2
　　◇インターネット通販市場規模　　［図表Ⅰ-12-26　p208］
　　◇インターネット通販平均売上高　　［図表Ⅰ-12-28　p208］
　　◇インターネット通販主要企業の売上高〈2018年〉［図表Ⅰ-12-30　p209］
『情報メディア白書　2022』ダイヤモンド社　2022.3
　　◇インターネット通販市場規模　　［Ⅰ-12-23　p200］
　　◇インターネット通販平均売上高　　［Ⅰ-12-26　p200］
　　◇インターネット通販主要企業の売上高〈2020年6月〜2021年5月〉［Ⅰ-12-28　p201］
『情報メディア白書　2023』ダイヤモンド社　2023.2
　　◇インターネット通販市場規模　　［図表Ⅰ-12-23　p194］
　　◇インターネット通販主要企業の売上高〈2021年6月〜2022年5月〉［図表Ⅰ-12-27　p194］
　　◇インターネットショッピングサイト運営業売上高　　［図表Ⅰ-12-28　p195］
　　◇インターネットを通じた商品・サービスの利用状況　　［図表Ⅱ-2-12　p225］
『食料・農業・農村白書　令和4年版』日経印刷　2022.6
　　◇インターネットによる通信販売での食料消費支出額　　［図表1-3-4　p70］
『スーパーマーケット白書　2019年版』全国スーパーマーケット協会　2019
　　◇ネットショッピングを利用する理由・しない理由　　［図表1-41　p45］
『労働経済白書　平成22年版』日経印刷　2010.8
　　◇インターネット通信販売利用者の割合（一年間での利用経験）　　［第1-(3)-12図　p67］

インターネット販売
　　⇒オンライン販売 をも見よ
『国土交通白書　2013』日経印刷　2013.7
　　◇年齢階級別インターネット販売の利用状況　　［図表179　p73］
『情報メディア白書　2013』ダイヤモンド社　2013.1
　　◇インターネット販売平均売上高〈JADMA会員社〉［図表Ⅰ-14-24　p207］
『スーパーマーケット白書　2019年版』全国スーパーマーケット協会　2019
　　◇商品カテゴリー別　インターネット販売の利用意向　　［参考　p47］
『通商白書　2016』勝美印刷　2016.8
　　◇中国のネット販売額及び伸び率（2015年）　　［第Ⅰ-3-1-10表　p107］
『東京の中小企業の現状（流通産業編）　平成26年度』東京都産業労働局　2015.3
　　◇インターネット販売の状況　　［図表Ⅲ-1-1　p192］
　　◇仕入活動の課題（インターネット販売状況別）　　［図表Ⅲ-1-2　p193］
　　◇競争環境の変化（インターネット販売状況別）　　［図表Ⅲ-1-4　p195］
　　◇卸機能の強化（インターネット販売状況別）　　［図表Ⅲ-1-5　p196］
　　◇インターネット販売の開始時期　　［図表Ⅲ-1-6　p197］
　　◇インターネット販売における売上高の変化　　［図表Ⅲ-1-8　p200］
　　◇インターネット販売における販売先　　［図表Ⅲ-1-9　p201］
　　◇インターネットでの販売形態　　［図表Ⅲ-1-10　p203］
　　◇インターネットでの販売形態の分布　　［図表Ⅲ-1-11　p203］

いんと　　　　　　　　　統計図表レファレンス事典　商業・広告・マーケティング

　　◇インターネット販売の状況　［図表Ⅲ-1-13　p206］
　　◇仕入活動の課題（インターネット販売状況別）　［図表Ⅲ-1-14　p207］
　　◇消費者意識や購買行動の変化（インターネット販売状況別）　［図表Ⅲ-1-16　p209］
　　◇取扱商品の魅力向上に向けた取り組み（インターネット販売状況別）　［図表Ⅲ-1-17　p210］
　　◇決済方法（インターネット販売状況別）　［図表Ⅲ-1-18　p211］
　　◇インターネット販売の開始時期　［図表Ⅲ-1-19　p212］
　　◇インターネット販売における売上高の変化　［図表Ⅲ-1-21　p215］
　　◇インターネットでの販売形態　［図表Ⅲ-1-22　p217］
　　◇インターネットでの販売形態の分布　［図表Ⅲ-1-23　p217］
　　◇インターネット販売の増加とその影響　［図表Ⅲ-3-14　p256］
　　◇仕入活動の課題（インターネット販売の増加の影響度別）　［図表Ⅲ-3-15　p257］
　　◇取扱商品の魅力向上に向けた取り組み（インターネット販売の増加の影響度別）　［図表Ⅲ-3-16　p258］
『東京の中小企業の現状（流通産業編）　平成29年度』東京都産業労働局　2018.3
　　◇インターネット販売の状況〔卸売業〕　［図表Ⅱ-1-43　p99］
　　◇インターネット販売の割合〔卸売業〕　［図表Ⅱ-1-44　p101］
　　◇インターネット販売の変化〔卸売業〕　［図表Ⅱ-1-45　p103］
　　◇インターネットにおける販売先〔卸売業〕　［図表Ⅱ-1-46　p104］
　　◇小売業態の変化の影響度　インターネット販売の増加　［図表Ⅱ-2-75　p208］
　　◇インターネット販売の状況〔小売業〕　［図表Ⅱ-2-86　p221］
　　◇インターネット販売の割合〔小売業〕　［図表Ⅱ-2-87　p222］
　　◇インターネット販売の変化〔小売業〕　［図表Ⅱ-2-88　p223］
　　◇インターネットにおける販売先〔販売活動の実態と課題〕　［図表Ⅱ-2-89　p224］
『東京の中小企業の現状（流通産業編）　令和2年度』東京都産業労働局　2021.3
　　◇インターネット販売の状況〔卸売業〕　［図表Ⅱ-1-50　p103］
　　◇インターネット販売の割合〔卸売業〕　［図表Ⅱ-1-51　p105］
　　◇3年前と比較したインターネット販売の変化〔卸売業〕　［図表Ⅱ-1-52　p107］
　　◇インターネット販売における販売先〔卸売業〕　［図表Ⅱ-1-53　p109］
　　◇インターネット販売の状況〔小売業〕　［図表Ⅱ-2-67　p217］
　　◇インターネット販売の割合〔小売業〕　［図表Ⅱ-2-68　p218］
　　◇3年前と比較したインターネット販売の変化〔小売業〕　［図表Ⅱ-2-69　p219］
　　◇インターネット販売における販売先〔小売業〕　［図表Ⅱ-2-70　p220］

インド

『ジェトロ貿易投資白書　2007年版』ジェトロ　2007.9
　　◇インドの部門別小売市場規模および成長率（2006年度）　［表Ⅲ-8　p92］
　　◇インド主要都市のショッピングモール数と敷地面積　［表Ⅲ-9　p92］
『情報メディア白書　2007』ダイヤモンド社　2007.1
　　◇主要放送事業者の広告収入［インド］　［図表Ⅱ-1-45　p225］
『世界経済の潮流　2013年　Ⅰ』日経印刷　2013.6
　　◇卸売物価上昇率　［第1-3-47図　p73］
『世界経済の潮流　2023年　Ⅰ』日経印刷　2023.10
　　◇インドの小売電子決済件数　［第2-2-16図　p178］
『通商白書　2010』日経印刷　2010.7
　　◇インドの卸売物価指数（WPI）の伸びと品目別寄与度の推移　［第1-2-4-9図　p94］
　　◇インドにおける小売額の推移　［第1-2-4-14図　p96］
　　◇インド及びアジア各国の小売規模　［第1-2-4-15図　p96］

『通商白書　2013』勝美印刷　2013.8
　　◇インドの卸売物価指数の寄与度分解　［第Ⅲ-2-4-29図　p266］

インドネシア（小売売上）

『通商白書　2019』勝美印刷　2019.10
　　◇インドネシアの小売売上高指数（前年同月比）の推移　［第Ⅰ-3-4-5図　p73］

インフラ

『国土交通白書　2016』日経印刷　2016.7
　　◇生産性向上に関してインフラに期待すること（第3次産業：小売、飲食、医療・福祉）
　　　［図表2-3-10　p87］

インプレッション

『ネット広告白書　2010』インプレスR&D　2009.9
　　◇月間アドインプレッション数（2009年6月）　［資料3-1-1　p66］
『ファミ通ゲーム白書　2022』KADOKAWA　2022.8
　　◇ゲーム系広告主の出稿impランキング　［p246］
　　◇銘柄別　ゲームソフト（家庭用・PC）の広告出稿impランキング　［p246］
　　◇銘柄別　ゲームコンテンツ（アプリ）の広告出稿impランキング　［p247］

飲料（スーパーマーケット）

　　　⇒飲食料品（小売関係），酒類（スーパーマーケット等）をも見よ

『スーパーマーケット白書　2019年版』全国スーパーマーケット協会　2019
　　◇SCIデータでみる業態別商品購入先　清涼飲料（2018年商品購入額構成比）　［参考　p52］
　　◇SCIデータでみる業態別商品購入先　乳飲料（2018年商品購入額構成比）　［参考　p52］
　　◇SCIデータでみる業態別商品購入先　嗜好飲料（2018年商品購入額構成比）　［参考　p52］
　　◇SCIデータでみるスーパーマーケットでの購入と商品市場規模の変化　飲料カテゴリー
　　　［図表2-11　p55］
　　◇商品カテゴリー別スーパーマーケットと他業態利用頻度（飲料・酒類）　［図表2-21　p59］
　　◇飲料〔column SCIデータでみる81品目の消費者購入金額とスーパーマーケット業態シェ
　　　ア〕　［p67］
『スーパーマーケット白書　2022年版』全国スーパーマーケット協会　2022
　　◇スーパーマーケット以外での食品購入先（飲料、加工食品）　［図表2-70　p70］
　　◇スーパーマーケット以外での食品購入先　飲料（性年代別）　［図表2-71　p70］
　　◇スーパーマーケット以外のお店を利用している理由（飲料・加工食品）　［図表2-73　p71］
　　◇飲料〔資料1-1 SCIデータでみる81品目の消費者購入金額とスーパーマーケット業態シェ
　　　ア〕　［p101］
『スーパーマーケット白書　2023年版』全国スーパーマーケット協会　2023.2
　　◇飲料〔資料1-1 SCIデータでみる81品目の消費者購入金額とスーパーマーケット業態シェ
　　　ア〕　［p115］
『スーパーマーケット白書　2024年版』全国スーパーマーケット協会　2024.2
　　◇飲料〔資料1-1 SCIデータでみる81品目の消費者購入金額とスーパーマーケット業態シェ
　　　ア〕　［p119］

【う】

ウェブ広告　⇒インターネット広告 を見よ

ウェブサイト

『インターネット白書　2016』インプレスR&D　2016.2
　◇PCカテゴリー別有力サイトの訪問者数：グルメ・クーポン/ソーシャルネットワーク/ゲーム/通販(2015年9月、家庭と職場からのアクセス)　［資料1-2-15　p79］

『ケータイ白書　2007』インプレスR&D　2006.12
　◇モバイルウェブサイトのターゲット(複数回答)　［資料3-7-23　p233］
　◇モバイルウェブサイトで実施しているアクセス誘導対策(複数回答)　［資料3-7-38　p240］

『情報メディア白書　2022』ダイヤモンド社　2022.3
　◇ウェブサイトの運営状況と広告収入〈2020年〉［Ⅰ-11-35　p189］

『ファミ通ゲーム白書　2019』KADOKAWA　2019.7
　◇2018年年間PCサイトのユニークビジター数TOP30　［p283］

『ファミ通ゲーム白書　2022』KADOKAWA　2022.8
　◇2021年 年間PCサイトのユニークビジター数TOP30　［p247］

ウェブマガジン

『情報メディア白書　2016』ダイヤモンド社　2016.2
　◇ウェブマガジン発刊の有無と広告収入〈2014年〉［図表Ⅰ-11-33　p195］

『情報メディア白書　2019』ダイヤモンド社　2019.2
　◇ウェブマガジン発刊状況と広告収入〈2017年〉［図表Ⅰ-11-33　p197］

売上

　⇒小売売上 をも見よ

『インターネット白書　2004』インプレス ネットビジネスカンパニー　2004.7
　◇来年度のECの売上増減見込み　［資料4-6-11　p262］

『インターネット白書　2007』インプレスR&D　2007.7
　◇業種広告売上の推移(CCIの例)　［資料5-4-3　p291］

『インターネット白書　2010』インプレスジャパン　2010.6
　◇業種別広告売上の推移　［資料1-2-3　p55］

『九州経済白書　2007年版』九州経済調査協会　2007.2
　◇九州に本社を置くチェーンストア等の小売企業売上DI　［図表1-2　p49］
　◇ドラッグストアの商品別売上構成と利益率(全国・2006年)　［図表1-18　p61］

『九州経済白書　2010年版』九州経済調査協会　2010.2
　◇モスフードサービス(株)の国内地域別売上動向　［図表1-23　p19］
　◇モスフードサービス(株)の月次売上(前年度比)動向　［図表1-24　p19］

『広告白書　平成16年版』日経広告研究所　2004.7
　◇広告主の商品業種別POP広告売り上げ　［資料11-3　p263］

『広告白書　2007』日経広告研究所　2007.7
　◇業種別POP広告の売り上げ(2005年度)　［p36］

『広告白書　2010』日経広告研究所　2010.7
　　◇業種別POP広告売り上げ　[p59]
『広告白書　2013』日経広告研究所　2013.7
　　◇タイプ別POP広告売り上げ　[p80]
　　◇業種別POP広告売り上げ　[p80]
『広告白書　2016』日経広告研究所　2016.7
　　◇業種別POP広告売り上げ　[p102]
『広告白書　2019年度版』日経広告研究所　2019.7
　　◇ジェイアール東日本企画の売上構成（2018年3月期）　[p111]
『広告白書　2020年度版』日経広告研究所　2020.9
　　◇ジェイアール東日本企画の売上構成（2020年3月期）　[p107]
　　◇東急エージェンシーの売上構成（2020年3月期）　[p107]
『広告白書　2021年度版』日経広告研究所　2021.8
　　◇東急エージェンシーの売上構成（2020年3月期）　[p33]
　　◇ジェイアール東日本企画の売上構成（2021年3月期）　[p34]
『こども服白書　2008』日本繊維新聞社　2007.10
　　◇全国百貨店売上推移　[p151]
『商業施設計画総覧　2023年版』産業タイムズ社　2022.11
　　◇紳士服大手売り上げ　[p131]
　　◇靴小売りチェーン大手売り上げ　[p149]
『情報メディア白書　1997年版』電通総研　1997.1
　　◇雑誌/広告売上　[図表Ⅱ-1-28　p204]
『情報メディア白書　2010』ダイヤモンド社　2010.1
　　◇タイプ別POP広告売上〈2008年度〉[図表Ⅰ-13-42　p204]
『情報メディア白書　2013』ダイヤモンド社　2013.1
　　◇タイプ別POP広告売上〈2011年度〉[図表Ⅰ-13-37　p198]
『情報メディア白書　2016』ダイヤモンド社　2016.2
　　◇業種別POP広告売上　[図表Ⅰ-11-36　p196]
　　◇タイプ別POP広告売上〈2014年度〉[図表Ⅰ-11-38　p196]
『情報メディア白書　2019』ダイヤモンド社　2019.2
　　◇業種別POP広告売上〈2017年度〉[図表Ⅰ-11-36　p198]
　　◇使用チャネル別POP広告売上〈2017年度〉[図表Ⅰ-11-37　p198]
　　◇タイプ別POP広告売上〈2017年度〉[図表Ⅰ-11-38　p198]
『スーパーマーケット白書　2022年版』全国スーパーマーケット協会　2022
　　◇「2021年　売れたものランキング」（21年1月～10月）　[図表2-42　p58]
『スーパーマーケット白書　2023年版』全国スーパーマーケット協会　2023.2
　　◇2020年～22年　売れたものランキング　[図表2-1　p49]
『スーパーマーケット白書　2024年版』全国スーパーマーケット協会　2024.2
　　◇2023年　売れたものランキング　[補足7　p41]
『地域の経済　2009』佐藤印刷　2010.2
　　◇主要家電量販店の売上金額の推移　[第1-3-9図　p29]
『ORICONエンタメ・マーケット白書　2012』オリコン・リサーチ　2013.3
　　◇書籍売上額の書店形態別構成比（全体/部門別）　[p96]
　　◇書籍分類別売上額の店舗形態別状況　[p96]
『ORICONエンタメ・マーケット白書　2018』オリコン・リサーチ　2019.3

うりあけ

　　◇区分店舗　業態別売上実績〔書籍〕　　〔p71〕
『ORICONエンタメ・マーケット白書　2021』オリコン・リサーチ　2022.3
　　◇店舗　業態別売上実績〔書籍〕　〔p71〕

売上原価率

『情報メディア白書　2010』ダイヤモンド社　2010.1
　　◇売上原価率と広告費率　〔図表Ⅰ-14-5　p209〕
『情報メディア白書　2013』ダイヤモンド社　2013.1
　　◇売上原価率と宣伝・広告費率〈JADMA会員社〉〔図表Ⅰ-14-6　p203〕
『情報メディア白書　2016』ダイヤモンド社　2016.2
　　◇売上原価率と宣伝・広告費率　〔図表Ⅰ-12-6　p201〕
『情報メディア白書　2022』ダイヤモンド社　2022.3
　　◇売上原価率と主な販売費率　〔Ⅰ-12-6　p195〕
『情報メディア白書　2023』ダイヤモンド社　2023.2
　　◇売上原価率と主な販売費率〔通信販売〕　〔図表Ⅰ-12-6　p189〕

売上構成比

『広告白書　2020年度版』日経広告研究所　2020.9
　　◇サイバーエージェントの売上構成比(2019年9月期)　〔p111〕
　　◇オプトホールディングの売上構成比(2019年12月期)　〔p112〕
『広告白書　2021年度版』日経広告研究所　2021.8
　　◇サイバーエージェントの売上構成比(2020年9月期)　〔p34〕
　　◇セプテーニ・ホールディングスの売上構成比(2020年9月期)　〔p36〕
　　◇デジタルホールディングスの売上構成比(2020年12月期)　〔p36〕
『情報メディア白書　2005』ダイヤモンド社　2004.12
　　◇総売上高上位10社の媒体別売上構成比〈2003年〉〔図表Ⅰ-12-6　p202〕
『情報メディア白書　2007』ダイヤモンド社　2007.1
　　◇総売上高上位10社の媒体別売上構成比〈2005年〉〔図表Ⅰ-13-5　p198〕
『情報メディア白書　2019』ダイヤモンド社　2019.2
　　◇業務内容別プロモーション売上構成比〈2017年度〉〔図表Ⅰ-11-39　p198〕
『情報メディア白書　2022』ダイヤモンド社　2022.3
　　◇業種別POP広告売上構成比〈2020年度〉〔Ⅰ-11-38　p190〕
　　◇小売業態別POP広告売上構成比〈2020年度〉〔Ⅰ-11-39　p190〕
　　◇機能別POP広告売上構成比〈2020年度〉〔Ⅰ-11-40　p190〕
　　◇業務内容別プロモーション売上構成比〈2020年度〉〔Ⅰ-11-41　p190〕
　　◇対象別プロモーション売上構成比〈2020年度〉〔Ⅰ-11-42　p190〕
『情報メディア白書　2023』ダイヤモンド社　2023.2
　　◇屋外広告事業者売上構成比〈2020年〉〔図表Ⅰ-11-26　p181〕
　　◇業種別POP広告売上構成比〈2021年度〉〔図表Ⅰ-11-38　p184〕
　　◇小売業態別POP広告売上構成比〈2021年度〉〔図表Ⅰ-11-39　p184〕
　　◇機能別POP広告売上高別構成比〈2021年度〉〔図表Ⅰ-11-40　p184〕
　　◇業務内容別プロモーション売上構成比〈2021年度〉〔図表Ⅰ-11-41　p184〕
　　◇対象別プロモーション売上構成比〈2021年度〉〔図表Ⅰ-11-42　p184〕
『スーパーマーケット白書　2016年版』新日本スーパーマーケット協会　2016.2
　　◇生鮮3部門　売上構成比(保有店舗別)　〔図表6-2-7　p61〕
『ORICONエンタメ・マーケット白書　2012』オリコン・リサーチ　2013.3

◇書籍年間売上額の店舗形態別売上構成比　[p87]
　　　◇書籍売上額の書店形態別構成比(全体/部門別)　[p96]
　『ORICONエンタメ・マーケット白書　2015』オリコン・リサーチ　2016.3
　　　◇書籍売上額の書店形態別構成比　[p71]
　　　◇書籍年間売上額の書店形態別構成比　[p82]

売上総利益

　『広告白書　2016』日経広告研究所　2016.7
　　　◇2015年度の売上総利益と前年度比増減率　[p108]
　　　◇電通(連結)の地域別の売上総利益(15年暦年)　[p111]
　『広告白書　2019年度版』日経広告研究所　2019.7
　　　◇広告大手3社の連結売上総利益　[p101]
　　　◇電通の売上総利益に占める海外事業とデジタル領域の構成比　[p104]
　　　◇電通単体の総労働時間と売上総利益〔電通の中期計画〕　[p105]
　『広告白書　2020年度版』日経広告研究所　2020.9
　　　◇広告大手3社の連結売上総利益　[p99]
　　　◇2011年世界の広告会社上位10社(売上総利益)　[p101]
　『東京の中小企業の現状(流通産業編)　平成29年度』東京都産業労働局　2018.3
　　　◇売上総利益額〔卸売業〕　〔図表Ⅱ-1-16　p59〕
　　　◇売上総利益額の変化〔卸売業〕　〔図表Ⅱ-1-17　p61〕
　　　◇売上総利益額〔小売業〕　〔図表Ⅱ-2-27　p148〕
　　　◇売上総利益額の変化〔小売業〕　〔図表Ⅱ-2-28　p149〕
　『東京の中小企業の現状(流通産業編)　令和2年度』東京都産業労働局　2021.3
　　　◇感染症発生前後での売上総利益(粗利益)の変化〔卸売業〕　〔図表Ⅱ-1-17　p49〕
　　　◇3年前と比較した売上総利益(粗利益)の変化〔卸売業〕　〔図表Ⅱ-1-18　p50〕
　　　◇近決算の売上総利益〔卸売業〕　〔図表Ⅱ-1-19　p51〕
　　　◇3年前と比較した売上総利益率(粗利益率)の変化〔卸売業〕　〔図表Ⅱ-1-20　p52〕
　　　◇直近決算の売上総利益率(粗利益率)〔卸売業〕　〔図表Ⅱ-1-21　p53〕
　　　◇感染症発生前後での売上総利益(粗利益)の変化〔小売業〕　〔図表Ⅱ-2-16　p137〕
　　　◇3年前と比較した売上総利益(粗利益)の変化〔小売業〕　〔図表Ⅱ-2-17　p138〕
　　　◇直近決算の売上総利益〔小売業〕　〔図表Ⅱ-2-18　p139〕
　　　◇3年前と比較した売上総利益率(粗利益率)の変化〔小売業〕　〔図表Ⅱ-2-19　p140〕
　　　◇直近決算の売上総利益率(粗利益率)〔小売業〕　〔図表Ⅱ-2-20　p141〕

売上高

　　　⇒卸売業(売上高),広告業(売上高),小売業(売上高),スーパーマーケット(売上高),年間売上高　をも見よ

　『インターネット白書　2004』インプレス　ネットビジネスカンパニー　2004.7
　　　◇ネットショップの売上高　[資料6-2-11　p302]
　『観光白書　令和4年版』昭和情報プロセス　2022.8
　　　◇宿泊業、飲食サービス業の規模別売上高の動向(2019年～2021年)　〔図表Ⅱ-2　p46〕
　『企業戦略白書　Ⅷ(2008)』東洋経済新報社　2009.12
　　　◇百貨店の再編一覧(統合後売上高は2007年度の決算数字)　[表5-1-1　p154]
　『九州経済白書　2007年版』九州経済調査協会　2007.2
　　　◇(株)丸久の売上高と店舗数の推移　[図表1-19　p62]
　『九州経済白書　2010年版』九州経済調査協会　2010.2

うりあけ　　　　　　　　　　　　　　　統計図表レファレンス事典　商業・広告・マーケティング

　　◇ファスト化商品市場関連上位企業の店舗売上高(全国、九州)　［図表1-14　p11］
　　◇コモディティ型商品市場関連上位企業の店舗売上高　［図表1-17　p13］
　　◇国内ネット通販の売上高上位企業(2008年度)　［図表5-7　p93］
『広告白書　平成9年版』日経広告研究所　1997.7
　　◇主要広告代理業上位50社売上高　［(表)13　p238〜239］
『広告白書　平成16年版』日経広告研究所　2004.7
　　◇主要広告代理業上位50社売上高(2003年1月〜12月)　［p264〜265］
『広告白書　2007』日経広告研究所　2007.7
　　◇広告宣伝費と売上高の伸び率　［p84］
　　◇主要広告代理業上位50社売上高(2006年1月〜12月)　［14　p206］
『広告白書　2010』日経広告研究所　2010.7
　　◇通信販売業界の広告宣伝費と売上高に占める割合　［p22］
　　◇広告宣伝費と売上高の伸び率推移(単独　上場企業)　［p31］
『広告白書　2013』日経広告研究所　2013.7
　　◇広告宣伝費と売上高の伸び率(単独決算，上場企業)　［p36］
　　◇主要広告代理業上位40社売上高(2012年1月〜12月)　［16　p210］
『広告白書　2016』日経広告研究所　2016.7
　　◇売上高と広告宣伝費の前年度比増減率の推移(連結決算，有力企業)　［p40］
　　◇売上高に占める広告宣伝費比率の推移(連結決算，有力企業)　［p40］
　　◇サントリーホールディングスの広告宣伝費と海外売上高比率　［p41］
　　◇イオンの広告宣伝費と海外売上高比率　［p42］
　　◇大手広告業3社の媒体別売上高(2015年度)　［p113］
　　◇ADK(単体)の業種別売上高(15年12月期)　［p114］
　　◇電通(単体)の業種別売上高(15年，暦年ベース)　［p114］
『広告白書　2019年度版』日経広告研究所　2019.7
　　◇広告売上高合計と主要媒体の動向予測(19年2月予測時点)　［p24］
『広告白書　2020年度版』日経広告研究所　2020.9
　　◇広告売上高合計と主要媒体の動向予測　［p26］
『広告白書　2021年度版』日経広告研究所　2021.8
　　◇広告売上高合計と主要媒体の動向予測　［p43］
『広告白書　2022年度版』日経広告研究所　2022.8
　　◇総広告費の全産業売上高比率　［p21］
　　◇広告売上高合計と主要媒体の動向予測　［p23］
『商業施設計画総覧　2023年版』産業タイムズ社　2022.11
　　◇主なアパレル企業の売上高、店舗数　［p120］
　　◇メガネ企業の売上高、店舗数　［p154］
『情報メディア白書　1997年版』電通総研　1997.1
　　◇大手取次2社の売上高—トーハン　［図表Ⅰ-1-9　p14］
　　◇大手取次2社の売上高—日本出版販売　［図表Ⅰ-1-9　p14］
　　◇取次各社の売上高　［図表Ⅰ-1-10　p14］
　　◇大手書店2社の売上高とその構成　［図表Ⅰ-1-11　p14］
　　◇秋葉原電気街店舗別売上高構成(1994/1995年度)　［図表Ⅰ-17-15　p107］
　　◇アマチュア写真売上高(小売レベル)　［図表Ⅰ-25-1　p146］
　　◇カラオケボックスの1店舗・1ルーム当たりの年間売上高　［図表Ⅰ-27-4　p156］
　　◇通信販売売上高　［図表Ⅰ-29-1　p169］
　　◇株式を公開している通販専業社の売上高　［図表Ⅰ-29-2　p169］

統計図表レファレンス事典　商業・広告・マーケティング　　　　　　　　　　うりあげ

　　◇株式公開を行っている通販専業社の売上高　　［図表Ⅰ-29-3　p169］
『情報メディア白書　2005』ダイヤモンド社　2004.12
　　◇新聞販売店の売上高と従業員規模別店数　　［図表Ⅰ-1-12　p39］
　　◇大手取次2社の売上高　　［図表Ⅰ-2-11　p54］
　　◇書店売上高トップ10〈2003年度〉［図表Ⅰ-2-12　p54］
　　◇主なビデオソフト小売店売上高〈セル/レンタル〉［図表Ⅰ-4-23　p93］
　　◇主要広告代理業各社の売上高　　［図表Ⅰ-12-5　p202］
　　◇POP広告売上高　　［図表Ⅰ-12-22　p207］
　　◇業種別POP広告売上高〈2003年度〉［図表Ⅰ-12-23　p207］
　　◇主なインターネット広告会社売上高　　［図表Ⅰ-12-31　p209］
　　◇新聞売上高（販売/広告）（アメリカ）　　［図表Ⅱ-1-10　p220］
　　◇アマチュア写真売上高〈小売レベル〉［図表Ⅲ-8-23　p271］
『情報メディア白書　2007』ダイヤモンド社　2007.1
　　◇主な取次の売上高　　［図表Ⅰ-2-12　p48］
　　◇書店売上高トップ10〈2005年度〉［図表Ⅰ-2-13　p48］
　　◇主なビデオソフト小売店売上高〈セル/レンタル〉［図表Ⅰ-5-21　p88］
　　◇主要広告代理業各社の売上高　　［図表Ⅰ-13-4　p198］
　　◇テレビCM売上高と制作本数　　［図表Ⅰ-13-13　p201］
　　◇POP広告売上高　　［図表Ⅰ-13-21　p203］
　　◇業種別POP広告売上高〈2005年度〉［図表Ⅰ-13-22　p203］
　　◇主なインターネット広告会社の売上高　　［図表Ⅰ-13-31　p205］
　　◇新聞売上高（販売/広告）［アメリカ］　　［図表Ⅱ-2-1　p227］
　　◇通信販売売上高　　［図表Ⅲ-8-26　p277］
　　◇通信販売平均売上高と年間総受注件数　　［図表Ⅲ-8-30　p278］
『情報メディア白書　2010』ダイヤモンド社　2010.1
　　◇主な取次の売上高　　［図表Ⅰ-2-12　p44］
　　◇主なビデオソフト小売店・レンタル店の売上高　　［図表Ⅰ-5-24　p86］
　　◇主要広告代理業各社の売上高　　［図表Ⅰ-13-2　p195］
　　◇総売上高上位10社の媒体別売上高構成比〈2008年〉［図表Ⅰ-13-3　p195］
　　◇主なインターネット広告会社の売上高　　［図表Ⅰ-13-16　p199］
　　◇主なモバイル広告会社の売上高　　［図表Ⅰ-13-21　p200］
　　◇事業所規模別広告板売上高〈2008年〉［図表Ⅰ-13-31　p202］
　　◇POP広告売上高　　［図表Ⅰ-13-40　p204］
　　◇業種別POP広告売上高〈2008年度〉［図表Ⅰ-13-41　p204］
　　◇通信販売売上高　　［図表Ⅰ-14-1　p208］
　　◇小売業総販売額に占める通販売上比率　　［図表Ⅰ-14-2　p208］
　　◇通販・通信教育売上上位250社の売上高シェア　　［図表Ⅰ-14-7　p209］
　　◇主な総合通販事業者の売上高　　［図表Ⅰ-14-8　p209］
　　◇主な通信教育・B to B通信販売事業者の売上高〈2009年〉［図表Ⅰ-14-9　p209］
　　◇インターネット通販主要企業の売上高とEC化率　　［図表Ⅰ-14-27　p214］
　　◇インターネット通販事業者の受注件数・売上高　　［図表Ⅰ-14-28　p214］
『情報メディア白書　2013』ダイヤモンド社　2013.1
　　◇書店売上高トップ10〈2011年〉［図表Ⅰ-2-13　p60］
　　◇主要広告代理業各社の売上高　　［図表Ⅰ-13-2　p189］
　　◇総売上高上位10社の媒体別売上高構成比〈2011年〉［図表Ⅰ-13-3　p189］
　　◇主なインターネット広告会社の売上高　　［図表Ⅰ-13-11　p192］
　　◇POP広告売上高　　［図表Ⅰ-13-34　p198］

23

◇業種別POP広告売上〈2011年度〉［図表Ⅰ-13-35　p198］
　　◇使用チャネル別POP広告売上〈2011年度〉［図表Ⅰ-13-36　p198］
　　◇通信販売売上高　［図表Ⅰ-14-1　p202］
　　◇小売業商業販売額に占める通信販売売上高比率　［図表Ⅰ-14-2　p202］
　　◇媒体別売上高構成〈JADMA会員社〉［図表Ⅰ-14-3　p202］
　　◇通販・通信教育売上上位300社の売上高シェア〈2011年6月期～2012年5月期〉［図表Ⅰ-14-5　p203］
　　◇主な総合通販、通信教育・BtoB通販事業者の売上高　［図表Ⅰ-14-8　p203］
　　◇受注方法別売上高構成〈JADMA会員社〉［図表Ⅰ-14-15　p205］
　　◇商品別売上高構成上位項目〈JADMA会員社〉［図表Ⅰ-14-21　p206］
　　◇インターネット販売平均売上高〈JADMA会員社〉［図表Ⅰ-14-24　p207］
　　◇主なテレビ通販事業者のテレビ通販売上高　［図表Ⅰ-14-28　p208］
『情報メディア白書　2016』ダイヤモンド社　2016.2
　　◇書店売上高トップ10〈2014年度〉［図表Ⅰ-2-8　p69］
　　◇主要広告代理業各社の売上高　［図表Ⅰ-11-2　p187］
　　◇主要広告代理店および上位10社の媒体別売上高〈2014年〉［図表Ⅰ-11-3　p187］
　　◇主なインターネット広告会社の売上高　［図表Ⅰ-11-12　p190］
　　◇POP広告売上高推移　［図表Ⅰ-11-35　p196］
　　◇使用チャネル別POP広告売上〈2014年度〉［図表Ⅰ-11-37　p196］
　　◇通信販売売上高　［図表Ⅰ-12-1　p200］
　　◇通信販売・通信教育売上上位300社の売上高シェア〈2014年6月期～2015年5月期〉［図表Ⅰ-12-3　p200］
　　◇通信販売企業の平均売上高　［図表Ⅰ-12-5　p201］
　　◇主な総合通信販売/通信教育事業者の売上高　［図表Ⅰ-12-8　p201］
　　◇広告媒体別売上高構成　［図表Ⅰ-12-13　p202］
　　◇主なテレビ通販事業者のテレビ通販売上高　［図表Ⅰ-12-25　p205］
　　◇インターネット通販平均売上高　［図表Ⅰ-12-28　p206］
　　◇インターネット通販主要企業の売上高〈2015年〉［図表Ⅰ-12-30　p207］
　　◇写真機小売業、写真業、写真現像焼付業の売上高〈2012年〉［図表Ⅱ-4-25　p244］
『情報メディア白書　2019』ダイヤモンド社　2019.2
　　◇主な出版取次の売上高　［図表Ⅰ-2-6　p70］
　　◇主な書店の売上高　［図表Ⅰ-2-8　p70］
　　◇主要広告代理店売上高　［図表Ⅰ-11-4　p189］
　　◇主なインターネット広告会社の売上高　［図表Ⅰ-11-13　p192］
　　◇POP広告売上高　［図表Ⅰ-11-35　p198］
　　◇通信販売売上高　［図表Ⅰ-12-1　p202］
　　◇小売業商業販売額とそれに占める通信販売売上高比率　［図表Ⅰ-12-2　p202］
　　◇通信販売・通信教育売上上位300社の売上高シェア〈2017年6月期～2018年5月期〉［図表Ⅰ-12-3　p202］
　　◇通信販売企業の平均売上高〈2017年度〉［図表Ⅰ-12-5　p203］
　　◇主な総合通信販売/通信教育事業者の売上高　［図表Ⅰ-12-8　p203］
　　◇広告媒体別売上高構成　［図表Ⅰ-12-10　p204］
　　◇受注方法別売上高構成　［図表Ⅰ-12-16　p205］
　　◇商品別売上高構成上位品目　［図表Ⅰ-12-23　p206］
　　◇主なテレビ通販事業者のテレビ通販売上高　［図表Ⅰ-12-25　p207］
　　◇インターネット通販平均売上高　［図表Ⅰ-12-28　p208］
　　◇インターネット通販主要企業の売上高〈2018年〉［図表Ⅰ-12-30　p209］
　　◇写真機小売業、写真業、写真現像焼付業の売上高〈2016年〉［図表Ⅱ-4-25　p248］

『情報メディア白書　2022』ダイヤモンド社　2022.3
　　◇主な出版取次の売上高　［Ⅰ-2-6　p62］
　　◇主な書店の売上高　［Ⅰ-2-8　p62］
　　◇主要広告代理店売上高　［Ⅰ-11-4　p181］
　　◇主なインターネット広告会社の売上高　［Ⅰ-11-13　p184］
　　◇POP広告売上高　［Ⅰ-11-37　p190］
　　◇通信販売売上高　［Ⅰ-12-1　p194］
　　◇通信販売・通信教育売上上位300社の売上高シェア〈2020年6月期～2021年5月期〉［Ⅰ-12-3　p194］
　　◇通信販売企業の平均売上高〈2020年度〉［Ⅰ-12-4　p195］
　　◇主な通販専業事業者・通信教育事業者の売上高　［Ⅰ-12-7　p195］
　　◇広告媒体別売上高構成　［Ⅰ-12-9　p196］
　　◇主なテレビ通販事業者の売上高　［Ⅰ-12-22　p199］
　　◇インターネット通販平均売上高　［Ⅰ-12-26　p200］
　　◇インターネット通販主要企業の売上高〈2020年6月～2021年5月〉［Ⅰ-12-28　p201］
　　◇写真機小売業、写真業、写真現像焼付業の売上高〈2016年〉［Ⅱ-4-25　p240］
『情報メディア白書　2023』ダイヤモンド社　2023.2
　　◇主要広告代理店売上高　［図表Ⅰ-11-4　p175］
　　◇主なインターネット広告会社の売上高　［図表Ⅰ-11-13　p178］
　　◇屋外広告事業者年間売上高別構成比〈2020年〉［図表Ⅰ-11-25　p181］
　　◇POP広告売上高　［図表Ⅰ-11-37　p184］
　　◇通信販売売上高　［図表Ⅰ-12-1　p188］
　　◇通信販売・通信教育売上上位300社の売上高シェア〈2021年6月期～2022年5月期〉［図表Ⅰ-12-3　p188］
　　◇通信販売企業の平均売上高〈2021年度〉［図表Ⅰ-12-4　p189］
　　◇主な通販専業事業者・通信教育事業者の売上高　［図表Ⅰ-12-7　p189］
　　◇広告媒体別売上高構成〔通信販売〕　［図表Ⅰ-12-9　p190］
　　◇受注方法別売上高構成〔通信販売〕　［図表Ⅰ-12-14　p191］
　　◇商品別売上高構成比〔通信販売〕　［図表Ⅰ-12-20　p192］
　　◇主なテレビ通販事業者の売上高　［図表Ⅰ-12-22　p193］
　　◇インターネット通販主要企業の売上高〈2021年6月～2022年5月〉［図表Ⅰ-12-27　p194］
　　◇インターネットショッピングサイト運営業売上高　［図表Ⅰ-12-28　p195］
『新装　商業施設計画総覧　2024年版』産業タイムズ社　2023.11
　　◇国内アウトレットモールの売上高　［p14］
『スーパーマーケット白書　2019年版』全国スーパーマーケット協会　2019
　　◇2018年　青果カテゴリー　前年同月比(既存店)の推移　［p18］
　　◇2018年　水産カテゴリー　前年同月比(既存店)の推移　［p19］
　　◇2018年　畜産カテゴリー　前年同月比(既存店)の推移　［p20］
　　◇2018年　惣菜カテゴリー　前年同月比(既存店)の推移　［p21］
　　◇2018年　日配カテゴリー　前年同月比(既存店)の推移　［p21］
　　◇2018年　一般食品カテゴリー　前年同月比(既存店)の推移　［p22］
　　◇2018年　非食品カテゴリー　前年同月比(既存店)の推移　［p22］
　　◇カフェチェーンのコーヒー価格と売上高の伸び率　［図表　p84］
　　◇青果カテゴリー〔資料4.2018年スーパーマーケット月別カテゴリー動向〕　［資料4-1　p96］
　　◇水産カテゴリー〔資料4.2018年スーパーマーケット月別カテゴリー動向〕　［資料4-2　p98］
　　◇畜産カテゴリー〔資料4.2018年スーパーマーケット月別カテゴリー動向〕　［資料4-3　p100］

うりあけ　　　　　　　　　　　統計図表レファレンス事典　商業・広告・マーケティング

　　◇惣菜カテゴリー〔資料4.2018年スーパーマーケット月別カテゴリー動向〕　〔資料4-4
　　　p102〕
　　◇日配カテゴリー〔資料4.2018年スーパーマーケット月別カテゴリー動向〕　〔資料4-5
　　　p104〕
　　◇一般食品カテゴリー〔資料4.2018年スーパーマーケット月別カテゴリー動向〕　〔資料4-
　　　6　p106〕
　　◇非食品カテゴリー〔資料4.2018年スーパーマーケット月別カテゴリー動向〕　〔資料4-7
　　　p108〕
『スーパーマーケット白書　2022年版』全国スーパーマーケット協会　2022
　　◇売上高DIの推移　〔図表1-10　p20〕
　　◇2021年　青果カテゴリーの推移(既存店　前年同月比・前々年同月比)　〔図表1-16　p22〕
　　◇2021年　水産カテゴリーの推移(既存店　前年同月比・前々年同月比)　〔図表1-18　p25〕
　　◇2021年　畜産カテゴリーの推移(既存店　前年同月比・前々年同月比)　〔図表1-21　p28〕
　　◇2021年　惣菜カテゴリーの推移(既存店　前年同月比・前々年同月比)　〔図表1-23　p31〕
　　◇2021年　日配カテゴリーの推移(既存店　前年同月比・前々年同月比)　〔図表1-24　p33〕
　　◇2021年　一般食品カテゴリーの推移(既存店　前年同月比・前々年同月比)　〔図表1-25
　　　p35〕
　　◇2021年　非食品カテゴリーの推移(既存店　前年同月比・前々年同月比)　〔図表1-26　p37〕
　　◇百貨店・外食店の売上高(2019年同月比増減率)　〔図表2-5　p46〕
　　◇外食業界の売上高の推移(2019年同月比)　〔図表2-47　p60〕
『スーパーマーケット白書　2023年版』全国スーパーマーケット協会　2023.2
　　◇2022年　青果カテゴリーの推移(既存店　前年同月比・前々年同月比)　〔図表1-16　p23〕
　　◇2022年　水産カテゴリーの推移(既存店　前年同月比・前々年同月比)　〔図表1-18　p26〕
　　◇2022年　畜産カテゴリーの推移(既存店　前年同月比・前々年同月比)　〔図表1-20　p29〕
　　◇2022年　惣菜カテゴリーの推移(既存店　前年同月比・前々年同月比)　〔図表1-22　p32〕
　　◇2022年　日配カテゴリーの推移(既存店　前年同月比・前々年同月比)　〔図表1-23　p34〕
　　◇2022年　一般食品カテゴリーの推移(既存店　前年同月比・前々年同月比)　〔図表1-24
　　　p36〕
　　◇2022年　非食品カテゴリーの推移(既存店　前年同月比・前々年同月比)　〔図表1-25　p38〕
『スーパーマーケット白書　2024年版』全国スーパーマーケット協会　2024.2
　　◇2023年　青果カテゴリー既存店前年同月比　〔図表1-18　p24〕
　　◇2023年　水産カテゴリー既存店前年同月比　〔図表1-20　p27〕
　　◇2023年　畜産カテゴリー既存店前年同月比　〔図表1-22　p30〕
　　◇2023年　惣菜カテゴリー既存店前年同月比　〔図表1-24　p33〕
　　◇2023年　日配カテゴリー既存店前年同月比　〔図表1-27　p36〕
　　◇2023年　一般食品カテゴリー既存店前年同月比　〔図表1-28　p38〕
　　◇2023年　非食品カテゴリー既存店前年同月比　〔図表1-29　p40〕
『製造基盤白書(ものづくり白書)　2004年版』ぎょうせい　2004.6
　　◇総売上高に占める直販の割合　〔図132-5　p230〕
『地域の経済　2009』佐藤印刷　2010.2
　　◇小売業に占めるショッピングセンターの総売上高、総面積シェアの推移　〔第1-3-4図
　　　p26〕
　　◇百貨店・ショッピングセンターの売上高増減率の比較　〔第1-3-6図　p27〕
『地域の経済　2016』メディアランド　2016.10
　　◇百貨店売上高(対前年比(税抜、既存店ベース))　〔第1-1-3図　p4〕
『地域の経済　2020〜2021』日経印刷　2021.12
　　◇飲食店の売上高の推移(地域別)　〔第2-2-13図　p109-110〕
『通商白書　2010』日経印刷　2010.7

◇各国の消費財売上高のうち、小規模小売店を通じた販売の割合　［第2-3-3-1図　p194］
『通信白書　平成9年版』大蔵省印刷局　1997.5
　◇通信販売におけるテレビ媒体による売上高の推移　［第3-5-12図　p329］
『データベース白書　2004』データベース振興センター　2004.5
　◇インターネット広告売上高　［図9-1-2　p308］
『東京都中小企業経営白書　平成15年版』東京都産業労働局産業政策部調査研究課　2004.3
　◇直近の売上高（鉄鋼卸売業）　［p257］
　◇売上高（3年前との比較）（鉄鋼卸売業）　［p257］
　◇直近の売上高（金属加工・その他一般機械器具卸売業）　［p259］
　◇売上高（3年前との比較）（金属加工・その他一般機械器具卸売業）　［p259］
　◇直近の売上高（自動車部品・付属品卸売業）　［p261］
　◇売上高（3年前との比較）（自動車部品・付属品卸売業）　［p261］
　◇直近の売上高（電気機械器具卸売業）　［p263］
　◇売上高（3年前との比較）（電気機械器具卸売業）　［p263］
　◇直近の売上高（医療用機械器具卸売業）　［p265］
　◇売上高（3年前との比較）（医療用機械器具卸売業）　［p265］
『東京の中小企業の現状（流通産業編）　平成26年度』東京都産業労働局　2015.3
　◇インターネット販売における売上高の変化　［図表Ⅲ-1-8　p200］
　◇インターネット販売における売上高の変化　［図表Ⅲ-1-21　p215］
『日本民間放送年鑑　'97』日本民間放送連盟　1997.12
　◇広告代理業上位10社売上高　［表2　p112］
『百貨店調査年鑑　2021年度』ストアーズ社　2021.9
　◇全国売上高─年間、地区別〔2020年年間（1～12月）全国百貨店売上高統計〕　［第1表　p16］
　◇全国売上高─年間、商品別〔2020年年間（1～12月）全国百貨店売上高統計〕　［第2表　p16］
　◇チェーンストア商品別売上高〈前年（同期、同月）比〉［第25表-2　p18～19］
　◇全国百貨店年間地区別、商品別売上高総額　［p25］
　◇東京各店　年間、商品別売上高〔2020年全国百貨店年間商品別売上高集計〕　［p26］
　◇横浜各店　年間、商品別売上高〔2020年全国百貨店年間商品別売上高集計〕　［p27］
　◇京都各店　年間、商品別売上高〔2020年全国百貨店年間商品別売上高集計〕　［p28］
　◇名古屋各店　年間、商品別売上高〔2020年全国百貨店年間商品別売上高集計〕　［p28］
　◇神戸各店　年間、商品別売上高〔2020年全国百貨店年間商品別売上高集計〕　［p29］
　◇大阪各店　年間、商品別売上高〔2020年全国百貨店年間商品別売上高集計〕　［p29］
　◇北海道各店　年間、商品別売上高〔2020年全国百貨店年間商品別売上高集計〕　［p30］
　◇東北各店　年間、商品別売上高〔2020年全国百貨店年間商品別売上高集計〕　［p31］
　◇関東各店　年間、商品別売上高〔2020年全国百貨店年間商品別売上高集計〕　［p32］
　◇中部各店　年間、商品別売上高〔2020年全国百貨店年間商品別売上高集計〕　［p34］
　◇近畿各店　年間、商品別売上高〔2020年全国百貨店年間商品別売上高集計〕　［p35］
　◇中国各店　年間、商品別売上高〔2020年全国百貨店年間商品別売上高集計〕　［p36］
　◇九州・沖縄各店　年間、商品別売上高〔2020年全国百貨店年間商品別売上高集計〕　［p37］
　◇四国各店　年間、商品別売上高〔2020年全国百貨店年間商品別売上高集計〕　［p37］
　◇全国百貨店月別、店舗別、商品別売上高〔2020年〕　［p39～206］
『百貨店調査年鑑　2022年度』ストアーズ社　2022.9
　◇全国売上高─年間、地区別〔2021年年間（1～12月）全国百貨店売上高統計〕　［第1表　p16］
　◇全国売上高─年間、商品別〔2021年年間（1～12月）全国百貨店売上高統計〕　［第2表　p16］

うりあけ　　　　　　　　　　統計図表レファレンス事典　商業・広告・マーケティング

　　◇全国百貨店年間地区別、商品別売上高総額　［p25］
　　◇東京各店　年間、商品別売上高〔2021年全国百貨店年間商品別売上高集計〕　［p26］
　　◇横浜各店　年間、商品別売上高〔2021年全国百貨店年間商品別売上高集計〕　［p27］
　　◇京都各店　年間、商品別売上高〔2021年全国百貨店年間商品別売上高集計〕　［p28］
　　◇名古屋各店　年間、商品別売上高〔2021年全国百貨店年間商品別売上高集計〕　［p28］
　　◇神戸各店　年間、商品別売上高〔2021年全国百貨店年間商品別売上高集計〕　［p29］
　　◇大阪各店　年間、商品別売上高〔2021年全国百貨店年間商品別売上高集計〕　［p29］
　　◇北海道各店　年間、商品別売上高〔2021年全国百貨店年間商品別売上高集計〕　［p30］
　　◇東北各店　年間、商品別売上高〔2021年全国百貨店年間商品別売上高集計〕　［p31］
　　◇関東各店　年間、商品別売上高〔2021年全国百貨店年間商品別売上高集計〕　［p32］
　　◇中部各店　年間、商品別売上高〔2021年全国百貨店年間商品別売上高集計〕　［p34］
　　◇近畿各店　年間、商品別売上高〔2021年全国百貨店年間商品別売上高集計〕　［p35］
　　◇中国各店　年間、商品別売上高〔2021年全国百貨店年間商品別売上高集計〕　［p36］
　　◇九州・沖縄各店　年間、商品別売上高〔2021年全国百貨店年間商品別売上高集計〕　［p37］
　　◇四国各店　年間、商品別売上高〔2021年全国百貨店年間商品別売上高集計〕　［p37］
　　◇全国百貨店月別、店舗別、商品別売上高〔2021年〕　［p39～206］
『百貨店調査年鑑　2023年度』ストアーズ社　2023.9
　　◇全国売上高―年間、地区別〔2022年年間（1～12月）全国百貨店売上高統計〕　［第1表　p16］
　　◇全国売上高―年間、商品別〔2022年年間（1～12月）全国百貨店売上高統計〕　［第2表　p16］
　　◇チェーンストア商品別売上高　［3-（1）　p18～19］
　　◇全国百貨店年間地区別、商品別売上高総額　［p25］
　　◇東京各店　年間、商品別売上高〔2022年全国百貨店年間商品別売上高集計〕　［p26］
　　◇横浜各店　年間、商品別売上高〔2022年全国百貨店年間商品別売上高集計〕　［p27］
　　◇京都各店　年間、商品別売上高〔2022年全国百貨店年間商品別売上高集計〕　［p28］
　　◇名古屋各店　年間、商品別売上高〔2022年全国百貨店年間商品別売上高集計〕　［p28］
　　◇神戸各店　年間、商品別売上高〔2022年全国百貨店年間商品別売上高集計〕　［p29］
　　◇大阪各店　年間、商品別売上高〔2022年全国百貨店年間商品別売上高集計〕　［p29］
　　◇北海道各店　年間、商品別売上高〔2022年全国百貨店年間商品別売上高集計〕　［p30］
　　◇東北各店　年間、商品別売上高〔2022年全国百貨店年間商品別売上高集計〕　［p31］
　　◇関東各店　年間、商品別売上高〔2022年全国百貨店年間商品別売上高集計〕　［p32］
　　◇中部各店　年間、商品別売上高〔2022年全国百貨店年間商品別売上高集計〕　［p34］
　　◇近畿各店　年間、商品別売上高〔2022年全国百貨店年間商品別売上高集計〕　［p35］
　　◇中国各店　年間、商品別売上高〔2022年全国百貨店年間商品別売上高集計〕　［p36］
　　◇九州・沖縄各店　年間、商品別売上高〔2022年全国百貨店年間商品別売上高集計〕　［p37］
　　◇四国各店　年間、商品別売上高〔2022年全国百貨店年間商品別売上高集計〕　［p37］
　　◇全国百貨店月別、店舗別、商品別売上高〔2022年〕　［p39～206］
『ホビー白書　2015年版』日本ホビー協会　2015.11
　　◇藤久（株）店舗の単位あたり売上高　［図表4-34　p83］
　　◇100円ショップ大手売上高　［図表4-37　p85］
『ホビー白書　2019年版』日本ホビー協会　2019.11
　　◇セリアの商品区分別売上高（2019年3月期）　［図表1-36　p39］
　　◇ホームセンター売上高および店舗数　［参考資料1-2　p107］
　　◇商品別ホームセンター売上高　［参考資料1-3　p108］
『有力企業の広告宣伝費―NEEDS日経財務データより算定―　2023年版』日経広告研究所　2023.9
　　◇売上高と広告宣伝費の前年度比増減率の推移（連結決算、有力企業）　［図表2　p10］

◇売上高に占める広告宣伝費比率の推移（連結決算、有力企業）　［図表3　p10］
◇業種別売上高に対する広告宣伝費の割合（単独、上場企業）　［p17］
◇連結売上高に対する広告宣伝費の比率上位100社　［p52］
◇単独売上高に対する広告宣伝費の比率上位100社　［p53］

『労働経済白書　平成22年版』日経印刷　2010.8
　◇通信販売売上高の推移　［付1-（3）-4表　p236］

売上高営業利益率

『大阪経済・労働白書　平成21年版』大阪府立産業開発研究所，大阪府商工労働部雇用推進室労政課　2010.3
　◇卸売業の売上高営業利益率の推移　［図表Ⅰ-2-45　p55］
　◇小売業の売上高営業利益率の推移　［図表Ⅰ-2-46　p55］

『製造基盤白書（ものづくり白書）　2004年版』ぎょうせい　2004.6
　◇直販部門の売上高営業利益率　［図132-12　p232］

『中小企業白書　平成9年版』大蔵省印刷局　1997.5
　◇小売業の売上高営業利益率（資本金規模別）　［第2-3-6図　p224］
　◇卸売業の売上高営業利益率（資本金規模別）　［第2-3-15図　p229］
　◇卸売業の売上高営業利益率変化の背景（資本金規模別）　［第2-3-16図　p230］

『物価レポート　'97』経済企画協会　1997.10
　◇家電小売業のマージン率、売上高営業利益率、販売管理費比率の推移―（1）新興家電量販店　［図表3-2-1　p50］
　◇家電小売業のマージン率、売上高営業利益率、販売管理費比率の推移―（2）家電量販店上位10社　［図表3-2-1　p50］
　◇家電小売業のマージン率、売上高営業利益率、販売管理費比率の推移―（3）中小電器店　［図表3-2-1　p50］

売上高総利益率

『東京の中小企業の現状（流通産業編）　平成29年度』東京都産業労働局　2018.3
　◇売上高総利益率〔卸売業〕　［図表Ⅱ-1-18　p63］
　◇売上高総利益率〔小売業〕　［図表Ⅱ-2-29　p151］

売上高比率

『情報メディア白書　2016』ダイヤモンド社　2016.2
　◇小売業商業販売額とそれに占める通信販売売上高比率　［図表Ⅰ-12-2　p200］

『情報メディア白書　2022』ダイヤモンド社　2022.3
　◇小売業商業販売額とそれに占める通信販売売上高比率　［Ⅰ-12-2　p194］

『情報メディア白書　2023』ダイヤモンド社　2023.2
　◇小売業商業販売額とそれに占める通信販売売上高比率　［図表Ⅰ-12-2　p188］

『中小企業白書　平成9年版』大蔵省印刷局　1997.5
　◇売上高に対する諸比率の推移（卸売業）　［25表　p25］
　◇売上高に対する諸比率の推移（小売業）　［26表　p26］

売場面積

『九州経済白書　2007年版』九州経済調査協会　2007.2
　◇売場面積別にみた従業者1人当り小売販売額（全国）　［図表Ⅲ-20　p29］

『九州経済白書　2010年版』九州経済調査協会　2010.2
　◇食品販売を主体とする各業態店舗の売場面積推計　［図表1-19　p14］
　◇新しい店舗の売場面積と品揃え（アイテム数）のフォーマット（小売）　［図表2-7　p33］

◇九州・山口の小売店事業所数・年間商品販売額・売場面積の推移　［図表3-1　p43］
　　◇九州における百貨店事業所数・売場面積の推移　［図表3-6　p45］
　　◇九州における大型スーパーの事業所数・売場面積の推移　［図表3-7　p46］
　　◇全国における業態別売場面積の推移(1999年＝100)　［図表3-13　p48］
　　◇新タイプ店舗の店舗・売場面積　［図表3-27　p54］
　　◇スーパーマーケットの売場面積別指標　［図表4-25　p78］
『国土交通白書　2010』日経印刷　2010.7
　　◇小売業の売場面積の立地別の増減(2002年2007年)　［図表32　p18］
　　◇小売業の売場面積と販売額の変化　［図表33　p18］
『地域経済総覧(週刊東洋経済臨時増刊/Data Bank SERIES)　2024年版』東洋経済新報社　2023.9
　　◇百貨店・スーパー売場面積・販売額〔都道府県別データ〕　［p187］
　　◇大規模小売店施設数・売場面積〔市区別データ〕　［p473］
『中小企業白書　2007年版』ぎょうせい　2007.6
　　◇売場面積別小売業販売額の推移　［第2-2-4図　p90］
『デジタルコンテンツ白書　2019』デジタルコンテンツ協会　2019.9
　　◇書店の総店舗数と坪数の推移　［p179］
『デジタルコンテンツ白書　2022』デジタルコンテンツ協会　2022.9
　　◇書店の総店舗数と坪数の推移　［p158］
『東京の中小企業の現状(流通産業編)　平成26年度』東京都産業労働局　2015.3
　　◇小売業の事業所数・従業者数・年間商品販売額・売場面積　［図表Ⅰ-2-10　p18］
　　◇都内小売業の推移(年間商品販売額・売場面積)　［図表Ⅰ-2-12　p19］
　　◇小売業の業種別構成比(売場面積)　［図表Ⅰ-2-16　p21］
　　◇主たる店舗の売場面積　［図表Ⅱ-2-20　p124］
『東京の中小企業の現状(流通産業編)　平成29年度』東京都産業労働局　2018.3
　　◇小売業の事業所数、従業者数、年間商品販売額、売場面積(東京・全国、平成26年)　［図表Ⅰ-2-12　p23］
　　◇小売業の推移(年間商品販売額、売場面積)(東京)　［図表Ⅰ-2-14　p24］
　　◇小売業の業種別構成比(売場面積)(東京、平成26年)　［図表Ⅰ-2-18　p26］
　　◇総売場面積〔小売業〕　［図表Ⅱ-2-12　p127］
『東京の中小企業の現状(流通産業編)　令和2年度』東京都産業労働局　2021.3
　　◇小売業の事業所数、従業者数、年間商品販売額、売場面積(東京・全国、2016年)　［図表Ⅰ-2-10　p21］
　　◇小売業の業種別構成比(売場面積)(東京、2016年)　［図表Ⅰ-2-14　p24］
　　◇総売場面積〔小売業〕　［図表Ⅱ-2-12　p133］
『土地白書　令和元年版』勝美印刷　2019.10
　　◇地方圏の立地環境別・売場面積別商店数の変化(平成9年と平成16年の対比)　［図表2-2-3-5　p82］
『民力 エリア・都市圏・市区町村別指標＋都道府県別資料 マーケティングに必須の地域データベース　2015』朝日新聞出版　2015.8
　　◇小売業従業者数・売場面積(2012年)　［p401］
　　◇業態別小売業従業者数‥売場面積　［p420］

【え】

映画（費用）
『情報メディア白書　2005』ダイヤモンド社　2004.12
　◇1作品当たり製作費/マーケティング費（アメリカ）　［図表Ⅱ-1-14　p221］

営業外収益
『観光白書　令和4年版』昭和情報プロセス　2022.8
　◇宿泊業、飲食サービス業の規模別その他の営業外収益の動向（2019年〜2021年）　［図表Ⅱ-6　p48］

営業時間
『図説　農業白書　平成8年度版』農林統計協会　1997.5
　◇業態別にみた平均営業時間と店舗数の動向（試算）　［図Ⅲ-24　p177］
『中小企業白書　平成9年版』大蔵省印刷局　1997.5
　◇大型総合スーパーの営業時間　［第2-3-42（1）図　p250］
　◇その他の商品小売店の営業時間　［第2-3-42（3）図　p250］
『東京の中小企業の現状（流通産業編）　平成26年度』東京都産業労働局　2015.3
　◇店舗の営業時間　［図表Ⅱ-2-21　p125］
　◇店舗の営業時間の変化　［図表Ⅱ-2-22　p126］
『東京の中小企業の現状（流通産業編）　平成29年度』東京都産業労働局　2018.3
　◇店舗の営業時間〔小売業〕　［図表Ⅱ-2-21　p140］
　◇店舗の営業時間の変化〔小売業〕　［図表Ⅱ-2-22　p141］
『東京の中小企業の現状（流通産業編）　令和2年度』東京都産業労働局　2021.3
　◇店舗の営業時間〔小売業〕　［図表Ⅱ-2-33　p161］
　◇営業時間の変化〔小売業〕　［図表Ⅱ-2-51　p189］
『労働経済白書　平成19年版』国立印刷局　2007.8
　◇小売業における深夜・休日営業の実態　［第2-（2）-31表　p124］
　◇小売業における営業時間と正社員・非正社員構成の関係　［第2-（2）-32図　p125］
　◇小売業事業所の営業時間の推移について　［付2-（2）-8表　p279］

営業費用
『広告白書　2010』日経広告研究所　2010.7
　◇広告代理業の年間営業費用　［資料1-6　p177］
　◇その他の広告業の年間営業費用　［資料1-7　p177］
『広告白書　2016』日経広告研究所　2016.7
　◇広告業の年間営業費用　［資料1-5　p201］
『特定サービス産業実態調査報告書　広告業編　平成30年』経済産業統計協会　2020.1
　◇事業所数、従業者数、事業従事者数、年間売上高、年間営業費用、1事業所当たり及び1人当たりの年間売上高〔広告業/全規模の部・総合〕　［1-①-第1表　p32］
　◇事業所数、従業者数、事業従事者数、年間売上高、年間営業費用、1事業所当たり及び1人当たりの年間売上高〔広告業/全規模の部・都道府県別〕　［1-②-第1表　p46］
　◇事業所数、従業者数、事業従事者数、年間売上高、年間営業費用、1事業所当たり及び1人当たりの年間売上高〔広告業/事業従事者5人以上の部・総合〕　［2-①-第1表　p60］

えいきょ　　　　　　　　　　統計図表レファレンス事典　商業・広告・マーケティング

　　◇年間営業費用及び年間営業用固定資産取得額〔広告業/事業従事者5人以上の部・総合〕
　　　［2-①-第7表　p76］
　　◇事業所数、従業者数、事業従事者数、年間売上高、年間営業費用、1事業所当たり及び
　　　1人当たりの年間売上高〔広告業/事業従事者5人以上の部・都道府県別〕　　［2-②-第1表
　　　p80］
　　◇年間営業費用及び年間営業用固定資産取得額〔広告業/事業従事者5人以上の部・都道府
　　　県別〕　［2-②-第7表　p96］

営業用固定資産

　『特定サービス産業実態調査報告書　広告業編　平成30年』経済産業統計協会　2020.1
　　◇年間営業費用及び年間営業用固定資産取得額〔広告業/事業従事者5人以上の部・総合〕
　　　［2-①-第7表　p76］
　　◇年間営業費用及び年間営業用固定資産取得額〔広告業/事業従事者5人以上の部・都道府
　　　県別〕　［2-②-第7表　p96］

営業利益

　『観光白書　令和4年版』昭和情報プロセス　2022.8
　　◇宿泊業、飲食サービス業の営業利益の動向（2019年～2021年）　［図表Ⅱ-4　p47］
　『労働白書　平成9年版』日本労働研究機構　1997.6
　　◇小売業規模別営業利益率の推移　［第1-(2)-24図　p140］

衛星メディア関連広告

　『広告白書　2016』日経広告研究所　2016.7
　　◇2015年度BS局別の企業CM放送回数ベストテン（CM総合研究所調べ）　［p74］
　『広告白書　2019年度版』日経広告研究所　2019.7
　　◇民放系BS5局別の2018年度企業CM放送回数ベストテン　［p69］
　『広告白書　2020年度版』日経広告研究所　2020.9
　　◇民放系BS5局別の2019年度企業CM放送回数ベストテン　［p68］
　『情報メディア白書　2005』ダイヤモンド社　2004.12
　　◇衛星メディア関連広告費　［図表Ⅰ-8-51　p146］
　　◇CSテレビ事業者の広告売上高　［図表Ⅰ-8-52　p146］
　　◇CSテレビへの出稿広告主数〈2003年度〉［図表Ⅰ-8-53　p146］
　『情報メディア白書　2007』ダイヤモンド社　2007.1
　　◇衛星メディア関連広告費　［図表Ⅰ-9-43　p137］
　　◇CSテレビ事業者の広告売上高　［図表Ⅰ-9-44　p137］
　　◇CSチャンネル業種別年間CM出稿広告主数〈2005年10～12月〉［図表Ⅰ-9-46　p137］
　『情報メディア白書　2010』ダイヤモンド社　2010.1
　　◇衛星メディア関連広告費　［図表Ⅰ-9-30　p133］
　『情報メディア白書　2013』ダイヤモンド社　2013.1
　　◇衛星メディア関連広告費　［図表Ⅰ-9-9　p144］
　『情報メディア白書　2016』ダイヤモンド社　2016.2
　　◇衛星メディア関連広告費　［図表Ⅰ-8-9　p146］
　『情報メディア白書　2019』ダイヤモンド社　2019.2
　　◇衛星メディア関連広告費　［図表Ⅰ-8-9　p148］
　『情報メディア白書　2022』ダイヤモンド社　2022.3
　　◇衛星メディア関連広告費　［Ⅰ-8-9　p140］
　『情報メディア白書　2023』ダイヤモンド社　2023.2

統計図表レファレンス事典　商業・広告・マーケティング　　　　　　　　　　　　　　　　　おおかた

　　◇衛星メディア関連広告費　［図表Ⅰ-8-10　p137］
　　◇年間総CM出稿量〈民放BS7局合計/2021年4月～12月〉［図表Ⅰ-8-11　p137］
　　◇年間総CM出稿量〈民放BS7局合計/番組＋スポット/2021年4月～12月〉［図表Ⅰ-8-12　p137］
　　◇年間CM出稿量上位10社〈民放BS7局合計/番組＋スポット/2021年4月～12月〉［図表Ⅰ-
　　　8-13　p137］
『デジタルコンテンツ白書　2007』デジタルコンテンツ協会　2007.8
　　◇インターネット広告費、衛星メディア関連広告費の推移　［p258］
『デジタルコンテンツ白書　2010』デジタルコンテンツ協会　2010.9
　　◇インターネット広告費、衛星メディア関連広告費の推移　［p194］
『デジタルコンテンツ白書　2013』デジタルコンテンツ協会　2013.9
　　◇インターネット広告費、衛星メディア関連広告費の推移　［p238］
『デジタルコンテンツ白書　2016』デジタルコンテンツ協会　2016.9
　　◇インターネット広告費、衛星メディア関連広告費の推移　［p250］
『デジタルコンテンツ白書　2019』デジタルコンテンツ協会　2019.9
　　◇インターネット広告費、衛星メディア関連広告費の推移　［p182］

駅メディア

『情報メディア白書　2022』ダイヤモンド社　2022.3
　　◇駅メディア（ポスターセット）掲出状況〈2020年/JR東日本〉［Ⅰ-11-21　p186］
　　◇駅メディア（SPメディア）掲出状況〈2020年/JR東日本〉［Ⅰ-11-22　p186］
　　◇駅メディア（サインボードセット）掲出状況〈2020年/JR東日本〉［Ⅰ-11-23　p186］
『情報メディア白書　2023』ダイヤモンド社　2023.2
　　◇駅メディア（駅ポスターセット）掲出状況〈2021年/JR東日本〉［図表Ⅰ-11-21　p180］
　　◇駅メディア（SPメディア）掲出状況〈2021年/JR東日本〉［図表Ⅰ-11-22　p180］
　　◇駅メディア（サインボードセット）掲出状況〈2021年/JR東日本〉［図表Ⅰ-11-23　p180］

【お】

欧州

　　　⇒ヨーロッパ をも見よ
『通商白書　2023』経済産業省　2023
　　◇欧州の小売売上高の推移　［Ⅰ-3-2-5図　p121］

欧州委員会

『情報化白書　1997』コンピュータ・エージ社　1997.6
　　◇欧州委員会のイニシアチブとしての電子商取引　［Ⅳ-3-1-3表　p345］

大型小売店

　　　⇒大規模小売店 をも見よ
『大阪経済・労働白書　平成16年版』大阪能率協会　2004.10
　　◇大型小売店の業態別販売額の推移（大阪府、前年同期比）　［図表Ⅱ-2-3　p99］
　　◇大型小売店の商品別販売額の推移（大阪府、前年比）　［図表Ⅱ-2-4　p100］
　　◇個人消費（大型小売店販売、家計、耐久消費財販売）　［表1　p215］
『大阪経済・労働白書　平成19年版』大阪府立産業開発研究所、大阪府商工労働部雇用推進室

33

労政課　2007.9
　　◇大型小売店の業態別販売額の推移（大阪府、前年同期比）　［図表Ⅱ-2-3　p98］
　　◇大型小売店の商品別販売額の推移（大阪府、前年比）　［図表Ⅱ-2-4　p99］
　　◇個人消費（大型小売店販売、家計、耐久消費財販売）　［表1　p203］
『大阪経済・労働白書　平成21年版』大阪府立産業開発研究所，大阪府商工労働部雇用推進室
　労政課　2010.3
　　◇大阪府内大型小売店販売額の推移　［図表Ⅰ-1-4　p5］
　　◇大型小売店の業態別販売額の推移（大阪府、前年同期比）　［図表Ⅱ-2-3　p134］
　　◇大型小売店の業態別販売額の推移（大阪府、前年同期比）　［図表Ⅱ-2-4　p135］
　　◇個人消費（大型小売店販売、家計、耐久消費財販売）　［表1　p239］
『関西活性化白書　2004年版』関西社会経済研究所　2004.5
　　◇大型小売店販売（店舗調整前）　［図-9　p11］
　　◇大型小売店の年間販売額および一店舗当たりの年間販売額の推移　［図3-31　p192］
『関西経済白書　2007年版』関西社会経済研究所　2007.6
　　◇大型小売店販売額（全店）の伸び（関西・全国）　［図表1-13　p18］
　　◇大型小売店販売額（既存店）の伸び（関西・全国）　［図表1-14　p18］
『関西経済白書　2010年版』関西社会経済研究所　2010.9
　　◇大型小売店の年間販売額及び一店舗当たりの年間販売額の推移　［図表 資1-27　p244］
『関西経済白書　2016』丸善プラネット　2016.10
　　◇大型小売店の年間販売額および1店舗当たりの年間販売額の推移　［3.17　p197］
『関西経済白書　2020』日経印刷　2020.10
　　◇消費税率引き上げ前後の大型小売店販売〔関西〕　［図3-2-7　p103］
『関西経済白書　2022』日経印刷　2022.10
　　◇大阪府の大型小売店販売対従業者数（月次・年度平均値）　［図3-3-2　p86］
『九州経済白書　2010年版』九州経済調査協会　2010.2
　　◇大型小売店の年間商品販売額の推移（全国）　［図表3-3　p44］
　　◇九州の大型小売店商品販売額の推移　［図表3-8　p46］
『経済財政白書　平成19年版』時事画報社　2007.8
　　◇大型小売店販売額の推移　［第1-1-19図　p25］
『国民生活白書　平成9年版』大蔵省印刷局　1997.11
　　◇回復してきた大型小売店販売　［第Ⅱ-1-7図　p168］
『こども服白書　2008』日本繊維新聞社　2007.10
　　◇大型小売店販売額―業態別・商品別・月別　［p148］
『全国大型小売店総覧（週刊東洋経済臨時増刊/Data Bank SERIES）　2024年版』東洋経済
　新報社　2023.8
　　◇都道府県別の店舗数、店舗面積　［①　p18］
　　◇開店年次別店舗数（既存店、都道府県別）　［②　p19］
　　◇店舗面積規模別店舗数（既存店、都道府県別）　［③　p20］
　　◇業態別店舗数（既存店、都道府県別）　［④　p21］
　　◇立地形態別店舗数（既存店、都道府県別）　［⑤　p22］
　　◇開店年次・店舗面積規模別の店舗数（既存店、全国計）　［⑥　p23］
　　◇開店年次・業態別の店舗数（既存店、全国計）　［⑦　p24］
　　◇開店年次・立地形態別の店舗数（既存店、全国計）　［⑧　p24］
　　◇市区町村別の店舗数、店舗面積　［⑨　p25］
　　◇全国総店舗面積ランキング（市別）　［p1655］
　　◇全国平均店舗面積ランキング（市別）　［p1658］

『地域の経済　2006』日本統計協会　2007.2
　　◇大型小売店販売額増減寄与度(05年7-9月期→06年7-9月期全店ベース)　［第1-3-10図　p33］
『地域の経済　2012』日経印刷　2012.12
　　◇大型小売店販売額の推移(四半期)　［第1-2-32図　p46］
　　◇大型小売店販売額の推移　［第1-2-33図　p47］
　　◇被災3県の大型小売店販売額の推移　［第2-2-31図　p110］
『中国地域経済白書　2004』中国地方総合研究センター　2004.7
　　◇大型小売店販売額の推移　［図1.3.1　p21］
『中国地域経済白書　2007』中国地方総合研究センター　2007.9
　　◇大型小売店販売額の前年比増減率における全店舗・既存店比較　［図2.1.6　p50］
『中国地域経済白書　2010』中国地方総合研究センター　2010.9
　　◇大型小売店販売額の品目別増減寄与度　［図2.1.6　p31］
『中小企業白書　2013年版』佐伯印刷　2013.8
　　◇東北地方の大型小売店舗販売額の推移　［第1-1-29図　p28］
『東京の中小企業の現状(流通産業編)　平成29年度』東京都産業労働局　2018.3
　　◇小売業態の変化の影響度　郊外型大型店の進出　［図表Ⅱ-2-74　p207］
『東北経済白書　平成16年版』経済産業調査会　2004.12
　　◇大型小売店販売額(全店舗)の前年比の推移　［図1-2-9　p10］
　　◇大型小売店販売額(既存店)の前年比の推移　［図1-2-10　p10］
　　◇東北の大型小売店の低下要因(商品別寄与度)　［図1-2-11　p10］
　　◇大型小売店販売効率の推移　［p13］
『東北経済白書　平成18年版』経済産業調査会　2007.1
　　◇大型小売店販売額(全店舗)の販売額と前年比の推移　［図1-2-7　p9］
　　◇大型小売店販売額(既存店)の前年比の推移　［図1-2-8　p10］
『東北圏社会経済白書　2015年度』東北活性化研究センター　2016.3
　　◇東北圏の大型小売店の店舗数・面積の推移　［p28］
『東北圏社会経済白書　2018年度』東北活性化研究センター　2019.3
　　◇大型小売店の店舗数・面積の推移　［p31］
『百貨店調査年鑑　2023年度』ストアーズ社　2023.9
　　◇大型小売店販売額原指数　［1　p17］
『民力　エリア・都市圏・市区町村別指標＋都道府県別資料　マーケティングに必須の地域データベース　2015』朝日新聞出版　2015.8
　　◇大型小売店　商店数，年間販売額　［p417］
『労働白書　平成9年版』日本労働研究機構　1997.6
　　◇大型小売店舗の新設届出件数　［第1-(2)-22図　p138］

大型店

　　⇒大規模店舗　をも見よ

『九州経済白書　2010年版』九州経済調査協会　2010.2
　　◇サービス、エコポイント3品・自動車購入を除く消費指数と大型店販売額の推移　［図表1-2　p3］
　　◇大型店衣服販売額と家計消費指数(衣服)の推移　［図表1-8　p6］
　　◇大型スーパーにおける商品別販売額の推移(全国)　［図表3-5　p45］
　　◇九州における大型スーパーの事業所数・売場面積の推移　［図表3-7　p46］
　　◇九州における大型スーパーの商品別販売額の推移　［図表3-10　p47］
『地域の経済　2006』日本統計協会　2007.2

おおさか　　　　　　　　　　統計図表レファレンス事典　商業・広告・マーケティング

　　◇大型店出店のための手続きを簡素化した特区の効果　［第2-1-20表　p81］
『中小企業白書　平成9年版』大蔵省印刷局　1997.5
　　◇大型店の存在に対する評価(中小小売業)　［第2-3-30図　p239］
　　◇周辺で大型店が営業する中で自社や商店街が栄えている理由　［第2-3-31図　p239］
　　◇大型店撤退の商店街への影響　［第2-3-32図　p240］
　　◇大型総合スーパーの営業時間　［第2-3-42(1)図　p250］
『東北経済白書　平成18年版』経済産業調査会　2007.1
　　◇家電大型店における前年同月比の推移　［図1-2-12　p12］

大阪圏

『関西経済白書　2020』日経印刷　2020.10
　　◇商業地地価の推移〔大阪圏・東京圏・名古屋圏〕　［12.5　p273］
『関西経済白書　2021』日経印刷　2021.10
　　◇商業地地価の推移〔大阪圏・東京圏・名古屋圏〕　［12.5　p290］

大阪府

『大阪経済・労働白書　平成16年版』大阪能率協会　2004.10
　　◇大型小売店の業態別販売額の推移(大阪府、前年同期比)　［図表Ⅱ-2-3　p99］
　　◇大型小売店の商品別販売額の推移(大阪府、前年比)　［図表Ⅱ-2-4　p100］
『大阪経済・労働白書　平成19年版』大阪府立産業開発研究所，大阪府商工労働部雇用推進室労政課　2007.9
　　◇大型小売店の業態別販売額の推移(大阪府、前年同期比)　［図表Ⅱ-2-3　p98］
　　◇大型小売店の商品別販売額の推移(大阪府、前年比)　［図表Ⅱ-2-4　p99］
『大阪経済・労働白書　平成21年版』大阪府立産業開発研究所，大阪府商工労働部雇用推進室労政課　2010.3
　　◇大阪府内大型小売店販売額の推移　［図表Ⅰ-1-4　p5］
　　◇大阪府内卸売業の推移　［図表Ⅰ-2-19　p39］
　　◇大阪府内小売業の推移　［図表Ⅰ-2-21　p40］
　　◇大阪府内卸売・小売業の事業所と従業者の増減(18年値/3年値)　［図表Ⅰ-2-23　p41］
　　◇大阪府内財別卸売業の減少率(19年値/3年値)　［図表Ⅰ-2-24　p42］
　　◇電子商取引のメリット(大阪府内企業)　［図表Ⅰ-2-27　p44］
　　◇売場面積別大阪府内小売業商店数　［図表Ⅰ-2-28　p45］
　　◇大型小売店の業態別販売額の推移(大阪府、前年同期比)　［図表Ⅱ-2-3　p134］
　　◇大型小売店の業態別販売額の推移(大阪府、前年同期比)　［図表Ⅱ-2-4　p135］
『関西経済白書　2019』丸善プラネット　2019.9
　　◇大阪府の卸売部門の域際収支　［図6-3-6　p199］
『関西経済白書　2021』日経印刷　2021.10
　　◇大阪府の百貨店売り場面積当たり販売額(前年度比)　［図3-3-3　p106］
　　◇商業店舗空室率の推移(心斎橋)　［図4-4-9　p158］
『関西経済白書　2022』日経印刷　2022.10
　　◇大阪府の大型小売店販売額対従業者数(月次・年度平均値)　［図3-3-2　p86］
『情報メディア白書　2023』ダイヤモンド社　2023.2
　　◇ラジオ広告出稿量の対前年比〈2021年/東阪10局〉［図表Ⅰ-7-16　p120］
『百貨店調査年鑑　2021年度』ストアーズ社　2021.9
　　◇大阪各店　年間、商品別売上高〔2020年全国百貨店年間商品別売上高集計〕　［p29］
『百貨店調査年鑑　2022年度』ストアーズ社　2022.9

◇大阪各店　年間、商品別売上高〔2021年全国百貨店年間商品別売上高集計〕　［p29］
『百貨店調査年鑑　2023年度』ストアーズ社　2023.9
　　◇大阪各店　年間、商品別売上高〔2022年全国百貨店年間商品別売上高集計〕　［p29］

屋外広告

『広告白書　平成9年版』日経広告研究所　1997.7
　　◇屋外広告需要動向調査　［（表）11　p235〜236］
『広告白書　2019年度版』日経広告研究所　2019.7
　　◇屋外広告出稿量上位50社（2018年）　［資料15-2　p197］
　　◇屋外広告商品大分類別広告費　［資料15-4　p198］
『広告白書　2020年度版』日経広告研究所　2020.9
　　◇屋外広告出稿量上位50社（2019年）　［資料15-2　p197］
　　◇屋外広告商品大分類別広告費　［資料15-4　p198］
『広告白書　2021年度版』日経広告研究所　2021.8
　　◇屋外広告費推移　［p147］
　　◇屋外広告出稿量上位45（2020年）　［p149］
　　◇屋外広告商品大分類別広告費　［p149］
『広告白書　2022年度版』日経広告研究所　2022.8
　　◇屋外広告出稿量上位51社（2021年1〜12月）　［p141］
　　◇屋外広告商品大分類別広告費　［p141］
『広告白書　2023-24年版』日経広告研究所　2023.10
　　◇屋外広告費の推移　［p112］
　　◇屋外広告出稿量上位31社（2022年4月〜23年3月）　［p245］
　　◇屋外広告商品大分類別広告費　［p245］
『情報メディア白書　1997年版』電通総研　1997.1
　　◇屋外広告の形態別利用比率と1社当たりの屋外広告費（1994年）　［図表Ⅰ-32-22　p190］
『情報メディア白書　2007』ダイヤモンド社　2007.1
　　◇屋外広告費および交通広告費　［図表Ⅰ-13-25　p204］
『情報メディア白書　2010』ダイヤモンド社　2010.1
　　◇屋外広告費　［図表Ⅰ-13-30　p202］
　　◇屋外広告評価〈東京都〉［図表Ⅰ-13-33　p202］
　　◇興味を持つ屋外広告の種類〈東京都〉［図表Ⅰ-13-34　p202］
『情報メディア白書　2013』ダイヤモンド社　2013.1
　　◇屋外広告費　［図表Ⅰ-13-21　p195］
　　◇屋外広告事業者年間売上高別構成比〈2010年度〉［図表Ⅰ-13-22　p195］
　　◇屋外広告事業者売上構成比〈2010年度〉［図表Ⅰ-13-23　p195］
『情報メディア白書　2016』ダイヤモンド社　2016.2
　　◇屋外広告費　［図表Ⅰ-11-22　p193］
　　◇屋外広告事業者年間売上高別構成比〈2013年度〉［図表Ⅰ-11-23　p193］
　　◇屋外広告事業者売上構成比〈2013年度〉［図表Ⅰ-11-24　p193］
『情報メディア白書　2019』ダイヤモンド社　2019.2
　　◇屋外広告費　［図表Ⅰ-11-22　p195］
　　◇屋外広告事業者年間売上高別構成比〈2016年〉［図表Ⅰ-11-23　p195］
　　◇屋外広告事業者売上構成比〈2016年〉［図表Ⅰ-11-24　p195］
『情報メディア白書　2022』ダイヤモンド社　2022.3
　　◇屋外広告費　［Ⅰ-11-24　p187］

おはちゆ　　　　　　　　　　　統計図表レファレンス事典　商業・広告・マーケティング

　　◇屋外広告事業者年間売上高別構成比〈2019年〉[Ⅰ-11-25　p187]
　　◇屋外広告事業者売上構成比〈2019年〉[Ⅰ-11-26　p187]
『情報メディア白書　2023』ダイヤモンド社　2023.2
　　◇屋外広告費　［図表Ⅰ-11-24　p181]
　　◇屋外広告事業者年間売上高別構成比〈2020年〉[図表Ⅰ-11-25　p181]
　　◇屋外広告事業者売上構成比〈2020年〉[図表Ⅰ-11-26　p181]

オーバーチュア

『ネット広告白書　2010』インプレスR&D　2009.9
　　◇オーバーチュアにおける業種別の売上構成比(2004年と2009年の比較)　[資料3-2-2　p74]

折込広告

　　　⇒広告費(折込広告)，チラシ をも見よ

『広告白書　平成9年版』日経広告研究所　1997.7
　　◇首都圏新聞折込広告出稿統計　[(表)9　p232～233]
『広告白書　平成16年版』日経広告研究所　2004.7
　　◇月別折込広告平均枚数〈1世帯当たり〉[資料9-1　p260]
　　◇曜日別折込広告平均枚数〈1日1世帯当たり〉[資料9-2　p261]
『広告白書　2007』日経広告研究所　2007.7
　　◇月別折込広告平均枚数〈1世帯当たり〉[新聞]　[資料13-1　p204]
　　◇曜日別折込広告平均枚数〈1日1世帯当たり〉[新聞]　[資料13-2　p205]
『広告白書　2010』日経広告研究所　2010.7
　　◇業種別にみた09年の首都圏での配布枚数　[p51]
　　◇2000年以降10年間で見た業種別折込枚数の指数　[p52]
　　◇月別折込広告平均枚数<1世帯当たり>　[資料15-1　p213]
　　◇曜日別折込広告平均枚数<1日1世帯当たり>　[資料15-2　p214]
『広告白書　2013』日経広告研究所　2013.7
　　◇首都圏の1世帯1ヵ月あたり平均折込出稿枚数の年別推移(2003年～2012年)　[p72]
　　◇全国の1世帯1ヵ月あたり平均折込広告出稿枚数の月別推移(2012年)　[p72]
　　◇地域別1世帯あたり年間折込広告出稿枚数(2012年1～12月)　[p72]
　　◇2012年の全国主要業種別1世帯あたり年間折込広告出稿枚数　[p73]
　　◇月別折込広告平均枚数〈1世帯当たり〉[資料15-1　p208]
　　◇サイズ・曜日別折込広告平均枚数〈1日1世帯当たり〉[資料15-2　p209]
『広告白書　2016』日経広告研究所　2016.7
　　◇首都圏の1世帯1ヵ月あたり平均折込出稿枚数の年別推移(2003年～15年)　[p92]
　　◇全国の1世帯1ヵ月あたり平均折込広告出稿枚数の月別推移(2015年)　[p92]
　　◇地域別1世帯あたり年間折込広告出稿枚数(2015年)　[p92]
　　◇2015年の全国主要業種別1世帯あたり年間折込広告出稿枚数(2015年)　[p93]
　　◇首都圏の業種別折込広告出稿枚数の前年比増減率の年別推移(1世帯あたり1ヵ月平均：
　　　2009～15年)　[p93]
　　◇全国のメーカー細々分類業種別にみた年間折込枚数(1世帯平均，2015年)　[p93]
　　◇月別折込広告平均枚数〈1世帯当たり〉[資料15-1　p241]
　　◇サイズ・曜日別折込広告平均枚数〈1日1世帯当たり〉[資料15-2　p242]
『広告白書　2019年度版』日経広告研究所　2019.7
　　◇首都圏の1世帯1ケ月あたり平均折込広告枚数の年別推移(2006～18年)　[p94]
　　◇全国の1世帯1ケ月あたり平均折込広告出稿枚数の月別推移(2018年)　[p94]
　　◇2018年の全国主要業種別1世帯あたり年間折込広告出稿枚数　[p95]

◇首都圏の業種別折込広告出稿枚数の前年比増減率の年別推移（1世帯あたり1ヶ月平均：
　　　2012～18年）［p95］
　　◇地域別1世帯あたり年間折込広告出稿枚数（2018年）［p95］
　　◇全国のメーカー細々分類業種にみた年間折込枚数（1世帯平均、2018年）［p96］
　　◇月別折込広告平均枚数〈1世帯当たり〉［資料16-1　p199］
　　◇サイズ・曜日別折込広告平均枚数〈1日1世帯当たり〉［資料16-2　p200］
『広告白書　2020年度版』日経広告研究所　2020.9
　　◇首都圏の1世帯1カ月あたり平均折込広告枚数の年別推移（2007～2019年）［p92］
　　◇全国の1世帯1カ月あたり平均折込広告出稿枚数の月別推移（2019年）［p92］
　　◇2019年の全国主要業種別1世帯当たり年間折込広告出稿枚数［p93］
　　◇首都圏の業種別折込広告出稿枚数の前年比増減率の年別推移（1世帯あたり1ヶ月平均：
　　　2013～2019年）［p93］
　　◇地域別1世帯あたり年間折込広告出稿枚数（2019年）［p93］
　　◇月別折込広告平均枚数〈1世帯当たり〉［資料16-1　p199］
　　◇サイズ・曜日別折込広告平均枚数〈1日1世帯当たり〉［資料16-2　p200］
『広告白書　2021年度版』日経広告研究所　2021.8
　　◇首都圏の1世帯1カ月当たり平均折込広告出稿枚数の年別推移（2008～20年）［p150］
　　◇全国の1世帯1カ月当たり平均折込広告出稿枚数の月別推移（2020年）［p150］
　　◇2020年の全国主要業種別1世帯当たり年間折込広告出稿枚数［p151］
　　◇首都圏の業種別折込広告出稿枚数の前年比増減率の年別推移（1世帯当たり1カ月平均：
　　　2014～20年）［p151］
　　◇地域別1世帯当たり年間折込広告出稿枚数（2020年）［p151］
　　◇月別折込広告平均枚数（1世帯当たり：2020年1～12月）［p153］
　　◇サイズ・曜日別折込広告平均枚数（1日1世帯当たり）［p154］
『広告白書　2022年度版』日経広告研究所　2022.8
　　◇首都圏の1世帯当たり月平均折込枚数の年別推移（2010～21年）［p142］
　　◇全国の1世帯当たり月平均折込枚数の月別推移（2021年）［p142］
　　◇首都圏の業種別折込枚数の前年比増減率の年別推移（1世帯当たり1ヵ月平均：2015～21
　　　年）［p143］
　　◇全国主要業種別1世帯当たり年間折込枚数（2021年）［p143］
　　◇地域別1世帯当たり年間折込枚数（2021年）［p143］
　　◇折込広告出稿量：月別平均枚数（1世帯当たり：2021年1～12月）［p145］
　　◇折込広告出稿量：サイズ・曜日別平均枚数（世帯当たり：2021年1～12月）［p146］
『広告白書　2023-24年版』日経広告研究所　2023.10
　　◇首都圏の1世帯当たり月平均折込枚数の年度別推移（2011～22年度）［p117］
　　◇全国の1世帯当たり月平均折込枚数の月別推移（2022年度）［p117］
　　◇地域別1世帯当たり年間折込枚数（2022年度）［p117］
　　◇全国主要業種別1世帯当たり年間折込枚数（2022年度）［p118］
　　◇折込広告の印象［p119］
　　◇月平均枚数（2021年度：1世帯当たり）〔折込広告〕［p246］
　　◇月平均枚数（2022年度：1世帯当たり）〔折込広告〕［p247］
『情報メディア白書　1997年版』電通総研　1997.1
　　◇1世帯当たりの年間折込広告配布枚数（首都圏）［図表Ⅰ-32-14　p188］
　　◇1世帯当たりの月別折込広告平均配布枚数（1995年）［図表Ⅰ-32-15　p188］
　　◇1世帯当たりの曜日別折込広告平均配布枚数（1995年）［図表Ⅰ-32-16　p188］
　　◇折込広告の訴求内容別配布枚数構成（1995年）［図表Ⅰ-32-17　p189］
　　◇折込広告のサイズ別配布枚数構成（1995年）［図表Ⅰ-32-18　p189］
　　◇折込の色数（印刷）別配布枚数構成［図表Ⅰ-32-19　p189］

おりこみ

　◇業種別クーポン付折込広告の年間平均配布枚数　［図表Ⅰ-32-20　p189］
『情報メディア白書　2005』ダイヤモンド社　2004.12
　◇1世帯当たりの折込広告年間平均配布数〈首都圏〉［図表Ⅰ-12-17　p206］
　◇1世帯当たりの曜日別折込広告平均配布数〈首都圏〉［図表Ⅰ-12-18　p206］
　◇1世帯当たりの月別折込広告平均配布数〈2003年/首都圏〉［図表Ⅰ-12-19　p206］
　◇折込広告の訴求内容・サイズ・印刷色数別構成〈2003年/首都圏〉［図表Ⅰ-12-20　p206］
　◇業種別クーポン付折込広告年間平均配布数構成〈2003年/首都圏〉［図表Ⅰ-12-21　p206］
『情報メディア白書　2007』ダイヤモンド社　2007.1
　◇1世帯1カ月当たり折込広告配布数〈首都圏〉［図表Ⅰ-13-16　p202］
　◇1世帯1カ月当たり地区別折込広告配布数〈2005年〉［図表Ⅰ-13-17　p202］
　◇1世帯当たりの月別折込広告平均配布数〈2005年/首都圏〉［図表Ⅰ-13-18　p202］
　◇1世帯当たりの曜日別折込広告平均配布数〈2005年〉［図表Ⅰ-13-19　p202］
　◇折込広告の訴求内容・サイズ・色別・業種別構成〈2005年/首都圏〉［図表Ⅰ-13-20　p202］
『情報メディア白書　2010』ダイヤモンド社　2010.1
　◇1世帯1カ月当たり地区別折込広告配布数　［図表Ⅰ-13-35　p203］
　◇1世帯当たりの曜日別折込広告平均配布数〈2008年/首都圏〉［図表Ⅰ-13-36　p203］
　◇1世帯当たりの月別折込広告平均配布数〈2008年/首都圏〉［図表Ⅰ-13-37　p203］
　◇業種別出稿状況〈首都圏〉［図表Ⅰ-13-38　p203］
　◇折込広告の訴求内容・サイズ別・色数別構成〈2008年/首都圏〉［図表Ⅰ-13-39　p203］
『情報メディア白書　2013』ダイヤモンド社　2013.1
　◇1世帯1カ月当たり折込広告配布枚数　［図表Ⅰ-1-11　p44］
　◇折込広告の業種別出稿状況〈2011年/首都圏〉［図表Ⅰ-1-12　p44］
　◇1世帯1カ月当たり地区別折込広告配布数　［図表Ⅰ-13-25　p196］
　◇1世帯当たりの月別折込広告平均配布数〈2011年/首都圏〉［図表Ⅰ-13-26　p196］
　◇1世帯当たりの曜日別折込広告平均配布数〈2011年/首都圏〉［図表Ⅰ-13-27　p196］
　◇業種別1世帯1カ月当たり出稿枚数〈2011年/首都圏〉［図表Ⅰ-13-28　p196］
『情報メディア白書　2016』ダイヤモンド社　2016.2
　◇1世帯1カ月当たり折込広告配布枚数〈首都圏〉［図表Ⅰ-1-11　p54］
　◇折込広告の業種別出稿状況〈2014年/首都圏〉［図表Ⅰ-1-12　p54］
　◇1世帯当たりの月別折込広告出稿枚数〈2014年/首都圏〉［図表Ⅰ-11-27　p194］
　◇1世帯当たりの曜日別折込広告平均配布枚数〈2014年/首都圏〉［図表Ⅰ-11-28　p194］
『情報メディア白書　2019』ダイヤモンド社　2019.2
　◇1世帯1カ月当たり折込広告配布枚数〈首都圏〉［図表Ⅰ-1-12　p57］
　◇折込広告の業種別出稿状況〈2017年/首都圏〉［図表Ⅰ-1-13　p57］
　◇折込広告の接触状況〈2018年5月〉［図表Ⅰ-1-14　p57］
　◇地区別年間折込広告数〈1世帯平均〉［図表Ⅰ-11-26　p196］
　◇1世帯当たりの月別折込広告出稿枚数〈2017年〉［図表Ⅰ-11-27　p196］
　◇1世帯当たりの曜日別折込広告年間平均配布枚数〈2017年度〉［図表Ⅰ-11-28　p196］
　◇業種別年間折込枚数〈1世帯平均〉［図表Ⅰ-11-29　p196］
『情報メディア白書　2022』ダイヤモンド社　2022.3
　◇1世帯1ヵ月当たり折込広告配布枚数〈首都圏〉［Ⅰ-1-12　p49］
　◇折込広告の業種別出稿状況〈2020年/首都圏〉［Ⅰ-1-13　p49］
　◇折込広告の接触状況〈2021年5月〉［Ⅰ-1-14　p49］
　◇地区別年間折込広告出稿枚数〈1世帯平均〉［Ⅰ-11-28　p188］
　◇1世帯当たりの月別折込広告出稿枚数〈2020年〉［Ⅰ-11-29　p188］
　◇1世帯当たりの曜日別折込広告年間平均配布枚数〈2020年〉［Ⅰ-11-30　p188］
　◇業種別年間折込広告枚数〈1世帯平均〉［Ⅰ-11-31　p188］

統計図表レファレンス事典　商業・広告・マーケティング　　　　　　　　　　　おりこみ

　『情報メディア白書　2023』ダイヤモンド社　2023.2
　　◇1世帯1ヵ月当たり折込広告配布枚数〈首都圏〉［図表Ⅰ-1-12　p54］
　　◇折込広告の業種別出稿状況〈2021年/首都圏〉［図表Ⅰ-1-13　p54］
　　◇折込広告の接触状況〈2022年4〜6月〉［図表Ⅰ-1-14　p54］
　　◇地区別年間折込広告出稿枚数〈1世帯平均〉［図表Ⅰ-11-28　p182］
　　◇1世帯当たりの月別折込広告出稿枚数〈2021年〉［図表Ⅰ-11-29　p182］
　　◇1世帯当たりの曜日別折込広告年間平均配布枚数〈2021年〉［図表Ⅰ-11-30　p182］
　　◇業種別年間折込広告枚数〈1世帯平均〉［図表Ⅰ-11-31　p182］
　『新聞折込広告効果測定調査―調査レポート―』エム・エス・エス　2006.3
　　◇5年間の出稿枚数と件数〔新聞折込広告〕　［p12］
　　◇印象に残った箇所　スーパーL〔新聞折込広告〕　［p96,135］
　　◇印象に残った箇所　ホームセンター〔新聞折込広告〕　［p97,135］
　　◇印象に残った箇所　外食・飲食〔新聞折込広告〕　［p97,136］
　　◇印象に残った箇所　衣料用品店〔新聞折込広告〕　［p98,136］
　『スーパーマーケット白書　2016年版』新日本スーパーマーケット協会　2016.2
　　◇新聞折り込みチラシの確認状況　［図表3-1-11　p33］
　　◇販売促進・サービス〔平成27年スーパーマーケット年次統計調査結果概要〕　［資料9-4　p87］
　『スーパーマーケット白書　2019年版』全国スーパーマーケット協会　2019
　　◇販売促進・サービス〔資料7.2018年スーパーマーケット業界の平均値〕　［資料7-4　p114］
　『スーパーマーケット白書　2022年版』全国スーパーマーケット協会　2022
　　◇販売促進・サービス〔スーパーマーケット業界の平均値〕　［資料6-4　p114］
　『スーパーマーケット白書　2023年版』全国スーパーマーケット協会　2023.2
　　◇販売促進・サービス〔スーパーマーケット業界の平均値〕　［資料6-4　p128］
　『スーパーマーケット白書　2024年版』全国スーパーマーケット協会　2024.2
　　◇販売促進・サービス〔スーパーマーケット業界の平均値〕　［資料6-4　p132］
　『デジタルコンテンツ白書　2013』デジタルコンテンツ協会　2013.9
　　◇新聞、雑誌、折込広告、インターネット広告費　［図表5-4-5　p161］
　『デジタルコンテンツ白書　2016』デジタルコンテンツ協会　2016.9
　　◇新聞、雑誌、ラジオ、折込広告、インターネット広告の広告費の推移　［図表5-4-4　p161］

折込広告（閲読）

　『新聞折込広告効果測定調査―調査レポート―』エム・エス・エス　2006.3
　　◇〔新聞折込広告の閲読率に影響を及ぼす要因〕　［p13］
　　◇配布された新聞折込広告を1枚以上閲読した人の割合〔性別〕　［p16,102］
　　◇配布された枚数を全体とした閲読枚数による構成比〔新聞折込広告〕　［p16,102］
　　◇2004年　配布された新聞折込広告を1枚以上閲読した人の割合〔年齢別〕　［p17,102］
　　◇2001年　配布された新聞折込広告を1枚以上閲読した人の割合　日別　［p17,103］
　　◇2002年　配布された新聞折込広告を1枚以上閲読した人の割合　日別　［p18,104］
　　◇2004年　配布された新聞折込広告を1枚以上閲読した人の割合　日別　［p18,105］
　　◇2001年　配布枚数と閲読枚数とその割合〔新聞折込広告/日別〕　［p19,106］
　　◇2002年　配布枚数と閲読枚数とその割合〔新聞折込広告/日別〕　［p19,107］
　　◇配布された新聞折込広告の枚数に対し閲読した枚数の割合〔性別〕　［p20］
　　◇2004年　配布枚数と閲読枚数とその割合〔新聞折込広告/日別〕　［p20,108］
　　◇2004年　配布された新聞折込広告の枚数に対し閲読した枚数の割合〔年齢別〕　［p21］
　　◇配布枚数と閲読枚数とその割合〔新聞折込広告/曜日別〕　［p21〜22］
　　◇配布された新聞折込広告に対し閲読した枚数の割合　曜日別・性別　［p23〜24］

41

おりこみ

統計図表レファレンス事典　商業・広告・マーケティング

◇業種別閲読率ランキング〔新聞折込広告〕　[p38]
◇2001年 配布枚数と閲読枚数とその割合 上位30位〔新聞折込広告/業種別〕　[p39]
◇2002年 配布枚数と閲読枚数とその割合 上位30位〔新聞折込広告/業種別〕　[p39]
◇2004年 配布枚数と閲読枚数とその割合 上位30位〔新聞折込広告/業種別〕　[p40]
◇業種別の閲読率ランキング 配布枚数1世帯当たり6枚以上〔新聞折込広告〕　[p41]
◇2001年 配布枚数と閲読枚数とその割合 配布枚数6枚以上〔新聞折込広告/業種別〕　[p42]
◇2002年 配布枚数と閲読枚数とその割合 配布枚数6枚以上〔新聞折込広告/業種別〕　[p42]
◇2004年 配布枚数と閲読枚数とその割合 配布枚数6枚以上〔新聞折込広告/業種別〕　[p43]
◇業種別の閲読率ランキング 配布枚数1世帯当たり5枚以下〔新聞折込広告〕　[p44]
◇2001年 配布枚数と閲読枚数とその割合 配布枚数5枚以下〔新聞折込広告/業種別〕　[p45]
◇2002年 配布枚数と閲読枚数とその割合 配布枚数5枚以下〔新聞折込広告/業種別〕　[p45]
◇2004年 配布枚数と閲読枚数とその割合 配布枚数5枚以下〔新聞折込広告/業種別〕　[p46]
◇〔業種別閲読率ランキング 性別/新聞折込広告〕　[p47]
◇参考資料/男性・年齢別閲読率ランキング〔新聞折込広告/業種別〕　[p48]
◇参考資料/女性・年齢別閲読率ランキング〔新聞折込広告/業種別〕　[p49]
◇〔業種別閲読率偏向度ランキング 性別/新聞折込広告〕　[p50]
◇参考資料/男性・年齢別閲読率偏向度ランキング〔新聞折込広告/業種別〕　[p51]
◇参考資料/女性・年齢別閲読率偏向度ランキング〔新聞折込広告/業種別〕　[p52]
◇2004年 配布された新聞折込広告に対し閲読した枚数の割合 ホームセンター〔年齢別〕　[p53,120]
◇配布された新聞折込広告に対し閲読した枚数の割合 ホームセンター〔性別〕　[p53,120]
◇2004年 配布された新聞折込広告に対し閲読した枚数の割合 ディスカウントストア〔年齢別〕　[p54,120]
◇配布された新聞折込広告に対し閲読した枚数の割合 ディスカウントストア〔性別〕　[p54,120]
◇2004年 配布された新聞折込広告に対し閲読した枚数の割合 スーパーL〔年齢別〕　[p55,121]
◇配布された新聞折込広告に対し閲読した枚数の割合 スーパーL〔性別〕　[p55,121]
◇2004年 配布された新聞折込広告に対し閲読した枚数の割合 衣料用品店〔年齢別〕　[p56,121]
◇配布された新聞折込広告に対し閲読した枚数の割合 衣料用品店〔性別〕　[p56,121]
◇2004年 配布された新聞折込広告に対し閲読した枚数の割合 準百貨店〔年齢別〕　[p57,122]
◇配布された新聞折込広告に対し閲読した枚数の割合 準百貨店〔性別〕　[p57,122]
◇2004年 配布された新聞折込広告に対し閲読した枚数の割合 ファーストフード〔年齢別〕　[p58,122]
◇配布された新聞折込広告に対し閲読した枚数の割合 ファーストフード〔性別〕　[p58,122]
◇2004年 配布された新聞折込広告に対し閲読した枚数の割合 家庭用電気専門店(量販店)〔年齢別〕　[p59,123]
◇配布された新聞折込広告に対し閲読した枚数の割合 家庭用電気専門店(量販店)〔性別〕　[p59,123]
◇2004年 配布された新聞折込広告に対し閲読した枚数の割合 テイクアウト・ケータリング〔年齢別〕　[p60,123]
◇配布された新聞折込広告に対し閲読した枚数の割合 テイクアウト・ケータリング〔性

統計図表レファレンス事典　商業・広告・マーケティング　　　　　　　　　　　　　　　おりこみ

　　別〕　〔p60,123〕
　◇2004年 配布された新聞折込広告に対し閲読した枚数の割合　外食・飲食〔年齢別〕　〔p61,124〕
　◇配布された新聞折込広告に対し閲読した枚数の割合　外食・飲食〔性別〕　〔p61,124〕
　◇2004年 配布された新聞折込広告に対し閲読した枚数の割合　薬品・化粧品〔年齢別〕　〔p62,124〕
　◇配布された新聞折込広告に対し閲読した枚数の割合　薬品・化粧品〔性別〕　〔p62,124〕
　◇2004年 配布された新聞折込広告に対し閲読した枚数の割合　自動車販売店〔年齢別〕　〔p63,124〕
　◇配布された新聞折込広告に対し閲読した枚数の割合　自動車販売店〔性別〕　〔p63,124〕
　◇〔紙面(色・サイズ)の閲読率への寄与/新聞折込広告〕　〔p93〕
　◇配布された新聞折込広告に対し閲読した枚数の割合〔性別/年齢別/曜日別〕　〔p108～109〕
　◇業種別配布枚数と閲読枚数とその割合　全体　〔p117～119〕

折込広告(接触)

　『新聞折込広告効果測定調査―調査レポート―』エム・エス・エス　2006.3
　◇2001年　色による接触状況構成比〔新聞折込広告〕　〔p88,132〕
　◇2002年　色による接触状況構成比〔新聞折込広告〕　〔p88,132〕
　◇2004年　色による接触状況構成比〔新聞折込広告〕　〔p88,132〕
　◇2001年　色による接触状況構成比　スーパーL〔新聞折込広告〕　〔p89,132〕
　◇2002年　色による接触状況構成比　スーパーL〔新聞折込広告〕　〔p89,132〕
　◇2004年　色による接触状況構成比　スーパーL〔新聞折込広告〕　〔p89,132〕
　◇2001年　サイズによる接触状況構成比〔新聞折込広告〕　〔p90,133〕
　◇2002年　サイズによる接触状況構成比〔新聞折込広告〕　〔p90,133〕
　◇2004年　サイズによる接触状況構成比〔新聞折込広告〕　〔p90,133〕
　◇2001年　サイズによる接触状況構成比　スーパーL〔新聞折込広告〕　〔p91〕
　◇2002年　サイズによる接触状況構成比　スーパーL〔新聞折込広告〕　〔p91,133〕
　◇2004年　サイズによる接触状況構成比　スーパーL〔新聞折込広告〕　〔p91,133〕
　◇2001年　サイズによる接触状況構成比　ホームセンター〔新聞折込広告〕　〔p92,133〕
　◇2002年　サイズによる接触状況構成比　ホームセンター〔新聞折込広告〕　〔p92,134〕
　◇2004年　サイズによる接触状況構成比　ホームセンター〔新聞折込広告〕　〔p92,134〕

折込広告(利用)

　『新聞折込広告効果測定調査―調査レポート―』エム・エス・エス　2006.3
　◇配布された枚数を全体とした利用枚数による構成比〔新聞折込広告〕　〔p26,110〕
　◇2004年 配布された新聞折込広告を1枚以上利用した人の割合〔年齢別〕　〔p27,110〕
　◇配布された新聞折込広告を1枚以上利用した人の割合〔性別〕　〔p27,110〕
　◇2001年 配布された新聞折込広告を1枚以上利用した人の割合　日別　〔p28,111〕
　◇2002年 配布された新聞折込広告を1枚以上利用した人の割合　日別　〔p28,112〕
　◇2004年 配布された新聞折込広告を1枚以上利用した人の割合　日別　〔p29,113〕
　◇2001年　配布枚数と利用枚数とその割合〔新聞折込広告/日別〕　〔p30,114〕
　◇2002年　配布枚数と利用枚数とその割合〔新聞折込広告/日別〕　〔p30,115〕
　◇2004年　配布枚数と利用枚数とその割合〔新聞折込広告/日別〕　〔p31,116〕
　◇2004年 配布された新聞折込広告に対し利用した枚数の割合〔年齢別〕　〔p32,116〕
　◇配布された新聞折込広告に対し利用した枚数の割合〔性別〕　〔p32,116〕
　◇配布枚数と曜日ごとの利用率〔新聞折込広告〕　〔p33～34〕
　◇配布された新聞折込広告に対し1枚以上利用した人の割合　曜日別・性別　〔p35～36〕
　◇業種別の利用有無ランキング〔新聞折込広告〕　〔p66〕

おろしう　　　　　　　　　　　　統計図表レファレンス事典　商業・広告・マーケティング

◇2001年　業種別利用有無　上位30位〔新聞折込広告〕　〔p67〕
◇2002年　業種別利用有無　上位30位〔新聞折込広告〕　〔p67〕
◇2004年　業種別利用有無　上位30位〔新聞折込広告〕　〔p68〕
◇〔業種別利用有無ランキング　性別/新聞折込広告〕　〔p69〕
◇参考資料/男性・年齢別利用有無ランキング〔新聞折込広告/業種別〕　〔p70〕
◇参考資料/女性・年齢別利用有無ランキング〔新聞折込広告/業種別〕　〔p71〕
◇〔業種別利用有無偏向度ランキング　性別/新聞折込広告〕　〔p72〕
◇参考資料/男性・年齢別利用有無偏向度ランキング〔新聞折込広告/業種別〕　〔p73〕
◇参考資料/女性・年齢別利用有無偏向度ランキング〔新聞折込広告/業種別〕　〔p74〕
◇2004年　配布された新聞折込広告の利用有無　ホームセンター〔年齢別〕　〔p75,128〕
◇配布された新聞折込広告の利用有無　ホームセンター〔性別〕　〔p75,128〕
◇2004年　配布された新聞折込広告の利用有無　ディスカウントストア〔年齢別〕　〔p76,128〕
◇配布された新聞折込広告の利用有無　ディスカウントストア〔性別〕　〔p76,128〕
◇2004年　配布された新聞折込広告の利用有無　スーパーL〔年齢別〕　〔p77,128〕
◇配布された新聞折込広告の利用有無　スーパーL〔性別〕　〔p77,128〕
◇2004年　配布された新聞折込広告の利用有無　衣料用品店〔年齢別〕　〔p78,129〕
◇配布された新聞折込広告の利用有無　衣料用品店〔性別〕　〔p78,129〕
◇2004年　配布された新聞折込広告の利用有無　準百貨店〔年齢別〕　〔p79,129〕
◇配布された新聞折込広告の利用有無　準百貨店〔性別〕　〔p79,129〕
◇2004年　配布された新聞折込広告の利用有無　ファーストフード〔年齢別〕　〔p80,129〕
◇配布された新聞折込広告の利用有無　ファーストフード〔性別〕　〔p80,129〕
◇2004年　配布された新聞折込広告の利用有無　家庭用電気専門店(量販店)〔年齢別〕　〔p81,130〕
◇配布された新聞折込広告の利用有無　家庭用電気専門店(量販店)〔性別〕　〔p81,130〕
◇2004年　配布された新聞折込広告の利用有無　テイクアウト・ケータリング〔年齢別〕　〔p82,130〕
◇配布された新聞折込広告の利用有無　テイクアウト・ケータリング〔性別〕　〔p82,130〕
◇2004年　配布された新聞折込広告の利用有無　外食・飲食〔年齢別〕　〔p83,130〕
◇配布された新聞折込広告の利用有無　外食・飲食〔性別〕　〔p83,130〕
◇2004年　配布された新聞折込広告の利用有無　薬品・化粧品〔年齢別〕　〔p84,131〕
◇配布された新聞折込広告の利用有無　薬品・化粧品〔性別〕　〔p84,131〕
◇2004年　配布された新聞折込広告の利用有無　自動車販売店〔年齢別〕　〔p85,131〕
◇配布された新聞折込広告の利用有無　自動車販売店〔性別〕　〔p85,131〕
◇利用するきっかけ　スーパーL〔新聞折込広告〕　〔p99,137〕
◇利用するきっかけ　ホームセンター〔新聞折込広告〕　〔p99,137〕
◇利用するきっかけ　衣料用品店〔新聞折込広告〕　〔p100,138〕
◇利用するきっかけ　外食・飲食〔新聞折込広告〕　〔p100,138〕
◇業種別利用ランキング　全体　〔p125～127〕

卸売価格

『食料・農業・農村白書　平成25年版』日経印刷　2013.7
　　◇牛枝肉の規格別卸売価格の推移(東京市場)　〔図3-5-72　p228〕
『食料・農業・農村白書　令和4年版』日経印刷　2022.6
　　◇主要野菜の卸売価格　〔p44〕
　　◇牛枝肉の卸売価格　〔図表2-7-1　p140〕
　　◇豚肉の卸売価格　〔図表2-7-4　p141〕
　　◇鶏肉(もも肉)の卸売価格　〔図表2-7-5　p141〕

◇鶏卵の卸売価格　［図表2-7-6　p142］

『図説　食料・農業・農村白書　平成15年度』農林統計協会　2004.6
　◇牛枝肉の規格別卸売価格の推移(平成12年8月〜13年7月の各月に対する同月増減率)　［図Ⅱ-62　p184］

『図説　水産白書　平成15年度』農林統計協会　2004.7
　◇10都市中央卸売市場の卸売価格の推移　［Ⅰ-17　p90］
　◇漁業用生産資材卸売価格指数の推移　［Ⅲ-4　p98］

『図説　農業白書　平成8年度版』農林統計協会　1997.5
　◇輸入野菜の市場占有率と国内野菜の卸売価格の推移　［図Ⅲ-19　p167］

卸売業

⇒卸売業(医療用機械器具)，卸売業(飲食料品)，卸売業(金属加工・その他一般機械器具)，卸売業(自動車部品・付属品)，卸売業(食品)，卸売業(繊維製品)，卸売業(鉄鋼)，卸売業(電気機械器具)，卸売業(非鉄金属)，卸売業(輸送)，東京都(卸売業)，ネット卸売業 をも見よ

『大阪経済・労働白書　平成21年版』大阪府立産業開発研究所，大阪府商工労働部雇用推進室労政課　2010.3
　◇大阪府内卸売業の推移　［図表Ⅰ-2-19　p39］
　◇上位4都府県の卸売業の減少率(19年値/3年値)　［図表Ⅰ-2-20　p40］
　◇大阪府内財別卸売業の減少率(19年値/3年値)　［図表Ⅰ-2-24　p42］
　◇流通加工の有無と卸売業以外の業務　［図表Ⅰ-2-29　p45］
　◇卸売業以外の業務　［図表Ⅰ-2-30　p46］

『関西経済白書　2007年版』関西社会経済研究所　2007.6
　◇卸売・小売業の労働生産性　［図表2-79　p135］
　◇卸売・小売業の労働生産性の要因(1990年度から2005年度までの増加率)　［図表2-80　p135］

『関西経済白書　2019』丸善プラネット　2019.9
　◇大阪府の卸売部門の域際収支　［図6-3-6　p199］

『図説　食料・農業・農村白書　平成15年度』農林統計協会　2004.6
　◇卸売業者及び仲卸業者の経営状況の推移　［表Ⅰ-7　p69］

『図説　農業白書　平成8年度版』農林統計協会　1997.5
　◇米卸売業者の登録状況　［図Ⅲ-8　p148］
　◇消費財卸売業における卸間取引率の推移　［図Ⅲ-25　p180］

『世界経済の潮流　2022年　Ⅰ』日経印刷　2022.9
　◇技能の不足度合いと労働生産性水準(卸売・小売業、2014年)　［第2-1-13図　p155］

『ソフトウェア開発データ白書　2012-2013』情報処理推進機構　2012.9
　◇卸売・小売業の工程別FP生産性の基本統計量(新規開発、IFPUGグループ)　［図表8-5-6　p253］
　◇卸売・小売業の工程別FP生産性の基本統計量(改良開発、IFPUGグループ)　［図表8-5-28　p261］
　◇卸売・小売業の工程別SLOC生産性の基本統計量(新規開発、主開発言語グループ)　［図表8-6-6　p269］
　◇卸売・小売業の工程別SLOC生産性の基本統計量(改良開発、主開発言語グループ)　［図表8-6-28　p277］

『中小企業白書　平成9年版』大蔵省印刷局　1997.5
　◇法人企業の付加価値生産性、従業者1人当たり人件費、労働分配率(卸売業)　［20表　p22］
　◇売上高に対する諸比率の推移(卸売業)　［25表　p25］

おろしう　　　　　　　　　　　　　　　統計図表レファレンス事典　商業・広告・マーケティング

　　◇設備投資の目的—(1)中小卸売業　〔第1-1-50図　p46〕
　　◇中小卸売業の設備投資動向　平成8年度修正計画　〔第1-1-51図　p47〕
　　◇中小企業の職種別の過不足感DI—(2)卸売業　〔第1-2-12図　p75〕
　　◇中小卸売業の属する系列を主導する企業(消費財卸売業)　〔第2-3-26図　p236〕
　　◇他社との系列関係を持つ理由(中小卸売業)　〔第2-3-27図　p237〕
　　◇5年前と比較した小売業と卸売業の販売単価の変化(中小企業)　〔第2-3-33図　p240〕
　　◇取引先からの要請(中小卸売業、現在)　〔第2-3-34(1)図　p241〕
　　◇取引先からの要請(中小卸売業、今後の見込み)　〔第2-3-34(2)図　p242〕
　　◇卸売業者に期待する機能　〔第2-3-52図　p259〕
　　◇卸売業の機能についての認識　〔第2-3-53図　p260〕
　　◇進出した異業種分野(中小卸売業)　〔第2-3-54図　p261〕
　　◇異業種分野への進出目的(中小卸売業)　〔第2-3-55図　p262〕
　　◇共同化を行う目的(中小卸売業)　〔第2-3-56図　p263〕
　　◇共同化を行う上での問題点(中小卸売業)　〔第2-3-57図　p263〕
　　◇異業種連携を行う目的(中小卸売業)　〔第2-3-58図　p264〕
『中小企業白書　2004年版』ぎょうせい　2004.5
　　◇中小企業(卸売業)の輸出割合別業況判断DIの推移　〔第1-1-19図　p19〕
　　◇中小企業(卸売業)の輸入割合別業況判断DIの推移　〔第1-1-20図　p20〕
『通商白書　2013』勝美印刷　2013.8
　　◇卸売・小売業の労働生産性とTFP　〔補論第1-12図　p327〕
『東京都中小企業経営白書　平成15年版』東京都産業労働局産業政策部調査研究課　2004.3
　　◇専業卸売業の有無　〔図表Ⅲ-4-1　p155〕
『東京の中小企業の現状(流通産業編)　平成26年度』東京都産業労働局　2015.3
　　◇都内卸売業の従業者規模別増減率(平成24年/平成21年)　〔図表Ⅰ-2-19　p23〕
　　◇都内卸売業の従業者規模別増減率(平成24年/平成21年)　〔図表Ⅰ-2-22　p25〕
　　◇卸機能の強化(インターネット販売状況別)　〔図表Ⅲ-1-5　p196〕
　　◇ネット卸売業の課題　〔図表Ⅲ-1-12　p205〕
『東京の中小企業の現状(流通産業編)　平成29年度』東京都産業労働局　2018.3
　　◇業種構成〔卸売業〕(東京の中小流通産業の経営動向)　〔図表Ⅱ-1-2　p39〕
　　◇取引形態〔卸売業〕　〔図表Ⅱ-1-3　p40〕
　　◇所在地〔卸売業〕　〔図表Ⅱ-1-4　p41〕
　　◇支社・支店・営業所の有無〔卸売業〕　〔図表Ⅱ-1-5　p42〕
　　◇雇用している従業員の有無〔卸売業〕　〔図表Ⅱ-1-7　p44〕
　　◇従業者の平均年齢〔卸売業〕　〔図表Ⅱ-1-8　p45〕
　　◇企業形態〔卸売業〕　〔図表Ⅱ-1-10　p47〕
　　◇資本金〔卸売業〕　〔図表Ⅱ-1-11　p49〕
　　◇流通系列関係〔卸売業〕　〔図表Ⅱ-1-12　p51〕
　　◇創業時期〔卸売業〕　〔図表Ⅱ-1-13　p53〕
　　◇売上総利益額〔卸売業〕　〔図表Ⅱ-1-16　p59〕
　　◇売上総利益額の変化〔卸売業〕　〔図表Ⅱ-1-17　p61〕
　　◇経常利益率〔卸売業〕　〔図表Ⅱ-1-19　p65〕
　　◇経常損益額の変化〔卸売業〕　〔図表Ⅱ-1-20　p67〕
　　◇期末在庫〔卸売業〕　〔図表Ⅱ-1-21　p68〕
　　◇一般消費者への販売割合〔卸売業〕　〔図表Ⅱ-1-32　p86〕
　　◇保管業務〔卸売業〕　〔図表Ⅱ-1-34　p89〕
　　◇在庫管理〔卸売業〕　〔図表Ⅱ-1-35　p90〕
　　◇流通加工〔卸売業〕　〔図表Ⅱ-1-36　p91〕

◇配送・輸送〔卸売業〕　　〔図表Ⅱ-1-37　p92〕
　　◇インターネット販売の状況〔卸売業〕　　〔図表Ⅱ-1-43　p99〕
　　◇インターネット販売の割合〔卸売業〕　　〔図表Ⅱ-1-44　p101〕
　　◇インターネット販売の変化〔卸売業〕　　〔図表Ⅱ-1-45　p103〕
　　◇インターネットにおける販売先〔卸売業〕　　〔図表Ⅱ-1-46　p104〕
　　◇競争環境の変化〔卸売業〕　　〔図表Ⅱ-1-47　p107〕
　　◇東京の立地環境〔卸売業〕　　〔図表Ⅱ-1-48　p109〕
　　◇卸機能の強化〔東京の流通産業の経営実態（アンケート結果）卸売業〕　　〔図表Ⅱ-1-49　p111〕
　　◇情報収集源〔卸売業〕　　〔図表Ⅱ-1-50　p112〕
　　◇外部相談先〔卸売業〕　　〔図表Ⅱ-1-51　p113〕
　　◇事業展開の方向性〔東京の流通産業の経営実態（アンケート結果）卸売業〕　　〔図表Ⅱ-1-52　p115〕
　　◇事業承継を考えるうえでの問題〔卸売業〕　　〔図表Ⅲ-1-4　p235〕
　　◇物流コストの割合〔卸売業〕　　〔図表Ⅲ-2-1　p247〕
　　◇流通の効率化のための情報システム予算〔卸売業〕　　〔図表Ⅲ-2-5　p255〕
　　◇今後の事業の採算性〔卸売業〕　　〔図表Ⅲ-3-1　p256〕
　　◇卸機能の強化〔卸売業〕〔東京の流通産業に関するテーマ分析（アンケート結果）〕　　〔図表Ⅲ-3-3　p258〕
　　◇事業展開の方向性（卸売業）〔東京の流通産業に関するテーマ分析（アンケート結果）〕　　〔図表Ⅲ-3-6　p261〕
『東京の中小企業の現状（流通産業編）　令和2年度』東京都産業労働局　2021.3
　　◇業種〔卸売業〕　　〔図表Ⅱ-1-2　p35〕
　　◇取引形態〔卸売業〕　　〔図表Ⅱ-1-3　p36〕
　　◇流通系列関係〔卸売業〕　　〔図表Ⅱ-1-4　p37〕
　　◇所在地〔卸売業〕　　〔図表Ⅱ-1-5　p38〕
　　◇支社・支店・営業所の有無〔卸売業〕　　〔図表Ⅱ-1-6　p38〕
　　◇企業形態〔卸売業〕　　〔図表Ⅱ-1-7　p39〕
　　◇資本金〔卸売業〕　　〔図表Ⅱ-1-8　p40〕
　　◇従業者の平均年齢〔卸売業〕　　〔図表Ⅱ-1-10　p42〕
　　◇雇用している従業員の有無〔卸売業〕　　〔図表Ⅱ-1-11　p43〕
　　◇創業時期〔卸売業〕　　〔図表Ⅱ-1-13　p45〕
　　◇感染症発生前後での売上総利益（粗利益）の変化〔卸売業〕　　〔図表Ⅱ-1-17　p49〕
　　◇3年前と比較した売上総利益（粗利益）の変化〔卸売業〕　　〔図表Ⅱ-1-18　p50〕
　　◇近決算の売上総利益〔卸売業〕　　〔図表Ⅱ-1-19　p51〕
　　◇3年前と比較した売上総利益率（粗利益率）の変化〔卸売業〕　　〔図表Ⅱ-1-20　p52〕
　　◇直近決算の売上総利益率（粗利益率）〔卸売業〕　　〔図表Ⅱ-1-21　p53〕
　　◇感染症発生前後での経常損益の変化〔卸売業〕　　〔図表Ⅱ-1-22　p54〕
　　◇3年前と比較した経常損益の変化〔卸売業〕　　〔図表Ⅱ-1-23　p55〕
　　◇期末在庫〔卸売業〕　　〔図表Ⅱ-1-25　p57〕
　　◇金利の負担感〔卸売業〕　　〔図表Ⅱ-1-26　p59〕
　　◇金利負担感の変化〔卸売業〕　　〔図表Ⅱ-1-27　p61〕
　　◇3年前と比較した販売先企業数の変化〔卸売業〕　　〔図表Ⅱ-1-34　p75〕
　　◇価格決定において重視している事項〔卸売業〕　　〔図表Ⅱ-1-36　p79〕
　　◇一般消費者への販売状況〔卸売業〕　　〔図表Ⅱ-1-37　p81〕
　　◇販売割合〔卸売業〕　　〔図表Ⅱ-1-38　p83〕
　　◇保管業務〔卸売業〕　　〔図表Ⅱ-1-40　p86〕
　　◇在庫管理〔卸売業〕　　〔図表Ⅱ-1-41　p87〕
　　◇流通加工〔卸売業〕　　〔図表Ⅱ-1-42　p88〕

おろしう　　　　　　　　　　　統計図表レファレンス事典　商業・広告・マーケティング

　◇配送・輸送〔卸売業〕　　［図表Ⅱ-1-43　p89］
　◇インターネット販売の状況〔卸売業〕　　［図表Ⅱ-1-50　p103］
　◇インターネット販売の割合〔卸売業〕　　［図表Ⅱ-1-51　p105］
　◇3年前と比較したインターネット販売の変化〔卸売業〕　　［図表Ⅱ-1-52　p107］
　◇インターネット販売における販売先〔卸売業〕　　［図表Ⅱ-1-53　p109］
　◇事業展開の方向性〔卸売業〕　　［図表Ⅱ-1-55　p113］
　◇事業承継の課題〔卸売業〕　　［図表Ⅱ-1-56　p115］
　◇後継者の希望・方針〔卸売業〕　　［図表Ⅱ-1-57　p117］
　◇後継者の現状・実際の状況〔卸売業〕　　［図表Ⅱ-1-58　p119］
　◇廃業を決定した時期〔卸売業〕　　［図表Ⅱ-1-60　p122］
　◇新型コロナウイルス感染症の影響（卸売業）　　［図表Ⅲ-1-1　p237］
　◇具体的なマイナスの影響内容（卸売業）　　［図表Ⅲ-1-2　p239］
　◇新型コロナウイルス感染症の影響による新たな取組（卸売業）　　［図表Ⅲ-1-3　p241］
　◇競争環境における重要な変化（卸売業）　　［図表Ⅲ-2-1　p249］
　◇東京の立地環境（卸売業）　　［図表Ⅲ-2-2　p251］
　◇競争力向上のために実施している取組（卸売業）　　［図表Ⅲ-2-3　p253］
　◇業務の効率化・合理化への取組（卸売業）　　［図表Ⅲ-2-4　p255］
　◇競争力向上に取り組まない理由（卸売業）　　［図表Ⅲ-2-5　p257］
　◇増益企業の競争力向上への取組（卸売業）　　［図表Ⅲ-2-8　p263］
　◇減益企業の競争力向上への取組（卸売業）　　［図表Ⅲ-2-9　p265］
『東北経済白書　平成16年版』経済産業調査会　2004.12
　◇卸売業・小売業の概要（平成14年）　　［表2-2-1　p110］
　◇東北における卸売業の推移と東北6県別動向　　［図2-2-2　p111］
　◇卸売業販売効率全国比推移　　［図2-2-3　p111］
　◇卸売業業種別販売効率全国比　　［図2-2-4　p111］
　◇東北の卸売業経営形態別構成比　　［図2-2-5　p112］
　◇卸売業従業員規模別構成比　　［図2-2-6　p112］
『東北経済白書　平成18年版』経済産業調査会　2007.1
　◇卸売業・小売業の概要（平成16年）　　［表2-2-1　p115］
　◇卸売業の前回比推移　　［図2-2-2　p116］
　◇卸売業の県別前回比（平成16年）　　［図2-2-3　p116］
　◇卸売業販売効率全国比推移及び卸売業業種別販売効率全国比（平成16年）　　［図2-2-4　p117］
『独占禁止白書　平成16年版』公正取引協会　2004.11
　◇小売業者及び卸売業者が応じたことのある有力ブランドメーカーからの要請（複数回答）　　［図7　p222］
　◇メーカー及び卸売業者が有力な企業ブランドを有する小売業者と取引するメリット（複数回答）　　［図8　p222］
　◇メーカー及び卸売業者が応じたことのある有力な企業ブランドを有している小売業者からの要請（複数回答）　　［図9　p222］
　◇繊維卸売業者の下請法違反行為類型別件数　　［第6表　p274］
『ファミリービジネス白書　2022年版』白桃書房　2021.12
　◇ファミリービジネス企業数及び業績：卸売業　　［図表2-5-11①　p127］
　◇ファミリービジネス主要10社の指標：卸売業　　［図表2-5-11②　p127］
　◇一般企業主要10社の指標：卸売業　　［図表2-5-11③　p128］
　◇中核経営者の属性：卸売業　　［図表2-5-11④　p130］
　◇中核経営者の経歴と業績：卸売業　　［図表2-5-11⑤　p130］
『労働白書　平成9年版』日本労働研究機構　1997.6
　◇卸売・小売業、飲食店の就業者数の増減の業種別内訳（1985～1995年）　　［第1-（2）-13図

p124]

卸売業（医療用機械器具）

『東京都中小企業経営白書　平成15年版』東京都産業労働局産業政策部調査研究課　2004.3
　◇経営利益率（医療用機械器具卸売業）　［p265］
　◇従業者数（医療用機械器具卸売業）　［p265］
　◇直近の売上高（医療用機械器具卸売業）　［p265］
　◇売上高（3年前との比較）（医療用機械器具卸売業）　［p265］

卸売業（飲食料品）

『九州経済白書　2004年版』九州経済調査協会　2004.2
　◇飲食料品卸売業の商店数・従業者数の推移（九州8県）　［図3-2　p48］
　◇飲食料品卸売業の商店数の推移　［図3-3　p48］
　◇飲食料品卸売業の県別・業種別従業者数（2002年）　［表3-1　p49］
　◇飲食料品卸売業の県別・業種別従業者数の増加率　［表3-2　p49］
　◇飲食料品卸売業の年間販売額等の推移（九州8県）　［図3-5　p50］

卸売業（売上高）

『大阪経済・労働白書　平成21年版』大阪府立産業開発研究所，大阪府商工労働部雇用推進室労政課　2010.3
　◇卸売業の売上高の対前年比　［図表Ⅰ-2-42　p53］
　◇卸売業の売上高営業利益率の推移　［図表Ⅰ-2-45　p55］
『中小企業白書　平成9年版』大蔵省印刷局　1997.5
　◇売上高の減少要因（中小卸売業）　［第2-3-14図　p228］
　◇卸売業の売上高営業利益率（資本金規模別）　［第2-3-15図　p229］
　◇卸売業の売上高営業利益率変化の背景（資本金規模別）　［第2-3-16図　p230］
『東京の中小企業の現状（流通産業編）　平成29年度』東京都産業労働局　2018.3
　◇年間売上高〔東京の流通産業の経営実態（アンケート結果）卸売業〕　［図表Ⅱ-1-14　p55］
　◇売上高の変化〔卸売業〕　［図表Ⅱ-1-15　p57］
　◇売上高総利益率〔卸売業〕　［図表Ⅱ-1-18　p63］
　◇年間売上高（卸売業）〔東京の流通産業に関するテーマ分析（アンケート結果）〕　［図表Ⅲ-3-2　p257］
『東京の中小企業の現状（流通産業編）　令和2年度』東京都産業労働局　2021.3
　◇感染症発生前後での売上高の変化〔卸売業〕　［図表Ⅱ-1-14　p46］
　◇3年前と比較した年間売上高の変化〔卸売業〕　［図表Ⅱ-1-15　p47］
　◇直近決算の年間売上高〔卸売業〕　［図表Ⅱ-1-16　p48］
　◇直近決算の売上高経常利益率〔卸売業〕　［図表Ⅱ-1-24　p56］
『ホビー白書　2015年版』日本ホビー協会　2015.11
　◇卸売5社の売上高合計　［図表4-36　p84］

卸売業（金属加工・その他一般機械器具）

『東京都中小企業経営白書　平成15年版』東京都産業労働局産業政策部調査研究課　2004.3
　◇経営利益率（金属加工・その他一般機械器具卸売業）　［p259］
　◇従業者数（金属加工・その他一般機械器具卸売業）　［p259］
　◇直近の売上高（金属加工・その他一般機械器具卸売業）　［p259］
　◇売上高（3年前との比較）（金属加工・その他一般機械器具卸売業）　［p259］

おろしう　　　　　　　　　　　統計図表レファレンス事典　商業・広告・マーケティング

卸売業（仕入）

『東京の中小企業の現状（流通産業編）　平成29年度』東京都産業労働局　2018.3
　　◇仕入先総数〔卸売業〕　［図表Ⅱ-1-22　p69］
　　◇仕入先総数の変化〔卸売業〕　［図表Ⅱ-1-23　p71］
　　◇仕入先企業数の最も多い地域〔卸売業〕　［図表Ⅱ-1-24　p73］
　　◇仕入先の見直し状況〔卸売業〕　［図表Ⅱ-1-25　p74］
　　◇仕入活動の課題〔卸売業〕　［図表Ⅱ-1-27　p78］

『東京の中小企業の現状（流通産業編）　令和2年度』東京都産業労働局　2021.3
　　◇仕入先企業数〔卸売業〕　［図表Ⅱ-1-28　p63］
　　◇3年前と比較した仕入先企業数の変化〔卸売業〕　［図表Ⅱ-1-29　p65］
　　◇仕入先企業の最も多い地域〔卸売業〕　［図表Ⅱ-1-30　p67］
　　◇仕入先の国・地域〔卸売業〕　［図表Ⅱ-1-31　p69］
　　◇仕入先の見直し状況〔卸売業〕　［図表Ⅱ-1-32　p71］
　　◇仕入活動の課題〔卸売業〕　［図表Ⅱ-1-33　p73］

卸売業（事業所数）

『大阪経済・労働白書　平成21年版』大阪府立産業開発研究所, 大阪府商工労働部雇用推進室労政課　2010.3
　　◇卸売業・小売業の事業所数、販売額の全国シェア　［図表Ⅰ-1-27　p19］
　　◇大阪府内卸売・小売業の事業所と従業者の増減（18年値/3年値）　［図表Ⅰ-2-23　p41］

『地域経済総覧（週刊東洋経済臨時増刊/Data Bank SERIES）　2024年版』東洋経済新報社　2023.9
　　◇卸売業―事業所数, 従業者数, 年間商品販売額〔都道府県別データ〕　［p178］
　　◇卸売業事業所数・従業者数〔市区別データ〕　［p440］
　　◇卸売業事業所数〔市区別データ〕　［p718］

『中小企業白書　2004年版』ぎょうせい　2004.5
　　◇卸売業の事業所数、従業者数、販売額　［6表　p12］

『中小企業白書　2007年版』ぎょうせい　2007.6
　　◇卸売業の事業所数、従業者数、販売額　［10表　p367］

『中小企業白書　2013年版』佐伯印刷　2013.8
　　◇卸売業の事業所数、従業者数、販売額　［10表　p370］

『中小企業白書　2016年版』日経印刷　2016.6
　　◇卸売業の事業所数、従業者数、販売額　［10表　p597］

『東京の中小企業の現状（流通産業編）　平成26年度』東京都産業労働局　2015.3
　　◇卸売業の事業所数・従業者数・年間商品販売額　［図表Ⅰ-2-4　p15］
　　◇都内卸売業の推移（事業所数・従業者数）　［図表Ⅰ-2-5　p15］
　　◇卸売業の業種別構成比（事業所数）　［図表Ⅰ-2-7　p16］
　　◇都内卸売業の従業者規模別構成比（事業所数）　［図表Ⅰ-2-17　p22］

『東京の中小企業の現状（流通産業編）　平成29年度』東京都産業労働局　2018.3
　　◇卸売業の事業所数、従業者数、年間商品販売額（東京・全国、平成26年）　［図表Ⅰ-2-4　p17］
　　◇卸売業の推移（事業所数、従業者数）（東京）　［図表Ⅰ-2-5　p17］
　　◇卸売業の業種別構成比（事業所数）（東京、平成26年）　［図表Ⅰ-2-7　p19］
　　◇卸売業の従業者規模別構成比（事業所数）（東京、平成26年）　［図表Ⅰ-2-10　p21］

『東京の中小企業の現状（流通産業編）　令和2年度』東京都産業労働局　2021.3
　　◇卸売業の事業所数, 従業者数, 年間商品販売額（東京・全国, 2016年）　［図表Ⅰ-2-4　p17］
　　◇卸売業の業種別構成比（事業所数）（東京、2016年）　［図表Ⅰ-2-5　p17］

50

◇卸売業の従業者規模別構成比（事業所数）（東京、2016年）　［図表Ⅰ-2-8　p20］
『東北圏社会経済白書　2015年度』東北活性化研究センター　2016.3
　　◇事業所数（法人・個人・卸売・小売別）　［p157～158］

卸売業（自動車部品・付属品）

『東京都中小企業経営白書　平成15年版』東京都産業労働局産業政策部調査研究課　2004.3
　　◇経営利益率（自動車部品・付属品卸売業）　［p261］
　　◇従業者数（自動車部品・付属品卸売業）　［p261］
　　◇直近の売上高（自動車部品・付属品卸売業）　［p261］
　　◇売上高（3年前との比較）（自動車部品・付属品卸売業）　［p261］

卸売業（従業者数）

『大阪経済・労働白書　平成21年版』大阪府立産業開発研究所，大阪府商工労働部雇用推進室労政課　2010.3
　　◇大阪府内卸売・小売業の事業所と従業者の増減（18年値／3年前）　［図表Ⅰ-2-23　p41］
『九州経済白書　2004年版』九州経済調査協会　2004.2
　　◇卸売業・飲食料品卸売業の従業者数の推移　［図3-4　p49］
　　◇飲食料品卸売業の県別・業種別従業者数（2002年）　［表3-1　p49］
　　◇飲食料品卸売業の県別・業種別従業者数の増加率　［表3-2　p49］
『首都圏白書　平成9年版』大蔵省印刷局　1997.6
　　◇卸売業の従業者数の変化　［図4-4-15　p119］
『地域経済総覧（週刊東洋経済臨時増刊／Data Bank SERIES）　2024年版』東洋経済新報社　2023.9
　　◇卸売業—事業所数，従業者数，年間商品販売額〔都道府県別データ〕　［p178］
　　◇卸売業事業所数・従業者数〔市区別データ〕　［p440］
　　◇卸売業従業者数〔市区別データ〕　［p718］
『中小企業白書　平成9年版』大蔵省印刷局　1997.5
　　◇卸売業の商店数、従業者数、販売額　［12表　p12～13］
　　◇卸売業の従業者数　［第2-2-12図　p227］
『中小企業白書　2004年版』ぎょうせい　2004.5
　　◇卸売業の事業所数、従業者数、販売額　［6表　p12］
『中小企業白書　2007年版』ぎょうせい　2007.6
　　◇卸売業の事業所数、従業者数、販売額　［10表　p367］
『中小企業白書　2013年版』佐伯印刷　2013.8
　　◇卸売業の事業所数、従業者数、販売額　［10表　p370］
『中小企業白書　2016年版』日経印刷　2016.6
　　◇卸売業の事業所数、従業者数、販売額　［10表　p597］
『東京都中小企業経営白書　平成15年版』東京都産業労働局産業政策部調査研究課　2004.3
　　◇従業者数（鉄鋼卸売業）　［p257］
　　◇従業者数（金属加工・その他一般機械器具卸売業）　［p259］
　　◇従業者数（自動車部品・付属品卸売業）　［p261］
　　◇従業者数（電気機械器具卸売業）　［p263］
　　◇従業者数（医療用機械器具卸売業）　［p265］
『東京の中小企業の現状（流通産業編）　平成26年度』東京都産業労働局　2015.3
　　◇卸売業の事業所数・従業者数・年間商品販売額　［図表Ⅰ-2-4　p15］
　　◇都内卸売業の推移（事業所数・従業者数）　［図表Ⅰ-2-5　p15］
　　◇卸売業の業種別構成比（従業者数）　［図表Ⅰ-2-8　p17］

◇都内卸売業の従業者規模別構成比（従業者数）　［図表Ⅰ-2-18　p22］
　『東京の中小企業の現状（流通産業編）　平成29年度』東京都産業労働局　2018.3
　　　◇卸売業の事業所数、従業者数、年間商品販売額（東京・全国、平成26年）　［図表Ⅰ-2-4　p17］
　　　◇卸売業の推移（事業所数、従業者数）（東京）　［図表Ⅰ-2-5　p17］
　　　◇卸売業の業種別構成比（従業者数）（東京、平成26年）　［図表Ⅰ-2-8　p20］
　　　◇従業者規模〔卸売業〕　［図表Ⅱ-1-6　p43］
　『東京の中小企業の現状（流通産業編）　令和2年度』東京都産業労働局　2021.3
　　　◇卸売業の事業所数、従業者数、年間商品販売額（東京・全国、2016年）　［図表Ⅰ-2-4　p17］
　　　◇卸売業の業種別構成比（従業者数）（東京、2016年）　［図表Ⅰ-2-6　p18］
　　　◇従業者規模〔卸売業〕　［図表Ⅱ-1-9　p41］
　『東北圏社会経済白書　2015年度』東北活性化研究センター　2016.3
　　　◇東北圏の卸売販売額・従業者数の推移　［p27］
　『東北圏社会経済白書　2018年度』東北活性化研究センター　2019.3
　　　◇卸売販売額・従業者数の推移　［p30］

卸売業（商店数）

　『関西活性化白書　2004年版』関西社会経済研究所　2004.5
　　　◇卸売業の商店数の推移　［図3-27　p190］
　『関西経済白書　2010年版』関西社会経済研究所　2010.9
　　　◇卸売業の商店数の推移　［図表 資1-25-1　p242］
　『九州経済白書　2004年版』九州経済調査協会　2004.2
　　　◇飲食料品卸売業の商店数・従業者数の推移（九州8県）　［図3-2　p48］
　　　◇飲食料品卸売業の商店数の推移　［図3-3　p48］
　『中小企業白書　平成9年版』大蔵省印刷局　1997.5
　　　◇卸売業の商店数、従業者数、販売額　［12表　p12〜13］
　　　◇卸売業の商店数　［第2-3-11図　p227］

卸売業（食品）

　『九州経済白書　2004年版』九州経済調査協会　2004.2
　　　◇食品卸売業者のトレーサビリティ・システム導入に向けた考え方　［図Ⅰ-13　p12］
　　　◇食品卸売業の事業展開上の課題　［図Ⅰ-21　p16］
　　　◇2〜3年前と比較した食品卸売業の経営状況　［図3-6　p50］
　　　◇主要市場別にみた経営状況　［図3-7　p50］
　　　◇食品卸売業の事業展開上の課題（経営環境）　［図3-8　p51］
　　　◇企業規模と経営状況　［表3-3　p51］
　　　◇食品卸売業の事業展開上の対応課題　［図3-17　p60］
　　　◇食品卸売業の商品開発・研究開発の取組状況　［図3-20　p61］
　　　◇食品卸売業の有機・無農薬栽培等の取扱状況　［図3-38　p77］
　『再資源化白書　2021』サティスファクトリー　2022.9
　　　◇食品卸売業からの食品廃棄物等の発生・抑制・再利用状況の推移　［図5-119　p201］
　『食料・農業・農村白書　平成25年版』日経印刷　2013.7
　　　◇食品卸売業の商品販売額の推移　［図2-4-3　p112,参31］
　『食料・農業・農村白書　平成28年版』日経印刷　2016.6
　　　◇食品卸売業の商業販売額の推移　［図1-5-4　p74,参15］

統計図表レファレンス事典　商業・広告・マーケティング　　　　　　　　　　　おろしう

卸売業（繊維製品）

『中小企業白書　平成9年版』大蔵省印刷局　1997.5
　　◇F荷主会物流研究会のデータベースイメージ　［第3-2-96図　p486］

卸売業（鉄鋼）

『東京都中小企業経営白書　平成15年版』東京都産業労働局産業政策部調査研究課　2004.3
　　◇経営利益率（鉄鋼卸売業）　［p257］
　　◇従業者数（鉄鋼卸売業）　［p257］
　　◇直近の売上高（鉄鋼卸売業）　［p257］
　　◇売上高（3年前との比較）（鉄鋼卸売業）　［p257］

卸売業（電気機械器具）

『東京都中小企業経営白書　平成15年版』東京都産業労働局産業政策部調査研究課　2004.3
　　◇経営利益率（電気機械器具卸売業）　［p263］
　　◇従業者数（電気機械器具卸売業）　［p263］
　　◇直近の売上高（電気機械器具卸売業）　［p263］
　　◇売上高（3年前との比較）（電気機械器具卸売業）　［p263］

卸売業（販売額）

『大阪経済・労働白書　平成21年版』大阪府立産業開発研究所，大阪府商工労働部雇用推進室労政課　2010.3
　　◇卸売業・小売業の事業所数、販売額の全国シェア　［図表Ⅰ-1-27　p19］
『関西活性化白書　2004年版』関西社会経済研究所　2004.5
　　◇卸売業の年間販売額および一店舗当たりの年間販売額の推移　［図3-28　p190］
『関西経済白書　2007年版』関西社会経済研究所　2007.6
　　◇卸売業（上図）と小売業（下図）の年間販売額　［図表2-16　p62］
『関西経済白書　2010年版』関西社会経済研究所　2010.9
　　◇卸売業の年間販売額及び一店舗当たりの年間販売額の推移　［図表 資1-25-2　p242］
『首都圏白書　平成9年版』大蔵省印刷局　1997.6
　　◇卸売業の年間販売額の変化　［図4-4-16　p120］
『地域経済総覧（週刊東洋経済臨時増刊/Data Bank SERIES）　2024年版』東洋経済新報社　2023.9
　　◇卸売業―事業所数，従業者数，年間商品販売額〔都道府県別データ〕　［p178］
　　◇卸売業―業種別販売額〔都道府県別データ〕　［p179］
　　◇卸売業年間商品販売額〔市区別データ〕　［p440］
　　◇卸売業年間商品販売額〔市区別データ〕　［p718］
『中国地域白書　2015』中国地方総合研究センター　2016.6
　　◇単位当たり年間商品販売額の推移（卸売業の従業者一人当たり年間商品販売額）　［p200］
『中小企業白書　平成9年版』大蔵省印刷局　1997.5
　　◇卸売業の商店数、従業者数、販売額　［12表　p12〜13］
　　◇卸売業の年間販売額　［第2-3-13図　p228］
『中小企業白書　2004年版』ぎょうせい　2004.5
　　◇卸売業の事業所数、従業者数、販売額　［6表　p12］
『中小企業白書　2007年版』ぎょうせい　2007.6
　　◇卸売業の事業所数、従業者数、販売額　［10表　p367］
『中小企業白書　2013年版』佐伯印刷　2013.8

おろしう　　　　　　　　　　　　統計図表レファレンス事典　商業・広告・マーケティング

　　　◇卸売業の事業所数、従業者数、販売額　［10表　p370］
　『中小企業白書　2016年版』日経印刷　2016.6
　　　◇卸売業の事業所数、従業者数、販売額　［10表　p597］
　『東京の中小企業の現状（流通産業編）　平成26年度』東京都産業労働局　2015.3
　　　◇卸売業の事業所数・従業者数・年間商品販売額　［図表Ⅰ-2-4　p15］
　　　◇都内卸売業の推移（年間商品販売額）　［図表Ⅰ-2-6　p16］
　　　◇卸売業の業種別構成比（年間商品販売額）　［図表Ⅰ-2-9　p17］
　　　◇卸売業の単位当たり年間販売額　［図表Ⅰ-2-23　p26］
　『東京の中小企業の現状（流通産業編）　平成29年度』東京都産業労働局　2018.3
　　　◇卸売業の事業所数、従業者数、年間商品販売額（東京・全国、平成26年）　［図表Ⅰ-2-4　p17］
　　　◇卸売業の推移（年間商品販売額）（東京）　［図表Ⅰ-2-6　p18］
　　　◇卸売業の業種別構成比（年間商品販売額）（東京、平成26年）　［図表Ⅰ-2-9　p20］
　　　◇1事業所当たりの年間商品販売額（東京）〔東京の卸売業〕　［図表Ⅰ-2-11　p22］
　『東京の中小企業の現状（流通産業編）　令和2年度』東京都産業労働局　2021.3
　　　◇卸売業の事業所数、従業者数、年間商品販売額（東京・全国、2016年）　［図表Ⅰ-2-4　p17］
　　　◇卸売業の業種別構成比（年間商品販売額）（東京、2016年）　［図表Ⅰ-2-7　p19］
　『東北圏社会経済白書　2015年度』東北活性化研究センター　2016.3
　　　◇東北圏の卸売販売額・従業者数の推移　［p27］
　『東北圏社会経済白書　2018年度』東北活性化研究センター　2019.3
　　　◇卸売販売額・従業者数の推移　［p30］
　『民力　エリア・都市圏・市区町村別指標＋都道府県別資料　マーケティングに必須の地域データベース　2015』朝日新聞出版　2015.8
　　　◇商店年間販売額　卸売，小売業　［p401］

卸売業（非鉄金属）

　『物価レポート　'97』経済企画協会　1997.10
　　　◇素材関連製品の国内卸売物価と輸入浸透度―非鉄金属　［図表1-5-6　p21］

卸売業（輸送）

　『東京の中小企業の現状（流通産業編）　平成29年度』東京都産業労働局　2018.3
　　　◇配送・輸送〔卸売業〕　［図表Ⅱ-1-37　p92］
　『東京の中小企業の現状（流通産業編）　令和2年度』東京都産業労働局　2021.3
　　　◇配送・輸送〔卸売業〕　［図表Ⅱ-1-43　p89］

卸売業（IT利活用）

　『東京の中小企業の現状（流通産業編）　平成29年度』東京都産業労働局　2018.3
　　　◇導入しているIT〔卸売業〕　［図表Ⅱ-1-39　p94］
　　　◇3年前と比較した現在のIT利活用状況〔卸売業〕　［図表Ⅱ-1-40　p95］
　　　◇現在と比較した3年後のIT利活用状況〔卸売業〕　［図表Ⅱ-1-41　p96］
　　　◇IT利活用に伴う生産性の向上〔東京の流通産業の経営実態（アンケート結果）卸売業〕　［図表Ⅱ-1-42　p97］
　　　◇IT利活用に伴う生産性の向上（卸売業）〔東京の流通産業に関するテーマ分析（アンケート結果）〕　［図表Ⅲ-3-5　p260］
　『東京の中小企業の現状（流通産業編）　令和2年度』東京都産業労働局　2021.3
　　　◇ICTを活用した取組〔卸売業〕　［図表Ⅱ-1-46　p95］
　　　◇3年前と比較したICTの利活用状況〔卸売業〕　［図表Ⅱ-1-47　p97］

◇現在と比較した3年後のICTの利活用状況〔卸売業〕　〔図表Ⅱ-1-48　p99〕
　　◇ICT利活用の進展に伴う業務の生産性向上〔卸売業〕　〔図表Ⅱ-1-49　p101〕

卸売業者
　『通商白書　2016』勝美印刷　2016.8
　　◇商社・卸売業者を介することによる新たな輸出先の確保　〔第Ⅱ-3-3-6図　p258〕

卸売市場
　　　⇒水産物卸売市場，青果物卸売市場，東京都中央卸売市場　をも見よ
　『九州経済白書　2004年版』九州経済調査協会　2004.2
　　◇主要中央卸売市場間の品目別価格変動係数の変化（1985～99年）　〔表Ⅰ-9　p19〕
　『国民の栄養白書　2016-2017年版』日本医療企画　2016.11
　　◇卸売市場の数、取扱い金額、市場関係業者数　〔表2-1　p94〕
　　◇（参考1）卸売市場数の推移　〔表2-2　p94〕
　　◇（参考2）卸売市場の取扱い金額の推移　〔表2-3　p95〕
　　◇卸売市場経由率の推移　〔表2-4　p96〕
　『首都圏白書　平成9年版』大蔵省印刷局　1997.6
　　◇卸売市場の取扱実績の推移　〔図4-6-7　p140〕
　『食料・農業・農村白書　平成19年版』農林統計協会　2007.10
　　◇卸売市場経由率　〔図Ⅱ-59　p121〕
　『食料・農業・農村白書　平成28年版』日経印刷　2016.6
　　◇卸売市場経由率の推移　〔脚注　参14〕
　『水産白書　令和4年版』農林統計協会　2022.8
　　◇消費地卸売市場（東京都）における魚種別平均販売金額の推移　〔図表特-2-10　p24〕
　『図説　食料・農業・農村白書　平成15年度』農林統計協会　2004.6
　　◇生鮮食品等の卸売市場経由率の推移　〔図Ⅰ-33　p69〕
　『図説　水産白書　平成15年度』農林統計協会　2004.7
　　◇10都市中央卸売市場の卸売価格の推移　〔Ⅰ-17　p90〕

卸売販売額（魚介類）
　『水産白書　令和4年版』農林統計協会　2022.8
　　◇消費地卸売市場（東京都）における魚種別平均販売金額の推移　〔図表特-2-10　p24〕
　『図説　漁業白書　平成8年度版』農林統計協会　1997.5
　　◇東京都中央卸売市場における主な魚類の価格動向（7年）　〔図Ⅱ-5-5　p48〕
　『スーパーマーケット白書　2016年版』新日本スーパーマーケット協会　2016.2
　　◇魚介類の販売価格指数の推移　〔図表1-2-11　p10〕

卸売販売高
　『関西活性化白書　2004年版』関西社会経済研究所　2004.5
　　◇卸売り販売高の対全国シェアの推移　〔図1-12　p53〕

卸売物価
　『経済白書　平成9年版』大蔵省印刷局　1997.7
　　◇国内卸売物価変動の要因分解　〔第1-2-3図　p39〕
　『中小企業白書　平成9年版』大蔵省印刷局　1997.5
　　◇卸売物価の推移　〔15表　p17〕

おろしう　　　　　　　　　　　　　統計図表レファレンス事典　商業・広告・マーケティング

『物価レポート　'97』経済企画協会　1997.10
　◇卸売物価の動向　［図表1-2-1　p7］
　◇引き続き安定基調にある国内卸売物価　［図表1-2-2　p7］
　◇国内卸売物価の推移　［図表1-2-3　p7］
　◇需要段階別の卸売物価の動向　［図表1-2-5　p9］
　◇需要段階別の卸売物価の動向(個別品目)―(1)繊維製品　［図表1-2-6　p9］
　◇需要段階別の卸売物価の動向(個別品目)―(2)石油化学関連　［図表1-2-6　p9］
　◇中小企業製品の卸売物価の動向　［図表1　p12］
　◇需要段階別の卸売物価の推移　［図表1-5-1　p19］
　◇輸入浸透度と国内卸売物価の推移　［図表1-5-4　p20］
　◇素材関連製品の国内卸売物価と輸入浸透度―化学製品　［図表1-5-6　p21］
　◇素材関連製品の国内卸売物価と輸入浸透度―金属製品　［図表1-5-6　p21］
　◇素材関連製品の国内卸売物価と輸入浸透度―繊維製品　［図表1-5-6　p21］
　◇素材関連製品の国内卸売物価と輸入浸透度―鉄鋼　［図表1-5-6　p21］
　◇素材関連製品の国内卸売物価と輸入浸透度―非鉄金属　［図表1-5-6　p21］
　◇素材関連製品の国内卸売物価と輸入浸透度―窯業・土石製品　［図表1-5-6　p21］
　◇生産者価格の低下が国内卸売物価に与える効果　［図表3-3-1　p57］
『労働白書　平成9年版』日本労働研究機構　1997.6
　◇製品需給判断D.I.(主要企業)と国内卸売物価(工業製品、前年同期比)　［第39図　p72］
　◇類別の輸入物価、国内卸売物価及び製品需給判断D.I.の推移　［第12表　p320〜321］

卸売物価指数

『図説　林業白書　平成8年度版』農林統計協会　1997.5
　◇製材、非木質系建築資材の価格指数及び卸売り物価指数の推移　［図Ⅰ-7　p21］
『通商白書　2010』日経印刷　2010.7
　◇インドの卸売物価指数(WPI)の伸びと品目別寄与度の推移　［第1-2-4-9図　p94］
『通商白書　2013』勝美印刷　2013.8
　◇インドの卸売物価指数の寄与度分解　［第Ⅲ-2-4-29図　p266］
『婦人白書　1997』ほるぷ出版　1997.8
　◇卸売物価指数　［図表付-46　p238］
『物価レポート　'97』経済企画協会　1997.10
　◇消費者物価指数と卸売物価指数の長期的な推移　［(表)1　p99］
『労働白書　平成9年版』日本労働研究機構　1997.6
　◇卸売物価指数の推移　［第37図　p69］

卸売物価上昇率

『世界経済の潮流　2010年Ⅰ』日経印刷　2010.6
　◇卸売物価上昇率(品目別寄与度)　［第1-2-36図　p65］
『世界経済の潮流　2013年Ⅰ』日経印刷　2013.6
　◇卸売物価上昇率　［第1-3-47図　p73］
『労働白書　平成9年版』日本労働研究機構　1997.6
　◇卸売物価上昇率　［第40表　p476］

オンラインゲーム（広告宣伝費）

『デジタルコンテンツ白書　2019』デジタルコンテンツ協会　2019.9
　◇1タイトルあたりの年間平均広告宣伝費(スマートフォン)〔オンラインゲーム〕　［図表4-6-4　p100］

オンラインショッピング
　　⇒インターネット通販 をも見よ
　『インターネット白書　2010』インプレスジャパン　2010.6
　　◇オンラインショッピングと実店舗における消費意欲　［資料7-5-2　p207］
　『観光ビジネス未来白書　2013年版』同友館　2013.4
　　◇旅行用品通販サイト「地球の歩き方ストア」における2012年上半期ランキング　［p176］
　『九州経済白書　2010年版』九州経済調査協会　2010.2
　　◇インターネットにより購入・取引した商品・サービス（2008年末）　［図表5-10　p95］
　　◇インターネットを利用した注文をした世帯員がいる割合　［図表5-11　p96］
　　◇インターネットを利用した注文をした世帯員がいる割合　［図表5-12　p96］
　　◇5年前（2004年）の楽天市場店舗数構成比　［図表5-18　p98］
　『情報メディア白書　2010』ダイヤモンド社　2010.1
　　◇電子商取引（インターネット）市場〈2008年〉［図表Ⅰ-14-24　p213］
　『情報メディア白書　2013』ダイヤモンド社　2013.1
　　◇電子商取引（インターネット）市場〈2011年〉［図表Ⅰ-14-23　p207］

オンライン書店
　『情報メディア白書　2005』ダイヤモンド社　2004.12
　　◇オンライン書店での書籍購入率　［図表Ⅰ-2-51　p67］
　『情報メディア白書　2007』ダイヤモンド社　2007.1
　　◇オンライン書店の利用率〈20、40、60代別〉［図表Ⅰ-2-44　p57］

オンライン販売
　　⇒インターネット通販 をも見よ
　『独占禁止白書　平成30年版』公正取引協会　2018.1
　　◇オンライン販売のメリットの有無（小売業者からの回答）　［第1図　p146］
　　◇オンライン販売に関する制限の有無（小売業者からの回答）　［第3図　p147］
　　◇メーカーによるオンライン販売制限の内容（小売業者からの回答，回答割合上位4位，複数回答可）　［第10図　p152］

オンラインモール
　　⇒電子商店街 をも見よ
　『インターネット白書　2004』インプレス ネットビジネスカンパニー　2004.7
　　◇ネットショップの運営形態とモールの利用（主力店舗順）　［資料6-2-3　p298］
　『情報メディア白書　2023』ダイヤモンド社　2023.2
　　◇オンラインモールの接触者数〈2021年度〉［図表Ⅰ-12-29　p195］
　　◇主な通販モール運営者の流通総額　［図表Ⅰ-12-30　p195］
　『独占禁止白書　平成30年版』公正取引協会　2018.1
　　◇利用料に関する不満の有無（小売業者からの回答）　［第11図　p153］
　　◇オンラインモール運営業者による審査基準の開示の有無（小売業者からの回答）　［第13図　p154］

【か】

海外進出企業
『中小企業白書 2004年版』ぎょうせい 2004.5
　◇海外進出企業の研究開発集約度と広告宣伝集約度(中小製造業)　［第2-2-25図　p139］

外食業界
　　⇒飲食業界，飲食店 をも見よ
『観光ビジネス未来白書 2010年版』同友館 2010.3
　◇料理品小売(持ち帰り弁当店や惣菜店、テイクアウト主体のファストフードなど)市場規模　［p154］
『九州経済白書 2010年版』九州経済調査協会 2010.2
　◇新しい店舗の店舗面積‥席数とメニュー・コンセプトのフォーマット(外食)　［図表2-8　p33］
　◇新しいフォーマットによる店舗の立地面での特徴(外食)　［図表2-11　p34］
　◇小売、外食チェーン企業によるイノベーション活動の成功率　［図表2-14　p37］
　◇小売、外食チェーン企業による新しい販売形態の成功率　［図表2-15　p38］
『食料・農業・農村白書 令和4年版』日経印刷 2022.6
　◇日本食レストランの店舗数　［図表1-5-1　p79］
『図説 農業白書 平成8年度版』農林統計協会 1997.5
　◇飲食店の売上動向の推移　［図Ⅲ-27　p183］
『スーパーマーケット白書 2022年版』全国スーパーマーケット協会 2022
　◇百貨店・外食店の売上高(2019年同月比増減率)　［図表2-5　p46］
　◇外食業界の売上高の推移(2019年同月比)　［図表2-47　p60］
『労働白書 平成9年版』日本労働研究機構 1997.6
　◇卸売・小売業、飲食店の就業者数の増減の業種別内訳(1985～1995年)　［第1-(2)-13図　p124］

外部相談先(卸売業)
『東京の中小企業の現状(流通産業編)　平成29年度』東京都産業労働局 2018.3
　◇外部相談先〔卸売業〕　［図表Ⅱ-1-51　p113］

買回品
『中小企業白書 平成9年版』大蔵省印刷局 1997.5
　◇商品選択に関する消費者と小売業の認識(5年前と比較して買回品購入時に重視するようになった点)　［第2-3-37図　p246］
　◇買回品の購入店舗　［第2-3-45図　p253］
　◇買物をする店舗の選択基準(買回品)　［第2-3-46図　p253］

買い物
『九州経済白書 2007年版』九州経済調査協会 2007.2
　◇業態別買物頻度と所要時間(熊本県・2006年)　［図表1-15　p58］
『スーパーマーケット白書 2019年版』全国スーパーマーケット協会 2019
　◇年齢別にみた平日と休日の買い物時間　［図表　p71］

◇「一緒に買い物をする人」別にみた行動者率と行動時間　［図表　p72］
　　　◇年齢別にみた買い物時間帯の行動者率　［図表　p73］

価格

　『国民の栄養白書　2016-2017年版』日本医療企画　2016.11
　　　◇H27年キャベツ東京中央卸売市場入荷量・平均価格推移　［図7　p100］
　『図説　林業白書　平成8年度版』農林統計協会　1997.5
　　　◇製材、非木質系建築資材の価格指数及び卸売り物価指数の推移　［図Ⅰ-7　p21］
　『スーパーマーケット白書　2016年版』新日本スーパーマーケット協会　2016.2
　　　◇品目別にみた購入量と価格の前年比（2014年）　［図表5-1-3　p51］
　　　◇価格と数量の前年比（2015年）　［図表5-1-5　p52］
　『スーパーマーケット白書　2019年版』全国スーパーマーケット協会　2019
　　　◇カフェチェーンのコーヒー価格と売上高の伸び率　［図表　p84］
　『スーパーマーケット白書　2022年版』全国スーパーマーケット協会　2022
　　　◇社会貢献活動と価格の関係　［図14　p83］
　『スーパーマーケット白書　2023年版』全国スーパーマーケット協会　2023.2
　　　◇2022年　主な水産価格の動き　［図表1-19　p28］
　『スーパーマーケット白書　2024年版』全国スーパーマーケット協会　2024.2
　　　◇2023年水産相場　前年比と平年比（小売価格の推移）　［図表1-21　p29］
　『モバイル・コミュニケーション　2012-13』中央経済社　2012.8
　　　◇直近にパソコンを使い通信販売やオークションで購入した品物の金額（SA）　［資料3-10　p145］
　　　◇直近にケータイを使い通信販売やオークションで購入した品物の金額（SA）　［資料3-12　p147］

価格（工業地）

　『土地白書　平成9年版』大蔵省印刷局　1997.6
　　　◇商業地・工業地価格の対前年比伸び率と景気動向　［図表4-3-4　p109］

価格高騰

　『スーパーマーケット白書　2023年版』全国スーパーマーケット協会　2023.2
　　　◇価格高騰の経営への影響〔2022年のスーパーマーケット動向〕　［図表1-26　p40］
　　　◇各種価格高騰への対応状況〔2022年のスーパーマーケット動向〕　［図表1-30　p42］

価格変動係数

　『九州経済白書　2004年版』九州経済調査協会　2004.2
　　　◇主要中央卸売市場間の品目別価格変動係数の変化（1985～99年）　［表Ⅰ-9　p19］

加工食品（スーパーマーケット等）

　　　⇒冷凍食品　をも見よ

　『スーパーマーケット白書　2019年版』全国スーパーマーケット協会　2019
　　　◇SCIデータでみる業態別商品購入先　加工食品（2018年商品購入額構成比）　［参考　p51］
　　　◇SCIデータでみるスーパーマーケットでの購入と商品市場規模の変化　加工食品カテゴリー　［図表2-7　p55］
　　　◇商品カテゴリー別スーパーマーケットと他業態利用頻度（加工食品）　［図表2-20　p59］
　　　◇加工食品〔column　SCIデータでみる81品目の消費者購入金額とスーパーマーケット業態シェア〕　［p66］

『スーパーマーケット白書　2022年版』全国スーパーマーケット協会　2022
　◇スーパーマーケット以外での食品購入先（飲料、加工食品）　［図表2-70　p70］
　◇スーパーマーケット以外での食品購入先　加工食品(性年代別)　［図表2-72　p71］
　◇スーパーマーケット以外のお店を利用している理由(飲料・加工食品)　［図表2-73　p71］
　◇加工食品〔資料1-1 SCIデータでみる81品目の消費者購入金額とスーパーマーケット業態シェア〕　［p100］

『スーパーマーケット白書　2023年版』全国スーパーマーケット協会　2023.2
　◇加工食品〔資料1-1 SCIデータでみる81品目の消費者購入金額とスーパーマーケット業態シェア〕　［p114］

『スーパーマーケット白書　2024年版』全国スーパーマーケット協会　2024.2
　◇カテゴリ別購入先　上位3位(生鮮、加工食品、日用雑貨等)　［図表4-11　p87］
　◇加工食品〔資料1-1 SCIデータでみる81品目の消費者購入金額とスーパーマーケット業態シェア〕　［p118］

『独占禁止白書　平成9年版』公正取引協会　1997.12
　◇この1年間に小売業者における通常の販売価格を理由とする要請等があった事例(食肉加工品)　［表2　p172］

菓子（スーパーマーケット）

『スーパーマーケット白書　2019年版』全国スーパーマーケット協会　2019
　◇SCIデータでみるスーパーマーケットでの購入と商品市場規模の変化　菓子カテゴリー　［図表2-9　p55］
　◇菓子〔column SCIデータでみる81品目の消費者購入金額とスーパーマーケット業態シェア〕　［p67］

『スーパーマーケット白書　2022年版』全国スーパーマーケット協会　2022
　◇菓子〔資料1-1 SCIデータでみる81品目の消費者購入金額とスーパーマーケット業態シェア〕　［p101］

『スーパーマーケット白書　2023年版』全国スーパーマーケット協会　2023.2
　◇菓子〔資料1-1 SCIデータでみる81品目の消費者購入金額とスーパーマーケット業態シェア〕　［p115］

『スーパーマーケット白書　2024年版』全国スーパーマーケット協会　2024.2
　◇菓子〔資料1-1 SCIデータでみる81品目の消費者購入金額とスーパーマーケット業態シェア〕　［p119］

貸金業（広告）

『貸金業白書　平成8年版』全国貸金業協会連合会　1997.3
　◇今後主力とする広告(1位)　［表23　p35］
　◇今後主力とする広告(1位)　［図29　p58］
　◇今後主力とする広告(全体1位)　［図42　p76］
　◇今後主力とする広告　［図54　p92］
　◇今後主力とする広告(全体、1位)　［図61　p102］
　◇今後主力とする広告(1位)　［表150　p143］

カタログ

『広告白書　2007』日経広告研究所　2007.7
　◇カタログの配布手段　［p76］

『広告白書　2010』日経広告研究所　2010.7
　◇カタログの配布手段　［p23］

『情報メディア白書　2007』ダイヤモンド社　2007.1
　◇カタログ・DM・チラシの年間発行部数　［図表Ⅲ-8-28　p277］

『情報メディア白書 2010』ダイヤモンド社 2010.1
　◇カタログ・DM・チラシの年間発行部数　[図表Ⅰ-14-12　p210]

カタログ販売

『九州経済白書　2010年版』九州経済調査協会　2010.2
　◇全国の業種別通信・カタログ販売額の推移　[図表5-20　p99]

価値実現

『情報サービス産業白書　1997』コンピュータ・エージ社　1997.4
　◇価値実現のマーケティング（1996年版白書の戦略論）　[図表5-2-2　p222]

家電量販店

『関西経済白書　2020』日経印刷　2020.10
　◇家電大型専門店販売額の推移〔関西・関東・中部〕　[3.14.5　p255]

『関西経済白書　2021』日経印刷　2021.10
　◇家電大型専門店販売額前年同月比増減率の推移〔関西・関東・中部〕　[3.14.5　p272]

『関西経済白書　2023』日経印刷　2023.10
　◇家電大型専門店販売額前年同月比増減率の推移〔関西・関東・中部〕　[3.14.5　p236]

『商業施設計画総覧　2023年版』産業タイムズ社　2022.11
　◇家電量販店　各社の業績　[p101]

『新聞折込広告効果測定調査—調査レポート—』エム・エス・エス　2006.3
　◇2004年 配布された新聞折込広告に対し閲読した枚数の割合 家庭用電気専門店（量販店）〔年齢別〕　[p59,123]
　◇配布された新聞折込広告に対し閲読した枚数の割合 家庭用電気専門店（量販店）〔性別〕　[p59,123]
　◇2004年 配布された新聞折込広告の利用有無 家庭用電気専門店（量販店）〔年齢別〕　[p81,130]
　◇配布された新聞折込広告の利用有無 家庭用電気専門店（量販店）〔性別〕　[p81,130]

『地域経済総覧（週刊東洋経済臨時増刊/Data Bank SERIES）　2024年版』東洋経済新報社　2023.9
　◇コンビニ，家電大型専門店，ドラッグストア，ホームセンター〔店舗数・販売額・販売額増減率/都道府県別データ〕　[p188]

『地域の経済　2009』佐藤印刷　2010.2
　◇主要家電量販店の売上金額の推移　[第1-3-9図　p29]

『地域の経済　2020～2021』日経印刷　2021.12
　◇家電量販店の販売額の推移（地域別）　[第2-2-11図　p105]

『東北経済白書　平成16年版』経済産業調査会　2004.12
　◇東北の家電量販店における販売動向　[図1-2-13　p11]
　◇東北の家電量販店における販売動向（寄与度）　[図1-2-14　p12]

『東北経済白書　平成18年版』経済産業調査会　2007.1
　◇家電大型店における前年同月比の推移　[図1-2-12　p12]

株式公開

『情報メディア白書　1997年版』電通総研　1997.1
　◇株式を公開している通販専業社の売上高　[図表Ⅰ-29-2　p169]
　◇株式公開を行っている通販専業社の売上高　[図表Ⅰ-29-3　p169]

過不足感DI

『中小企業白書　平成9年版』大蔵省印刷局　1997.5
　　◇中小企業の職種別の過不足感DI—(2)卸売業　〔第1-2-12図　p75〕
　　◇中小企業の職種別の過不足感DI—(3)小売業　〔第1-2-12図　p75〕

カラオケ

『情報メディア白書　1997年版』電通総研　1997.1
　　◇カラオケボックスの1店舗・1ルーム当たりの年間売上高　〔図表Ⅰ-27-4　p156〕

環境対策

『スーパーマーケット白書　2016年版』新日本スーパーマーケット協会　2016.2
　　◇環境対策〔平成27年スーパーマーケット年次統計調査結果概要〕　〔資料9-6　p87〕
『スーパーマーケット白書　2019年版』全国スーパーマーケット協会　2019
　　◇環境対策〔資料7.2018年スーパーマーケット業界の平均値〕　〔資料7-6　p114〕
『スーパーマーケット白書　2022年版』全国スーパーマーケット協会　2022
　　◇環境対策〔スーパーマーケット業界の平均値〕　〔資料6-6　p115〕
『スーパーマーケット白書　2023年版』全国スーパーマーケット協会　2023.2
　　◇環境対策〔スーパーマーケット業界の平均値〕　〔資料6-6　p129〕
『スーパーマーケット白書　2024年版』全国スーパーマーケット協会　2024.2
　　◇環境対策〔スーパーマーケット業界の平均値〕　〔資料6-6　p133〕

環境変化（影響）

『中小企業白書　平成9年版』大蔵省印刷局　1997.5
　　◇中小小売業の経営に影響を与えた環境変化　〔第2-3-28図　p238〕

韓国

『情報化白書　2004』コンピュータ・エージ社　2004.8
　　◇韓国における企業間ECの規模（業種別）　〔図表3-2-7　p134〕
『情報メディア白書　2005』ダイヤモンド社　2004.12
　　◇業種別新聞広告比率および新聞広告出稿上位10社〈2003年〉（韓国）　〔図表Ⅱ-2-9　p230〕
『情報メディア白書　2007』ダイヤモンド社　2007.1
　　◇各メディア総広告費に占める比率［韓国］　〔図表Ⅱ-1-8　p217〕
　　◇放送事業別広告費［韓国］　〔図表Ⅱ-1-9　p217〕

関西地方

　　　⇒大阪圏，大阪府，近畿地方 をも見よ

『関西活性化白書　2004年版』関西社会経済研究所　2004.5
　　◇卸売り販売高の対全国シェアの推移　〔図1-12　p53〕
『関西経済白書　2007年版』関西社会経済研究所　2007.6
　　◇大型小売店販売額（全店）の伸び（関西・全国）　〔図表1-13　p18〕
　　◇大型小売店販売額（既存店）の伸び（関西・全国）　〔図表1-14　p18〕
　　◇商業地地価の推移　〔図表2-33　p79〕
『関西経済白書　2010年版』関西社会経済研究所　2010.9
　　◇小売業の商店数の推移　〔図表 資1-26-1　p243〕
　　◇商業地地価の推移　〔図表 資1-91　p274〕
『関西経済白書　2013年版』アジア太平洋研究所　2013.9

統計図表レファレンス事典　商業・広告・マーケティング　　　　　　　　　　かんさい

　　◇小売業の商店数の推移　［図表資Ⅰ-26-1　（14）］
　　◇商業地地価の推移　［図表資Ⅰ-87　（34）］
『関西経済白書　2016』丸善プラネット　2016.10
　　◇百貨店免税売上の推移（関西地区）　［図4-2-12　p101］
　　◇小売業の商店数の推移　［3.16.1　p196］
　　◇商業地地価の推移　［12.5　p216］
『関西経済白書　2019』丸善プラネット　2019.9
　　◇百貨店免税売上（関西地区）　［図3-2-12　p94］
　　◇小売業の商店数の推移　［3.14.1　p232］
　　◇百貨店・スーパー販売額の推移　［3.14.3　p232］
　　◇コンビニエンスストア販売額の推移　［3.14.4　p233］
　　◇商業地地価の推移　［12.5　p251］
『関西経済白書　2020』日経印刷　2020.10
　　◇百貨店・スーパー販売額（前年同月比）〔関西〕　［図3-2-4　p102］
　　◇消費税率引き上げ前後の大型小売店販売〔関西〕　［図3-2-7　p103］
　　◇百貨店免税売上（関西地区，前年同月比）　［図3-2-13　p105］
　　◇小売業の年間販売額及び一店舗当たりの年間販売額の推移〔関西・関東・中部〕　［3.14.2　p254］
　　◇百貨店・スーパー販売額の推移〔関西・関東・中部〕　［3.14.3　p254］
　　◇コンビニエンスストア販売額の推移〔関西・関東・中部〕　［3.14.4　p255］
　　◇家電大型専門店販売額の推移〔関西・関東・中部〕　［3.14.5　p255］
　　◇ドラッグストア販売額の推移〔関西・関東・中部〕　［3.14.6　p255］
　　◇百貨店免税売上高指数の推移〔関西〕　［13.8　p278］
『関西経済白書　2021』日経印刷　2021.10
　　◇百貨店・スーパー販売額（前年同月比）〔関西〕　［図3-2-4　p99］
　　◇百貨店免税売上〔関西〕　［図3-2-11　p103］
　　◇百貨店・スーパー販売額前年同月比増減率の推移〔関西・関東・中部〕　［3.14.3　p272］
　　◇コンビニエンスストア販売額前年同月比増減率の推移〔関西・関東・中部〕　［3.14.4　p272］
　　◇家電大型専門店販売額前年同月比増減率の推移〔関西・関東・中部〕　［3.14.5　p272］
　　◇ドラッグストア販売額前年同月比増減率の推移〔関西・関東・中部〕　［3.14.6　p273］
　　◇百貨店免税売上高指数の推移〔関西〕　［13.8　p295］
『関西経済白書　2022』日経印刷　2022.10
　　◇百貨店・スーパー販売額前年同月比増減率の推移　［3.14.3　p232］
　　◇コンビニエンスストア販売額前年同月比増減率の推移　［3.14.4　p232］
　　◇ドラッグストア販売額前年同月比増減率の推移　［3.14.6　p233］
　　◇商業地地価の推移　［12.5　p250］
　　◇百貨店免税売上高指数の推移　［13.8　p255］
『関西経済白書　2023』日経印刷　2023.10
　　◇百貨店・スーパー販売額（前年同月比）〔関西〕　［図3-3-2　p90］
　　◇百貨店免税売上（関西地区）　［図3-3-11　p94］
　　◇百貨店・スーパー販売額前年同月比増減率の推移〔関西・関東・中部〕　［3.14.3　p236］
　　◇コンビニエンスストア販売額前年同月比増減率の推移〔関西・関東・中部〕　［3.14.4　p236］
　　◇家電大型専門店販売額前年同月比増減率の推移〔関西・関東・中部〕　［3.14.5　p236］
　　◇ドラッグストア販売額前年同月比増減率の推移〔関西・関東・中部〕　［3.14.6　p237］
　　◇百貨店免税売上高指数の推移〔関西〕　［13.8　p259］

かんさい　　　　　　　　　　　統計図表レファレンス事典　商業・広告・マーケティング

『広告白書　平成16年版』日経広告研究所　2004.7
　◇スポットCMを多く利用した上位50社（関西）　［資料7-2　p247］
　◇番組CMを多く利用した上位50社（関西）　［資料7-4　p249］
　◇番組・スポットCM合計秒数の上位50銘柄（2003年/関西）　［資料7-6　p251］
　◇番組・スポットCMの業種別，秒数区分別出稿量（2003年/関西）　［資料7-8　p254～255］
　◇ラジオ番組・スポットCM合計秒数の上位50社（関西）　［資料8-2　p258～259］

『広告白書　2007』日経広告研究所　2007.7
　◇スポットCMを多く利用した上位50社（関西）　［資料11-2　p195］
　◇番組CMを多く利用した上位50社（関西）　［資料11-4　p197］
　◇番組・スポットCM合計秒数の上位50銘柄（2006年/関西）　［資料11-6　p199］
　◇番組・スポットCMの業種別，秒数区分別出稿量（2006年/関西）　［資料11-8　p201］
　◇ラジオ番組・スポットCM合計秒数の上位50社（関西）　［資料12-2　p203］

『広告白書　2010』日経広告研究所　2010.7
　◇スポットCMを多く利用した上位50社（関西）　［資料11-2　p202］
　◇番組CMを多く利用した上位50社（関西）　［資料11-4　p204］
　◇番組・スポットCM合計秒数の上位50銘柄（2009年/関西）　［資料11-6　p206］
　◇番組・スポットCMの業種別，秒数区分別出稿量（2009年/関西）　［資料11-8　p208］
　◇ラジオ番組・スポットCM合計秒数の上位50社（関西）　［資料12-2　p210］

『広告白書　2013』日経広告研究所　2013.7
　◇スポットCMを多く利用した上位50社（関西）　［資料11-2　p197］
　◇番組CMを多く利用した上位50社（関西）　［資料11-4　p199］
　◇番組・スポットCM合計秒数の上位50銘柄（2012年/関西）　［資料11-6　p201］
　◇番組・スポットCMの業種別，秒数区分別出稿量（2012年/関西）　［資料11-8　p203］
　◇ラジオ番組・スポットCM合計秒数の上位50社（関西）　［資料12-2　p205］

『広告白書　2016』日経広告研究所　2016.7
　◇スポットCMを多く利用した上位50社（関西）　［資料11-2　p229］
　◇番組CMを多く利用した上位50社（関西）　［資料11-4　p231］
　◇番組・スポットCM合計秒数の上位50銘柄（2015年/関西）　［資料11-6　p233］
　◇番組・スポットCMの業種別，秒数区分別出稿量（2015年/関西）　［資料11-8　p235］
　◇番組・スポットCM合計秒数の上位50社（関西）　［資料12-2　p237］

『広告白書　2019年度版』日経広告研究所　2019.7
　◇スポットCMを多く利用した上位50社（関西）　［資料11-2　p181］
　◇番組CMを多く利用した上位50社（関西）　［資料11-4　p183］
　◇番組・スポットCM合計本数の上位50社（2018年/関西）　［資料11-6　p185］
　◇番組・スポットCM合計秒数の上位50銘柄（2018年/関西）　［資料11-8　p187］
　◇番組・スポットCMの業種別、秒数区分別出稿量（2018年/関西）〔テレビ広告出稿量〕　［資料11-10　p189］
　◇番組・スポットCM合計秒数の上位50社（2018年/関西）　［資料12-2　p191］
　◇番組・スポットCMの業種別、秒数区分別出稿量（2018年/関西）〔ラジオ広告出稿量〕　［資料12-4　p193］

『広告白書　2020年度版』日経広告研究所　2020.9
　◇スポットCMを多く利用した上位50社（関西）〔テレビ広告〕　［資料11-2　p181］
　◇番組CMを多く利用した上位50社（関西）〔テレビ広告〕　［資料11-4　p183］
　◇番組・スポットCM合計本数の上位50社（2019年/関西）〔テレビ広告〕　［資料11-6　p185］
　◇番組・スポットCM合計秒数の上位50銘柄（2019年/関西）〔テレビ広告〕　［資料11-8　p187］
　◇番組・スポットCMの業種別、秒数区分別出稿量（2019年/関西）〔テレビ広告〕　［資料

統計図表レファレンス事典　商業・広告・マーケティング　　　　　　　　　　　　かんさい

　　11-10　p189〕
　　◇番組・スポットCM合計秒数の上位50社(2019年/関西)〔ラジオ広告〕〔資料12-2　p191〕
　　◇番組・スポットCMの業種別、秒数区分別出稿量(2019年/関西)〔ラジオ広告〕　〔資料12-4　p193〕
『広告白書　2021年度版』日経広告研究所　2021.8
　　◇テレビ広告出稿量：スポットCMを多く利用した上位50社(2020年1～12月/関西)　〔p95〕
　　◇テレビ広告出稿量：番組CMを多く利用した上位50社(2020年1～12月/関西)　〔p97〕
　　◇テレビ広告出稿量：番組・スポットCM合計本数の上位50社(2020年1～12月/関西)〔p99〕
　　◇テレビ広告出稿量：番組・スポットCM合計秒数の上位50銘柄(2020年1～12月/関西)〔p101〕
　　◇テレビの番組・スポットCMの業種別、秒数区分別出稿量(2020年1～12月/関西)　〔p103〕
　　◇ラジオ広告出稿量：番組・スポットCM合計秒数の上位50社(2020年1～12月/関西)〔p139〕
　　◇ラジオの番組・スポットCMの業種別、秒数区分別出稿量(2020年1～12月/関西)　〔p141〕
『広告白書　2022年度版』日経広告研究所　2022.8
　　◇テレビ広告出稿量：スポットCMを多く利用した上位50社(2021年1～12月/関西)　〔p89〕
　　◇テレビ広告出稿量：番組CMを多く利用した上位50社(2021年1～12月/関西)　〔p91〕
　　◇テレビ広告出稿量：番組・スポットCM合計本数の上位50社(2021年1～12月/関西)〔p93〕
　　◇テレビ広告出稿量：番組・スポットCM合計秒数の上位50銘柄(2021年1～12月/関西)〔p95〕
　　◇テレビの番組・スポットCMの業種別、秒数区分別出稿量(2021年1～12月/関西)　〔p97〕
　　◇ラジオ広告出稿量：番組・スポットCM合計秒数の上位50社(2021年1～12月/関西)〔p131〕
　　◇ラジオの番組・スポットCMの業種別、秒数区分別出稿量(2021年1～12月/関西)　〔p133〕
『広告白書　2023-24年版』日経広告研究所　2023.10
　　◇スポットCMを多く利用した上位30社(2022年4月～23年3月/関西)〔テレビ広告〕　〔p207〕
　　◇番組CMを多く利用した上位30社(2022年4月～23年3月/関西)〔テレビ広告〕　〔p209〕
　　◇番組・スポットCM合計本数の上位30社(2022年4月～23年3月/関西)〔テレビ広告〕〔p211〕
　　◇番組・スポットCM合計秒数の上位30銘柄(2022年4月～23年3月/関西)〔テレビ広告〕〔p213〕
　　◇番組・スポットCMの業種別、秒数区分別出稿量(2022年4月～23年3月/関西)〔テレビ広告〕　〔p216〕
　　◇番組・スポットCM合計秒数の上位30社(2022年4月～23年3月/関西)〔ラジオ広告〕〔p239〕
　　◇番組・スポットCMの業種別、秒数区分別出稿量(2022年4月～23年3月/関西)〔ラジオ広告〕　〔p242〕
『情報メディア白書　1997年版』電通総研　1997.1
　　◇業種別年間CM出稿量(1995年/関東・関西地区)　〔図表Ⅰ-12-6　p73〕
『情報メディア白書　2005』ダイヤモンド社　2004.12
　　◇関西地区業種別年間テレビCM出稿量〈民放5局/番組＋スポット〉〔図表Ⅰ-12-16　p205〕
『百貨店調査年鑑　2021年度』ストアーズ社　2021.9
　　◇京都各店　年間、商品別売上高〔2020年全国百貨店年間商品別売上高集計〕　〔p28〕
　　◇神戸各店　年間、商品別売上高〔2020年全国百貨店年間商品別売上高集計〕　〔p29〕
『百貨店調査年鑑　2022年度』ストアーズ社　2022.9
　　◇京都各店　年間、商品別売上高〔2021年全国百貨店年間商品別売上高集計〕　〔p28〕

かんとう　　　　　　　　　　　統計図表レファレンス事典　商業・広告・マーケティング

　　　◇神戸各店　年間、商品別売上高〔2021年全国百貨店年間商品別売上高集計〕　　［p29］
『百貨店調査年鑑　2023年度』ストアーズ社　2023.9
　　　◇京都各店　年間、商品別売上高〔2022年全国百貨店年間商品別売上高集計〕　　［p28］
　　　◇神戸各店　年間、商品別売上高〔2022年全国百貨店年間商品別売上高集計〕　　［p29］

関東地方
　　　⇒東京圏，東京都　をも見よ

『関西経済白書　2020』日経印刷　2020.10
　　　◇小売店の年間販売額及び一店舗当たりの年間販売額の推移〔関西・関東・中部〕　　［3.14.2　p254］
　　　◇百貨店・スーパー販売額の推移〔関西・関東・中部〕　　［3.14.3　p254］
　　　◇コンビニエンスストア販売額の推移〔関西・関東・中部〕　　［3.14.4　p255］
　　　◇家電大型専門店販売額の推移〔関西・関東・中部〕　　［3.14.5　p255］
　　　◇ドラッグストア販売額の推移〔関西・関東・中部〕　　［3.14.6　p255］
『関西経済白書　2021』日経印刷　2021.10
　　　◇百貨店・スーパー販売額前年同月比増減率の推移〔関西・関東・中部〕　　［3.14.3　p272］
　　　◇コンビニエンスストア販売額前年同月比増減率の推移〔関西・関東・中部〕　　［3.14.4　p272］
　　　◇家電大型専門店販売額前年同月比増減率の推移〔関西・関東・中部〕　　［3.14.5　p272］
　　　◇ドラッグストア販売額前年同月比増減率の推移〔関西・関東・中部〕　　［3.14.6　p273］
『関西経済白書　2023』日経印刷　2023.10
　　　◇百貨店・スーパー販売額前年同月比増減率の推移〔関西・関東・中部〕　　［3.14.3　p236］
　　　◇コンビニエンスストア販売額前年同月比増減率の推移〔関西・関東・中部〕　　［3.14.4　p236］
　　　◇家電大型専門店販売額前年同月比増減率の推移〔関西・関東・中部〕　　［3.14.5　p236］
　　　◇ドラッグストア販売額前年同月比増減率の推移〔関西・関東・中部〕　　［3.14.6　p237］
『広告白書　平成16年版』日経広告研究所　2004.7
　　　◇スポットCMを多く利用した上位50社（関東）　　［資料7-1　p246］
　　　◇番組CMを多く利用した上位50社（関東）　　［資料7-3　p248］
　　　◇番組・スポットCM合計秒数の上位50銘柄（2003年/関東）　　［資料7-5　p250］
　　　◇番組・スポットCMの業種別、秒数区分別出稿量（2003年/関東）　　［資料7-7　p252〜253］
　　　◇ラジオ番組・スポットCM合計秒数の上位50社（関東）　　［資料8-1　p256〜257］
『広告白書　2007』日経広告研究所　2007.7
　　　◇スポットCMを多く利用した上位50社（関東）　　［資料11-1　p194］
　　　◇番組CMを多く利用した上位50社（関東）　　［資料11-3　p196］
　　　◇番組・スポットCM合計秒数の上位50銘柄（2006年/関東）　　［資料11-5　p198］
　　　◇番組・スポットCMの業種別，秒数区分別出稿量（2006年/関東）　　［資料11-7　p200］
　　　◇ラジオ番組・スポットCM合計秒数の上位50社（関東）　　［資料12-1　p202］
『広告白書　2010』日経広告研究所　2010.7
　　　◇スポットCMを多く利用した上位50社（関東）　　［資料11-1　p201］
　　　◇番組CMを多く利用した上位50社（関東）　　［資料11-3　p203］
　　　◇番組・スポットCM合計秒数の上位50銘柄（2009年/関東）　　［資料11-5　p205］
　　　◇番組・スポットCMの業種別，秒数区分別出稿量（2009年/関東）　　［資料11-7　p207］
　　　◇ラジオ番組・スポットCM合計秒数の上位50社（関東）　　［資料12-1　p209］
『広告白書　2013』日経広告研究所　2013.7
　　　◇スポットCMを多く利用した上位50社（関東）　　［資料11-1　p196］
　　　◇番組CMを多く利用した上位50社（関東）　　［資料11-3　p198］

statistical figure reference — 商業・広告・マーケティング　　かんとう

　　◇番組・スポットCM合計秒数の上位50銘柄（2012年/関東）　［資料11-5　p200］
　　◇番組・スポットCMの業種別、秒数区分別出稿量（2012年/関東）　［資料11-7　p202］
　　◇ラジオ番組・スポットCM合計秒数の上位50社（関東）　［資料12-1　p204］
『広告白書　2016』日経広告研究所　2016.7
　　◇スポットCMを多く利用した上位50社（関東）　［資料11-1　p228］
　　◇番組CMを多く利用した上位50社（関東）　［資料11-3　p230］
　　◇番組・スポットCM合計秒数の上位50銘柄（2015年/関東）　［資料11-5　p232］
　　◇番組・スポットCMの業種別、秒数区分別出稿量（2015年/関東）　［資料11-7　p234］
　　◇番組・スポットCM合計秒数の上位50社（関東）　［資料12-1　p236］
『広告白書　2019年度版』日経広告研究所　2019.7
　　◇スポットCMを多く利用した上位50社（関東）　［資料11-1　p180］
　　◇番組CMを多く利用した上位50社（関東）　［資料11-3　p182］
　　◇番組・スポットCM合計本数の上位50社（2018年/関東）　［資料11-5　p184］
　　◇番組・スポットCM合計秒数の上位50銘柄（2018年/関東）　［資料11-7　p186］
　　◇番組・スポットCMの業種別、秒数区分別出稿量（2018年/関東）〔テレビ広告出稿量〕
　　　［資料11-9　p188］
　　◇番組・スポットCM合計秒数の上位50社（2018年/関東）　［資料12-1　p190］
　　◇番組・スポットCMの業種別、秒数区分別出稿量（2018年/関東）〔ラジオ広告出稿量〕
　　　［資料12-3　p192］
『広告白書　2020年度版』日経広告研究所　2020.9
　　◇スポットCMを多く利用した上位50社（関東）〔テレビ広告〕　［資料11-1　p180］
　　◇番組CMを多く利用した上位50社（関東）〔テレビ広告〕　［資料11-3　p182］
　　◇番組・スポットCM合計本数の上位50社（2019年/関東）〔テレビ広告〕　［資料11-5　p184］
　　◇番組・スポットCM合計秒数の上位50銘柄（2019年/関東）〔テレビ広告〕　［資料11-7　p186］
　　◇番組・スポットCMの業種別、秒数区分別出稿量（2019年/関東）〔テレビ広告〕　［資料11-9　p188］
　　◇番組・スポットCM合計秒数の上位50社（2019年/関東）〔ラジオ広告〕　［資料12-1　p190］
　　◇番組・スポットCMの業種別、秒数区分別出稿量（2019年/関東）〔ラジオ広告〕　［資料12-3　p192］
『広告白書　2021年度版』日経広告研究所　2021.8
　　◇テレビ広告出稿量：スポットCMを多く利用した上位50社（2020年1〜12月/関東）　［p94］
　　◇テレビ広告出稿量：番組CMを多く利用した上位50社（2020年1〜12月/関東）　［p96］
　　◇テレビ広告出稿量：番組・スポットCM合計本数の上位50社（2020年1〜12月/関東）　［p98］
　　◇テレビ広告出稿量：番組・スポットCM合計秒数の上位50銘柄（2020年1〜12月/関東）　［p100］
　　◇テレビの番組・スポットCMの業種別、秒数区分別出稿量（2020年1〜12月/関東）　［p102］
　　◇ラジオ広告出稿量：番組・スポットCM合計秒数の上位50社（2020年1〜12月/関東）　［p138］
　　◇ラジオの番組・スポットCMの業種別、秒数区分別出稿量（2020年1〜12月/関東）　［p140］
『広告白書　2022年度版』日経広告研究所　2022.8
　　◇テレビ広告出稿量：スポットCMを多く利用した上位50社（2021年1〜12月/関東）　［p88］
　　◇テレビ広告出稿量：番組CMを多く利用した上位50社（2021年1〜12月/関東）　［p90］
　　◇テレビ広告出稿量：番組・スポットCM合計本数の上位50社（2021年1〜12月/関東）　［p92］
　　◇テレビ広告出稿量：番組・スポットCM合計秒数の上位50銘柄（2021年1〜12月/関東）　［p94］

かんとう　　　　　　　　　　　統計図表レファレンス事典　商業・広告・マーケティング

　　◇テレビの番組・スポットCMの業種別、秒数区分別出稿量（2021年1～12月/関東）　〔p96〕
　　◇ラジオ広告出稿量：番組・スポットCM合計秒数の上位50社（2021年1～12月/関東）
　　　〔p130〕
　　◇ラジオの番組・スポットCMの業種別、秒数区分別出稿量（2021年1～12月/関東）　〔p132〕
『広告白書　2023-24年版』日経広告研究所　2023.10
　　◇2022年度のCMクリエイティブスコア（Cスコア）ランキング（コア視聴層：男女13～49
　　　歳、関東地区）〔p91〕
　　◇スポットCMを多く利用した上位30社（2022年4月～23年3月/関東）〔テレビ広告〕　〔p206〕
　　◇番組CMを多く利用した上位30社（2022年4月～23年3月/関東）〔テレビ広告〕　〔p208〕
　　◇番組・スポットCM合計本数の上位30社（2022年4月～23年3月/関東）〔テレビ広告〕
　　　〔p210〕
　　◇番組・スポットCM合計秒数の上位30銘柄（2022年4月～23年3月/関東）〔テレビ広告〕
　　　〔p212〕
　　◇番組・スポットCMの業種別、秒数区分別出稿量（2022年4月～23年3月/関東）〔テレビ
　　　広告〕　〔p214〕
　　◇番組・スポットCM合計秒数の上位30社（2022年4月～23年3月/関東）〔ラジオ広告〕
　　　〔p238〕
　　◇番組・スポットCMの業種別、秒数区分別出稿量（2022年4月～23年3月/関東）〔ラジオ
　　　広告〕　〔p240〕

『情報メディア白書　1997年版』電通総研　1997.1
　　◇業種別年間CM出稿量（1995年/関東・関西地区）　〔図表Ⅰ-12-6　p73〕
　　◇テレビCMの年間出稿量（関東地区/民放5局）　〔図表Ⅰ-32-11　p187〕

『情報メディア白書　2005』ダイヤモンド社　2004.12
　　◇広告主別ラジオCM出稿量トップ10〈2003年/東京5社〉〔図表Ⅰ-7-15　p127〕
　　◇テレビCM総出稿量〈2003年/東京5社〉〔図表Ⅰ-8-14　p135〕
　　◇業種別テレビCM総出稿量〈2003年/東京5社/番組CM＋スポットCM〉〔図表Ⅰ-8-15　p135〕
　　◇広告主別テレビCMトップ10〈2003年/東京5社/番組CM＋スポットCM〉〔図表Ⅰ-8-16　p135〕
　　◇テレビCMの年間出稿量〈関東地区/民放5局〉〔図表Ⅰ-12-13　p205〕
　　◇広告主別テレビCM出稿量上位20社〈関東地区/番組＋スポット〉〔図表Ⅰ-12-14　p205〕
　　◇関東地区業種別年間テレビCM出稿量〈民放5局/番組＋スポット〉〔図表Ⅰ-12-15　p205〕

『情報メディア白書　2007』ダイヤモンド社　2007.1
　　◇テレビCM総出稿量〈2005年/東京5社〔日本テレビ，TBS，フジテレビ，テレビ朝日，テ
　　　レビ東京〕〉〔図表Ⅰ-9-10　p127〕
　　◇広告主別テレビCM出稿量トップ10〈2005年/東京5社〔日本テレビ，TBS，フジテレビ，
　　　テレビ朝日，テレビ東京〕/番組CM＋スポットCM〉〔図表Ⅰ-9-11　p127〕
　　◇テレビCMの年間出稿量〈関東地区/民法5局〉〔図表Ⅰ-13-12　p201〕
　　◇関東地区業種別年間テレビCM出稿量　〔図表Ⅰ-13-15　p201〕

『情報メディア白書　2010』ダイヤモンド社　2010.1
　　◇業種別ラジオCM総出稿量〈2008年/関東5局〉〔図表Ⅰ-8-14　p119〕
　　◇広告主別ラジオCM出稿量トップ10〈2008年/関東5局〉〔図表Ⅰ-8-15　p119〕
　　◇テレビCM総出稿量〈2008年/関東地区/民放5局＊合計〉〔図表Ⅰ-9-10　p127〕
　　◇広告主別テレビCM出稿量トップ10〈2008年/関東地区/民放5局＊合計/番組CM＋スポッ
　　　トCM〉〔図表Ⅰ-9-11　p127〕
　　◇テレビCMの年間出稿量〈関東地区/民放5局合計＊〉〔図表Ⅰ-13-12　p198〕
　　◇業種別年間テレビCM出稿量〈関東地区/民放5局合計＊/番組＋スポット〉〔図表Ⅰ-13-13
　　　p198〕
　　◇広告主別テレビCM出稿量上位20社〈関東地区/民放5局合計＊/番組＋スポット〉〔図表Ⅰ
　　　-13-14　p198〕

『情報メディア白書　2013』ダイヤモンド社　2013.1
　　◇業種別ラジオCM総出稿量〈2011年/関東5局〉〔図表Ⅰ-7-15　p125〕
　　◇広告主別ラジオCM出稿量トップ10〈2011年/関東5局〉〔図表Ⅰ-7-16　p125〕
　　◇テレビCM出稿量〈2011年/関東地区/民放5局合計〉〔図表Ⅰ-8-10　p132〕
　　◇広告主別テレビCM出稿量トップ10〈2011年/関東地区/民放5局合計/番組CM＋スポットCM〉〔図表Ⅰ-8-11　p132〕
『情報メディア白書　2016』ダイヤモンド社　2016.2
　　◇広告主別CM出荷量上位10社〈2014年/関東5局〉〔図表Ⅰ-7-14　p133〕
　　◇広告主別CM出稿量上位5社〈2014年/関東5局〉〔図表Ⅰ-7-32　p137〕
『情報メディア白書　2019』ダイヤモンド社　2019.2
　　◇広告主別CM出稿量上位10社〈2017年/関東5局〉〔図表Ⅰ-7-17　p132〕
　　◇関東民放5局テレビCM年間総出稿量　〔図表Ⅰ-7-30　p136〕
　　◇広告主別テレビCM出稿量上位10社〈2017年/関東5局〉〔図表Ⅰ-7-31　p136〕
『情報メディア白書　2022』ダイヤモンド社　2022.3
　　◇広告主別CM出稿量上位10社〈2020年/関東5局〉〔Ⅰ-7-17　p124〕
　　◇関東5局テレビCM年間総出稿量　〔Ⅰ-7-30　p128〕
　　◇広告主別テレビCM出稿量上位10社〈2020年/関東5局〉〔Ⅰ-7-31　p128〕
『情報メディア白書　2023』ダイヤモンド社　2023.2
　　◇広告主別CM出稿量上位10社〈2021年/関東5局〉〔ラジオ広告〕　〔図表Ⅰ-7-17　p120〕
　　◇関東5局テレビCM年間総出稿量　〔図表Ⅰ-7-30　p124〕
　　◇広告主別テレビCM出稿量上位10社〈2021年/関東5局〉〔図表Ⅰ-7-31　p124〕
『百貨店調査年鑑　2021年度』ストアーズ社　2021.9
　　◇横浜各店　年間、商品別売上高〔2020年全国百貨店年間商品別売上高集計〕　〔p27〕
　　◇関東各店　年間、商品別売上高〔2020年全国百貨店年間商品別売上高集計〕　〔p32〕
　　◇関東　基礎データ〔全国百貨店名簿/小売業商店数・百貨店売上シェアほか〕　〔p233〕
『百貨店調査年鑑　2022年度』ストアーズ社　2022.9
　　◇横浜各店　年間、商品別売上高〔2021年全国百貨店年間商品別売上高集計〕　〔p27〕
　　◇関東各店　年間、商品別売上高〔2021年全国百貨店年間商品別売上高集計〕　〔p32〕
　　◇関東　基礎データ〔全国百貨店名簿/小売業商店数・百貨店売上シェアほか〕　〔p233〕
『百貨店調査年鑑　2023年度』ストアーズ社　2023.9
　　◇横浜各店　年間、商品別売上高〔2022年全国百貨店年間商品別売上高集計〕　〔p27〕
　　◇関東各店　年間、商品別売上高〔2022年全国百貨店年間商品別売上高集計〕　〔p32〕
　　◇関東　基礎データ〔全国百貨店名簿/小売業商店数・百貨店売上シェアほか〕　〔p233〕

看板　⇒広告板 を見よ

【き】

企業
　　⇒海外進出企業，広告企業，上場企業，法人企業 をも見よ
『東京の中小企業の現状（流通産業編）　平成29年度』東京都産業労働局　2018.3
　　◇企業形態〔卸売業〕　〔図表Ⅱ-1-10　p47〕
　　◇企業形態〔小売業〕　〔図表Ⅱ-2-8　p122〕
『東京の中小企業の現状（流通産業編）　令和2年度』東京都産業労働局　2021.3

ききよう　　　　　　　　　　　統計図表レファレンス事典　商業・広告・マーケティング

　　◇企業形態〔卸売業〕　〔図表Ⅱ-1-7　p39〕
　　◇企業形態〔小売業〕　〔図表Ⅱ-2-4　p125〕
『ファミリービジネス白書　2022年版』白桃書房　2021.12
　　◇一般企業主要10社の指標：卸売業　〔図表2-5-11③　p128〕
　　◇一般企業主要10社の指標：小売業　〔図表2-5-12②　p134〕

企業系列

『中小企業白書　平成9年版』大蔵省印刷局　1997.5
　　◇中小卸売業の属する系列を主導する企業（消費財卸売業）　〔第2-3-26図　p236〕
　　◇他社との系列関係を持つ理由（中小卸売業）　〔第2-3-27図　p237〕

企業広告

『広告主動態調査　2024年版』日経広告研究所　2024.3
　　◇企業広告で展開した広告の種類（複数回答）　〔p24〕
　　◇広告宣伝費に占める企業広告費の比率（加重平均）　〔p24〕
　　◇企業広告出稿にあたり重視したポイント　〔p25〕
『広告白書　2007』日経広告研究所　2007.7
　　◇日経広告研究所「コーポレート・コミュニケーションと企業広告に関する調査」　〔p53〕
『広告白書　2010』日経広告研究所　2010.7
　　◇企業広告の掲載推移　〔p34〕
　　◇企業広告出稿件数　〔p34〕
　　◇企業広告出稿広告主数　〔p34〕
　　◇企業広告出稿段数　〔p34〕
　　◇企業広告スペース区分　〔p36〕
　　◇企業広告掲載のきっかけ（複数選択）　〔p37〕
　　◇企業広告訴求内容（複数選択）　〔p37〕
　　◇企業広告登場人物（複数選択）　〔p37〕
『広告白書　2021年度版』日経広告研究所　2021.8
　　◇企業広告のテーマ（複数回答）　〔p13〕
『広告白書　2022年度版』日経広告研究所　2022.8
　　◇企業広告のテーマ　〔p12〕
　　◇広告宣伝費に占める企業広告比率　〔p12〕
『広告白書　2023-24年版』日経広告研究所　2023.10
　　◇企業広告の内容　〔p21〕

企業コミュニティ

『ネット広告白書　2010』インプレスR&D　2009.9
　　◇SNSにおける企業の公認コミュニティーへの参加状況　〔資料6-2-23　p208〕
　　◇SNSにおける企業の公認コミュニティーへの評価　〔資料6-2-24　p208〕
　　◇SNSにおける企業の公認コミュニティーへの意見（複数回答）　〔資料6-2-25　p209〕
　　◇SNSにおける企業の公認コミュニティーへの参加意向　〔資料6-2-26　p209〕

企業サイト

『ネット広告白書　2010』インプレスR&D　2009.9
　　◇大手広告主の自社サイトの効果測定指標（複数回答）　〔資料6-1-32　p157〕
　　◇中小広告主の自社サイトの効果測定指標〔従業員規模別〕（複数回答）　〔資料6-1-33　p157〕

統計図表レファレンス事典　商業・広告・マーケティング　　　　　　　　　　きやくた

企業収益
『スーパーマーケット白書　2019年版』全国スーパーマーケット協会　2019
　◇2016年度と17年度の企業収益状況（売上規模50億円未満）　〔参考　p13〕
　◇2016年度と17年度の企業収益状況（売上規模100億～250億円未満）　〔参考　p13〕
　◇2016年度と17年度の企業収益状況（売上規模250億～500億円未満）　〔参考　p13〕
　◇2016年度と17年度の企業収益状況（売上規模500億円以上）　〔参考　p13〕
　◇2016年度と17年度の企業収益状況（売上規模50億～100億円未満）　〔参考　p13〕
　◇企業の収益状況〔資料8.2018年スーパーマーケット業界の経営指標〕　〔資料8-1　p116〕
『スーパーマーケット白書　2022年版』全国スーパーマーケット協会　2022
　◇企業の収益状況〔2021年スーパーマーケット業界の経営数値〕　〔資料7-1　p117〕
『スーパーマーケット白書　2023年版』全国スーパーマーケット協会　2023.2
　◇企業の収益状況〔スーパーマーケット業界の経営数値〕　〔資料7-1　p131〕
『スーパーマーケット白書　2024年版』全国スーパーマーケット協会　2024.2
　◇企業の収益状況〔スーパーマーケット業界の経営数値〕　〔資料7-1　p135〕

企業数
『ファミリービジネス白書　2022年版』白桃書房　2021.12
　◇ファミリービジネス企業数及び業績：卸売業　〔図表2-5-11①　p127〕
　◇ファミリービジネス企業数及び業績：小売業　〔図表2-5-12①　p133〕

企業ブログ
『ネット広告白書　2010』インプレスR&D　2009.9
　◇企業がブログやマイクロブログで発信している情報の取得状況　〔資料6-2-31　p212〕
　◇企業のブログやマイクロブログでの情報発信への評価　〔資料6-2-32　p212〕
　◇企業のブログやマイクロブログでの情報発信への意見（複数回答）　〔資料6-2-33　p213〕
　◇企業がブログやマイクロブログで発信している情報の今後の取得意向　〔資料6-2-34　p213〕

喫煙（飲食店）
『国民健康・栄養の現状　平成22年』第一出版　2013.8
　◇受動喫煙の状況「エ　飲食店」(性・年齢階級別)　〔第63表の4　p142〕
『国民健康・栄養の現状　平成29年』第一出版　2019.7
　◇喫煙の状況別，受動喫煙の状況「エ　飲食店」－喫煙の状況，受動喫煙の状況，年齢階級別，人数，割合－総数・男性・女性，20歳以上　〔第70表の4　p169〕

喫茶店
『スーパーマーケット白書　2019年版』全国スーパーマーケット協会　2019
　◇喫茶店数の推移　〔図表　p83〕

客単価
『スーパーマーケット白書　2016年版』新日本スーパーマーケット協会　2016.2
　◇客単価DIの推移　〔図表6-2-13　p64〕
　◇2015年スーパーマーケット上場企業15社の客単価　〔図表6-2-14　p64〕
　◇2015年スーパーマーケット上場企業15社　月別来客数と客単価　〔図表6-2-24　p66〕
『東京の中小企業の現状（流通産業編）　平成29年度』東京都産業労働局　2018.3
　◇平均客単価の変化〔小売業〕　〔図表Ⅱ-2-59　p187〕
『東京の中小企業の現状（流通産業編）　令和2年度』東京都産業労働局　2021.3

きやくた　　　　　　　　　　　　　統計図表レファレンス事典　商業・広告・マーケティング

◇平均客単価の変化〔小売業〕　　〔図表Ⅱ-2-49　p185〕

客単価DI

『スーパーマーケット白書　2016年版』新日本スーパーマーケット協会　2016.2
　　◇客単価DIの推移　〔図表6-2-13　p64〕
　　◇景気判断DIと客単価DI　〔図表6-2-21　p66〕
『スーパーマーケット白書　2019年版』全国スーパーマーケット協会　2019
　　◇2013年以降のスーパーマーケット総売上高前年同月比(既存店)と客単価DI　〔図表1-6　p23〕
『スーパーマーケット白書　2022年版』全国スーパーマーケット協会　2022
　　◇客単価DIの推移　〔図表1-13　p21〕
『スーパーマーケット白書　2023年版』全国スーパーマーケット協会　2023.2
　　◇客単価DI〔2022年のスーパーマーケット動向〕　〔図表1-10　p20〕
『スーパーマーケット白書　2024年版』全国スーパーマーケット協会　2024.2
　　◇客単価DIと来客数DI〔2023年のスーパーマーケット動向〕　〔図表1-9　p21〕

キャッシュレス決済

　　⇒クレジットカード，スマホ決済，デビットカード，電子マネー，QRコード決済をも見よ

『インターネット白書　2022』インプレスR&D　2022.2
　　◇コンビニにおける月間キャッシュレス支払件数に各手段が占める割合　〔資料2-1-6　p71〕
『スーパーマーケット白書　2019年版』全国スーパーマーケット協会　2019
　　◇スーパーマーケットでキャッシュレス決済手段を利用する割合　〔図表1-23　p33〕
　　◇キャッシュレス決済とスーパーマーケット利用店舗の選択　〔図表1-24　p33〕
　　◇買い物時のキャッシュレス決済利用意向　〔図表1-25　p33〕
　　◇スーパーマーケットで導入されているキャッシュレス決済手段(保有店舗別)　〔図表1-26　p34〕
　　◇ポイント還元事業時の店舗選択行動　〔図表1-27　p34〕
　　◇キャッシュレス決済ポイントとポイントカードの選択　〔図表1-29　p35〕
『スーパーマーケット白書　2022年版』全国スーパーマーケット協会　2022
　　◇キャッシュレス決済導入のメリット(21年8月時点)　〔図表1-29　p40〕
　　◇貴社はキャッシュレス・消費者還元事業(2019年10月～2020年6月実施)に参加しましたか。(単一回答)〔スーパーマーケットにおける「キャッシュレス決済に関する実態調査(2021年実施)」結果概要〕　〔資料8　Q1　p121〕
　　◇現在(2021年6月時点)、貴社で導入しているキャッシュレス決済の種類をすべてお答えください。(複数回答)〔スーパーマーケットにおける「キャッシュレス決済に関する実態調査(2021年実施)」結果概要〕　〔資料8　Q2　p121〕
　　◇会計時に消費者が以下の決済手段を利用する割合はおよそ何%ですか。貴社全体の20年6月時点と21年6月の割合を0～100までの数字でお答えください。(数字回答)〔スーパーマーケットにおける「キャッシュレス決済に関する実態調査(2021年実施)」結果概要〕　〔資料8　Q3　p122〕
　　◇キャッシュレス決済を導入していることで、貴社にとってメリットとデメリットはどちらが大きいと感じていますか。もっとも当てはまるものをお答えください。(単一回答)〔スーパーマーケットにおける「キャッシュレス決済に関する実態調査(2021年実施)」結果概要〕　〔資料8　Q4　p122〕
　　◇今後のキャッシュレス決済比率(売上全体に対するキャッシュレス決済の割合)について、貴社のお考えに最も近いものをお答えください。(単一回答)〔スーパーマーケットにおける「キャッシュレス決済に関する実態調査(2021年実施)」結果概要〕　〔資料8　Q5　p123〕
　　◇現在の決済手数料は、貴社で想定している手数料率の上限(Q10でお答えいただいた割

合)に比べてどうですか。当てはまるものをお答えください。(単一回答)〔スーパーマーケットにおける「キャッシュレス決済に関する実態調査(2021年実施)」結果概要〕〔資料8 Q11 p126〕
　◇「自社のみで利用できるキャッシュレス決済手段」の導入または検討を行っていますか。(単一回答)〔スーパーマーケットにおける「キャッシュレス決済に関する実態調査(2021年実施)」結果概要〕〔資料8 Q14 p127〕
『スーパーマーケット白書 2023年版』全国スーパーマーケット協会 2023.2
　◇キャッシュレス決済比率の推移〔スーパーマーケット〕　〔図表1 p10〕
　◇キャッシュレス決済導入のメリットとデメリットの比較〔スーパーマーケット〕　〔図表2 p11〕
　◇キャッシュレス決済導入のメリット〔スーパーマーケット〕　〔図表3 p11〕
　◇キャッシュレス決済導入のデメリット〔スーパーマーケット〕　〔図表4 p11〕
　◇想定している上限と比較した現在の決済手数料〔スーパーマーケット/キャッシュレス決済〕　〔図表5 p12〕
　◇今後の決済比率に対する意向〔スーパーマーケット/キャッシュレス決済〕　〔図表6 p12〕
『スーパーマーケット白書 2024年版』全国スーパーマーケット協会 2024.2
　◇キャッシュレス決済の導入率と内訳〔スーパーマーケット〕　〔図表2-19 p51〕
　◇キャッシュレス決済導入のメリットとデメリット、どちらが大きいか〔スーパーマーケット〕　〔図表2-21 p53〕
　◇今後自社のキャッシュレス決済費率はどのようになるとよいか　〔図表2-22 p53〕
　◇IRF(インターチェンジフィー)公開に伴い、決済事業者と手数料交渉を行ったか　〔図表2-23 p53〕

キャラクター商品

『情報メディア白書 2013』ダイヤモンド社 2013.1
　◇キャラクター商品小売市場規模　〔図表Ⅰ-5-4 p100〕
『情報メディア白書 2016』ダイヤモンド社 2016.2
　◇キャラクター商品小売市場　〔図表Ⅰ-5-25 p114〕
『情報メディア白書 2019』ダイヤモンド社 2019.2
　◇キャラクター商品小売市場　〔図表Ⅰ-5-25 p112〕
『情報メディア白書 2022』ダイヤモンド社 2022.3
　◇キャラクター商品小売市場　〔Ⅰ-5-23 p104〕
『情報メディア白書 2023』ダイヤモンド社 2023.2
　◇キャラクター商品小売市場　〔図表Ⅰ-5-23 p100〕
『デジタルコンテンツ白書 2007』デジタルコンテンツ協会 2007.8
　◇キャラクター商品小売市場規模推移　〔図表5-5-1 p180〕
『デジタルコンテンツ白書 2013』デジタルコンテンツ協会 2013.9
　◇キャラクター商品の小売市場規模の推移　〔図表2-1-26 p43〕
『デジタルコンテンツ白書 2016』デジタルコンテンツ協会 2016.9
　◇キャラクター商品の小売市場規模の推移　〔図表2-1-25 p49〕
『デジタルコンテンツ白書 2019』デジタルコンテンツ協会 2019.9
　◇キャラクター商品の小売市場規模の推移　〔図表2-1-25 p48〕
『デジタルコンテンツ白書 2022』デジタルコンテンツ協会 2022.9
　◇キャラクター商品の小売市場規模の推移　〔図表2-25 p48〜49〕

九州地方

　　⇒熊本県，福岡県 をも見よ

『九州経済白書　2004年版』九州経済調査協会　2004.2
　　◇食料品小売業の品目別低価格戦略　［表Ⅰ-5　p10］
　　◇飲食店の店舗数と従業者数の推移（九州8県）　［図2-5　p21］
　　◇産業別広告宣伝費（九州7県）　［表Ⅱ-2　p25］
　　◇飲食料品卸売業の商店数・従業者数の推移（九州8県）　［図3-2　p48］
　　◇飲食料品卸売業の年間販売額等の推移（九州8県）　［図3-5　p50］
　　◇地域別にみた飲食料品小売業と一般飲食店の従業者数の増加率（九州8県・1991～2001年）　［図3-35　p75］

『九州経済白書　2007年版』九州経済調査協会　2007.2
　　◇九州に本社を置くチェーンストア等の小売企業売上DI　［図表1-2　p49］
　　◇小売業の効率性（売場1㎡、従業者1人当り販売額）の推移（九州）　［図表1-3　p50］
　　◇市町村別小売販売額グラフ（2004年）　［図表1-40　p76］

『九州経済白書　2010年版』九州経済調査協会　2010.2
　　◇ショッピングセンター（SC）販売額前年比（九州）　［図表1-3　p3］
　　◇ファスト化商品市場関連上位企業の店舗売上高（全国、九州）　［図表1-14　p11］
　　◇コモディティ化商品市場関連企業地場・域外別店舗数の全国比（九州7県）　［図表1-16　p12］
　　◇大規模店舗（新設）届出件数と届出店舗面積（九州7県）　［図表2-2　p28］
　　◇大規模店舗届出の業態、地場/域外企業の組み合わせ（九州・山口）　［図表2-18　p40］
　　◇九州・山口の小売店事業所数・年間商品販売額・売場面積の推移　［図表3-1　p43］
　　◇九州における百貨店事業所数・売場面積の推移　［図表3-6　p45］
　　◇九州における大型スーパーの事業所数・売場面積の推移　［図表3-7　p46］
　　◇九州の大型小売店商品販売額の推移　［図表3-8　p46］
　　◇九州における百貨店商品別販売額の推移　［図表3-9　p46］
　　◇九州における大型スーパーの商品別販売額の推移　［図表3-10　p47］
　　◇九州・山口の小売業年間販売額（立地環境別）増減率　［図表4-2　p64］
　　◇小売販売額販売形態別構成比（全国、九州7県）　［図表5-2　p90］
　　◇小売業業種別吸引力指数（九州7県 2007年）　［図表5-4　p91］

『百貨店調査年鑑　2021年度』ストアーズ社　2021.9
　　◇九州・沖縄各店　年間、商品別売上高〔2020年全国百貨店年間商品別売上高集計〕　［p37］
　　◇九州　基礎データ〔全国百貨店名簿/小売業商店数・百貨店売上シェアほか〕　［p375］

『百貨店調査年鑑　2022年度』ストアーズ社　2022.9
　　◇九州・沖縄各店　年間、商品別売上高〔2021年全国百貨店年間商品別売上高集計〕　［p37］
　　◇九州　基礎データ〔全国百貨店名簿/小売業商店数・百貨店売上シェアほか〕　［p375］

『百貨店調査年鑑　2023年度』ストアーズ社　2023.9
　　◇九州・沖縄各店　年間、商品別売上高〔2022年全国百貨店年間商品別売上高集計〕　［p37］
　　◇九州　基礎データ〔全国百貨店名簿/小売業商店数・百貨店売上シェアほか〕　［p375］

給与所得

『スーパーマーケット白書　2016年版』新日本スーパーマーケット協会　2016.2
　　◇小売業の給与所得（前年比寄与度）の推移　［図表2-1-6　p18］

『スーパーマーケット白書　2019年版』全国スーパーマーケット協会　2019
　　◇スーパーマーケットのパート・アルバイト時間給の変化　［図表1-12　p27］

教育プログラム（マーケティング）

『ソーシャルメディア白書 2012』翔泳社 2012.2
　　◇ソーシャルメディアマーケティングの教育プログラム整備（活用度別）　［4-1-74　p236］
　　◇ソーシャルメディアマーケティングの教育プログラム整備（活用満足度別）　［4-1-75　p236］

業況判断DI

『中小企業白書　2004年版』ぎょうせい　2004.5
　　◇中小企業（卸売業）の輸出割合別業況判断DIの推移　［第1-1-19図　p19］
　　◇中小企業（卸売業）の輸入割合別業況判断DIの推移　［第1-1-20図　p20］
　　◇中小企業（小売業）のチェーン組織加盟状況別業況判断DIの推移　［第1-1-21図　p21］

競合状況DI

『スーパーマーケット白書　2024年版』全国スーパーマーケット協会　2024.2
　　◇周辺地域競合状況DI〔2023年のスーパーマーケット動向〕　［図表1-14　p22］

業種別構成比（小売業）

『東京の中小企業の現状（流通産業編）　平成26年度』東京都産業労働局　2015.3
　　◇小売業の業種別構成比（事業所数）　［図表Ⅰ-2-13　p20］
　　◇小売業の業種別構成比（従業者数）　［図表Ⅰ-2-14　p20］
　　◇小売業の業種別構成比（年間商品販売額）　［図表Ⅰ-2-15　p21］
　　◇小売業の業種別構成比（売場面積）　［図表Ⅰ-2-16　p21］

『東京の中小企業の現状（流通産業編）　平成29年度』東京都産業労働局　2018.3
　　◇小売業の業種別構成比（事業所数）（東京、平成26年）　［図表Ⅰ-2-15　p25］
　　◇小売業の業種別構成比（従業者数）（東京、平成26年）　［図表Ⅰ-2-16　p25］
　　◇小売業の業種別構成比（年間商品販売額）（東京、平成26年）　［図表Ⅰ-2-17　p26］
　　◇小売業の業種別構成比（売場面積）（東京、平成26年）　［図表Ⅰ-2-18　p26］

『東京の中小企業の現状（流通産業編）　令和2年度』東京都産業労働局　2021.3
　　◇小売業の業種別構成比（事業所数）（東京、2016年）　［図表Ⅰ-2-11　p21］
　　◇小売業の業種別構成比（従業者数）（東京、2016年）　［図表Ⅰ-2-12　p22］
　　◇小売業の業種別構成比（年間商品販売額）（東京、2016年）　［図表Ⅰ-2-13　p23］
　　◇小売業の業種別構成比（売場面積）（東京、2016年）　［図表Ⅰ-2-14　p24］

業績（百貨店）

『企業戦略白書　Ⅷ（2008）』東洋経済新報社　2009.12
　　◇大手百貨店グループの2008年度の業績推移　［図5-1-1　p156］
　　◇大手百貨店グループの2008年度の業績推移（修正版）　［図5-1-2　p158］
　　◇大手百貨店の個別業績推移（2004年度～2007年度）　［図5-1-3　p159］

共同化（卸売・小売業）

『中小企業白書　平成9年版』大蔵省印刷局　1997.5
　　◇共同化を行う目的（中小小売業）　［第2-3-50図　p257］
　　◇共同化を行う目的（中小卸売業）　［第2-3-56図　p263］
　　◇共同化を行う上での問題点（中小卸売業）　［第2-3-57図　p263］

寄与度分解

『通商白書　2013』勝美印刷　2013.8
　　◇インドの卸売物価指数の寄与度分解　［第Ⅲ-2-4-29図　p266］

キーワード広告

『インターネット白書 2004』インプレス ネットビジネスカンパニー 2004.7
　◇キーワード広告の月額費用　［資料6-2-9　p301］

近畿地方

『大阪経済・労働白書　平成21年版』大阪府立産業開発研究所，大阪府商工労働部雇用推進室労政課　2010.3
　◇コンビニエンスストア販売額の推移（近畿地区、全国、前年同期比）　［図表Ⅱ-2-5　p135］

『百貨店調査年鑑　2021年度』ストアーズ社　2021.9
　◇近畿各店　年間、商品別売上高［2020年全国百貨店年間商品別売上高集計］　［p35］
　◇近畿　基礎データ〔全国百貨店名簿/小売業商店数・百貨店売上シェアほか〕　［p319］

『百貨店調査年鑑　2022年度』ストアーズ社　2022.9
　◇近畿各店　年間、商品別売上高［2021年全国百貨店年間商品別売上高集計］　［p35］
　◇近畿　基礎データ〔全国百貨店名簿/小売業商店数・百貨店売上シェアほか〕　［p319］

『百貨店調査年鑑　2023年度』ストアーズ社　2023.9
　◇近畿各店　年間、商品別売上高［2022年全国百貨店年間商品別売上高集計］　［p35］
　◇近畿　基礎データ〔全国百貨店名簿/小売業商店数・百貨店売上シェアほか〕　［p319］

緊急事態宣言

『交通政策白書　令和4年版』勝美印刷　2022.8
　◇緊急事態宣言解除（2021年10月）以降の通信販売を利用する頻度の変化　［図表2-1-2-5　p132］

金利負担感（卸売・小売業）

『東京の中小企業の現状（流通産業編）　令和2年度』東京都産業労働局　2021.3
　◇金利の負担感〔卸売業〕　［図表Ⅱ-1-26　p59］
　◇金利負担感の変化〔卸売業〕　［図表Ⅱ-1-27　p61］
　◇金利の負担感〔小売業〕　［図表Ⅱ-2-24　p147］
　◇金利負担感の変化〔小売業〕　［図表Ⅱ-2-25　p149］

【く】

クーポン

『インターネット白書　2016』インプレスR&D　2016.2
　◇PCカテゴリー別有力サイトの訪問者数：グルメ・クーポン/ソーシャルネットワーク/ゲーム/通販（2015年9月、家庭と職場からのアクセス）　［資料1-2-15　p79］

『情報メディア白書　1997年版』電通総研　1997.1
　◇業種別クーポン付折込広告の年間平均配布枚数　［図表Ⅰ-32-20　p189］

『情報メディア白書　2005』ダイヤモンド社　2004.12
　◇業種別クーポン付折込広告年間平均配布枚数構成〈2003年/首都圏〉［図表Ⅰ-12-21　p206］

『ネット広告白書　2010』インプレスR&D　2009.9
　◇デジタルサイネージ放映前後のクーポン利用状況変化　［資料4-1-2　p115］

熊本県

『九州経済白書　2007年版』九州経済調査協会　2007.2
　◇業態別にみた家からの所要時間と利用頻度の関係（熊本県・2006年）　［図表1-11　p55］
　◇業態別買物頻度と所要時間（熊本県・2006年）　［図表1-15　p58］

『九州経済白書　2010年版』九州経済調査協会　2010.2
　◇熊本県内グルメ情報の地域別掲載件数　［図表4-5　p67］
　◇移動店舗での購入割合（熊本県）　［図表5-22　p104］

クリエイティブスコア（Cスコア）

『広告白書　2023-24年版』日経広告研究所　2023.10
　◇2022年度のCMクリエイティブスコア（Cスコア）ランキング（コア視聴層：男女13〜49歳、関東地区）　［p91］

クレジットカード

『貸金業白書　平成8年版』全国貸金業協会連合会　1997.3
　◇今後主力とする広告（1位）　［図72　p122］

『東京の中小企業の現状（流通産業編）　平成29年度』東京都産業労働局　2018.3
　◇決済方法　クレジットカード〔小売業〕　［図表Ⅱ-2-34　p155］

クロスメディア型広告

『インターネット白書　2010』インプレスジャパン　2010.6
　◇クロスメディア型広告の利用状況［2009年—2010年と2010年の従業員規模別］　［資料8-1-15　p249］
　◇クロスメディア型広告の導入予定［従業員規模別］　［資料8-1-16　p249］

『広告白書　2007』日経広告研究所　2007.7
　◇クロスメディア展開の効果測定，使用した手段　［p223］

『ネット広告白書　2010』インプレスR&D　2009.9
　◇クロスメディア効果の有効性　［資料2-2-6　p53］
　◇大手広告主の実施クロスメディア広告　［資料6-1-66　p180］
　◇中小広告主の実施クロスメディア広告　［資料6-1-67　p180］

グローバル広告

『広告白書　2020年度版』日経広告研究所　2020.9
　◇グローバルでの広告展開の有無　［p214］
　◇海外の広告展開での重視点や課題（複数回答）　［p214］
　◇社内でグローバルな広告展開をしている部門　［p214］

【け】

経営

『小規模企業白書　2016年版』日経印刷　2016.6
　◇「新しい取組」の具体的内容（小売業/複数回答）　［第1-2-84図　p96］

『東京の中小企業の現状（流通産業編）　平成29年度』東京都産業労働局　2018.3
　◇経営上の強み〔小売業〕　［図表Ⅱ-2-80　p215］

けいえい　　　　　　　　　　　　　　統計図表レファレンス事典　商業・広告・マーケティング

『東京の中小企業の現状(流通産業編)　令和2年度』東京都産業労働局　2021.3
　　◇経営上の強み〔小売業〕　　［図表Ⅱ-2-60　p205］
　　◇経営において重視している事項〔小売業〕　［図表Ⅱ-2-61　p207］

経営指標

『情報メディア白書　2010』ダイヤモンド社　2010.1
　　◇ビデオレンタル店の経営指標〈2008年/1店舗当たり平均〉［図表Ⅰ-5-26　p87］
『スーパーマーケット白書　2016年版』新日本スーパーマーケット協会　2016.2
　　◇平成27年経営指標レポート結果概要　［p90］
『スーパーマーケット白書　2019年版』全国スーパーマーケット協会　2019
　　◇企業の経営指標〔資料8.2018年スーパーマーケット業界の経営指標〕　［資料8-2　p116］
『スーパーマーケット白書　2022年版』全国スーパーマーケット協会　2022
　　◇企業の経営指標〔2021年スーパーマーケット業界の経営数値〕　［資料7-2　p117］
『スーパーマーケット白書　2023年版』全国スーパーマーケット協会　2023.2
　　◇企業の経営指標〔スーパーマーケット業界の経営数値〕　［資料7-2　p131］
『スーパーマーケット白書　2024年版』全国スーパーマーケット協会　2024.2
　　◇企業の経営指標〔スーパーマーケット業界の経営数値〕　［資料7-2　p135］

経営者

『ファミリービジネス白書　2022年版』白桃書房　2021.12
　　◇中核経営者の属性：卸売業　［図表2-5-11④　p130］
　　◇中核経営者の経歴と業績：卸売業　［図表2-5-11⑤　p130］
　　◇中核経営者の属性：小売業　［図表2-5-12④　p136］
　　◇中核経営者の経歴と業績：小売業　［図表2-5-12⑤　p136］

経営状況

『情報メディア白書　1997年版』電通総研　1997.1
　　◇書店の経営状況(1995年)　［図表Ⅰ-1-16　p16］
『情報メディア白書　2013』ダイヤモンド社　2013.1
　　◇ビデオレンタル店の経営状況〈1店舗平均〉［図表Ⅰ-4-28　p96］
『情報メディア白書　2016』ダイヤモンド社　2016.2
　　◇ビデオレンタル店の経営状況〈1店舗平均〉［図表Ⅰ-4-27　p104］
『情報メディア白書　2019』ダイヤモンド社　2019.2
　　◇ビデオレンタル店の経営状況〈1店舗平均〉［図表Ⅰ-4-29　p102］

景気判断DI

『スーパーマーケット白書　2016年版』新日本スーパーマーケット協会　2016.2
　　◇景気判断DIと販売前年同月比の推移　［図表6-2-17　p65］
　　◇日経平均株価と景気判断DI　［図表6-2-18　p65］
　　◇景気判断DIと収益DI　［図表6-2-19　p66］
　　◇景気判断DIと来客数DI　［図表6-2-20　p66］
　　◇景気判断DIと客単価DI　［図表6-2-21　p66］
『スーパーマーケット白書　2022年版』全国スーパーマーケット協会　2022
　　◇景気判断DIの推移　［図表1-8　p20］
『スーパーマーケット白書　2023年版』全国スーパーマーケット協会　2023.2
　　◇景気判断DIの推移〔2022年のスーパーマーケット動向〕　［図表1-11　p21］

『スーパーマーケット白書　2024年版』全国スーパーマーケット協会　2024.2
　　◇景気判断DI〔2023年のスーパーマーケット動向〕　〔図表1-12　p22〕

景況

『スーパーマーケット白書　2016年版』新日本スーパーマーケット協会　2016.2
　　◇2015年スーパーマーケット景況感調査結果　〔p84〕
『スーパーマーケット白書　2019年版』全国スーパーマーケット協会　2019
　　◇2018年スーパーマーケット景況感調査結果　〔資料6　p111〕
『スーパーマーケット白書　2022年版』全国スーパーマーケット協会　2022
　　◇2021年スーパーマーケット景況感調査結果　〔資料5　p112〕
『スーパーマーケット白書　2023年版』全国スーパーマーケット協会　2023.2
　　◇2022年スーパーマーケット景況感調査結果　〔資料5　p126〕
『スーパーマーケット白書　2024年版』全国スーパーマーケット協会　2024.2
　　◇2023年スーパーマーケット景況感調査結果　〔資料5　p130〕
『中小企業白書・小規模企業白書　2022年版』日経印刷　2022.7
　　◇商店街の最近の景況　〔第1-1-32図　上－Ⅰ-27〕
　　◇立地市区町村の人口規模別に見た、商店街の最近の景況　〔第1-1-33図　上－Ⅰ-27〕

経済効果

『食料・農業・農村白書　平成22年版』佐伯印刷　2010.6
　　◇農産物直売所の経済効果　〔図3-85　p174〕

経済成長

『日本民間放送年鑑　'97』日本民間放送連盟　1997.12
　　◇日本経済の成長と「日本の広告費」　〔(表)　p691〕

経常損益

『東京の中小企業の現状（流通産業編）　平成29年度』東京都産業労働局　2018.3
　　◇経常損益額の変化〔卸売業〕　〔図表Ⅱ-1-20　p67〕
　　◇経常損益額の変化〔小売業〕　〔図表Ⅱ-2-31　p153〕
『東京の中小企業の現状（流通産業編）　令和2年度』東京都産業労働局　2021.3
　　◇感染症発生前後での経常損益の変化〔卸売業〕　〔図表Ⅱ-1-22　p54〕
　　◇3年前と比較した経常損益の変化〔卸売業〕　〔図表Ⅱ-1-23　p55〕
　　◇感染症発生前後での経常損益の変化〔小売業〕　〔図表Ⅱ-2-21　p142〕
　　◇3年前と比較した経常損益の変化〔小売業〕　〔図表Ⅱ-2-22　p143〕

経常利益

『観光白書　令和4年版』昭和情報プロセス　2022.8
　　◇宿泊業、飲食サービス業の規模別経常利益の動向(2019年〜2021年)　〔図表Ⅱ-8　p49〕
『広告白書　2019年度版』日経広告研究所　2019.7
　　◇経産省「特サビ広告」統計と経常利益の動き　〔p22〕
『広告白書　2020年度版』日経広告研究所　2020.9
　　◇経産省「特サビ広告」統計と経常利益の動き　〔p24〕
『広告白書　2021年度版』日経広告研究所　2021.8
　　◇経産省「特サビ広告」統計と経常利益の動き　〔p41〕
『広告白書　2022年度版』日経広告研究所　2022.8
　　◇経産省「特サビ広告」統計と経常利益の動き　〔p22〕

けいしよ

『広告白書　2023-24年版』日経広告研究所　2023.10
　　◇広告業売上高と経常利益の動き　［p76］

経常利益率

『東京都中小企業経営白書　平成15年版』東京都産業労働局産業政策部調査研究課　2004.3
　　◇経営利益率（鉄鋼卸売業）　［p257］
　　◇経営利益率（金属加工・その他一般機械器具卸売業）　［p259］
　　◇経営利益率（自動車部品・付属品卸売業）　［p261］
　　◇経営利益率（電気機械器具卸売業）　［p263］
　　◇経営利益率（医療用機械器具卸売業）　［p265］

『東京の中小企業の現状（流通産業編）　平成29年度』東京都産業労働局　2018.3
　　◇経常利益率〔卸売業〕　［図表Ⅱ-1-19　p65］
　　◇経常利益率〔小売業〕　［図表Ⅱ-2-30　p152］

『東京の中小企業の現状（流通産業編）　令和2年度』東京都産業労働局　2021.3
　　◇直近決算の売上高経常利益率〔卸売業〕　［図表Ⅱ-1-24　p56］
　　◇直近決算の売上高経常利益率〔小売業〕　［図表Ⅱ-2-23　p145］

『労働経済白書　平成19年版』国立印刷局　2007.8
　　◇売上高経常利益率の推移（全産業及び小売業）　［第2-（2）-33図　p125］

携帯電話

　　⇒スマートフォン　をも見よ

『ケータイ社会白書　2016-2017』中央経済社　2016.10
　　◇利用する店舗とICT端末の利用　［資料5-24　p187］

『モバイル・コミュニケーション　2012-13』中央経済社　2012.8
　　◇パソコンではなくケータイを使って通信販売やオークションを利用した理由（MA）　［資料3-8　p143］
　　◇直近にケータイを使い通信販売やオークションで購入した品物（MA）　［資料3-11　p146］
　　◇直近にケータイを使い通信販売やオークションで購入した品物の金額（SA）　［資料3-12　p147］

景品プロモーション

『広告白書　平成9年版』日経広告研究所　1997.7
　　◇96年度の景品プロモーションの組み合わせ　［図1-3　p59］
　　◇景品プロモーション実施目的（複数回答）　［図1-4　p60］
　　◇景品プロモーションの組み合わせ　［図1-5　p64］

系列加盟（小売業）

『中小企業白書　平成9年版』大蔵省印刷局　1997.5
　　◇中小小売業の系列加盟状況　［第2-3-24図　p235］

決済手数料

『スーパーマーケット白書　2022年版』全国スーパーマーケット協会　2022
　　◇想定と比べた決済手数料率（21年8月時点）　［図表1-28　p39］
　　◇スマホ（QRコード）決済の利用手数料について、売上の何％くらいまでなら取り扱いを続けようと思いますか。0～100までの数字でお答えください。（数字回答）〔スーパーマーケットにおける「キャッシュレス決済に関する実態調査（2021年実施）」結果概要〕　［資料8　Q10　p125］
　　◇現在の決済手数料は、貴社で想定している手数料率の上限（Q10でお答えいただいた割

統計図表レファレンス事典　商業・広告・マーケティング　　　　　　　　　　　　　　　けつさい

　　合）に比べてどうですか。当てはまるものをお答えください。(単一回答)〔スーパーマーケットにおける「キャッシュレス決済に関する実態調査(2021年実施)」結果概要〕〔資料8 Q11　p126〕
　　◇スマホ(QRコード)決済の利用手数料対策として貴社で実施または検討されている施策はありますか。当てはまるものをすべてお答えください。(複数回答)〔スーパーマーケットにおける「キャッシュレス決済に関する実態調査(2021年実施)」結果概要〕　〔資料8 Q13　p127〕

決済方法
　　　⇒キャッシュレス決済 をも見よ
『インターネット白書　2004』インプレス ネットビジネスカンパニー　2004.7
　　◇ネットショップの代金決済手段　〔資料6-2-4　p298〕
『情報メディア白書　2010』ダイヤモンド社　2010.1
　　◇代金支払い方法　〔図表Ⅰ-14-34　p215〕
『情報メディア白書　2013』ダイヤモンド社　2013.1
　　◇代金支払手段　〔図表Ⅰ-14-35　p210〕
『情報メディア白書　2019』ダイヤモンド社　2019.2
　　◇代金支払い手段　〔図表Ⅰ-12-40　p211〕
『情報メディア白書　2022』ダイヤモンド社　2022.3
　　◇代金支払い手段　〔Ⅰ-12-38　p203〕
『情報メディア白書　2023』ダイヤモンド社　2023.2
　　◇利用している代金回収手段〔通信販売〕　〔図表Ⅰ-12-18　p192〕
　　◇代金支払い手段〔通信販売〕　〔図表Ⅰ-12-37　p197〕
『スーパーマーケット白書　2016年版』新日本スーパーマーケット協会　2016.2
　　◇人事環境〔平成27年スーパーマーケット年次統計調査結果概要〕　〔資料9-3　p86〕
『スーパーマーケット白書　2019年版』全国スーパーマーケット協会　2019
　　◇スーパーマーケットの売上に占める決済手段構成比（金額ベース）　〔図表1-30　p35〕
　　◇消費者ポイント還元事業時に普段のスーパーで決済手段が利用できなかった場合の対応　〔図表1-31　p36〕
　　◇ポイントカード・決済手段〔資料7.2018年スーパーマーケット業界の平均値〕　〔資料7-3　p113〕
『スーパーマーケット白書　2022年版』全国スーパーマーケット協会　2022
　　◇想定と比べた決済手数料率(21年8月時点)　〔図表1-28　p39〕
　　◇ポイントカード・決済手段〔スーパーマーケット業界の平均値〕　〔資料6-3　p114〕
『スーパーマーケット白書　2023年版』全国スーパーマーケット協会　2023.2
　　◇ポイントカード・決済手段〔スーパーマーケット業界の平均値〕　〔資料6-3　p128〕
『スーパーマーケット白書　2024年版』全国スーパーマーケット協会　2024.2
　　◇決済手段別の利用金額割合〔スーパーマーケット〕　〔図表2-20　p52〕
　　◇ポイントカード・決済手段〔スーパーマーケット業界の平均値〕　〔資料6-3　p132〕
『世界経済の潮流　2023年　Ⅰ』日経印刷　2023.10
　　◇インドの小売電子決済件数　〔第2-2-16図　p178〕
『東京の中小企業の現状（流通産業編）　平成26年度』東京都産業労働局　2015.3
　　◇決済方法(インターネット販売状況別)　〔図表Ⅲ-1-18　p211〕
『東京の中小企業の現状（流通産業編）　平成29年度』東京都産業労働局　2018.3
　　◇決済方法〔小売業〕　〔図表Ⅱ-2-32　p154〕
　　◇決済方法 現金〔小売業〕　〔図表Ⅱ-2-33　p155〕
　　◇決済方法 クレジットカード〔小売業〕　〔図表Ⅱ-2-34　p155〕

◇決済方法　電子マネー〔小売業〕　　［図表Ⅱ-2-35　p155］
　　◇決済方法　代金引換〔小売業〕　　　［図表Ⅱ-2-36　p156］
　　◇決済方法　コンビニ支払〔小売業〕　［図表Ⅱ-2-37　p156］
　　◇決済方法　銀行口座引落〔小売業〕　［図表Ⅱ-2-38　p156］
　　◇決済方法　銀行口座振込〔小売業〕　［図表Ⅱ-2-39　p157］
　　◇決済方法　デビットカード〔小売業〕［図表Ⅱ-2-40　p157］
『東京の中小企業の現状(流通産業編)　令和2年度』東京都産業労働局　2021.3
　　◇決済方法〔小売業〕　［図表Ⅱ-2-36　p167］

ケーブルテレビ

『情報メディア白書　2007』ダイヤモンド社　2007.1
　　◇ケーブルテレビネットワークの広告収入［アメリカ］　［図表Ⅱ-2-31　p232］
『情報メディア白書　2010』ダイヤモンド社　2010.1
　　◇ケーブルテレビネットワーク広告収入　［図表Ⅱ-1-23　p238］

ゲームセンター

『情報メディア白書　2005』ダイヤモンド社　2004.12
　　◇店舗形態別売上状況　［図表Ⅰ-6-34　p119］
　　◇直営店舗の経費状況〈平均〉［図表Ⅰ-6-35　p119］
『情報メディア白書　2007』ダイヤモンド社　2007.1
　　◇店舗形態別売上状況　［図表Ⅰ-7-32　p111］
　　◇直営店舗の経費状況〈平均〉［図表Ⅰ-7-33　p111］
『情報メディア白書　2010』ダイヤモンド社　2010.1
　　◇店舗形態別売上状況　［図表Ⅰ-7-33　p111］
　　◇直営店舗の経費状況〈平均〉［図表Ⅰ-7-34　p111］
『情報メディア白書　2013』ダイヤモンド社　2013.1
　　◇店舗形態別売上状況　［図表Ⅰ-6-32　p117］
　　◇直営店舗の経費状況〈平均〉［図表Ⅰ-6-33　p117］

ゲーム内広告

『ネット広告白書　2010』インプレスR&D　2009.9
　　◇ゲーム内広告の視認状況　［資料6-2-38　p215］

原価構成

『図説　食料・農業・農村白書　平成15年度』農林統計協会　2004.6
　　◇飲食店の原価構成等の推移　［図Ⅰ-36　p71］

研究開発

『九州経済白書　2004年版』九州経済調査協会　2004.2
　　◇食品卸売業の商品開発・研究開発の取組状況　［図3-20　p61］
　　◇規模別にみた商品開発・研究開発の取組状況　［図3-21　p61］
　　◇経営状況別にみた商品開発・研究開発の取組状況　［図3-22　p62］

検索

『ネット広告白書　2010』インプレスR&D　2009.9
　　◇自然検索と検索連動型広告の表示によるブランド意識の変化　［資料3-2-3　p81］
　　◇自然検索と検索連動型広告の表示による、好感、概要理解、購入意向の変化　［資料3-2-
　　　4　p81］

検索広告市場
『情報化白書　2012』翔泳社　2011.11
　　◇グローバル検索広告市場におけるGoogleのシェア　［図表1-2-2　p11］

検索連動型広告
　　⇒オーバーチュア，キーワード広告　をも見よ

『インターネット白書　2007』インプレスR&D　2007.7
　　◇検索連動型広告の導入予定［従業員規模別］　［資料3-1-11　p157］
　　◇検索連動型広告の効果　［資料3-1-12　p157］

『インターネット白書　2010』インプレスジャパン　2010.6
　　◇主に利用している検索連動型広告サービス［2009年—2010年と2010年の従業員規模別］　［資料8-1-11　p247］
　　◇検索連動型広告の導入予定［2009年—2010年と2010年の従業員規模別］　［資料8-1-12　p247］

『ケータイ白書　2007』インプレスR&D　2006.12
　　◇モバイル検索連動型広告の市場予測　［資料3-6-4　p209］
　　◇最も利用している検索連動型広告事業者　［資料3-7-39　p241］

『ケータイ白書　2010』インプレスR&D　2009.12
　　◇最も利用している検索連動型広告事業者［2008年－2009年］　［資料2-2-20　p189］

『ネット広告白書　2010』インプレスR&D　2009.9
　　◇検索連動型広告費の市場規模とインターネット広告費（媒体費）に占める割合　［資料3-2-1　p72］
　　◇自然検索と検索連動型広告の表示によるブランド意識の変化　［資料3-2-3　p81］
　　◇自然検索と検索連動型広告の表示による、好感、概要理解、購入意向の変化　［資料3-2-4　p81］

現状判断DI
『地域の経済　2006』日本統計協会　2007.2
　　◇景気ウォッチャー調査現状判断DI（商店街・一般小売店）　［第2-1-1図　p69］

【こ】

後継者（卸売・小売業）
『東京の中小企業の現状（流通産業編）　平成29年度』東京都産業労働局　2018.3
　　◇現実の後継者の状況〔小売業〕　［図表Ⅲ-1-3　p233］
　　◇現実の後継者の状況〔小売業〕　［図表Ⅲ-1-8　p241］

『東京の中小企業の現状（流通産業編）　令和2年度』東京都産業労働局　2021.3
　　◇後継者の希望・方針〔卸売業〕　［図表Ⅱ-1-57　p117］
　　◇後継者の現状・実際の状況〔卸売業〕　［図表Ⅱ-1-58　p119］
　　◇後継者の希望・方針〔小売業〕　［図表Ⅱ-2-74　p227］
　　◇現実の後継者の状況〔小売業〕　［図表Ⅱ-2-75　p229］

広告
『医療白書　1997年版』日本医療企画　1997.10
　　◇平成4年度医療法改正による医療機関の広告内容の変更点　［表8-1　p241］

こうこく　　　　　　　　　統計図表レファレンス事典　商業・広告・マーケティング

『インターネット白書　2007』インプレスR&D　2007.7
　◇購入に至った広告の種別（複数回答）　［資料2-5-8　p103］
『インターネット白書　2022』インプレスR&D　2022.2
　◇広告に対する意識：2種類の問いとその回答　［資料2-2-17　p118］
『貸金業白書　平成8年版』全国貸金業協会連合会　1997.3
　◇今後主力とする広告（1位）　［表23　p35］
　◇今後主力とする広告（1位）　［図29　p58］
　◇今後主力とする広告（全体1位）　［図42　p76］
　◇今後主力とする広告　［図54　p92］
　◇今後主力とする広告（全体、1位）　［図61　p102］
　◇今後主力とする広告（1位）　［図72　p122］
　◇今後主力とする広告（1位）　［表150　p143］
『広告主動態調査　2024年版』日経広告研究所　2024.3
　◇クリエイティブの方針について〔広告で重視している表現〕　［図3　p5,19,20］
　◇生活者に対する認識〔メディアや広告に対する意識〕　［図5　p7］
　◇広告・マーケティング業務でのデジタル化の取り組み〔DX推進活動との連携・内容・目的〕　［p12］
　◇企業名や商品名の認知を高める広告のクリエイティブに関する考え方（複数回答）　［p19］
　◇企業や商品のブランドイメージを構築する広告のクリエイティブに関する考え方（複数回答）　［p20］
　◇商品の販売促進を目的とした広告の策定時に重視するポイント　［p20］
　◇商品の販売促進を目的とした広告のクリエイティブに関して、重視する考え方（複数回答）　［p21］
　◇広告・コミュニケーション活動で重視するポイント　［p22］
　◇生活者のメディアや広告に対する意識や行動〔広告の受け手との関係〕　［p22］
　◇経営層の広告に対する意識　［p25］
『広告白書　平成9年版』日経広告研究所　1997.7
　◇広告活動の重視項目（複数回答）　［図1-1　p33］
　◇広告部門の産出状況（名目）　［表3-5　p108］
　◇広告部門の産出状況（実質、1990年価格）　［表3-6　p109］
　◇広告部門の投入状況（名目）　［表3-7　p111］
　◇広告部門の投入状況（実質、1990年価格）　［表3-8　p112］
　◇各産業の広告に対する波及効果　［表3-10　p114］
　◇広告の各産業に対する波及効果　［表3-12　p116］
　◇広告教育、広告研究に関する資料　［（表）D　p178～179］
　◇電通広告統計広告出稿量の動向　［（表）5　p198～199］
　◇ADCON広告重要課題意見調査　［（表）15　p242～245］
『広告白書　平成16年版』日経広告研究所　2004.7
　◇2003年度に重視した広告活動（複数回答）　［図1-6　p51］
　◇広告部門の産出状況（名目）（広告産業の販売先構成）　［表3-4　p138］
　◇広告部門の投入状況（名目）（広告産業の投入構成、媒体別広告費）　［表3-5　p140］
　◇広告の各産業への波及効果（2003年名目）　［表3-6　p142］
　◇各産業の広告への波及効果（2003年名目）　［表3-7　p142］
　◇媒体別広告量　［資料5-2　p229］
　◇2003年1月～12月広告掲載量　［資料10-1　p262］
　◇ADCON広告重要課題意見調査（2004年）　［p268～269］
『広告白書　2007』日経広告研究所　2007.7
　◇主な広告の種類［フリーペーパー，フリーマガジン］　［p21］

◇広告部門の社員数　[p77]
　　◇広告部門にインターネット担当者を置いているか　[p82]
　　◇広告部門へのインターネット担当者の配置　[p221]
　　◇広告部門と広報部門の関係　[p224]
　　◇広告部門の所属社員数，スタッフ・アルバイト数　[p224]
　　◇2006年度，2007年度に重視した(重視する)広告活動，取り組んだ(取り組む)課題
　　　[p225]
　　◇広告計画策定時における数値目標の設定　[p226]
　　◇広告活動の課題　[p230]
『広告白書　2010』日経広告研究所　2010.7
　　◇「数値で目標を設定」企業の割合　[p16]
　　◇媒体別広告量　[資料4-2　p187]
『広告白書　2013』日経広告研究所　2013.7
　　◇媒体別広告量　[資料4-2　p182]
『広告白書　2016』日経広告研究所　2016.7
　　◇特に重要と考える媒体　[p37]
　　◇15年度と14年度の放送回数上位5業種の局別放送回数　[p71]
　　◇放送局からみた2016年度期待の広告出稿業種(複数回答)　[p81]
　　◇媒体別広告量　[資料4-2　p212]
『広告白書　2019年度版』日経広告研究所　2019.7
　　◇経産省「特サビ広告」統計と経常利益の動き　[p22]
　　◇ビューアビリティへの対策　[p39]
　　◇ブランドセーフティへの対策　[p39]
　　◇サイト訪問者数(シャボン玉石けん)　[p56]
　　◇意見広告実施前後のツイート数(シャボン玉石けん)　[p56]
　　◇放送局からみた2019年度期待の広告出稿業種　[p75]
　　◇媒体別広告量　[資料4-2　p164]
『広告白書　2020年度版』日経広告研究所　2020.9
　　◇経産省「特サビ広告」統計と経常利益の動き　[p24]
『広告白書　2021年度版』日経広告研究所　2021.8
　　◇コロナ禍で広告表現を変えたか　[p14]
　　◇最近行った、今後行う予定がある企業の広告目標〔マーケティング戦略〕　[p15]
　　◇広告活動の成果を出す要因と考えられるもの　[p21]
　　◇経産省「特サビ広告」統計と経常利益の動き　[p41]
『広告白書　2022年度版』日経広告研究所　2022.8
　　◇生活者、広告の受け手とともにつくっていく、広告・コミュニケーションの内容　[p11]
　　◇生活者や広告の受け手とともに作る広告展開の意向　[p11]
　　◇経産省「特サビ広告」統計と経常利益の動き　[p22]
　　◇社会全体の幸福に配慮している製品、SDGsに関する広告に関する意識(性年代比較)
　　　[p33]
　　◇広告計画立案における変化　[p54]
　　◇広告商品・サービスに対する興味関心と購入・利用意向の割合　[p115]
　　◇放送局から見た2022年度期待の広告出稿業種(上位8業種、複数回答)　[p127]
　　◇媒体別広告量　[資料4-2　p220]
『広告白書　2023-24年版』日経広告研究所　2023.10
　　◇広告主企業が考える「広告活動において重要な課題」　[p20]
　　◇生活者や広告の受け手とともにつくる広告展開の意向　[p22]

こうこく

　　◇生活者データのブランド評価結果で見る出稿による効果　[p46]
『消費者白書　平成28年版』勝美印刷　2016.6
　　◇不当表示の広告調査　[p57]
『情報化白書　1997』コンピュータ・エージ社　1997.6
　　◇広告を利用したインターネット無料接続サービスの例　[Ⅱ-3-2-2図　p222]
『情報メディア白書　1997年版』電通総研　1997.1
　　◇広告掲載量と発行ページ数〈1995年/1996年上半期〉　[図表Ⅰ-4-4　p32]
　　◇広告費の媒体別構成比〈1994年度〉　[図表Ⅰ-29-4　p170]
　　◇広告接触が多い媒体〈1995年/性別〉　[図表Ⅰ-32-31　p193]
　　◇広告/市場規模　[図表Ⅱ-1-47　p207]
『情報メディア白書　2005』ダイヤモンド社　2004.12
　　◇新しいメディアや広告形態への関心〈2004年/企業〉[図表Ⅰ-12-35　p210]
『情報メディア白書　2007』ダイヤモンド社　2007.1
　　◇スポーツ紙の発行ページ数/広告掲載量　[図表Ⅰ-1-23　p37]
　　◇紙・誌面に占める広告量の割合〈2005年度〉[図表Ⅰ-3-10　p64]
　　◇主な広告の種類〈2005年度〉[図表Ⅰ-3-11　p64]
　　◇広告出稿上位5業種の出稿額[中国]　[図表Ⅱ-1-23　p219]
　　◇ケーブルテレビネットワークの広告収入[アメリカ]　[図表Ⅱ-2-31　p232]
『情報メディア白書　2010』ダイヤモンド社　2010.1
　　◇マス4媒体出稿量前年同期比の推移〈2008年〉[図表Ⅰ-13-6　p197]
　　◇ユニット別広告注目率〈2008年〉[図表Ⅰ-13-28　p201]
　　◇SP手法、ツールの利用率〈2008年度〉[図表Ⅰ-13-43　p204]
　　◇ケーブルテレビネットワーク広告収入　[図表Ⅱ-1-23　p238]
　　◇プライムタイム/深夜トークショーの形態別1時間当たり広告出稿時間　[図表Ⅱ-1-39　p241]
『情報メディア白書　2013』ダイヤモンド社　2013.1
　　◇スポーツ紙の発行ページ数/広告掲載量　[図表Ⅰ-1-27　p49]
　　◇ユニット別広告到達率〈2011年/平日/JR東日本〉[図表Ⅰ-13-19　p194]
　　◇フリーペーパー・フリーマガジンの主な広告の種類〈2011年〉[図表Ⅰ-13-33　p197]
　　◇SP手法、ツールの利用率〈2011年度〉[図表Ⅰ-13-38　p198]
　　◇広告平均利用媒体数〈JADMA会員社〉[図表Ⅰ-14-9　p204]
『情報メディア白書　2016』ダイヤモンド社　2016.2
　　◇スポーツ紙の発行ページ数/広告掲載量　[図表Ⅰ-1-23　p58]
　　◇PC/スマートフォンへの出稿および出稿予定の広告タイプ〈2014年〉[図表Ⅰ-11-15　p191]
　　◇フリーペーパー・フリーマガジンの主な広告の種類〈2014年〉[図表Ⅰ-11-34　p195]
　　◇SP手法、ツールの利用率　[図表Ⅰ-11-39　p196]
　　◇消費者にとっての各メディアの広告の印象〈2015年/東京50km圏/12～69歳男女個人〉[図表Ⅰ-11-42　p197]
『情報メディア白書　2019』ダイヤモンド社　2019.2
　　◇主な雑誌ブランドサイト指標〈2018年4～6月〉[図表Ⅰ-2-31　p77]
　　◇フリーペーパー・フリーマガジンの主な広告の種類〈2017年〉[図表Ⅰ-11-34　p197]
『情報メディア白書　2022』ダイヤモンド社　2022.3
　　◇フリーペーパー・フリーマガジンの主な広告の種類〈2020年〉[Ⅰ-11-36　p189]
　　◇対象別プロモーション売上構成比〈2020年度〉[Ⅰ-11-42　p190]
『全国通信販売利用実態調査報告書　第30回』日本通信販売協会　2023.5
　　◇購入の際に見た通信販売広告　[問2-2　p13]

『男女共同参画の現状と施策　平成9年版』大蔵省印刷局　1997.7
　　◇性・年齢別にみた女性の人権が尊重されていないと感じること—(6)女性を内容に関係なく使用した広告など　［図3-1-2　p76］
『通信白書　平成9年版』大蔵省印刷局　1997.5
　　◇寄附金付お年玉付郵便葉書・郵便切手及び寄附金付広告付葉書の発行による寄附金配分事業　［資料(表)3-19　p404～405］
『独占禁止白書　平成30年版』公正取引協会　2018.1
　　◇販売価格や販売価格の広告・表示に関する指導・要請の有無（小売業者からの回答）　［第8図　p150］
『日本新聞年鑑　'97/'98年版』日本新聞協会　1997.11
　　◇媒体別構成比　［表2　p371］
『日本民間放送年鑑　'97』日本民間放送連盟　1997.12
　　◇商品種類別出稿上位20　［表4　p131］
　　◇総営業収入に占めるローカル営業収入の比率と対前年度比　［表5　p133］
　　◇エリア別のローカル営業収入の動向　［表8　p134～135］
　　◇ローカル営業収入の構成比と対前年度比　［表6　p135］
『ネット広告白書　2010』インプレスR&D　2009.9
　　◇「Fit's」キャンペーンへの接触度と、商品購入意欲との関係　［資料3-2-5　p83］
　　◇「Fit's」キャンペーンへの接触度と、パーチェスファネル（購入意欲）の段階別変化　［資料3-2-6　p83］
　　◇大手広告主のインターネット広告以外の実施広告（複数回答）　［資料6-1-1　p135］
　　◇中小広告主のインターネット広告以外の実施広告［従業員規模別］（複数回答）　［資料6-1-2　p135］
　　◇中小広告主の広告に対する不満点(複数回答)　［資料6-1-24　p150］
　　◇中小広告主の広告に対する評価(複数回答)　［資料6-1-25　p151］
　　◇大手広告主の広告活動の今後の課題(複数回答)　［資料6-1-30　p156］
　　◇中小広告主の広告活動の今後の課題［従業員規模別］(複数回答)　［資料6-1-31　p156］
　　◇大手広告主の媒体社もしくは代理店が提供するレポートの活用　［資料6-1-68　p181］
　　◇中小広告主の媒体社もしくは代理店が提供するレポートの活用［従業員規模別］　［資料6-1-69　p181］
　　◇広告を見た後に起こした行動(複数回答)　［資料6-2-7　p197］
　　◇有益と思う広告　［資料6-2-13　p202］
『ファミ通ゲーム白書　2022』KADOKAWA　2022.8
　　◇媒体構成比（WEBプロモーション）　［p246］
『弁護士白書　2021年版』日本弁護士連合会　2021.12
　　◇利用した広告・広報（複数回答可）　［資料特1-11-1　p34］

広告（ゲーム関連）

『ファミ通ゲーム白書　2019』KADOKAWA　2019.7
　　◇TOP20媒体効果フロー（家庭用ゲーム）（年代別）　［p192］
　　◇TOP20媒体効果フロー（家庭用ゲーム）（GUI別）　［p193］
　　◇TOP20媒体効果フロー（ゲームアプリ）（年代別）　［p194］
　　◇放送回数　［図1　p278］
　　◇CM好感度　［図2　p279］
　　◇インターネット広告媒体費デバイス別広告費　［p282］
　　◇媒体構成比　［p282］
　　◇2018月分年ゲームソフトテレビCM　GRP換算値TOP20（ユーザー好感度）　［p288］
　　◇2018年タイトル別のテレビCM・ゲーム雑誌出稿量　［p288～293］

こうこく　　　　　　　　　　　　統計図表レファレンス事典　商業・広告・マーケティング

　　◇メーカー及びタイトル別のテレビCM・ゲーム雑誌出稿状況　［p294〜295］
　　◇2018年アプリゲームソフトテレビCM GRP換算値TOP20（ユーザー好感度）　［p296］
　　◇2018年アプリタイトル別のテレビCM・ゲーム雑誌出稿量　［p296〜302］
　　◇メーカー及びアプリ別のテレビCM・ゲーム雑誌出稿状況　［p303〜304］
　　◇ゲーム1タイトル当たりの年間平均広告宣伝費の推移　［グラフ4　p344］
　『ファミ通ゲーム白書　2022』KADOKAWA　2022.8
　　◇TOP20媒体効果フロー（家庭用ゲーム）（年代別）　［p182］
　　◇TOP20媒体効果フロー（家庭用ゲーム）（GUI別）　［p183］
　　◇TOP20媒体効果フロー（ゲームアプリ）（年代別）　［p184］
　　◇TOP20媒体効果フロー（ゲームアプリ）（GUI別）　［p185］
　　◇時系列グラフ放送回数　［図1　p242］
　　◇時系列グラフCM好感度　［図2　p242］
　　◇モバイルゲーム 企業別 CM放送回数トップ20　［表1　p243］
　　◇モバイルゲーム・タイトル別CM好感度トップ20　［表2　p244］
　　◇家庭用ゲームソフト 企業別放送回数トップ20　［表3　p244］
　　◇家庭用ゲームソフト タイトル別CM好感度トップ20　［表4　p245］
　　◇ゲーム系広告主の出稿impランキング　［p246］
　　◇銘柄別 ゲームソフト（家庭用・PC）の広告出稿impランキング　［p246］
　　◇銘柄別 ゲームコンテンツ（アプリ）の広告出稿impランキング　［p247］
　　◇オンラインゲームカテゴリのテレビCM年間総出稿GPR（個人７）　［図表2　p249］
　　◇オンラインゲームテレビCM出稿者数（社）と1社あたり平均年間出稿GPR　［図表3　p249］
　　◇2021年度ゲームソフトテレビCM放送回数TOP20とそのCM好感度　［p252］
　　◇企業別 年間売上 TOP30メーカー及びアプリ別のテレビCM出稿状況　［p258〜259］
　　◇2021年 アプリゲームソフトテレビCM放送回数TOP20とそのCM好感度　［p260］
　　◇企業別 年間売上 TOP30 メーカー及びアプリ別のテレビCM出稿状況　［p267〜268］

広告（効果）

　『広告白書　2016』日経広告研究所　2016.7
　　◇「M-VALUE」第1回〜第3回調査の主要指標平均値　［p64］
　『広告白書　2023-24年版』日経広告研究所　2023.10
　　◇CM接触回数と来店率の関係　［p47］
　『ファミ通ゲーム白書　2019』KADOKAWA　2019.7
　　◇TOP20媒体効果フロー（家庭用ゲーム）（年代別）　［p192］
　　◇TOP20媒体効果フロー（家庭用ゲーム）（GUI別）　［p193］
　　◇TOP20媒体効果フロー（ゲームアプリ）（年代別）　［p194］
　　◇TOP20媒体効果フロー（ゲームアプリ）（GUI別）　［p195］
　『ファミ通ゲーム白書　2022』KADOKAWA　2022.8
　　◇TOP20媒体効果フロー（家庭用ゲーム）（年代別）　［p182］
　　◇TOP20媒体効果フロー（家庭用ゲーム）（GUI別）　［p183］
　　◇TOP20媒体効果フロー（ゲームアプリ）（年代別）　［p184］
　　◇TOP20媒体効果フロー（ゲームアプリ）（GUI別）　［p185］

広告（認知）

　『インターネット白書　2007』インプレスR&D　2007.7
　　◇コンテンツ連動型広告の認知［従業員規模別］　［資料3-1-13　p158］
　　◇ペイパーコール広告の認知［従業員規模別］　［資料3-1-14　p158］
　『インターネット白書　2010』インプレスジャパン　2010.6

◇コンテンツ連動型広告の認知［2009年―2010年と2010年の従業員規模別］　［資料8-1-13
　　　p248］
　　◇行動ターゲティング広告の認知［2009年―2010年と2010年の従業員規模別］　［資料8-1-
　　　14　p248］
『広告白書　2023-24年版』日経広告研究所　2023.10
　　◇CM投下量（個人GRP）と広告認知率の関係　［p44］
『ネット広告白書　2010』インプレスR&D　2009.9
　　◇中小広告主のインターネット広告の認知度と利用率　［資料6-1-5　p137］
　　◇中小広告主のオンラインリードジェネレーション広告の認知度と利用状況［従業者規模
　　　別］　［資料6-1-6　p138］

広告（反応）

『インターネット白書　2010』インプレスジャパン　2010.6
　　◇視認した広告へのリアクション（複数回答）　［資料7-6-2　p214］
『インターネット白書　2012』インプレスジャパン　2012.7
　　◇視認した広告へのリアクション（複数回答）［利用デバイス別］　［資料1-5-2　p68］
『情報メディア白書　2013』ダイヤモンド社　2013.1
　　◇広告媒体別平均発行部数および売上高に占める媒体別レスポンス率〈JADMA会員社〉
　　　［図表Ⅰ-14-11　p204］

広告売上

『広告白書　2010』日経広告研究所　2010.7
　　◇マスコミ4媒体広告売上高とそれ以外の伸び率　［p11］
『広告白書　2019年度版』日経広告研究所　2019.7
　　◇広告売上高合計と主要媒体の動向予測（19年2月予測時点）　［p24］
　　◇フェイスブックの広告売上高　［p81］
『広告白書　2020年度版』日経広告研究所　2020.9
　　◇サイバーエージェント広告売上高伸び率（四半期、前年同期比）　［p111］
『広告白書　2021年度版』日経広告研究所　2021.8
　　◇広告売上高合計と主要媒体の動向予測　［p43］
『広告白書　2022年度版』日経広告研究所　2022.8
　　◇広告売上高合計と主要媒体の動向予測　［p23］
『情報メディア白書　1997年版』電通総研　1997.1
　　◇売上高の媒体別構成比（1994年度）　［図表Ⅰ-29-5　p170］
　　◇広告売上　［図表Ⅱ-1-8　p201］
　　◇ラジオ/広告売上　［図表Ⅱ-1-18　p203］
　　◇新聞/広告売上　［図表Ⅱ-1-20　p203］
　　◇雑誌/広告売上　［図表Ⅱ-1-28　p204］

広告企業

　　⇒ジェイアール東日本企画，電通，東急エージェンシー，博報堂，ADK（アサ
　　　ツー・ディ・ケイ）をも見よ
『広告白書　平成9年版』日経広告研究所　1997.7
　　◇広告の担い手（媒体と広告会社）をとらえるデータ　［（表）B　p171～173］
　　◇World's top 50 advertising organizations　［（表）14　p240～241］
『広告白書　平成16年版』日経広告研究所　2004.7
　　◇エージェンシー・ブランドによる世界の広告会社ランキング　［表1-4　p78］

こうこく

『広告白書　2007』日経広告研究所　2007.7
　◇インターネット広告関連企業の業績（連結決算）　［p15］
　◇取引した広告会社数　［p78］
　◇広告会社への委託業務　［p79］
　◇大手3社の業績と財務指標　［p89］
　◇米国広告業全体の売上ソースの比率　［p128］
　◇Top10 Core Agencies Worldwide　［16　p207］
　◇最近1年以上継続して取引した広告会社，制作専門会社の社数　［p227］
　◇ブランドごとの担当広告会社の有無　［p228］
　◇広告会社への委託業務　［p228］
　◇広告会社の評価基準　［p229］

『広告白書　2010』日経広告研究所　2010.7
　◇広告会社への委託業務　［p18］
　◇広告会社の評価基準　［p19］
　◇インターネット広告関連企業の業績　［p44］
　◇大手3社の業績と財務指標（連結ベース）　［p100］
　◇World's Top 40 Agency Companies　［18　p216］

『広告白書　2013』日経広告研究所　2013.7
　◇大手3社の業績と財務指標（連結ベース）　［p86］
　◇インターネット広告会社の業績（連結ベース）　［p89］
　◇World's Top 40 Agency Companies　［20　p213］

『広告白書　2016』日経広告研究所　2016.7
　◇2015年度の売上総利益と前年度比増減率　［p108］
　◇大手広告業3社の媒体別売上高（2015年度）　［p113］
　◇世界の広告会社上位40社　［19　p245］

『広告白書　2019年度版』日経広告研究所　2019.7
　◇広告大手3社の連結売上総利益　［p101］
　◇2011年 世界の広告会社上位10位（売上総利益）　［p103］
　◇上場インターネット広告会社　［p113］

『広告白書　2020年度版』日経広告研究所　2020.9
　◇広告大手3社の連結売上総利益　［p99］
　◇2011年世界の広告会社上位10社（売上総利益）　［p101］
　◇サイバーエージェントの売上構成比（2019年9月期）　［p111］
　◇サイバーエージェント広告売上高伸び率（四半期、前年同期比）　［p111］
　◇オプトホールディングの売上構成比（2019年12月期）　［p112］
　◇セプテーニ・ホールディングスの収益構成比（2019年9月期）　［p112］

『広告白書　2021年度版』日経広告研究所　2021.8
　◇サイバーエージェントの売上構成比（2020年9月期）　［p34］
　◇セプテーニ・ホールディングスの売上構成比（2020年9月期）　［p36］
　◇デジタルホールディングスの売上構成比（2020年12月期）　［p36］

『情報メディア白書　2005』ダイヤモンド社　2004.12
　◇主なインターネット広告会社売上高　［図表Ⅰ-12-31　p209］

『情報メディア白書　2007』ダイヤモンド社　2007.1
　◇主なインターネット広告会社の売上高　［図表Ⅰ-13-31　p205］

『情報メディア白書　2010』ダイヤモンド社　2010.1
　◇主なインターネット広告会社の売上高　［図表Ⅰ-13-16　p199］

『情報メディア白書　2013』ダイヤモンド社　2013.1
　◇主なインターネット広告会社の売上高　［図表Ⅰ-13-11　p192］

『情報メディア白書　2016』ダイヤモンド社　2016.2
　◇コマース/広告事業者の経営状況　［図表Ⅰ-10-25　p178］
　◇主なインターネット広告会社の売上高　［図表Ⅰ-11-12　p190］

『情報メディア白書　2019』ダイヤモンド社　2019.2
　◇主なインターネット広告会社の売上高　［図表Ⅰ-11-13　p192］

『情報メディア白書　2022』ダイヤモンド社　2022.3
　◇主なインターネット広告会社の売上高　［Ⅰ-11-13　p184］

『情報メディア白書　2023』ダイヤモンド社　2023.2
　◇主要広告代理店売上高　［図表Ⅰ-11-4　p175］
　◇主なインターネット広告会社の売上高　［図表Ⅰ-11-13　p178］
　◇屋外広告事業者年間売上高別構成比〈2020年〉［図表Ⅰ-11-25　p181］
　◇屋外広告事業者売上構成比〈2020年〉［図表Ⅰ-11-26　p181］
　◇WPP plc〔海外主要メディア経営状況〕　［図表Ⅱ-9-8　p259］

『日本民間放送年鑑　'97』日本民間放送連盟　1997.12
　◇広告会社(主要10社)四半期別売上伸び率推移　［図3　p140］

広告業

『インターネット白書　2007』インプレスR&D　2007.7
　◇上場インターネット広告関連事業者の業績動向(社数ベースでの内訳比率)　［資料5-4-4　p291］

『過労死等防止対策白書　令和元年版』勝美印刷　2019.10
　◇職種別に見たメディア業界(広告業)の精神障害事案数　［第1-2-8図　p102］
　◇業務に関するストレスや悩みの内容(広告・出版)(労働者調査)　［第1-2-34図　p121］

『広告白書　2007』日経広告研究所　2007.7
　◇広告業の男女別，雇用形態別，部門別就業者数　［資料1-4　p170］
　◇広告業務の年間営業費用　［資料1-7　p171］

『広告白書　2010』日経広告研究所　2010.7
　◇その他の広告業の本支社別事業者数　［資料1-3　p176］
　◇その他の広告業の年間営業費用　［資料1-7　p177］

『広告白書　2013』日経広告研究所　2013.7
　◇広告関連業者の倒産動向　［p27］

『広告白書　2016』日経広告研究所　2016.7
　◇広告業の年間営業費用　［資料1-5　p201］

『広告白書　2019年度版』日経広告研究所　2019.7
　◇最近の広告業界のトピックスのうち，重要な問題と考える項目(統合型マーケティング導入企業の回答上位10項目)　［p34］
　◇重要な問題と考える最近の広告業界のトピックス・なかでも特に重要だと考えるトピックス(複数回答)〔広告業界の課題〕　［p215］

『広告白書　2020年度版』日経広告研究所　2020.9
　◇重要課題〔広告業界トピックス〕　［p21］
　◇重要な問題と考える最近の広告業界のトピックス(複数回答)〔広告業界の課題〕　［p215］

『広告白書　2021年度版』日経広告研究所　2021.8
　◇最近の広告業界のトピックスのうち，重要な問題と考えるもの　［p14］

『広告白書　2023-24年版』日経広告研究所　2023.10

こうこく　統計図表レファレンス事典　商業・広告・マーケティング

　　◇広告業売上高と経常利益の動き　［p76］
『首都圏白書　平成9年版』大蔵省印刷局　1997.6
　　◇市町村別全産業に占める情報サービス業・調査・広告業の従業者の構成比　［図4-5-5　p128］
『情報メディア白書　2005』ダイヤモンド社　2004.12
　　◇広告業部門別就業者数〈2003年〉［図表Ⅰ-12-3　p200］
『情報メディア白書　2007』ダイヤモンド社　2007.1
　　◇広告業の資本金階級別収入金額・事業所数〈2004年〉［図表Ⅰ-13-2　p196］
『情報メディア白書　2010』ダイヤモンド社　2010.1
　　◇2008年広告業種上位10項目　［図表Ⅱ-1-37　p241］
『情報メディア白書　2019』ダイヤモンド社　2019.2
　　◇コマース/広告事業者の経営状況　［図表Ⅰ-10-25　p180］
　　◇広告産業構造図　［p187］
『特定サービス産業実態調査報告書　広告業編　平成30年』経済産業統計協会　2020.1
　　◇年間営業費用及び年間営業用固定資産取得額〔広告業/事業従事者5人以上の部・総合〕　［2-①-第7表　p76］
　　◇年間営業費用及び年間営業用固定資産取得額〔広告業/事業従事者5人以上の部・都道府県別〕　［2-②-第7表　p96］

広告業（売上高）

『広告白書　平成16年版』日経広告研究所　2004.7
　　◇広告業の事業所数、従業者数及び年間売上高　［資料3-1　p224］
　　◇広告業の業務種類別年間売上高　［資料3-3　p225］
　　◇広告業の契約先産業別年間売上高　［資料3-4　p225］
　　◇広告業の業務種類別売上高　［p226～227］
『広告白書　2007』日経広告研究所　2007.7
　　◇広告業の事業所数，従業者数及び年間売上高　［資料1-1　p170］
　　◇広告業の業務種類別年間売上高　［資料1-5　p171］
　　◇広告業の契約先産業別年間売上高　［資料1-6　p171］
　　◇広告業の業務種類別売上高　［資料2　p172］
『広告白書　2010』日経広告研究所　2010.7
　　◇広告業の年間売上高　［p73］
　　◇広告業の事業所数，従業者数及び広告業務年間売上高　［資料1-1　p176］
　　◇広告業の業務種類別売上高　［資料2-1　p178～179］
『広告白書　2013』日経広告研究所　2013.7
　　◇2012年の毎月の広告業売上高（前年同月比増減率）　［p23］
　　◇広告業の事業所数，従業者数および広告業務年間売上高　［資料1-1　p172］
　　◇広告業の業務種類別売上高　［資料2-3　p174～175］
『広告白書　2016』日経広告研究所　2016.7
　　◇2015年の月別の広告業売上高（前年同月比増減率）　［p14］
　　◇広告業の事業所数，従業者数および広告業務年間売上高　［資料1-1　p200］
　　◇広告業務の業務種類別年間売上高　［資料1-4　p201］
　　◇広告業務の契約先産業別年間売上高（事業従事者5人以上）　［資料1-6　p201］
　　◇広告業の業務種類別売上高　［p204～205］
『広告白書　2019年度版』日経広告研究所　2019.7
　　◇資本金別、従業員数別、年間売上高別にみた事業所数の割合〔広告業界の構造〕　［p100］
　　◇広告業の事業所数、従業者数および広告業務年間売上高　［p155］

◇広告業の業務種類別売上高　［p156〜157］
『広告白書　2020年度版』日経広告研究所　2020.9
　　　◇資本金別、従業員数別、年間売上高別にみた事業所数の割合〔広告業界〕　　［p98］
　　　◇広告業の事業所数、従業者数および広告業務年間売上高　［資料1　p155］
　　　◇広告業の業務種類別売上高　［資料2　p156］
『広告白書　2021年度版』日経広告研究所　2021.8
　　　◇広告業の事業所数、従業者数および広告業務年間売上高　［資料1　p199］
　　　◇広告業の業務種類別売上高　［資料2　p200］
『広告白書　2022年度版』日経広告研究所　2022.8
　　　◇広告業の事業所数、従業者数および広告業務年間売上高　［p211］
　　　◇広告業の業務種類別売上高　［p212〜213］
『広告白書　2023-24年版』日経広告研究所　2023.10
　　　◇広告業売上高と経常利益の動き　［p76］
　　　◇広告業の事業所数、従業者数および広告業務年間売上高　［p191］
　　　◇広告業の業種別売上高、事業所数、常用従業者数　［p192］
『情報メディア白書　1997年版』電通総研　1997.1
　　　◇広告業の売上高　［図表Ⅰ-32-1　p183］
　　　◇広告業の契約先産業別売上高　［図表Ⅰ-32-2　p183］
『情報メディア白書　2005』ダイヤモンド社　2004.12
　　　◇広告業の売上高　［図表Ⅰ-12-1　p200］
　　　◇契約先産業別広告業売上高　［図表Ⅰ-12-2　p200］
『情報メディア白書　2007』ダイヤモンド社　2007.1
　　　◇広告業の売上高　［図表Ⅰ-13-1　p196］
『情報メディア白書　2019』ダイヤモンド社　2019.2
　　　◇広告業業務種類別資本金別売上高構成比〈2016年〉［図表Ⅰ-11-3　p189］
『情報メディア白書　2022』ダイヤモンド社　2022.3
　　　◇広告業業務種類別資本金別売上高構成比〈2019年〉［Ⅰ-11-3　p181］
『情報メディア白書　2023』ダイヤモンド社　2023.2
　　　◇広告業業務種類別資本金別売上高構成比〈2019年〉［図表Ⅰ-11-3　p175］
『中小企業白書　平成9年版』大蔵省印刷局　1997.5
　　　◇物品賃貸業、広告業、情報サービス業の年間売上高　［第2-4-10図　p283］
　　　◇リース契約高、広告業・情報サービス業の売上高の推移（前年同期比、％）　［第2-4-11図　p284］
　　　◇5年前と比較して売上高が増加した要因（中小広告業）　［第2-4-16表　p288］
『特定サービス産業実態調査報告書　広告業編　平成30年』経済産業統計協会　2020.1
　　　◇事業所数、従業者数、事業従事者数、年間売上高、年間営業費用、1事業所当たり及び1人当たりの年間売上高〔広告業/全規模の部・総合〕　［1-①-第1表　p32］
　　　◇業務（主業、従業）別の年間売上高〔広告業/全規模の部・総合〕　［1-①-第2表　p34］
　　　◇経営組織別の事業所数、従業者数及び年間売上高〔広告業/全規模の部・総合〕　［1-①-第3表　p36］
　　　◇広告業務の業務種類別の該当事業所数及び年間売上高、契約先産業別の該当事業所数及び年間売上高〔広告業/全規模の部・総合〕　［1-①-第5表　p42］
　　　◇事業所数、従業者数、事業従事者数、年間売上高、年間営業費用、1事業所当たり及び1人当たりの年間売上高〔広告業/全規模の部・都道府県別〕　［1-②-第1表　p46］
　　　◇業務（主業、従業）別の年間売上高〔広告業/全規模の部・都道府県別〕　［1-②-第2表　p48］
　　　◇経営組織別の事業所数、従業者数及び年間売上高〔広告業/全規模の部・都道府県別〕

こうこく　　　　　　　　　　　　　　統計図表レファレンス事典　商業・広告・マーケティング

　　　〔1-②-第3表　p50〕
◇広告業務の業務種類別の該当事業所数及び年間売上高、契約先産業別の該当事業所数及び年間売上高〔広告業/全規模の部・都道府県別〕　　〔1-②-第5表　p56〕
◇事業所数、従業者数、事業従事者数、年間売上高、年間営業費用、1事業所当たり及び1人当たりの年間売上高〔広告業/事業従事者5人以上の部・総合〕　〔2-①-第1表　p60〕
◇業務（主業、従業）別の年間売上高〔広告業/事業従事者5人以上の部・総合〕　　〔2-①-第2表　p62〕
◇経営組織別の事業所数、従業者数及び年間売上高〔広告業/事業従事者5人以上の部・総合〕　〔2-①-第3表　p64〕
◇広告業務の業務種類別の該当事業所数及び年間売上高〔広告業/事業従事者5人以上の部・総合〕　〔2-①-第5表　p70〕
◇広告業務の契約先産業別の該当事業所数及び年間売上高〔広告業/事業従事者5人以上の部・総合〕　〔2-①-第6表　p72〕
◇事業所数、従業者数、事業従事者数、年間売上高、年間営業費用、1事業所当たり及び1人当たりの年間売上高〔広告業/事業従事者5人以上の部・都道府県別〕　〔2-②-第1表　p80〕
◇業務（主業、従業）別の年間売上高〔広告業/事業従事者5人以上の部・都道府県別〕　〔2-②-第2表　p82〕
◇経営組織別の事業所数、従業者数及び年間売上高〔広告業/事業従事者5人以上の部・都道府県別〕　〔2-②-第3表　p84〕
◇広告業務の業務種類別の該当事業所数及び年間売上高〔広告業/事業従事者5人以上の部・都道府県別〕　〔2-②-第5表　p90〕
◇広告業務の契約先産業別の該当事業所数及び年間売上高〔広告業/事業従事者5人以上の部・都道府県別〕　〔2-②-第6表　p92〕

広告業（事業所数）

『広告白書　平成16年版』日経広告研究所　2004.7
　◇広告業の事業所数、従業者数及び年間売上高　〔資料3-1　p224〕
『広告白書　2007』日経広告研究所　2007.7
　◇広告業の事業所数，従業者数及び年間売上高　〔資料1-1　p170〕
　◇広告業の本支社別事業所数　〔資料1-2　p170〕
　◇広告業の就業者規模別事業所数　〔資料1-3　p170〕
『広告白書　2010』日経広告研究所　2010.7
　◇広告業の事業所数，従業者数及び広告業務年間売上高　〔資料1-1　p176〕
　◇その他の広告業の従業者規模別事業所数　〔資料1-5　p176〕
『広告白書　2013』日経広告研究所　2013.7
　◇広告業の事業所数，従業者数および広告業務年間売上高　〔資料1-1　p172〕
　◇広告業の従業者規模別事業所数　〔資料1-2　p172〕
『広告白書　2016』日経広告研究所　2016.7
　◇広告業の事業所数，従業者数および広告業務年間売上高　〔資料1-1　p200〕
　◇広告業の従業者規模別事業所数　〔資料1-2　p200〕
『広告白書　2019年度版』日経広告研究所　2019.7
　◇資本金別、従業員数別、年間売上高別にみた事業所数の割合〔広告業界の構造〕　〔p100〕
　◇広告業の事業所数、従業者数および広告業務年間売上高　〔p155〕
『広告白書　2020年度版』日経広告研究所　2020.9
　◇資本金別、従業員数別、年間売上高別にみた事業所数の割合〔広告業界〕　〔p98〕
　◇広告業の事業所数、従業者数および広告業務年間売上高　〔資料1　p155〕
『広告白書　2021年度版』日経広告研究所　2021.8

◇広告業の事業所数、従業者数および広告業務年間売上高　［資料1　p199］
『広告白書　2022年度版』日経広告研究所　2022.8
　◇広告業の事業所数、従業者数および広告業務年間売上高　［p211］
『広告白書　2023-24年版』日経広告研究所　2023.10
　◇広告業の事業所数、従業者数および広告業務年間売上高　［p191］
　◇広告業の業種別売上高、事業所数、常用従業者数　［p192］
『情報メディア白書　2007』ダイヤモンド社　2007.1
　◇広告業の資本金階級別収入金額・事業所数〈2004年〉［図表Ⅰ-13-2　p196］
『情報メディア白書　2019』ダイヤモンド社　2019.2
　◇広告業の業務種類別事業所数〈2016年〉［図表Ⅰ-11-2　p189］
『情報メディア白書　2022』ダイヤモンド社　2022.3
　◇広告業の業務種類別事業所数〈2019年〉［Ⅰ-11-2　p181］
『情報メディア白書　2023』ダイヤモンド社　2023.2
　◇広告業の業務種類別事業所数〈2019年〉［図表Ⅰ-11-2　p175］
『特定サービス産業実態調査報告書　広告業編　平成30年』経済産業統計協会　2020.1
　◇事業所数、従業者数、事業従事者数、年間売上高、年間営業費用、1事業所当たり及び1人当たりの年間売上高［広告業/全規模の部・総合］　［1-①-第1表　p32］
　◇経営組織別の事業所数、従業者数及び年間売上高［広告業/全規模の部・総合］　［1-①-第3表　p36］
　◇広告業務の業務種類別の該当事業所数及び年間売上高、契約先産業別の該当事業所数及び年間売上高〔広告業/全規模の部・総合〕　［1-①-第5表　p42］
　◇事業所数、従業者数、事業従事者数、年間売上高、年間営業費用、1事業所当たり及び1人当たりの年間売上高［広告業/全規模の部・都道府県別］　［1-②-第1表　p46］
　◇経営組織別の事業所数、従業者数及び年間売上高〔広告業/全規模の部・都道府県別〕　［1-②-第3表　p50］
　◇広告業務の業務種類別の該当事業所数及び年間売上高、契約先産業別の該当事業所数及び年間売上高〔広告業/全規模の部・都道府県別〕　［1-②-第5表　p56］
　◇事業所数、従業者数、事業従事者数、年間売上高、年間営業費用、1事業所当たり及び1人当たりの年間売上高〔広告業/事業従事者5人以上の部・総合〕　［2-①-第1表　p60］
　◇経営組織別の事業所数、従業者数及び年間売上高〔広告業/事業従事者5人以上の部・総合〕　［2-①-第3表　p64］
　◇広告業務の業務種類別の該当事業所数及び年間売上高〔広告業/事業従事者5人以上の部・総合〕　［2-①-第5表　p70］
　◇広告業務の契約先産業別の該当事業所数及び年間売上高〔広告業/事業従事者5人以上の部・総合〕　［2-①-第6表　p72］
　◇事業所数、従業者数、事業従事者数、年間売上高、年間営業費用、1事業所当たり及び1人当たりの年間売上高〔広告業/事業従事者5人以上の部・都道府県別〕　［2-②-第1表　p80］
　◇経営組織別の事業所数、従業者数及び年間売上高〔広告業/事業従事者5人以上の部・都道府県別〕　［2-②-第3表　p84］
　◇広告業務の業務種類別の該当事業所数及び年間売上高〔広告業/事業従事者5人以上の部・都道府県別〕　［2-②-第5表　p90］
　◇広告業務の契約先産業別の該当事業所数及び年間売上高〔広告業/事業従事者5人以上の部・都道府県別〕　［2-②-第6表　p92］

広告業（従業者数）

『広告白書　平成16年版』日経広告研究所　2004.7
　◇広告業の事業所数、従業者数及び年間売上高　［資料3-1　p224］
　◇広告業の男女別、部門別従業者数　［資料3-2　p224］

こうこく

統計図表レファレンス事典　商業・広告・マーケティング

『広告白書　2007』日経広告研究所　2007.7
　◇広告業の事業所数，従業者数及び年間売上高　［資料1-1　p170］

『広告白書　2010』日経広告研究所　2010.7
　◇広告業の事業所数，従業者数及び広告業務年間売上高　［資料1-1　p176］

『広告白書　2013』日経広告研究所　2013.7
　◇広告業の事業所数，従業者数および広告業務年間売上高　［資料1-1　p172］
　◇広告業の男女別，雇用形態別従業者数　［資料1-3　p172］

『広告白書　2016』日経広告研究所　2016.7
　◇広告業の事業所数，従業者数および広告業務年間売上高　［資料1-1　p200］
　◇広告業の男女別，雇用形態別従業者数　［資料1-3　p200］

『広告白書　2019年度版』日経広告研究所　2019.7
　◇資本金別、従業員数別、年間売上高別にみた事業所数の割合〔広告業界の構造〕　［p100］
　◇広告業の事業所数、従業者数および広告業務年間売上高　［p155］

『広告白書　2020年度版』日経広告研究所　2020.9
　◇資本金別、従業員数別、年間売上高別にみた事業所数の割合〔広告業界〕　［p98］
　◇広告業の事業所数、従業者数および広告業務年間売上高　［資料1　p155］

『広告白書　2021年度版』日経広告研究所　2021.8
　◇広告業の事業所数、従業者数および広告業務年間売上高　［資料1　p199］

『広告白書　2022年度版』日経広告研究所　2022.8
　◇広告業の事業所数、従業者数および広告業務年間売上高　［p211］

『広告白書　2023-24年版』日経広告研究所　2023.10
　◇広告業の事業所数、従業者数および広告業務年間売上高　［p191］
　◇広告業の業種別売上高、事業所数、常用従業者数　［p192］

『特定サービス産業実態調査報告書 広告業編　平成30年』経済産業統計協会　2020.1
　◆事業所数、従業者数、事業主従業者数、年間売上高、年間営業費用、1事業所当たり及び1人当たりの年間売上高〔広告業/全規模の部・総合〕　［1-①-第1表　p32］
　◇経営組織別の事業所数、従業者数及び年間売上高〔広告業/全規模の部・総合〕　［1-①-第3表　p36］
　◇雇用形態別の男女別の従業者数、別経営の事業所から派遣されている人及び広告業務の事業従事者数〔広告業/全規模の部・総合〕　［1-①-第4表　p38］
　◆事業所数、従業者数、事業主従業者数、年間売上高、年間営業費用、1事業所当たり及び1人当たりの年間売上高〔広告業/全規模の部・都道府県別〕　［1-②-第1表　p46］
　◇経営組織別の事業所数、従業者数及び年間売上高〔広告業/全規模の部・都道府県別〕　［1-②-第3表　p50］
　◇雇用形態別の男女別の従業者数、別経営の事業所から派遣されている人及び広告業務の事業従事者数〔広告業/全規模の部・都道府県別〕　［1-②-第4表　p52］
　◆事業所数、従業者数、事業主従業者数、年間売上高、年間営業費用、1事業所当たり及び1人当たりの年間売上高〔広告業/事業従事者5人以上の部・総合〕　［2-①-第1表　p60］
　◇経営組織別の事業所数、従業者数及び年間売上高〔広告業/事業従事者5人以上の部・総合〕　［2-①-第3表　p64］
　◇雇用形態別の男女別の従業者数、別経営の事業所から派遣されている人及び広告業務の事業従事者数〔広告業/事業従事者5人以上の部・総合〕　［2-①-第4表　p66］
　◆事業所数、従業者数、事業主従業者数、年間売上高、年間営業費用、1事業所当たり及び1人当たりの年間売上高〔広告業/事業従事者5人以上の部・都道府県別〕　［2-②-第1表　p80］
　◇経営組織別の事業所数、従業者数及び年間売上高〔広告業/事業従事者5人以上の部・都道府県別〕　［2-②-第3表　p84］
　◇雇用形態別の男女別の従業者数、別経営の事業所から派遣されている人及び広告業務の事業従事者数〔広告業/事業従事者5人以上の部・都道府県別〕　［2-②-第4表　p86］

広告業務

『広告主動態調査　2024年版』日経広告研究所　2024.3
　◇広告宣伝部門が担当している割合〔広告宣伝業務〕　〔図1　p2〕
　◇リテールメディアの利用について〔広告出稿状況・担当部門・計上費目〕　〔図2　p3, 13〕
　◇クリエイティブの制作体制について〔広告表現のコンセプト策定・コミュニケーション手段の選定・媒体広告以外の制作費〕　〔図4　p6,18-19〕
　◇広告宣伝部門の位置付け　〔p10〕
　◇広告部門の所属社員数・男女比　〔p10〕
　◇主要な広告業務について、担当する部門　〔p10〕
　◇広告業務を進めるうえで、連携する部署　〔p11〕
　◇広告宣伝部門が担当している業務　〔p11〕
　◇広告コミュニケーション活動を進めるにあたって、利用している専門サービス会社（複数回答）　〔p16〕
　◇広告クリエイティブの全般的な制作方法・体制　〔p21〕

『広告白書　2019年度版』日経広告研究所　2019.7
　◇近年、新たに行うことになった、または行う内容が増えた業務〔広告宣伝部門〕　〔p29〕
　◇各事業部内における広告担当の設置〔組織・活動・広告調査〕　〔p207〕
　◇広告企画を進めるうえで、最も密接に関連する部署（複数回答）〔組織・活動・広告調査〕　〔p207〕
　◇広告部門の所属社員数、スタッフ・アルバイト数〔組織・活動・広告調査〕　〔p207〕
　◇予定管理をしている部署（複数回答）〔組織・活動・広告調査〕　〔p207〕
　◇広告宣伝部門の新規業務、追加業務（複数回答）〔組織・活動・広告調査〕　〔p208〕

『広告白書　2020年度版』日経広告研究所　2020.9
　◇広告企画を進めるうえで、最も密接に関連する部署（複数回答）〔組織・活動・広告調査〕　〔p207〕
　◇広告部門の所属社員数、スタッフ・アルバイト数〔組織・活動・広告調査〕　〔p207〕
　◇専門セクション内の広告担当〔組織・活動・広告調査〕　〔p207〕

『広告白書　2021年度版』日経広告研究所　2021.8
　◇広告宣伝部門の業務に含まれるもの　〔p16〕
　◇広告企画を進めるうえで連携する部署　〔p19〕

『広告白書　2023-24年版』日経広告研究所　2023.10
　◇広告宣伝部門に含まれる業務　〔p24〕
　◇広告企画推進に際して連携する社内機能（回答企業全体）　〔p25〕
　◇広告宣伝組織の5類型と広告企画推進に際して連携する社内機能　〔p27〕
　◇利用している専門サービス会社〔広告宣伝組織の類型別〕　〔p28〕
　◇デジタル化推進の状況〔広告宣伝組織の類型別〕　〔p29〕

広告効果測定

『広告白書　2007』日経広告研究所　2007.7
　◇クロスメディア展開の効果測定，使用した手段　〔p223〕

『広告白書　2010』日経広告研究所　2010.7
　◇広告効果の把握に利用しているデータ　〔p16〕

『広告白書　2016』日経広告研究所　2016.7
　◇「M-VALUE」第1回～第3回調査の主要指標平均値　〔p64〕

『広告白書　2019年度版』日経広告研究所　2019.7
　◇広告効果の把握に利用しているデータ・特に重要視しているデータ（複数回答）〔組織・活動・広告調査〕　〔p208〕

こうこく　　　　　　　　統計図表レファレンス事典　商業・広告・マーケティング

　　◇効果測定データの使い方（複数回答）〔組織・活動・広告調査〕　［p209］
『広告白書　2020年度版』日経広告研究所　2020.9
　　◇広告効果の把握に利用しているデータ（複数回答）〔組織・活動・広告調査〕　［p207］
『広告白書　2023-24年版』日経広告研究所　2023.10
　　◇生活者データのブランド評価結果で見る出稿による効果　［p46］
『ソーシャルメディア白書　2012』翔泳社　2012.2
　　◇ソーシャルメディアマーケティングの効果測定（活用度別）　［4-1-78　p238］
　　◇ソーシャルメディアマーケティングの効果測定（活用満足度別）　［4-1-79　p238］
『ネット広告白書　2010』インプレスR&D　2009.9
　　◇クロスメディア効果の有効性　［資料2-2-6　p53］
　　◇大手広告主の自社サイトの効果測定指標（複数回答）　［資料6-1-32　p157］
　　◇中小広告主の自社サイトの効果測定指標［従業員規模別］（複数回答）　［資料6-1-33　p157］
　　◇大手広告主のインターネット広告の効果測定指標［広告種類別］　［資料6-1-53　p171］
　　◇中小広告主のパソコンでのインターネット広告の効果測定指標［広告種類別］　［資料6-1-54　p172］
　　◇中小広告主のケータイでのインターネット広告の効果測定指標［広告種類別］　［資料6-1-55　p173］
　　◇大手広告主のインターネット広告の効果測定指標［媒体種別］　［資料6-1-56　p174］
　　◇中小広告主のインターネット広告の効果測定指標［媒体種別］　［資料6-1-57　p175］
　　◇大手広告主のインターネット広告の効果測定指標［広告手法別］　［資料6-1-58　p176］
　　◇中小広告主のインターネット広告の効果測定指標［広告手法別］　［資料6-1-59　p176］

広告市場

『インターネット白書　2007』インプレスR&D　2007.7
　　◇インターネット広告市場規模の推移・予測　［資料5-4-1　p290］
　　◇下方修正されたコンテンツ連動型広告市場規模予測　［資料5-4-7　p293］
『インターネット白書　2010』インプレスジャパン　2010.6
　　◇インターネット広告市場（媒体費のみ）の推移と予測　［資料1-2-1　p53］
　　◇国内広告市場とインターネット広告市場の成長率比較測　［資料1-2-2　p55］
　　◇日本の行動ターゲティング広告市場規模予測　［資料1-2-11　p61］
『インターネット白書　2012』インプレスジャパン　2012.7
　　◇国内インターネット広告市場（媒体費のみ）の推移と予測　［資料2-2-1　p111］
　　◇国内広告市場とインターネット広告市場の成長率比較　［資料2-2-2　p112］
『インターネット白書　2016』インプレスR&D　2016.2
　　◇国内広告市場と媒体別広告の成長率の推移と予測　［資料1-2-1　p65］
　　◇国内インターネット広告市場（媒体費のみ）の推移と予測　［資料1-2-2　p65］
『インターネット白書　2019』インプレスR&D　2019.1
　　◇国内広告市場と媒体別広告の成長率の推移と予測　［資料1-2-1　p48］
　　◇国内インターネット広告市場（媒体費のみ）の推移と予測　［資料1-2-2　p48］
『インターネット白書　2022』インプレスR&D　2022.2
　　◇国内広告市場と媒体別広告の成長率の推移と予測　［資料2-2-6　p107］
　　◇国内インターネット広告市場（媒体費のみ）の推移と予測　［資料2-2-7　p107］
『インターネット白書　2023』インプレスNext Publishing　2023.2
　　◇国内広告市場と媒体別広告の成長率の推移と予測　［資料2-2-8　p89］
『インターネット白書　2024』インプレスNext Publishing　2024.2
　　◇国内広告市場と媒体別広告の成長率の推移と予測　［資料2-2-8　p97］

『ケータイ白書　2007』インプレスR&D　2006.12
　　◇モバイル検索連動型広告の市場予測　［資料3-6-4　p209］
　　◇アフィリエイト広告市場規模予測　［資料3-6-5　p211］
『広告白書　平成16年版』日経広告研究所　2004.7
　　◇POP（購買時点）広告市場　［資料11-1　p263］
　　◇日本のPOP広告市場の大きさと推移　［資料11-2　p263］
『広告白書　2007』日経広告研究所　2007.7
　　◇POP広告市場と伸び率　［p35］
『広告白書　2010』日経広告研究所　2010.7
　　◇国内のインターネット広告市場　［p39］
　　◇POP広告市場と伸び率　［p59］
『広告白書　2016』日経広告研究所　2016.7
　　◇スマートフォン広告市場予測　［p21］
　　◇動画広告市場規模推計　［p22］
　　◇国内POP広告市場の伸びと大きさ　［p101］
　　◇WARCとCaratによる主要12カ国の広告市場の成長率　［p121］
『広告白書　2019年度版』日経広告研究所　2019.7
　　◇動画広告市場規模推計・予測（デバイス別）　［p80］
『広告白書　2020年度版』日経広告研究所　2020.9
　　◇インターネット広告市場割合　［p77］
　　◇動画広告市場規模割合　［p78］
『広告白書　2021年度版』日経広告研究所　2021.8
　　◇デジタルサイネージ広告市場予測　［p147］
『広告白書　2022年度版』日経広告研究所　2022.8
　　◇広告種別の市場規模　［p70］
　　◇取引手法別の市場規模　［p70］
　　◇動画広告の種別市場規模　［p71］
　　◇セグメント別2021年市場規模推計　［p139］
　　◇デジタルサイネージの広告市場推計　［p139］
『広告白書　2023-24年版』日経広告研究所　2023.10
　　◇リテールメディア広告市場規模推計・予測　［p39］
　　◇広告種別の金額推移〔インターネット広告の媒体市場〕　［p81］
　　◇デジタルサイネージ広告市場推計　［p113］
『情報通信白書　平成25年版』日経印刷　2013.7
　　◇日本におけるスマホ広告市場予測　［図表1-1-3-19　p45］
『情報メディア白書　1997年版』電通総研　1997.1
　　◇POP市場の業種別内訳(1995年度)　［図表Ⅰ-32-23　p190］
　　◇広告/市場規模　［図表Ⅱ-1-47　p207］
『情報メディア白書　2005』ダイヤモンド社　2004.12
　　◇ヨーロッパの広告市場〈2002年〉［図表Ⅱ-3-15　p242］
『情報メディア白書　2016』ダイヤモンド社　2016.2
　　◇インターネット広告市場の発展　1996-2014 and beyond　［p20〜21］
『情報メディア白書　2022』ダイヤモンド社　2022.3
　　◇マンガアプリ広告市場規模　［Ⅰ-2-19　p66］
　　◇ソーシャル広告市場〈2020年〉［Ⅰ-11-16　p185］

こうこく　　　　　　　　　　統計図表レファレンス事典　商業・広告・マーケティング

『情報メディア白書　2023』ダイヤモンド社　2023.2
　　◇マンガアプリ広告市場規模　［図表Ⅰ-2-18　p62］
『スマホ白書　2016』インプレスR&D　2016.6
　　◇スマートフォン広告市場規模予測2014-2020年　［資料2-4-1　p140］
　　◇スマートフォン広告市場規模予測（広告商品別）2014-2020年　［資料2-4-2　p140］
　　◇動画広告市場（デバイス別）　［資料2-4-3　p143］
『世界経済の潮流　2013年　Ⅰ』日経印刷　2013.6
　　◇世界の広告市場とインターネット広告の割合　［第2-2-32図　p160］
『通商白書　2022』経済産業省　2022
　　◇検索サービス、SNS、デジタル広告の市場シェア　［第Ⅱ-2-1-28図　p327］
『デジタルコンテンツ白書　2013』デジタルコンテンツ協会　2013.9
　　◇スマートフォン広告市場規模予測　［図表5-3-2　p154］
『デジタルコンテンツ白書　2022』デジタルコンテンツ協会　2022.9
　　◇マンガアプリ広告市場規模　［図表4-1-5　p64］
『ネット広告白書　2010』インプレスR&D　2009.9
　　◇米国のインターネット広告市場の種別内訳（2007年―2008年）　［資料3-3-3　p107］
『モバイル社会白書　2007』NTT出版　2007.7
　　◇モバイルプロモーションの広告市場中の位置付け　［資料3-1-25　p130］
　　◇WAP広告市場規模予測　［資料3-6-31　p273］

広告審査

『広告白書　平成9年版』日経広告研究所　1997.7
　　◇新聞広告審査・苦情件数　［（表）18　p250］
『広告白書　平成16年版』日経広告研究所　2004.7
　　◇広告審査件数　[p276]
『広告白書　2007』日経広告研究所　2007.7
　　◇広告審査件数　[19　p211]
『広告白書　2010』日経広告研究所　2010.7
　　◇広告審査件数　[20　p219]
『広告白書　2013』日経広告研究所　2013.7
　　◇広告審査件数　[21　p214]
『広告白書　2016』日経広告研究所　2016.7
　　◇広告審査件数　[21　p248]
『広告白書　2019年度版』日経広告研究所　2019.7
　　◇広告審査件数　[17　p201]
『広告白書　2020年度版』日経広告研究所　2020.9
　　◇広告審査件数　[資料17　p201]
『広告白書　2021年度版』日経広告研究所　2021.8
　　◇広告審査件数　[資料5　p209]
『広告白書　2022年度版』日経広告研究所　2022.8
　　◇広告審査件数　[p225]
『広告白書　2023-24年版』日経広告研究所　2023.10
　　◇広告審査件数　[p188]

広告宣伝活動

『広告主動態調査　2024年版』日経広告研究所　2024.3
　　◇重要課題〔広告活動〕　〔図6　p8〕
　　◇広告活動において、重視する考え方　〔p23〕
『広告白書　2013』日経広告研究所　2013.7
　　◇変化が「あった」の割合が高い業種　〔p30〕
　　◇見直し作業のなかで打ち出した方針　〔p31〕
　　◇広告宣伝活動の具体的変化　〔p31〕

広告宣伝費

『九州経済白書　2004年版』九州経済調査協会　2004.2
　　◇産業別広告宣伝費(九州7県)　〔表Ⅱ-2　p25〕
『広告主動態調査　2024年版』日経広告研究所　2024.3
　　◇2022年度の広告宣伝費　〔p24〕
　　◇2023年度の広告宣伝費実績見込み(加重平均)　〔p24〕
　　◇広告宣伝費に占める企業広告費の比率(加重平均)　〔p24〕
　　◇2023年度の広告宣伝費の媒体配分(加重平均)　〔p26〕
『広告白書　平成9年版』日経広告研究所　1997.7
　　◇有力企業の広告宣伝費　〔(表)1　p182～184〕
『広告白書　平成16年版』日経広告研究所　2004.7
　　◇広告宣伝費上位100社　〔資料1-2　p213～214〕
『広告白書　2007』日経広告研究所　2007.7
　　◇広告宣伝費の媒体配分　〔p80〕
　　◇広告宣伝費と売上高の伸び率　〔p84〕
　　◇広告宣伝費上位20社　〔p84〕
　　◇連結広告宣伝費上位20社　〔p85〕
　　◇広告宣伝費上位100社　〔資料20-2　p213〕
　　◇連結広告宣伝費上位100社　〔資料20-3　p215〕
　　◇2005年度の広告宣伝費実績　〔p218〕
　　◇2006年度の広告宣伝費の媒体配分　〔p220〕
『広告白書　2010』日経広告研究所　2010.7
　　◇通信販売業界の広告宣伝費と売上高に占める割合　〔p22〕
　　◇広告宣伝費と売上高の伸び率推移(単独　上場企業)　〔p31〕
　　◇単独広告宣伝費上位20社　〔p32〕
　　◇連結広告宣伝費上位20社　〔p33〕
　　◇単独広告宣伝費上位100社　〔資料21-2　p221～222〕
　　◇連結広告宣伝費上位100社　〔資料21-3　p223～224〕
『広告白書　2013』日経広告研究所　2013.7
　　◇業績が好転すると広告宣伝費を増額、減益見通しだと削減する考え方　〔p32〕
　　◇広告宣伝費と売上高の伸び率(単独決算、上場企業)　〔p36〕
　　◇広告宣伝費上位20社(単独決算)　〔p37〕
　　◇広告宣伝費上位20社(連結決算)　〔p38〕
　　◇広告宣伝費上位100社(単独決算ベース)　〔資料23-2　p218～219〕
　　◇広告宣伝費上位100社(連結決算ベース)　〔資料23-3　p220～221〕
『広告白書　2016』日経広告研究所　2016.7
　　◇広告宣伝費の前年度比増減率の推移(有力企業の連結決算と有力企業の単独決算)　〔p39〕

こうこく　　　　　　　　　統計図表レファレンス事典　商業・広告・マーケティング

　　◇広告宣伝費上位20社（単独決算）　［p40］
　　◇売上高と広告宣伝費の前年度比増減率の推移（連結決算，有力企業）　［p40］
　　◇売上高に占める広告宣伝費比率の推移（連結決算，有力企業）　［p40］
　　◇サントリーホールディングスの広告宣伝費と海外売上高比率　［p41］
　　◇広告宣伝費上位20社（連結決算）　［p41］
　　◇イオンの広告宣伝費と海外売上高比率　［p42］
　　◇2014年度有力企業の業種別広告宣伝費（単独決算ベース）　［資料22-2　p250］
　　◇広告宣伝費上位100社（連結決算ベース）　［資料22-3　p251～252］
　　◇広告宣伝費上位100社（単独決算ベース）　［資料22-4　p253～254］
『広告白書　2019年度版』日経広告研究所　2019.7
　　◇広告予算見通しと広告宣伝費実績見込みの増減率　［p25］
　　◇2017年度の広告宣伝費実績　［p215］
　　◇2018年度の広告宣伝費実績見込み（加重平均）　［p215］
　　◇広告宣伝費に占める企業広告費の比率（加重平均）　［p215］
『広告白書　2020年度版』日経広告研究所　2020.9
　　◇広告宣伝費の媒体配分　［p17］
　　◇広告予算見通しと広告宣伝費実績見込みの増減率　［p27］
　　◇2018年度の広告宣伝費実績　［p215］
　　◇2019年度の広告宣伝費実績見込み（加重平均）　［p215］
　　◇広告宣伝費に占める企業広告費の比率（加重平均）　［p215］
『広告白書　2021年度版』日経広告研究所　2021.8
　　◇広告宣伝費に占める企業広告比率　［p13］
　　◇広告予算見通しと広告宣伝費実績見込みの増減率（前年度比）　［p44］
『広告白書　2022年度版』日経広告研究所　2022.8
　　◇広告宣伝費に占める企業広告比率　［p12］
　　◇広告予算見通しと広告宣伝費実績見込みの増減率　［p24］
『広告白書　2023-24年版』日経広告研究所　2023.10
　　◇広告予算見通しと広告宣伝費実績見込みの増減率（前年度比）　［p78］
『情報メディア白書　2007』ダイヤモンド社　2007.1
　　◇上場企業の広告宣伝費　［図表Ⅰ-13-34　p206］
『情報メディア白書　2019』ダイヤモンド社　2019.2
　　◇主要広告主の広告宣伝費媒体配分〈2017年度〉［図表Ⅰ-11-40　p199］
『情報メディア白書　2022』ダイヤモンド社　2022.3
　　◇有力広告主の広告宣伝費媒体配分〈2020年度〉［Ⅰ-11-43　p191］
『情報メディア白書　2023』ダイヤモンド社　2023.2
　　◇有力広告主の広告宣伝費媒体配分〈2021年度〉［図表Ⅰ-11-43　p185］
『デジタルコンテンツ白書　2019』デジタルコンテンツ協会　2019.9
　　◇1タイトルあたりの年間平均広告宣伝費（スマートフォン）〔オンラインゲーム〕　［図表4-6-4　p100］
『ファミ通ゲーム白書　2019』KADOKAWA　2019.7
　　◇ゲーム1タイトル当たりの年間平均広告宣伝費の推移　［グラフ4　p344］
『ものづくり白書　2013年版』経済産業調査会　2013.7
　　◇サムスン電子とソニー、パナソニックの広告宣伝費　［図2　p117］
『有力企業の広告宣伝費—NEEDS日経財務データより算定—　2023年版』日経広告研究所　2023.9
　　◇売上高と広告宣伝費の前年度比増減率の推移（連結決算、有力企業）　［図表2　p10］

統計図表レファレンス事典　商業・広告・マーケティング　　　　　　　　こうこく

◇売上高に占める広告宣伝費比率の推移（連結決算、有力企業）　［図表3　p10］
◇広告宣伝費等の推移　［p11］
◇業種別売上高に対する広告宣伝費の割合（単独、上場企業）　［p17］
◇連結広告宣伝費上位500社　［p21］
◇単独広告宣伝費上位500社　［p31］
◇連結広告宣伝費対前年度伸び率上位100社　［p48］
◇単独広告宣伝費対前年度伸び率上位100社　［p49］
◇広告宣伝費対前年度増加額上位100社（連結決算）　［p50］
◇広告宣伝費対前年度増加額上位100社（単独決算）　［p51］
◇連結売上高に対する広告宣伝費の比率上位100社　［p52］
◇単独売上高に対する広告宣伝費の比率上位100社　［p53］
◇広告宣伝費指数上位100社（2017年度＝100）（連結決算）　［p54］
◇広告宣伝費指数上位100社（2017年度＝100）（単独決算）　［p55］

広告宣伝費（企業・業種別）

『広告白書　平成16年版』日経広告研究所　2004.7
　◇2002年度上場企業の業種別広告宣伝費（非上場企業含まず）　［資料1-1　p212］
『広告白書　2007』日経広告研究所　2007.7
　◇2005年度有力企業の業種別広告宣伝費　［資料20-1　p212］
『広告白書　2010』日経広告研究所　2010.7
　◇2008年度有力企業の業種別広告宣伝費　［資料21-1　p220］
『広告白書　2013』日経広告研究所　2013.7
　◇上場企業の業績別広告宣伝費と伸び率（単独、連結）　［p36］
　◇2011年度有力企業の業種別広告宣伝費（単独決算ベース）　［資料23-1　p217］
『広告白書　2016』日経広告研究所　2016.7
　◇2014年度有力企業の業種別広告宣伝費（連結決算ベース）　［資料22-1　p249］
　◇2014年度有力企業の業種別広告宣伝費（単独決算ベース）　［資料22-2　p250］
『有力企業の広告宣伝費―NEEDS日経財務データより算定―　2023年版』日経広告研究所　2023.9
　◇2022年度上場企業の業種別連結広告宣伝費　［p12］
　◇2022年度有力企業の業種別連結広告宣伝費　［p13］
　◇2022年度上場企業の業種別単独広告宣伝費　［p14］
　◇2022年度有力企業の業種別単独広告宣伝費　［p15］
　◇業種別広告宣伝費伸び率（単独、上場企業）　［p16］
　◇業種別の連結広告宣伝費上位企業（小売業、食品、電気機器、自動車）　［p41］
　◇業種別の連結広告宣伝費上位企業（化学、商社、医薬品、建設）　［p42］
　◇業種別の連結広告宣伝費上位企業（その他製造、サービス、不動産、その他金融）　［p43］
　◇業種別の連結広告宣伝費上位企業（通信、機械、精密機器、非鉄・金属）　［p44］
　◇業種別の連結広告宣伝費上位企業（証券、繊維、パルプ・紙、ゴム、窯業、造船、輸送用機器）　［p45］
　◇業種別の連結広告宣伝費上位企業（農林・水産、鉄道・バス、陸運、海運、空運、倉庫・運輸）　［p46］
　◇業種別の単独広告宣伝費上位企業（通信、証券、保険、銀行）　［p47］
　◇食品〔企業別広告宣伝費〕　［p61］
　◇繊維〔企業別広告宣伝費〕　［p65］
　◇パルプ・紙〔企業別広告宣伝費〕　［p67］
　◇化学〔企業別広告宣伝費〕　［p68］
　◇医薬品〔企業別広告宣伝費〕　［p75］

こうこく

◇石油〔企業別広告宣伝費〕　［p78］
◇ゴム〔企業別広告宣伝費〕　［p79］
◇窯業〔企業別広告宣伝費〕　［p80］
◇鉄鋼〔企業別広告宣伝費〕　［p82］
◇非鉄・金属〔企業別広告宣伝費〕　［p83］
◇機械〔企業別広告宣伝費〕　［p88］
◇電気機器〔企業別広告宣伝費〕　［p96］
◇自動車〔企業別広告宣伝費〕　［p105］
◇造船〔企業別広告宣伝費〕　［p105］
◇精密機器〔企業別広告宣伝費〕　［p108］
◇輸送用機器〔企業別広告宣伝費〕　［p108］
◇その他製造〔企業別広告宣伝費〕　［p110］
◇鉱業〔企業別広告宣伝費〕　［p115］
◇農林・水産〔企業別広告宣伝費〕　［p115］
◇建設〔企業別広告宣伝費〕　［p116］
◇商社〔企業別広告宣伝費〕　［p122］
◇小売業〔企業別広告宣伝費〕　［p135］
◇銀行〔企業別広告宣伝費〕　［p144］
◇証券〔企業別広告宣伝費〕　［p149］
◇保険〔企業別広告宣伝費〕　［p150］
◇その他金融〔企業別広告宣伝費〕　［p151］
◇不動産〔企業別広告宣伝費〕　［p156］
◇鉄道・バス〔企業別広告宣伝費〕　［p163］
◇陸運〔企業別広告宣伝費〕　［p165］
◇海運〔企業別広告宣伝費〕　［p167］
◇空運〔企業別広告宣伝費〕　［p167］
◇倉庫・運輸〔企業別広告宣伝費〕　［p168］
◇通信〔企業別広告宣伝費〕　［p169］
◇電力〔企業別広告宣伝費〕　［p171］
◇ガス〔企業別広告宣伝費〕　［p172］
◇サービス〔企業別広告宣伝費〕　［p173］

広告代理業

『広告白書　平成9年版』日経広告研究所　1997.7
　　◇主要広告代理業上位50社売上高　［(表)13　p238〜239］

『広告白書　平成16年版』日経広告研究所　2004.7
　　◇主要広告代理業上位50社売上高(2003年1月〜12月)　［p264〜265］

『広告白書　2007』日経広告研究所　2007.7
　　◇主要広告代理業上位50社売上高(2006年1月〜12月)　［14　p206］

『広告白書　2010』日経広告研究所　2010.7
　　◇広告代理業の本支社別事業所数　［資料1-2　p176］
　　◇広告代理業の従業者規模別事業者数　［資料1-4　p176］
　　◇広告代理業の年間営業費用　［資料1-6　p177］
　　◇広告代理業の広告代理業務，業務種類別・契約先産業別構成比　［資料1-9　p177］

『広告白書　2013』日経広告研究所　2013.7
　　◇主要広告代理業上位40社売上高(2012年1月〜12月)　［16　p210］

『情報メディア白書　2005』ダイヤモンド社　2004.12

◇主要広告代理業各社の売上高　[図表Ⅰ-12-5　p202]
　　◇総売上高上位10社の媒体別売上構成比〈2003年〉[図表Ⅰ-12-6　p202]
『情報メディア白書　2007』ダイヤモンド社　2007.1
　　◇主要広告代理業各社の売上高　[図表Ⅰ-13-4　p198]
　　◇総売上高上位10社の媒体別売上構成比〈2005年〉[図表Ⅰ-13-5　p198]
『情報メディア白書　2010』ダイヤモンド社　2010.1
　　◇主要広告代理業各社の売上高　[図表Ⅰ-13-2　p195]
　　◇総売上高上位10社の媒体別売上高構成比〈2008年〉[図表Ⅰ-13-3　p195]
『情報メディア白書　2013』ダイヤモンド社　2013.1
　　◇主要広告代理業各社の売上高　[図表Ⅰ-13-2　p189]
　　◇総売上高上位10社の媒体別売上高構成比〈2011年〉[図表Ⅰ-13-3　p189]
『情報メディア白書　2016』ダイヤモンド社　2016.2
　　◇主要広告代理業各社の売上高　[図表Ⅰ-11-2　p187]
　　◇主要広告代理店および上位10社の媒体別売上高〈2014年〉[図表Ⅰ-11-3　p187]
『情報メディア白書　2019』ダイヤモンド社　2019.2
　　◇主要広告代理店売上高　[図表Ⅰ-11-4　p189]
『情報メディア白書　2022』ダイヤモンド社　2022.3
　　◇主要広告代理店売上高　[Ⅰ-11-4　p181]
『日本民間放送年鑑　'97』日本民間放送連盟　1997.12
　　◇広告代理業上位10社売上高　[表2　p112]
『ネット広告白書　2010』インプレスR&D　2009.9
　　◇大手広告主の媒体社もしくは代理店が提供するレポートの内容の満足度　[資料6-1-70　p182]
　　◇中小広告主の媒体社もしくは代理店が提供するレポートの内容の満足度[従業員規模別]　[資料6-1-71　p182]

広告主

『広告白書　平成9年版』日経広告研究所　1997.7
　　◇広告の送り手(広告主)をとらえるデータ　[(表)A　p170～171]
『広告白書　2007』日経広告研究所　2007.7
　　◇世界の広告主　[p127]
『広告白書　2023-24年版』日経広告研究所　2023.10
　　◇広告主企業が考える「生活者がメディアや広告に触れる意識」　[p11]
『情報メディア白書　1997年版』電通総研　1997.1
　　◇上位広告主　[図表Ⅱ-1-48　p207]
『情報メディア白書　2010』ダイヤモンド社　2010.1
　　◇2008年広告主上位10社　[図表Ⅱ-1-38　p241]
『情報メディア白書　2016』ダイヤモンド社　2016.2
　　◇広告主別CM出荷量上位10社〈2014年/関東5局〉[図表Ⅰ-7-14　p133]
　　◇広告主別CM出稿量上位5社〈2014年/関東5局〉[図表Ⅰ-7-32　p137]
『情報メディア白書　2019』ダイヤモンド社　2019.2
　　◇広告主別CM出稿量上位10社〈2017年/関東5局〉[図表Ⅰ-7-17　p132]
『ネット広告白書　2010』インプレスR&D　2009.9
　　◇大手広告主のインターネット広告以外の実施広告(複数回答)　[資料6-1-1　p135]
　　◇中小広告主のインターネット広告以外の実施広告[従業員規模別](複数回答)　[資料6-1-2　p135]

こうこく　　統計図表レファレンス事典　商業・広告・マーケティング

　　◇大手広告主のマーケティング情報や媒体情報，広告商品情報入手先（複数回答）　　［資料6-1-9　p140］
　　◇中小広告主のマーケティング情報や媒体情報，広告商品情報入手先［従業者規模別］（複数回答）　［資料6-1-10　p140］
　　◇大手広告主の発注判断に十分な量や質の情報の取得状況　　［資料6-1-15　p143］
　　◇中小広告主の発注判断に十分な量や質の情報の取得状況［従業員規模別］　［資料6-1-16　p143］
　　◇中小広告主の広告を選ぶ際に重視するポイント（複数回答）　［資料6-1-21　p147］
　　◇大手広告主の広告実施後の評価指標（複数回答）　［資料6-1-22　p148］
　　◇中小広告主の広告実施後の評価指標（複数回答）　［資料6-1-23　p149］
　　◇大手広告主の媒体社もしくは代理店が提供するレポートの内容の満足度　［資料6-1-70　p182］
　　◇中小広告主の媒体社もしくは代理店が提供するレポートの内容の満足度［従業員規模別］　［資料6-1-71　p182］

広告媒体

　　⇒雑誌広告，新聞広告，テレビ広告，マスコミ4媒体，ラジオ広告 をも見よ

『広告白書　平成9年版』日経広告研究所　1997.7
　　◇新しい広告媒体・形態の利用状況・関心（複数回答）　［図1-2　p40］
　　◇広告の担い手（媒体と広告会社）をとらえるデータ　［（表）B　p171～173］
　　◇消費者の媒体別広告評価と行動調査　［（表）16　p246～247］
『広告白書　平成16年版』日経広告研究所　2004.7
　　◇媒体別広告量　［資料5-2　p229］
　　◇広告の内容に最も関心のある広告媒体（2003年）　［資料15-1　p270］
　　◇広告の内容が最も信頼できると思われる媒体（2003年）　［資料15-2　p271］
『広告白書　2007』日経広告研究所　2007.7
　　◇利用している媒体　［p74］
　　◇今後利用が増えると見込む媒体　［p81］
　　◇広告の内容に最も関心のある媒体（2006年）　［資料17-1　p208］
　　◇広告の内容が最も信頼できると思われる媒体（2006年）　［資料17-2　p208］
　　◇予算変更に伴う媒体配分の変更　［p219］
　　◇インターネット広告の主な媒体買い付け委託先　［p221］
　　◇キャンペーンで組み合わせた媒体，中核に据えた媒体　［p223］
　　◇目標達成のために最も重視した媒体　［p227］
　　◇媒体購入担当の広告会社　［p228］
『広告白書　2010』日経広告研究所　2010.7
　　◇出稿メディア見直しに該当する項目　［p8］
　　◇「減少」企業が減らした媒体　［p10］
　　◇「減少」企業が配分金額を据え置いた媒体　［p10］
　　◇重要視する，しない媒体　［p11］
　　◇広告メディアについての不満　［p14］
　　◇目標達成のために最も重視した媒体　［p14］
　　◇媒体ごとの利用企業の割合　［p15］
　　◇利用している通販広告の媒体（複数回答）　［p22］
　　◇売り上げに寄与した広告媒体（複数回答）　［p23］
　　◇媒体別広告量　［資料4-2　p187］
『広告白書　2013』日経広告研究所　2013.7
　　◇広告メディアとして利用しているソーシャルメディア　［p34］

◇媒体別広告量　［資料4-2　p182］
『広告白書　2016』日経広告研究所　2016.7
　　◇特に重要と考える媒体　［p37］
　　◇媒体別広告量　［資料4-2　p212］
『広告白書　2019年度版』日経広告研究所　2019.7
　　◇広告売上高合計と主要媒体の動向予測（19年2月予測時点）　［p24］
　　◇利用増を見込む媒体　［p30］
　　◇媒体別広告量　［資料4-2　p164］
　　◇特に重要と考える媒体（3つまで）〔広告メディア〕　［p209］
　　◇利用が増えると見込む広告媒体、減ると見込む広告媒体（複数回答）　［p209］
　　◇広告媒体の利用の仕方（複数回答）　［p210］
『広告白書　2020年度版』日経広告研究所　2020.9
　　◇広告宣伝費の媒体配分　［p17］
　　◇広告売上高合計と主要媒体の動向予測　［p26］
　　◇媒体別広告量　［資料4-2　p164］
　　◇特に重要と考える媒体（3つまで）〔広告メディア〕　［p208］
　　◇利用が増えると見込む広告媒体、変わらない広告媒体、減ると見込む広告媒体（複数回答）　［p208］
『広告白書　2021年度版』日経広告研究所　2021.8
　　◇広告売上高合計と主要媒体の動向予測　［p43］
　　◇媒体別広告量　［資料4-2　p208］
『広告白書　2022年度版』日経広告研究所　2022.8
　　◇広告売上高合計と主要媒体の動向予測　［p23］
　　◇各目標達成段階で、最も重視する媒体　［p55］
　　◇インターネットと組み合わせると最も効果的だと考えられる媒体　［p59］
　　◇メディア別に見る広告の印象・評価　［p98］
　　◇広告メディア別に見る印象・評価　［p99］
　　◇媒体別広告量　［資料4-2　p220］
『情報通信白書　平成25年版』日経印刷　2013.7
　　◇企業における広告メディアの利用見通し　［図表1-1-3-20　p45］
『情報メディア白書　1997年版』電通総研　1997.1
　　◇最も関心のある広告媒体（1995年／男性）　［図表Ⅰ-32-28　p192］
　　◇最も関心のある広告媒体（1995年／女性）　［図表Ⅰ-32-29　p192］
　　◇最も信頼できる広告媒体（1995年／性別）　［図表Ⅰ-32-30　p192］
『情報メディア白書　2005』ダイヤモンド社　2004.12
　　◇自社での利用が増えると思う広告媒体〈2004年〉［図表Ⅰ-12-33　p209］
　　◇新しいメディアや広告形態への関心〈2004年／企業〉［図表Ⅰ-12-35　p210］
　　◇接触が多い広告媒体〈2003年／東京都〉［図表Ⅰ-12-38　p211］
　　◇媒体別広告評価〈2003年〉［図表Ⅰ-12-39　p211］
『情報メディア白書　2007』ダイヤモンド社　2007.1
　　◇媒体選択の基準〈2006年〉［図表Ⅰ-13-36　p206］
　　◇今後利用が増えると見込まれる広告媒体〈2006年〉［図表Ⅰ-13-37　p206］
　　◇接触が多い広告媒体〈2005年／東京都〉［図表Ⅰ-13-38　p207］
　　◇最も関心がある媒体〈2005年／東京都〉［図表Ⅰ-13-39　p207］
　　◇最も信頼できる広告媒体　［図表Ⅰ-13-40　p207］
『情報メディア白書　2010』ダイヤモンド社　2010.1

こうこく　　　　　　　　　　統計図表レファレンス事典　商業・広告・マーケティング

　　◇今後利用が増えると見込まれる広告媒体〈2008年〉［図表Ⅰ-13-44　p205］
　　◇媒体を選ぶ際、重視する点〈2008年〉［図表Ⅰ-13-45　p205］
　　◇接触が多い広告媒体〈2008年/東京都〉［図表Ⅰ-13-46　p205］
　　◇最も信頼できる広告媒体〈東京都〉［図表Ⅰ-13-47　p205］
　　◇通販広告媒体利用率　［図表Ⅰ-14-10　p210］
　　◇購入利用媒体　［図表Ⅰ-14-32　p215］
『情報メディア白書　2013』ダイヤモンド社　2013.1
　　◇主要広告主が利用した媒体と今後利用が増えると見込まれる媒体〈2011年度〉［図表Ⅰ-13-39　p199］
　　◇主要広告主が媒体を選ぶ際、重視する点〈2011年度〉［図表Ⅰ-13-40　p199］
　　◇主要広告主が目標達成のために最も重視した媒体〈2011年度〉［図表Ⅰ-13-41　p199］
　　◇広告平均利用媒体数〈JADMA会員社〉［図表Ⅰ-14-9　p204］
　　◇広告媒体利用率〈JADMA会員社〉［図表Ⅰ-14-10　p204］
　　◇購入に利用した媒体　［図表Ⅰ-14-32　p209］
『情報メディア白書　2016』ダイヤモンド社　2016.2
　　◇主要広告主が利用した媒体〈2014年度〉［図表Ⅰ-11-40　p197］
　　◇主要広告主が目標達成のために最も重視した媒体〈2014年度〉［図表Ⅰ-11-41　p197］
　　◇消費者にとっての各メディアの広告の印象〈2015年/東京50km圏/12～69歳男女個人〉［図表Ⅰ-11-42　p197］
　　◇広告媒体利用状況　［図表Ⅰ-12-9　p202］
　　◇広告媒体の平均利用数　［図表Ⅰ-12-11　p202］
　　◇広告媒体別売上高構成　［図表Ⅰ-12-13　p202］
　　◇購入に利用した広告媒体　［図表Ⅰ-12-36　p208］
『情報メディア白書　2019』ダイヤモンド社　2019.2
　　◇主要広告主が特に重要と考える媒体　［図表Ⅰ-11-41　p199］
　　◇消費者にとっての各メディアの広告の印象〈2018年/東京50km圏/12～69歳男女個人〉［図表Ⅰ-11-42　p199］
　　◇広告媒体利用率　［図表Ⅰ-12-9　p204］
　　◇広告媒体別売上高構成　［図表Ⅰ-12-10　p204］
　　◇広告媒体の平均利用数　［図表Ⅰ-12-11　p204］
　　◇媒体別年間発行部数　［図表Ⅰ-12-12　p204］
　　◇購入に利用した広告媒体　［図表Ⅰ-12-37　p210］
『情報メディア白書　2022』ダイヤモンド社　2022.3
　　◇有力広告主が特に重要と考える媒体〈2020年度〉［Ⅰ-11-44　p191］
　　◇消費者にとっての各メディアの広告の印象〈2021年/東京50km圏/12～69歳男女個人〉［Ⅰ-11-45　p191］
　　◇広告媒体利用率　［Ⅰ-12-8　p196］
　　◇広告媒体別売上高構成　［Ⅰ-12-9　p196］
　　◇広告媒体の平均利用数　［Ⅰ-12-10　p196］
　　◇購入する際にみた広告媒体　［Ⅰ-12-35　p202］
『情報メディア白書　2023』ダイヤモンド社　2023.2
　　◇有力広告主が特に重要と考える媒体〈2021年度〉［図表Ⅰ-11-44　p185］
　　◇消費者にとっての各メディアの広告の印象〈2022年/東京50km圏/12～69歳男女個人〉［図表Ⅰ-11-45　p185］
　　◇広告媒体利用率〔通信販売〕　［図表Ⅰ-12-8　p190］
　　◇広告媒体別売上高構成〔通信販売〕　［図表Ⅰ-12-9　p190］
　　◇広告媒体の平均利用数〔通信販売〕　［図表Ⅰ-12-10　p190］
　　◇購入する際にみた広告媒体〔通信販売〕　［図表Ⅰ-12-34　p196］

『新聞折込広告効果測定調査—調査レポート—』エム・エス・エス　2006.3
　◇各広告媒体の印象　［p4］
　◇広告コミュニケーションにおける媒体別順位　［p4］

『スマホ白書　2016』インプレスR&D　2016.6
　◇1年間に利用した通信販売の広告媒体の推移　［資料2-3-3　p128］

『地域の経済　2006』日本統計協会　2007.2
　◇公募を告知するうえで望ましい媒体　［第2-2-14図　p105］

『日本新聞年鑑　'97/'98年版』日本新聞協会　1997.11
　◇媒体別構成比　［表2　p371］

『ネット広告白書　2010』インプレスR&D　2009.9
　◇大手広告主のマーケティング情報や媒体情報、広告商品情報入手先（複数回答）　［資料6-1-9　p140］
　◇中小広告主のマーケティング情報や媒体情報、広告商品情報入手先［従業者規模別］（複数回答）　［資料6-1-10　p140］
　◇大手広告主のテレビ・新聞・雑誌・ラジオ広告を選ぶ際に重視するポイント（複数回答）　［資料6-1-20　p146］
　◇大手広告主のテレビ・新聞・雑誌・ラジオ・インターネット媒体の利用上の要望（複数回答）　［資料6-1-26　p152］
　◇中小広告主の広告媒体の利用上の要望（複数回答）　［資料6-1-27　p153］

『ファミ通ゲーム白書　2019』KADOKAWA　2019.7
　◇TOP20媒体効果フロー（家庭用ゲーム）（年代別）　［p192］
　◇TOP20媒体効果フロー（家庭用ゲーム）（GUI別）　［p193］
　◇TOP20媒体効果フロー（ゲームアプリ）（年代別）　［p194］
　◇TOP20媒体効果フロー（ゲームアプリ）（GUI別）　［p195］
　◇媒体構成比　［p282］

『ファミ通ゲーム白書　2022』KADOKAWA　2022.8
　◇TOP20媒体効果フロー（家庭用ゲーム）（年代別）　［p182］
　◇TOP20媒体効果フロー（家庭用ゲーム）（GUI別）　［p183］
　◇TOP20媒体効果フロー（ゲームアプリ）（年代別）　［p184］
　◇TOP20媒体効果フロー（ゲームアプリ）（GUI別）　［p185］
　◇媒体構成比（WEBプロモーション）　［p246］

広告板

　⇒屋外広告　をも見よ

『情報メディア白書　2010』ダイヤモンド社　2010.1
　◇事業所規模別広告板売上高〈2008年〉［図表Ⅰ-13-31　p202］

広告費

　⇒広告宣伝費，広告宣伝費（企業・業種別），広告費（インターネット広告），広告費（折込広告），広告費（海外・世界），広告費（媒体別），広告費（マスコミ4媒体），テレビ広告費，ラジオ広告費　をも見よ

『ケータイ白書　2005』インプレス　ネットビジネスカンパニー　2004.12
　◇ケータイ（モバイル）広告費　［資料4-3-1　p283］

『ケータイ白書　2007』インプレスR&D　2006.12
　◇モバイル広告費の推移　［資料3-6-1　p203］

『ケータイ白書　2010』インプレスR&D　2009.12
　◇モバイル広告費の推移　［資料3-4-1　p227］

こうこく　　　　　　　　　　　　　　統計図表レファレンス事典　商業・広告・マーケティング

『広告主動態調査　2024年版』日経広告研究所　2024.3
　◇クリエイティブの制作体制について〔広告表現のコンセプト策定・コミュニケーション手段の選定・媒体広告以外の制作費〕　〔図4　p6,18-19〕
『広告白書　平成9年版』日経広告研究所　1997.7
　◇平成8年日本の広告費　〔表1-1　p16〕
　◇広告費実績と見通し(対前年度比)　〔図3-1　p96〕
　◇各産業の生産額に占める広告費の割合　〔表3-9　p114〕
　◇日本の広告費　〔(表)2　p185〜193〕
『広告白書　平成16年版』日経広告研究所　2004.7
　◇日本経済の成長と「日本の広告費」(1955年〜2003年)　〔資料2-1　p215〕
　◇業種別広告費(1997年〜2003年)　〔資料2-4　p218〜222〕
『広告白書　2007』日経広告研究所　2007.7
　◇折込，DM,新聞広告費　〔p31〕
　◇広告掲載数と電話帳広告費　〔p38〕
　◇新聞広告費とその割合　〔p51〕
　◇新聞の業種別広告費　〔p52〕
　◇雑誌広告費と販売部数　〔p56〕
　◇広告予算見通しと広告費実績見込みの増減率　〔p130〕
　◇日本経済の成長と「日本の広告費」(1955年〜2006年)　〔資料3-1　p174〕
　◇業種別広告費(2000年〜2006年)(新聞広告)　〔資料3-4　p176〕
　◇業種別広告費(2000年〜2006年)(ラジオ広告費)　〔資料3-4　p177〕
　◇業種別広告費(2000年〜2006年)(雑誌広告)　〔資料3-4　p177〕
　◇業種別広告費(2000年〜2006年)(テレビ広告)　〔資料3-4　p178〕
　◇広告会社は媒体料の請求内訳を明らかにすべきか　〔p228〕
『広告白書　2010』日経広告研究所　2010.7
　◇見直し作業で打ち出した方針　〔p13〕
　◇業種別広告費と伸び率(単独，連結)　〔p31〕
　◇フリーペーパー・マガジン広告費と伸び率　〔p55〕
　◇電話帳広告掲載数と広告費　〔p61〕
　◇構成比上位10業種の年間広告費　〔p77〕
　◇新聞広告費と広告量　〔p77〕
　◇雑誌の広告ページ数と広告費　〔p82〕
　◇東京キー5局のスポット広告費　〔p87〕
　◇東京キー5局のタイム広告費　〔p88〕
　◇日本経済の成長と「日本の広告費」(1955年〜2009年)　〔資料3-1　p181〕
　◇業種別広告費(2003年〜2009年)　〔資料3-4　p183〜185〕
『広告白書　2013』日経広告研究所　2013.7
　◇新聞広告費と広告量　〔p44〕
　◇構成比上位10業種の年間広告費　〔p45〕
　◇ラジオ広告費の月別推移と前年同月比増減率　〔p62〕
　◇フリーペーパー・マガジン広告費と伸び率　〔p77〕
　◇電話帳広告掲載数と広告掲出料　〔p83〕
　◇日本経済の成長と「日本の広告費」(1958年〜2012年)　〔資料3-1　p176〕
　◇業種別広告費(2006年〜2012年)　〔資料3-4　p178〜180〕
『広告白書　2016』日経広告研究所　2016.7
　◇新聞広告費と広告量　〔p51〕
　◇新聞広告構成比上位10業種の年間広告費　〔p52〕

110

◇2011年度から15年度までの全日帯視聴率の動向とスポット広告費の推移（日本テレビとフジテレビ）［p67］
　　◇ラジオ広告費の月別推移と前年同月比増減率　［p79］
　　◇フリーペーパー・マガジン広告費と伸び率　［p98］
　　◇日本経済の成長と「日本の広告費」(1961～2015年)　［資料3-1　p206］
　　◇業種別広告費(2009～2015年)　［資料3-4　p208～210］
『広告白書　2019年度版』日経広告研究所　2019.7
　　◇総広告費の名目GDP比率　［p21］
　　◇日本経済の成長と「日本の広告費」(1964～2018年)　［資料3-1　p158］
　　◇業種別広告費(2012～2018年)　［資料3-4　p160～162］
　　◇交通広告ユニット別広告費　［資料15-3　p198］
　　◇屋外広告商品大分類別広告費　［資料15-4　p198］
『広告白書　2020年度版』日経広告研究所　2020.9
　　◇総広告費の名目GDP比率　［p23］
　　◇雑誌広告費の推移　［p58］
　　◇マス4媒体由来のデジタル広告費の内訳　［p59］
　　◇テレビメディア広告費とインターネット広告費　［p77］
　　◇日本経済の成長と「日本の広告費」(1965～2019年)　［資料3-1　p158］
　　◇業種別広告費(2013～2019年)　［資料3-4　p160～162］
　　◇交通広告ユニット別広告費　［資料15-3　p198］
　　◇屋外広告商品大分類別広告費　［資料15-4　p198］
『広告白書　2021年度版』日経広告研究所　2021.8
　　◇新しいコミュニケーション手法の会計品目〔広告費/販売促進費〕　［p18］
　　◇総広告費の名目GDP比率　［p39］
　　◇総広告費の全産業売上高比率　［p40］
　　◇マス4媒体由来のデジタル広告費803億円の内訳　［p120］
　　◇雑誌広告費の推移　［p121］
　　◇交通広告ユニット別広告費　［p145］
　　◇屋外広告費推移　［p147］
　　◇屋外広告商品大分類別広告費　［p149］
　　◇日本経済の成長と「日本の広告費」(1966年～2020年)　［資料3-1　p202］
　　◇業種別広告費(2014～2020年)　［資料3-4　p204～206］
『広告白書　2022年度版』日経広告研究所　2022.8
　　◇総広告費の全産業売上高比率　［p21］
　　◇総広告費の名目GDP比率　［p21］
　　◇マスコミ4媒体由来のデジタル広告費　［p69］
　　◇マス4媒体由来のデジタル広告費1061億円の内訳　［p114］
　　◇雑誌広告費の推移　［p116］
　　◇屋外広告商品大分類別広告費　［p141］
　　◇日本経済の成長と「日本の広告費」(1967～2021年)　［資料3-1　p214］
　　◇業種別広告費(2015～2021年)　［資料3-4　p216～218］
『広告白書　2023-24年版』日経広告研究所　2023.10
　　◇マス4媒体由来のデジタル広告費1211億円の内訳　［p100］
　　◇雑誌広告の推移〔広告費〕　［p101］
　　◇交通広告費の推移　［p108］
　　◇屋外広告費の推移　［p112］
　　◇日本経済の成長と「日本の広告費」(1968～2022年)　［p194］

こうこく　　　　　　　　　　　　統計図表レファレンス事典　商業・広告・マーケティング

　　◇業種別広告費（2018～2022年）　［p197～199］
『情報化白書　2006』BCN　2006.10
　　◇日本の広告費　［図表5-2-4　p213］
『情報化白書　2009』増進堂　2009.9
　　◇日本の広告費　［図表1-1-4-5　p102］
『情報メディア白書　1997年版』電通総研　1997.1
　　◇テレビ広告費の部門別構成（1995年度）　［図表Ⅰ-12-4　p73］
　　◇テレビ広告費（タイム・スポット）の地区別前年比　［図表Ⅰ-12-5　p73］
　　◇日本の広告費　［図表Ⅰ-32-3　p184］
　　◇広告費の対国内総生産（GDP）比率　［図表Ⅰ-32-4　p184］
　　◇屋外広告の形態別利用比率と1社当たりの屋外広告費（1994年）　［図表Ⅰ-32-22　p190］
『情報メディア白書　2005』ダイヤモンド社　2004.12
　　◇ラジオ広告費　［図表Ⅰ-7-12　p127］
　　◇テレビ広告費　［図表Ⅰ-8-12　p135］
　　◇業種別テレビ広告費〈2003年〉［図表Ⅰ-8-13　p135］
　　◇衛星メディア関連広告費　［図表Ⅰ-8-51　p146］
　　◇日本の広告費　［図表Ⅰ-12-4　p201］
　　◇交通広告費　［図表Ⅰ-12-26　p208］
　　◇モバイル広告費　［図表Ⅰ-12-34　p210］
『情報メディア白書　2007』ダイヤモンド社　2007.1
　　◇新聞広告費上位12業種　［図表Ⅰ-1-9　p32］
　　◇ラジオ広告費とラジオCM総出稿量　［図表Ⅰ-8-11　p119］
　　◇業種別ラジオ広告費〈2005年〉［図表Ⅰ-8-12　p119］
　　◇テレビ広告費　［図表Ⅰ-9-8　p127］
　　◇業種別テレビ広告費〈2005年〉［図表Ⅰ-9-9　p127］
　　◇衛星メディア関連広告費　［図表Ⅰ-9-43　p137］
　　◇日本の広告費　［図表Ⅰ-13-3　p197］
　　◇屋外広告費および交通広告費　［図表Ⅰ-13-25　p204］
　　◇1作品当たり製作費/プリント費/広告費［アメリカ］　［図表Ⅱ-2-10　p228］
　　◇売上高に占める広告宣伝費比率とカタログ・DM・チラシのレスポンス率　［図表Ⅲ-8-29　p277］
『情報メディア白書　2010』ダイヤモンド社　2010.1
　　◇新聞広告費上位12業種　［図表Ⅰ-1-9　p28］
　　◇フリーペーパー・フリーマガジン広告費　［図表Ⅰ-3-1　p58］
　　◇ラジオ広告費とラジオCM年間総出稿量　［図表Ⅰ-8-12　p119］
　　◇業種別ラジオ広告費〈2008年〉［図表Ⅰ-8-13　p119］
　　◇業種別テレビ広告費〈2008年〉［図表Ⅰ-9-9　p127］
　　◇衛星メディア関連広告費　［図表Ⅰ-9-30　p133］
　　◇日本の広告費　［図表Ⅰ-13-1　p194］
　　◇モバイル広告費　［図表Ⅰ-13-20　p200］
　　◇交通広告費　［図表Ⅰ-13-25　p201］
　　◇屋外広告費　［図表Ⅰ-13-30　p202］
　　◇売上原価率と広告費率　［図表Ⅰ-14-5　p209］
　　◇展示・映像ほか広告費　［図表Ⅰ-15-3　p218］
　　◇雑誌広告費/ページ数　［図表Ⅱ-1-4　p234］
　　◇新聞広告費　［図表Ⅱ-1-6　p235］
　　◇広告費〈2008年〉［図表Ⅱ-3-10　p250］

統計図表レファレンス事典　商業・広告・マーケティング　　　　　　　　　こうこく

『情報メディア白書　2013』ダイヤモンド社　2013.1
　◇新聞広告費上位12業種　［図表Ⅰ-1-10　p44］
　◇ラジオ広告費とラジオCM年間総出稿量　［図表Ⅰ-7-13　p125］
　◇業種別ラジオ広告費〈2011年〉［図表Ⅰ-7-14　p125］
　◇テレビ広告費　［図表Ⅰ-8-8　p132］
　◇業種別テレビ広告費〈2011年〉［図表Ⅰ-8-9　p132］
　◇衛星メディア関連広告費　［図表Ⅰ-9-9　p144］
　◇日本の広告費　［図表Ⅰ-13-1　p188］
　◇モバイル広告費　［図表Ⅰ-13-13　p193］
　◇交通広告費　［図表Ⅰ-13-16　p194］
　◇屋外広告費　［図表Ⅰ-13-21　p195］
　◇売上原価率と宣伝・広告費率〈JADMA会員社〉［図表Ⅰ-14-6　p203］
　◇展示・映像ほか広告費　［図表Ⅲ-5-22　p250］
『情報メディア白書　2016』ダイヤモンド社　2016.2
　◇新聞広告費　［図表Ⅰ-1-7　p54］
　◇新聞広告費上位12業種　［図表Ⅰ-1-9　p54］
　◇ラジオ広告費とラジオCM年間総出稿量　［図表Ⅰ-7-12　p133］
　◇業種別ラジオ広告費〈2014年〉［図表Ⅰ-7-13　p133］
　◇地上波テレビ広告費とテレビCM年間総出稿量　［図表Ⅰ-7-30　p137］
　◇業種別地上波テレビ広告費〈2014年〉［図表Ⅰ-7-31　p137］
　◇衛星メディア関連広告費　［図表Ⅰ-8-9　p146］
　◇日本の広告費　［図表Ⅰ-11-1　p186］
　◇スマートフォン広告費推計　［図表Ⅰ-11-11　p190］
　◇交通広告費　［図表Ⅰ-11-17　p192］
　◇屋外広告費　［図表Ⅰ-11-22　p193］
　◇フリーペーパー・フリーマガジン広告費　［図表Ⅰ-11-30　p195］
　◇売上原価率と宣伝・広告費率　［図表Ⅰ-12-6　p201］
　◇展示・映像ほか広告費　［図表Ⅰ-13-3　p212］
『情報メディア白書　2019』ダイヤモンド社　2019.2
　◇広告費で見るメディアの平成30年史　［図表2　p35］
　◇新聞広告費　［図表Ⅰ-1-7　p56］
　◇新聞広告費上位12業種　［図表Ⅰ-1-9　p56］
　◇雑誌広告費　［図表Ⅰ-2-2　p68］
　◇ラジオ広告費とラジオCM年間総出稿量　［図表Ⅰ-7-14　p132］
　◇業種別ラジオ広告費〈2017年〉［図表Ⅰ-7-15　p132］
　◇地上波テレビ広告費　［図表Ⅰ-7-28　p136］
　◇業種別地上波テレビ広告費〈2017年〉［図表Ⅰ-7-29　p136］
　◇衛星メディア関連広告費　［図表Ⅰ-8-9　p148］
　◇日本の広告費　［図表Ⅰ-11-1　p188］
　◇交通広告費　［図表Ⅰ-11-18　p194］
　◇屋外広告費　［図表Ⅰ-11-22　p195］
　◇フリーペーパー・フリーマガジン広告費　［図表Ⅰ-11-30　p197］
　◇展示・映像ほか広告費　［図表Ⅰ-13-2　p214］
『情報メディア白書　2022』ダイヤモンド社　2022.3
　◇新聞広告費・新聞デジタル広告費　［Ⅰ-1-7　p48］
　◇新聞広告費上位12業種　［Ⅰ-1-9　p48］
　◇雑誌広告費・雑誌デジタル広告費　［Ⅰ-2-14　p64］
　◇ラジオ広告費とラジオCM年間総出稿量　［Ⅰ-7-14　p124］

113

こうこく　　　　　　　　統計図表レファレンス事典　商業・広告・マーケティング

　　◇業種別ラジオ広告費〈2020年〉［Ⅰ-7-15　p124］
　　◇地上波テレビ広告費　［Ⅰ-7-28　p128］
　　◇業種別地上波テレビ広告費〈2020年〉［Ⅰ-7-29　p128］
　　◇衛星メディア関連広告費　［Ⅰ-8-9　p140］
　　◇マス4媒体由来のデジタル広告費　［Ⅰ-10-17　p170］
　　◇日本の広告費　［Ⅰ-11-1　p180］
　　◇交通広告費　［Ⅰ-11-18　p186］
　　◇屋外広告費　［Ⅰ-11-24　p187］
　　◇フリーペーパー広告費　［Ⅰ-11-32　p189］
　　◇物販系ECプラットフォーム広告費　［Ⅰ-12-32　p201］
　　◇イベント・展示・映像ほか広告費　［Ⅰ-13-2　p206］

『情報メディア白書　2023』ダイヤモンド社　2023.2
　　◇30年間でみる日本の総広告費 推移　［図1　p25］
　　◇プロモーションメディア広告費の推移　［図2　p27］
　　◇新聞広告費・新聞デジタル広告費　［図表Ⅰ-1-7　p44］
　　◇雑誌広告費・雑誌デジタル広告費　［図表Ⅰ-2-14　p60］
　　◇ラジオ広告費とラジオCM年間総出稿量　［図表Ⅰ-7-14　p120］
　　◇業種別ラジオ広告費〈2021年〉［図表Ⅰ-7-15　p120］
　　◇地上波テレビ広告費　［図表Ⅰ-7-28　p124］
　　◇業種別地上波テレビ広告費〈2021年〉［図表Ⅰ-7-29　p124］
　　◇衛星メディア関連広告費　［図表Ⅰ-8-10　p137］
　　◇日本の広告費　［図表Ⅰ-11-1　p174］
　　◇交通広告費　［図表Ⅰ-11-18　p180］
　　◇屋外広告費　［図表Ⅰ-11-24　p181］
　　◇フリーペーパー広告費　［図表Ⅰ-11-32　p183］
　　◇物販系ECプラットフォーム広告費　［図表Ⅰ-12-31　p195］
　　◇イベント・展示・映像ほか広告費　［図表Ⅰ-13-2　p200］

『デジタルコンテンツ白書　2007』デジタルコンテンツ協会　2007.8
　　◇インターネット広告費、衛星メディア関連広告費の推移　［p258］

『デジタルコンテンツ白書　2013』デジタルコンテンツ協会　2013.9
　　◇インターネット広告費、衛星メディア関連広告費の推移　［p238］

『デジタルコンテンツ白書　2016』デジタルコンテンツ協会　2016.9
　　◇インターネット広告費、衛星メディア関連広告費の推移　［p250］

『デジタルコンテンツ白書　2019』デジタルコンテンツ協会　2019.9
　　◇インターネット広告費におけるマスコミ四媒体由来のデジタル広告費　［図表5-4-4　p130］
　　◇インターネット広告費、衛星メディア関連広告費の推移　［p182］

『独占禁止白書　令和3年版』公正取引協会　2022.1
　　◇我が国における総広告費とデジタル広告費の推移　［第2図　p179］

『日本民間放送年鑑　'97』日本民間放送連盟　1997.12
　　◇業種別ラジオ広告費の推移　［表4　p128］
　　◇96年の業種別広告費　［表2　p130］
　　◇日本の広告費の推移　［図1　p139］
　　◇業種別広告費の伸び率　［図4　p141］
　　◇国内総生産、広告費とラジオ・テレビ営業収入の比較（民放全社）　［（表）　p689］
　　◇国内総生産、鉱工業生産、広告費とラジオ・テレビ営業収入の伸び（民放全社）　［（表）　p689］
　　◇日本の広告費推定範囲　［（表）　p691］

統計図表レファレンス事典　商業・広告・マーケティング　　　　　　　　　　　　　　　　こうこく

　　◇日本経済の成長と「日本の広告費」　［（表）　p691］
　　◇総広告費の移り変わり　［（表）　p692］
　『メセナ白書　1997』ダイヤモンド社　1997
　　◇「寄付金」と「宣伝広告費」の内訳　［（表）　p22］
　『モバイル社会白書　2007』NTT出版　2007.7
　　◇モバイル広告費の市場推移　［資料3-1-24　p130］

広告費（インターネット広告）

　『インターネット白書　2004』インプレス ネットビジネスカンパニー　2004.7
　　◇インターネット広告費の推移　［資料6-1-6　p289］
　　◇キーワード広告の月額費用　［資料6-2-9　p301］
　『インターネット白書　2023』インプレスNext Publishing　2023.2
　　◇国内インターネット広告媒体費の推移と予測　［資料2-2-9　p89］
　『広告主動態調査　2024年版』日経広告研究所　2024.3
　　◇インターネット広告費の配分 広告タイプ別・出稿方式別　［p26］
　『広告白書　2010』日経広告研究所　2010.7
　　◇インターネット広告費　［p71］
　『広告白書　2013』日経広告研究所　2013.7
　　◇インターネット広告費の推移　［p10］
　『広告白書　2016』日経広告研究所　2016.7
　　◇インターネット広告費の推移　［p20］
　『広告白書　2019年度版』日経広告研究所　2019.7
　　◇インターネット広告媒体費の広告種別構成比　［p78］
　『広告白書　2020年度版』日経広告研究所　2020.9
　　◇テレビメディア広告費とインターネット広告費　［p77］
　『広告白書　2021年度版』日経広告研究所　2021.8
　　◇マス4媒体合計広告費とインターネット広告費の推移　［p75］
　　◇動画広告費のインターネット広告媒体費における割合の推移　［p76］
　　◇ソーシャル広告費の推移　［p77］
　　◇マスコミ4媒体由来のインターネット広告費　［p77］
　　◇運用型広告のインターネット広告媒体費における割合の推移　［p78］
　『広告白書　2022年度版』日経広告研究所　2022.8
　　◇マスコミ4媒体とインターネット広告費の推移　［p69］
　　◇インターネット広告費の配分　［p72］
　『情報メディア白書　2005』ダイヤモンド社　2004.12
　　◇インターネット広告費　［図表Ⅰ-12-30　p209］
　『情報メディア白書　2007』ダイヤモンド社　2007.1
　　◇インターネット広告費　［図表Ⅰ-13-30　p205］
　『情報メディア白書　2010』ダイヤモンド社　2010.1
　　◇インターネット広告費　［図表Ⅰ-13-15　p199］
　　◇インターネット広告費　［図表Ⅱ-1-32　p240］
　『情報メディア白書　2013』ダイヤモンド社　2013.1
　　◇インターネット広告費　［図表Ⅰ-12-24　p180］
　　◇インターネット広告費　［図表Ⅰ-13-10　p192］
　『情報メディア白書　2016』ダイヤモンド社　2016.2

こうこく　　　　　　　　　　　　　　統計図表レファレンス事典　商業・広告・マーケティング

　　　◇インターネット広告費　［図表Ⅰ-10-20　p177］
　　　◇インターネット広告費　［図表Ⅰ-11-10　p190］
　『情報メディア白書　2019』ダイヤモンド社　2019.2
　　　◇インターネット広告費　［図表Ⅰ-10-16　p178］
　　　◇インターネット広告費　［図表Ⅰ-11-11　p192］
　　　◇インターネット広告費(デバイス別・広告種別)　［図表Ⅰ-11-12　p192］
　『情報メディア白書　2022』ダイヤモンド社　2022.3
　　　◇インターネット広告費　［Ⅰ-10-16　p170］
　　　◇インターネット広告費　［Ⅰ-11-11　p184］
　　　◇インターネット広告媒体費〈2020年〉［Ⅰ-11-12　p184］
　『情報メディア白書　2023』ダイヤモンド社　2023.2
　　　◇インターネット広告費　［図表Ⅰ-11-11　p178］
　　　◇インターネット広告媒体費〈2021年〉［図表Ⅰ-11-12　p178］
　『デジタルコンテンツ白書　2007』デジタルコンテンツ協会　2007.8
　　　◇インターネット広告費、衛星メディア関連広告費の推移　［p258］
　『デジタルコンテンツ白書　2010』デジタルコンテンツ協会　2010.9
　　　◇インターネット広告費、衛星メディア関連広告費の推移　［p194］
　『デジタルコンテンツ白書　2013』デジタルコンテンツ協会　2013.9
　　　◇インターネット広告費、衛星メディア関連広告費の推移　［p238］
　『デジタルコンテンツ白書　2016』デジタルコンテンツ協会　2016.9
　　　◇インターネット広告費、衛星メディア関連広告費の推移　［p250］
　『デジタルコンテンツ白書　2019』デジタルコンテンツ協会　2019.9
　　　◇インターネット広告費、衛星メディア関連広告費の推移　［p182］
　『デジタルコンテンツ白書　2022』デジタルコンテンツ協会　2022.9
　　　◇インターネット広告費の推移　［p161］
　『ネット広告白書　2010』インプレスR&D　2009.9
　　　◇検索連動型広告費の市場規模とインターネット広告費（媒体費）に占める割合　［資料3-2-1　p72］
　　　◇大手広告主の広告宣伝費全体に占めるインターネット広告費の割合　［資料6-1-40　p161］
　　　◇中小広告主の広告宣伝費全体に占めるインターネット広告費の割合［従業員規模別］　［資料6-1-41　p161］
　　　◇大手広告主の広告宣伝費全体に占めるインターネット広告費の理想割合　［資料6-1-42　p162］
　　　◇中小広告主の広告宣伝費全体に占めるインターネット広告費の理想割合［従業員規模別］　［資料6-1-43　p162］
　　　◇大手広告主のインターネット広告費内訳　［資料6-1-44　p163］
　　　◇中小広告主のインターネット広告費内訳　［資料6-1-45　p164］
　『ファミ通ゲーム白書　2019』KADOKAWA　2019.7
　　　◇インターネット広告媒体費デバイス別広告費　［p282］

広告費（折込広告）

　『広告白書　2007』日経広告研究所　2007.7
　　　◇折込，DM，新聞広告費　［p31］
　『情報メディア白書　2013』ダイヤモンド社　2013.1
　　　◇折込広告費　［図表Ⅰ-13-24　p196］
　『情報メディア白書　2016』ダイヤモンド社　2016.2
　　　◇折込広告費　［図表Ⅰ-1-10　p54］

統計図表レファレンス事典　商業・広告・マーケティング　　　　　　　　　　　　　　　　こうこく

　　◇折込広告費　　［図表Ⅰ-11-25　p194］
『情報メディア白書　2019』ダイヤモンド社　2019.2
　　◇折込広告費　　［図表Ⅰ-1-11　p57］
　　◇折込広告費　　［図表Ⅰ-11-25　p196］
『情報メディア白書　2022』ダイヤモンド社　2022.3
　　◇折込広告費　　［Ⅰ-1-11　p49］
　　◇折込広告費　　［Ⅰ-11-27　p188］
『情報メディア白書　2023』ダイヤモンド社　2023.2
　　◇折込広告費　　［図表Ⅰ-1-11　p54］
　　◇折込広告費　　［図表Ⅰ-11-27　p182］
『デジタルコンテンツ白書　2019』デジタルコンテンツ協会　2019.9
　　◇新聞、雑誌、ラジオ、地上波テレビ、折込広告、インターネット広告の広告費の推移
　　　［図表5-4-3　p130］
『デジタルコンテンツ白書　2022』デジタルコンテンツ協会　2022.9
　　◇新聞、雑誌、ラジオ、地上波テレビ、折込広告、インターネット広告の広告費の推移
　　　［図表5-3-3　p115］

広告費（海外・世界）

『広告白書　平成16年版』日経広告研究所　2004.7
　　◇世界の広告費（実績と見通し）　［表1-3　p76］
『広告白書　2010』日経広告研究所　2010.7
　　◇Countries Ranked By Total Advertising Expenditure,US$　［17　p215］
『広告白書　2013』日経広告研究所　2013.7
　　◇媒体別世界の広告費（2002～2011年）　［17　p211］
　　◇地域別世界の広告費（2002～2011年）　［18　p211］
　　◇世界の国・地域別広告費　［19　p212］
『広告白書　2016』日経広告研究所　2016.7
　　◇媒体別世界の広告費（2005～2014年）　［16　p243］
　　◇地域別世界の広告費（2005～2014年）　［17　p243］
　　◇世界の国・地域別広告費　［18　p244］
『広告白書　2019年度版』日経広告研究所　2019.7
　　◇電通イージス・ネットワークの世界広告費の成長率予測　［p27］
　　◇媒体別世界の広告費（2008～2017年）　［19　p204］
　　◇地域別世界の広告費（2008～2017年）　［20　p204］
　　◇世界の国・地域別広告費　［21　p205］
『広告白書　2020年度版』日経広告研究所　2020.9
　　◇電通イージス・ネットワーク（DAN）の世界広告費予測　［p29］
　　◇媒体別世界の広告費（2009～2018年）　［資料19　p204］
　　◇地域別世界の広告費（2009～2018年）　［資料20　p204］
　　◇世界の国・地域別広告費　［資料21　p205］
『広告白書　2021年度版』日経広告研究所　2021.8
　　◇電通イージス・ネットワーク（DAN）の世界広告費予測　［p46］
　　◇媒体別世界の広告費（2010～2019年）　［資料7　p212］
　　◇地域別世界の広告費（2010～2019年）　［資料8　p212］
　　◇世界の国・地域別広告費　［資料9　p213］
『広告白書　2022年度版』日経広告研究所　2022.8

こうこく　　　　　　　　　　　統計図表レファレンス事典　商業・広告・マーケティング

　　◇電通グループの世界広告費予測　［p26］
　　◇地域別世界の広告費（2011～2020年）　［p228］
　　◇媒体別世界の広告費（2011～2020年）　［p228］
　　◇世界の国・地域別広告費　［p229］
『広告白書　2023-24年版』日経広告研究所　2023.10
　　◇地域別広告費〔世界の広告費〕　［p202］
　　◇媒体別広告費〔世界の広告費〕　［p202］
『情報通信白書　平成25年版』日経印刷　2013.7
　　◇世界各国の広告費　［図表1-2-3-8　p125］
『情報通信白書　令和4年版』日経印刷　2022.7
　　◇世界の媒体別広告費の推移及び予測　［図表3-3-2-7　p69］
『情報メディア白書　1997年版』電通総研　1997.1
　　◇各国広告費の対GNP比及び媒体別広告費の割合（1995年）　［図表Ⅱ-3-10　p222］
　　◇中国の総広告費および対GNP比の推移　［図表Ⅱ-3-11　p222］
『情報メディア白書　2005』ダイヤモンド社　2004.12
　　◇テレビ広告費（アメリカ）　［図表Ⅱ-1-22　p223］
　　◇放送事業者別広告費構成〈2004年〉（中国）　［図表Ⅱ-2-12　p231］
　　◇媒体別広告費の構成（台湾）　［図表Ⅱ-2-26　p235］
『情報メディア白書　2007』ダイヤモンド社　2007.1
　　◇各国における広告費比率［アジア］　［図表Ⅱ-1-2　p215］
　　◇各メディア総広告費に占める比率［韓国］　［図表Ⅱ-1-8　p217］
　　◇放送事業別広告費［韓国］　［図表Ⅱ-1-9　p217］
　　◇テレビ広告費［アメリカ］　［図表Ⅱ-2-23　p231］
　　◇ラジオ広告費［アメリカ］　［図表Ⅱ-2-27　p231］
　　◇広告費［ヨーロッパ］　［図表Ⅱ-3-19　p242］
『地球白書　2004-2005』家の光協会　2004.5
　　◇世界とアメリカの広告費（1950-2002年）　［図1-1　p25］
『ネット広告白書　2010』インプレスR&D　2009.9
　　◇米国のインターネット広告費の四半期ごとの成長推移（2001年―2009年）　［資料3-3-2　p106］
　　◇米国における2009年のメディア別広告費増減予測（対2008年比、項目抜粋）　［資料3-3-6　p110］

広告費（媒体別）

『インターネット白書　2004』インプレス　ネットビジネスカンパニー　2004.7
　　◇媒体別広告費　［資料6-1-7　p289］
『インターネット白書　2024』インプレスNext Publishing　2024.2
　　◇2022年のインターネット広告費の媒体別内訳　［資料2-2-9　p97］
『広告白書　平成16年版』日経広告研究所　2004.7
　　◇2003年（平成15年）日本の広告費（媒体別広告費）　［表1-1　p15］
　　◇広告部門の投入状況（名目）（広告産業の投入構成、媒体別広告費）　［表3-5　p140］
　　◇媒体別広告費（1985年～2003年）　［資料2-2　p216］
　　◇媒体別広告費の構成比（1985年～2003年）　［資料2-3　p217］
　　◇業種別広告費の業種別構成比と媒体別構成比（2003年）　［資料2-5　p223］
『広告白書　2007』日経広告研究所　2007.7
　　◇2006年（平成18年）日本の広告費（媒体別）　［p47］
　　◇媒体別広告費（1985年～2006年）　［資料3-2　p175］

◇媒体別広告費の構成比　［資料3-3　p175］
　　◇業種別広告費の業種別構成比と媒体別構成比（2006年）　［資料3-5　p178］
『広告白書　2010』日経広告研究所　2010.7
　　◇広告費の媒体配分　［p12］
　　◇2009年日本の広告費（媒体別）　［p69］
　　◇媒体別広告費（1990年～2009年）　［資料3-2　p182］
　　◇媒体別広告費の構成比　［資料3-3　p182］
　　◇業種別広告費の業種別構成比と媒体別構成比（2009年）　［資料3-5　p185］
　　◇Total World Advertising Expenditure By Medium　［16　p215］
『広告白書　2013』日経広告研究所　2013.7
　　◇2012年　日本の広告費—媒体別広告費　［p19］
　　◇媒体別広告費（1993年～2012年）　［資料3-2　p177］
　　◇媒体別広告費の構成比　［資料3-3　p177］
　　◇媒体別世界の広告費（2002～2011年）　［17　p211］
『広告白書　2016』日経広告研究所　2016.7
　　◇2015年日本の広告費—媒体別広告費　［p9］
　　◇媒体別広告費（1996～2015年）　［資料3-2　p207］
　　◇媒体別広告費の構成比　［資料3-3　p207］
　　◇業種別広告費の業種別構成比と媒体別構成比　［資料3-5　p210］
　　◇媒体別世界の広告費（2005～2014年）　［16　p243］
『広告白書　2019年度版』日経広告研究所　2019.7
　　◇媒体別広告費（1999～2018年）　［資料3-2　p159］
　　◇媒体別広告費の構成比（1999～2018年）　［資料3-3　p159］
　　◇業種別広告費の構成比と媒体別構成比　［資料3-5　p162］
　　◇媒体別世界の広告費（2008～2017年）　［19　p204］
　　◇2018年度の広告宣伝費の媒体配分（加重平均）　［p210］
『広告白書　2020年度版』日経広告研究所　2020.9
　　◇媒体別広告費（2000～2019年）　［資料3-2　p159］
　　◇媒体別広告費の構成比（2000～2019年）　［資料3-3　p159］
　　◇業種別広告費の構成比と媒体別構成比　［資料3-5　p162］
　　◇媒体別世界の広告費（2009～2018年）　［資料19　p204］
　　◇2019年度の広告宣伝費の媒体配分（加重平均）　［p208］
『広告白書　2021年度版』日経広告研究所　2021.8
　　◇媒体別広告費の構成比推移　［p40］
　　◇媒体別広告費（2001～2020年）　［資料3-2　p203］
　　◇媒体別広告費の構成比（2001～2020年）　［資料3-3　p203］
　　◇業種別広告費の構成比と媒体別構成比　［資料3-5　p206］
　　◇媒体別世界の広告費（2010～2019年）　［資料7　p212］
『広告白書　2022年度版』日経広告研究所　2022.8
　　◇媒体別広告費の構成比推移　［p20］
　　◇媒体別広告費（2002～2021年）　［資料3-2　p215］
　　◇媒体別広告費の構成比（2002～2021年）　［資料3-3　p215］
　　◇媒体別世界の広告費（2011～2020年）　［p228］
『広告白書　2023-24年版』日経広告研究所　2023.10
　　◇媒体別広告費の構成比推移　［p75］
　　◇媒体別広告費（2008～2022年）　［p195］
　　◇媒体別広告費の構成比（2008～2022年）　［p196］

こうこく　　　　　　　　　　　　　　統計図表レファレンス事典　商業・広告・マーケティング

　　　◇媒体別広告費〔世界の広告費〕　〔p202〕
『情報化白書　2012』翔泳社　2011.11
　　　◇媒体別広告費の移り変わり(1991年～2009年)　〔図表1-8-1　p65〕
『情報通信白書　平成19年版』ぎょうせい　2007.7
　　　◇媒体別広告費の推移　〔図表1-3-20　p162〕
『情報通信白書　平成25年版』日経印刷　2013.7
　　　◇日本における媒体別広告費推移　〔図表1-1-3-18　p45〕
『情報通信白書　令和4年版』日経印刷　2022.7
　　　◇世界の媒体別広告費の推移及び予測　〔図表3-3-2-7　p69〕
　　　◇日本の媒体別広告費の推移　〔図表3-3-2-8　p69〕
『情報メディア白書　1997年版』電通総研　1997.1
　　　◇広告費の媒体別構成比(1994年度)　〔図表Ⅰ-29-4　p170〕
　　　◇各国広告費の対GNP比及び媒体別広告費の割合(1995年)　〔図表Ⅱ-3-10　p222〕
『情報メディア白書　2005』ダイヤモンド社　2004.12
　　　◇業種別広告費の媒体別構成比〈2003年〉〔図表Ⅰ-12-8　p203〕
『情報メディア白書　2007』ダイヤモンド社　2007.1
　　　◇業種別広告費の媒体別構成比〈2005年〉〔図表Ⅰ-13-7　p199〕
『情報メディア白書　2010』ダイヤモンド社　2010.1
　　　◇業種別広告費の媒体別構成比〈2008年〉〔図表Ⅰ-13-5　p196〕
『情報メディア白書　2013』ダイヤモンド社　2013.1
　　　◇業種別広告費の媒体別構成比〈2011年〉〔図表Ⅰ-13-5　p190〕
『通商白書　2019』勝美印刷　2019.10
　　　◇日本におけるメディア別広告費用の推移(億円)　〔第Ⅱ-2-4-14図　p249〕
『デジタルコンテンツ白書　2013』デジタルコンテンツ協会　2013.9
　　　◇新聞、雑誌、折込広告、インターネット広告費　〔図表5-4-5　p161〕
『デジタルコンテンツ白書　2016』デジタルコンテンツ協会　2016.9
　　　◇新聞、雑誌、ラジオ、折込広告、インターネット広告費の推移　〔図表5-4-4　p161〕
『デジタルコンテンツ白書　2019』デジタルコンテンツ協会　2019.9
　　　◇媒体別広告費の推移　〔図表5-3-4　p125〕
　　　◇新聞、雑誌、ラジオ、地上波テレビ、折込広告、インターネット広告費の推移
　　　　〔図表5-4-3　p130〕
『デジタルコンテンツ白書　2022』デジタルコンテンツ協会　2022.9
　　　◇媒体別広告費の推移　〔図表5-2-3　p109〕
　　　◇新聞、雑誌、ラジオ、地上波テレビ、折込広告、インターネット広告費の推移
　　　　〔図表5-3-3　p115〕
『日本新聞年鑑　'97/'98年版』日本新聞協会　1997.11
　　　◇媒体別広告費　〔表1　p371〕
　　　◇業種別広告費の業種別構成比と媒体別構成比―平成8年　〔表3　p372〕
『日本民間放送年鑑　'97』日本民間放送連盟　1997.12
　　　◇媒体別広告費　〔表1　p130〕
　　　◇媒体別広告費の伸び率　〔図2　p140〕
　　　◇媒体別広告費　〔(表)　p692〕
　　　◇媒体別広告費の移り変わり　〔(表)　p693〕

広告費(マスコミ4媒体)

『観光ビジネス未来白書　2010年版』同友館　2010.3

◇マスコミ4媒体広告費　［p168］
『広告白書　平成9年版』日経広告研究所　1997.7
　　◇平成8年業種別広告費（マスコミ4媒体広告費）　［表1-2　p20］
『広告白書　平成16年版』日経広告研究所　2004.7
　　◇2003年（平成15年）業種別広告費（マスコミ4媒体広告費）　［表1-2　p21］
『広告白書　2007』日経広告研究所　2007.7
　　◇2006年（平成18年）業種別広告費（マスコミ4媒体広告費）　［p50］
　　◇業種別広告費（2000年～2006年）（マスコミ4媒体広告費）　［資料3-4　p176］
『広告白書　2010』日経広告研究所　2010.7
　　◇2009年業種別広告費（マスコミ4媒体広告費）　［p72］
『広告白書　2013』日経広告研究所　2013.7
　　◇2012年業種別広告費（マスコミ4媒体広告費の内訳）　［p22］
『広告白書　2016』日経広告研究所　2016.7
　　◇2015年業種別広告費（マスコミ4媒体広告費の内訳）　［p13］
『広告白書　2021年度版』日経広告研究所　2021.8
　　◇マス4媒体合計広告費とインターネット広告費の推移　［p75］
『広告白書　2022年度版』日経広告研究所　2022.8
　　◇マスコミ4媒体とインターネット広告費の推移　［p69］
『広告白書　2023-24年版』日経広告研究所　2023.10
　　◇業種別広告費の構成比とマス媒体内構成比（2022年）　［p199］
『情報メディア白書　1997年版』電通総研　1997.1
　　◇4媒体（新聞・雑誌・テレビ・ラジオ）の業種広告費（1995年）　［図表Ⅰ-32-5　p185］
　　◇4媒体の業種別広告費構成（1995年）　［図表Ⅰ-32-6　p185］
『情報メディア白書　2005』ダイヤモンド社　2004.12
　　◇4媒体（新聞・雑誌・テレビ・ラジオ）の業種別広告費〈2003年〉［図表Ⅰ-12-7　p203］
『情報メディア白書　2007』ダイヤモンド社　2007.1
　　◇マス4媒体（新聞・雑誌・ラジオ・テレビ）の業種別広告費〈2005年〉［図表Ⅰ-13-6　p199］
『情報メディア白書　2010』ダイヤモンド社　2010.1
　　◇マス4媒体（新聞・雑誌・ラジオ・テレビ）の業種別広告費〈2008年〉［図表Ⅰ-13-4　p196］
『情報メディア白書　2013』ダイヤモンド社　2013.1
　　◇マス4媒体（新聞・雑誌・ラジオ・テレビ）の業種別広告費〈2011年〉［図表Ⅰ-13-4　p190］
『情報メディア白書　2016』ダイヤモンド社　2016.2
　　◇マス4媒体（新聞・雑誌・ラジオ・地上波テレビ）の業種別広告費〈2014年〉［図表Ⅰ-11-4　p188］
　　◇業種別マスコミ4媒体広告費の媒体別構成比〈2014年〉［図表Ⅰ-11-5　p188］
『情報メディア白書　2019』ダイヤモンド社　2019.2
　　◇マスコミ4媒体（新聞・雑誌・ラジオ・地上波テレビ）の業種別広告費〈2017年〉［図表Ⅰ-11-5　p190］
　　◇業種別マスコミ4媒体広告費の媒体別構成比〈2017年〉［図表Ⅰ-11-6　p190］
『情報メディア白書　2022』ダイヤモンド社　2022.3
　　◇マス4媒体由来のデジタル広告費　［Ⅰ-10-17　p170］
　　◇マスコミ4媒体（新聞・雑誌・ラジオ・地上波テレビ）の業種別広告費〈2020年〉［Ⅰ-11-5　p182］
　　◇業種別マスコミ4媒体広告費の媒体別構成比〈2020年〉［Ⅰ-11-6　p182］
『情報メディア白書　2023』ダイヤモンド社　2023.2
　　◇マス4媒体（新聞・雑誌・ラジオ・テレビ）の業種別広告費〈2021年〉［図表Ⅰ-11-5

こうこく　　　　　　　　　　　統計図表レファレンス事典　商業・広告・マーケティング

　　　p176］
　　◇業種別マスコミ4媒体広告費の媒体別構成比〈2021年〉［図表Ⅰ-11-6　p176］
『デジタルコンテンツ白書　2007』デジタルコンテンツ協会　2007.8
　　◇マスコミ四媒体広告費の推移　［p258］
『デジタルコンテンツ白書　2010』デジタルコンテンツ協会　2010.9
　　◇マスコミ四媒体広告費の推移　［p194］
『デジタルコンテンツ白書　2013』デジタルコンテンツ協会　2013.9
　　◇マスコミ四媒体広告費の推移　［p238］
『デジタルコンテンツ白書　2016』デジタルコンテンツ協会　2016.9
　　◇マスコミ四媒体広告費の推移　［p250］
『デジタルコンテンツ白書　2019』デジタルコンテンツ協会　2019.9
　　◇マスコミ四媒体広告費の推移　［p182］
『デジタルコンテンツ白書　2022』デジタルコンテンツ協会　2022.9
　　◇マスコミ四媒体広告費の推移　［p161］
『日本新聞年鑑　'97/'98年版』日本新聞協会　1997.11
　　◇4媒体業種別広告費　［表4　p372］
『日本民間放送年鑑　'97』日本民間放送連盟　1997.12
　　◇広告費の増加した主な広告商品(96年マスコミ4媒体広告)　［表1　p142］
　　◇4媒体業種別広告費　［(表)　p693］

広告評価

『情報メディア白書　2010』ダイヤモンド社　2010.1
　　◇インターネット広告評価〈東京都〉［図表Ⅰ-13-19　p199］

広告郵便物

『広告白書　2007』日経広告研究所　2007.7
　　◇広告郵便物の通数と構成比　［p34］
『通信白書　平成9年版』大蔵省印刷局　1997.5
　　◇広告郵便物数　［資料(表)3-4　p399］

広告予算

『広告主動態調査　2024年版』日経広告研究所　2024.3
　　◇動画広告利用の有無(複数回答)〔テレビ広告予算の振り替え意向・プランニング〕
　　　［p14］
　　◇2024年度の広告予算見通し(加重平均)　［p24］
『広告白書　2007』日経広告研究所　2007.7
　　◇広告予算見通しと広告費実績見込みの増減率　［p130］
　　◇広告予算の決定方法　［p132］
　　◇広告予算の決定方法　［p218］
　　◇2006年度中の広告予算変更　［p219］
　　◇予算変更に伴う媒体配分の変更　［p219］
　　◇予算変更の理由　［p219］
　　◇広告予算の管理　［p224］
『広告白書　2010』日経広告研究所　2010.7
　　◇広告予算の決め方　［p9］
　　◇2010年度広告予算見通し　［p130］

『広告白書　2013』日経広告研究所　2013.7
　　◇2013年度広告予算見通し（前年度比）　［p164］
『広告白書　2016』日経広告研究所　2016.7
　　◇2016年度広告予算見通し（前年度比）　［p16］
　　◇広告予算に含まれるインターネット関連の費用（媒体料金以外）　［p33］
『広告白書　2019年度版』日経広告研究所　2019.7
　　◇2019年度広告予算見通し　［p25］
　　◇広告予算見通しと広告宣伝費実績見込みの増減率　［p25］
　　◇インターネット関連の費用で広告宣伝部予算に含まれるもの（複数回答）〔インターネットとマーケティング戦略〕　［p212］
　　◇2019年度の広告予算見通し（加重平均）　［p215］
『広告白書　2020年度版』日経広告研究所　2020.9
　　◇該当する予算費目〔広告費/販売促進費〕　［p20］
　　◇2020年度広告予算見通し　［p27］
　　◇広告予算見通しと広告宣伝費実績見込みの増減率　［p27］
　　◇2020年度の広告予算見通し（加重平均）　［p215］
『広告白書　2021年度版』日経広告研究所　2021.8
　　◇2021年度広告予算見通し　［p44］
　　◇広告予算見通しと広告宣伝費実績見込みの増減率（前年度比）　［p44］
『広告白書　2022年度版』日経広告研究所　2022.8
　　◇広告予算見通しと広告宣伝費実績見込みの増減率　［p24］
　　◇2022年度広告予算見通し　［p25］
　　◇テレビCM予算のインターネット動画への振替意向　［p72］
『広告白書　2023-24年版』日経広告研究所　2023.10
　　◇2023年度業種別広告予算見通し増減率　［p78］
　　◇広告予算見通しと広告宣伝費実績見込みの増減率（前年度比）　［p78］
『情報メディア白書　2007』ダイヤモンド社　2007.1
　　◇広告予算の決定方法　［図表Ⅰ-13-35　p206］
『ネット広告白書　2010』インプレスR&D　2009.9
　　◇中小広告主の次年度の媒体別広告予算の増減方針　［資料6-1-79　p188］
　　◇中小広告主の次年度の広告予算の増減割合〔従業員規模別〕　［資料6-1-80　p189］

交通広告

　　⇒駅メディア，車内広告 をも見よ

『広告白書　2019年度版』日経広告研究所　2019.7
　　　◇交通広告出稿上位50社（2018年）　［資料15-1　p197］
　　　◇交通広告ユニット別広告費　［資料15-3　p198］
『広告白書　2020年度版』日経広告研究所　2020.9
　　　◇交通広告出稿量上位50社（2019年）　［資料15-1　p197］
　　　◇交通広告ユニット別広告費　［資料15-3　p198］
『広告白書　2021年度版』日経広告研究所　2021.8
　　　◇交通広告ユニット別広告費　［p145］
　　　◇交通広告出稿量上位50社（2020年1～12月）　［p145］
『広告白書　2022年度版』日経広告研究所　2022.8
　　　◇交通広告 ユニット別クロス集計　［p137］
　　　◇交通広告出稿量上位50社（2021年1～12月）　［p137］

こうとう　　　　　　　　　　　統計図表レファレンス事典　商業・広告・マーケティング

『広告白書　2023-24年版』日経広告研究所　2023.10
　　◇交通広告費の推移　［p108］
　　◇交通広告 ユニット別クロス集計（関東）　［p244］
　　◇交通広告出稿量上位30社（2022年4月～23年3月/関東）　［p244］

『情報メディア白書　1997年版』電通総研　1997.1
　　◇JR東日本の交通広告に対する評価（1995年）　［図表Ⅰ-32-33　p193］

『情報メディア白書　2005』ダイヤモンド社　2004.12
　　◇交通広告費　［図表Ⅰ-12-26　p208］

『情報メディア白書　2007』ダイヤモンド社　2007.1
　　◇屋外広告費および交通広告費　［図表Ⅰ-13-25　p204］

『情報メディア白書　2010』ダイヤモンド社　2010.1
　　◇交通広告費　［図表Ⅰ-13-25　p201］
　　◇車両メディア掲出状況〈2008年〉［図表Ⅰ-13-26　p201］
　　◇交通広告評価〈東京都〉［図表Ⅰ-13-29　p201］

『情報メディア白書　2013』ダイヤモンド社　2013.1
　　◇交通広告費　［図表Ⅰ-13-16　p194］
　　◇車両メディア掲出状況〈2011年/JR東日本〉［図表Ⅰ-13-17　p194］
　　◇ユニット別広告到達率〈2011年/平日/JR東日本〉［図表Ⅰ-13-19　p194］
　　◇デジタルサイネージの広告効果〈2011年/JR東日本〉［図表Ⅰ-13-20　p194］

『情報メディア白書　2016』ダイヤモンド社　2016.2
　　◇交通広告費　［図表Ⅰ-11-17　p192］
　　◇車両メディア掲出状況〈2014年/JR東日本〉［図表Ⅰ-11-18　p192］
　　◇過去1年間に交通広告により影響を受けた内容〈2014年/首都圏〉［図表Ⅰ-11-20　p192］

『情報メディア白書　2019』ダイヤモンド社　2019.2
　　◇交通広告費　［図表Ⅰ-11-18　p194］
　　◇車両メディア掲出状況〈2017年/JR東日本〉［図表Ⅰ-11-19　p194］
　　◇ユニット別接触率〈2016年/JR東日本〉［図表Ⅰ-11-21　p194］

『情報メディア白書　2022』ダイヤモンド社　2022.3
　　◇交通広告費　［Ⅰ-11-18　p186］
　　◇車両メディア掲出状況〈2020年/JR東日本〉［Ⅰ-11-19　p186］
　　◇デジタルサイネージメディア掲出状況〈2020年/JR東日本〉［Ⅰ-11-20　p186］

『情報メディア白書　2023』ダイヤモンド社　2023.2
　　◇交通広告費　［図表Ⅰ-11-18　p180］
　　◇車両メディア掲出状況〈2021年/JR東日本〉［図表Ⅰ-11-19　p180］
　　◇デジタルサイネージメディア掲出状況〈2021年/JR東日本〉［図表Ⅰ-11-20　p180］

行動ターゲティング広告

『インターネット白書　2010』インプレスジャパン　2010.6
　　◇日本の行動ターゲティング広告市場規模予測　［資料1-2-11　p61］
　　◇行動ターゲティング広告の認知［2009年―2010年と2010年の従業員規模別］　［資料8-1-14　p248］

購入意欲（消費者）

『インターネット白書　2007』インプレスR&D　2007.7
　　◇購入に至った広告の種別（複数回答）　［資料2-5-8　p103］

『広告白書　2021年度版』日経広告研究所　2021.8
　　◇社会に貢献する企業評価が、購入につながる　［p13］

『広告白書　2022年度版』日経広告研究所　2022.8
　　◇広告商品・サービスに対する興味関心と購入・利用意向の割合　［p115］
『スーパーマーケット白書　2016年版』新日本スーパーマーケット協会　2016.2
　　◇今後の通信販売での購入意向(食品・生鮮品)　［図表6-2-34　p70］
『スーパーマーケット白書　2022年版』全国スーパーマーケット協会　2022
　　◇消費者購買意欲DIの推移　［図表1-9　p20］
　　◇SDGsを意識した購入行動　［図4　p78］
　　◇消費者の購入行動〔社会課題〕　［図9　p80］
『スーパーマーケット白書　2023年版』全国スーパーマーケット協会　2023.2
　　◇消費者購買意欲DIの推移〔2022年のスーパーマーケット動向〕　［図表1-12　p21］
『スーパーマーケット白書　2024年版』全国スーパーマーケット協会　2024.2
　　◇消費者購買意欲DI〔2023年のスーパーマーケット動向〕　［図表1-13　p22］
『ネット広告白書　2010』インプレスR&D　2009.9
　　◇自然検索と検索連動型広告の表示による、好感、概要理解、購入意向の変化　［資料3-2-4　p81］
　　◇「Fit's」キャンペーンへの接触度と、商品購入意欲との関係　［資料3-2-5　p83］
　　◇「Fit's」キャンペーンへの接触度と、パーチェスファネル(購入意欲)の段階別変化　［資料3-2-6　p83］

購入額

『スーパーマーケット白書　2016年版』新日本スーパーマーケット協会　2016.2
　　◇業態別商品購入金額構成比　中分類サマリー　［p75］
　　◇業態別商品購入金額構成比(性・年代・未既婚別)　［p75〜77］
『スーパーマーケット白書　2019年版』全国スーパーマーケット協会　2019
　　◇2013年と2018年の業態別食品購入額の変化　［図表2-1　p50］
　　◇2018年業態別商品購入金額構成比　［資料1　p90］
『スーパーマーケット白書　2023年版』全国スーパーマーケット協会　2023.2
　　◇業態別購入金額(前年同月比)の推移(生鮮品・惣菜を除く)　［図表2-2　p50］
　　◇スーパー・ドラッグストアでの食品購入金額の推移　［図表2-3　p50］
　　◇2022年スーパー・ドラッグストアでの購入金額前年比の要因分解　［図表2-4　p51］
『スーパーマーケット白書　2024年版』全国スーパーマーケット協会　2024.2
　　◇2023年スーパーとドラッグストアでの購入金額要因分解(前年比)　［補足3　図表1　p75］

購入額(品目別)

『スーパーマーケット白書　2016年版』新日本スーパーマーケット協会　2016.2
　　◇食品、生鮮品の購入費及び生鮮品購入比率　［図表4-4-9　p46］
『スーパーマーケット白書　2019年版』全国スーパーマーケット協会　2019
　　◇SCIデータでみるスーパーマーケットでの購入と商品市場規模の変化　主食カテゴリー　［図表2-3　p55］
　　◇SCIデータでみるスーパーマーケットでの購入と商品市場規模の変化　和風基礎調味料カテゴリー　［図表2-4　p55］
　　◇SCIデータでみるスーパーマーケットでの購入と商品市場規模の変化　その他調味料カテゴリー　［図表2-5　p55］
　　◇SCIデータでみるスーパーマーケットでの購入と商品市場規模の変化　乾物・缶詰類カテゴリー　［図表2-6　p55］
　　◇SCIデータでみるスーパーマーケットでの購入と商品市場規模の変化　加工食品カテゴリー　［図表2-7　p55］
　　◇SCIデータでみるスーパーマーケットでの購入と商品市場規模の変化　洋日配・冷凍食品

カテゴリー〔図表2-8　p55〕
◇SCIデータでみるスーパーマーケットでの購入と商品市場規模の変化　菓子カテゴリー〔図表2-9　p55〕
◇SCIデータでみるスーパーマーケットでの購入と商品市場規模の変化　嗜好品カテゴリー〔図表2-10　p55〕
◇SCIデータでみるスーパーマーケットでの購入と商品市場規模の変化　飲料カテゴリー〔図表2-11　p55〕
◇SCIデータでみるスーパーマーケットでの購入と商品市場規模の変化　酒類カテゴリー〔図表2-12　p55〕
◇その他調味料類〔column SCIデータでみる81品目の消費者購入金額とスーパーマーケット業態シェア〕〔p65〕
◇主食〔column SCIデータでみる81品目の消費者購入金額とスーパーマーケット業態シェア〕〔p65〕
◇和風基礎調味料〔column SCIデータでみる81品目の消費者購入金額とスーパーマーケット業態シェア〕〔p65〕
◇加工食品〔column SCIデータでみる81品目の消費者購入金額とスーパーマーケット業態シェア〕〔p66〕
◇乾物・缶詰〔column SCIデータでみる81品目の消費者購入金額とスーパーマーケット業態シェア〕〔p66〕
◇洋日配・冷凍食品〔column SCIデータでみる81品目の消費者購入金額とスーパーマーケット業態シェア〕〔p66〕
◇飲料〔column SCIデータでみる81品目の消費者購入金額とスーパーマーケット業態シェア〕〔p67〕
◇菓子〔column SCIデータでみる81品目の消費者購入金額とスーパーマーケット業態シェア〕〔p67〕
◇嗜好品〔column SCIデータでみる81品目の消費者購入金額とスーパーマーケット業態シェア〕〔p67〕
◇酒類〔column SCIデータでみる81品目の消費者購入金額とスーパーマーケット業態シェア〕〔p68〕

『スーパーマーケット白書　2022年版』全国スーパーマーケット協会　2022
◇その他調味料類〔資料1-1 SCIデータでみる81品目の消費者購入金額とスーパーマーケット業態シェア〕〔p99〕
◇主食〔資料1-1 SCIデータでみる81品目の消費者購入金額とスーパーマーケット業態シェア〕〔p99〕
◇和風基礎調味料〔資料1-1 SCIデータでみる81品目の消費者購入金額とスーパーマーケット業態シェア〕〔p99〕
◇加工食品〔資料1-1 SCIデータでみる81品目の消費者購入金額とスーパーマーケット業態シェア〕〔p100〕
◇乾物・缶詰〔資料1-1 SCIデータでみる81品目の消費者購入金額とスーパーマーケット業態シェア〕〔p100〕
◇洋日配・冷凍食品〔資料1-1 SCIデータでみる81品目の消費者購入金額とスーパーマーケット業態シェア〕〔p100〕
◇飲料〔資料1-1 SCIデータでみる81品目の消費者購入金額とスーパーマーケット業態シェア〕〔p101〕
◇菓子〔資料1-1 SCIデータでみる81品目の消費者購入金額とスーパーマーケット業態シェア〕〔p101〕
◇嗜好品〔資料1-1 SCIデータでみる81品目の消費者購入金額とスーパーマーケット業態シェア〕〔p101〕
◇酒類〔資料1-1 SCIデータでみる81品目の消費者購入金額とスーパーマーケット業態シェア〕〔p102〕
◇業態別商品購入金額構成比〔資料1-1 SCIデータでみる81品目の消費者購入金額とスーパーマーケット業態シェア〕〔資料1-2　p103〕

『スーパーマーケット白書　2023年版』全国スーパーマーケット協会　2023.2
　　◇その他調味料類〔資料1-1　SCIデータでみる81品目の消費者購入金額とスーパーマーケット業態シェア〕　〔p113〕
　　◇主食〔資料1-1　SCIデータでみる81品目の消費者購入金額とスーパーマーケット業態シェア〕　〔p113〕
　　◇和風基礎調味料〔資料1-1　SCIデータでみる81品目の消費者購入金額とスーパーマーケット業態シェア〕　〔p113〕
　　◇加工食品〔資料1-1　SCIデータでみる81品目の消費者購入金額とスーパーマーケット業態シェア〕　〔p114〕
　　◇乾物・缶詰〔資料1-1　SCIデータでみる81品目の消費者購入金額とスーパーマーケット業態シェア〕　〔p114〕
　　◇洋日配・冷凍食品〔資料1-1　SCIデータでみる81品目の消費者購入金額とスーパーマーケット業態シェア〕　〔p114〕
　　◇飲料〔資料1-1　SCIデータでみる81品目の消費者購入金額とスーパーマーケット業態シェア〕　〔p115〕
　　◇菓子〔資料1-1　SCIデータでみる81品目の消費者購入金額とスーパーマーケット業態シェア〕　〔p115〕
　　◇嗜好品〔資料1-1　SCIデータでみる81品目の消費者購入金額とスーパーマーケット業態シェア〕　〔p115〕
　　◇酒類〔資料1-1　SCIデータでみる81品目の消費者購入金額とスーパーマーケット業態シェア〕　〔p116〕
　　◇業態別商品購入金額構成比〔SCIデータでみる81品目の消費者購入金額とスーパーマーケット業態シェア〕　〔資料1-2　p117〕

『スーパーマーケット白書　2024年版』全国スーパーマーケット協会　2024.2
　　◇その他調味料類〔資料1-1　SCIデータでみる81品目の消費者購入金額とスーパーマーケット業態シェア〕　〔p117〕
　　◇主食〔資料1-1　SCIデータでみる81品目の消費者購入金額とスーパーマーケット業態シェア〕　〔p117〕
　　◇和風基礎調味料〔資料1-1　SCIデータでみる81品目の消費者購入金額とスーパーマーケット業態シェア〕　〔p117〕
　　◇加工食品〔資料1-1　SCIデータでみる81品目の消費者購入金額とスーパーマーケット業態シェア〕　〔p118〕
　　◇乾物・缶詰〔資料1-1　SCIデータでみる81品目の消費者購入金額とスーパーマーケット業態シェア〕　〔p118〕
　　◇洋日配・冷凍食品〔資料1-1　SCIデータでみる81品目の消費者購入金額とスーパーマーケット業態シェア〕　〔p118〕
　　◇飲料〔資料1-1　SCIデータでみる81品目の消費者購入金額とスーパーマーケット業態シェア〕　〔p119〕
　　◇菓子〔資料1-1　SCIデータでみる81品目の消費者購入金額とスーパーマーケット業態シェア〕　〔p119〕
　　◇嗜好品〔資料1-1　SCIデータでみる81品目の消費者購入金額とスーパーマーケット業態シェア〕　〔p119〕
　　◇酒類〔資料1-1　SCIデータでみる81品目の消費者購入金額とスーパーマーケット業態シェア〕　〔p120〕
　　◇業態別商品購入金額構成比〔SCIデータでみる81品目の消費者購入金額とスーパーマーケット業態シェア〕　〔資料1-2　p121〕

購入商品

『九州経済白書　2010年版』九州経済調査協会　2010.2
　　◇インターネットにより購入・取引した商品・サービス（2008年末）　〔図表5-10　p95〕

『広告白書　2022年度版』日経広告研究所　2022.8
　　◇「初めて購入するブランド」の商品を3ヵ月以内に購入した割合　〔p63〕

『消費社会白書　2005』JMR生活総合研究所　2004.12
　◇ネット通販で購入されている商品　［図表10-9　p138］
『消費社会白書　2019』JMR生活総合研究所　2018.12
　◇ドラッグストアとの比較による購入食品の違い　［図表8-13　p110］
『情報メディア白書　1997年版』電通総研　1997.1
　◇通信販売購入商品（1995年）　［図表Ⅰ-29-11　p172］
『情報メディア白書　2007』ダイヤモンド社　2007.1
　◇通信販売での購入商品　［図表Ⅲ-8-40　p279］
『情報メディア白書　2016』ダイヤモンド社　2016.2
　◇通信販売での購入商品〈2014年〉［図表Ⅰ-12-38　p209］
『情報メディア白書　2019』ダイヤモンド社　2019.2
　◇通信販売での購入商品〈2017年〉［図表Ⅰ-12-39　p211］
『情報メディア白書　2022』ダイヤモンド社　2022.3
　◇通信販売での購入商品〈2020年〉［Ⅰ-12-37　p203］
『情報メディア白書　2023』ダイヤモンド社　2023.2
　◇通信販売での購入商品〈2021年〉［図表Ⅰ-12-36　p197］
『スーパーマーケット白書　2016年版』新日本スーパーマーケット協会　2016.2
　◇野菜（商品タイプ別）の購入率　［図表4-4-11　p47］
　◇果物（商品タイプ別）の購入率　［図表4-4-12　p47］
　◇精肉（商品タイプ別）の購入率　［図表4-4-13　p48］
　◇鮮魚（商品タイプ別）の購入率　［図表4-4-14　p48］
『スーパーマーケット白書　2023年版』全国スーパーマーケット協会　2023.2
　◇ネットスーパーで購入する商品　［図表A-20　p106］
『モバイル・コミュニケーション　2012-13』中央経済社　2012.8
　◇直近にケータイを使い通信販売やオークションで購入した品物（MA）　［資料3-11　p146］

購入動機

『スーパーマーケット白書　2022年版』全国スーパーマーケット協会　2022
　◇地元産品の購入動機　［図表2-74　p72］

購入頻度

『スーパーマーケット白書　2022年版』全国スーパーマーケット協会　2022
　◇スーパーマーケットでの購入頻度 2019年比（女性、年代・未既婚別）　［図表2-59　p65］
『スーパーマーケット白書　2024年版』全国スーパーマーケット協会　2024.2
　◇惣菜の購入頻度（1か月当たり）　［図表4-5　p84］
　◇惣菜の1か月当たりの平均購入回数（性年代別）　［図表4-6　p84］

購入量

『スーパーマーケット白書　2016年版』新日本スーパーマーケット協会　2016.2
　◇2～3年前と比べた食品購入における質と量の変化　［図表4-1-1　p37］
　◇品目別にみた購入量と価格の前年比（2014年）　［図表5-1-3　p51］
　◇価格と数量の前年比（2015年）　［図表5-1-5　p52］
　◇食品（生鮮品除く）の購入個数の前年比（2015年）　［図表5-1-6　p52］

購買行動
⇒情報収集（消費者）をも見よ

『広告白書　2019年度版』日経広告研究所　2019.7
◇購買行動におけるソーシャルメディア利用（1位の商品ジャンルを抜粋）　［p44］

『広告白書　2022年度版』日経広告研究所　2022.8
◇商品購入時におけるSNS利用（性年代比較）　［p31］

『消費者白書　令和4年版』勝美印刷　2022.7
◇「SNSに表示された広告をきっかけとして商品・サービスを購入した経験がある」かどうか、という問への回答の割合（年齢層別・2016年）　［【図表1】　p88］
◇「SNSに表示された広告をきっかけにした商品やサービスの購入に関して、トラブルや困った経験がある」かどうか、という問への回答の割合（2016年）　［【図表3】　p89］

『スーパーマーケット白書　2022年版』全国スーパーマーケット協会　2022
◇若者世代がYouTubeに影響されて購入したもの　［図表2-50　p61］

『全国通信販売利用実態調査報告書　第30回』日本通信販売協会　2023.5
◇購入の際に見た通信販売広告　［問2-2　p13］

『東京の中小企業の現状（流通産業編）　平成29年度』東京都産業労働局　2018.3
◇消費者意識や購買行動の変化で重視している事項〔小売業〕　［図表Ⅱ-2-69　p204］

『東京の中小企業の現状（流通産業編）　令和2年度』東京都産業労働局　2021.3
◇重視している消費者意識や購買行動の変化（小売業）　［図表Ⅲ-2-10　p267］

購買生協

『厚生白書　平成9年版』厚生問題研究会　1997.6
◇購買生協の状況（1）店舗数　［詳細データ（表）1　p353］

購買データ

『スーパーマーケット白書　2024年版』全国スーパーマーケット協会　2024.2
◇2023年畜産カテゴリー購買データ　［図表1-23　p32］

広報

『広告白書　2007』日経広告研究所　2007.7
◇広告部門と広報部門の関係　［p224］

『弁護士白書　2021年版』日本弁護士連合会　2021.12
◇利用した広告・広報（複数回答可）　［資料特1-11-1　p34］

小売

『商業施設計画総覧　2023年版』産業タイムズ社　2022.11
◇靴小売りチェーン大手出店　［p149］

『世界経済の潮流　2023年　Ⅰ』日経印刷　2023.10
◇インドの小売電子決済件数　［第2-2-16図　p178］

『通商白書　2010』日経印刷　2010.7
◇英国の小売販売及び物価の推移　［第1-2-2-27図　p76］
◇インド及びアジア各国の小売規模　［第1-2-4-15図　p96］

小売（家具）

『世界経済の潮流　2022年　Ⅱ』日経印刷　2023.3
◇家具・建材の小売〔中国経済〕　［図6　p89］

こうり　　　　　　　　　　　　統計図表レファレンス事典　商業・広告・マーケティング

『世界経済の潮流　2023年　Ⅰ』日経印刷　2023.10
　　◇家具・建材の小売〔中国経済〕　［第1-1-62図　p69］

小売（建材）

『世界経済の潮流　2022年　Ⅱ』日経印刷　2023.3
　　◇家具・建材の小売〔中国経済〕　［図6　p89］
『世界経済の潮流　2023年　Ⅰ』日経印刷　2023.10
　　◇家具・建材の小売〔中国経済〕　［第1-1-62図　p69］

小売売上

『ジェトロ世界貿易投資報告　2010年版』ジェトロ　2010.9
　　◇主要国・地域の小売売上高の推移　［図表Ⅲ-1　p81］
『ジェトロ世界貿易投資報告　2016年版』日本貿易振興機構　2016.10
　　◇中国の固定資産投資、小売売上高の伸び率　［図表Ⅰ-3　p3］
『スーパーマーケット白書　2022年版』全国スーパーマーケット協会　2022
　　◇米国の小売売上高伸び率（2019年同月比）　［図表2-7　p46］
『世界経済の潮流　2013年　Ⅰ』日経印刷　2013.6
　　◇ドイツの小売売上と新車登録台数　［第1-4-10図　p81］
　　◇フランスの小売売上と新車登録台数　［第1-4-19図　p84］
　　◇イタリアの小売売上と新車登録台数　［第1-4-28図　p88］
　　◇スペインの小売売上と新車登録台数　［第1-4-34図　p90］
　　◇英国の小売売上と新車登録台数　［第1-4-40図　p93］
『世界経済の潮流　2019年　Ⅰ』日経印刷　2019.9
　　◇ユーロ圏の個人消費・小売売上　［第2-4-3図　p142］
　　◇英国の小売売上　［第2-4-27図　p159］
『世界経済の潮流　2022年　Ⅰ』日経印刷　2022.9
　　◇ユーロ圏の実質小売売上　［第1-2-44図　p112］
　　◇英国の実質小売売上　［第1-2-56図　p118］
『世界経済の潮流　2022年　Ⅱ』日経印刷　2023.3
　　◇実質小売売上高〔英国〕　［第1-2-63図　p102］
　　◇ユーロ圏の実質小売売上高　［第1-2-64図　p102］
　　◇英国の小売売上高　［第1-2-65図　p102］
『通商白書　2010』日経印刷　2010.7
　　◇中国の小売売上高の推移　［第1-1-2-20図　p44］
　　◇ロシアの小売売上高の推移　［第1-2-5-85図　p150］
『通商白書　2013』勝美印刷　2013.8
　　◇中国の小売売上高の伸び率（前年同期比）の推移　［第Ⅲ-2-3-2図　p251］
　　◇自動車の販売台数推移（左）小売売上高の伸び（前年同月比）（右）　［第Ⅲ-2-4-35図　p268］
　　◇ロシアの小売売上高、名目賃金の推移　［第Ⅲ-2-4-52図　p273］
『通商白書　2016』勝美印刷　2016.8
　　◇中国の品目別小売売上高伸び率の推移　［第Ⅰ-3-1-8図　p106］
　　◇中国の品目別小売売上高伸び率（2015年）　［第Ⅰ-3-1-9図　p107］
　　◇中国の小売売上高の伸び率（前年同月比）　［第Ⅰ-3-1-11図　p107］
『通商白書　2019』勝美印刷　2019.10
　　◇小売売上高（年次）推移　［第Ⅰ-3-1-12表　p34］
　　◇小売売上高（月次）推移　［第Ⅰ-3-1-13図　p34］

◇中国の小売売上高の伸び率(前年同月比)の推移　［第Ⅰ-3-3-6図　p65］
　　　◇中国の小売売上高の主要品目別伸び率(2017年・2018年)　［第Ⅰ-3-3-7図　p65］
　　　◇インドネシアの小売売上高指数(前年同月比)の推移　［第Ⅰ-3-4-5図　p73］
　　　◇メキシコの小売売上高の伸び率の推移　［第Ⅰ-3-5-7図　p86］
　　　◇ブラジルの小売り売上高伸び率の推移　［第Ⅰ-3-5-15図　p88］
　　　◇ロシアの実質賃金と小売売上高(前年同月比)の推移　［第Ⅰ-3-6-6図　p99］
　　『通商白書　2022』経済産業省　2022
　　　◇小売売上に占める電子商取引の割合　［第Ⅰ-2-1-30図　p111］
　　　◇中国の小売売上高の推移　［第Ⅰ-2-4-10図　p162］
　　　◇中国の小売売上高(業種内訳)　［第Ⅰ-2-4-11表　p162］
　　『通商白書　2023』経済産業省　2023
　　　◇欧州の小売売上高の推移　［Ⅰ-3-2-5図　p121］
　　　◇欧州の小売売上高(品目別)　［Ⅰ-3-2-6図　p122］
　　　◇中国の小売売上高の推移　［Ⅰ-3-3-8図　p129］
　　　◇中国の小売売上高(品目内訳)　［Ⅰ-3-3-9図　p129］
　　　◇ASEAN各国の小売売上高の推移　［Ⅰ-3-4-9図　p141］

小売売上高指数

　　『通商白書　2010』日経印刷　2010.7
　　　◇ユーロ圏の小売売上高指数の推移　［第1-2-2-10図　p71］
　　『通商白書　2019』勝美印刷　2019.10
　　　◇タイの小売売上高指数(前年同月比)の推移　［第Ⅰ-3-4-16図　p77］
　　『通商白書　2022』経済産業省　2022
　　　◇ユーロ圏の小売売上高指数の推移(国別)　［第Ⅰ-2-3-12図　p144］
　　　◇ユーロ圏の小売売上高指数の推移(業種別)　［第Ⅰ-2-3-13図　p144］

小売価格

　　『情報メディア白書　1997年版』電通総研　1997.1
　　　◇小売価格推移一覧表(1)～(3)　［図表Ⅲ-4-1　p253～255］
　　『情報メディア白書　2010』ダイヤモンド社　2010.1
　　　◇主な小売物価の推移〈東京都区部/全国統一価格〉［図表Ⅲ-9-3　p287］
　　『情報メディア白書　2013』ダイヤモンド社　2013.1
　　　◇主な小売物価の推移〈東京都区部/全国統一価格〉［図表Ⅲ-7-3　p257］
　　『情報メディア白書　2016』ダイヤモンド社　2016.2
　　　◇主な小売物価の推移〈東京都区部/全国統一価格〉［図表Ⅱ-5-3　p247］
　　『食料・農業・農村白書　平成19年版』農林統計協会　2007.10
　　　◇生鮮品の小売価格構成　［図Ⅱ-58　p121］
　　『食料・農業・農村白書　平成22年版』佐伯印刷　2010.6
　　　◇小売価格に占める各流通経費等の割合(2008年、青果物平均)　［図2-19　p72］
　　『世界統計白書　2010年版』木本書店　2010.6
　　　◇主要食料品の小売価格　［p504～506］
　　『世界統計白書　2013年版』木本書店　2013.9
　　　◇主要食料品の小売価格　［p481～483］
　　『世界統計白書　2015-2016年版』木本書店　2015.12
　　　◇主要食料品の小売価格(1)　［p481］
　　　◇主要食料品の小売価格(2)　［p482］

◇主要食料品の小売価格（3）　［p483］
『独占禁止白書　平成9年版』公正取引協会　1997.12
　　◇この1年間に小売業者における通常の販売価格を理由とする要請等があった事例（食肉加
　　　工品）　［表2　p172］
　　◇この1年間に小売業者における通常の販売価格を理由とする要請等があった事例（婦人衣
　　　料品）　［表3　p172～173］
『物価レポート　'97』経済企画協会　1997.10
　　◇東京及び海外主要5都市における食料品の小売価格調査（農林水産省）　［図表3　p86］

小売吸引力

『九州経済白書　2010年版』九州経済調査協会　2010.2
　　◇小売業業種別吸引力指数（九州7県　2007年）　［図表5-4　p91］

小売業

『大阪経済・労働白書　平成21年版』大阪府立産業開発研究所，大阪府商工労働部雇用推進室
　労政課　2010.3
　　◇大阪府内小売業の推移　［図表Ⅰ-2-21　p40］
　　◇小売業の減少率（19年値/3年値）　［図表Ⅰ-2-22　p41］
『関西経済白書　2007年版』関西社会経済研究所　2007.6
　　◇卸売・小売業の労働生産性　［図表2-79　p135］
　　◇卸売・小売業の労働生産性の要因（1990年度から2005年度までの増加率）　［図表2-80
　　　p135］
『九州経済白書　2010年版』九州経済調査協会　2010.2
　　◇新しいフォーマットによる店舗の立地面での特徴（小売）　［図表2-10　p34］
　　◇小売、外食チェーン企業によるイノベーション活動の成功率　［図表2-14　p37］
　　◇小売、外食チェーン企業による新しい販売形態の成功率　［図表2-15　p38］
　　◇店舗フォーマットや開発手段別新店舗事業成功率等（小売）　［図表2-17　p39］
　　◇小売業業種別吸引力指数（九州7県　2007年）　［図表5-4　p91］
『経済白書　平成9年版』大蔵省印刷局　1997.7
　　◇小売業、銀行業及び電力業の非効率性の変化　［第2-2-3図　p154］
『ジェトロ世界貿易投資報告　2010年版』ジェトロ　2010.9
　　◇小売業の生産性比較（日米英）　［図表Ⅲ-34　p109］
『ジェトロ世界貿易投資報告　2016年版』日本貿易振興機構　2016.10
　　◇米国の電子商取引額と小売業に占める比率　［図表Ⅲ-33　p93］
『小規模企業白書　2016年版』日経印刷　2016.6
　　◇「新しい取組」の具体的内容（小売業/複数回答）　［第1-2-84図　p96］
『情報通信白書　平成25年版』日経印刷　2013.7
　　◇日米における小売企業の成長率比較　［図表1-1-3-24　p24］
　　◇我が国における主要小売業の2012年流通額比較　［図表1-1-3-29　p48］
『水産白書　平成22年版』農林統計協会　2010.6
　　◇小売業の形態別の国内産水産物（生鮮・冷蔵・冷凍・塩蔵）の流通経路の比較　［図Ⅱ-2-
　　　22　p66］
『図説　農業白書　平成8年度版』農林統計協会　1997.5
　　◇米小売業の販売所の登録状況及び店舗形態　［図Ⅲ-9　p149］
『スーパーマーケット白書　2016年版』新日本スーパーマーケット協会　2016.2
　　◇小売業の給与所得（前年比寄与度）の推移　［図表2-1-6　p18］
　　◇2015年小売業の既存店前年同月比　［図表6-1-1　p58］

◇小売業の既存店前年同月比の推移　［図表6-1-2　p58］
　　◇2015年小売業の既存店前年同月比　［図表6-1-3　p58］
『スーパーマーケット白書　2024年版』全国スーパーマーケット協会　2024.2
　　◇2022年小売業（Eコマースを含むすべてのチャネル）における利益率の比較（ユーロモニターインターナショナル　Industrial-Profit Margin）〔主要15か国〕　［表3　p104］
『世界経済の潮流　2022年　Ⅰ』日経印刷　2022.9
　　◇技能の不足度合いと労働生産性水準（卸売・小売業、2014年）　［第2-1-13図　p155］
『ソフトウェア開発データ白書　2012-2013』情報処理推進機構　2012.9
　　◇卸売・小売業の工程別FP生産性の基本統計量（新規開発、IFPUGグループ）　［図表8-5-6　p253］
　　◇卸売・小売業の工程別FP生産性の基本統計量（改良開発、IFPUGグループ）　［図表8-5-28　p261］
　　◇卸売・小売業の工程別SLOC生産性の基本統計量（新規開発、主開発言語グループ）　［図表8-6-6　p269］
　　◇卸売・小売業の工程別SLOC生産性の基本統計量（改良開発、主開発言語グループ）　［図表8-6-28　p277］
『地域の経済　2012』日経印刷　2012.12
　　◇地域ブロック別の小売業の労働生産性（2007年）　［第3-2-3図　p157］
　　◇人口密度と小売業の労働生産性の関係（2007年）　［第3-2-4図　p158］
『中国地域経済白書　2010』中国地方総合研究センター　2010.9
　　◇小売販売と通信販売の前年比増減率（全国）　［図2.1.10　p36］
『中小企業白書　平成9年版』大蔵省印刷局　1997.5
　　◇法人企業の付加価値生産性、従業者1人当たり人件費、労働分配率（小売業）　［21表　p23］
　　◇設備投資の目的―(2)中小小売業　［第1-1-50図　p46］
　　◇中小小売業の設備投資動向　平成8年度修正計画　［第1-1-52図　p48］
　　◇中小企業の職種別の過不足感DI―(3)小売業　［第1-2-12図　p75］
　　◇小売業の損益分岐点比較（資本金規模別）　［第2-3-7図　p224］
　　◇小売業の費用項目等の推移　［第2-3-8図　p225］
　　◇流通経路短縮化の有無（中小小売業）　［第2-3-18図　p232］
　　◇流通経路を短縮した理由（中小小売業）　［第2-3-19図　p232］
　　◇中小小売業の系列加盟状況　［第2-3-24図　p235］
　　◇メーカーと流通系列関係を持つ理由（中小小売業）　［第2-3-25図　p236］
　　◇中小小売業の経営に影響を与えた環境変化　［第2-3-28図　p238］
　　◇中小小売業の競争相手の業態　［第2-3-29図　p238］
　　◇大型店の存在に対する評価（中小小売業）　［第2-3-30図　p239］
　　◇周辺で大型店が営業する中で自社や商店街が栄えている理由　［第2-3-31図　p239］
　　◇5年前と比較した小売業と卸売業の販売単価の変化（中小企業）　［第2-3-33図　p240］
　　◇商品選択に関する消費者と小売業の認識（5年前と比較して最寄品購入時に重視するようになった点）　［第2-3-36図　p245］
　　◇商品選択に関する消費者と小売業の認識（5年前と比較して買回品購入時に重視するようになった点）　［第2-3-37図　p246］
　　◇共同化を行う目的（中小小売業）　［第2-3-50図　p257］
　　◇中小小売業が異業種連携を行う目的　［第2-3-51図　p258］
　　◇中小小売業の取引慣行に対する評価　［第3-3-33図　p519］
『中小企業白書　2004年版』ぎょうせい　2004.5
　　◇中小企業（小売業）のチェーン組織加盟状況別業況判断DIの推移　［第1-1-21図　p21］
『中小企業白書　2007年版』ぎょうせい　2007.6
　　◇地域の小売・サービス事業者への委託状況と期待　［第2-2-30図　p103］

◇地域の小売・サービス事業者への民間との連携状況と期待　［第2-2-31図　p103］
　　◇地域の小売・サービス事業者への期待の背景　［第2-2-32図　p104］
　　◇地域の小売・サービス事業者への発注に当たっての課題（都市規模別）　［第2-2-33図
　　　p105］
　　◇現在地への出店時期　［第2-2-38図　p108］
　　◇現在地に出店を決めた理由　［第2-2-45図　p111］
『中小企業白書　2016年版』日経印刷　2016.6
　　◇中小小売業における労働生産性の分布状況　［第1-3-14図　p77］
　　◇生産性の高い中小小売業の特徴（平均）　［第1-3-15図　p78］
　　◇大企業平均以上の労働生産性となる中小小売業者の業種別内訳（産業小分類別）　［付注
　　　1-3-3　p567］
『通商白書　2004』ぎょうせい　2004.7
　　◇我が国（機械組立製造業、小売・サービス業等）の推計結果　［付表2-1-3　p212］
『通商白書　2013』勝美印刷　2013.8
　　◇卸売・小売業の労働生産性とTFP　［補論第1-12図　p327］
『東京の中小企業の現状（流通産業編）　平成29年度』東京都産業労働局　2018.3
　　◇業種構成〔小売業〕　［図表Ⅱ-2-2　p117］
　　◇所在地〔小売業〕　［図表Ⅱ-2-3　p117］
　　◇従業者規模〔小売業〕　［図表Ⅱ-2-4　p118］
　　◇雇用している従業員の有無〔小売業〕　［図表Ⅱ-2-5　p119］
　　◇従業者の平均年齢〔小売業〕　［図表Ⅱ-2-6　p120］
　　◇企業形態〔小売業〕　［図表Ⅱ-2-8　p122］
　　◇資本金〔小売業〕　［図表Ⅱ-2-9　p123］
　　◇創業時期〔小売業〕　［図表Ⅱ-2-10　p124］
　　◇店舗数〔小売業〕　［図表Ⅱ-2-11　p125］
　　◇商店街組織への加盟状況〔小売業〕　［図表Ⅱ-2-16　p133］
　　◇店舗の営業時間〔小売業〕　［図表Ⅱ-2-21　p140］
　　◇経営上の強み〔小売業〕　［図表Ⅱ-2-80　p215］
　　◇売上総利益額〔小売業〕　［図表Ⅱ-2-27　p148］
　　◇売上総利益額の変化〔小売業〕　［図表Ⅱ-2-28　p149］
　　◇経常利益率〔小売業〕　［図表Ⅱ-2-30　p152］
　　◇経常損益額の変化〔小売業〕　［図表Ⅱ-2-31　p153］
　　◇チェーン等への加盟状況〔小売業〕　［図表Ⅱ-2-56　p181］
　　◇主な顧客層〔小売業〕　［図表Ⅱ-2-57　p182］
　　◇来店客数の変化〔小売業〕　［図表Ⅱ-2-58　p185］
　　◇平均客単価の変化〔小売業〕　［図表Ⅱ-2-59　p187］
　　◇取扱品目数〔小売業〕　［図表Ⅱ-2-62　p191］
　　◇取扱品目数の変化〔小売業〕　［図表Ⅱ-2-63　p193］
　　◇小売業態の変化の影響度　［図表Ⅱ-2-70　p205］
　　◇小売業態の変化の影響度　スーパー等の宅配サービスの充実　［図表Ⅱ-2-76　p208］
　　◇店舗の営業時間の変化〔小売業〕　［図表Ⅱ-2-22　p141］
　　◇事業承継の希望・方針〔小売業〕　［図表Ⅲ-1-2　p231］
　　◇現実の後継者の状況〔小売業〕　［図表Ⅲ-1-3　p233］
　　◇事業承継の希望・方針〔小売業〕　［図表Ⅲ-1-7　p239］
　　◇現実の後継者の状況〔小売業〕　［図表Ⅲ-1-8　p241］
　　◇事業承継を考えるうえでの問題〔小売業〕　［図表Ⅲ-1-9　p243］
　　◇今後の事業の採算性〔小売業〕　［図表Ⅲ-3-7　p262］

『東京の中小企業の現状(流通産業編) 令和2年度』東京都産業労働局　2021.3
　◇業種〔小売業〕　〔図表Ⅱ-2-2　p124〕
　◇所在地〔小売業〕　〔図表Ⅱ-2-3　p124〕
　◇企業形態〔小売業〕　〔図表Ⅱ-2-4　p125〕
　◇資本金〔小売業〕　〔図表Ⅱ-2-5　p126〕
　◇従業者規模〔小売業〕　〔図表Ⅱ-2-6　p127〕
　◇従業者の平均年齢〔小売業〕　〔図表Ⅱ-2-7　p128〕
　◇雇用している従業員の有無〔小売業〕　〔図表Ⅱ-2-8　p129〕
　◇創業時期〔小売業〕　〔図表Ⅱ-2-10　p131〕
　◇店舗数〔小売業〕　〔図表Ⅱ-2-11　p132〕
　◇感染症発生前後での売上総利益(粗利益)の変化〔小売業〕　〔図表Ⅱ-2-16　p137〕
　◇3年前と比較した売上総利益(粗利益)の変化〔小売業〕　〔図表Ⅱ-2-17　p138〕
　◇直近決算の売上総利益〔小売業〕　〔図表Ⅱ-2-18　p139〕
　◇3年前と比較した売上総利益率(粗利益率)の変化〔小売業〕　〔図表Ⅱ-2-19　p140〕
　◇直近決算の売上総利益率(粗利益率)〔小売業〕　〔図表Ⅱ-2-20　p141〕
　◇感染症発生前後での経常損益の変化〔小売業〕　〔図表Ⅱ-2-21　p142〕
　◇3年前と比較した経常損益の変化〔小売業〕　〔図表Ⅱ-2-22　p143〕
　◇金利の負担感〔小売業〕　〔図表Ⅱ-2-24　p147〕
　◇金利負担感の変化〔小売業〕　〔図表Ⅱ-2-25　p149〕
　◇立地環境〔小売業〕　〔図表Ⅱ-2-26　p151〕
　◇商店街組織の形成状況〔小売業〕　〔図表Ⅱ-2-27　p152〕
　◇商店街組織への加盟状況〔小売業〕　〔図表Ⅱ-2-28　p153〕
　◇店舗の最新改装時期〔小売業〕　〔図表Ⅱ-2-32　p159〕
　◇店舗の営業時間〔小売業〕　〔図表Ⅱ-2-33　p161〕
　◇店舗の商圏範囲〔小売業〕　〔図表Ⅱ-2-35　p165〕
　◇チェーン店等への加盟状況〔小売業〕　〔図表Ⅱ-2-41　p173〕
　◇主な顧客層〔小売業〕　〔図表Ⅱ-2-47　p181〕
　◇来店客数の変化〔小売業〕　〔図表Ⅱ-2-48　p183〕
　◇平均客単価の変化〔小売業〕　〔図表Ⅱ-2-49　p185〕
　◇営業時間の変化〔小売業〕　〔図表Ⅱ-2-51　p189〕
　◇今後の顧客方針〔小売業〕　〔図表Ⅱ-2-52　p191〕
　◇取扱品目数〔小売業〕　〔図表Ⅱ-2-53　p193〕
　◇3年前と比較した取扱品目数の変化〔小売業〕　〔図表Ⅱ-2-54　p194〕
　◇3年前と比較した取扱いカテゴリ数(品揃えの幅)の変化〔小売業〕　〔図表Ⅱ-2-55　p195〕
　◇3年前と比較したカテゴリ内でのアイテム数(品揃えの深さ)の変化〔小売業〕　〔図表Ⅱ-2-56　p197〕
　◇取扱商品の魅力向上に向けた取組〔小売業〕　〔図表Ⅱ-2-58　p201〕
　◇経営上の強み〔小売業〕　〔図表Ⅱ-2-60　p205〕
　◇経営において重視している事項〔小売業〕　〔図表Ⅱ-2-61　p207〕
　◇事業展開の方向性〔小売業〕　〔図表Ⅱ-2-72　p223〕
　◇事業承継の課題〔小売業〕　〔図表Ⅱ-2-73　p225〕
　◇後継者の希望・方針〔小売業〕　〔図表Ⅱ-2-74　p227〕
　◇現実の後継者の状況〔小売業〕　〔図表Ⅱ-2-75　p229〕
　◇廃業を決意した時期〔小売業〕　〔図表Ⅱ-2-77　p232〕
　◇新型コロナウイルス感染症の影響〔小売業〕　〔図表Ⅲ-1-4　p243〕
　◇具体的なマイナスの影響内容〔小売業〕　〔図表Ⅲ-1-5　p245〕
　◇新型コロナウイルス感染症の影響による新たな取組〔小売業〕　〔図表Ⅲ-1-6　p247〕
　◇競争力向上のために実施している取組〔小売業〕　〔図表Ⅲ-2-11　p269〕

こうりき　　　　　　　　　統計図表レファレンス事典　商業・広告・マーケティング

  ◇業務の効率化・合理化への取組（小売業）　　［図表Ⅲ-2-12　p271］
  ◇競争力向上に取り組まない理由（小売業）　　［図表Ⅲ-2-13　p273］
  ◇増益企業の競争力向上への取組（小売業）　　［図表Ⅲ-2-16　p279］
  ◇減益企業の競争力向上への取組（小売業）　　［図表Ⅲ-2-17　p281］
『東北経済白書　平成16年版』経済産業調査会　2004.12
  ◇卸売業・小売業の概要（平成14年）　［表2-2-1　p110］
  ◇東北における小売業の推移と東北6県別動向　［図2-2-7　p113］
  ◇小売業販売効率推移　［図2-2-8　p113］
  ◇東北の小売業経営形態別構成比　［図2-2-9　p113］
  ◇東北の小売業従業者規模別構成比　［図2-2-10　p114］
『東北経済白書　平成18年版』経済産業調査会　2007.1
  ◇卸売業・小売業の概要（平成16年）　［表2-2-1　p115］
  ◇小売業の前回比推移　［図2-2-5　p117］
  ◇小売業の県別前年比（平成16年）　［図2-2-6　p118］
  ◇小売業販売効率全国比推移及び小売業業種別販売効率全国比（平成16年）　［図2-2-7　p118］
『独占禁止白書　平成16年版』公正取引協会　2004.11
  ◇小売業者及び卸売業者が応じたことのある有力ブランドメーカーからの要請（複数回答）　［図7　p222］
『独占禁止白書　平成30年版』公正取引協会　2018.1
  ◇販売価格や販売価格の広告・表示に関する指導・要請の有無（小売業者からの回答）　［第8図　p150］
『土地白書　平成16年版』国立印刷局　2004.7
  ◇小売店舗の面積規模と立地タイプ　［図表1-3-63　p92］
『土地白書　平成22年版』勝美印刷　2010.8
  ◇小売業の景況感と店舗の着工面積の推移　［図表2-2-24　p63］
『ファミリービジネス白書　2022年版』白桃書房　2021.12
  ◇ファミリービジネス企業数及び業績：小売業　［図表2-5-12①　p133］
  ◇ファミリービジネス主要10社の指標：小売業　［図表2-5-12②　p134］
  ◇一般企業主要10社の指標：小売業　［図表2-5-12②　p134］
  ◇中核経営者の属性：小売業　［図表2-5-12④　p136］
  ◇中核経営者の経歴と業績：小売業　［図表2-5-12⑤　p136］
『ものづくり白書　2010年版』経済産業調査会　2010.6
  ◇我が国製造業の現地法人（小売業等）数の推移　［図221-4　p54］
『有力企業の広告宣伝費―NEEDS日経財務データより算定―　2023年版』日経広告研究所　2023.9
  ◇業種別の連結広告宣伝費上位企業（小売業、食品、電気機器、自動車）　［p41］
  ◇小売業〔企業別広告宣伝費〕　［p135］
『連合白書　2005』コンポーズ・ユニ　2004.12
  ◇取引先の小売店への従業員派遣　［p60］
『労働経済白書　平成19年版』国立印刷局　2007.8
  ◇小売業における深夜・休日営業の実態　［第2-（2）-31表　p124］
  ◇小売業における営業時間と正社員・非正社員構成の関係　［第2-（2）-32図　p125］
  ◇売上高経常利益率の推移（全産業及び小売業）　［第2-（2）-33図　p125］
  ◇小売業事業所の営業時間の推移について　［付2-（2）-8表　p279］
『労働白書　平成9年版』日本労働研究機構　1997.6
  ◇卸売・小売業、飲食店の就業者数の増減の業種別内訳（1985～1995年）　［第1-（2）-13図　p124］

◇小売業規模別営業利益率の推移　［第1-(2)-24図　p140］
◇小売業、経営組織、従業者規模、売場面積別商店数の増減率の推移　［第38表　p345］
◇施策実施の影響による労働者数の増減変動状況―(1)小売業業態別状況　［第45表　p352］

『OECD日本経済白書　2007』中央経済社　2007.5
◇小売業の業態別生産性の比較　［第5.13図　p190］

小売業（飲食料品）

⇒小売業（食品）をも見よ

『観光ビジネス未来白書　2010年版』同友館　2010.3
◇料理品小売(持ち帰り弁当店や惣菜店、テイクアウト主体のファストフードなど)市場規模　［p154］

『九州経済白書　2004年版』九州経済調査協会　2004.2
◇飲食料品小売業販売額の推移(全国)　［図2-2　p20］
◇地域別にみた飲食料品小売業と一般飲食店の従業者数の増加率(九州8県・1991～2001年)　［図3-35　p75］
◇農産物直売所の立地数(2001年)と飲食料品小売業の従業者増加数(1991～2001年)の構成比(九州7県)　［図3-36　p76］

『新聞折込広告効果測定調査―調査レポート―』エム・エス・エス　2006.3
◇配布された新聞折込広告に対し閲読した枚数の割合　テイクアウト・ケータリング〔性別〕　［p60,123］

『スーパーマーケット白書　2024年版』全国スーパーマーケット協会　2024.2
◇飲食料品小売業における企業の分布　［図表11　p111］

小売業（売上高）

『大阪経済・労働白書　平成21年版』大阪府立産業開発研究所，大阪府商工労働部雇用推進室労政課　2010.3
◇小売業の売上高の対前年比　［図表Ⅰ-2-43　p54］
◇小売業の売上高営業利益率の推移　［図表Ⅰ-2-46　p55］

『情報化白書　2004』コンピュータ・エージ社　2004.8
◇アメリカ小売業のEC売上とEC比率　［図表3-2-5　p132］

『情報メディア白書　2023』ダイヤモンド社　2023.2
◇小売業商業販売額とそれに占める通信販売売上高比率　［図表Ⅰ-12-2　p188］

『中小企業白書　平成9年版』大蔵省印刷局　1997.5
◇売上高に対する諸比率の推移(小売業)　［26表　p26］
◇小売業の売上高営業利益率(資本金規模別)　［第2-3-6図　p224］

『東京の中小企業の現状(流通産業編)　平成29年度』東京都産業労働局　2018.3
◇年間売上高〔東京の流通産業の経営実態(アンケート結果)　小売業〕　［図表Ⅱ-2-25　p145］
◇売上高の変化〔小売業〕　［図表Ⅱ-2-26　p147］
◇売上高総利益率〔小売業〕　［図表Ⅱ-2-29　p151］
◇年間売上高(小売業)〔東京の流通産業に関するテーマ分析(アンケート結果)〕　［図表Ⅲ-3-8　p263］

『東京の中小企業の現状(流通産業編)　令和2年度』東京都産業労働局　2021.3
◇感染症発生前後での売上高の変化〔小売業〕　［図表Ⅱ-2-13　p134］
◇3年前と比較した年間売上高の変化〔小売業〕　［図表Ⅱ-2-14　p135］
◇直近決算の年間売上高〔小売業〕　［図表Ⅱ-2-15　p136］
◇直近決算の売上高経常利益率〔小売業〕　［図表Ⅱ-2-23　p145］

小売業(家電)

『物価レポート '97』経済企画協会 1997.10
　◇家電小売業のマージン率、売上高営業利益率、販売管理費比率の推移—(1)新興家電量販店　〔図表3-2-1　p50〕
　◇家電小売業のマージン率、売上高営業利益率、販売管理費比率の推移—(2)家電量販店上位10社　〔図表3-2-1　p50〕
　◇家電小売業のマージン率、売上高営業利益率、販売管理費比率の推移—(3)中小電器店　〔図表3-2-1　p50〕

小売業(決済方法)

『東京の中小企業の現状(流通産業編)　平成29年度』東京都産業労働局　2018.3
　◇決済方法〔小売業〕　〔図表Ⅱ-2-32　p154〕
　◇決済方法 現金〔小売業〕　〔図表Ⅱ-2-33　p155〕
　◇決済方法 クレジットカード〔小売業〕　〔図表Ⅱ-2-34　p155〕
　◇決済方法 電子マネー〔小売業〕　〔図表Ⅱ-2-35　p155〕
　◇決済方法 代金引換〔小売業〕　〔図表Ⅱ-2-36　p156〕
　◇決済方法 コンビニ支払〔小売業〕　〔図表Ⅱ-2-37　p156〕
　◇決済方法 銀行口座引落〔小売業〕　〔図表Ⅱ-2-38　p156〕
　◇決済方法 銀行口座振込〔小売業〕　〔図表Ⅱ-2-39　p157〕
　◇決済方法 デビットカード〔小売業〕　〔図表Ⅱ-2-40　p157〕

『東京の中小企業の現状(流通産業編)　令和2年度』東京都産業労働局　2021.3
　◇決済方法〔小売業〕　〔図表Ⅱ-2-36　p167〕

小売業(仕入)

『中小企業白書　平成9年版』大蔵省印刷局　1997.5
　◇流通経路短縮化のための仕入先変更状況(中小小売業)　〔第2-3-20　p233〕
　◇仕入先企業数の変化(中小小売業)　〔第2-3-21　p233〕
　◇仕入先が減少した理由　〔第2-3-22図　p234〕
　◇仕入先集約化の理由(中小小売業)　〔第2-3-23図　p234〕

『東京の中小企業の現状(流通産業編)　平成29年度』東京都産業労働局　2018.3
　◇仕入先総数〔小売業〕　〔図表Ⅱ-2-46　p167〕
　◇仕入先総数の変化〔小売業〕　〔図表Ⅱ-2-47　p169〕
　◇仕入先企業数の最も多い地域〔小売業〕　〔図表Ⅱ-2-48　p171〕
　◇仕入先の見直し状況〔小売業〕　〔図表Ⅱ-2-49　p172〕
　◇最も多い仕入先〔小売業〕　〔図表Ⅱ-2-50　p173〕
　◇インターネット仕入高の割合〔小売業〕　〔図表Ⅱ-2-52　p176〕
　◇仕入活動の課題〔小売業〕　〔図表Ⅱ-2-55　p180〕

『東京の中小企業の現状(流通産業編)　令和2年度』東京都産業労働局　2021.3
　◇仕入先企業数〔小売業〕　〔図表Ⅱ-2-37　p168〕
　◇3年前と比較した仕入先企業数の変化〔小売業〕　〔図表Ⅱ-2-38　p169〕
　◇仕入先企業数の最も多い地域〔小売業〕　〔図表Ⅱ-2-39　p171〕
　◇最も多い仕入先〔小売業〕　〔図表Ⅱ-2-40　p172〕
　◇仕入先の見直し状況〔小売業〕　〔図表Ⅱ-2-42　p175〕
　◇インターネット仕入高の割合〔小売業〕　〔図表Ⅱ-2-44　p178〕
　◇仕入活動の課題〔小売業〕　〔図表Ⅱ-2-46　p180〕

小売業(事業所数)

『大阪経済・労働白書　平成21年版』大阪府立産業開発研究所, 大阪府商工労働部雇用推進室

労政課　2010.3
　　◇卸売業・小売業の事業所数、販売額の全国シェア　［図表Ⅰ-1-27　p19］
　　◇大阪府内卸売・小売業の事業所と従業者の増減(18年値/3年値)　［図表Ⅰ-2-23　p41］
『小規模企業白書　2016年版』日経印刷　2016.6
　　◇小売業(含む飲食店)における小規模事業所数の推移(産業中分類)　［第1-1-18図　p17］
『地域経済総覧(週刊東洋経済臨時増刊/Data Bank SERIES)　2024年版』東洋経済新報社
2023.9
　　◇小売業―事業所数，従業者数，年間商品販売額，売場面積〔都道府県別データ〕　［p180］
　　◇小売業―業態別事業所数・販売額〔都道府県別データ〕　［p184～186］
　　◇小売業事業所数〔市区別データ〕　［p440］
　　◇小売業業種別事業所数〔市区別データ〕　［p441］
　　◇小売業事業所数〔市区別データ〕　［p718］
『中小企業白書　2004年版』ぎょうせい　2004.5
　　◇小売業の事業所数、従業者数、販売額　［7表　p13］
『中小企業白書　2007年版』ぎょうせい　2007.6
　　◇小売業の事業所数、従業者数、販売額　［11表　p368］
『中小企業白書　2013年版』佐伯印刷　2013.8
　　◇小売業の事業所数、従業者数、販売額　［11表　p371］
『中小企業白書　2016年版』日経印刷　2016.6
　　◇小売業の事業所数、従業者数、販売額　［11表　p598］
『東京の中小企業の現状(流通産業編)　平成26年度』東京都産業労働局　2015.3
　　◇小売業の事業所数・従業者数・年間商品販売額・売場面積　［図表Ⅰ-2-10　p18］
　　◇都内小売業の推移(事業所数・従業者数)　［図表Ⅰ-2-11　p18］
　　◇小売業の業種別構成比(事業所数)　［図表Ⅰ-2-13　p20］
　　◇都内小売業の従業者規模別構成比(事業所数)　［図表Ⅰ-2-20　p24］
『東京の中小企業の現状(流通産業編)　平成29年度』東京都産業労働局　2018.3
　　◇小売業の事業所数、従業者数、年間商品販売額、売場面積(東京・全国、平成26年)　［図表Ⅰ-2-12　p23］
　　◇小売業の推移(事業所数、従業者数)(東京)　［図表Ⅰ-2-13　p23］
　　◇小売業の業種別構成比(事業所数)(東京、平成26年)　［図表Ⅰ-2-15　p25］
　　◇小売業の従業者規模別構成比(事業所数)(東京、平成26年)　［図表Ⅰ-2-19　p27］
『東京の中小企業の現状(流通産業編)　令和2年度』東京都産業労働局　2021.3
　　◇小売業の事業所数、従業者数、年間商品販売額、売場面積(東京・全国、2016年)　［図表Ⅰ-2-10　p21］
　　◇小売業の業種別構成比(事業所数)(東京、2016年)　［図表Ⅰ-2-11　p21］
　　◇小売業の従業者規模別構成比(事業所数)(東京、2016年)　［図表Ⅰ-2-15　p24］
『東北経済白書　平成16年版』経済産業調査会　2004.12
　　◇小売業業態別事業所数及び販売額前回比　［図2-2-11　p114］

小売業(従業者数)

『大阪経済・労働白書　平成21年版』大阪府立産業開発研究所，大阪府商工労働部雇用推進室
労政課　2010.3
　　◇大阪府内卸売・小売業の事業所と従業者の増減(18年値/3年値)　［図表Ⅰ-2-23　p41］
『九州経済白書　2004年版』九州経済調査協会　2004.2
　　◇地域別にみた飲食料品小売業と一般飲食店の従業者数の増加率(九州8県・1991～2001年)　［図3-35　p75］
　　◇農産物直売所の立地数(2001年)と飲食料品小売業の従業者増加数(1991～2001年)の構

成比（九州7県）　［図3-36　p76］
『九州経済白書　2007年版』九州経済調査協会　2007.2
　　◇小売業従業者・正規・非正規社員数（法人・2004年）　［図表1-9　p53］
『首都圏白書　平成9年版』大蔵省印刷局　1997.6
　　◇小売業の従業者数の変化　［図4-4-17　p121］
『食料・農業・農村白書　平成22年版』佐伯印刷　2010.6
　　◇食品小売業1事業所当たり従業員規模別割合（2007年、業態別）　［図2-20　p72］
『地域経済総覧（週刊東洋経済臨時増刊/Data Bank SERIES）　2024年版』東洋経済新報社　2023.9
　　◇小売業―事業所数，従業者数，年間商品販売額，売場面積〔都道府県別データ〕　［p180］
　　◇小売業従業者数〔市区別データ〕　［p441］
　　◇小売業従業者数〔市区別データ〕　［p718］
『中小企業白書　平成9年版』大蔵省印刷局　1997.5
　　◇小売業の商店数、従業者数、販売額　［13表　p14～15］
　　◇小売業態別従業者数の推移　［第2-3-2図　p221］
『中小企業白書　2004年版』ぎょうせい　2004.5
　　◇小売業の事業所数、従業者数、販売額　［7表　p13］
『中小企業白書　2007年版』ぎょうせい　2007.6
　　◇小売業の事業所数、従業者数、販売額　［11表　p368］
『中小企業白書　2013年版』佐伯印刷　2013.8
　　◇小売業の事業所数、従業者数、販売額　［11表　p371］
『中小企業白書　2016年版』日経印刷　2016.6
　　◇小売業の事業所数、従業者数、販売額　［11表　p598］
『東京の中小企業の現状（流通産業編）　平成26年度』東京都産業労働局　2015.3
　　◇小売業の事業所数・従業者数・年間商品販売額・売場面積　［図表Ⅰ-2-10　p18］
　　◇都内小売業の推移（事業所数・従業者数）　［図表Ⅰ-2-11　p18］
　　◇小売業の業種別構成比（従業者数）　［図表Ⅰ-2-14　p20］
　　◇都内小売業の従業者規模別構成比（従業者数）　［図表Ⅰ-2-21　p24］
『東京の中小企業の現状（流通産業編）　平成29年度』東京都産業労働局　2018.3
　　◇小売業の事業所数、従業者数、年間商品販売額、売場面積（東京・全国、平成26年）　［図表Ⅰ-2-12　p23］
　　◇小売業の推移（事業所数、従業者数）（東京）　［図表Ⅰ-2-13　p23］
　　◇小売業の業種別構成比（従業者数）（東京、平成26年）　［図表Ⅰ-2-16　p25］
『東京の中小企業の現状（流通産業編）　令和2年度』東京都産業労働局　2021.3
　　◇小売業の事業所数、従業者数、年間商品販売額、売場面積（東京・全国、2016年）　［図表Ⅰ-2-10　p21］
　　◇小売業の業種別構成比（従業者数）（東京、2016年）　［図表Ⅰ-2-12　p22］
『東北圏社会経済白書　2015年度』東北活性化研究センター　2016.3
　　◇東北圏の小売販売額・従業者数の推移　［p27］
『東北圏社会経済白書　2018年度』東北活性化研究センター　2019.3
　　◇小売販売額・従業者数の推移　［p30］
『民力　エリア・都市圏・市区町村別指標＋都道府県別資料　マーケティングに必須の地域データベース　2015』朝日新聞出版　2015.8
　　◇小売業従業者数・売場面積（2012年）　［p401］
　　◇業態別小売業従業者数・売場面積　［p420］
『労働白書　平成9年版』日本労働研究機構　1997.6

◇小売業、経営組織別、従業者規模別、売場面積別従業者数増減寄与度　［第1-(2)-23図　p139］
　　◇小売業業態別従業者数増減寄与度　［第1-(2)-25図　p141］
　　◇小売業従業者規模別1商店当たり販売額、従業者数の増減率の推移　［第39表　p346］
　　◇施策実施の影響による労働者数の増減変動状況―(1)小売業業態別状況　［第45表　p352］
　　◇酒類販売業免許場数及び酒類小売業商店数、従業者数の推移　［第48表　p356］

小売業（商店数）

　『大阪経済・労働白書　平成21年版』大阪府立産業開発研究所，大阪府商工労働部雇用推進室労政課　2010.3
　　◇売場面積別大阪府内小売業商店数　［図表Ⅰ-2-28　p45］
　『関西活性化白書　2004年版』関西社会経済研究所　2004.5
　　◇小売業の商店数の推移　［図3-29　p191］
　『関西経済白書　2010年版』関西社会経済研究所　2010.9
　　◇小売業の商店数の推移　［図表 資1-26-1　p243］
　『関西経済白書　2013年版』アジア太平洋研究所　2013.9
　　◇小売業の商店数の推移　［図表資Ⅰ-26-1　(14)］
　『関西経済白書　2016』丸善プラネット　2016.10
　　◇小売業の商店数の推移　［3.16.1　p196］
　『関西経済白書　2019』丸善プラネット　2019.9
　　◇小売業の商店数の推移　［3.14.1　p232］
　『関西経済白書　2020』日経印刷　2020.10
　　◇小売店の商店数の推移　［3.14.1　p254］
　『中小企業白書　平成9年版』大蔵省印刷局　1997.5
　　◇小売業の商店数、従業者数、販売額　［13表　p14～15］
　　◇業態別小売商店数の推移　［第2-3-1図　p221］
　　◇小売業の商店数の推移　［第2-3-5図　p223］
　『民力　エリア・都市圏・市区町村別指標＋都道府県別資料　マーケティングに必須の地域データベース　2015』朝日新聞出版　2015.8
　　◇小売業商店数(2012年)　［p397］
　　◇業種別小売業商店数(2012年)　［p398］
　　◇業態別小売業商店数・年間販売額　［p418］
　『労働白書　平成9年版』日本労働研究機構　1997.6
　　◇小売業、経営組織、従業者規模、売場面積別商店数の増減率の推移　［第38表　p345］
　　◇小売業業態別商店数の増減率の推移　［第40表　p347］
　　◇酒類販売業免許場数及び酒類小売業商店数、従業者数の推移　［第48表　p356］

小売業（食品）

　　　⇒小売業（飲食料品）をも見よ
　『九州経済白書　2004年版』九州経済調査協会　2004.2
　　◇食料品小売業の品目別低価格戦略　［表Ⅰ-5　p10］
　　◇食料品小売業による産地の評価　［表Ⅰ-6　p10］
　　◇食料品小売業が今後重点的に取り組んでいきたいこと　［図Ⅱ-5　p28］
　『再資源化白書　2021』サティスファクトリー　2022.9
　　◇食品小売業からの食品廃棄物等の発生・抑制・再利用状況の推移　［図5-120　p201］
　『食料・農業・農村白書　平成22年版』佐伯印刷　2010.6

◇小売業の食料品販売額の対前年（同月）増減率の推移　［図2-16　p70］
　　◇食品小売業1事業所当たり従業員規模別割合（2007年、業態別）　［図2-20　p72］
『スーパーマーケット白書　2016年版』新日本スーパーマーケット協会　2016.2
　　◇負債金額トップ3　各種食品小売業　［p79］

小売業（販売額）

『大阪経済・労働白書　平成21年版』大阪府立産業開発研究所，大阪府商工労働部雇用推進室労政課　2010.3
　　◇卸売業・小売業の事業所数、販売額の全国シェア　［図表Ⅰ-1-27　p19］
『関西活性化白書　2004年版』関西社会経済研究所　2004.5
　　◇小売業の年間販売額および一店舗当たりの年間販売額の推移　［図3-30　p191］
『関西経済白書　2007年版』関西社会経済研究所　2007.6
　　◇卸売業（上図）と小売業（下図）の年間販売額　［図表2-16　p62］
『関西経済白書　2010年版』関西社会経済研究所　2010.9
　　◇小売業の年間販売額及び一店舗当たりの年間販売額の推移　［図表 資1-26-2　p243］
『関西経済白書　2013年版』アジア太平洋研究所　2013.9
　　◇小売業の年間販売額及び一店舗当たりの年間販売額の推移　［図表資Ⅰ-26-2　（14）］
『関西経済白書　2016』丸善プラネット　2016.10
　　◇小売業の年間販売額および1店舗当たりの年間販売額の推移　［3.16.1　p197］
『関西経済白書　2019』丸善プラネット　2019.9
　　◇小売業の年間販売額及び1店舗当たりの年間販売額の推移　［3.14.2　p232］
『九州経済白書　2007年版』九州経済調査協会　2007.2
　　◇売場面積別にみた従業者1人当り小売販売額（全国）　［図表Ⅲ-20　p29］
　　◇小売販売額の推移（九州）　［図表1-1　p49］
　　◇小売業の効率性（売場1㎡、従業者1人当り販売額）の推移（九州）　［図表1-3　p50］
　　◇従業者1人当りの小売販売額（面積規模別）　［図表1-14　p57］
　　◇市町村別小売販売額グラフ（2004年）　［図表1-40　p76］
『九州経済白書　2010年版』九州経済調査協会　2010.2
　　◇1997～2007年にかけての小売販売額構成比の変化率（小売販売額の順位別）　［図表1-25　p21］
　　◇小売販売額180～260位（2006年度）で小売販売額が5％以上増加した町村　［図表1-26　p23］
　　◇九州・山口の小売業年間販売額（立地環境別）増減率　［図表4-2　p64］
　　◇小売販売額販売形態別構成比（全国、九州7県）　［図表5-2　p90］
『国土交通白書　2010』日経印刷　2010.7
　　◇小売業の売場面積と販売額の変化　［図表33　p18］
『首都圏白書　平成9年版』大蔵省印刷局　1997.6
　　◇小売業の年間販売額の変化　［図4-4-18　p121］
『首都圏白書　平成16年版』国立印刷局　2004.6
　　◇小売業年間販売額の変化（平成9年を100とした指数）　［図表1-2-15　p35］
『情報通信白書　平成25年版』日経印刷　2013.7
　　◇事例の対象小売業種の年間販売額の推移　［図表1-3-3-17　p172］
『情報メディア白書　2010』ダイヤモンド社　2010.1
　　◇小売業総販売額に占める通販化上比率　［図表Ⅰ-14-2　p208］
　　◇業種別小売業総販売額の前年度比　［図表Ⅰ-14-3　p208］
『情報メディア白書　2013』ダイヤモンド社　2013.1
　　◇小売業商業販売額に占める通信販売売上高比率　［図表Ⅰ-14-2　p202］

『情報メディア白書　2016』ダイヤモンド社　2016.2
　　◇小売業商業販売額とそれに占める通信販売売上高比率　［図表Ⅰ-12-2　p200］
『情報メディア白書　2019』ダイヤモンド社　2019.2
　　◇小売業商業販売額とそれに占める通信販売売上高比率　［図表Ⅰ-12-2　p202］
『情報メディア白書　2022』ダイヤモンド社　2022.3
　　◇小売業商業販売額とそれに占める通信販売売上高比率　［Ⅰ-12-2　p194］
『情報メディア白書　2023』ダイヤモンド社　2023.2
　　◇小売業商業販売額とそれに占める通信販売売上高比率　［図表Ⅰ-12-2　p188］
『青少年白書　平成8年度版』大蔵省印刷局　1997.1
　　◇品目別年間販売額（小売）及び消費者物価指数（CPI）　［第1-2-2表　p43］
『世界経済の潮流　2013年　Ⅰ』日経印刷　2013.6
　　◇一定規模以上小売販売総額（家電）　［第1-3-6図　p49］
『地域経済総覧（週刊東洋経済臨時増刊/Data Bank SERIES）　2024年版』東洋経済新報社
2023.9
　　◇小売業―事業所数，従業者数，年間商品販売額，売場面積〔都道府県別データ〕　［p180］
　　◇小売業―販売効率〔1人当たり・世帯当たり小売業年間販売額/都道府県別データ〕
　　　［p181］
　　◇小売業―業種別販売額〔都道府県別データ〕　［p182～183］
　　◇小売業―業態別事業所数・販売額〔都道府県別データ〕　［p184～186］
　　◇小売業年間商品販売額〔市区別データ〕　［p441］
　　◇小売業業種別年間商品販売額〔市区別データ〕　［p472］
　　◇小売業年間商品販売額〔市区別データ〕　［p718］
『地域の経済　2016』メディアランド　2016.10
　　◇小売業販売額（6業態合計）（税込、全店ベース）　［第1-1-1図　p3］
『中国地域経済白書　2013』中国地方総合研究センター　2013.9
　　◇商業販売額（小売業）の業種別対前年増減率（全国）　［図2.1.3　p14］
『中国地域白書　2015』中国地方総合研究センター　2016.6
　　◇単位当たり年間商品販売額の推移（小売業の売場面積1㎡当たり年間商品販売額）　［p198］
　　◇単位当たり年間商品販売額の推移（小売業の従業者一人当たり年間商品販売額）　［p200］
　　◇単位当たり年間商品販売額の推移（小売業の売場面積1㎡当たり年間商品販売額）　［p200］
『中小企業白書　平成9年版』大蔵省印刷局　1997.5
　　◇小売業の商店数、従業者数、販売額　［13表　p14～15］
　　◇小売業態別年間販売額　［第2-3-3図　p222］
　　◇小売業の年間販売額業態別構成比　［第2-3-4図　p222］
　　◇小売業の従業者1人当たり年間販売額の推移　［第2-3-9図　p226］
　　◇業態別従業者1人当たり年間販売額の推移（小規模小売業）　［第2-3-10図　p226］
『中小企業白書　2004年版』ぎょうせい　2004.5
　　◇小売業販売額の推移（前年同月比増減率）　［第1-1-6図〔1〕　p8］
　　◇小売業販売額の業種別寄与度　［第1-1-6図〔2〕　p8］
　　◇小売業の事業所数、従業者数、販売額　［7表　p13］
『中小企業白書　2007年版』ぎょうせい　2007.6
　　◇小売業・個人向けサービス業・飲食業販売額の推移　［第2-2-1図　p88］
　　◇売場面積別小売業販売額の推移　［第2-2-4図　p90］
　　◇小売業の事業所数、従業者数、販売額　［11表　p368］
『中小企業白書　2013年版』佐伯印刷　2013.8
　　◇小売業の事業所数、従業者数、販売額　［11表　p371］

143

こうりき　　　　　　　　　統計図表レファレンス事典　商業・広告・マーケティング

『中小企業白書　2016年版』日経印刷　2016.6
　　◇小売業の事業所数、従業者数、販売額　〔11表　p598〕
『中小企業白書・小規模企業白書　2022年版』日経印刷　2022.7
　　◇2019年同月比小売業6業態の販売額の推移　〔第2-1-13図　上－Ⅱ-25〕
『東京の中小企業の現状（流通産業編）　平成26年度』東京都産業労働局　2015.3
　　◇小売業の事業所数・従業者数・年間商品販売額・売場面積　〔図表Ⅰ-2-10　p18〕
　　◇都内小売業の推移（年間商品販売額・売場面積）　〔図表Ⅰ-2-12　p19〕
　　◇小売業の業種別構成比（年間商品販売額）　〔図表Ⅰ-2-15　p21〕
　　◇小売業の単位当たり年間販売額　〔図表Ⅰ-2-24　p27〕
『東京の中小企業の現状（流通産業編）　平成29年度』東京都産業労働局　2018.3
　　◇小売業の事業所数、従業者数、年間商品販売額、売場面積（東京・全国、平成26年）　〔図表Ⅰ-2-12　p23〕
　　◇小売業の推移（年間商品販売額、売場面積）（東京）　〔図表Ⅰ-2-14　p24〕
　　◇小売業の業種別構成比（年間商品販売額）（東京、平成26年）　〔図表Ⅰ-2-17　p26〕
　　◇1事業所当たりの年間商品販売額（東京）〔東京の小売業〕　〔図表Ⅰ-2-20　p28〕
『東京の中小企業の現状（流通産業編）　令和2年度』東京都産業労働局　2021.3
　　◇小売業の事業所数、従業者数、年間商品販売額、売場面積（東京・全国、2016年）　〔図表Ⅰ-2-10　p21〕
　　◇小売業の業種別構成比（年間商品販売額）（東京、2016年）　〔図表Ⅰ-2-13　p23〕
『東北経済白書　平成16年版』経済産業調査会　2004.12
　　◇小売業業態別事業所数及び販売額前回比　〔図2-2-11　p114〕
　　◇小売業業態別販売額構成比推移　〔図2-2-12　p114〕
　　◇小売業と商業集積地区の業種別販売額構成比　〔図2-2-16　p115〕
『東北圏社会経済白書　2015年度』東北活性化研究センター　2016.3
　　◇東北圏の小売販売額・従業者数の推移　〔p27〕
『東北圏社会経済白書　2018年度』東北活性化研究センター　2019.3
　　◇小売販売額・従業者数の推移　〔p30〕
　　◇市町村の小売販売額（2016年）　〔p31〕
『日中経済産業白書　2014/2015』日中経済協会　2015.6
　　◇中国における小売業態別販売額の推移　〔図表24　p37〕
『民力　エリア・都市圏・市区町村別指標＋都道府県別資料　マーケティングに必須の地域データベース　2015』朝日新聞出版　2015.8
　　◇業種別小売業年間販売額　〔p401〕
　　◇商店年間販売額　卸売業，小売業　〔p401〕
　　◇品目別商品小売年間販売額（2007年）　〔p405〕
　　◇業態別小売業商店数・年間販売額　〔p418〕
『労働経済白書　平成22年版』日経印刷　2010.8
　　◇実質消費支出と実質小売業販売額の推移　〔第1-(3)-11図　p66〕
『労働白書　平成9年版』日本労働研究機構　1997.6
　　◇小売業従業者規模別1商店当たり販売額、従業者数の増減率の推移　〔第39表　p346〕
　　◇小売業各形態別販売額の増減率の推移　〔第41表　p348〕

小売業（不動産所有）

『東京の中小企業の現状（流通産業編）　平成29年度』東京都産業労働局　2018.3
　　◇土地の所有状況〔東京の流通産業の経営実態（アンケート結果）小売業〕　〔図表Ⅱ-2-17　p135〕
　　◇建物の所有状況〔東京の流通産業の経営実態（アンケート結果）小売業〕　〔図表Ⅱ-2-

◇土地の所有状況（小売業）〔東京の流通産業に関するテーマ分析（アンケート結果）〕
　　　〔図表Ⅲ-3-11　p266〕
　　◇建物の所有状況（小売業）〔東京の流通産業に関するテーマ分析（アンケート結果）〕
　　　〔図表Ⅲ-3-12　p266〕
『東京の中小企業の現状（流通産業編）　令和2年度』東京都産業労働局　2021.3
　　◇土地の所有状況〔小売業〕　　〔図表Ⅱ-2-29　p155〕
　　◇建物の所有状況〔小売業〕　　〔図表Ⅱ-2-30　p156〕

小売業（不当廉売）

『独占禁止白書　平成16年版』公正取引協会　2004.11
　　◇小売業における不当廉売事案における迅速処理の状況　〔第1-2表　p26〕
　　◇小売業における不当廉売の注意件数（平成15年度）　〔第1表　p264〕
『独占禁止白書　平成19年版』公正取引協会　2007.10
　　◇平成18年度における小売業における不当廉売の注意件数　〔第1表　p220〕
『独占禁止白書　平成30年版』公正取引協会　2018.1
　　◇平成30年度における小売業に係る不当廉売事案の注意件数（迅速処理によるもの）　〔第1表　p248〕
『独占禁止白書　令和3年版』公正取引協会　2022.1
　　◇令和2年度における小売業に係る不当廉売事案の注意件数（迅速処理によるもの）　〔第1表　p298〕
『独占禁止白書　令和4年版』公正取引協会　2022.12
　　◇申告件数の推移〔小売業に係る不当廉売事案/それ以外の事案〕　〔第4図　p26〕
　　◇令和3年度における小売業に係る不当廉売事案の注意件数（迅速処理によるもの）　〔第1表　p114〕
『独占禁止白書　令和5年版』公正取引協会　2023.12
　　◇申告件数の推移〔小売業に係る不当廉売事案/それ以外の事案〕　〔第3図　p27〕
　　◇令和4年度における小売業に係る不当廉売事案の注意件数（迅速処理によるもの）　〔第1表　p108〕

小売業（面積）

『国土交通白書　2010』日経印刷　2010.7
　　◇小売業の売場面積の立地別の増減（2002年2007年）　〔図表32　p18〕
　　◇小売業の売場面積と販売額の変化　〔図表33　p18〕
『ジェトロ貿易投資白書　2007年版』ジェトロ　2007.9
　　◇インド主要都市のショッピングモール数と敷地面積　〔表Ⅲ-9　p92〕
『地域経済総覧（週刊東洋経済臨時増刊/Data Bank SERIES）　2024年版』東洋経済新報社　2023.9
　　◇小売業―事業所数，従業者数，年間商品販売額，売場面積〔都道府県別データ〕　〔p180〕
　　◇小売業売場面積〔市区別データ〕　〔p473〕
　　◇小売業売場面積〔市区別データ〕　〔p718〕
『地域の経済　2009』佐藤印刷　2010.2
　　◇小売業（売場面積）に占めるショッピングセンターの割合（2007年）　〔第1-3-5図　p27〕
『東京の中小企業の現状（流通産業編）　平成26年度』東京都産業労働局　2015.3
　　◇小売業の事業所数・従業者数・年間商品販売額・売場面積　〔図表Ⅰ-2-10　p18〕
　　◇都内小売業の推移（年間商品販売額・売場面積）　〔図表Ⅰ-2-12　p19〕
　　◇小売業の業種別構成比（売場面積）　〔図表Ⅰ-2-16　p21〕
『東京の中小企業の現状（流通産業編）　平成29年度』東京都産業労働局　2018.3

こうりき　　　　　　　　　　統計図表レファレンス事典　商業・広告・マーケティング

　　◇小売業の事業所数、従業者数、年間商品販売額、売場面積(東京・全国、平成26年)　〔図表Ⅰ-2-12　p23〕
　　◇小売業の推移(年間商品販売額、売場面積)(東京)　〔図表Ⅰ-2-14　p24〕
　　◇小売業の業種別構成比(売場面積)(東京、平成26年)　〔図表Ⅰ-2-18　p26〕
　　◇総売場面積〔小売業〕　〔図表Ⅱ-2-12　p127〕
　『東京の中小企業の現状(流通産業編)　令和2年度』東京都産業労働局　2021.3
　　◇小売業の事業所数、従業者数、年間商品販売額、売場面積(東京・全国、2016年)　〔図表Ⅰ-2-10　p21〕
　　◇小売業の業種別構成比(売場面積)(東京、2016年)　〔図表Ⅰ-2-14　p24〕
　　◇総売場面積〔小売業〕　〔図表Ⅱ-2-12　p133〕
　『土地白書　平成16年版』国立印刷局　2004.7
　　◇小売店舗の面積規模と立地タイプ　〔図表1-3-63　p92〕
　『土地白書　平成22年版』勝美印刷　2010.8
　　◇小売業の景況感と店舗の着工面積の推移　〔図表2-2-24　p63〕
　『民力　エリア・都市圏・市区町村別指標＋都道府県別資料　マーケティングに必須の地域データベース　2015』朝日新聞出版　2015.8
　　◇小売業従業者数・売場面積(2012年)　〔p401〕
　　◇業態別小売業従業者数・売場面積　〔p420〕

小売業（IT利活用）

　『東京の中小企業の現状(流通産業編)　平成29年度』東京都産業労働局　2018.3
　　◇導入しているIT〔小売業〕　〔図表Ⅱ-2-82　p217〕
　　◇3年前と比較した現在のIT利活用状況〔小売業〕　〔図表Ⅱ-2-83　p218〕
　　◇現在と比較した3年後のIT利活用状況〔小売業〕　〔図表Ⅱ-2-84　p219〕
　　◇IT利活用に伴う生産性の向上〔東京の流通産業の経営実態(アンケート結果)　小売業〕　〔図表Ⅱ-2-85　p220〕
　　◇IT利活用に伴う生産性の向上(小売業)〔東京の流通産業に関するテーマ分析(アンケート結果)〕　〔図表Ⅲ-3-13　p267〕
　『東京の中小企業の現状(流通産業編)　令和2年度』東京都産業労働局　2021.3
　　◇ICTを活用した取組〔小売業〕　〔図表Ⅱ-2-63　p211〕
　　◇3年前と比較した現在のICTの利活用状況〔小売業〕　〔図表Ⅱ-2-64　p212〕
　　◇現在と比較した3年後のICTの利活用状況〔小売業〕　〔図表Ⅱ-2-65　p213〕
　　◇ICT利活用の進展に伴う業務の生産性向上〔小売業〕　〔図表Ⅱ-2-66　p215〕

小売市場

　『ジェトロ貿易投資白書　2007年版』ジェトロ　2007.9
　　◇インドの部門別小売市場規模および成長率(2006年度)　〔表Ⅲ-8　p92〕
　『情報メディア白書　2013』ダイヤモンド社　2013.1
　　◇キャラクター商品小売市場規模　〔図表Ⅰ-5-4　p100〕
　『情報メディア白書　2016』ダイヤモンド社　2016.2
　　◇キャラクター商品小売市場　〔図表Ⅰ-5-25　p114〕
　『情報メディア白書　2019』ダイヤモンド社　2019.2
　　◇キャラクター商品小売市場　〔図表Ⅰ-5-25　p112〕
　『情報メディア白書　2022』ダイヤモンド社　2022.3
　　◇キャラクター商品小売市場　〔Ⅰ-5-23　p104〕
　『情報メディア白書　2023』ダイヤモンド社　2023.2
　　◇キャラクター商品小売市場　〔図表Ⅰ-5-23　p100〕

『通商白書　2013』勝美印刷　2013.8
　　◇世界計の小売市場規模の現状と予測　［第Ⅱ-3-2-43図　p171］
　　◇各国・地域の小売市場規模の現状と予測　［第Ⅱ-3-2-44図　p172］

小売数量

『通商白書　2013』勝美印刷　2013.8
　　◇ユーロ圏諸国と英国の小売数量の推移　［第Ⅲ-2-2-30図　p245］

小売総額

『関西経済白書　2019』丸善プラネット　2019.9
　　◇社会消費品小売総額の推移（2000年－2018年）　［図2-1-1-4　p39］
　　◇社会消費品小売総額の推移（2016年5月－2019年3月）　［図2-1-1-5　p39］
『関西経済白書　2020』日経印刷　2020.10
　　◇社会消費品小売総額（2014年1月－20年5月）〔中国〕　［図2-CA-4　p70］
『世界経済の潮流　2019年Ⅰ』日経印刷　2019.9
　　◇小売総額〔中国〕　［第2-3-4図　p122］
　　◇商品小売総額の内訳（名目値・一定規模以上の企業）〔中国〕　［第2-3-5図　p123］
『世界経済の潮流　2022年Ⅰ』日経印刷　2022.9
　　◇小売総額（名目）〔中国経済〕　［第1-2-28図　p93］
　　◇商品小売総額（名目）の主要品目〔中国経済〕　［第1-2-29図　p93］
『世界経済の潮流　2022年Ⅱ』日経印刷　2023.3
　　◇小売総額（名目）〔中国経済〕　［第1-2-49図　p77］
『世界経済の潮流　2023年Ⅰ』日経印刷　2023.10
　　◇小売総額（名目）〔中国経済〕　［第1-1-47図　p61］
『世界経済の潮流　2023年Ⅱ』日経印刷　2024.3
　　◇小売総額（名目）〔中国経済〕　［第1-2-5図　p67］
『通商白書　2004』ぎょうせい　2004.7
　　◇消費財小売総額の推移　［第1-4-18図　p47］
『通商白書　2010』日経印刷　2010.7
　　◇インドにおける小売額の推移　［第1-2-4-14図　p96］
『日中経済産業白書　2014/2015』日中経済協会　2015.6
　　◇社会消費品小売総額の推移　［図表23　p36］

小売店

『関西経済白書　2020』日経印刷　2020.10
　　◇小売店の商店数の推移　［3.14.1　p254］
　　◇小売店の年間販売額及び一店舗当たりの年間販売額の推移〔関西・関東・中部〕　［3.14.2　p254］
『九州経済白書　2010年版』九州経済調査協会　2010.2
　　◇"脅威だと考える他業態"の関係図　［図表1-27　p23］
　　◇九州・山口の小売店事業所数・年間商品販売額・売場面積の推移　［図表3-1　p43］
　　◇今後シェアが高まると考えられる業態　［図表3-20　p52］
　　◇各業態からみた脅威と感じる業態　［図表3-21　p52］
　　◇来客用駐車場のない小売店舗による販売額が占める割合（2007年）　［図表5-3　p91］
『消費者白書　令和元年版』勝美印刷　2019.7
　　◇小売店舗形態別販売額の推移　［図表Ⅰ-1-2-4　p19］

こうりふ　　　　　　　　　　　　　統計図表レファレンス事典　商業・広告・マーケティング

『地域の経済　2006』日本統計協会　2007.2
　　◇景気ウォッチャー調査現状判断DI（商店街・一般小売店）　［第2-1-1図　p69］
『中国地域経済白書　2013』中国地方総合研究センター　2013.9
　　◇通信販売と各種小売店の対前年増減率（全国）　［図2.1.11　p21］
『中小企業白書　平成9年版』大蔵省印刷局　1997.5
　　◇その他の商品小売店の営業時間　［第2-3-42(3)図　p250］
『通商白書　2010』日経印刷　2010.7
　　◇各国の消費財売上高のうち、小規模小売店を通じた販売の割合　［第2-3-3-1図　p194］
『通商白書　2013』勝美印刷　2013.8
　　◇我が国の主な小売店の展開状況　［第Ⅱ-3-2-45表　p172］

小売物価

『海外労働白書　平成9年版』日本労働研究機構　1997.6
　　◇イギリスの賃金・小売物価上昇率（前年同期比）の推移　［表1-3-4　p163］
『情報メディア白書　2005』ダイヤモンド社　2004.12
　　◇小売物価推移一覧表〈東京都区部〉［図表Ⅲ-7-1　p262～263］
『情報メディア白書　2007』ダイヤモンド社　2007.1
　　◇小売物価推移一覧表〈東京都区部〉［図表Ⅲ-3-1　p258］
『情報メディア白書　2019』ダイヤモンド社　2019.2
　　◇主な小売物価の推移〈東京都区部/全国統一価格〉［図表Ⅱ-5-3　p251］
『情報メディア白書　2022』ダイヤモンド社　2022.3
　　◇主な小売物価の推移〈東京都区部/全国統一価格〉［Ⅱ-5-3　p243］
　　◇情報メディア関連小売物価の推移〈東京都区部/全国統一価格〉［Ⅱ-5-4　p244～247］
『物価レポート　'97』経済企画協会　1997.10
　　◇小売業の財務面からみた小売物価の変動要因分析　［図表3-2-3　p51］
　　◇DSの小売物価に与えたインパクト　［図表3-2-4　p52］

固定資産投資

『ジェトロ世界貿易投資報告　2016年版』日本貿易振興機構　2016.10
　　◇中国の固定資産投資、小売売上高の伸び率　［図表Ⅰ-3　p3］

コーポレート・コミュニケーション

『広告白書　2007』日経広告研究所　2007.7
　　◇日経広告研究所「コーポレート・コミュニケーションと企業広告に関する調査」　［p53］

コミュニケーション戦略　⇒マーケティング戦略 を見よ

コミュニティーサイト

『ネット広告白書　2010』インプレスR&D　2009.9
　　◇大手広告主のコミュニティースペースの開設　［資料6-1-34　p158］
　　◇中小広告主のコミュニティースペースの開設［従業員規模別］　［資料6-1-35　p158］
　　◇大手広告主のコミュニティーサイトの広告としての活用意向　［資料6-1-36　p159］
　　◇中小広告主のコミュニティーサイトの広告としての活用意向［従業員規模別］　［資料6-1-37　p159］
　　◇大手広告主のコミュニティーサイトに広告を出稿しない理由　［資料6-1-38　p160］
　　◇中小広告主のコミュニティーサイトに広告を出稿しない理由　［資料6-1-39　p160］

コモディティ化

『九州経済白書　2010年版』九州経済調査協会　2010.2
　◇コモディティ化商品関連市場、ランキング上位チェーン企業の購買力1億円当り店舗数　［図表1-15　p12］
　◇コモディティ化商品市場関連企業地場・域外別店舗数の全国比（九州7県）　［図表1-16　p12］
　◇コモディティ型商品市場関連上位企業の店舗売上高　［図表1-17　p13］

コンテンツ連動型広告

『インターネット白書　2007』インプレスR&D　2007.7
　◇コンテンツ連動型広告の認知［従業員規模別］　［資料3-1-13　p158］
　◇下方修正されたコンテンツ連動型広告市場規模予測　［資料5-4-7　p293］

『インターネット白書　2010』インプレスジャパン　2010.6
　◇コンテンツ連動型広告の認知［2009年―2010年と2010年の従業員規模別］　［資料8-1-13　p248］

コンビニエンスストア

『インターネット白書　2022』インプレスR&D　2022.2
　◇コンビニにおける月間キャッシュレス支払件数に各手段が占める割合　［資料2-1-6　p71］

『関西経済白書　2016』丸善プラネット　2016.10
　◇百貨店・スーパー・コンビニ販売状況　［図4-2-4　p98］

『九州経済白書　2007年版』九州経済調査協会　2007.2
　◇コンビニ立地困難地域の分布推移　［図表1-41　p76］

『警察白書　平成16年版』ぎょうせい　2004.10
　◇深夜におけるコンビニエンスストア・スーパーマーケット対象強盗事件の認知・検挙状況の推移（平成6〜15年）　［図4-4　p139］

『交通安全白書　令和元年版』勝美印刷　2019.7
　◇コンビニエンスストアの店舗数の推移　［特集-第20図　p16］

『子ども白書　1997年版』草土文化　1997.9
　◇コンビニエンスストアでの買い食い頻度（月平均回数）　［表1　p91］
　◇コンビニエンスストアにおける買い食い回数（ひと月）　［表2　p91］
　◇コンビニエンスストアでよく買う飲食物　［表3　p91］

『商業施設計画総覧　2023年版』産業タイムズ社　2022.11
　◇主要コンビニエンスストア　国内の出退店　［p66］
　◇主要コンビニエンスストアの業績　［p66］

『消費社会白書　2016』JMR生活総合研究所　2015.12
　◇チャネル別食品購入状況とコンビニエンスストアの利用状況　［図表8-2　p83］

『食料・農業・農村白書　平成25年版』日経印刷　2013.7
　◇主要コンビニエンスストアの海外店舗数の推移　［図2-4-18　p124］

『スーパーマーケット白書　2016年版』新日本スーパーマーケット協会　2016.2
　◇地域別各業態店舗数増加率　［図表6-2-26　p67］

『スーパーマーケット白書　2024年版』全国スーパーマーケット協会　2024.2
　◇業態間シェア流出入（シェアは22年シェア→23年シェアを表す）〔購入金額〕　［補足3　図表3　p75］

『地域経済総覧（週刊東洋経済臨時増刊/Data Bank SERIES）　2024年版』東洋経済新報社　2023.9
　◇コンビニ，家電大型専門店，ドラッグストア，ホームセンター〔店舗数・販売額・販売

額増減率/都道府県別データ〕　［p188］

『地域の経済　2012』日経印刷　2012.12
　　◇東北のスーパー及びコンビニエンス・ストア店舗数の推移　［第2-2-30図　p109］

『通商白書　2004』ぎょうせい　2004.7
　　◇百貨店、総合スーパー、コンビニエンスストアの従業者数の推移　［第1-1-23図　p13］
　　◇百貨店、総合スーパー、コンビニエンスストアの従業者数（パート・アルバイト等を除く）　［第1-1-24図　p13］

『東京の中小企業の現状（流通産業編）　平成26年度』東京都産業労働局　2015.3
　　◇コンビニエンスストアの品揃え・サービスの充実とその影響　［図表Ⅲ-3-1　p242］

『東京の中小企業の現状（流通産業編）　平成29年度』東京都産業労働局　2018.3
　　◇決済方法　コンビニ支払［小売業］　［図表Ⅱ-2-37　p156］
　　◇小売業態の変化の影響度　コンビニエンスストアの品揃え・サービスの充実　［図表Ⅱ-2-71　p206］

『マルチメディア白書　1997』マルチメディアコンテンツ振興協会　1997.7
　　◇ゲームソフトのコンビニ販売ルート　［図表2　p54］

コンビニエンスストア（販売額）

『大阪経済・労働白書　平成21年版』大阪府立産業開発研究所，大阪府商工労働部雇用推進室労政課　2010.3
　　◇コンビニエンスストア販売額の推移（近畿地区、全国、前年同期比）　［図表Ⅱ-2-5　p135］

『関西経済白書　2019』丸善プラネット　2019.9
　　◇コンビニエンスストア販売額の推移　[3.14.4　p233]

『関西経済白書　2020』日経印刷　2020.10
　　◇コンビニエンスストア販売額の推移〔関西・関東・中部〕　[3.14.4　p255]

『関西経済白書　2021』日経印刷　2021.10
　　◇コンビニエンスストア販売額前年同月比増減率の推移〔関西・関東・中部〕　[3.14.4　p272]

『関西経済白書　2022』日経印刷　2022.10
　　◇コンビニエンスストア販売額前年同月比増減率の推移　[3.14.4　p232]

『関西経済白書　2023』日経印刷　2023.10
　　◇コンビニエンスストア販売額前年同月比増減率の推移〔関西・関東・中部〕　[3.14.4　p236]

『情報メディア白書　2005』ダイヤモンド社　2004.12
　　◇コンビニエンスストアの書籍・雑誌販売額〈2003年〉［図表Ⅰ-2-13　p54］

『情報メディア白書　2007』ダイヤモンド社　2007.1
　　◇コンビニエンスストアの書籍・雑誌販売額〈2005年〉［図表Ⅰ-2-14　p48］

『地域経済総覧（週刊東洋経済臨時増刊/Data Bank SERIES）　2024年版』東洋経済新報社　2023.9
　　◇コンビニ，家電大型専門店，ドラッグストア，ホームセンター〔店舗数・販売額・販売額増減率/都道府県別データ〕　［p188］

『地域の経済　2012』日経印刷　2012.12
　　◇コンビニエンスストア販売額の推移（四半期）　［第1-2-34図　p48］

『地域の経済　2020～2021』日経印刷　2021.12
　　◇コンビニエンスストアの販売額の推移（地域別）　［第2-2-10図　p103］

『東北経済白書　平成16年版』経済産業調査会　2004.12
　　◇コンビニエンス・ストア販売額前年比の推移　［図1-2-12　p11］

『東北経済白書　平成18年版』経済産業調査会　2007.1
　◇コンビニエンス・ストア販売額(全店舗)と前年比の推移　［図1-2-11　p12］
『東北圏社会経済白書　2015年度』東北活性化研究センター　2016.3
　◇コンビニエンスストア販売額の推移(東北6県)　［p50］
『東北圏社会経済白書　2018年度』東北活性化研究センター　2019.3
　◇コンビニエンスストア販売額の推移(東北6県)　［p53］

【さ】

在庫

『東京の中小企業の現状(流通産業編)　平成29年度』東京都産業労働局　2018.3
　◇期末在庫〔卸売業〕　［図表Ⅱ-1-21　p68］
　◇在庫管理〔卸売業〕　［図表Ⅱ-1-35　p90］
『東京の中小企業の現状(流通産業編)　令和2年度』東京都産業労働局　2021.3
　◇期末在庫〔卸売業〕　［図表Ⅱ-1-25　p57］
　◇保管業務〔卸売業〕　［図表Ⅱ-1-40　p86］
　◇在庫管理〔卸売業〕　［図表Ⅱ-1-41　p87］

採算状況

『東京の中小企業の現状(流通産業編)　平成29年度』東京都産業労働局　2018.3
　◇今後の事業の採算性〔卸売業〕　［図表Ⅲ-3-1　p256］
　◇今後の事業の採算性〔小売業〕　［図表Ⅲ-3-7　p262］

サイバービジネス(店舗)

『通信白書　平成9年版』大蔵省印刷局　1997.5
　◇サイバー店舗数の推移　［第1-4-13図　p114］
　◇サイバービジネスの地域別傾向―(1)本業(実在店舗)の所在地　［第1-4-22図　p122］
　◇サイバー店舗の課題　［第1-4-25表　p124］

酒類(スーパーマーケット等)

『スーパーマーケット白書　2019年版』全国スーパーマーケット協会　2019
　◇SCIデータでみる業態別商品購入先　酒類(2018年商品購入額構成比)　［参考　p52］
　◇SCIデータでみるスーパーマーケットでの購入と商品市場規模の変化　酒類カテゴリー　［図表2-12　p55］
　◇商品カテゴリー別スーパーマーケットと他業態利用頻度(飲料・酒類)　［図表2-21　p59］
　◇酒類〔column　SCIデータでみる81品目の消費者購入金額とスーパーマーケット業態シェア〕　［p68］
『スーパーマーケット白書　2022年版』全国スーパーマーケット協会　2022
　◇家計のビールと発泡酒の支出額(2021年)　［図表2-55　p63］
　◇酒類〔資料1-1　SCIデータでみる81品目の消費者購入金額とスーパーマーケット業態シェア〕　［p102］
『スーパーマーケット白書　2023年版』全国スーパーマーケット協会　2023.2
　◇酒類〔資料1-1　SCIデータでみる81品目の消費者購入金額とスーパーマーケット業態シェア〕　［p116］
『スーパーマーケット白書　2024年版』全国スーパーマーケット協会　2024.2

　　　　　　　　　　　　　　　　統計図表レファレンス事典　商業・広告・マーケティング
さつし

　　◇酒類〔資料1-1　SCIデータでみる81品目の消費者購入金額とスーパーマーケット業態シェア〕　［p120］
　『労働白書　平成9年版』日本労働研究機構　1997.6
　　◇酒類販売業免許場数及び酒類小売業商店数、従業者数等の推移　［第48表　p356］

雑誌

　『情報メディア白書　2005』ダイヤモンド社　2004.12
　　◇コンビニエンスストアの書籍・雑誌販売額〈2003年〉［図表Ⅰ-2-13　p54］
　『情報メディア白書　2007』ダイヤモンド社　2007.1
　　◇コンビニエンスストアの書籍・雑誌販売額〈2005年〉［図表Ⅰ-2-14　p48］
　『情報メディア白書　2013』ダイヤモンド社　2013.1
　　◇書籍・雑誌・コミック購入場所〈インターネット通販利用者〉［図表Ⅰ-2-43　p70］
　『情報メディア白書　2019』ダイヤモンド社　2019.2
　　◇主な雑誌ブランドサイト指標〈2018年4～6月〉［図表Ⅰ-2-31　p77］

雑誌広告

　『広告白書　平成9年版』日経広告研究所　1997.7
　　◇新聞・雑誌広告出稿量　［（表）6　p200～217］
　『広告白書　平成16年版』日経広告研究所　2004.7
　　◇雑誌広告出稿量上位50社（2003年）　［資料6-2　p231］
　　◇雑誌業種別広告出稿量（頁）上位10社（2003年）　［資料6-4　p237］
　　◇雑誌グループ別発行ページ数（2003年月別）　［資料6-7　p244］
　　◇雑誌グループ別広告量（2003年月別）　［資料6-8　p245］
　『広告白書　2007』日経広告研究所　2007.7
　　◇雑誌広告費と販売部数　［p56］
　　◇業種別広告費（2000年～2006年）（雑誌広告費）　［資料3-2　p177］
　　◇媒体別広告量（雑誌）　［資料4-2　p180］
　　◇雑誌広告出稿量上位50社（2006年）　［資料10-2　p186］
　　◇雑誌グループ別発行ページ数（2006年月別）　［資料10-7　p193］
　　◇雑誌グループ別広告量（2006年月別）　［資料10-8　p193］
　『広告白書　2010』日経広告研究所　2010.7
　　◇3月の雑誌広告　［p82］
　　◇雑誌の広告ページ数と広告費　［p82］
　　◇雑誌広告出稿量上位50社（2009年）　［資料10-2　p193］
　　◇雑誌グループ別発行ページ数（2009年月別）　［資料10-7　p200］
　　◇雑誌グループ別広告量（2009年月別）　［資料10-8　p200］
　『広告白書　2013』日経広告研究所　2013.7
　　◇雑誌広告量前年同月比の推移（2012年1月～2013年4月）　［p50］
　　◇雑誌広告出稿量上記50社（2012年）　［資料10-2　p188］
　　◇雑誌業種別広告出稿量（ページ）上位10社（2012年）　［資料10-4　p191～193］
　　◇雑誌グループ別発行ページ数（2012年月別）　［資料10-7　p195］
　　◇雑誌グループ別広告量（2012年月別）　［資料10-8　p195］
　『広告白書　2016』日経広告研究所　2016.7
　　◇「M-VALUE」第1回～第3回調査の主要指標平均値　［p64］
　　◇雑誌広告出稿量上位50社（2015年）　［資料10-2　p218］
　　◇雑誌業種別広告出稿量（ページ）上位10社（2015年）　［資料10-4　p222～225］
　　◇雑誌グループ別発行ページ数（2015年月別）　［資料10-7　p227］

統計図表レファレンス事典　商業・広告・マーケティング　　　　　　　　　　　　　　　さつしこ

　　◇雑誌グループ別広告量(2015年月別)　［資料10-8　p227］
『広告白書　2019年度版』日経広告研究所　2019.7
　　◇雑誌広告出稿量上位50社(2018年)　［資料10-2　p170］
　　◇雑誌業種別広告出稿量(ページ)上位10社(2018年)　［資料10-4　p174～177］
　　◇雑誌グループ別発行ページ数(2018年月別)　［資料10-7　p179］
　　◇雑誌グループ別広告量(2018年月別)　［資料10-8　p179］
『広告白書　2020年度版』日経広告研究所　2020.9
　　◇雑誌広告費の推移　［p58］
　　◇雑誌広告出稿量上位50社(2019年)　［資料10-2　p170］
　　◇雑誌業種別広告出稿量(ページ)上位10社(2019年)　［資料10-4　p174～177］
　　◇雑誌グループ別発行ページ数(2019年月別)　［資料10-7　p179］
　　◇雑誌グループ別広告量(2019年月別)　［資料10-8　p179］
『広告白書　2021年度版』日経広告研究所　2021.8
　　◇雑誌広告費の推移　［p121］
　　◇雑誌広告出稿量上位50社(2020年)　［p126］
　　◇雑誌業種別広告出稿量(ページ)上位10社(2020年)　［p127～131］
　　◇雑誌グループ別広告量(2020年月別)　［p132］
　　◇雑誌グループ別発行ページ数(2020年月別)　［p132］
『広告白書　2022年度版』日経広告研究所　2022.8
　　◇雑誌広告費の推移　［p116］
　　◇雑誌グループ別広告量(2021年月別)　［p118］
　　◇雑誌グループ別発行ページ数(2021年月別)　［p118］
　　◇雑誌広告出稿量上位50社(2021年)　［p119］
　　◇雑誌業種別広告出稿量(ページ)上位10位(2021年)　［p120～124］
『広告白書　2023-24年版』日経広告研究所　2023.10
　　◇雑誌広告の推移〔広告費〕　［p101］
　　◇雑誌グループ別発行ページ数(2021年度月別)　［p229］
　　◇雑誌グループ別発行ページ数(2022年度月別)　［p229］
　　◇雑誌グループ別広告量(2021年度月別)　［p230］
　　◇雑誌グループ別広告量(2022年度月別)　［p230］
　　◇雑誌広告出稿量上位30社(2022年度)　［p231］
　　◇雑誌業種別広告出稿量(ページ)上位10位(2022年度)　［p232～236］
『情報メディア白書　1997年版』電通総研　1997.1
　　◇雑誌の業種別広告量トップ10(1995年)　［図表Ⅰ-32-8　p186］
　　◇雑誌/広告売上　［図表Ⅱ-1-28　p204］
『情報メディア白書　2005』ダイヤモンド社　2004.12
　　◇雑誌の業種別広告出稿量トップ10〈2003年〉［図表Ⅰ-12-10　p204］
『情報メディア白書　2007』ダイヤモンド社　2007.1
　　◇雑誌の業種別広告出稿量トップ10〈2005年〉［図表Ⅰ-13-9　p200］
『情報メディア白書　2010』ダイヤモンド社　2010.1
　　◇雑誌の業種別広告出稿量トップ10〈2008年〉［図表Ⅰ-13-8　p197］
　　◇雑誌広告費/ページ数　［図表Ⅱ-1-4　p234］
『情報メディア白書　2013』ダイヤモンド社　2013.1
　　◇雑誌の業種別広告出稿量トップ10〈2011年〉［図表Ⅰ-13-7　p191］
『情報メディア白書　2016』ダイヤモンド社　2016.2
　　◇雑誌の業種別広告出稿量トップ10〈2014年〉［図表Ⅰ-11-7　p189］

『情報メディア白書　2019』ダイヤモンド社　2019.2
　　◇雑誌広告費　［図表Ⅰ-2-2　p68］
　　◇雑誌の業種別広告出稿量トップ10〈2017年〉［図表Ⅰ-11-8　p191］
『情報メディア白書　2022』ダイヤモンド社　2022.3
　　◇雑誌広告費・雑誌デジタル広告費　［Ⅰ-2-14　p64］
　　◇雑誌の業種別広告出稿量トップ10〈2020年〉［Ⅰ-11-8　p183］
『情報メディア白書　2023』ダイヤモンド社　2023.2
　　◇雑誌広告費・雑誌デジタル広告費　［図表Ⅰ-2-14　p60］
　　◇雑誌の業種別広告出稿量トップ10〈2021年〉［図表Ⅰ-11-8　p177］
『デジタルコンテンツ白書　2013』デジタルコンテンツ協会　2013.9
　　◇新聞、雑誌、折込広告、インターネット広告費　［図表5-4-5　p161］
『デジタルコンテンツ白書　2016』デジタルコンテンツ協会　2016.9
　　◇新聞、雑誌、ラジオ、折込広告、インターネット広告の広告費の推移　［図表5-4-4　p161］
『デジタルコンテンツ白書　2019』デジタルコンテンツ協会　2019.9
　　◇新聞、雑誌、ラジオ、地上波テレビ、折込広告、インターネット広告の広告費の推移
　　　［図表5-4-3　p130］
『デジタルコンテンツ白書　2022』デジタルコンテンツ協会　2022.9
　　◇新聞、雑誌、ラジオ、地上波テレビ、折込広告、インターネット広告の広告費の推移
　　　［図表5-3-3　p115］
『ファミ通ゲーム白書　2019』KADOKAWA　2019.7
　　◇2018年タイトル別のテレビCM・ゲーム雑誌出稿量　［p288〜293］
　　◇メーカー及びタイトル別のテレビCM・ゲーム雑誌出稿状況　［p294〜295］
　　◇2018年アプリタイトル別のテレビCM・ゲーム雑誌出稿量　［p296〜302］
　　◇メーカー及びアプリ別のテレビCM・ゲーム雑誌出稿状況　［p303〜304］

サービス

『スーパーマーケット白書　2019年版』全国スーパーマーケット協会　2019
　　◇チェッカーが会計するレジサービスへの対価　［図表1-14　p29］
　　◇惣菜を手作りするサービスへの対価　［図表1-15　p29］
『東京の中小企業の現状（流通産業編）　平成26年度』東京都産業労働局　2015.3
　　◇コンビニエンスストアの品揃え・サービスの充実とその影響　［図表Ⅲ-3-1　p242］

サービス業

『中小企業白書　2007年版』ぎょうせい　2007.6
　　◇小売業・個人向けサービス業・飲食業販売額の推移　［第2-2-1図　p88］
『通商白書　2004』ぎょうせい　2004.7
　　◇我が国（機械組立製造業、小売・サービス業等）の推計結果　［付表2-1-3　p212］

三大都市圏

　　⇒大阪圏，東京圏，名古屋圏　をも見よ
『物価レポート　'97』経済企画協会　1997.10
　　◇三大圏の住宅地、商業地の地域別変動率　［（表）2　p106］

【し】

仕入
　⇒卸売業(仕入)，小売業(仕入) をも見よ
　『東京の中小企業の現状(流通産業編)　平成26年度』東京都産業労働局　2015.3
　　◇仕入活動の課題(インターネット販売状況別)　［図表Ⅲ-1-2　p193］
　　◇仕入活動の課題(インターネット販売状況別)　［図表Ⅲ-1-14　p207］
　　◇仕入活動の課題(インターネット販売の増加の影響度別)　［図表Ⅲ-3-15　p257］

仕入原価DI
　『スーパーマーケット白書　2016年版』新日本スーパーマーケット協会　2016.2
　　◇仕入原価DIと販売価格DIの推移　［図表6-2-12　p63］
　『スーパーマーケット白書　2019年版』全国スーパーマーケット協会　2019
　　◇2018年 売上高DIと生鮮仕入れ原価DI　［図表1-3　p17］
　　◇2013年以降の生鮮仕入原価DIと食品仕入原価DI　［図表1-7　p23］
　『スーパーマーケット白書　2023年版』全国スーパーマーケット協会　2023.2
　　◇生鮮仕入れ原価DIと食品仕入れ原価DI〔2022年のスーパーマーケット動向〕　［図表1-8　p20］
　『スーパーマーケット白書　2024年版』全国スーパーマーケット協会　2024.2
　　◇生鮮仕入れ原価DI・食品仕入れ原価DI〔2023年のスーパーマーケット動向〕　［図表1-10　p21］

仕入先
　『中小企業白書　平成9年版』大蔵省印刷局　1997.5
　　◇流通経路短縮化のための仕入先変更状況(中小小売業)　［第2-3-20　p233］
　　◇仕入先企業数の変化(中小小売業)　［第2-3-21　p233］
　　◇仕入先が減少した理由　［第2-3-22図　p234］
　　◇仕入先集約化の理由(中小小売業)　［第2-3-23図　p234］
　『東京の中小企業の現状(流通産業編)　平成29年度』東京都産業労働局　2018.3
　　◇仕入先総数〔卸売業〕　［図表Ⅱ-1-22　p69］
　　◇仕入先総数の変化〔卸売業〕　［図表Ⅱ-1-23　p71］
　　◇仕入先企業数の最も多い地域〔卸売業〕　［図表Ⅱ-1-24　p73］
　　◇仕入先の見直し状況〔卸売業〕　［図表Ⅱ-1-25　p74］
　　◇仕入先総数〔小売業〕　［図表Ⅱ-2-46　p167］
　　◇仕入先総数の変化〔小売業〕　［図表Ⅱ-2-47　p169］
　　◇仕入先企業数の最も多い地域〔小売業〕　［図表Ⅱ-2-48　p171］
　　◇仕入先の見直し状況〔小売業〕　［図表Ⅱ-2-49　p172］
　　◇最も多い仕入先〔小売業〕　［図表Ⅱ-2-50　p173］
　『東京の中小企業の現状(流通産業編)　令和2年度』東京都産業労働局　2021.3
　　◇仕入先企業数〔卸売業〕　［図表Ⅱ-1-28　p63］
　　◇3年前と比較した仕入先企業数の変化〔卸売業〕　［図表Ⅱ-1-29　p65］
　　◇仕入先企業の最も多い地域〔卸売業〕　［図表Ⅱ-1-30　p67］
　　◇仕入先の国・地域〔卸売業〕　［図表Ⅱ-1-31　p69］

しえいあ　　　　　　　　　　　　　　　統計図表レファレンス事典　商業・広告・マーケティング

　　◇仕入先の見直し状況〔卸売業〕　　　〔図表Ⅱ-1-32　p71〕
　　◇仕入先企業数〔小売業〕　　〔図表Ⅱ-2-37　p168〕
　　◇3年前と比較した仕入先企業数の変化〔小売業〕　　〔図表Ⅱ-2-38　p169〕
　　◇仕入先企業数の最も多い地域〔小売業〕　　〔図表Ⅱ-2-39　p171〕
　　◇最も多い仕入先〔小売業〕　　〔図表Ⅱ-2-40　p172〕
　　◇仕入先の見直し状況〔小売業〕　　〔図表Ⅱ-2-42　p175〕

ジェイアール東日本企画

『広告白書　2019年度版』日経広告研究所　2019.7
　　◇ジェイアール東日本企画の売上構成（2018年3月期）　〔p111〕
『広告白書　2020年度版』日経広告研究所　2020.9
　　◇ジェイアール東日本企画の売上構成（2020年3月期）　〔p107〕
『広告白書　2021年度版』日経広告研究所　2021.8
　　◇ジェイアール東日本企画の売上構成（2021年3月期）　〔p34〕

事業者数

『広告白書　2010』日経広告研究所　2010.7
　　◇その他の広告業の本支社別事業者数　〔資料1-3　p176〕
　　◇広告代理業の従業者規模別事業者数　〔資料1-4　p176〕
『小規模企業白書　2016年版』日経印刷　2016.6
　　◇商工会の経営指導員一人当たり事業者数（商工会地区の人口規模別）　〔第1-3-7図　p116〕
　　◇商工会議所の経営指導員一人当たり事業者数（商工会議所地区の人口規模別）　〔第1-3-8図　p117〕

事業承継

『東京の中小企業の現状（流通産業編）　平成29年度』東京都産業労働局　2018.3
　　◇事業承継の希望・方針〔小売業〕　〔図表Ⅲ-1-2　p231〕
　　◇現実の後継者の状況〔小売業〕　〔図表Ⅲ-1-3　p233〕
　　◇事業承継を考えるうえでの問題〔卸売業〕　〔図表Ⅲ-1-4　p235〕
　　◇事業承継の希望・方針〔小売業〕　〔図表Ⅲ-1-7　p239〕
　　◇現実の後継者の状況〔小売業〕　〔図表Ⅲ-1-8　p241〕
　　◇事業承継を考えるうえでの問題〔小売業〕　〔図表Ⅲ-1-9　p243〕
『東京の中小企業の現状（流通産業編）　令和2年度』東京都産業労働局　2021.3
　　◇事業承継の課題〔卸売業〕　〔図表Ⅱ-1-56　p115〕
　　◇後継者の現状・実際の状況〔卸売業〕　〔図表Ⅱ-1-58　p119〕
　　◇事業承継の課題〔小売業〕　〔図表Ⅱ-2-73　p225〕
　　◇現実の後継者の状況〔小売業〕　〔図表Ⅱ-2-75　p229〕

事業所数

　　⇒卸売業（事業所数），広告業（事業所数），小売業（事業所数）をも見よ
『九州経済白書　2010年版』九州経済調査協会　2010.2
　　◇九州・山口の小売店事業所数・年間商品販売額・売場面積の推移　〔図表3-1　p43〕
　　◇九州における百貨店事業所数・売場面積の推移　〔図表3-6　p45〕
　　◇九州における大型スーパーの事業所数・売場面積の推移　〔図表3-7　p46〕
『広告白書　2010』日経広告研究所　2010.7
　　◇広告代理業の本支社別事業所数　〔資料1-2　p176〕
　　◇その他の広告業の従業者規模別事業所数　〔資料1-5　p176〕

『地域の経済　2009』佐藤印刷　2010.2
　　◇百貨店事業所数の推移　［第1-3-3図　p25］
『東北圏社会経済白書　2015年度』東北活性化研究センター　2016.3
　　◇事業所数（法人・個人・卸売・小売別）　［p157〜158］

事業展開

『東京の中小企業の現状（流通産業編）　平成29年度』東京都産業労働局　2018.3
　　◇事業展開の方向性〔東京の流通産業の経営実態（アンケート結果）卸売業〕　［図表Ⅱ-1-52　p115］
　　◇事業展開の方向性（卸売業）〔東京の流通産業に関するテーマ分析（アンケート結果）〕　［図表Ⅲ-3-6　p261］
『東京の中小企業の現状（流通産業編）　令和2年度』東京都産業労働局　2021.3
　　◇事業展開の方向性〔卸売業〕　［図表Ⅱ-1-55　p113］
　　◇事業展開の方向性〔小売業〕　［図表Ⅱ-2-72　p223］

嗜好品（スーパーマーケット）

『スーパーマーケット白書　2019年版』全国スーパーマーケット協会　2019
　　◇SCIデータでみる業態別商品購入先　嗜好品（2018年商品購入額構成比）　［参考　p51］
　　◇SCIデータでみるスーパーマーケットでの購入と商品市場規模の変化　嗜好品カテゴリー　［図表2-10　p55］
　　◇嗜好品〔column_SCIデータでみる81品目の消費者購入金額とスーパーマーケット業態シェア〕　［p67］
　　◇カフェチェーンのコーヒー価格と売上高の伸び率　［図表　p84］
『スーパーマーケット白書　2022年版』全国スーパーマーケット協会　2022
　　◇家計のコーヒー支出額と喫茶代の推移　［図表2-53　p62］
　　◇嗜好品〔資料1-1 SCIデータでみる81品目の消費者購入金額とスーパーマーケット業態シェア〕　［p101］
『スーパーマーケット白書　2023年版』全国スーパーマーケット協会　2023.2
　　◇嗜好品〔資料1-1 SCIデータでみる81品目の消費者購入金額とスーパーマーケット業態シェア〕　［p115］
『スーパーマーケット白書　2024年版』全国スーパーマーケット協会　2024.2
　　◇嗜好品〔資料1-1 SCIデータでみる81品目の消費者購入金額とスーパーマーケット業態シェア〕　［p119］

市場規模

『インターネット白書　2004』インプレス　ネットビジネスカンパニー　2004.7
　　◇BtoC　ECの市場規模推移（1998年－2003年）　［資料6-2-21　p308］
　　◇BtoB　ECの市場規模推移（1998年－2003年）　［資料6-2-23　p309］
『インターネット白書　2010』インプレスジャパン　2010.6
　　◇BtoC―EC市場規模　［資料1-3-1　p63］
『インターネット白書　2016』インプレスR&D　2016.2
　　◇消費者向け（BtoC）のEコマース市場規模の推移　［資料1-3-1　p90］
　　◇中国向け越境EC市場規模のポテンシャル　［資料1-3-4　p93］
『インターネット白書　2019』インプレスR&D　2019.1
　　◇消費者向け（BtoC）のEコマース市場規模の推移　［資料1-3-1　p60］
　　◇世界の各国別Eコマース（BtoC）市場規模（2017年）　［資料1-3-4　p64］
『インターネット白書　2022』インプレスR&D　2022.2
　　◇消費者向け（BtoC）のEコマース市場規模と物販Eコマース化率の推移　［資料2-1-2　p63］

ししよう
統計図表レファレンス事典　商業・広告・マーケティング

　　◇消費者向け（BtOC）物販の商品カテゴリー別市場規模とEコマース化率（2020年）　［資料2-1-3　p65］
　　◇消費者向け（BtoC）物販の商品カテゴリー別市場規模とEコマース化率（2020年）　［資料2-1-3　p65］
　　◇消費者向け（BtoC）物販の主要商品カテゴリー別市場規模の伸長率とEコマース化率の伸長率　［資料2-1-4　p65］
『観光白書　平成28年版』昭和情報プロセス　2016.8
　　◇業種別消費者向けEC（電子商取引）市場規模（2014年（平成26年））　［図表Ⅱ-32　p75］
『観光ビジネス未来白書　2010年版』同友館　2010.3
　　◇飲食店市場規模　［p152］
『観光ビジネス未来白書　2013年版』同友館　2013.4
　　◇飲食店市場規模推移　［p128］
『観光ビジネス未来白書　2019年版』同友館　2019.4
　　◇飲食店市場規模推計　［p120］
『九州経済白書　2010年版』九州経済調査協会　2010.2
　　◇消費者向け電子商取引の市場規模　［図表5-5　p92］
　　◇日本におけるBtoC ECの業種別市場規模　［図表5-6　p92］
　　◇消費者向け電子商取引の市場規模と楽天（株）、ヤフー（株）のシェア（推計）　［図表5-8　p94］
『国土交通白書　2016』日経印刷　2016.7
　　◇BtoC-ECの市場規模およびEC化率の経年推移　［p236］
『ジェトロ世界貿易投資報告　2022年版』日本貿易振興機構　2022
　　◇世界のEC小売市場規模（2021年）　［図表Ⅰ-62　［1-4］4］
『消費者白書　平成28年版』勝美印刷　2016.6
　　◇消費者向け電子商取引の市場規模の推移　［図表2-1-26　p85］
『消費者白書　令和元年版』勝美印刷　2019.7
　　◇国内の電子商取引（BtoC）市場規模の推移　［図表Ⅰ-1-2-9　p25］
『消費者白書　令和4年版』勝美印刷　2022.7
　　◇国内の電子商取引（BtoC）市場規模の推移　［図表Ⅰ-2-1-5　p39］
　　◇越境的な電子商取引（BtoC）市場規模の推移　［図表Ⅰ-2-1-6　p40］
『情報化白書　2004』コンピュータ・エージ社　2004.8
　　◇各機関による中国のEC市場規模の見通し　［図表3-2-10　p135］
『情報化白書　2006』BCN　2006.10
　　◇日米のBtoB EC市場規模とBtoB EC化率（全体）　［図表2-3-1　p98］
　　◇日米のBtoB EC市場規模とBtoB EC化率（業種別）　［図表2-3-2　p99］
　　◇日米のBtoC EC市場規模とBtoC EC化率（全体）　［図表2-3-3　p100］
　　◇日米のBtoC EC市場規模とBtoC EC化率（業種別）　［図表2-3-4　p100］
　　◇その他主要各国におけるEC市場規模とGDP比（2004年）　［図表2-3-10　p104］
『情報化白書　2009』増進堂　2009.9
　　◇広義BtoB EC市場規模の推移　［図表1-1-3-1　p92］
　　◇狭義BtoB EC市場規模の推移　［図表1-1-3-2　p93］
　　◇初期発展期のEC市場規模の推移　［図表1-1-3-3　p93］
　　◇本格発展期のEC市場規模の推移　［図表1-1-3-4　p94］
　　◇新たな高付加価値ECの展開期のEC市場規模の推移　［図表1-1-3-5　p94］
　　◇日米BtoC EC市場規模の推移（1998～2007年）　［図表1-2-4-1　p163］
『情報通信白書　平成28年版』日経印刷　2016.8

統計図表レファレンス事典　商業・広告・マーケティング　　　　　ししよう

　　◇eコマース市場規模の推移及び予測　［図表2-2-2-1　p87］
『情報メディア白書　2005』ダイヤモンド社　2004.12
　　◇BtoB EC市場規模　［図表Ⅰ-11-17　p190］
　　◇BtoC EC市場規模　［図表Ⅰ-11-18　p190］
『情報メディア白書　2007』ダイヤモンド社　2007.1
　　◇B to B EC市場規模　［図表Ⅰ-11-26　p183］
　　◇B to C EC市場規模　［図表Ⅰ-11-27　p183］
『情報メディア白書　2010』ダイヤモンド社　2010.1
　　◇B to B EC（企業間電子商取引）市場規模　［図表Ⅰ-12-28　p185］
　　◇B to C EC（消費者向け電子商取引）市場規模　［図表Ⅰ-12-29　p185］
　　◇インターネット通販市場規模〈サイトから購入した取扱高〉［図表Ⅰ-14-23　p213］
　　◇テレビ通販市場規模　［図表Ⅰ-14-26　p213］
『情報メディア白書　2013』ダイヤモンド社　2013.1
　　◇B to C EC（消費者向け電子商取引）市場規模　［図表Ⅰ-12-23　p180］
　　◇インターネット通信販売市場規模〈サイトから購入した取扱高〉［図表Ⅰ-14-22　p207］
　　◇テレビ通販市場規模　［図表Ⅰ-14-26　p207］
『情報メディア白書　2016』ダイヤモンド社　2016.2
　　◇BtoB EC（企業間電子商取引）市場規模　［図表Ⅰ-10-8　p174］
　　◇BtoC EC（消費者向け電子商取引）市場規模　［図表Ⅰ-10-9　p174］
　　◇物販子分野のカテゴリー別EC市場規模〈2014年〉［図表Ⅰ-10-10　p174］
　　◇テレビ通販市場　［図表Ⅰ-12-24　p205］
　　◇インターネット通販市場規模　［図表Ⅰ-12-26　p206］
『情報メディア白書　2019』ダイヤモンド社　2019.2
　　◇BtoC EC（消費者向け電子商取引）市場規模　［図表Ⅰ-10-9　p176］
　　◇インターネット通販市場規模　［図表Ⅰ-12-26　p208］
『情報メディア白書　2022』ダイヤモンド社　2022.3
　　◇BtoB EC（企業間電子商取引）市場規模　［Ⅰ-10-8　p168］
　　◇BtoC EC（消費者向け電子商取引）市場規模　［Ⅰ-10-9　p168］
　　◇物販系分野のカテゴリー別BtoC EC市場規模〈2020年〉［Ⅰ-10-10　p168］
　　◇インターネット通販市場規模　［Ⅰ-12-23　p200］
『情報メディア白書　2023』ダイヤモンド社　2023.2
　　◇テレビ通販市場〔市場規模/通信販売全体に占めるシェア〕　［図表Ⅰ-12-21　p193］
　　◇インターネット通販市場規模　［図表Ⅰ-12-23　p194］
　　◇モバイルコマース市場規模（フィーチャーフォン/スマートフォン、タブレット）　［図表Ⅰ-12-24　p194］
『スーパーマーケット白書　2019年版』全国スーパーマーケット協会　2019
　　◇SCIデータでみるスーパーマーケットでの購入と商品市場規模の変化　主食カテゴリー　［図表2-3　p55］
　　◇SCIデータでみるスーパーマーケットでの購入と商品市場規模の変化　和風基礎調味料カテゴリー　［図表2-4　p55］
　　◇SCIデータでみるスーパーマーケットでの購入と商品市場規模の変化　その他調味料カテゴリー　［図表2-5　p55］
　　◇SCIデータでみるスーパーマーケットでの購入と商品市場規模の変化　乾物・缶詰類カテゴリー　［図表2-6　p55］
　　◇SCIデータでみるスーパーマーケットでの購入と商品市場規模の変化　加工食品カテゴリー　［図表2-7　p55］
　　◇SCIデータでみるスーパーマーケットでの購入と商品市場規模の変化　洋日配・冷凍食品カテゴリー　［図表2-8　p55］

◇SCIデータでみるスーパーマーケットでの購入と商品市場規模の変化　菓子カテゴリー
　　　［図表2-9　p55］
　　◇SCIデータでみるスーパーマーケットでの購入と商品市場規模の変化　嗜好品カテゴリー
　　　［図表2-10　p55］
　　◇SCIデータでみるスーパーマーケットでの購入と商品市場規模の変化　飲料カテゴリー
　　　［図表2-11　p55］
　　◇SCIデータでみるスーパーマーケットでの購入と商品市場規模の変化　酒類カテゴリー
　　　［図表2-12　p55］
『世界統計白書　2010年版』木本書店　2010.6
　　◇主要国の電子商取引市場規模　［p596］
『中小企業白書　2007年版』ぎょうせい　2007.6
　　◇対消費者電子商取引市場規模　［第2-2-7図　p90］
『中小企業白書　2016年版』日経印刷　2016.6
　　◇BtoBの電子商取引の市場規模及びEC化率の推移　［第2-1-17図　p106］
　　◇対個人向けECの市場規模の推移　［第2-1-18図　p107］
『中小企業白書　2019年版』日経印刷　2019.6
　　◇我が国のECにおける市場規模の推移（BtoB）　［第3-1-12図　p285］
　　◇我が国のECにおける市場規模の推移（BtoC）　［第3-1-13図　p285］
『中小企業白書・小規模企業白書　2022年版』日経印刷　2022.7
　　◇世界のBtoC-EC市場規模（推計）　［第2-2-133図　上-Ⅱ-220］
『通商白書　2010』日経印刷　2010.7
　　◇通信・放送衛星の商業市場規模　［第3-2-1-90図　p346］
『独占禁止白書　平成19年版』公正取引協会　2007.10
　　◇電子商店街の市場規模推移　［第23図　p248］
『ものづくり白書　2013年版』経済産業調査会　2013.7
　　◇市場規模とマーケットシェア　［図123-2　p84］

市場規模（広告）

『インターネット白書　2007』インプレスR&D　2007.7
　　◇インターネット広告市場規模の推移・予測　［資料5-4-1　p290］
　　◇P4P広告の市場規模推移とインターネット広告に占める割合　［資料5-4-6　p293］
　　◇下方修正されたコンテンツ連動型広告市場規模予測　［資料5-4-7　p293］
『インターネット白書　2010』インプレスジャパン　2010.6
　　◇日本の行動ターゲティング広告市場規模予測　［資料1-2-11　p61］
『ケータイ白書　2007』インプレスR&D　2006.12
　　◇アフィリエイト広告市場規模予測　［資料3-6-5　p211］
『広告白書　2016』日経広告研究所　2016.7
　　◇動画広告市場規模推計　［p22］
『広告白書　2019年度版』日経広告研究所　2019.7
　　◇動画広告市場規模推計・予測（デバイス別）　［p80］
　　◇デジタルサイネージ国内市場規模推移と予測　［p92］
『広告白書　2022年度版』日経広告研究所　2022.8
　　◇広告種別の市場規模　［p70］
　　◇動画広告の種別市場規模　［p71］
『広告白書　2023-24年版』日経広告研究所　2023.10
　　◇リテールメディア広告市場規模推計・予測　［p39］

『情報メディア白書　2023』ダイヤモンド社　2023.2
　◇マンガアプリ広告市場規模　［図表Ⅰ-2-18　p62］
『スマホ白書　2016』インプレスR&D　2016.6
　◇スマートフォン広告市場規模予測2014-2020年　［資料2-4-1　p140］
　◇スマートフォン広告市場規模予測(広告商品別)2014-2020年　［資料2-4-2　p140］
『デジタルコンテンツ白書　2013』デジタルコンテンツ協会　2013.9
　◇スマートフォン広告市場規模予測　［図表5-3-2　p154］
『デジタルコンテンツ白書　2022』デジタルコンテンツ協会　2022.9
　◇マンガアプリ広告市場規模　［図表4-1-5　p64］
『ネット広告白書　2010』インプレスR&D　2009.9
　◇検索連動型広告費の市場規模とインターネット広告費(媒体費)に占める割合　［資料3-2-1　p72］
『モバイル社会白書　2007』NTT出版　2007.7
　◇WAP広告市場規模予測　［資料3-6-31　p273］

市場規模(小売)

『観光ビジネス未来白書　2010年版』同友館　2010.3
　◇料理品小売(持ち帰り弁当店や惣菜店、テイクアウト主体のファストフードなど)市場規模　[p154]
『ジェトロ貿易投資白書　2007年版』ジェトロ　2007.9
　◇インドの部門別小売市場規模および成長率(2006年度)　［表Ⅲ-8　p92］
『情報メディア白書　2023』ダイヤモンド社　2023.2
　◇キャラクター商品小売市場　［図表Ⅰ-5-23　p100］
『通商白書　2013』勝美印刷　2013.8
　◇世界計の小売市場規模の現状と予測　［第Ⅱ-3-2-43図　p171］
　◇各国・地域の小売市場規模の現状と予測　［第Ⅱ-3-2-44図　p172］
『デジタルコンテンツ白書　2007』デジタルコンテンツ協会　2007.8
　◇キャラクター商品小売市場規模推移　［図表5-5-1　p180］
『デジタルコンテンツ白書　2013』デジタルコンテンツ協会　2013.9
　◇キャラクター商品の小売市場規模の推移　［図表2-1-26　p43］
『デジタルコンテンツ白書　2016』デジタルコンテンツ協会　2016.9
　◇キャラクター商品の小売市場規模の推移　［図表2-1-25　p49］
『デジタルコンテンツ白書　2019』デジタルコンテンツ協会　2019.9
　◇キャラクター商品の小売市場規模の推移　［図表2-1-25　p48］
『デジタルコンテンツ白書　2022』デジタルコンテンツ協会　2022.9
　◇キャラクター商品の小売市場規模の推移　［図表2-25　p48〜49］

市場競争

『中小企業白書　平成9年版』大蔵省印刷局　1997.5
　◇中小小売業の競争相手の業態　［第2-3-29図　p238］
『東京の中小企業の現状(流通産業編)　平成26年度』東京都産業労働局　2015.3
　◇競争環境の変化(インターネット販売状況別)　［図表Ⅲ-1-4　p195］
『東京の中小企業の現状(流通産業編)　平成29年度』東京都産業労働局　2018.3
　◇競争環境の変化〔卸売業〕　［図表Ⅱ-1-47　p107］
『東京の中小企業の現状(流通産業編)　令和2年度』東京都産業労働局　2021.3
　◇競争環境における重要な変化(卸売業)　［図表Ⅲ-2-1　p249］

ししよう　　　　　　　　　統計図表レファレンス事典　商業・広告・マーケティング

　　◇競争力向上のために実施している取組（卸売業）　　［図表Ⅲ-2-3　p253］
　　◇競争力向上に取り組まない理由（卸売業）　　［図表Ⅲ-2-5　p257］
　　◇増益企業の競争力向上への取組（卸売業）　　［図表Ⅲ-2-8　p263］
　　◇減益企業の競争力向上への取組（卸売業）　　［図表Ⅲ-2-9　p265］
　　◇競争力向上のために実施している取組（小売業）　　［図表Ⅲ-2-11　p269］
　　◇競争力向上に取り組まない理由（小売業）　　［図表Ⅲ-2-13　p273］
　　◇増益企業の競争力向上への取組（小売業）　　［図表Ⅲ-2-16　p279］
　　◇減益企業の競争力向上への取組（小売業）　　［図表Ⅲ-2-17　p281］

市場成長率

　　『インターネット白書　2010』インプレスジャパン　2010.6
　　　　◇国内広告市場とインターネット広告市場の成長率比較予測　　［資料1-2-2　p55］
　　『インターネット白書　2012』インプレスジャパン　2012.7
　　　　◇国内広告市場とインターネット広告市場の成長率比較　　［資料2-2-2　p112］
　　『インターネット白書　2016』インプレスR&D　2016.2
　　　　◇国内広告市場と媒体別広告の成長率の推移と予測　　［資料1-2-1　p65］
　　『インターネット白書　2019』インプレスR&D　2019.1
　　　　◇国内広告市場と媒体別広告の成長率の推移と予測　　［資料1-2-1　p48］
　　『インターネット白書　2022』インプレスR&D　2022.2
　　　　◇国内広告市場と媒体別広告の成長率の推移と予測　　［資料2-2-6　p107］
　　『インターネット白書　2023』インプレスNext Publishing　2023.2
　　　　◇国内広告市場と媒体別広告の成長率の推移と予測　　［資料2-2-8　p89］
　　『インターネット白書　2024』インプレスNext Publishing　2024.2
　　　　◇国内広告市場と媒体別広告の成長率の推移と予測　　［資料2-2-8　p97］
　　『広告白書　2016』日経広告研究所　2016.7
　　　　◇WARCとCaratによる主要12カ国の広告市場の成長率　　［p121］
　　『ジェトロ貿易投資白書　2007年版』ジェトロ　2007.9
　　　　◇インドの部門別小売市場規模および成長率（2006年度）　　［表Ⅲ-8　p92］

実店舗

　　『インターネット白書　2010』インプレスジャパン　2010.6
　　　　◇オンラインショッピングと実店舗における消費意欲　　［資料7-5-2　p207］
　　『情報通信白書　平成25年版』日経印刷　2013.7
　　　　◇国内における実店舗・ネット店舗における顧客の購買行動　　［図表1-1-3-16　p43］
　　　　◇企業における実店舗への誘引手段　　［図表1-1-3-32　p49］
　　　　◇インターネット上における実店舗への誘因手段と効果　　［図表1-1-3-33　p49］
　　『製造基盤白書（ものづくり白書）　2004年版』ぎょうせい　2004.6
　　　　◇直販事業の今後の方向性（実店舗）　　［図132-20　p234］
　　『通信白書　平成9年版』大蔵省印刷局　1997.5
　　　　◇サイバービジネスの地域別傾向―(1)本業（実在店舗）の所在地　　［第1-4-22図　p122］

自動車販売

　　『新聞折込広告効果測定調査―調査レポート―』エム・エス・エス　2006.3
　　　　◇2004年 配布された新聞折込広告に対し閲読した枚数の割合 自動車販売店〔年齢別〕
　　　　　　［p63,124］
　　　　◇配布された新聞折込広告に対し閲読した枚数の割合 自動車販売店〔性別〕　　［p63,124］

◇2004年 配布された新聞折込広告の利用有無 自動車販売店〔年齢別〕　［p85,131］
　　　◇配布された新聞折込広告の利用有無 自動車販売店〔性別〕　　［p85,131］
　『世界経済の潮流 2013年 Ⅰ』日経印刷　2013.6
　　　◇ドイツの小売売上と新車登録台数　〔第1-4-10図　p81〕
　　　◇フランスの小売売上と新車登録台数　〔第1-4-19図　p84〕
　　　◇イタリアの小売売上と新車登録台数　〔第1-4-28図　p88〕
　　　◇スペインの小売売上と新車登録台数　〔第1-4-34図　p90〕
　　　◇英国の小売売上と新車登録台数　〔第1-4-40図　p93〕
　『通商白書 2013』勝美印刷　2013.8
　　　◇自動車の販売台数推移（左）小売売上高の伸び（前年同月比）（右）　〔第Ⅲ-2-4-35図　p268〕

資本金

　『東京の中小企業の現状（流通産業編）　平成29年度』東京都産業労働局　2018.3
　　　◇資本金〔卸売業〕　〔図表Ⅱ-1-11　p49〕
　　　◇資本金〔小売業〕　〔図表Ⅱ-2-9　p123〕
　『東京の中小企業の現状（流通産業編）　令和2年度』東京都産業労働局　2021.3
　　　◇資本金〔卸売業〕　〔図表Ⅱ-1-8　p40〕
　　　◇資本金〔小売業〕　〔図表Ⅱ-2-5　p126〕

事務所（面積）

　『首都圏白書　平成9年版』大蔵省印刷局　1997.6
　　　◇事務所・店舗等床面積の推移　〔図4-1-7　p65〕
　　　◇事務所・店舗等床面積の推移　〔図9-4-6　p316〕
　　　◇東京圏の事務所・店舗等の床面積のシェア推移　〔図9-4-8　p317〕
　『首都圏白書　平成16年版』国立印刷局　2004.6
　　　◇事務所・店舗等床面積の推移　〔2-1　p147〕
　『首都圏白書　平成19年版』国立印刷局　2007.6
　　　◇事務所・店舗等床面積の推移　〔2-1　p87〕
　『首都圏白書　平成22年版』佐伯印刷　2010.7
　　　◇事務所・店舗等床面積の推移産業　〔2-1　p119〕
　『首都圏白書　平成25年版』勝美印刷　2013.7
　　　◇事務所・店舗等床面積の推移産業　〔2-1　p107〕
　『首都圏白書　平成28年版』勝美印刷　2016.6
　　　◇事務所・店舗等床面積の推移　〔2-1　p99〕
　『首都圏白書　令和元年版』勝美印刷　2019.7
　　　◇全国・首都圏の事務所・店舗等の床面積の推移　〔3-1　p121〕
　『首都圏白書（首都圏整備に関する年次報告）　令和4年版』勝美印刷　2022.7
　　　◇全国・首都圏の事務所・店舗等の床面積の推移〔産業と教育の状況〕　〔資料編3-1　p126〕
　『土地白書　平成9年版』大蔵省印刷局　1997.6
　　　◇事務所・店舗等の床面積の動向　〔図表1-4-1　p18〕
　　　◇店舗・事務所の着工床面積　〔図表4-3-2　p107〕

地元産品（スーパーマーケット）

　『スーパーマーケット白書　2022年版』全国スーパーマーケット協会　2022
　　　◇地元産品の購入動機　〔図表2-74　p72〕
　　　◇地元産品の購入先　〔図表2-76　p72〕

しやかい　　　　　統計図表レファレンス事典　商業・広告・マーケティング

◇地元産品の購入場面（年代別）　［図表2-77　p72］

社会貢献

『スーパーマーケット白書　2022年版』全国スーパーマーケット協会　2022
　　◇スーパーマーケットの社会貢献活動への評価　［図11　p81］
　　◇スーパーマーケットの社会貢献活動への共感　［図12　p82］
　　◇社会貢献活動の取り組みと利用可能性　［図13　p83］
　　◇社会貢献活動と価格の関係　［図14　p83］
　　◇社会貢献の取り組みの認識度　［図15　p85］

社会消費品

『関西経済白書　2019』丸善プラネット　2019.9
　　◇社会消費品小売総額の推移（2000年－2018年）　［図2-1-1-4　p39］
　　◇社会消費品小売総額の推移（2016年5月－2019年3月）　［図2-1-1-5　p39］
『関西経済白書　2020』日経印刷　2020.10
　　◇社会消費品小売総額（2014年1月－20年5月）〔中国〕　［図2-CA-4　p70］
『世界経済の潮流　2010年　Ⅰ』日経印刷　2010.6
　　◇社会消費品小売総額　［第1-2-4図　p34］
『世界経済の潮流　2013年　Ⅰ』日経印刷　2013.6
　　◇社会消費品小売総額　［第1-3-4図　p48］
『日中経済産業白書　2014/2015』日中経済協会　2015.6
　　◇社会消費品小売総額の推移　［図表23　p36］

写真業界

『情報メディア白書　2016』ダイヤモンド社　2016.2
　　◇写真機小売業、写真業、写真現像焼付業の売上高〈2012年〉［図表Ⅱ-4-25　p244］
『情報メディア白書　2019』ダイヤモンド社　2019.2
　　◇写真機小売業、写真業、写真現像焼付業の売上高〈2016年〉［図表Ⅱ-4-25　p248］
『情報メディア白書　2022』ダイヤモンド社　2022.3
　　◇写真機小売業、写真業、写真現像焼付業の売上高〈2016年〉［Ⅱ-4-25　p240］

車内広告

『情報メディア白書　1997年版』電通総研　1997.1
　　◇JR東日本の車内中吊ポスター内容別掲出本数構成　［図表Ⅰ-32-25　p191］
　　◇E電の車内まど上ポスター内容別掲出本数（1994年度）　［図表Ⅰ-32-26　p191］
『情報メディア白書　2005』ダイヤモンド社　2004.12
　　◇車内広告の見方　［図表Ⅰ-12-27　p208］
　　◇車内中づりポスター掲出状況〈2003年〉［図表Ⅰ-12-28　p208］
　　◇車内まど上ポスター掲出状況〈2003年〉［図表Ⅰ-12-29　p208］
『情報メディア白書　2007』ダイヤモンド社　2007.1
　　◇車内広告の見方　［図表Ⅰ-13-29　p204］

収益DI

『スーパーマーケット白書　2016年版』新日本スーパーマーケット協会　2016.2
　　◇収益DIの推移　［図表6-2-4　p60］
　　◇景気判断DIと収益DI　［図表6-2-19　p66］
『スーパーマーケット白書　2022年版』全国スーパーマーケット協会　2022

◇収益DIの推移　［図表1-11　p21］

集客
　『インターネット白書　2004』インプレス　ネットビジネスカンパニー　2004.7
　　◇ネットショップの集客手段（複数回答）　［資料6-2-5　p299］
　　◇ネットショップの集客手段で最も投資対効果の高いもの（単数回答）　［資料6-2-6　p299］
　『九州経済白書　2010年版』九州経済調査協会　2010.2
　　◇日帰りレジャー地域の個人店における集客圏　［図表4-30　p83］
　　◇日帰りレジャー地域の個人店が重視する集客手段　［図表4-31　p84］
　　◇日帰りレジャー地域の個人店が重視する集客手段（売上状況別）　［図表4-32　p84］

従業者
　『過労死等防止対策白書　令和元年版』勝美印刷　2019.10
　　◇職種別に見たメディア業界（広告業）の精神障害事案数　［第1-2-8図　p102］
　　◇業務に関するストレスや悩みの内容（広告・出版）（労働者調査）　［第1-2-34図　p121］
　『首都圏白書　平成9年版』大蔵省印刷局　1997.6
　　◇市町村別全産業に占める情報サービス業・調査・広告業の従業者の構成比　［図4-5-5　p128］
　『情報メディア白書　1997年版』電通総研　1997.1
　　◇従業員規模別書店数（1994年）　［図表Ⅰ-1-14　p16］
　『情報メディア白書　2005』ダイヤモンド社　2004.12
　　◇従業員規模別書店数　［図表Ⅰ-2-14　p54］
　『情報メディア白書　2007』ダイヤモンド社　2007.1
　　◇従業員規模別書店数　［図表Ⅰ-2-15　p48］
　『スーパーマーケット白書　2016年版』新日本スーパーマーケット協会　2016.2
　　◇人事環境〔平成27年スーパーマーケット年次統計調査結果概要〕　［資料9-2　p86］
　『スーパーマーケット白書　2019年版』全国スーパーマーケット協会　2019
　　◇人事環境〔資料7.2018年スーパーマーケット業界の平均値〕　［資料7-2　p113］
　『スーパーマーケット白書　2022年版』全国スーパーマーケット協会　2022
　　◇人事環境〔スーパーマーケット業界の平均値〕　［資料6-2　p114］
　『スーパーマーケット白書　2023年版』全国スーパーマーケット協会　2023.2
　　◇人事環境〔スーパーマーケット業界の平均値〕　［資料6-2　p128］
　『スーパーマーケット白書　2024年版』全国スーパーマーケット協会　2024.2
　　◇人事環境〔スーパーマーケット業界の平均値〕　［資料6-2　p132］
　『東京の中小企業の現状（流通産業編）　平成29年度』東京都産業労働局　2018.3
　　◇従業者規模〔卸売業〕　［図表Ⅱ-1-6　p43］
　　◇雇用している従業員の有無〔卸売業〕　［図表Ⅱ-1-7　p44］
　　◇従業者の平均年齢〔卸売業〕　［図表Ⅱ-1-8　p45］
　　◇従業者規模〔小売業〕　［図表Ⅱ-2-4　p118］
　　◇雇用している従業員の有無〔小売業〕　［図表Ⅱ-2-5　p119］
　　◇従業者の平均年齢〔小売業〕　［図表Ⅱ-2-6　p120］
　『東京の中小企業の現状（流通産業編）　令和2年度』東京都産業労働局　2021.3
　　◇従業者規模〔卸売業〕　［図表Ⅱ-1-9　p41］
　　◇従業者の平均年齢〔卸売業〕　［図表Ⅱ-1-10　p42］
　　◇雇用している従業員の有無〔卸売業〕　［図表Ⅱ-1-11　p43］
　　◇従業者規模〔小売業〕　［図表Ⅱ-2-6　p127］

| しゆうき | 統計図表レファレンス事典　商業・広告・マーケティング |

　　◇従業者の平均年齢〔小売業〕　〔図表Ⅱ-2-7　p128〕
　　◇雇用している従業員の有無〔小売業〕　〔図表Ⅱ-2-8　p129〕

就業者数

『情報メディア白書　2005』ダイヤモンド社　2004.12
　　◇広告業部門別就業者数〈2003年〉〔図表Ⅰ-12-3　p200〕
『労働白書　平成9年版』日本労働研究機構　1997.6
　　◇卸売・小売業、飲食店の就業者数の増減の業種別内訳(1985〜1995年)　〔第1-(2)-13図　p124〕

従業者数

　　⇒卸売業(従業者数)，広告業(従業者数)，小売業(従業者数)　をも見よ
『関西経済白書　2022』日経印刷　2022.10
　　◇大阪府の大型小売店販売額対従業者数(月次・年度平均値)　〔図3-3-2　p86〕
『九州経済白書　2004年版』九州経済調査協会　2004.2
　　◇飲食店の店舗数と従業者数の推移(九州8県)　〔図2-5　p21〕
　　◇飲食料品卸売業の商店数・従業者数の推移(九州8県)　〔図3-2　p48〕
　　◇農村レストランの立地数(2001年)と一般飲食店の従業者増加数(1991〜2001年)の構成比(九州7県)　〔図3-37　p76〕
『広告白書　2007』日経広告研究所　2007.7
　　◇広告業の男女別，雇用形態別，部門別就業者数　〔資料1-4　p170〕
『首都圏白書　平成9年版』大蔵省印刷局　1997.6
　　◇1商店当たりの従業者数(人/商店)　〔表4-4-3　p122〕
『首都圏白書　平成22年版』佐伯印刷　2010.7
　　◇大規模小売店舗従業者数の推移　〔図表2-2-19　p50〕
『首都圏白書　平成25年版』勝美印刷　2013.7
　　◇大規模小売店舗従業者数の推移　〔図表2-2-19　p51〕
『情報メディア白書　1997年版』電通総研　1997.1
　　◇地域別新聞販売店数と1店当たりの従業員数(1995年)　〔図表Ⅰ-4-6　p33〕
　　◇新聞販売店従業員数内訳　〔図表Ⅰ-4-7　p33〕
『情報メディア白書　2007』ダイヤモンド社　2007.1
　　◇新聞販売店従業員数　〔図表Ⅰ-1-17　p35〕
『情報メディア白書　2010』ダイヤモンド社　2010.1
　　◇新聞販売店従業員数　〔図表Ⅰ-1-18　p31〕
『情報メディア白書　2013』ダイヤモンド社　2013.1
　　◇新聞販売所従業員数　〔図表Ⅰ-1-21　p47〕
『情報メディア白書　2016』ダイヤモンド社　2016.2
　　◇新聞販売所従業員数〈各年10月〉〔図表Ⅰ-1-29　p59〕
『情報メディア白書　2019』ダイヤモンド社　2019.2
　　◇新聞販売所従業員数　〔図表Ⅰ-1-33　p62〕
『情報メディア白書　2022』ダイヤモンド社　2022.3
　　◇新聞販売所従業員数　〔Ⅰ-1-33　p54〕
『水産白書　平成28年版』農林統計協会　2016.6
　　◇漁業経営体及び漁業協同組合等による水産加工及び水産物直売所の従業者数と年間販売金額　〔図Ⅰ-3-4　p42〕
『製造基盤白書(ものづくり白書)　2004年版』ぎょうせい　2004.6

◇直販を実施している企業の従業者数　［図132-1　p229］
『地域の経済　2020〜2021』日経印刷　2021.12
　　◇各地域の飲食業の従業者数の割合　［第2-2-14図　p110］
『中国地域白書　2015』中国地方総合研究センター　2016.6
　　◇中国5県別にみた商業の事業所数、従業者数、年間商品販売額、売場面積　［p201］
『通商白書　2004』ぎょうせい　2004.7
　　◇百貨店、総合スーパー、コンビニエンスストアの従業者数の推移　［第1-1-23図　p13］
　　◇百貨店、総合スーパー、コンビニエンスストアの従業者数（パート・アルバイト等を除く）　［第1-1-24図　p13］

収入
　　⇒スポット広告収入　をも見よ
『九州経済白書　2019年版』九州経済調査協会　2019.2
　　◇Jリーグクラブの営業収益と広告料収入と入場料収入の構成比（2017年度）　［図表Ⅱ-3　p18］
　　◇Jリーグクラブにおける広告料収入と入場料収入の構成比（2017年度）　［図表Ⅱ-4　p19］
『広告白書　2013』日経広告研究所　2013.7
　　◇東京キー5局の年度別タイム収入の推移　［p57］
『広告白書　2016』日経広告研究所　2016.7
　　◇キー5局のタイム収入，スポット収入の年度別推移　［p68］
　　◇広告掲載数と広告収入　［p107］
『情報通信白書　平成22年版』ぎょうせい　2010.7
　　◇地上系民間放送事業者の広告収入の推移　［図表4-4-1-4　p200］
『情報通信白書　平成25年版』日経印刷　2013.7
　　◇地上系民間基幹放送事業者の広告収入の推移　［図表4-6-1-3　p370］
『情報通信白書　平成28年版』日経印刷　2016.8
　　◇地上系民間基幹放送事業者の広告収入の推移　［図表5-1-7-3　p292］
『情報通信白書　令和元年版』日経印刷　2019.7
　　◇地上系民間基幹放送事業者の広告収入の推移　［図表3-1-8-3　p241］
『情報通信白書　令和5年版』日経印刷　2023.7
　　◇プラットフォーマー各者売上高に占める広告費の割合（2022年）　［2-2-3-1　p23］
『情報メディア白書　2007』ダイヤモンド社　2007.1
　　◇ケーブルテレビネットワークの広告収入［アメリカ］　［図表Ⅱ-2-31　p232］
『情報メディア白書　2010』ダイヤモンド社　2010.1
　　◇ケーブルテレビネットワーク広告収入　［図表Ⅱ-1-23　p238］
『情報メディア白書　2016』ダイヤモンド社　2016.2
　　◇ウェブマガジン発刊の有無と広告収入〈2014年〉［図表Ⅰ-11-33　p195］
『情報メディア白書　2019』ダイヤモンド社　2019.2
　　◇ウェブマガジン発刊状況と広告収入〈2017年〉［図表Ⅰ-11-33　p197］
『情報メディア白書　2022』ダイヤモンド社　2022.3
　　◇ウェブサイトの運営状況と広告収入〈2020年〉［Ⅰ-11-35　p189］
『情報メディア白書　2023』ダイヤモンド社　2023.2
　　◇ウェブサイトの運営状況と広告収入〈2021年〉［図表Ⅰ-11-35　p183］
『デジタルコンテンツ白書　2022』デジタルコンテンツ協会　2022.9
　　◇2021年度在京民放キー局放送広告収入　［図表5-2-2　p108］

受注

『情報メディア白書　2010』ダイヤモンド社　2010.1
　　◇通販事業者主要受注指標　［図表Ⅰ-14-15　p211］
『情報メディア白書　2013』ダイヤモンド社　2013.1
　　◇通販事業者主要受注指標〈JADMA会員社〉［図表Ⅰ-14-13　p205］

受注件数

『情報メディア白書　2007』ダイヤモンド社　2007.1
　　◇通信販売平均売上高と年間総受注件数　［図表Ⅲ-8-30　p278］
『情報メディア白書　2019』ダイヤモンド社　2019.2
　　◇年間総受注件数　［図表Ⅰ-12-14　p205］
『情報メディア白書　2023』ダイヤモンド社　2023.2
　　◇年間総受注件数〔通信販売〕　［図表Ⅰ-12-12　p191］

受注方法

『情報メディア白書　2013』ダイヤモンド社　2013.1
　　◇通販事業者の利用受注方法〈JADMA会員社〉［図表Ⅰ-14-14　p205］
『情報メディア白書　2016』ダイヤモンド社　2016.2
　　◇通信販売事業者の利用受注方法　［図表Ⅰ-12-15　p203］
『情報メディア白書　2019』ダイヤモンド社　2019.2
　　◇通信販売事業者の利用受注方法　［図表Ⅰ-12-15　p205］
『情報メディア白書　2022』ダイヤモンド社　2022.3
　　◇通信販売事業者が利用している受注方法　［Ⅰ-12-13　p197］
『情報メディア白書　2023』ダイヤモンド社　2023.2
　　◇通信販売事業者が利用している受注方法　［図表Ⅰ-12-13　p191］

出荷額

『製造基盤白書（ものづくり白書）　2004年版』ぎょうせい　2004.6
　　◇直販を実施している企業の年間売上・出荷額　［図132-2　p229］
　　◇直販による年間売上・出荷額　［図132-4　p230］
　　◇直販による売上・出荷額の伸び率　［図132-6　p230］

出版市場

『情報メディア白書　2007』ダイヤモンド社　2007.1
　　◇出版市場主要指標〈取次経由分〉［図表Ⅰ-2-2　p44］
『情報メディア白書　2010』ダイヤモンド社　2010.1
　　◇出版市場主要指標〈取次経由分〉［図表Ⅰ-2-1　p40］
『情報メディア白書　2013』ダイヤモンド社　2013.1
　　◇出版市場主要指標〈取次経由分〉［図表Ⅰ-2-1　p56］
『情報メディア白書　2016』ダイヤモンド社　2016.2
　　◇出版市場主要指標〈取次経由分〉［図表Ⅰ-2-1　p66］
『情報メディア白書　2019』ダイヤモンド社　2019.2
　　◇出版市場主要指標〈取次経由分〉［図表Ⅰ-2-1　p68］

出版販売額

『情報化白書　2009』増進堂　2009.9

◇わが国の出版販売額(取次ルート)　〔図表1-2-2-11　p142〕

首都圏（広告）

『広告白書　平成9年版』日経広告研究所　1997.7
　　◇首都圏新聞折込広告出稿統計　〔(表)9　p232～233〕

『広告白書　2013』日経広告研究所　2013.7
　　◇首都圏の1世帯1ヵ月あたり平均折込出稿枚数の年別推移(2003年～2012年)　〔p72〕

『広告白書　2016』日経広告研究所　2016.7
　　◇企業別CM放送回数の年別推移(CM総合研究所調べ，首都圏)　〔p70〕
　　◇首都圏の1世帯1ヵ月あたり平均折込広告枚数の年別推移(2003年～15年)　〔p92〕
　　◇首都圏の業種別折込広告出稿枚数の前年比増減率の年別推移(1世帯あたり1ヵ月平均;2009～15年)　〔p93〕

『広告白書　2019年度版』日経広告研究所　2019.7
　　◇企業別CM放送回数の年度別推移〔対象：首都圏〕　〔p67〕
　　◇2018年度産業分野別のCM放送回数〔対象：首都圏〕　〔p68〕
　　◇首都圏の1世帯1ヶ月あたり平均折込広告枚数の年別推移(2006～18年)　〔p94〕
　　◇首都圏の業種別折込広告出稿枚数の前年比増減率の年別推移(1世帯あたり1ケ月平均：2012～18年)　〔p95〕

『広告白書　2020年度版』日経広告研究所　2020.9
　　◇企業別CM放送回数の年度別推移(CM総合研究所調べ、首都圏)〔テレビ広告〕　〔p67〕
　　◇首都圏の業種別折込広告出稿枚数の前年比増減率の年別推移(1世帯あたり1ヶ月平均：2013～2019年)　〔p93〕

『広告白書　2021年度版』日経広告研究所　2021.8
　　◇首都圏の1世帯1カ月当たり平均折込広告出稿枚数の年別推移(2008～20年)　〔p150〕

『広告白書　2022年度版』日経広告研究所　2022.8
　　◇首都圏の1世帯当たり月平均折込枚数の年別推移(2010～21年)　〔p142〕
　　◇首都圏の業種別折込枚数の前年比増減率の年別推移(1世帯当たり1ヵ月平均：2015～21年)　〔p143〕

『広告白書　2023-24年版』日経広告研究所　2023.10
　　◇首都圏の1世帯当たり月平均折込枚数の年度別推移(2011～22年度)　〔p117〕

『情報メディア白書　1997年版』電通総研　1997.1
　　◇1世帯当たりの年間折込広告配布枚数(首都圏)　〔図表Ⅰ-32-14　p188〕

『情報メディア白書　2005』ダイヤモンド社　2004.12
　　◇1世帯当たりの折込広告年間平均配布数〈首都圏〉〔図表Ⅰ-12-17　p206〕
　　◇1世帯当たりの曜日別折込広告平均配布数〈首都圏〉〔図表Ⅰ-12-18　p206〕
　　◇1世帯当たりの月別折込広告平均配布数〈2003年/首都圏〉〔図表Ⅰ-12-19　p206〕
　　◇折込広告の訴求内容・サイズ・印刷色数別構成〈2003年/首都圏〉〔図表Ⅰ-12-20　p206〕
　　◇業種別クーポン付折込広告年間平均配布数構成〈2003年/首都圏〉〔図表Ⅰ-12-21　p206〕

『情報メディア白書　2007』ダイヤモンド社　2007.1
　　◇1世帯1カ月当たり折込広告配布数〈首都圏〉〔図表Ⅰ-13-16　p202〕
　　◇1世帯当たりの月別折込広告平均配布数〈2005年/首都圏〉〔図表Ⅰ-13-18　p202〕
　　◇折込広告の訴求内容・サイズ・色別・業種別構成〈2005年/首都圏〉〔図表Ⅰ-13-20　p202〕

『情報メディア白書　2010』ダイヤモンド社　2010.1
　　◇1世帯当たりの曜日別折込広告平均配布数〈2008年/首都圏〉〔図表Ⅰ-13-36　p203〕
　　◇1世帯当たりの月別折込広告平均配布数〈2008年/首都圏〉〔図表Ⅰ-13-37　p203〕
　　◇業種別出稿状況〈首都圏〉〔図表Ⅰ-13-38　p203〕
　　◇折込広告の訴求内容・サイズ別・色数別構成〈2008年/首都圏〉〔図表Ⅰ-13-39　p203〕

『情報メディア白書　2013』ダイヤモンド社　2013.1
　　◇折込広告の業種別出稿状況〈2011年/首都圏〉［図表Ⅰ-1-12　p44］
　　◇1世帯当たりの月別折込広告平均配布数〈2011年/首都圏〉［図表Ⅰ-13-26　p196］
　　◇1世帯当たりの曜日別折込広告平均配布数〈2011年/首都圏〉［図表Ⅰ-13-27　p196］
　　◇業種別1世帯1カ月当たり出稿枚数〈2011年/首都圏〉［図表Ⅰ-13-28　p196］
『情報メディア白書　2016』ダイヤモンド社　2016.2
　　◇1世帯1カ月当たり折込広告配布枚数〈首都圏〉［図表Ⅰ-1-11　p54］
　　◇折込広告の業種別出稿状況〈2014年/首都圏〉［図表Ⅰ-1-12　p54］
　　◇過去1年間に交通広告により影響を受けた内容〈2014年/首都圏〉［図表Ⅰ-11-20　p192］
　　◇1世帯当たりの月別折込広告出稿枚数〈2014年/首都圏〉［図表Ⅰ-11-27　p194］
　　◇1世帯当たりの曜日別折込広告平均配布枚数〈2014年/首都圏〉［図表Ⅰ-11-28　p194］
『情報メディア白書　2019』ダイヤモンド社　2019.2
　　◇1世帯1カ月当たり折込広告配布枚数〈首都圏〉［図表Ⅰ-1-12　p57］
　　◇折込広告の業種別出稿状況〈2017年/首都圏〉［図表Ⅰ-1-13　p57］
『情報メディア白書　2022』ダイヤモンド社　2022.3
　　◇1世帯1ヵ月当たり折込広告配布枚数〈首都圏〉［Ⅰ-1-12　p49］
　　◇折込広告の業種別出稿状況〈2020年/首都圏〉［Ⅰ-1-13　p49］

首都圏（商業）

『首都圏白書　令和元年版』勝美印刷　2019.7
　　◇首都圏のショッピングセンター（SC）店舗数　［図表2-1-29　p55］
　　◇全国・首都圏の事務所・店舗等の床面積の推移　［3-1　p121］
『首都圏白書（首都圏整備に関する年次報告）　令和4年版』勝美印刷　2022.7
　　◇全国・首都圏の事務所・店舗等の床面積の推移〔産業と教育の状況〕　［資料編3-1　p126］

商業

『過疎対策データブック—平成14年度過疎対策の現況　（平成16年1月）』丸井工文社　2004.1
　　◇商業の状況　［図表1-4-22　p48］
『過疎対策データブック—平成17年度過疎対策の現況　（平成18年12月）』丸井工文社　2007.1
　　◇商業の状況　［図表1-4-22　p47］
『過疎対策データブック—平成19年度過疎対策の現況　（平成22年2月）』丸井工文社　2010.3
　　◇商業の状況　［図表1-4-23　p77］
『過疎対策の現況　平成8年度版』丸井工文社　1997.8
　　◇商業の状況（平成6年）　［第2-37表　p69］
『国土交通白書　2007』ぎょうせい　2007.5
　　◇「商業機能の中心市街地から郊外への移転」についての意識　［図表Ⅰ-2-2-2　p39］
『国土交通白書　2016』日経印刷　2016.7
　　◇商業及び産業に関する「商業等満足度（DI値）」　［図表2-2-21　p77］
『中国地域経済白書　2010』中国地方総合研究センター　2010.9
　　◇商業販売額の業種別前年比増減率（全国）　［図2.1.3　p28］
『中国地域白書　2015』中国地方総合研究センター　2016.6
　　◇全国、中国地域の商業における事業所数、従業者数、年間商品販売額、売場面積　［p199］
『中小企業白書　平成9年版』大蔵省印刷局　1997.5
　　◇中小商業の設備投資の対前年度比伸び率の推移　［第1-1-49図　p45］
『東北経済白書　平成16年版』経済産業調査会　2004.12

◇東北の商業の全国比（平成14年）　［図2-2-1　p110］
　『東北経済白書　平成18年版』経済産業調査会　2007.1
　　◇東北の商業の全国比（平成16年）　［図2-2-1　p116］

商業エリア（電力使用量）

　『エネルギー白書　2022年版』日経印刷　2022.7
　　◇低圧・商業エリアにおける、通常時と緊急事態宣言期間中の1日の電力使用量の推移の比較　［Fig.131-2-9　p65］
　　◇高圧・商業エリアにおける、通常時と緊急事態宣言期間中の1日の電力使用量の推移の比較　［Fig.131-2-11　p66］
　　◇特高・商業エリアにおける、通常時と緊急事態宣言期間中の1日の電力使用量の推移の比較　［Fig.131-2-14　p69］

商業施設

　『国土交通白書　2007』ぎょうせい　2007.5
　　◇大規模商業施設（延べ床面積3,000㎡以上）の立地状況の推移　［図表Ⅰ-2-2-3　p39］
　『東京の中小企業の現状（流通産業編）　平成29年度』東京都産業労働局　2018.3
　　◇小売業態の変化の影響度 駅ナカ・駅チカ（地下・周辺）の発展　［図表Ⅱ-2-73　p207］

商業集積地区

　『地域の経済　2006』日本統計協会　2007.2
　　◇年間商品販売額に占める中心商業集積地の比率　［第2-1-24図　p85］
　『東北経済白書　平成16年版』経済産業調査会　2004.12
　　◇小売業と商業集積地区の業種別販売額構成比　［図2-2-16　p115］
　『土地白書　平成22年版』勝美印刷　2010.8
　　◇ロードサイド型商業集積地区の店舗割合と世帯あたり自動車保有台数　［図表2-2-29　p67］

商業地

　『経済白書　平成9年版』大蔵省印刷局　1997.7
　　◇商業地インカムゲイン等の標準偏差推移　［第1-6-5図　p99］
　『地域の経済　2006』日本統計協会　2007.2
　　◇中心商業地域の衰退要因に関する定量的分析　［第2-1-12表　p76］
　『土地白書　令和元年版』勝美印刷　2019.10
　　◇商業地の対前年変動率の推移（昭和61年から平成5年まで）　［図表2-1-2　p39］
　　◇商業地の対前年変動率の推移（平成3年から平成20年まで）　［図表2-1-7　p44］
　　◇商業地の対前年変動率の推移（平成18年から平成30年まで）　［図表2-1-17　p53］

商業地地価

　『関西活性化白書　2004年版』関西社会経済研究所　2004.5
　　◇商業地地価の変動指数　［図3-97　p235］
　『関西経済白書　2007年版』関西社会経済研究所　2007.6
　　◇商業地地価の推移　［図表2-33　p79］
　『関西経済白書　2010年版』関西社会経済研究所　2010.9
　　◇商業地地価の推移　［図表 資1-91　p274］
　『関西経済白書　2013年版』アジア太平洋研究所　2013.9
　　◇商業地地価の推移　［図表資Ⅰ-87　(34)］

しようき　　　　　　　　　統計図表レファレンス事典　商業・広告・マーケティング

『関西経済白書　2016』丸善プラネット　2016.10
　　◇商業地地価の推移　[12.5　p216]
『関西経済白書　2019』丸善プラネット　2019.9
　　◇商業地地価の推移　[12.5　p251]
『関西経済白書　2020』日経印刷　2020.10
　　◇商業地地価の推移〔大阪圏・東京圏・名古屋圏〕　[12.5　p273]
『関西経済白書　2021』日経印刷　2021.10
　　◇商業地地価の推移〔大阪圏・東京圏・名古屋圏〕　[12.5　p290]
『関西経済白書　2022』日経印刷　2022.10
　　◇商業地地価の推移　[12.5　p250]
『経済財政白書　平成19年版』時事画報社　2007.8
　　◇地価公示（住宅地、商業地）の動向　[第1-3-8図　p78]
『経済白書　平成9年版』大蔵省印刷局　1997.7
　　◇商業地地価変動率の変動係数推移　[第1-6-7図　p101]
『ジェトロ白書・投資編　1997年』日本貿易振興会　1997.3
　　◇高度商業地における土地価格および事務所・店舗スペースの年間床賃料の国際比較　[図Ⅲ-4　p70]
『土地白書　平成9年版』大蔵省印刷局　1997.6
　　◇商業地・工業地価格の対前年比伸び率と景気動向　[図表4-3-4　p109]
　　◇中心都市、地方中小都市、地方町村の地価動向（住宅地・商業地別、地域別）　[図表5-2-2　p173〜174]
『土地白書　平成16年版』国立印刷局　2004.7
　　◇名古屋市（商業地）地価　[図表1-2-9　p38]
　　◇人口10万人以上の地方都市における平均変動率と商業地の最高価格地の変動率の推移　[図表2-3-10　p197]
『物価レポート　'97』経済企画協会　1997.10
　　◇三大圏の住宅地、商業地の地域別変動率　[（表）2　p106]

商業登記数

『情報通信白書　平成22年版』ぎょうせい　2010.7
　　◇日本の商業登記（会社）数の推移　[図表3-2-2-2　p141]

商圏人口

『医療経営白書　2013年度版』日本医療企画　2013.10
　　◇業態数と1店舗当たりの商圏人口〔薬局〕　[表3　p210]

商圏範囲

『東京の中小企業の現状（流通産業編）　平成26年度』東京都産業労働局　2015.3
　　◇主たる店舗の商圏範囲　[図表Ⅱ-2-24　p128]
『東京の中小企業の現状（流通産業編）　平成29年度』東京都産業労働局　2018.3
　　◇店舗の商圏範囲　[図表Ⅱ-2-24　p143]
『東京の中小企業の現状（流通産業編）　令和2年度』東京都産業労働局　2021.3
　　◇店舗の商圏範囲〔小売業〕　[図表Ⅱ-2-35　p165]

商工会

『小規模企業白書　2016年版』日経印刷　2016.6
　　◇全国の商工会数（商工会地区の人口規模別）　[第1-3-1図　p113]

◇商工会における相談・指導回数の内訳　［第1-3-2図　p113］
　◇全国の商工会議所数(商工会議所地区の人口規模別)　［第1-3-3図　p114］
　◇商工会議所における相談・指導回数の内訳　［第1-3-4図　p114］
　◇商工会の経営指導員一人当たり事業者数(商工会地区の人口規模別)　［第1-3-7図　p116］
　◇商工会議所の経営指導員一人当たり事業者数(商工会議所地区の人口規模別)　［第1-3-8図　p117］
　◇商工会に入会又は商工会議所に入所する直前の職業と就業年数　［第1-3-9図　p117］
　◇商工会に入会又は商工会議所に入所する直前に就いていた業界　［第1-3-10図　p118］
　◇小規模事業者の業種構成(商工会及び商工会議所の地区の人口規模別)　［第1-3-20図　p124］
　◇相談・指導に対応した案件のフォローアップ状況(商工会・商工会議所地区の小規模事業者数別)　［第1-3-27図　p130］
　◇経営指導員が担当したことのある業務(商工会・商工会議所地区の事業者数別)(複数回答)　［第1-3-30図　p133］
　◇よろず支援拠点及び商工会・商工会議所が相談対応を行った事業者の業種構成　［第1-3-34図　p141］

上場企業

『情報メディア白書　2007』ダイヤモンド社　2007.1
　◇上場企業の広告宣伝費　［図表Ⅰ-13-34　p206］

『有力企業の広告宣伝費―NEEDS日経財務データより算定―　2023年版』日経広告研究所　2023.9
　◇2022年度上場企業の業種別連結広告宣伝費　［p12］
　◇2022年度上場企業の業種別単独広告宣伝費　［p14］
　◇業種別広告宣伝費伸び率(単独、上場企業)　［p16］
　◇業種別売上高に対する広告宣伝費の割合(単独、上場企業)　［p17］

商店

『九州経済白書　2010年版』九州経済調査協会　2010.2
　◇日帰りレジャー地域の個人店の立地理由　［図表4-28　p83］
　◇日帰りレジャー地域の個人店における地域産品使用状況　［図表4-29　p83］
　◇日帰りレジャー地域の個人店における集客圏　［図表4-30　p83］
　◇日帰りレジャー地域の個人店が重視する集客手段　［図表4-31　p84］
　◇日帰りレジャー地域の個人店が重視する集客手段(売上状況別)　［図表4-32　p84］

『首都圏白書　平成9年版』大蔵省印刷局　1997.6
　◇1商店当たりの従業者数(人/商店)　［表4-4-3　p122］

商店街

『建設白書　平成9年版』大蔵省印刷局　1997.8
　◇全国の商店街の空店舗比率　［表2-Ⅰ-3　p139］

『地域の経済　2006』日本統計協会　2007.2
　◇景気ウォッチャー調査現状判断DI(商店街・一般小売店)　［第2-1-1図　p69］
　◇「繁栄している」商店街の割合　［第2-1-2図　p69］

『中小企業白書　平成9年版』大蔵省印刷局　1997.5
　◇周辺で大型店が営業する中で自社や商店街が栄えている理由　［第2-3-31図　p239］
　◇大型店撤退の商店街への影響　［第2-3-32図　p240］
　◇中小小売店の商店街が地域社会や消費者に対して果たしている役割　［第2-3-59図　p268］
　◇商店街が直面している問題点　［第2-3-61図　p269］
　◇商店街に立地するメリット　［第2-3-62図　p270］

しようて　　　　　　　　　　　　　統計図表レファレンス事典　商業・広告・マーケティング

　　　　◇商店街の空き店舗割合　［第2-3-63図　p271］
　　　　◇5年前と比較した商店街の中の空き店舗数　［第2-3-64図　p271］
　　　　◇空き店舗の存在が街や商店街に与える影響　［第2-3-65図　p272］
　　『中小企業白書　2004年版』ぎょうせい　2004.5
　　　　◇商店街における大きな問題　［第2-1-106図　p121］
　　　　◇来街者の増加する商店街における個店の改善・活性化策への取組状況　［第2-1-108図
　　　　　p122］
　　『中小企業白書　2007年版』ぎょうせい　2007.6
　　　　◇無償サービスの期待　［第2-2-18図　p98］
　　　　◇有償サービスの期待　［第2-2-19図　p98］
　　　　◇事業者のサービス分野への取組　［第2-2-42図　p109］
　　『中小企業白書・小規模企業白書　2022年版』日経印刷　2022.7
　　　　◇商店街の最近の景況　［第1-1-32図　上－Ⅰ-27］
　　　　◇立地市区町村の人口規模別に見た、商店街の最近の景況　［第1-1-33図　上－Ⅰ-27］
　　　　◇商店街への来街者数の変化　［第1-1-34図　上－Ⅰ-28］
　　　　◇商店街への来街者数の減少要因　［第1-1-35図　上－Ⅰ-29］
　　『東京の中小企業の現状（流通産業編）　平成26年度』東京都産業労働局　2015.3
　　　　◇商店街組織の形成・加盟状況　［図表Ⅱ-2-14　p117］
　　　　◇商店街組織への加盟状況　［図表Ⅱ-2-15　p117］
　　『東京の中小企業の現状（流通産業編）　平成29年度』東京都産業労働局　2018.3
　　　　◇商店街組織の形成状況　［図表Ⅱ-2-15　p132］
　　　　◇商店街組織への加盟状況〔小売業〕　［図表Ⅱ-2-16　p133］
　　『東京の中小企業の現状（流通産業編）　令和2年度』東京都産業労働局　2021.3
　　　　◇商店街組織の形成状況〔小売業〕　［図表Ⅱ-2-27　p152］
　　　　◇商店街組織への加盟状況〔小売業〕　［図表Ⅱ-2-28　p153］

商店街（来街者数）

　　『中小企業白書　2004年版』ぎょうせい　2004.5
　　　　◇大規模店舗の出店と来街者数の増加　［第2-1-109図　p124］
　　　　◇大規模店舗の退店と来街者数の減少　［第2-1-110図　p124］
　　『中小企業白書・小規模企業白書　2022年版』日経印刷　2022.7
　　　　◇商店街への来街者数の変化　［第1-1-34図　上－Ⅰ-28］
　　　　◇商店街への来街者数の減少要因　［第1-1-35図　上－Ⅰ-29］

商店数

　　　　⇒卸売業（商店数），小売業（商店数）をも見よ
　　『東京都中小企業経営白書　平成15年版』東京都産業労働局産業政策部調査研究課　2004.3
　　　　◇商店数でみる業種別構成比　［図表Ⅲ-1-2　p126］
　　　　◇全国における商店数の推移　［図表Ⅲ-1-5　p127］
　　　　◇東京における商店数の推移　［図表Ⅲ-1-6　p128］
　　　　◇商店数と年間販売額の規模別構成比　［図表Ⅲ-1-9　p129］
　　　　◇規模別にみた商店数の推移　［図表Ⅲ-1-10　p130］
　　　　◇商店数と年間販売額の地域別構成　［図表Ⅲ-1-11　p130］
　　『土地白書　令和元年版』勝美印刷　2019.10
　　　　◇地方圏の立地環境別・売場面積別商店数の変化（平成9年と平成16年の対比）　［図表2-2-
　　　　　3-5　p82］
　　『民力　エリア・都市圏・市区町村別指標＋都道府県別資料　マーケティングに必須の地域デー

統計図表レファレンス事典　商業・広告・マーケティング　　　　　　　しょうひ

タベース　2015』朝日新聞出版　2015.8
　　◇大型小売店 商店数，年間販売額　［p417］

消費意欲
『インターネット白書　2010』インプレスジャパン　2010.6
　　◇オンラインショッピングと実店舗における消費意欲　［資料7-5-2　p207］

消費財
『図説 農業白書　平成8年度版』農林統計協会　1997.5
　　◇消費財卸売業における卸間取引率の推移　［図Ⅲ-25　p180］
『中小企業白書　平成9年版』大蔵省印刷局　1997.5
　　◇中小卸売業の属する系列を主導する企業（消費財卸売業）　［第2-3-26図　p236］
『通商白書　2004』ぎょうせい　2004.7
　　◇消費財小売総額の推移　［第1-4-18図　p47］
『通商白書　2010』日経印刷　2010.7
　　◇各国の消費財売上高のうち，小規模小売店を通じた販売の割合　［第2-3-3-1図　p194］

消費者
『スーパーマーケット白書　2022年版』全国スーパーマーケット協会　2022
　　◇若者世代がYouTubeに影響されて購入したもの　［図表2-50　p61］
　　◇消費者の商品への共感〔社会課題〕　［図8　p80］
　　◇消費者の購入行動〔社会課題〕　［図9　p80］
　　◇商品への共感と行動のマトリクス〔社会課題〕　［図10　p81］

消費者意識
『スーパーマーケット白書　2016年版』新日本スーパーマーケット協会　2016.2
　　◇2～3年前と比べた物価全般の変化に対する消費者意識　［図表1-1-6　p6］
『東京の中小企業の現状（流通産業編）　平成26年度』東京都産業労働局　2015.3
　　◇消費者意識や購買行動の変化（インターネット販売状況別）　［図表Ⅱ-1-16　p209］
『東京の中小企業の現状（流通産業編）　平成29年度』東京都産業労働局　2018.3
　　◇消費者意識や購買行動の変化で重視している事項〔小売業〕　［図表Ⅱ-2-69　p204］
『東京の中小企業の現状（流通産業編）　令和2年度』東京都産業労働局　2021.3
　　◇重視している消費者意識や購買行動の変化（小売業）　［図表Ⅲ-2-10　p267］

消費者還元事業
『スーパーマーケット白書　2019年版』全国スーパーマーケット協会　2019
　　◇ポイント還元事業時の店舗選択行動　［図表1-27　p34］
『スーパーマーケット白書　2022年版』全国スーパーマーケット協会　2022
　　◇貴社はキャッシュレス・消費者還元事業（2019年10月～2020年6月実施）に参加しましたか。(単一回答)〔スーパーマーケットにおける「キャッシュレス決済に関する実態調査（2021年実施）」結果概要〕　［資料8 Q1　p121］

消費税（引き上げ）
『スーパーマーケット白書　2019年版』全国スーパーマーケット協会　2019
　　◇消費税率10％引き上げ前後の食品購入行動　［図表1-38　p40］

消費生活協同組合
『民力 エリア・都市圏・市区町村別指標＋都道府県別資料 マーケティングに必須の地域デー

しようひ

タベース　2015』朝日新聞出版　2015.8
　　◇消費生活協同組合　組合数，組合員数，年間販売額（2012年度）　［p417］

消費生活相談

『消費者白書　平成25年版』勝美印刷　2013.7
　　◇「電子商取引」に関する消費生活相談は2009年度以降大きく増加　［図表3-3-5　p97］
『消費者白書　令和4年版』勝美印刷　2022.7
　　◇「インターネット通販」に関する消費生活相談件数の推移（商品・サービス別）　［図表Ⅰ-1-4-3　p28］

消費タイプ

『消費社会白書　2005』JMR生活総合研究所　2004.12
　　◇消費タイプ、都市規模別のネット通販の利用理由　［図表10-11　p140］

商品

『スーパーマーケット白書　2022年版』全国スーパーマーケット協会　2022
　　◇「2021年 売れたものランキング」(21年1月～10月)　［図表2-42　p58］
『スーパーマーケット白書　2023年版』全国スーパーマーケット協会　2023.2
　　◇2020年～22年 売れたものランキング　［図表2-1　p49］
『スーパーマーケット白書　2024年版』全国スーパーマーケット協会　2024.2
　　◇2023年 売れたものランキング　［補足7　p41］

商品開発

『九州経済白書　2004年版』九州経済調査協会　2004.2
　　◇食品卸売業の商品開発・研究開発の取組状況　［図3-20　p61］
　　◇規模別にみた商品開発・研究開発の取組状況　［図3-21　p61］
　　◇経営状況別にみた商品開発・研究開発の取組状況　［図3-22　p62］
『情報通信白書　平成19年版』ぎょうせい　2007.7
　　◇マーケティング・商品開発業務におけるICTシステム導入状況　［図表1-2-178　p132］
　　◇マーケティング・商品開発業務における業務・組織改革実施状況　［図表1-2-179　p132］
　　◇マーケティング・商品開発業務におけるICTシステム導入と業務・組織改革実施による効果　［図表1-2-180　p133］
『通商白書　2010』日経印刷　2010.7
　　◇新興国市場開拓に向けた商品・サービス等の開発方法　［第3-2-1-34図　p309］

商品検索性

『ホビー白書　2019年版』日本ホビー協会　2019.11
　　◇ホビーの道具や材料の購入意識 7専門店と通販との商品検索性比較（単一回答）　［図表2-25　p92～93］

商品購入先

『スーパーマーケット白書　2016年版』新日本スーパーマーケット協会　2016.2
　　◇食品購入先　「第3」利用店舗まで組み合わせ（週に1回以上利用）　［図表6-2-27　p68］
　　◇生鮮品購入先　「第3」利用店舗までの組み合わせ　［図表6-2-28　p68］
　　◇食品購入先　週2回以上の利用頻度　［図表6-2-29　p69］
　　◇食品購入先　「第1」利用と「第2」利用店舗の2～3年前の利用傾向　［図表6-2-30　p69］
　　◇生鮮品購入先　「第1」利用と「第2」利用店舗の2～3年前の利用傾向　［図表6-2-31　p69］
『スーパーマーケット白書　2019年版』全国スーパーマーケット協会　2019

◇SCIデータでみる業態別商品購入先 加工食品（2018年商品購入額構成比）　［参考　p51］
◇SCIデータでみる業態別商品購入先 主食（2018年商品購入額構成比）　［参考　p51］
◇SCIデータでみる業態別商品購入先 調味料（2018年商品購入額構成比）　［参考　p51］
◇SCIデータでみる業態別商品購入先 嗜好品（2018年商品購入額構成比）　［参考　p51］
◇SCIデータでみる業態別商品購入先 酒類（2018年商品購入額構成比）　［参考　p52］
◇SCIデータでみる業態別商品購入先 清涼飲料（2018年商品購入額構成比）　［参考　p52］
◇SCIデータでみる業態別商品購入先 乳飲料（2018年商品購入額構成比）　［参考　p52］
◇SCIデータでみる業態別商品購入先 嗜好飲料（2018年商品購入額構成比）　［参考　p52］
◇商品カテゴリー別スーパーマーケットと他業態利用頻度（野菜）　［図表2-16　p57］
◇商品カテゴリー別スーパーマーケットと他業態利用頻度（精肉）　［図表2-17　p57］
◇商品カテゴリー別スーパーマーケットと他業態利用頻度（鮮魚）　［図表2-18　p57］
◇商品カテゴリー別業態別利用頻度（野菜）　［図表2-13　p58］
◇商品カテゴリー別業態別利用頻度（精肉）　［図表2-14　p58］
◇商品カテゴリー別業態別利用頻度（鮮魚）　［図表2-15　p58］
◇商品カテゴリー別スーパーマーケットと他業態利用頻度（日配品）　［図表2-19　p59］
◇商品カテゴリー別スーパーマーケットと他業態利用頻度（加工食品）　［図表2-20　p59］
◇商品カテゴリー別スーパーマーケットと他業態利用頻度（飲料・酒類）　［図表2-21　p59］
◇商品カテゴリー別スーパーマーケットと他業態利用頻度（弁当・惣菜）　［図表2-22　p59］
◇家庭の記念日（誕生日等）の食材購入に利用する店舗　［図表　p77］
◇食品購入先の選択に関する意識　［図表　p77］
◇普段の食材購入に利用する店舗　［図表　p77］
◇自宅にお客を招く際の食材購入に利用する店舗　［図表　p78］
◇メディア等で知った食材を購入するときに利用する店舗　［図表　p79］
◇特色ある食材（産地直送、オーガニック等）の購入に利用する店舗　［図表　p79］
◇品質にこだわる食材を購入したいときに利用する店舗　［図表　p79］

『スーパーマーケット白書　2022年版』全国スーパーマーケット協会　2022
　◇スーパーマーケット以外での食品購入先増加（増えた＋やや増えた）割合（性年代別）
　　［図表2-62　p66］
　◇スーパーマーケット以外での食品購入先増加者の購入先　［図表2-63　p66］
　◇スーパーマーケット以外での食品購入先（野菜・果物、精肉、鮮魚）　［図表2-65　p68］
　◇スーパーマーケット以外での食品購入先 野菜・果物（性年代別）　［図表2-66　p68］
　◇スーパーマーケット以外での食品購入先 精肉（性年代別）　［図表2-67　p69］
　◇スーパーマーケット以外での食品購入先 鮮魚（性年代別）　［図表2-68　p69］
　◇スーパーマーケット以外での食品購入先（飲料、加工食品）　［図表2-70　p70］
　◇スーパーマーケット以外での食品購入先 飲料（性年代別）　［図表2-71　p70］
　◇スーパーマーケット以外での食品購入先 加工食品（性年代別）　［図表2-72　p71］
　◇地元産品の購入先　［図表2-76　p72］
　◇地元産品の購入場面（年代別）　［図表2-77　p72］

『スーパーマーケット白書　2023年版』全国スーパーマーケット協会　2023.2
　◇調理頻度と商品を最もよく購入する業態　［図表3-2　p59］

『スーパーマーケット白書　2024年版』全国スーパーマーケット協会　2024.2
　◇値上げの中で利用が増えた業態（カテゴリー別）　［図表3-2-15　p74］
　◇カテゴリ別購入先　上位3位（生鮮、加工食品、日用雑貨等）　［図表4-11　p87］
　◇カテゴリ別購入先　上位3位（惣菜・弁当）　［図表4-12　p87］
　◇購入先の選択理由　［図表4-13　p88］

商品選択

『スーパーマーケット白書　2016年版』新日本スーパーマーケット協会　2016.2

◇食品価格上昇時の食品選びにおける質と量の変化　［図表4-2-1　p37］
　　　◇食品価格上昇時の食品選びにおける質と量の変化（世帯年収別）　［図表4-2-2　p38］
　　　◇食品価格上昇時の食品選びにおける質と量の変化（年代別）　［図表4-2-3　p39］
　　　◇食品価格上昇時の食品選びにおける質と量の変化（世帯人数別）　［図表4-2-4　p39〜40］
　　　◇食品価格上昇時の食品選びにおける質と量の変化（自宅調理頻度別）　［図表4-2-5　p40］
『スーパーマーケット白書　2022年版』全国スーパーマーケット協会　2022
　　　◇食品購入で「こだわり」が強まったもの　［図表2-52　p62］
『中小企業白書　平成9年版』大蔵省印刷局　1997.5
　　　◇商品選択に関する消費者と小売業の認識（5年前と比較して最寄品購入時に重視するようになった点）　［第2-3-36図　p245］
　　　◇商品選択に関する消費者と小売業の認識（5年前と比較して買回品購入時に重視するようになった点）　［第2-3-37図　p246］

情報システム

『東京の中小企業の現状（流通産業編）　平成29年度』東京都産業労働局　2018.3
　　　◇流通の効率化のための情報システム予算〔卸売業〕　［図表Ⅲ-2-5　p255］

情報収集（消費者）

　　　⇒購買行動　をも見よ

『新聞折込広告効果測定調査―調査レポート―』エム・エス・エス　2006.3
　　　◇買物頻度別にみた参考にする情報源　[p6]
　　　◇普段の買い物の際に参考にする情報源　性別　ベスト3　[p6]

情報収集源

　　　⇒マーケティング　をも見よ

『東京の中小企業の現状（流通産業編）　平成29年度』東京都産業労働局　2018.3
　　　◇情報収集源〔卸売業〕　［図表Ⅱ-1-50　p112］

食品（スーパーマーケット）

　　　⇒飲食料品（小売関係）　をも見よ

『水産白書　令和4年版』農林統計協会　2022.8
　　　◇スーパーマーケットの売上高（食品、水産）の令和元（2019）年同月比　［図表特-2-7　p22］
『スーパーマーケット白書　2016年版』新日本スーパーマーケット協会　2016.2
　　　◇食品、生鮮品の購入費及び生鮮品購入比率　［図表4-4-9　p46］
　　　◇食品（生鮮品除く）の購入個数の前年比（2015年）　［図表5-1-6　p52］
　　　◇通信販売での購入実態（食品・生鮮品）　［図表6-2-32　p70］
　　　◇通信販売で食品・生鮮品を購入する理由・しない理由　［図表6-2-33　p70］
　　　◇今後の通信販売での購入意向（食品・生鮮品）　［図表6-2-34　p70］
『スーパーマーケット白書　2019年版』全国スーパーマーケット協会　2019
　　　◇スーパーマーケット業界内の食品売上高シェア（売上順位別）の推移　［参考　p9］
　　　◇総売上高に対する食品売上高の推移（売上順位別）　［参考　p9］
　　　◇2018年　一般食品カテゴリー　前年同月比（既存店）の推移　［p22］
　　　◇2013年以降の生鮮仕入原価DIと食品仕入原価DI　［図表1-7　p23］
　　　◇SCIでみる業態別商品購入先　主食（2018年商品購入額構成比）　［参考　p51］
　　　◇SCIデータでみるスーパーマーケットでの購入と商品市場規模の変化　主食カテゴリー　［図表2-3　p55］
　　　◇SCIデータでみるスーパーマーケットでの購入と商品市場規模の変化　乾物・缶詰類カテ

ゴリー〕　〔図表2-6　p55〕
　　◇主食〔column SCIデータでみる81品目の消費者購入金額とスーパーマーケット業態シェア〕　〔p65〕
　　◇乾物・缶詰〔column SCIデータでみる81品目の消費者購入金額とスーパーマーケット業態シェア〕　〔p66〕
　　◇2018年業態別商品購入金額構成比　〔資料1　p90〕
　　◇一般食品カテゴリー〔資料4.2018年スーパーマーケット月別カテゴリー動向〕　〔資料4-6　p106〕
　『スーパーマーケット白書　2022年版』全国スーパーマーケット協会　2022
　　◇2021年　一般食品カテゴリーの推移(既存店　前年同月比・前々年同月比)　〔図表1-25　p35〕
　　◇主食〔資料1-1 SCIデータでみる81品目の消費者購入金額とスーパーマーケット業態シェア〕　〔p99〕
　　◇乾物・缶詰〔資料1-1 SCIデータでみる81品目の消費者購入金額とスーパーマーケット業態シェア〕　〔p100〕
　『スーパーマーケット白書　2023年版』全国スーパーマーケット協会　2023.2
　　◇生鮮仕入れ原価DIと食品仕入れ原価DI〔2022年のスーパーマーケット動向〕　〔図表1-8　p20〕
　　◇2022年　一般食品カテゴリーの推移(既存店　前年同月比・前々年同月比)　〔図表1-24　p36〕
　　◇主食〔資料1-1 SCIデータでみる81品目の消費者購入金額とスーパーマーケット業態シェア〕　〔p113〕
　　◇乾物・缶詰〔資料1-1 SCIデータでみる81品目の消費者購入金額とスーパーマーケット業態シェア〕　〔p114〕
　『スーパーマーケット白書　2024年版』全国スーパーマーケット協会　2024.2
　　◇生鮮仕入れ原価DI・食品仕入れ原価DI〔2023年のスーパーマーケット動向〕　〔図表1-10　p21〕
　　◇2023年　一般食品カテゴリー既存店前年同月比　〔図表1-28　p38〕
　　◇ドラッグストアの食品カテゴリー構成比の推移〔売上における〕　〔補足3 図表2　p75〕
　　◇主食〔資料1-1 SCIデータでみる81品目の消費者購入金額とスーパーマーケット業態シェア〕　〔p117〕
　　◇乾物・缶詰〔資料1-1 SCIデータでみる81品目の消費者購入金額とスーパーマーケット業態シェア〕　〔p118〕

食品価格

　『図説　漁業白書　平成8年度版』農林統計協会　1997.5
　　◇4～5年前と比較した食品別小売価格の変化　〔図Ⅱ-5-6　p50〕
　『スーパーマーケット白書　2016年版』新日本スーパーマーケット協会　2016.2
　　◇食品価格上昇時の食品選びにおける質と量の変化　〔図表4-2-1　p37〕
　　◇食品価格上昇時の食品選びにおける質と量の変化(世帯年収別)　〔図表4-2-2　p38〕
　　◇食品価格上昇時の食品選びにおける質と量の変化(年代別)　〔図表4-2-3　p39〕
　　◇食品価格上昇時の食品選びにおける質と量の変化(世帯人数別)　〔図表4-2-4　p39～40〕
　　◇食品価格上昇時の食品選びにおける質と量の変化(自宅調理頻度別)　〔図表4-2-5　p40〕

食品業界

　『食料・農業・農村白書　平成22年版』佐伯印刷　2010.6
　　◇食品産業における大規模小売業者と納入業者との間の取引慣行(2008年度)　〔図2-21　p73〕
　『図説　農業白書　平成8年度版』農林統計協会　1997.5
　　◇業態別にみた平均営業時間と店舗数の動向(試算)　〔図Ⅲ-24　p177〕

しょくひ　　　　　　　　　　　　　　統計図表レファレンス事典　商業・広告・マーケティング

『スーパーマーケット白書　2019年版』全国スーパーマーケット協会　2019
　◇都道府県別にみた2030年の食品市場の水準　［図表　p75］

食品購入

『消費社会白書　2016』JMR生活総合研究所　2015.12
　◇チャネル別食品購入状況とコンビニエンスストアの利用状況　［図表8-2　p83］
『消費社会白書　2019』JMR生活総合研究所　2018.12
　◇ドラッグストアとの比較による購入食品の違い　［図表8-13　p110］
　◇各チャネルの選択理由と期待　［図表8-14　p111］
『スーパーマーケット白書　2016年版』新日本スーパーマーケット協会　2016.2
　◇2～3年前と比べた食品購入における質と量の変化　［図表4-1-1　p37］
　◇2～3年前と比べた食品購入における質の変化　［図表5-1-8　p53］
　◇食品購入先　「第3」利用店舗まで組み合わせ（週に1回以上利用）　［図表6-2-27　p68］
　◇食品購入先　週2回以上の利用頻度　［図表6-2-29　p69］
　◇食品購入先　「第1」利用と「第2」利用店舗の2～3年前の利用傾向　［図表6-2-30　p69］
『スーパーマーケット白書　2019年版』全国スーパーマーケット協会　2019
　◇消費税率10％引き上げ前後の食品購入行動　［図表1-38　p40］
　◇2013年と2018年の業態別食品購入額の変化　［図表2-1　p50］
　◇家庭の記念日（誕生日等）の食材購入に利用する店舗　［図表　p77］
　◇食品購入先の選択に関する意識　［図表　p77］
　◇普段の食材購入に利用する店舗　［図表　p77］
　◇自宅にお客を招く際の食材購入に利用する店舗　［図表　p78］
　◇誰かと一緒に食材を買いに行く店舗　［図表　p78］
　◇メディア等で知った食材を購入するときに利用する店舗　［図表　p79］
　◇購入する食材を決めてから行く店舗　［図表　p79］
　◇食材をゆっくり見て歩きながら購入する店舗　［図表　p79］
　◇特色ある食材（産地直送、オーガニック等）の購入に利用する店舗　［図表　p79］
　◇品質にこだわる食材を購入したいときに利用する店舗　［図表　p79］
『スーパーマーケット白書　2022年版』全国スーパーマーケット協会　2022
　◇食品購入で「こだわり」が強まったもの　［図表2-52　p62］
　◇食品購入に利用する店舗数〔感染拡大前、2021年12月時点〕　［図表2-60　p65］
　◇スーパーマーケット以外での食品購入（カテゴリー別）　［図表2-61　p66］
　◇スーパーマーケット以外での食品購入先増加（増えた＋やや増えた）割合（性年代別）
　　［図表2-62　p66］
　◇スーパーマーケット以外での食品購入先増加者の購入先　［図表2-63　p66］
　◇スーパーマーケット以外での食品購入先が増加した理由　［図表2-64　p67］
　◇スーパーマーケット以外での食品購入先（野菜・果物、精肉、鮮魚）　［図表2-65　p68］
　◇スーパーマーケット以外での食品購入先　野菜・果物（性年代別）　［図表2-66　p68］
　◇スーパーマーケット以外での食品購入先　精肉（性年代別）　［図表2-67　p69］
　◇スーパーマーケット以外での食品購入先　鮮魚（性年代別）　［図表2-68　p69］
　◇スーパーマーケット以外での食品購入先（飲料、加工食品）　［図表2-70　p70］
　◇スーパーマーケット以外での食品購入先　飲料（性年代別）　［図表2-71　p70］
　◇スーパーマーケット以外での食品購入先　加工食品（性年代別）　［図表2-72　p71］
『スーパーマーケット白書　2023年版』全国スーパーマーケット協会　2023.2
　◇スーパー・ドラッグストアでの食品購入金額の推移　［図表2-3　p50］

食品廃棄物

『再資源化白書　2021』サティスファクトリー　2022.9
　　◇食品卸売業からの食品廃棄物等の発生・抑制・再利用状況の推移　［図5-119　p201］
　　◇食品小売業からの食品廃棄物等の発生・抑制・再利用状況の推移　［図5-120　p201］
　　◇店舗から排出される食品廃棄物に占める食べ残し割合　［図5-123　p204］

食料消費支出（通信販売）

『食料・農業・農村白書　令和4年版』日経印刷　2022.6
　　◇インターネットによる通信販売での食料消費支出額　［図表1-3-4　p70］

書籍

『情報メディア白書　2005』ダイヤモンド社　2004.12
　　◇コンビニエンスストアの書籍・雑誌販売額〈2003年〉［図表Ⅰ-2-13　p54］

『情報メディア白書　2007』ダイヤモンド社　2007.1
　　◇コンビニエンスストアの書籍・雑誌販売額〈2005年〉［図表Ⅰ-2-14　p48］

『情報メディア白書　2013』ダイヤモンド社　2013.1
　　◇主なネット書店販売額〈書籍、CD・DVD〉［図表Ⅰ-2-15　p60］
　　◇書籍・雑誌・コミック購入場所〈インターネット通販利用者〉［図表Ⅰ-2-43　p70］

『情報メディア白書　2016』ダイヤモンド社　2016.2
　　◇主なネット書店販売額〈書籍、CD・DVD〉［図表Ⅰ-2-10　p69］

『ORICONエンタメ・マーケット白書　2012』オリコン・リサーチ　2013.3
　　◇書籍年間売上額の店舗形態別売上構成比　［p87］
　　◇書籍売上額の書店形態別構成比（全体/部門別）　［p96］
　　◇書籍分類別売上額の店舗形態別状況　［p96］

『ORICONエンタメ・マーケット白書　2015』オリコン・リサーチ　2016.3
　　◇書籍売上額の書店形態別構成比　［p71］
　　◇書籍年間売上額の書店形態別構成比　［p82］
　　◇書籍年間売上額の分類別・書店形態別売上状況　［p82］

『ORICONエンタメ・マーケット白書　2018』オリコン・リサーチ　2019.3
　　◇区分店舗　業態別売上実績〔書籍〕　［p71］

『ORICONエンタメ・マーケット白書　2021』オリコン・リサーチ　2022.3
　　◇店舗　業態別売上実績〔書籍〕　［p71］

ショッピングサイト

『情報メディア白書　2023』ダイヤモンド社　2023.2
　　◇利用しているショッピングサイトの形態〔通信販売業者〕　［図表Ⅰ-12-11　p190］

ショッピングセンター

『九州経済白書　2010年版』九州経済調査協会　2010.2
　　◇ショッピングセンター（SC）販売額前年比（九州）　［図表1-3　p3］

『交通安全白書　令和元年版』勝美印刷　2019.7
　　◇ショッピングセンターの推移　［特集-第18図　p15］

『ジェトロ貿易投資白書　2007年版』ジェトロ　2007.9
　　◇インド主要都市のショッピングモール数と敷地面積　［表Ⅲ-9　p92］

『首都圏白書　平成22年版』佐伯印刷　2010.7
　　◇立地別ショッピングセンター数（平成20年12月末現在営業中のもの）　［図表2-2-17　p50］

しよてん　　　　　　　　　　　　統計図表レファレンス事典　商業・広告・マーケティング

　　『首都圏白書　平成28年版』勝美印刷　2016.6
　　　　◇立地別ショッピングセンター数（平成26年12月末現在営業中のもの）　［図表2-2-15　p40］
　　『首都圏白書　令和元年版』勝美印刷　2019.7
　　　　◇首都圏のショッピングセンター（SC）店舗数　［図表2-1-29　p55］
　　『首都圏白書（首都圏整備に関する年次報告）　令和4年版』勝美印刷　2022.7
　　　　◇ショッピングセンター（SC）店舗数　［図表2-1-28　p58］
　　『地域の経済　2006』日本統計協会　2007.2
　　　　◇ショッピングセンター、超大型店の出店状況　［第2-1-4図　p71］
　　『地域の経済　2009』佐藤印刷　2010.2
　　　　◇小売業に占めるショッピングセンターの総売上高、総面積シェアの推移　［第1-3-4図
　　　　　p26］
　　　　◇小売業（売場面積）に占めるショッピングセンターの割合（2007年）　［第1-3-5図　p27］
　　　　◇百貨店・ショッピングセンターの売上高増減率の比較　［第1-3-6図　p27］
　　『東京の中小企業の現状（流通産業編）　平成26年度』東京都産業労働局　2015.3
　　　　◇郊外型ショッピングセンターの進出とその影響　［図表Ⅲ-3-10　p252］
　　『土地白書　平成22年版』勝美印刷　2010.8
　　　　◇立地別ショッピングセンター開設数　［図表2-2-27　p65］
　　『土地白書　平成25年版』勝美印刷　2013.8
　　　　◇ショッピングセンターの立地動向　［図表3-2-7　p109］
　　『レジャー白書　2019』日本生産性本部　2019.8
　　　　◇複合ショッピングセンター、アウトレットモールの性・年代別参加率の推移　［図表1-
　　　　　25　p39］

書店

　　『情報メディア白書　1997年版』電通総研　1997.1
　　　　◇大手書店2社の売上高とその構成　［図表Ⅰ-1-11　p14］
　　　　◇従業員規模別書店数（1994年）　［図表Ⅰ-1-14　p16］
　　　　◇店舗業種別販売額・売場面積比較（1994年）　［図表Ⅰ-1-15　p16］
　　　　◇書店の経営状況（1995年）　［図表Ⅰ-1-16　p16］
　　『情報メディア白書　2005』ダイヤモンド社　2004.12
　　　　◇書店売上高トップ10〈2003年度〉［図表Ⅰ-2-12　p54］
　　　　◇従業員規模別書店数　［図表Ⅰ-2-14　p54］
　　　　◇新規オープン書店数と平均坪数　［図表Ⅰ-2-15　p54］
　　『情報メディア白書　2007』ダイヤモンド社　2007.1
　　　　◇書店売上高トップ10〈2005年度〉［図表Ⅰ-2-13　p48］
　　　　◇従業員規模別書店数　［図表Ⅰ-2-15　p48］
　　　　◇新規オープン書店数と平均坪数　［図表Ⅰ-2-16　p48］
　　　　◇オンライン書店の利用率〈20、40、60代別〉［図表Ⅰ-2-44　p57］
　　『情報メディア白書　2010』ダイヤモンド社　2010.1
　　　　◇書店数　［図表Ⅰ-2-15　p44］
　　　　◇新規オープン書店数と平均坪数　［図表Ⅰ-2-16　p44］
　　　　◇書店や出版社に望むこと〈2008年〉［図表Ⅰ-2-46　p53］
　　『情報メディア白書　2013』ダイヤモンド社　2013.1
　　　　◇書店売上高トップ10〈2011年〉［図表Ⅰ-2-13　p60］
　　　　◇書店数・平均坪数　［図表Ⅰ-2-14　p60］
　　『情報メディア白書　2016』ダイヤモンド社　2016.2

統計図表レファレンス事典　商業・広告・マーケティング　　　　　　　しんきか

　　◇書店売上高トップ10〈2014年度〉［図表Ⅰ-2-8　p69〕
　　◇書店数・平均坪数　［図表Ⅰ-2-9　p69〕
　『情報メディア白書　2019』ダイヤモンド社　2019.2
　　◇書店数・平均坪数　［図表Ⅰ-2-7　p70〕
　　◇主な書店の売上高　［図表Ⅰ-2-8　p70〕
　『情報メディア白書　2022』ダイヤモンド社　2022.3
　　◇書店数・合計坪数　［Ⅰ-2-7　p62〕
　　◇主な書店の売上高　［Ⅰ-2-8　p62〕
　『デジタルコンテンツ白書　2010』デジタルコンテンツ協会　2010.9
　　◇書店数の推移　［図表5-3-2　p125〕
　『デジタルコンテンツ白書　2019』デジタルコンテンツ協会　2019.9
　　◇書店数の推移　［図表5-5-4　p140〕
　　◇書店の開店(増床)・閉店(減床)推移　［図表5-5-5　p141〕
　　◇書店の総店舗数と坪数の推移　［p179〕
　『デジタルコンテンツ白書　2022』デジタルコンテンツ協会　2022.9
　　◇書店の総店舗数と坪数の推移　［p158〕
　『ORICONエンタメ・マーケット白書　2012』オリコン・リサーチ　2013.3
　　◇書籍年間売上額の店舗形態別売上構成比　［p87〕
　　◇書籍売上額の書店形態別構成比(全体/部門別)　［p96〕
　『ORICONエンタメ・マーケット白書　2015』オリコン・リサーチ　2016.3
　　◇書籍売上額の書店形態別構成比　［p71〕
　　◇書籍年間売上額の書店形態別構成比　［p82〕
　　◇書籍年間売上額の分類別・書店形態別売上状況　［p82〕

新型コロナウイルス感染症（影響）

　『広告白書　2021年度版』日経広告研究所　2021.8
　　◇現在、SNS上でのプロモーション活動について思うことで当てはまるものを一つのみ選んでください。〔コロナ禍〕　［p51〕
　『広告白書　2022年度版』日経広告研究所　2022.8
　　◇商品カテゴリー別コロナ終息後もオンラインで購入したい商品　［p62〕
　『東京の中小企業の現状(流通産業編)　令和2年度』東京都産業労働局　2021.3
　　◇感染症発生前後での売上高の変化〔卸売業〕　［図表Ⅱ-1-14　p46〕
　　◇感染症発生前後での売上総利益(粗利益)の変化〔卸売業〕　［図表Ⅱ-1-17　p49〕
　　◇感染症発生前後での経常損益の変化〔卸売業〕　［図表Ⅱ-1-22　p54〕
　　◇感染症発生前後での売上高の変化〔小売業〕　［図表Ⅱ-2-13　p134〕
　　◇感染症発生前後での売上総利益(粗利益)の変化〔小売業〕　［図表Ⅱ-2-16　p137〕
　　◇感染症発生前後での経常損益の変化〔小売業〕　［図表Ⅱ-2-21　p142〕
　　◇新型コロナウイルス感染症の影響(卸売業)　［図表Ⅲ-1-1　p237〕
　　◇具体的なマイナスの影響内容(卸売業)　［図表Ⅲ-1-2　p239〕
　　◇新型コロナウイルス感染症の影響による新たな取組(卸売業)　［図表Ⅲ-1-3　p241〕
　　◇新型コロナウイルス感染症の影響(小売業)　［図表Ⅲ-1-4　p243〕
　　◇具体的なマイナスの影響内容(小売業)　［図表Ⅲ-1-5　p245〕
　　◇新型コロナウイルス感染症の影響による新たな取組(小売業)　［図表Ⅲ-1-6　p247〕

新規開業追跡調査

　『新規開業白書　2022年版』佐伯コミュニケーションズ　2022.7
　　◇宅配とテイクアウトの実施状況(飲食店・宿泊業)　［図3-16　p97〕

人件費

『スーパーマーケット白書　2024年版』全国スーパーマーケット協会　2024.2
　　◇パート・アルバイト人件費（最低賃金）上昇がスーパーマーケット運営に与える影響
　　　［図表2-9　p47］
　　◇パート・アルバイト人件費（最低賃金）上昇が経営に与える影響〔スーパーマーケット〕
　　　［図表2-10　p47］
『中小企業白書　平成9年版』大蔵省印刷局　1997.5
　　◇法人企業の付加価値生産性、従業者1人当たり人件費、労働分配率（卸売業）　［20表　p22］
　　◇法人企業の付加価値生産性、従業者1人当たり人件費、労働分配率（小売業）　［21表　p23］

新興国市場

『通商白書　2010』日経印刷　2010.7
　　◇新興国市場開拓に向け販売・マーケティングで重視する戦略（対民間事業者向け、対個人消費者向け別）　［第3-2-1-32図　p308］
　　◇新興国市場開拓に向けた商品・サービス等の開発方法　［第3-2-1-34図　p309］

新聞

『広告白書　平成16年版』日経広告研究所　2004.7
　　◇新聞グループ別発行ページ数（2003年月別）　［資料6-5　p242］
　　◇2003年1月～12月発行ページ数　［資料10-2　p262］
『広告白書　2007』日経広告研究所　2007.7
　　◇2006年1月～12月発行ページ数［新聞］　［資料7-2　p183］
　　◇新聞グループ別発行ページ数（2006年月別）　［資料10-5　p192］
『広告白書　2010』日経広告研究所　2010.7
　　◇2009年1月～12月発行ページ数〔新聞〕　［資料7-2　p190］
　　◇新聞グループ別発行ページ数（2009年月別）　［資料10-5　p199］
『広告白書　2013』日経広告研究所　2013.7
　　◇2012年1月～12月発行ページ数〔新聞〕　［資料7-2　p185］
　　◇新聞グループ別発行ページ数（2012年月別）　［資料10-5　p194］
『広告白書　2016』日経広告研究所　2016.7
　　◇新聞グループ別発行ページ数（2015年月別）　［資料10-5　p226］
『広告白書　2019年度版』日経広告研究所　2019.7
　　◇新聞グループ別発行ページ数（2018年月別）　［資料10-5　p178］
『広告白書　2020年度版』日経広告研究所　2020.9
　　◇新聞グループ別発行ページ数（2019年月別）　［資料10-5　p178］
『広告白書　2021年度版』日経広告研究所　2021.8
　　◇新聞グループ別発行ページ数（2020年月別）　［p111］
『広告白書　2022年度版』日経広告研究所　2022.8
　　◇新聞グループ別発行ページ数（2021年月別）　［p105］
『広告白書　2023-24年版』日経広告研究所　2023.10
　　◇新聞グループ別発行ページ数（2021年度月別）　［p219］
　　◇新聞グループ別発行ページ数（2022年度月別）　［p219］
『情報メディア白書　1997年版』電通総研　1997.1
　　◇スポーツ紙（東京地区）と一般紙朝刊の販売体制　［図表Ⅰ-5-4　p39］
『情報メディア白書　2005』ダイヤモンド社　2004.12
　　◇新聞売上高（販売/広告）（アメリカ）　［図表Ⅱ-1-10　p220］

『情報メディア白書　2007』ダイヤモンド社　2007.1
　　◇新聞売上高(販売/広告)［アメリカ］　［図表Ⅱ-2-1　p227］

新聞広告
『広告白書　平成9年版』日経広告研究所　1997.7
　　◇新聞・雑誌広告出稿量　［(表)6　p200～217］
　　◇新聞広告掲載量、発行ページ数　［(表)10　p234］
　　◇新聞広告審査・苦情件数　［(表)18　p250］
『広告白書　平成16年版』日経広告研究所　2004.7
　　◇新聞広告出稿量上位50社(2003年)　［資料6-1　p230］
　　◇新聞業種別広告出稿量(段)上位10社(2003年)　［資料6-3　p232～236］
　　◇新聞グループ別広告量(2003年月別)　［資料6-6　p243］
『広告白書　2007』日経広告研究所　2007.7
　　◇折込, DM, 新聞広告費　［p31］
　　◇新聞広告費とその割合　［p51］
　　◇新聞の業種別広告費　［p52］
　　◇業種別広告費(2000年～2006年)(新聞広告費)　［資料3-4　p176］
　　◇媒体別広告量(新聞)　［資料4-2　p180］
　　◇2006年1月～12月広告掲載量［新聞］　［資料7-1　p183］
　　◇新聞広告出稿量上位50社(2006年)　［資料10-1　p185］
　　◇新聞業種別広告出稿量(段)上位10社(2006年)　［資料10-3　p187］
　　◇新聞グループ別広告量(2006年月別)　［資料10-6　p192］
　　◇月別折込広告平均枚数〈1世帯当たり〉［新聞］　［資料13-1　p204］
『広告白書　2010』日経広告研究所　2010.7
　　◇新聞広告費と広告量　［p77］
　　◇2009年1月～12月広告掲載量［新聞］　［資料7-1　p190］
　　◇新聞広告出稿量上位50社(2009年)　［資料10-1　p192］
　　◇新聞業種別広告出稿量(段)上位10社(2009年)　［資料10-3　p194～198］
　　◇新聞グループ別広告量(2009年月別)　［資料10-6　p199］
『広告白書　2013』日経広告研究所　2013.7
　　◇新聞広告費と広告量　［p44］
　　◇2012年1月～12月広告掲載量［新聞］　［資料7-1　p185］
　　◇新聞広告出稿量上位50社(2012年)　［資料10-1　p187］
　　◇新聞業種別広告出稿量(段)上位10社(2012年)　［資料10-3　p189～191］
　　◇新聞グループ別広告量(2012年月別)　［資料10-6　p194］
『広告白書　2016』日経広告研究所　2016.7
　　◇新聞広告費と広告量　［p51］
　　◇新聞広告構成比上位10業種の年間広告費　［p52］
　　◇新聞広告掲載量(2015年1～12月)　［資料5-1　p213］
　　◇新聞広告ページ数(2015年1～12月)　［資料5-2　p213］
　　◇新聞広告出稿量上位50社(2015年)　［資料10-1　p217］
　　◇新聞業種別広告出稿量(段)上位10社(2015年)　［資料10-3　p219～222］
　　◇新聞グループ別広告量(2015年月別)　［資料10-6　p226］
『広告白書　2019年度版』日経広告研究所　2019.7
　　◇新聞広告掲載量(2018年1～12月)　［資料5-1　p165］
　　◇新聞広告ページ数(2018年1～12月)　［資料5-2　p165］
　　◇新聞広告出稿量上位50社(2018年)　［資料10-1　p169］

しんぶん　　　　統計図表レファレンス事典　商業・広告・マーケティング

　　◇新聞業種別広告出稿量(段)上位10社(2018年)　［資料10-3　p171〜174］
　　◇新聞グループ別広告量(2018年月別)　［資料10-6　p178］
　『広告白書　2020年度版』日経広告研究所　2020.9
　　◇新聞広告掲載量(2019年1〜12月)　［資料5-1　p165］
　　◇新聞広告ページ数(2019年1〜12月)　［資料5-2　p165］
　　◇新聞広告出稿量上位50社(2019年)　［資料10-1　p169］
　　◇新聞業種別広告出稿量(段)上位10社(2019年)　［資料10-3　p171〜174］
　　◇新聞グループ別広告量(2019年月別)　［資料10-6　p178］
　『広告白書　2021年度版』日経広告研究所　2021.8
　　◇新聞グループ別広告量(2020年月別)　［p111］
　　◇新聞広告ページ数(2020年1〜12月)　［p112］
　　◇新聞広告掲載量(2020年1〜12月)　［p112］
　　◇新聞広告出稿量上位50社(2020年)　［p113］
　　◇新聞業種別広告出稿量(段)上位10社(2020年)　［p114〜118］
　『広告白書　2022年度版』日経広告研究所　2022.8
　　◇新聞広告ページ数(2021年1〜12月)　［p104］
　　◇新聞広告掲載量(2021年1〜12月)　［p104］
　　◇新聞グループ別広告量(2021年月別)　［p105］
　　◇新聞広告出稿量上位50社(2021年)　［p106］
　　◇新聞業種別広告出稿量(段)上位10位(2021年)　［p107〜111］
　『広告白書　2023-24年版』日経広告研究所　2023.10
　　◇新聞広告ページ数(2022年4月〜23年3月)　［p218］
　　◇新聞広告掲載量(2022年4月〜23年3月)　［p218］
　　◇新聞グループ別広告量(2021年度月別)　［p220］
　　◇新聞グループ別広告量(2022年度月別)　［p220］
　　◇新聞広告出稿量上位30社(2022年度)　［p221］
　　◇新聞業種別広告出稿量(段)上位10社(2022年度)　［p222〜226］
　『情報メディア白書　1997年版』電通総研　1997.1
　　◇4媒体(新聞・雑誌・テレビ・ラジオ)の業種広告費(1995年)　［図表Ⅰ-32-5　p185］
　　◇新聞の業種別広告量トップ10(1995年)　［図表Ⅰ-32-7　p186］
　　◇新聞/広告売上　［図表Ⅱ-1-20　p203］
　『情報メディア白書　2005』ダイヤモンド社　2004.12
　　◇スポーツ紙の広告掲載量/発行ページ数　［図表Ⅰ-1-21　p42］
　　◇新聞広告の送稿EDI(デジタル送稿)の取組み状況〈2003年度〉［図表Ⅰ-1-39　p47］
　　◇新聞広告の取引EDIの実施状況〈2003年度〉［図表Ⅰ-1-40　p47］
　　◇4媒体(新聞・雑誌・テレビ・ラジオ)の業種別広告費〈2003年〉［図表Ⅰ-12-7　p203］
　　◇新聞の業種別広告出稿量トップ10〈2003年〉［図表Ⅰ-12-9　p204］
　　◇業種別新聞広告比率および新聞広告出稿上位10社〈2003年〉(韓国)　［図表Ⅱ-2-9　p230］
　『情報メディア白書　2007』ダイヤモンド社　2007.1
　　◇新聞広告掲載率　［図表Ⅰ-1-8　p32］
　　◇新聞広告費上位12業種　［図表Ⅰ-1-9　p32］
　　◇スポーツ紙の発行ページ数/広告掲載量　［図表Ⅰ-1-23　p37］
　　◇マス4媒体(新聞・雑誌・ラジオ・テレビ)の業種別広告費〈2005年〉［図表Ⅰ-13-6　p199］
　　◇新聞の業種別広告出稿量トップ10〈2005年〉［図表Ⅰ-13-8　p200］
　『情報メディア白書　2010』ダイヤモンド社　2010.1
　　◇新聞広告掲載率　［図表Ⅰ-1-8　p28］
　　◇新聞広告費上位12業種　［図表Ⅰ-1-9　p28］

◇マス4媒体（新聞・雑誌・ラジオ・テレビ）の業種別広告費〈2008年〉［図表Ⅰ-13-4　p196］
　　◇新聞の業種別広告出稿量トップ10〈2008年〉［図表Ⅰ-13-7　p197］
　　◇新聞広告費　［図表Ⅱ-1-6　p235］
　『情報メディア白書　2013』ダイヤモンド社　2013.1
　　◇新聞広告掲載率　［図表Ⅰ-1-9　p44］
　　◇新聞広告費上位12業種　［図表Ⅰ-1-10　p44］
　　◇スポーツ紙の発行ページ数／広告掲載量　［図表Ⅰ-1-27　p49］
　　◇マス4媒体（新聞・雑誌・ラジオ・テレビ）の業種別広告費〈2011年〉［図表Ⅰ-13-4　p190］
　　◇新聞の業種別広告出稿量トップ10〈2011年〉［図表Ⅰ-13-6　p191］
　『情報メディア白書　2016』ダイヤモンド社　2016.2
　　◇新聞広告費　［図表Ⅰ-1-7　p54］
　　◇新聞広告掲載率　［図表Ⅰ-1-8　p54］
　　◇新聞広告費上位12業種　［図表Ⅰ-1-9　p54］
　　◇スポーツ紙の発行ページ数／広告掲載量　［図表Ⅰ-1-23　p58］
　　◇マス4媒体（新聞・雑誌・ラジオ・地上波テレビ）の業種別広告費〈2014年〉［図表Ⅰ-11-4　p188］
　　◇新聞の業種別広告出稿量トップ10〈2014年〉［図表Ⅰ-11-6　p189］
　『情報メディア白書　2019』ダイヤモンド社　2019.2
　　◇新聞広告費　［図表Ⅰ-1-7　p56］
　　◇新聞広告掲載量・広告掲載率　［図表Ⅰ-1-8　p56］
　　◇新聞広告費上位12業種　［図表Ⅰ-1-9　p56］
　　◇新聞広告に対する態度〈2017年11月／全国計／15～79歳男女個人〉［図表Ⅰ-1-10　p56］
　　◇スポーツ紙発行ページ数・広告掲載量　［図表Ⅰ-1-27　p61］
　　◇マスコミ4媒体（新聞・雑誌・ラジオ・地上波テレビ）の業種別広告費〈2017年〉［図表Ⅰ-11-5　p190］
　　◇新聞の業種別広告出稿量トップ10〈2017年〉［図表Ⅰ-11-7　p191］
　『情報メディア白書　2022』ダイヤモンド社　2022.3
　　◇新聞広告費・新聞デジタル広告費　［Ⅰ-1-7　p48］
　　◇新聞広告掲載量・広告掲載率　［Ⅰ-1-8　p48］
　　◇新聞広告費上位12業種　［Ⅰ-1-9　p48］
　　◇新聞広告への評価〈2020年〉［Ⅰ-1-10　p48］
　　◇スポーツ紙発行ページ数・広告掲載量　［Ⅰ-1-27　p53］
　　◇マスコミ4媒体（新聞・雑誌・ラジオ・地上波テレビ）の業種別広告費〈2020年〉［Ⅰ-11-5　p182］
　　◇新聞の業種別広告出稿量トップ10〈2020年〉［Ⅰ-11-7　p183］
　『情報メディア白書　2023』ダイヤモンド社　2023.2
　　◇新聞広告費・新聞デジタル広告費　［図表Ⅰ-1-7　p44］
　　◇新聞広告掲載量・広告掲載率　［図表Ⅰ-1-8　p44］
　　◇新聞広告費上位12業種　［図表Ⅰ-1-9　p44］
　　◇新聞広告への評価　［図表Ⅰ-1-10　p44］
　　◇新聞の業種別広告出稿量トップ10〈2021年〉［図表Ⅰ-11-7　p177］
　『デジタルコンテンツ白書　2013』デジタルコンテンツ協会　2013.9
　　◇新聞、雑誌、折込広告、インターネット広告費　［図表5-4-5　p161］
　『デジタルコンテンツ白書　2016』デジタルコンテンツ協会　2016.9
　　◇新聞、雑誌、ラジオ、折込広告、インターネット広告の広告費の推移　［図表5-4-4　p161］
　『デジタルコンテンツ白書　2019』デジタルコンテンツ協会　2019.9
　　◇新聞、雑誌、ラジオ、地上波テレビ、折込広告、インターネット広告の広告費の推移

しんぶん　　　　　　　統計図表レファレンス事典　商業・広告・マーケティング

　　　　［図表5-4-3　p130］
　『デジタルコンテンツ白書　2022』デジタルコンテンツ協会　2022.9
　　　◇新聞、雑誌、ラジオ、地上波テレビ、折込広告、インターネット広告の広告費の推移
　　　　［図表5-3-3　p115］
　『日本新聞年鑑　'97/'98年版』日本新聞協会　1997.11
　　　◇新聞広告掲載量・延べページ数　［(表)　p369］
　　　◇新聞発行部数規模別広告掲載量1996年1～12月　広告掲載量　［表1　p370］
　　　◇新聞発行部数規模別広告掲載量1996年1～12月　発行ページ数　［表2　p370］

新聞販売体制

　『情報メディア白書　1997年版』電通総研　1997.1
　　　◇スポーツ紙(東京地区)と一般紙朝刊の販売体制　［図表Ⅰ-5-4　p39］

新聞販売店

　『情報メディア白書　1997年版』電通総研　1997.1
　　　◇地域別新聞販売店数と1店当たりの従業員数(1995年)　［図表Ⅰ-4-6　p33］
　　　◇新聞販売店従業員数内訳　［図表Ⅰ-4-7　p33］
　『情報メディア白書　2005』ダイヤモンド社　2004.12
　　　◇新聞販売店の売上高と従業員規模別店数　［図表Ⅰ-1-12　p39］
　　　◇新聞販売店数　［図表Ⅰ-1-13　p39］
　　　◇構成別新聞販売店従業員数　［図表Ⅰ-1-14　p39］
　『情報メディア白書　2007』ダイヤモンド社　2007.1
　　　◇新聞販売店概況　［図表Ⅰ-1-15　p35］
　　　◇新聞販売店数　［図表Ⅰ-1-16　p35］
　　　◇新聞販売店従業員数　［図表Ⅰ-1-17　p35］
　『情報メディア白書　2010』ダイヤモンド社　2010.1
　　　◇新聞販売店概況　［図表Ⅰ-1-16　p31］
　　　◇新聞販売店数　［図表Ⅰ-1-17　p31］
　　　◇新聞販売店従業員数　［図表Ⅰ-1-18　p31］
　『情報メディア白書　2013』ダイヤモンド社　2013.1
　　　◇新聞販売店概況　［図表Ⅰ-1-19　p47］
　　　◇新聞販売店開設時期〈2007年〉［図表Ⅰ-1-20　p47］
　　　◇新聞販売所従業員数　［図表Ⅰ-1-21　p47］
　『情報メディア白書　2016』ダイヤモンド社　2016.2
　　　◇新聞販売店概況　［図表Ⅰ-1-27　p59］
　　　◇新聞販売店開設時期〈2012年〉［図表Ⅰ-1-28　p59］
　　　◇新聞販売所従業員数〈各年10月〉［図表Ⅰ-1-29　p59］
　『情報メディア白書　2019』ダイヤモンド社　2019.2
　　　◇新聞販売所数〈各年10月〉［図表Ⅰ-1-31　p62］
　　　◇新聞販売所従業員数　［図表Ⅰ-1-33　p62］
　『情報メディア白書　2022』ダイヤモンド社　2022.3
　　　◇新聞販売所数〈各年10月〉［Ⅰ-1-31　p54］
　　　◇新聞販売所従業員数　［Ⅰ-1-33　p54］

深夜飲食店

　『警察白書　平成9年版』大蔵省印刷局　1997.9
　　　◇深夜飲食店営業の営業所数の推移(平成4～8年)　［表3-23　p147］

◇深夜飲食店営業の法令別検挙状況（平成8年）　［統計（表）3-42　p313］
　『警察白書　平成16年版』ぎょうせい　2004.10
　　　◇深夜酒類提供飲食店営業の営業所数の推移（平成11～15年）　［表3-26　p119］
　『警察白書　平成19年度版』ぎょうせい　2007.7
　　　◇深夜酒類提供飲食店の営業所数の推移　［表1-19　p111］
　『警察白書　平成22年度版』ぎょうせい　2010.7
　　　◇深夜酒類提供飲食店の営業所数の推移（平成17～21年）　［表1-19　p98］
　『警察白書　平成25年版』日経印刷　2013.7
　　　◇深夜酒類提供飲食店の営業所数の推移（平成20～24年）　［表2-12　p109］
　『警察白書　平成28年版』日経印刷　2016.7
　　　◇深夜酒類提供飲食店の営業所数の推移（平成23～27年）　［図表2-36　p80］
　『警察白書　令和元年版』日経印刷　2019.7
　　　◇深夜酒類提供飲食店の営業所数の推移（平成26～30年）　［図表2-53　p109］
　『警察白書　令和4年版』日経印刷　2022.10
　　　◇深夜酒類提供飲食店の営業所数の推移（平成29年～令和3年）　［図表2-54　p73］

【す】

水産物（小売関係）

　『水産白書　平成22年版』農林統計協会　2010.6
　　　◇小売業の形態別の国内産水産物（生鮮・冷蔵・冷凍・塩蔵）の流通経路の比較　［図Ⅱ-2-22　p66］
　『水産白書　令和4年版』農林統計協会　2022.8
　　　◇スーパーマーケットの売上高（食品、水産）の令和元（2019）年同月比　［図表特-2-7　p22］
　『スーパーマーケット白書　2019年版』全国スーパーマーケット協会　2019
　　　◇2018年　主な水産品相場　平年比と前年差　［p19］
　　　◇2018年　水産カテゴリー　前年同月比（既存店）の推移　［p19］
　　　◇水産カテゴリー〔資料4.2018年スーパーマーケット月別カテゴリー動向〕　［資料4-2　p98］
　『スーパーマーケット白書　2022年版』全国スーパーマーケット協会　2022
　　　◇2021年　水産カテゴリーの推移（既存店　前年同月比・前々年同月比）　［図表1-18　p25］
　　　◇2021年　主な水産相場の動き（小売価格の推移）　［図表1-20　p27］
　『スーパーマーケット白書　2023年版』全国スーパーマーケット協会　2023.2
　　　◇2022年　水産カテゴリーの推移（既存店　前年同月比・前々年同月比）　［図表1-18　p26］
　『スーパーマーケット白書　2024年版』全国スーパーマーケット協会　2024.2
　　　◇2023年　水産カテゴリー既存店前年同月比　［図表1-20　p27］
　　　◇2023年水産相場　前年比と平年比（小売価格の推移）　［図表1-21　p29］

水産物卸売市場

　『水産白書　平成19年版』農林統計協会　2007.6
　　　◇中央卸売市場の水産物の取扱量・価格の推移　［図Ⅱ-1-5　p48］
　『水産白書　平成28年版』農林統計協会　2016.6
　　　◇水産物卸売市場数の推移　［図Ⅱ-2-20　p103］

すいさん

『水産白書　令和元年版』農林統計協会　2019.7
　　◇水産物卸売市場数の推移　［図3-2-21　p121］
『水産白書　令和4年版』農林統計協会　2022.8
　　◇水産物の消費地卸売市場経由量と経由率の推移　［図表2-27　p87］
　　◇水産物卸売市場数の推移　［図表2-28　p88］
『図説　漁業白書　平成8年度版』農林統計協会　1997.5
　　◇6大都市中央卸売市場における卸売数量の推移　［図Ⅱ-4-2　p32］
『図説　水産白書　平成15年度』農林統計協会　2004.7
　　◇中央卸売市場の水産物の取扱量・金額の推移　［図Ⅱ-1-4　p35］

水産物価格

『図説　漁業白書　平成8年度版』農林統計協会　1997.5
　　◇水産物産地卸売価格指数、水産物輸入価格指数、魚介類消費者物価指数の推移　［図Ⅱ-5-4　p47］
　　◇水産物卸売価格指数及び消費者物価指数の推移　［Ⅰ-6　p161］
『スーパーマーケット白書　2023年版』全国スーパーマーケット協会　2023.2
　　◇2022年　主な水産価格の動き　［図表1-19　p28］

水産物直売所

『水産白書　平成28年版』農林統計協会　2016.5
　　◇漁業経営体及び漁業協同組合等による水産加工及び水産物直売所の従業者数と年間販売金額　［図Ⅰ-3-4　p42］
『水産白書　令和4年版』農林統計協会　2022.8
　　◇全国の漁港及びその背後集落における水産物直売所等の交流施設　［図表5-6　p159］

スーパーセンター

『九州経済白書　2007年版』九州経済調査協会　2007.2
　　◇スーパーセンター展開企業の出店状況（2006年10月末）　［図表1-17　p59］

スーパーマーケット

　　　　⇒スーパーセンター，総合スーパー　をも見よ

『関西経済白書　2016』丸善プラネット　2016.10
　　◇百貨店・スーパー・コンビニ販売状況　［図4-2-4　p98］
『九州経済白書　2007年版』九州経済調査協会　2007.2
　　◇(株)丸久の店舗分布　［図表1-21　p63］
　　◇(株)丸久の店舗と地場大手他社店舗との比較（2006年）　［図表1-22　p63］
『九州経済白書　2010年版』九州経済調査協会　2010.2
　　◇スーパーマーケットの売場面積別指標　［図表4-25　p78］
『警察白書　平成16年版』ぎょうせい　2004.10
　　◇深夜におけるコンビニエンスストア・スーパーマーケット対象強盗事件の認知・検挙状況の推移（平成6〜15年）　［図4-4　p139］
『商業施設計画総覧　2023年版』産業タイムズ社　2022.11
　　◇食品スーパーの業績と出店　［p38］
『新聞折込広告効果測定調査—調査レポート—』エム・エス・エス　2006.3
　　◇2004年　配布された新聞折込広告に対し閲読した枚数の割合　スーパーL〔年齢別〕　［p55,121］
　　◇配布された新聞折込広告に対し閲読した枚数の割合　スーパーL〔性別〕　［p55,121］

統計図表レファレンス事典　商業・広告・マーケティング　　　　　　　　　　　すはまけ

　◇2004年 配布された新聞折込広告の利用有無 スーパーL〔年齢別〕　〔p77,128〕
　◇配布された新聞折込広告の利用有無 スーパーL〔性別〕　〔p77,128〕
　◇2001年 色による接触状況構成比 スーパーL〔新聞折込広告〕　〔p89,132〕
　◇2002年 色による接触状況構成比 スーパーL〔新聞折込広告〕　〔p89,132〕
　◇2004年 色による接触状況構成比 スーパーL〔新聞折込広告〕　〔p89,132〕
　◇2001年 サイズによる接触状況構成比 スーパーL〔新聞折込広告〕　〔p91〕
　◇2002年 サイズによる接触状況構成比 スーパーL〔新聞折込広告〕　〔p91,133〕
　◇2004年 サイズによる接触状況構成比 スーパーL〔新聞折込広告〕　〔p91,133〕
　◇印象に残った箇所 スーパーL〔新聞折込広告〕　〔p96,135〕
　◇利用するきっかけ スーパーL〔新聞折込広告〕　〔p99,137〕
『スーパーマーケット白書　2016年版』新日本スーパーマーケット協会　2016.2
　◇スーパーマーケットでの買物における予算の設定状況　〔図表3-1-10　p33〕
　◇自宅調理機会の増加とスーパーマーケット利用回数　〔図表3-1-19　p34〕
　◇野菜(商品タイプ別)の購入率　〔図表4-4-11　p47〕
　◇果物(商品タイプ別)の購入率　〔図表4-4-12　p47〕
　◇精肉(商品タイプ別)の購入率　〔図表4-4-13　p48〕
　◇鮮魚(商品タイプ別)の購入率　〔図表4-4-14　p48〕
　◇品目別にみた購入量と価格の前年比(2014年)　〔図表5-1-3　p51〕
　◇収益DIの推移　〔図表6-2-4　p60〕
　◇仕入原価DIと販売価格DIの推移　〔図表6-2-12　p63〕
　◇客単価DIの推移　〔図表6-2-13　p64〕
　◇2015年スーパーマーケット上場企業15社の客単価　〔図表6-2-14　p64〕
　◇2015年総売上とカテゴリー別寄与度(名目)　〔図表6-2-15　p64〕
　◇2015年総売上とカテゴリー別寄与度(実質)　〔図表6-2-16　p64〕
　◇景気判断DIと販売前年同月比の推移　〔図表6-2-17　p65〕
　◇日経平均株価と景気判断DI　〔図表6-2-18　p65〕
　◇景気判断DIと収益DI　〔図表6-2-19　p66〕
　◇景気判断DIと来客数DI　〔図表6-2-20　p66〕
　◇景気判断DIと客単価DI　〔図表6-2-21　p66〕
　◇倒産件数(2013年～2015年)〔スーパーマーケット業〕　〔p79〕
　◇負債金額(2013年～2015年)〔スーパーマーケット業〕　〔p79〕
　◇負債金額トップ3 各種商品小売業(スーパーマーケット業)　〔p79〕
　◇2015年スーパーマーケット販売統計調査期間集計結果(年間・四半期/カテゴリー)　〔p81〕
　◇2015年スーパーマーケット販売統計調査期間集計結果(年間・四半期/エリア・保有店舗数)　〔p82〕
　◇2015年スーパーマーケット販売統計調査結果(月別/カテゴリー・エリア・保有店舗数)　〔p83〕
　◇2015年スーパーマーケット景況感調査結果　〔p84〕
　◇2015年スーパーマーケット経営動向調査結果　〔p84〕
　◇店舗・センター状況〔平成27年スーパーマーケット年次統計調査結果概要〕　〔資料9-1　p85〕
　◇人事環境〔平成27年スーパーマーケット年次統計調査結果概要〕　〔資料9-2　p86〕
　◇人事環境〔平成27年スーパーマーケット年次統計調査結果概要〕　〔資料9-3　p86〕
　◇販売促進・サービス〔平成27年スーパーマーケット年次統計調査結果概要〕　〔資料9-4　p87〕
　◇PB商品〔平成27年スーパーマーケット年次統計調査結果概要〕　〔資料9-5　p87〕
　◇環境対策〔平成27年スーパーマーケット年次統計調査結果概要〕　〔資料9-6　p87〕
　◇その他〔平成27年スーパーマーケット年次統計調査結果概要〕　〔資料9-7　p88〕

◇店舗状況〔平成27年スーパーマーケット年次統計調査結果概要〕　〔資料9-8　p89〕
◇平成27年経営指標レポート結果概要　〔p90〕
◇(一社)新日本スーパーマーケット協会「消費者調査2015」調査概要・設問及び結果一覧　〔p91～102〕

『スーパーマーケット白書　2019年版』全国スーパーマーケット協会　2019
◇1998年以降の業界規模の推移　〔参考　p6〕
◇2016年度と17年度の企業収益状況（売上規模50億円未満）　〔参考　p13〕
◇2016年度と17年度の企業収益状況（売上規模100億～250億円未満）　〔参考　p13〕
◇2016年度と17年度の企業収益状況（売上規模250億～500億円未満）　〔参考　p13〕
◇2016年度と17年度の企業収益状況（売上規模500億円以上）　〔参考　p13〕
◇2016年度と17年度の企業収益状況（売上規模50億～100億円未満）　〔参考　p13〕
◇2018年　来客数DI　〔図表1-4　p17〕
◇2018年　青果カテゴリー　前年同月比(既存店)の推移　〔p18〕
◇2018年　水産カテゴリー　前年同月比(既存店)の推移　〔p19〕
◇2018年　畜産カテゴリー　前年同月比(既存店)の推移　〔p20〕
◇2018年　惣菜カテゴリー　前年同月比(既存店)の推移　〔p21〕
◇2018年　日配カテゴリー　前年同月比(既存店)の推移　〔p21〕
◇2018年　一般食品カテゴリー　前年同月比(既存店)の推移　〔p22〕
◇2018年　非食品カテゴリー　前年同月比(既存店)の推移　〔p22〕
◇2013年以降の生鮮仕入原価DIと食品仕入原価DI　〔図表1-7　p23〕
◇スーパーマーケット人手不足の現状　〔図表1-9　p27〕
◇スーパーマーケットで人手が不足している部門(正社員、パート・アルバイト)　〔図表1-10　p27〕
◇スーパーマーケットのパート・アルバイト時間給の変化　〔図表1-12　p27〕
◇スーパーマーケットにおける人手不足対策　〔図表1-13　p28〕
◇チェッカーが会計するレジサービスへの対価　〔図表1-14　p29〕
◇惣菜を手作りするサービスへの対価　〔図表1-15　p29〕
◇自宅までの配送サービスへの対価　〔図表1-16　p29〕
◇スーパーマーケットでキャッシュレス決済手段を利用する割合　〔図表1-23　p33〕
◇キャッシュレス決済とスーパーマーケット利用店舗の選択　〔図表1-24　p33〕
◇スーパーマーケットで導入されているキャッシュレス決済手段(保有店舗別)　〔図表1-26　p34〕
◇スーパーマーケットで導入されているポイントカード種類　〔図表1-28　p34〕
◇スーパーマーケットの売上に占める決済手段構成比(金額ベース)　〔図表1-30　p35〕
◇消費者ポイント還元事業時に普段のスーパーで決済手段が利用できなかった場合の対応　〔図表1-31　p36〕
◇SCIデータでみるスーパーマーケットでの購入と商品市場規模の変化　主食カテゴリー　〔図表2-3　p55〕
◇SCIデータでみるスーパーマーケットでの購入と商品市場規模の変化　和風基礎調味料カテゴリー　〔図表2-4　p55〕
◇SCIデータでみるスーパーマーケットでの購入と商品市場規模の変化　その他調味料カテゴリー　〔図表2-5　p55〕
◇SCIデータでみるスーパーマーケットでの購入と商品市場規模の変化　乾物・缶詰類カテゴリー　〔図表2-6　p55〕
◇SCIデータでみるスーパーマーケットでの購入と商品市場規模の変化　加工食品カテゴリー　〔図表2-7　p55〕
◇SCIデータでみるスーパーマーケットでの購入と商品市場規模の変化　洋日配・冷凍食品カテゴリー　〔図表2-8　p55〕
◇SCIデータでみるスーパーマーケットでの購入と商品市場規模の変化　菓子カテゴリー　〔図表2-9　p55〕

◇SCIデータでみるスーパーマーケットでの購入と商品市場規模の変化　嗜好品カテゴリー　〔図表2-10　p55〕
◇SCIデータでみるスーパーマーケットでの購入と商品市場規模の変化　飲料カテゴリー　〔図表2-11　p55〕
◇SCIデータでみるスーパーマーケットでの購入と商品市場規模の変化　酒類カテゴリー　〔図表2-12　p55〕
◇商品カテゴリー別スーパーマーケットと他業態利用頻度(野菜)　〔図表2-16　p57〕
◇商品カテゴリー別スーパーマーケットと他業態利用頻度(精肉)　〔図表2-17　p57〕
◇商品カテゴリー別スーパーマーケットと他業態利用頻度(鮮魚)　〔図表2-18　p57〕
◇商品カテゴリー別スーパーマーケットと他業態利用頻度(日配品)　〔図表2-19　p59〕
◇商品カテゴリー別スーパーマーケットと他業態利用頻度(加工食品)　〔図表2-20　p59〕
◇商品カテゴリー別スーパーマーケットと他業態利用頻度(飲料・酒類)　〔図表2-21　p59〕
◇商品カテゴリー別スーパーマーケットと他業態利用頻度(弁当・惣菜)　〔図表2-22　p59〕
◇スーパーマーケットの併用利用状況　〔図表2-23　p60〕
◇併用しているスーパーマーケットへの評価　〔図表2-24　p60〕
◇併用スーパーとのアクセス利便性の比較　〔図表2-25　p60〕
◇よく利用するスーパーを変更した経験　〔図表2-26　p61〕
◇よく利用するスーパーを変更した理由　〔図表2-27　p61〕
◇スーパーマーケットでの取り組みへの評価　〔図表2-28　p62〕
◇その他調味料類〔column SCIデータでみる81品目の消費者購入金額とスーパーマーケット業態シェア〕　〔p65〕
◇主食〔column SCIデータでみる81品目の消費者購入金額とスーパーマーケット業態シェア〕　〔p65〕
◇和風基礎調味料〔column SCIデータでみる81品目の消費者購入金額とスーパーマーケット業態シェア〕　〔p65〕
◇加工食品〔column SCIデータでみる81品目の消費者購入金額とスーパーマーケット業態シェア〕　〔p66〕
◇乾物・缶詰〔column SCIデータでみる81品目の消費者購入金額とスーパーマーケット業態シェア〕　〔p66〕
◇洋日配・冷凍食品〔column SCIデータでみる81品目の消費者購入金額とスーパーマーケット業態シェア〕　〔p66〕
◇飲料〔column SCIデータでみる81品目の消費者購入金額とスーパーマーケット業態シェア〕　〔p67〕
◇菓子〔column SCIデータでみる81品目の消費者購入金額とスーパーマーケット業態シェア〕　〔p67〕
◇嗜好品〔column SCIデータでみる81品目の消費者購入金額とスーパーマーケット業態シェア〕　〔p67〕
◇酒類〔column SCIデータでみる81品目の消費者購入金額とスーパーマーケット業態シェア〕　〔p68〕
◇2018年業態別商品購入金額構成比　〔資料1　p90〕
◇2018年間集計〔資料3.2018年スーパーマーケット販売動向〕　〔資料3-1　p93〕
◇2018年　四半期集計〔資料3.2018年スーパーマーケット販売動向〕　〔資料3-3　p94〕
◇青果カテゴリー〔資料4.2018年スーパーマーケット月別カテゴリー動向〕　〔資料4-1　p96〕
◇水産カテゴリー〔資料4.2018年スーパーマーケット月別カテゴリー動向〕　〔資料4-2　p98〕
◇畜産カテゴリー〔資料4.2018年スーパーマーケット月別カテゴリー動向〕　〔資料4-3　p100〕
◇惣菜カテゴリー〔資料4.2018年スーパーマーケット月別カテゴリー動向〕　〔資料4-4　p102〕
◇日配カテゴリー〔資料4.2018年スーパーマーケット月別カテゴリー動向〕　〔資料4-5　p104〕

◇一般食品カテゴリー〔資料4.2018年スーパーマーケット月別カテゴリー動向〕〔資料4-6 p106〕
◇非食品カテゴリー〔資料4.2018年スーパーマーケット月別カテゴリー動向〕〔資料4-7 p108〕
◇2018年スーパーマーケット経営動向調査結果 〔資料5 p110〕
◇2018年スーパーマーケット景況感調査結果 〔資料6 p111〕
◇店舗・センター状況〔資料7.2018年スーパーマーケット業界の平均値〕〔資料7-1 p112〕
◇人事環境〔資料7.2018年スーパーマーケット業界の平均値〕〔資料7-2 p113〕
◇販売促進・サービス〔資料7.2018年スーパーマーケット業界の平均値〕〔資料7-4 p114〕
◇PB商品〔資料7.2018年スーパーマーケット業界の平均値〕〔資料7-5 p114〕
◇環境対策〔資料7.2018年スーパーマーケット業界の平均値〕〔資料7-6 p114〕
◇トピックス/その他〔資料7.2018年スーパーマーケット業界の平均値〕〔資料7-7 p115〕
◇店舗状況〔資料7.2018年スーパーマーケット業界の平均値〕〔資料7-8 p115〕
◇企業の収益状況〔資料8.2018年スーパーマーケット業界の経営指標〕〔資料8-1 p116〕
◇企業の経営指標〔資料8.2018年スーパーマーケット業界の経営指標〕〔資料8-2 p116〕

『スーパーマーケット白書 2022年版』全国スーパーマーケット協会 2022
　◇業界全体のデータ〔数字でみるスーパーマーケット2021〕〔p4〕
　◇店舗のデータ〔数字でみるスーパーマーケット2021〕〔p6〕
　◇企業の取り組み〔数字でみるスーパーマーケット2021〕〔p8〕
　◇スーパーマーケットの各種取組に対する共感率と参加率〔p12〕
　◇景気判断DIの推移〔図表1-8 p20〕
　◇消費者購買意欲DIの推移〔図表1-9 p20〕
　◇売上高DIの推移〔図表1-10 p20〕
　◇収益DIの推移〔図表1-11 p21〕
　◇来客数DIの推移〔図表1-12 p21〕
　◇客単価DIの推移〔図表1-13 p21〕
　◇販売価格DIの推移〔図表1-14 p21〕
　◇2021年 青果カテゴリーの推移(既存店 前年同月比・前々年同月比)〔図表1-16 p22〕
　◇2021年 水産カテゴリーの推移(既存店 前年同月比・前々年同月比)〔図表1-18 p25〕
　◇2021年 畜産カテゴリーの推移(既存店 前年同月比・前々年同月比)〔図表1-21 p28〕
　◇2021年 惣菜カテゴリーの推移(既存店 前年同月比・前々年同月比)〔図表1-23 p31〕
　◇2021年 日配カテゴリーの推移(既存店 前年同月比・前々年同月比)〔図表1-24 p33〕
　◇2021年 一般食品カテゴリーの推移(既存店 前年同月比・前々年同月比)〔図表1-25 p35〕
　◇2021年 非食品カテゴリーの推移(既存店 前年同月比・前々年同月比)〔図表1-26 p37〕
　◇スーパーマーケットにおける取組み等の導入率〔改善活動と個店経営の現場力〕〔図表1-30 p41〕
　◇新商品の多いカテゴリーランキング スーパー全国〔巣ごもり生活を意識した新商品も登場〕〔図表2-54 p63〕
　◇来客数DI〔図表2-57 p64〕
　◇スーパーマーケットの利用頻度 2019年比(女性、年代別)〔図表2-58 p64〕
　◇スーパーマーケットでの購入頻度 2019年比(女性、年代・未既婚別)〔図表2-59 p65〕
　◇スーパーマーケットの社会貢献活動への評価〔図11 p81〕
　◇スーパーマーケットの社会貢献活動への共感〔図12 p82〕
　◇その他調味料類〔資料1-1 SCIデータでみる81品目の消費者購入金額とスーパーマーケット業態シェア〕〔p99〕
　◇主食〔資料1-1 SCIデータでみる81品目の消費者購入金額とスーパーマーケット業態シェア〕〔p99〕
　◇和風基礎調味料〔資料1-1 SCIデータでみる81品目の消費者購入金額とスーパーマーケッ

ト業態シェア〕〔p99〕
◇加工食品〔資料1-1 SCIデータでみる81品目の消費者購入金額とスーパーマーケット業態シェア〕〔p100〕
◇乾物・缶詰〔資料1-1 SCIデータでみる81品目の消費者購入金額とスーパーマーケット業態シェア〕〔p100〕
◇洋日配・冷凍食品〔資料1-1 SCIデータでみる81品目の消費者購入金額とスーパーマーケット業態シェア〕〔p100〕
◇飲料〔資料1-1 SCIデータでみる81品目の消費者購入金額とスーパーマーケット業態シェア〕〔p101〕
◇菓子〔資料1-1 SCIデータでみる81品目の消費者購入金額とスーパーマーケット業態シェア〕〔p101〕
◇嗜好品〔資料1-1 SCIデータでみる81品目の消費者購入金額とスーパーマーケット業態シェア〕〔p101〕
◇酒類〔資料1-1 SCIデータでみる81品目の消費者購入金額とスーパーマーケット業態シェア〕〔p102〕
◇業態別商品購入金額構成比〔資料1-1 SCIデータでみる81品目の消費者購入金額とスーパーマーケット業態シェア〕〔資料1-2 p103〕
◇2021年間集計〔2021年スーパーマーケット販売統計調査結果〕〔資料3-1 p108〕
◇2021年 四半期集計〔2021年スーパーマーケット販売統計調査結果〕〔資料3-2 p108〕
◇2021年スーパーマーケット経営動向調査結果 〔資料4 p111〕
◇2021年スーパーマーケット景況感調査結果 〔資料5 p112〕
◇店舗・センター状況〔スーパーマーケット業界の平均値〕〔資料6-1 p113〕
◇人事環境〔スーパーマーケット業界の平均値〕〔資料6-2 p114〕
◇ポイントカード・決済手段〔スーパーマーケット業界の平均値〕〔資料6-3 p114〕
◇販売促進・サービス〔スーパーマーケット業界の平均値〕〔資料6-4 p114〕
◇PB商品〔スーパーマーケット業界の平均値〕〔資料6-5 p115〕
◇環境対策〔スーパーマーケット業界の平均値〕〔資料6-6 p115〕
◇トピックス/その他〔スーパーマーケット業界の平均値〕〔資料6-7 p116〕
◇店舗状況〔スーパーマーケット業界の平均値〕〔資料6-8 p116〕
◇企業の収益状況〔2021年スーパーマーケット業界の経営数値〕〔資料7-1 p117〕
◇企業の経営指標〔2021年スーパーマーケット業界の経営数値〕〔資料7-2 p117〕
◇貴社はキャッシュレス・消費者還元事業(2019年10月～2020年6月実施)に参加しましたか。(単一回答)〔スーパーマーケットにおける「キャッシュレス決済に関する実態調査(2021年実施)」結果概要〕〔資料8 Q1 p121〕
◇現在(2021年6月時点)、貴社で導入しているキャッシュレス決済の種類をすべてお答えください。(複数回答)〔スーパーマーケットにおける「キャッシュレス決済に関する実態調査(2021年実施)」結果概要〕〔資料8 Q2 p121〕
◇会計時に消費者が以下の決済手段を利用する割合はおよそ何%ですか。貴社全体の20年6月時点と21年6月の割合を0～100までの数字でお答えください。(数字回答)〔スーパーマーケットにおける「キャッシュレス決済に関する実態調査(2021年実施)」結果概要〕〔資料8 Q3 p122〕
◇キャッシュレス決済を導入していることで、貴社にとってメリットとデメリットはどちらが大きいと感じていますか。もっとも当てはまるものをお答えください。(単一回答)〔スーパーマーケットにおける「キャッシュレス決済に関する実態調査(2021年実施)」結果概要〕〔資料8 Q4 p122〕
◇今後のキャッシュレス決済比率(売上全体に対するキャッシュレス決済の割合)について、貴社のお考えに最も近いものをお答えください。(単一回答)〔スーパーマーケットにおける「キャッシュレス決済に関する実態調査(2021年実施)」結果概要〕〔資料8 Q5 p123〕
◇現在(2021年6月時点)、貴社で導入しているスマホ(QRコード)決済および電子マネーの種類をすべてお答えください。(複数回答)〔スーパーマーケットにおける「キャッシュレス決済に関する実態調査(2021年実施)」結果概要〕〔資料8 Q6 p123〕

◇貴社でスマホ(QRコード)決済を導入している理由について当てはまるものをすべてお答えください。(複数回答)〔スーパーマーケットにおける「キャッシュレス決済に関する実態調査(2021年実施)」結果概要〕　〔資料8　Q7　p124〕
◇貴社でスマホ(QRコード)決済を導入後に感じたメリットについて当てはまるものをすべてお答えください。(複数回答)〔スーパーマーケットにおける「キャッシュレス決済に関する実態調査(2021年実施)」結果概要〕　〔資料8　Q8　p124〕
◇貴社でスマホ(QRコード)決済を導入後に感じた手数料以外のデメリットについて当てはまるものをすべてお答えください。(複数回答)〔スーパーマーケットにおける「キャッシュレス決済に関する実態調査(2021年実施)」結果概要〕　〔資料8　Q9　p125〕
◇スマホ(QRコード)決済の利用手数料について、売上の何%くらいまでなら取り扱いを続けようと思いますか。0～100までの数字でお答えください。(数字回答)〔スーパーマーケットにおける「キャッシュレス決済に関する実態調査(2021年実施)」結果概要〕　〔資料8　Q10　p125〕
◇現在の決済手数料は、貴社で想定している手数料率の上限(Q10でお答えいただいた割合)に比べてどうですか。当てはまるものをお答えください。(単一回答)〔スーパーマーケットにおける「キャッシュレス決済に関する実態調査(2021年実施)」結果概要〕　〔資料8　Q11　p126〕
◇今後スマホ(QRコード)決済の種類(事業者)をどのようにしていきたいですか。貴社のお考えに最も近いものをお答えください。(単一回答)〔スーパーマーケットにおける「キャッシュレス決済に関する実態調査(2021年実施)」結果概要〕　〔資料8　Q12　p126〕
◇スマホ(QRコード)決済の利用手数料対策として貴社で実施または検討されている施策はありますか。当てはまるものをすべてお答えください。(複数回答)〔スーパーマーケットにおける「キャッシュレス決済に関する実態調査(2021年実施)」結果概要〕　〔資料8　Q13　p127〕
◇「自社のみで利用できるキャッシュレス決済手段」の導入または検討を行っていますか。(単一回答)〔スーパーマーケットにおける「キャッシュレス決済に関する実態調査(2021年実施)」結果概要〕　〔資料8　Q14　p127〕

『スーパーマーケット白書　2023年版』全国スーパーマーケット協会　2023.2
　◇業界全体のデータ〔数字でみるスーパーマーケット2022〕　〔p4〕
　◇売場面積1200～1600㎡の店舗データ〔数字でみるスーパーマーケット2022〕　〔p6〕
　◇各種導入率・実施率・設置率〔数字でみるスーパーマーケット2022〕　〔p8〕
　◇キャッシュレス決済比率の推移〔スーパーマーケット〕　〔図表1　p10〕
　◇キャッシュレス決済導入のメリットとデメリットの比較〔スーパーマーケット〕　〔図表2　p11〕
　◇キャッシュレス決済導入のメリット〔スーパーマーケット〕　〔図表3　p11〕
　◇キャッシュレス決済導入のデメリット〔スーパーマーケット〕　〔図表4　p11〕
　◇想定している上限と比較した現在の決済手数料〔スーパーマーケット/キャッシュレス決済〕　〔図表5　p12〕
　◇今後の決済比率に対する意向〔スーパーマーケット/キャッシュレス決済〕　〔図表6　p12〕
　◇生鮮仕入れ原価DIと食品仕入れ原価DI〔2022年のスーパーマーケット動向〕　〔図表1-8　p20〕
　◇販売価格DI〔2022年のスーパーマーケット動向〕　〔図表1-9　p20〕
　◇客単価DI〔2022年のスーパーマーケット動向〕　〔図表1-10　p20〕
　◇景気判断DIの推移〔2022年のスーパーマーケット動向〕　〔図表1-11　p21〕
　◇消費者購買意欲DIの推移〔2022年のスーパーマーケット動向〕　〔図表1-12　p21〕
　◇2022年　青果カテゴリーの推移(既存店　前年同月比・前々年同月比)　〔図表1-16　p23〕
　◇2022年　水産カテゴリーの推移(既存店　前年同月比・前々年同月比)　〔図表1-18　p26〕
　◇2022年　畜産カテゴリーの推移(既存店　前年同月比・前々年同月比)　〔図表1-20　p29〕
　◇2022年　惣菜カテゴリーの推移(既存店　前年同月比・前々年同月比)　〔図表1-22　p32〕
　◇2022年　日配カテゴリーの推移(既存店　前年同月比・前々年同月比)　〔図表1-23　p34〕
　◇2022年　一般食品カテゴリーの推移(既存店　前年同月比・前々年同月比)　〔図表1-24

統計図表レファレンス事典　商業・広告・マーケティング　　　　　すはまけ

p36〕
◇2022年 非食品カテゴリーの推移（既存店 前年同月比・前々年同月比）　〔図表1-25　p38〕
◇価格高騰の経営への影響〔2022年のスーパーマーケット動向〕　〔図表1-26　p40〕
◇食品スーパーマーケットの業績〔2022年のスーパーマーケット動向〕　〔図表1-28　p41〕
◇食品スーパーマーケットの倒産件数〔2022年のスーパーマーケット動向〕　〔図表1-29　p41〕
◇各種価格高騰への対応状況〔2022年のスーパーマーケット動向〕　〔図表1-30　p42〕
◇スーパー・ドラッグストアでの食品購入金額の推移　〔図表2-3　p50〕
◇2022年スーパー・ドラッグストアでの購入金額前年比の要因分解　〔図表2-4　p51〕
◇2022年スーパーマーケットから他業態へのシフト（生鮮品・惣菜を除く購入金額シェア）　〔図表2-5　p51〕
◇2022年スーパーマーケットからのシフトしたカテゴリーの特徴　〔図表2-6　p51〕
◇スーパーマーケットとドラッグストアの利用理由（複数回答）のスコア差　〔図表2-7　p52〕
◇スーパーマーケットの利用理由と店舗重視店のスコア差　〔図表2-9　p53〕
◇スーパーマーケット選択時に料理に必要な材料が揃うことを重視するか　〔図表3-3　p60〕
◇スーパーマーケットでの調理のための買物時に評価していること　〔図表3-4　p60〕
◇魅力的に感じるスーパーマーケットの条件　〔図表A-18　p104〕
◇ネットスーパーではなく店頭で購入したい理由　〔図表A-21　p107〕
◇スーパーマーケットで重視する売場　〔図表A-23　p108〕
◇その他調味料類〔資料1-1 SCIデータでみる81品目の消費者購入金額とスーパーマーケット業態シェア〕　〔p113〕
◇主食〔資料1-1 SCIデータでみる81品目の消費者購入金額とスーパーマーケット業態シェア〕　〔p113〕
◇和風基礎調味料〔資料1-1 SCIデータでみる81品目の消費者購入金額とスーパーマーケット業態シェア〕　〔p113〕
◇加工食品〔資料1-1 SCIデータでみる81品目の消費者購入金額とスーパーマーケット業態シェア〕　〔p114〕
◇乾物・缶詰〔資料1-1 SCIデータでみる81品目の消費者購入金額とスーパーマーケット業態シェア〕　〔p114〕
◇飲料〔資料1-1 SCIデータでみる81品目の消費者購入金額とスーパーマーケット業態シェア〕　〔p115〕
◇菓子〔資料1-1 SCIデータでみる81品目の消費者購入金額とスーパーマーケット業態シェア〕　〔p115〕
◇嗜好品〔資料1-1 SCIデータでみる81品目の消費者購入金額とスーパーマーケット業態シェア〕　〔p115〕
◇酒類〔資料1-1 SCIデータでみる81品目の消費者購入金額とスーパーマーケット業態シェア〕　〔p116〕
◇業態別商品購入金額構成比〔SCIデータでみる81品目の消費者購入金額とスーパーマーケット業態シェア〕　〔資料1-2　p117〕
◇2022年間集計〔スーパーマーケット販売統計調査結果〕　〔資料3-1　p122〕
◇2022年四半期集計〔スーパーマーケット販売統計調査結果〕　〔資料3-2　p122〕
◇2022年スーパーマーケット経営動向調査結果　〔資料4　p125〕
◇2022年スーパーマーケット景況感調査結果　〔資料5　p126〕
◇店舗・センター状況〔スーパーマーケット業界の平均値〕　〔資料6-1　p127〕
◇人事環境〔スーパーマーケット業界の平均値〕　〔資料6-2　p128〕
◇ポイントカード・決済手段〔スーパーマーケット業界の平均値〕　〔資料6-3　p128〕
◇販売促進・サービス〔スーパーマーケット業界の平均値〕　〔資料6-4　p128〕
◇PB商品〔スーパーマーケット業界の平均値〕　〔資料6-5　p129〕
◇環境対策〔スーパーマーケット業界の平均値〕　〔資料6-6　p129〕
◇トピックス/その他〔スーパーマーケット業界の平均値〕　〔資料6-7　p130〕

◇店舗状況〔スーパーマーケット業界の平均値〕　〔資料6-8　p130〕
◇企業の収益状況〔スーパーマーケット業界の経営数値〕　〔資料7-1　p131〕
◇企業の経営指標〔スーパーマーケット業界の経営数値〕　〔資料7-2　p131〕

『スーパーマーケット白書　2024年版』全国スーパーマーケット協会　2024.2
　◇業界全体のデータ〔数字でみるスーパーマーケット2023〕　〔p4〕
　◇売場面積1200～1600㎡の店舗データ〔数字でみるスーパーマーケット2023〕　〔p6〕
　◇各種導入率・実施率・設置率〔数字でみるスーパーマーケット2023〕　〔p8〕
　◇客単価DIと来客数DI〔2023年のスーパーマーケット動向〕　〔図表1-9　p21〕
　◇生鮮仕入れ原価DI・食品仕入れ原価DI〔2023年のスーパーマーケット動向〕　〔図表1-10　p21〕
　◇販売価格DI〔2023年のスーパーマーケット動向〕　〔図表1-11　p21〕
　◇景気判断DI〔2023年のスーパーマーケット動向〕　〔図表1-12　p22〕
　◇消費者購買意欲DI〔2023年のスーパーマーケット動向〕　〔図表1-13　p22〕
　◇周辺地域競合状況DI〔2023年のスーパーマーケット動向〕　〔図表1-14　p22〕
　◇2023年　青果カテゴリー既存店前年同月比　〔図表1-18　p24〕
　◇2023年　水産カテゴリー既存店前年同月比　〔図表1-20　p27〕
　◇2023年　畜産カテゴリー既存店前年同月比　〔図表1-22　p30〕
　◇2023年　惣菜カテゴリー既存店前年同月比　〔図表1-24　p33〕
　◇2023年　日配カテゴリー既存店前年同月比　〔図表1-27　p36〕
　◇2023年　一般食品カテゴリー既存店前年同月比　〔図表1-28　p38〕
　◇2023年　非食品カテゴリー既存店前年同月比　〔図表1-29　p40〕
　◇人手不足がスーパーマーケットの運営に与える影響　〔図表2-7　p46〕
　◇人手不足がスーパーマーケットの事業継続に与える影響　〔図表2-8　p46〕
　◇パート・アルバイト人件費（最低賃金）上昇がスーパーマーケット運営に与える影響　〔図表2-9　p47〕
　◇パート・アルバイト人件費（最低賃金）上昇が経営に与える影響〔スーパーマーケット〕　〔図表2-10　p47〕
　◇物流2024年問題のスーパーマーケット運営への影響　〔図表2-15　p49〕
　◇物流2024年問題（生鮮食品）のスーパーマーケット運営への影響　〔図表2-16　p49〕
　◇キャッシュレス決済の導入率と内訳〔スーパーマーケット〕　〔図表2-19　p51〕
　◇決済手段別の利用金額割合〔スーパーマーケット〕　〔図表2-20　p52〕
　◇キャッシュレス決済導入のメリットとデメリット、どちらが大きいか〔スーパーマーケット〕　〔図表2-21　p53〕
　◇今後自社のキャッシュレス決済費率はどのようになるとよいか　〔図表2-22　p53〕
　◇IRF（インターチェンジフィー）公開に伴い、決済事業者と手数料交渉を行ったか　〔図表2-23　p53〕
　◇スーパーマーケットが消費者にもっと知らせるべき課題　〔図表2-25　p55〕
　◇消費者がスーパーマーケットの値上げを仕方ないと考える課題　〔図表2-26　p55〕
　◇スーパーマーケットPB商品の利用　〔図表3-2-10　p72〕
　◇スーパーマーケットPB商品を購入する理由　〔図表3-2-11　p73〕
　◇2023年スーパーとドラッグストアでの購入金額要因分解（前年比）　〔補足3 図表1　p75〕
　◇業態間シェア流出入（シェアは22年シェア→23年シェアを表す）〔購入金額〕　〔補足3 図表3　p75〕
　◇スーパーマーケットとドラッグストアを利用する理由　〔補足3 図表4　p76〕
　◇いつも利用しているスーパーマーケットに対する満足度　〔図表3-2-16　p79〕
　◇いつも利用しているスーパーマーケットに対する満足度（性年代別）　〔図表3-2-17　p79〕
　◇スーパーマーケットの利用頻度の推移　〔図表4-3　p83〕
　◇スーパーマーケットの利用頻度（2023年・性年代別）　〔図表4-4　p83〕
　◇複数のスーパーマーケットを利用する理由　〔図表4-9　p86〕

◇複数のスーパーマーケットを利用する理由(性年代別)　〔図表4-10　p86〕
◇スーパーマーケットの各種サービス利用率　〔図表4-14　p89〕
◇スーパーマーケットの各種サービス利用率(性年代別)　〔図表4-15　p89〕
◇スーパーマーケットの各種サービスへの評価　〔図表4-16　p90〕
◇スーパーマーケットの各種サービスへの評価(性年代別)　〔図表4-17　p90〕
◇その他調味料類〔資料1-1 SCIデータでみる81品目の消費者購入金額とスーパーマーケット業態シェア〕　〔p117〕
◇主食〔資料1-1 SCIデータでみる81品目の消費者購入金額とスーパーマーケット業態シェア〕　〔p117〕
◇和風基礎調味料〔資料1-1 SCIデータでみる81品目の消費者購入金額とスーパーマーケット業態シェア〕　〔p117〕
◇加工食品〔資料1-1 SCIデータでみる81品目の消費者購入金額とスーパーマーケット業態シェア〕　〔p118〕
◇乾物・缶詰〔資料1-1 SCIデータでみる81品目の消費者購入金額とスーパーマーケット業態シェア〕　〔p118〕
◇飲料〔資料1-1 SCIデータでみる81品目の消費者購入金額とスーパーマーケット業態シェア〕　〔p119〕
◇菓子〔資料1-1 SCIデータでみる81品目の消費者購入金額とスーパーマーケット業態シェア〕　〔p119〕
◇嗜好品〔資料1-1 SCIデータでみる81品目の消費者購入金額とスーパーマーケット業態シェア〕　〔p119〕
◇酒類〔資料1-1 SCIデータでみる81品目の消費者購入金額とスーパーマーケット業態シェア〕　〔p120〕
◇業態別商品購入金額構成比〔SCIデータでみる81品目の消費者購入金額とスーパーマーケット業態シェア〕　〔資料1-2　p121〕
◇2023年間集計〔スーパーマーケット販売動向〕　〔資料3-1　p126〕
◇2023年四半期集計〔スーパーマーケット販売動向〕　〔資料3-2　p126〕
◇2023年スーパーマーケット経営動向調査結果　〔資料4　p129〕
◇2023年スーパーマーケット景況感調査結果　〔資料5　p130〕
◇店舗・センター状況〔スーパーマーケット業界の平均値〕　〔資料6-1　p131〕
◇人事環境〔スーパーマーケット業界の平均値〕　〔資料6-2　p132〕
◇ポイントカード・決済手段〔スーパーマーケット業界の平均値〕　〔資料6-3　p132〕
◇販売促進・サービス〔スーパーマーケット業界の平均値〕　〔資料6-4　p132〕
◇PB商品〔スーパーマーケット業界の平均値〕　〔資料6-5　p133〕
◇環境対策〔スーパーマーケット業界の平均値〕　〔資料6-6　p133〕
◇トピックス/その他〔スーパーマーケット業界の平均値〕　〔資料6-7　p134〕
◇店舗状況〔スーパーマーケット業界の平均値〕　〔資料6-8　p134〕
◇企業の収益状況〔スーパーマーケット業界の経営数値〕　〔資料7-1　p135〕
◇企業の経営指標〔スーパーマーケット業界の経営数値〕　〔資料7-2　p135〕

『地域経済総覧(週刊東洋経済臨時増刊/Data Bank SERIES)　2024年版』東洋経済新報社　2023.9
　　◇百貨店・スーパー売場面積・販売額〔都道府県別データ〕　〔p187〕

『中国地域経済白書　2007』中国地方総合研究センター　2007.9
　　◇スーパー販売額の品目別増減寄与度　〔図2.1.5　p49〕

『東京の中小企業の現状(流通産業編)　平成26年度』東京都産業労働局　2015.3
　　◇都市型小型スーパーの進出とその影響　〔図表Ⅲ-3-5　p247〕
　　◇スーパー等の宅配サービスの充実とその影響　〔図表Ⅲ-3-18　p260〕

『東京の中小企業の現状(流通産業編)　平成29年度』東京都産業労働局　2018.3
　　◇小売業態の変化の影響度　都市型小型スーパーの進出　〔図表Ⅱ-2-72　p206〕

◇小売業態の変化の影響度　スーパー等の宅配サービスの充実　　［図表Ⅱ-2-76　p208］
『東北経済白書　平成18年版』経済産業調査会　2007.1
　　◇スーパー（既存店）商品別前年比と寄与度　　［図1-2-10　p11］
『犯罪白書　平成9年版』大蔵省印刷局　1997.10
　　◇深夜スーパーマーケット強盗事件の認知件数・検挙件数・検挙率　　［Ⅰ-2表　p56］
『犯罪白書　平成16年版』国立印刷局　2004.11
　　◇現金輸送車強盗・金融機関強盗・深夜スーパーマーケット強盗の認知件数等　　［1-1-1-15表　p16］
『犯罪白書　平成19年版』佐伯印刷　2007.11
　　◇深夜スーパーマーケット強盗の認知件数・検挙件数・検挙率　　［1-1-2-3表　p12］
『犯罪白書　平成21年版』太平印刷社　2009.11
　　◇深夜スーパーマーケット強盗　認知件数・検挙件数・検挙率　　［1-1-2-6表　p13］

スーパーマーケット（売上高）

『九州経済白書　2007年版』九州経済調査協会　2007.2
　　◇（株）丸久の売上高と店舗数の推移　　［図表1-19　p62］
『水産白書　令和4年版』農林統計協会　2022.8
　　◇スーパーマーケットの売上高（食品、水産）の令和元（2019）年同月比　　［図表特-2-7　p22］
『スーパーマーケット白書　2016年版』新日本スーパーマーケット協会　2016.2
　　◇総売上高と生鮮3部門前年同月比（保有店舗別）　　［図表6-2-6　p61］
　　◇生鮮3部門　売上構成比（保有店舗別）　　［図表6-2-7　p61］
　　◇2015年総売上とカテゴリー別寄与度（名目）　　［図表6-2-15　p64］
　　◇2015年総売上とカテゴリー別寄与度（実質）　　［図表6-2-16　p64］
『スーパーマーケット白書　2019年版』全国スーパーマーケット協会　2019
　　◇2017年と1998年の業界内の総売上高シェアの累積分布　　［参考　p7］
　　◇1998年　スーパーマーケット業界内の総売上高シェア割合（売上順位別）　　［参考　p8］
　　◇2017年　スーパーマーケット業界内の総売上高シェア割合（売上順位別）　　［参考　p8］
　　◇スーパーマーケット業界内の食品売上高シェア（売上順位別）の推移　　［参考　p9］
　　◇スーパーマーケット業界内の総売上高シェア（売上順位別）の推移　　［参考　p9］
　　◇総売上高に対する食品売上高の推移（売上順位別）　　［参考　p9］
　　◇1店舗あたり食品売上高（対前年比）の推移（売上順位別）　　［参考　p11］
　　◇1店舗あたり総売上高（対前年比）の推移（売上順位別）　　［参考　p11］
　　◇2018年　スーパーマーケット総売上高　前年同月比（既存店）の推移　　［図表1-1　p16］
　　◇2018年　カテゴリー別総売上高（既存店）への寄与度　　［図表1-2　p17］
　　◇2018年　売上高DIと生鮮仕入れ原価DI　　［図表1-3　p17］
　　◇2013年以降のスーパーマーケット総売上高前年同月比（既存店）と客単価DI　　［図表1-6　p23］
『スーパーマーケット白書　2022年版』全国スーパーマーケット協会　2022
　　◇スーパーマーケット総売上高　前年比の推移　　［図表1-1　p16］
　　◇スーパーマーケットの2021年・2020年　前年比〔カテゴリー別売上高〕　　［図表1-2　p16］
　　◇2021年の総売上高（既存店）　前年同月比と前々年同月比　　［図表1-3　p18］
　　◇2021年　カテゴリー別　総売上高への寄与度　　［図表1-4　p18］
『スーパーマーケット白書　2023年版』全国スーパーマーケット協会　2023.2
　　◇スーパーマーケット総売上高前年比の推移　　［図表1-1　p16］
　　◇スーパーマーケットの2022年前年比と2019年比〔売上高〕　　［図表1-2　p16］
　　◇2022年の総売上高（既存店）前年同月比と2019年同月比〔2022年のスーパーマーケット動向］　　［図表1-3　p17］

統計図表レファレンス事典　商業・広告・マーケティング　　　　　　　　　　すはまけ

　　　◇2022年カテゴリー別総売上高（既存店）への寄与度〔2022年のスーパーマーケット動向〕
　　　　〔図表1-5　p18〕
　　『スーパーマーケット白書　2024年版』全国スーパーマーケット協会　2024.2
　　　◇2023年スーパーマーケット総売上高　前年比　〔図表1-1　p18〕
　　　◇2023年スーパーマーケット月別総売上高　前年同月比　〔図表1-3　p19〕
　　　◇2023年スーパーマーケット総売上高前年同月比（既存店）へのカテゴリー別寄与度　〔図
　　　　表1-4　p19〕
　　『地域の経済　2016』メディアランド　2016.10
　　　◇スーパー売上高（税込、全店ベース）　〔第1-1-2図　p3〕

スーパーマーケット（店舗数）

　　『九州経済白書　2010年版』九州経済調査協会　2010.2
　　　◇九州における大型スーパーの事業所数・売場面積の推移　〔図表3-7　p46〕
　　『スーパーマーケット白書　2016年版』新日本スーパーマーケット協会　2016.2
　　　◇地域別各業態店舗数増加率　〔図表6-2-26　p67〕
　　　◇2015年スーパーマーケットの都道府県別店舗数　〔p80〕
　　『スーパーマーケット白書　2019年版』全国スーパーマーケット協会　2019
　　　◇スーパーマーケット業界内の総店舗（売上順位別）の推移　〔参考　p11〕
　　　◇2018年スーパーマーケット都道府県別店舗数　〔資料2　p92〕
　　『スーパーマーケット白書　2022年版』全国スーパーマーケット協会　2022
　　　◇2021年スーパーマーケット都道府県別店舗数　〔資料2-1　p105〕
　　　◇2021年スーパーマーケット都道府県別開店数　〔資料2-2　p106〕
　　　◇2021年スーパーマーケット都道府県別閉店数　〔資料2-3　p107〕
　　『スーパーマーケット白書　2023年版』全国スーパーマーケット協会　2023.2
　　　◇2022年スーパーマーケット都道府県別店舗数　〔資料2-1　p119〕
　　　◇2022年スーパーマーケット都道府県別開店数　〔資料2-2　p120〕
　　　◇2022年スーパーマーケット都道府県別閉店数　〔資料2-3　p121〕
　　『スーパーマーケット白書　2024年版』全国スーパーマーケット協会　2024.2
　　　◇利用しているスーパーマーケットの店舗数　〔図表4-7　p85〕
　　　◇利用しているスーパーマーケットの店舗数（2023年・性年代別）　〔図表4-8　p85〕
　　　◇2023年スーパーマーケット都道府県別店舗数　〔資料2-1　p123〕
　　　◇2023年スーパーマーケット都道府県別開店数　〔資料2-2　p124〕
　　　◇2023年スーパーマーケット都道府県別閉店数　〔資料2-3　p125〕
　　『地域経済総覧（週刊東洋経済臨時増刊/Data Bank SERIES）　2024年版』東洋経済新報社
　　　2023.9
　　　　◇百貨店・スーパー店舗数〔都道府県別データ〕　〔p186〕
　　『地域の経済　2012』日経印刷　2012.12
　　　　◇東北のスーパー及びコンビニエンス・ストア店舗数の推移　〔第2-2-30図　p109〕
　　『民力　エリア・都市圏・市区町村別指標＋都道府県別資料　マーケティングに必須の地域デー
　　　タベース　2015』朝日新聞出版　2015.8
　　　　◇スーパーマーケット　店舗数，年間販売額　〔p417〕

スーパーマーケット（販売額）

　　『関西活性化白書　2004年版』関西社会経済研究所　2004.5
　　　　◇スーパー販売額（前年同月比）の推移　〔図3-33　p193〕
　　『関西経済白書　2010年版』関西社会経済研究所　2010.9
　　　　◇スーパー販売額の推移　〔図表 資1-29　p244〕

201

すはまけ 　　　　　　　　　　　　　　統計図表レファレンス事典　商業・広告・マーケティング

『関西経済白書　2019』丸善プラネット　2019.9
　◇百貨店・スーパー販売額　［図3-2-4　p91］
　◇百貨店・スーパー販売額の推移　［3.14.3　p232］
『関西経済白書　2020』日経印刷　2020.10
　◇百貨店・スーパー販売額（前年同月比）〔関西〕　　［図3-2-4　p102］
　◇百貨店・スーパー販売額の推移〔関西・関東・中部〕　［3.14.3　p254］
『関西経済白書　2021』日経印刷　2021.10
　◇百貨店・スーパー販売額（前年同月比）〔関西〕　　［図3-2-4　p99］
　◇百貨店・スーパー販売額前年同月比増減率の推移〔関西・関東・中部〕　［3.14.3　p272］
『関西経済白書　2022』日経印刷　2022.10
　◇百貨店・スーパー販売額（前年同月比）　［図3-2-2　p79］
　◇百貨店・スーパー販売額前年同月比増減率の推移　［3.14.3　p232］
『関西経済白書　2023』日経印刷　2023.10
　◇百貨店・スーパー販売額（前年同月比）〔関西〕　　［図3-3-2　p90］
　◇百貨店・スーパー販売額前年同月比増減率の推移〔関西・関東・中部〕　［3.14.3　p236］
『九州経済白書　2010年版』九州経済調査協会　2010.2
　◇大型スーパーにおける商品別販売額の推移（全国）　　［図表3-5　p45］
　◇九州における大型スーパーの商品別販売額の推移　　［図表3-10　p47］
　◇2007年年間商品販売額の04年比（食料品スーパー）　　［図表3-16　p49］
　◇2007年年間商品販売額の04年比（その他スーパー）　　［図表3-19　p51］
『スーパーマーケット白書　2016年版』新日本スーパーマーケット協会　2016.2
　◇スーパーマーケット販売額　前年同月比の推移　　［図表6-2-1　p60］
　◇スーパーマーケット販売額 既存店前年同月比の推移（カテゴリー別）　　［図表6-2-2　p60］
　◇生鮮3部門販売額 既存店前年同月比積み上げ　　［図表6-2-3　p60］
　◇スーパーマーケット販売額 51店舗以上との前年同月比の差　　［図表6-2-5　p61］
　◇スーパーマーケット販売額前年同月比　［図表6-2-22　p66］
　◇スーパーマーケット販売額前年同月比 地域別の推移地域別の推移　　［図表6-2-23　p66］
『スーパーマーケット白書　2024年版』全国スーパーマーケット協会　2024.2
　◇2023年スーパーマーケット販売額 カテゴリー別前年比と2019年比　　［図表1-2　p18］
『地域経済総覧（週刊東洋経済臨時増刊/Data Bank SERIES）　2024年版』東洋経済新報社　2023.9
　◇百貨店・スーパー売場面積・販売額〔都道府県別データ〕　　［p187］
『地域の経済　2012』日経印刷　2012.12
　◇東北の1店舗当たりのスーパー販売額の推移　　［第2-2-32図　p110］
『地域の経済　2020～2021』日経印刷　2021.12
　◇スーパーの販売額の推移（地域別）　　［第2-2-9図　p102］
『中国地域経済白書　2004』中国地方総合研究センター　2004.7
　◇スーパー販売額（前年比増減率）の品目別増減寄与度　　［図2.1.4　p36］
『中国地域経済白書　2010』中国地方総合研究センター　2010.9
　◇スーパー販売額の品目別増減寄与度　　［図2.1.5　p30］
『中国地域経済白書　2013』中国地方総合研究センター　2013.9
　◇スーパー販売額の品目別増減寄与度　　［図2.1.5　p17］
『東北経済白書　平成18年版』経済産業調査会　2007.1
　◇百貨店、スーパー、通信販売の販売額の推移（全国）　　［p138］
『東北圏社会経済白書　2015年度』東北活性化研究センター　2016.3
　◇スーパー販売額の推移（東北6県）　　［p49］

『東北圏社会経済白書　2018年度』東北活性化研究センター　2019.3
　　◇スーパーマーケット販売額の推移（東北6県）　［p52］
『民力　エリア・都市圏・市区町村別指標＋都道府県別資料　マーケティングに必須の地域データベース　2015』朝日新聞出版　2015.8
　　◇スーパーマーケット　店舗数，年間販売額　［p417］

スーパーマーケット（来客数）

『スーパーマーケット白書　2016年版』新日本スーパーマーケット協会　2016.2
　　◇景気判断DIと来客数DI　［図表6-2-20　p66］
　　◇2015年スーパーマーケット上場企業15社　月別来客数と客単価　［図表6-2-24　p66］
『スーパーマーケット白書　2019年版』全国スーパーマーケット協会　2019
　　◇2018年　来客数DI　［図表1-4　p17］
『スーパーマーケット白書　2022年版』全国スーパーマーケット協会　2022
　　◇来客数DIの推移　［図表1-12　p21］
　　◇来客数DI　［図表2-57　p64］
『スーパーマーケット白書　2024年版』全国スーパーマーケット協会　2024.2
　　◇客単価DIと来客数DI〔2023年のスーパーマーケット動向〕　［図表1-9　p21］

スーパーマーケット販売動向

『スーパーマーケット白書　2016年版』新日本スーパーマーケット協会　2016.2
　　◇2015年スーパーマーケット販売統計調査期間集計結果（年間・四半期/カテゴリー）　［p81］
　　◇2015年スーパーマーケット販売統計調査期間集計結果（年間・四半期/エリア・保有店舗数）　［p82］
　　◇2015年スーパーマーケット販売統計調査結果（月別/カテゴリー・エリア・保有店舗数）　［p83］
『スーパーマーケット白書　2019年版』全国スーパーマーケット協会　2019
　　◇2018年間集計〔資料3.2018年スーパーマーケット販売動向〕　［資料3-1　p93］
　　◇2018年　四半期集計〔資料3.2018年スーパーマーケット販売動向〕　［資料3-3　p94］
『スーパーマーケット白書　2022年版』全国スーパーマーケット協会　2022
　　◇2021年間集計〔2021年スーパーマーケット販売統計調査結果〕　［資料3-1　p108］
　　◇2021年　四半期集計〔2021年スーパーマーケット販売統計調査結果〕　［資料3-2　p108］
『スーパーマーケット白書　2023年版』全国スーパーマーケット協会　2023.2
　　◇2022年間集計〔スーパーマーケット販売統計調査結果〕　［資料3-1　p122］
　　◇2022年四半期集計〔スーパーマーケット販売統計調査結果〕　［資料3-2　p122］
『スーパーマーケット白書　2024年版』全国スーパーマーケット協会　2024.2
　　◇2023年間集計〔スーパーマーケット販売動向〕　［資料3-1　p126］
　　◇2023年四半期集計〔スーパーマーケット販売動向〕　［資料3-2　p126］

スペイン（小売売上）

『世界経済の潮流　2013年　Ⅰ』日経印刷　2013.6
　　◇スペインの小売売上と新車登録台数　［第1-4-34図　p90］

スポーツ紙

『情報メディア白書　1997年版』電通総研　1997.1
　　◇スポーツ紙（東京地区）と一般紙朝刊の販売体制　［図表Ⅰ-5-4　p39］
『情報メディア白書　2005』ダイヤモンド社　2004.12

◇スポーツ紙の広告掲載量/発行ページ数　［図表Ⅰ-1-21　p42］
『情報メディア白書　2007』ダイヤモンド社　2007.1
　　　◇スポーツ紙の発行ページ数/広告掲載量　［図表Ⅰ-1-23　p37］
『情報メディア白書　2013』ダイヤモンド社　2013.1
　　　◇スポーツ紙の発行ページ数/広告掲載量　［図表Ⅰ-1-27　p49］
『情報メディア白書　2016』ダイヤモンド社　2016.2
　　　◇スポーツ紙の発行ページ数/広告掲載量　［図表Ⅰ-1-23　p58］
『情報メディア白書　2019』ダイヤモンド社　2019.2
　　　◇スポーツ紙発行ページ数・広告掲載量　［図表Ⅰ-1-27　p61］
『情報メディア白書　2022』ダイヤモンド社　2022.3
　　　◇スポーツ紙発行ページ数・広告掲載量　［Ⅰ-1-27　p53］

スポット広告　⇒スポットCM を見よ

スポット広告収入

『広告白書　2010』日経広告研究所　2010.7
　　　◇日本テレビのスポット収入　[p86]
『広告白書　2013』日経広告研究所　2013.7
　　　◇東京キー5局の年度別スポット収入の推移　[p57]
『広告白書　2016』日経広告研究所　2016.7
　　　◇キー5局のタイム収入，スポット収入の年度別推移　[p68]
　　　◇東京キー5局の2015年度スポットCM収入の業種別シェアランキング　[p69]
『日本民間放送年鑑　'97』日本民間放送連盟　1997.12
　　　◇スポット収入の東京支社・本社ほか比較　［表7　p135］

スポットCM

『広告白書　平成16年版』日経広告研究所　2004.7
　　　◇スポットCMを多く利用した上位50社（関東）　［資料7-1　p246］
　　　◇スポットCMを多く利用した上位50社（関西）　［資料7-2　p247］
　　　◇番組・スポットCM合計秒数の上位50銘柄（2003年/関東）　［資料7-5　p250］
　　　◇番組・スポットCM合計秒数の上位50銘柄（2003年/関西）　［資料7-6　p251］
　　　◇番組・スポットCMの業種別，秒数区分別出稿量（2003年/関東）　［資料7-7　p252～253］
　　　◇番組・スポットCMの業種別，秒数区分別出稿量（2003年/関西）　［資料7-8　p254～255］
　　　◇ラジオ番組・スポットCM合計秒数の上位50社（関東）　［資料8-1　p256～257］
　　　◇ラジオ番組・スポットCM合計秒数の上位50社（関西）　［資料8-2　p258～259］
『広告白書　2007』日経広告研究所　2007.7
　　　◇スポットCMを多く利用した上位50社（関東）　［資料11-1　p194］
　　　◇スポットCMを多く利用した上位50社（関西）　［資料11-2　p195］
　　　◇番組・スポットCM合計秒数の上位50銘柄（2006年/関東）　［資料11-5　p198］
　　　◇番組・スポットCM合計秒数の上位50銘柄（2006年/関西）　［資料11-6　p199］
　　　◇番組・スポットCMの業種別，秒数区分別出稿量（2006年/関東）　［資料11-7　p200］
　　　◇番組・スポットCMの業種別，秒数区分別出稿量（2006年/関西）　［資料11-8　p201］
　　　◇ラジオ番組・スポットCM合計秒数の上位50社（関東）　［資料12-1　p202］
　　　◇ラジオ番組・スポットCM合計秒数の上位50社（関西）　［資料12-2　p203］
『広告白書　2010』日経広告研究所　2010.7
　　　◇東京キー5局のスポット広告費　[p87]
　　　◇スポットCMを多く利用した上位50社（関東）　［資料11-1　p201］

統計図表レファレンス事典　商業・広告・マーケティング　　　　　　　　　　　　　　　　**すほつと**

　　◇スポットCMを多く利用した上位50社（関西）　　［資料11-2　p202］
　　◇番組・スポットCM合計秒数の上位50銘柄（2009年/関東）　［資料11-5　p205］
　　◇番組・スポットCM合計秒数の上位50銘柄（2009年/関西）　［資料11-6　p206］
　　◇番組・スポットCMの業種別，秒数区分別出稿量（2009年/関東）　［資料11-7　p207］
　　◇番組・スポットCMの業種別，秒数区分別出稿量（2009年/関西）　［資料11-8　p208］
　　◇ラジオ番組・スポットCM合計秒数の上位50社（関東）　　［資料12-1　p209］
　　◇ラジオ番組・スポットCM合計秒数の上位50社（関西）　　［資料12-2　p210］
『広告白書　2013』日経広告研究所　2013.7
　　◇スポットCMを多く利用した上位50社（関東）　　［資料11-1　p196］
　　◇スポットCMを多く利用した上位50社（関西）　　［資料11-2　p197］
　　◇番組・スポットCM合計秒数の上位50銘柄（2012年/関東）　［資料11-5　p200］
　　◇番組・スポットCM合計秒数の上位50銘柄（2012年/関西）　［資料11-6　p201］
　　◇番組・スポットCMの業種別，秒数区分別出稿量（2012年/関東）　［資料11-7　p202］
　　◇番組・スポットCMの業種別，秒数区分別出稿量（2012年/関西）　［資料11-8　p203］
　　◇ラジオ番組・スポットCM合計秒数の上位50社（関東）　　［資料12-1　p204］
　　◇ラジオ番組・スポットCM合計秒数の上位50社（関西）　　［資料12-2　p205］
『広告白書　2016』日経広告研究所　2016.7
　　◇2011年度から15年度までの全日帯視聴率の動向とスポット広告費の推移（日本テレビとフジテレビ）　［p67］
　　◇スポットCMを多く利用した上位50社（関東）　　［資料11-1　p228］
　　◇スポットCMを多く利用した上位50社（関西）　　［資料11-2　p229］
　　◇番組・スポットCM合計秒数の上位50銘柄（2015年/関東）　［資料11-5　p232］
　　◇番組・スポットCM合計秒数の上位50銘柄（2015年/関西）　［資料11-6　p233］
　　◇番組・スポットCMの業種別，秒数区分別出稿量（2015年/関東）　［資料11-7　p234］
　　◇番組・スポットCMの業種別，秒数区分別出稿量（2015年/関西）　［資料11-8　p235］
　　◇番組・スポットCM合計秒数の上位50社（関東）　　［資料12-1　p236］
　　◇番組・スポットCM合計秒数の上位50社（関西）　　［資料12-2　p237］
『広告白書　2019年度版』日経広告研究所　2019.7
　　◇スポットCMを多く利用した上位50社（関東）　　［資料11-1　p180］
　　◇スポットCMを多く利用した上位50社（関西）　　［資料11-2　p181］
　　◇番組・スポットCM合計本数の上位50社（2018年/関東）　［資料11-5　p184］
　　◇番組・スポットCM合計本数の上位50社（2018年/関西）　［資料11-6　p185］
　　◇番組・スポットCM合計秒数の上位50銘柄（2018年/関東）　［資料11-7　p186］
　　◇番組・スポットCM合計秒数の上位50銘柄（2018年/関西）　［資料11-8　p187］
　　◇番組・スポットCMの業種別、秒数区分別出稿量（2018年/関東）〔テレビ広告出稿量〕　［資料11-9　p188］
　　◇番組・スポットCMの業種別、秒数区分別出稿量（2018年/関西）〔テレビ広告出稿量〕　［資料11-10　p189］
　　◇番組・スポットCM合計秒数の上位50社（2018年/関東）　［資料12-1　p190］
　　◇番組・スポットCM合計秒数の上位50社（2018年/関西）　［資料12-2　p191］
　　◇番組・スポットCMの業種別、秒数区分別出稿量（2018年/関東）〔ラジオ広告出稿量〕　［資料12-3　p192］
　　◇番組・スポットCMの業種別、秒数区分別出稿量（2018年/関西）〔ラジオ広告出稿量〕　［資料12-4　p193］
『広告白書　2020年度版』日経広告研究所　2020.9
　　◇スポットCMを多く利用した上位50社（関東）〔テレビ広告〕　［資料11-1　p180］
　　◇スポットCMを多く利用した上位50社（関西）〔テレビ広告〕　［資料11-2　p181］
　　◇番組・スポットCM合計本数の上位50社（2019年/関東）〔テレビ広告〕　［資料11-5　p184］

◇番組・スポットCM合計本数の上位50社（2019年/関西）〔テレビ広告〕　［資料11-6　p185］
◇番組・スポットCM合計秒数の上位50銘柄（2019年/関東）〔テレビ広告〕　［資料11-7　p186］
◇番組・スポットCM合計秒数の上位50銘柄（2019年/関西）〔テレビ広告〕　［資料11-8　p187］
◇番組・スポットCMの業種別、秒数区分別出稿量（2019年/関東）〔テレビ広告〕　［資料11-9　p188］
◇番組・スポットCMの業種別、秒数区分別出稿量（2019年/関西）〔テレビ広告〕　［資料11-10　p189］
◇番組・スポットCM合計秒数の上位50社（2019年/関東）〔ラジオ広告〕　［資料12-1　p190］
◇番組・スポットCM合計秒数の上位50社（2019年/関西）〔ラジオ広告〕　［資料12-2　p191］
◇番組・スポットCMの業種別、秒数区分別出稿量（2019年/関東）〔ラジオ広告〕　［資料12-3　p192］
◇番組・スポットCMの業種別、秒数区分別出稿量（2019年/関西）〔ラジオ広告〕　［資料12-4　p193］

『広告白書　2021年度版』日経広告研究所　2021.8
◇テレビ広告出稿量：スポットCMを多く利用した上位50社（2020年1～12月/関東）　［p94］
◇テレビ広告出稿量：スポットCMを多く利用した上位50社（2020年1～12月/関西）　［p95］
◇テレビ広告出稿量：番組・スポットCM合計本数の上位50社（2020年1～12月/関東）　［p98］
◇テレビ広告出稿量：番組・スポットCM合計本数の上位50社（2020年1～12月/関西）　［p99］
◇テレビ広告出稿量：番組・スポットCM合計秒数の上位50銘柄（2020年1～12月/関東）　［p100］
◇テレビ広告出稿量：番組・スポットCM合計秒数の上位50銘柄（2020年1～12月/関西）　［p101］
◇テレビの番組・スポットCMの業種別、秒数区分別出稿量（2020年1～12月/関東）　［p102］
◇テレビの番組・スポットCMの業種別、秒数区分別出稿量（2020年1～12月/関西）　［p103］
◇ラジオ広告出稿量：番組・スポットCM合計秒数の上位50社（2020年1～12月/関東）　［p138］
◇ラジオ広告出稿量：番組・スポットCM合計秒数の上位50社（2020年1～12月/関西）　［p139］
◇ラジオの番組・スポットCMの業種別、秒数区分別出稿量（2020年1～12月/関東）　［p140］
◇ラジオの番組・スポットCMの業種別、秒数区分別出稿量（2020年1～12月/関西）　［p141］

『広告白書　2022年度版』日経広告研究所　2022.8
◇テレビ広告出稿量：スポットCMを多く利用した上位50社（2021年1～12月/関東）　［p88］
◇テレビ広告出稿量：スポットCMを多く利用した上位50社（2021年1～12月/関西）　［p89］
◇テレビ広告出稿量：番組・スポットCM合計本数の上位50社（2021年1～12月/関東）　［p92］
◇テレビ広告出稿量：番組・スポットCM合計本数の上位50社（2021年1～12月/関西）　［p93］
◇テレビ広告出稿量：番組・スポットCM合計秒数の上位50銘柄（2021年1～12月/関東）　［p94］
◇テレビ広告出稿量：番組・スポットCM合計秒数の上位50銘柄（2021年1～12月/関西）　［p95］
◇テレビの番組・スポットCMの業種別、秒数区分別出稿量（2021年1～12月/関東）　［p96］
◇テレビの番組・スポットCMの業種別、秒数区分別出稿量（2021年1～12月/関西）　［p97］
◇ラジオ広告出稿量：番組・スポットCM合計秒数の上位50社（2021年1～12月/関東）　［p130］

◇ラジオ広告出稿量：番組・スポットCM合計秒数の上位50社（2021年1〜12月／関西）
　　　〔p131〕
　　◇ラジオの番組・スポットCMの業種別、秒数区分別出稿量（2021年1〜12月／関東）　〔p132〕
　　◇ラジオの番組・スポットCMの業種別、秒数区分別出稿量（2021年1〜12月／関西）　〔p133〕
『広告白書　2023-24年版』日経広告研究所　2023.10
　　◇スポットCMを多く利用した上位30社（2022年4月〜23年3月／関東）〔テレビ広告〕　〔p206〕
　　◇スポットCMを多く利用した上位30社（2022年4月〜23年3月／関西）〔テレビ広告〕　〔p207〕
　　◇番組・スポットCM合計本数の上位30社（2022年4月〜23年3月／関東）〔テレビ広告〕
　　　〔p210〕
　　◇番組・スポットCM合計本数の上位30社（2022年4月〜23年3月／関西）〔テレビ広告〕
　　　〔p211〕
　　◇番組・スポットCM合計秒数の上位30銘柄（2022年4月〜23年3月／関東）〔テレビ広告〕
　　　〔p212〕
　　◇番組・スポットCM合計秒数の上位30銘柄（2022年4月〜23年3月／関西）〔テレビ広告〕
　　　〔p213〕
　　◇番組・スポットCMの業種別、秒数区分別出稿量（2022年4月〜23年3月／関東）〔テレビ広告〕　〔p214〕
　　◇番組・スポットCMの業種別、秒数区分別出稿量（2022年4月〜23年3月／関西）〔テレビ広告〕　〔p216〕
　　◇番組・スポットCM合計秒数の上位30社（2022年4月〜23年3月／関東）〔ラジオ広告〕
　　　〔p238〕
　　◇番組・スポットCM合計秒数の上位30社（2022年4月〜23年3月／関西）〔ラジオ広告〕
　　　〔p239〕
　　◇番組・スポットCMの業種別、秒数区分別出稿量（2022年4月〜23年3月／関東）〔ラジオ広告〕　〔p240〕
　　◇番組・スポットCMの業種別、秒数区分別出稿量（2022年4月〜23年3月／関西）〔ラジオ広告〕　〔p242〕
『情報メディア白書　1997年版』電通総研　1997.1
　　◇テレビ広告費（タイム・スポット）の地区別前年比　［図表Ⅰ-12-5　p73〕
『情報メディア白書　2005』ダイヤモンド社　2004.12
　　◇業種別テレビCM総出稿量〈2003年／東京5社／番組CM＋スポットCM〉［図表Ⅰ-8-15　p135〕
　　◇広告主別テレビCMトップ10〈2003年／東京5社／番組CM＋スポットCM〉［図表Ⅰ-8-16　p135〕
　　◇広告主別テレビCM出稿量上位20社〈関東地区／番組＋スポット〉［図表Ⅰ-12-14　p205〕
　　◇関東地区業種別年間テレビCM出稿量〈民放5局／番組＋スポット〉［図表Ⅰ-12-15　p205〕
　　◇関西地区業種別年間テレビCM出稿量〈民放5局／番組＋スポット〉［図表Ⅰ-12-16　p205〕
『情報メディア白書　2007』ダイヤモンド社　2007.1
　　◇広告主別テレビCM出稿量トップ10〈2005年／東京5社〔日本テレビ，TBS，フジテレビ，テレビ朝日，テレビ東京〕／番組CM＋スポットCM〉［図表Ⅰ-9-11　p127〕
『情報メディア白書　2010』ダイヤモンド社　2010.1
　　◇広告主別テレビCM出稿量トップ10〈2008年／関東地区／民放5局＊合計／番組CM＋スポットCM〉［図表Ⅰ-9-11　p127〕
　　◇業種別年間テレビCM出稿量〈関東地区／民放5局合計＊／番組＋スポット〉［図表Ⅰ-13-13　p198〕
　　◇広告主別テレビCM出稿量上位20社〈関東地区／民放5局合計＊／番組＋スポット〉［図表Ⅰ-13-14　p198〕
『情報メディア白書　2013』ダイヤモンド社　2013.1
　　◇広告主別テレビCM出稿量トップ10〈2011年／関東地区／民放5局合計／番組CM＋スポットCM〉［図表Ⅰ-8-11　p132〕

『情報メディア白書　2023』ダイヤモンド社　2023.2
　　◇年間総CM出稿量〈民放BS7局合計/番組＋スポット/2021年4月～12月〉〔図表Ⅰ-8-12　p137〕
　　◇年間CM出稿量上位10社〈民放BS7局合計/番組＋スポット/2021年4月～12月〉〔図表Ⅰ-8-13　p137〕

スポーツ用品（売上）
『商業施設計画総覧　2023年版』産業タイムズ社　2022.11
　　◇スポーツ用品大手売り上げ　〔p145〕

スマートフォン
『情報メディア白書　2016』ダイヤモンド社　2016.2
　　◇PC/スマートフォンへのデジタル広告出稿状況　〔図表Ⅰ-11-14　p191〕
　　◇PC/スマートフォンへの出稿および出稿予定の広告タイプ〈2014年〉〔図表Ⅰ-11-15　p191〕
『情報メディア白書　2019』ダイヤモンド社　2019.2
　　◇パソコン、スマートフォン用に流している広告コンテンツの形態〈2017年〉〔図表Ⅰ-11-16　p193〕

スマートフォン広告
『広告白書　2016』日経広告研究所　2016.7
　　◇スマートフォン広告市場予測　〔p21〕
『広告白書　2019年度版』日経広告研究所　2019.7
　　◇取引別にみたスマートフォン広告の出稿形態　〔p32〕
　　◇スマートフォン広告推定出稿量上位15銘柄(2018年4月～9月)　〔p84〕
『情報通信白書　平成25年版』日経印刷　2013.7
　　◇日本におけるスマホ広告市場予測　〔図表1-1-3-19　p45〕
『情報メディア白書　2016』ダイヤモンド社　2016.2
　　◇スマートフォン広告費推計　〔図表Ⅰ-11-11　p190〕
『情報メディア白書　2019』ダイヤモンド社　2019.2
　　◇スマートフォンインターネット広告の業種別出稿社数〈2017年度〉〔図表Ⅰ-11-15　p193〕
『情報メディア白書　2022』ダイヤモンド社　2022.3
　　◇スマートフォンインターネット広告出稿動向〈2020年度〉〔Ⅰ-11-15　p185〕
『スマホ白書　2016』インプレスR&D　2016.6
　　◇スマートフォン広告市場規模予測2014-2020年　〔資料2-4-1　p140〕
　　◇スマートフォン広告市場規模予測(広告商品別)2014-2020年　〔資料2-4-2　p140〕
『デジタルコンテンツ白書　2013』デジタルコンテンツ協会　2013.9
　　◇スマートフォン広告市場規模予測　〔図表5-3-2　p154〕
　　◇スマートフォンディスプレイ広告主業種別構成比予測(2012年)　〔図表5-3-3　p155〕

スマホ決済
『スーパーマーケット白書　2022年版』全国スーパーマーケット協会　2022
　　◇スマホ決済導入意向(21年8月時点)　〔図表1-27　p39〕
　　◇現在(2021年6月時点)、貴社で導入しているスマホ(QRコード)決済および電子マネーの種類をすべてお答えください。(複数回答)〔スーパーマーケットにおける「キャッシュレス決済に関する実態調査(2021年実施)」結果概要〕　〔資料8　Q6　p123〕
　　◇貴社でスマホ(QRコード)決済を導入している理由について当てはまるものをすべてお答えください。(複数回答)〔スーパーマーケットにおける「キャッシュレス決済に関する実態調査(2021年実施)」結果概要〕　〔資料8　Q7　p124〕
　　◇貴社でスマホ(QRコード)決済を導入後に感じたメリットについて当てはまるものをす

べてお答えください。(複数回答)〔スーパーマーケットにおける「キャッシュレス決済に関する実態調査(2021年実施)」結果概要〕　〔資料8　Q8　p124〕
◇貴社でスマホ(QRコード)決済を導入後に感じた手数料以外のデメリットについて当てはまるものをすべてお答えください。(複数回答)〔スーパーマーケットにおける「キャッシュレス決済に関する実態調査(2021年実施)」結果概要〕　〔資料8　Q9　p125〕
◇スマホ(QRコード)決済の利用手数料について、売上の何％くらいまでなら取り扱いを続けようと思いますか。0〜100までの数字でお答えください。(数字回答)〔スーパーマーケットにおける「キャッシュレス決済に関する実態調査(2021年実施)」結果概要〕　〔資料8　Q10　p125〕
◇今後スマホ(QRコード)決済の種類(事業者)をどのようにしていきたいですか。貴社のお考えに最も近いものをお答えください。(単一回答)〔スーパーマーケットにおける「キャッシュレス決済に関する実態調査(2021年実施)」結果概要〕　〔資料8　Q12　p126〕
◇スマホ(QRコード)決済の利用手数料対策として貴社で実施または検討されている施策はありますか。当てはまるものをすべてお答えください。(複数回答)〔スーパーマーケットにおける「キャッシュレス決済に関する実態調査(2021年実施)」結果概要〕　〔資料8　Q13　p127〕

【せ】

青果(卸売・小売関係)

『食料・農業・農村白書　平成22年版』佐伯印刷　2010.6
　◇小売価格に占める各流通経費等の割合(2008年、青果物平均)　〔図2-19　p72〕
『食料・農業・農村白書　令和4年版』日経印刷　2022.6
　◇主要野菜の卸売価格　〔p44〕
『図説 農業白書　平成8年度版』農林統計協会　1997.5
　◇輸入野菜の市場占有率と国内野菜の卸売価格の推移　〔図Ⅲ-19　p167〕
『スーパーマーケット白書　2016年版』新日本スーパーマーケット協会　2016.2
　◇野菜の販売価格指数の推移　〔図表1-2-9　p10〕
　◇果物の販売価格指数の推移　〔図表1-2-10　p10〕
　◇購入しない生鮮品の条件(野菜)　〔図表4-3-1　p41〕
　◇購入しない生鮮品の条件(果物)　〔図表4-3-2　p41〕
　◇野菜(商品タイプ別)の購入率　〔図表4-4-11　p47〕
　◇果物(商品タイプ別)の購入率　〔図表4-4-12　p47〕
『スーパーマーケット白書　2019年版』全国スーパーマーケット協会　2019
　◇2018年　主な青果相場　平年比と前年差　〔p18〕
　◇2018年　青果カテゴリー　前年同月比(既存店)の推移　〔p18〕
　◇商品カテゴリー別スーパーマーケットと他業態利用頻度(野菜)　〔図表2-16　p57〕
　◇商品カテゴリー別業態別利用頻度(野菜)　〔図表2-13　p58〕
　◇青果カテゴリー〔資料4.2018年スーパーマーケット月別カテゴリー動向〕　〔資料4-1　p96〕
『スーパーマーケット白書　2022年版』全国スーパーマーケット協会　2022
　◇2021年　青果カテゴリーの推移(既存店　前年同月比・前々年同月比)　〔図表1-16　p22〕
　◇2021年　主な青果相場の動き(平年比と前年差)　〔図表1-17　p24〕
　◇スーパーマーケット以外での食品購入先(野菜・果物、精肉、鮮魚)　〔図表2-65　p68〕
　◇スーパーマーケット以外での食品購入先　野菜・果物(性年代別)　〔図表2-66　p68〕
　◇スーパーマーケット以外のお店を利用している理由(野菜・果物、精肉、鮮魚)　〔図表

せいかふ　　　　　　　　　　　　　統計図表レファレンス事典　商業・広告・マーケティング

　　　2-69　p69］
　『スーパーマーケット白書　2023年版』全国スーパーマーケット協会　2023.2
　　　◇2022年　青果カテゴリーの推移（既存店　前年同月比・前々年同月比）　［図表1-16　p23］
　　　◇2022年　主な青果相場　平年比と前年差　［図表1-17　p25］
　『スーパーマーケット白書　2024年版』全国スーパーマーケット協会　2024.2
　　　◇2023年　青果カテゴリー既存店前年同月比　［図表1-18　p24］
　　　◇2023年青果相場　前年比と平年比　［図表1-19　p26］

青果物卸売市場

　『建設白書　平成9年版』大蔵省印刷局　1997.8
　　　◇東京都中央卸売市場の野菜入荷高（金額）における東京都からの距離帯別シェアの推移
　　　　［図2-Ⅲ-4　p306］
　『国民の栄養白書　2016-2017年版』日本医療企画　2016.11
　　　◇(参考)国産青果物の卸売市場経由率の推移　［p96］
　『首都圏白書　平成16年版』国立印刷局　2004.6
　　　◇東京都中央卸売市場における野菜の主な産地（数量ベース）　［図表2-2-21　p68］
　『図説　農業白書　平成8年度版』農林統計協会　1997.5
　　　◇東京都中央卸売市場におけるトマトの月別・産地別取扱量　［図Ⅰ-35　p66］

生産額

　『広告白書　平成9年版』日経広告研究所　1997.7
　　　◇各産業の生産額に占める広告費の割合　［表3-9　p114］

生産者価格

　『物価レポート　'97』経済企画協会　1997.10
　　　◇生産者価格の低下が国内卸物価に与える効果　［図表3-3-1　p57］

生産性（卸売・小売業）

　『ジェトロ世界貿易投資報告　2010年版』ジェトロ　2010.9
　　　◇小売業の生産性比較（日米英）　［図表Ⅲ-34　p109］
　『世界経済の潮流　2022年Ⅰ』日経印刷　2022.9
　　　◇技能の不足度合いと労働生産性水準（卸売・小売業、2014年）　［第2-1-13図　p155］
　『OECD日本経済白書　2007』中央経済社　2007.5
　　　◇小売業の業態別生産性の比較　［第5.13図　p190］

生産性向上（卸売・小売業）

　『国土交通白書　2016』日経印刷　2016.7
　　　◇生産性向上に関してインフラに期待すること（第3次産業：小売、飲食、医療・福祉）
　　　　［図表2-3-10　p87］
　『東京の中小企業の現状（流通産業編）　平成29年度』東京都産業労働局　2018.3
　　　◇IT利活用に伴う生産性の向上〔東京の流通産業の経営実態（アンケート結果）卸売業〕
　　　　［図表Ⅱ-1-42　p97］
　　　◇IT利活用に伴う生産性の向上〔東京の流通産業の経営実態（アンケート結果）小売業〕
　　　　［図表Ⅱ-2-85　p220］
　　　◇IT利活用に伴う生産性の向上（卸売業）〔東京の流通産業に関するテーマ分析（アンケー
　　　　ト結果）〕　［図表Ⅲ-3-5　p260］
　　　◇IT利活用に伴う生産性の向上（小売業）〔東京の流通産業に関するテーマ分析（アンケー
　　　　ト結果）〕　［図表Ⅲ-3-13　p267］

『東京の中小企業の現状(流通産業編)　令和2年度』東京都産業労働局　2021.3
　　◇ICT利活用の進展に伴う業務の生産性向上〔卸売業〕　〔図表Ⅱ-1-49　p101〕
　　◇ICT利活用の進展に伴う業務の生産性向上〔小売業〕　〔図表Ⅱ-2-66　p215〕

生産性指標

『中小企業白書　2013年版』佐伯印刷　2013.8
　　◇商業・サービス業の規模別の生産性指標　〔付注1-1-5　p307～309〕

正社員

『九州経済白書　2007年版』九州経済調査協会　2007.2
　　◇小売業従業者・正規・非正規社員数(法人・2004年)　〔図表1-9　p53〕
『労働経済白書　平成19年版』国立印刷局　2007.8
　　◇小売業における営業時間と正社員・非正社員構成の関係　〔第2-(2)-32図　p125〕

生鮮品(卸売・小売関係)

　　　　⇒青果(卸売・小売関係)，精肉(卸売・小売関係)，鮮魚(小売関係)　をも見よ

『首都圏白書　平成9年版』大蔵省印刷局　1997.6
　　◇東京都における生鮮3品及び米穀店舗数の減少割合(昭和60年を100とする)　〔図6-7-7　p252〕
『食料・農業・農村白書　平成19年版』農林統計協会　2007.10
　　◇生鮮食品の不適正表示率の推移(名称表示、店舗ベース)　〔図Ⅰ-51　p60〕
　　◇生鮮品の小売価格構成　〔図Ⅱ-58　p121〕
『食料・農業・農村白書　令和4年版』日経印刷　2022.6
　　◇鶏卵の卸売価格　〔図表2-7-6　p142〕
『食料・農業・農村白書 参考統計表　令和元年版』日経印刷　2019.7
　　◇商業用の米の国・地域別輸出数量　〔図表1-4　p5〕
『水産白書　平成19年版』農林統計協会　2007.6
　　◇冷凍マグロ類4種の価格の推移(東京都中央卸売市場(消費地市場))　〔p4〕
『図説 食料・農業・農村白書　平成15年度』農林統計協会　2004.6
　　◇生鮮食品等の卸売市場経由率の推移　〔図Ⅰ-33　p69〕
『図説 農業白書　平成8年度版』農林統計協会　1997.5
　　◇米卸売業者の登録状況　〔図Ⅲ-8　p148〕
　　◇米小売業の販売所の登録状況及び店舗形態　〔図Ⅲ-9　p149〕
『スーパーマーケット白書　2016年版』新日本スーパーマーケット協会　2016.2
　　◇食品、生鮮品の購入費及び生鮮品購入比率　〔図表4-4-9　p46〕
　　◇購入する生鮮品を決める時期　〔図表4-4-10　p46〕
　　◇生鮮3部門販売額 既存店前年同月比積み上げ　〔図表6-2-3　p60〕
　　◇総売上高と生鮮3部門前年同月比(保有店舗別)　〔図表6-2-6　p61〕
　　◇生鮮3部門 売上構成比(保有店舗別)　〔図表6-2-7　p61〕
　　◇生鮮品購入先 「第3」利用店舗までの組み合わせ　〔図表6-2-28　p68〕
　　◇生鮮品購入先 「第1」利用と「第2」利用店舗の2～3年前の利用傾向　〔図表6-2-31　p69〕
　　◇通信販売での購入実態(食品・生鮮品)　〔図表6-2-32　p70〕
　　◇通信販売で食品・生鮮品を購入する理由・しない理由　〔図表6-2-33　p70〕
　　◇今後の通信販売での購入意向(食品・生鮮品)　〔図表6-2-34　p70〕
『スーパーマーケット白書　2019年版』全国スーパーマーケット協会　2019
　　◇2013年以降の生鮮仕入原価DIと食品仕入原価DI　〔図表1-7　p23〕

『スーパーマーケット白書　2023年版』全国スーパーマーケット協会　2023.2
　　◇生鮮仕入れ原価DIと食品仕入れ原価DI〔2022年のスーパーマーケット動向〕　〔図表1-8　p20〕

『スーパーマーケット白書　2024年版』全国スーパーマーケット協会　2024.2
　　◇生鮮仕入れ原価DI・食品仕入れ原価DI〔2023年のスーパーマーケット動向〕　〔図表1-10　p21〕
　　◇カテゴリ別購入先　上位3位(生鮮、加工食品、日用雑貨等)　〔図表4-11　p87〕

成長率(インターネット通販)

『関西経済白書　2016』丸善プラネット　2016.10
　　◇インターネット通販販売額と成長率の推移　〔図2-1-4　p18〕

精肉(卸売・小売関係)

『食料・農業・農村白書　令和4年版』日経印刷　2022.6
　　◇牛枝肉の卸売価格　〔図表2-7-1　p140〕
　　◇豚肉の卸売価格　〔図表2-7-4　p141〕
　　◇鶏肉(もも肉)の卸売価格　〔図表2-7-5　p141〕
　　◇食肉処理施設から卸・小売業者や消費者等の販売先別のジビエ販売数量　〔図表3-5-4　p221〕

『図説　食料・農業・農村白書　平成15年度』農林統計協会　2004.6
　　◇牛枝肉の規格別卸売価格の推移(平成12年8月〜13年7月の各月に対する同月増減率)　〔図Ⅱ-62　p184〕

『スーパーマーケット白書　2016年版』新日本スーパーマーケット協会　2016.2
　　◇牛肉の販売価格指数の推移　〔図表1-2-12　p11〕
　　◇豚肉の販売価格指数の推移　〔図表1-2-13　p11〕
　　◇鶏肉の販売価格指数の推移　〔図表1-2-14　p11〕
　　◇購入しない生鮮品の条件(精肉)　〔図表4-3-3　p41〕
　　◇精肉(商品タイプ別)の購入率　〔図表4-4-13　p48〕

『スーパーマーケット白書　2019年版』全国スーパーマーケット協会　2019
　　◇商品カテゴリー別スーパーマーケットと他業態利用頻度(精肉)　〔図表2-17　p57〕
　　◇商品カテゴリー別業態別利用頻度(精肉)　〔図表2-14　p58〕

『スーパーマーケット白書　2022年版』全国スーパーマーケット協会　2022
　　◇スーパーマーケット以外での食品購入先(野菜・果物、精肉、鮮魚)　〔図表2-65　p68〕
　　◇スーパーマーケット以外での食品購入先　精肉(性年代別)　〔図表2-67　p69〕
　　◇スーパーマーケット以外のお店を利用している理由(野菜・果物、精肉、鮮魚)　〔図表2-69　p69〕

製品需給判断DI

『労働白書　平成9年版』日本労働研究機構　1997.6
　　◇製品需給判断D.I.(主要企業)と国内卸売物価(工業製品、前年同期比)　〔第39図　p72〕
　　◇類別の輸入物価、国内卸売物価及び製品需給判断D.I.の推移　〔第12表　p320〜321〕

設備投資

『中小企業白書　平成9年版』大蔵省印刷局　1997.5
　　◇中小商業の設備投資の対前年度比伸び率の推移　〔第1-1-49図　p45〕
　　◇設備投資の目的─(1)中小卸売業　〔第1-1-50図　p46〕
　　◇設備投資の目的─(2)中小小売業　〔第1-1-50図　p46〕
　　◇中小卸売業の設備投資動向　平成8年度修正計画　〔第1-1-51図　p47〕

◇中小小売業の設備投資動向 平成8年度修正計画 ［第1-1-52図 p48］

セールスプロモーション

『情報メディア白書 2010』ダイヤモンド社 2010.1
　◇SP手法、ツールの利用率〈2008年度〉［図表Ⅰ-13-43 p204］
『情報メディア白書 2013』ダイヤモンド社 2013.1
　◇SP手法、ツールの利用率〈2011年度〉［図表Ⅰ-13-38 p198］
『情報メディア白書 2016』ダイヤモンド社 2016.2
　◇SP手法、ツールの利用率 ［図表Ⅰ-11-39 p196］

繊維製品（卸売物価）

『物価レポート '97』経済企画協会 1997.10
　◇需要段階別の卸売物価の動向（個別品目）―（1）繊維製品 ［図表1-2-6 p9］
　◇素材関連製品の国内卸売物価と輸入浸透度―繊維製品 ［図表1-5-6 p21］

鮮魚（小売関係）

『スーパーマーケット白書 2016年版』新日本スーパーマーケット協会 2016.2
　◇購入しない生鮮品の条件（鮮魚） ［図表4-3-4 p41］
　◇鮮魚（商品タイプ別）の購入率 ［図表4-4-14 p48］
『スーパーマーケット白書 2019年版』全国スーパーマーケット協会 2019
　◇商品カテゴリー別スーパーマーケットと他業態利用頻度（鮮魚） ［図表2-18 p57］
　◇商品カテゴリー別業態別利用頻度（鮮魚） ［図表2-15 p58］
『スーパーマーケット白書 2022年版』全国スーパーマーケット協会 2022
　◇スーパーマーケット以外での食品購入先（野菜・果物、精肉、鮮魚） ［図表2-65 p68］
　◇スーパーマーケット以外での食品購入先 鮮魚（性年代別） ［図表2-68 p69］
　◇スーパーマーケット以外のお店を利用している理由（野菜・果物、精肉、鮮魚） ［図表2-69 p69］

【そ】

創業時期

『東京の中小企業の現状（流通産業編） 平成29年度』東京都産業労働局 2018.3
　◇創業時期〔卸売業〕 ［図表Ⅱ-1-13 p53］
　◇創業時期〔小売業〕 ［図表Ⅱ-2-10 p124］
『東京の中小企業の現状（流通産業編） 令和2年度』東京都産業労働局 2021.3
　◇創業時期〔卸売業〕 ［図表Ⅱ-1-13 p45］
　◇創業時期〔小売業〕 ［図表Ⅱ-2-10 p131］

総合スーパー

『商業施設計画総覧 2023年版』産業タイムズ社 2022.11
　◇主なGMS企業の業績 ［p32］
『通商白書 2004』ぎょうせい 2004.7
　◇百貨店、総合スーパー、コンビニエンスストアの従業者数の推移 ［第1-1-23図 p13］
　◇百貨店、総合スーパー、コンビニエンスストアの従業者数（パート・アルバイト等を除く） ［第1-1-24図 p13］

そうさい　　　　　　　　　　統計図表レファレンス事典　商業・広告・マーケティング

惣菜（スーパーマーケット）

『スーパーマーケット白書　2016年版』新日本スーパーマーケット協会　2016.2
　　◇惣菜や弁当の購入機会の変化（2～3年前との比較）　［図表3-1-16　p34］
『スーパーマーケット白書　2019年版』全国スーパーマーケット協会　2019
　　◇2018年　惣菜カテゴリー　前年同月比（既存店）の推移　［p21］
　　◇商品カテゴリー別スーパーマーケットと他業態利用頻度（弁当・惣菜）　［図表2-22　p59］
　　◇惣菜カテゴリー〔資料4.2018年スーパーマーケット月別カテゴリー動向〕　［資料4-4 p102］
『スーパーマーケット白書　2022年版』全国スーパーマーケット協会　2022
　　◇2021年　惣菜カテゴリーの推移（既存店　前年同月比・前々年同月比）　［図表1-23　p31］
『スーパーマーケット白書　2023年版』全国スーパーマーケット協会　2023.2
　　◇2022年　惣菜カテゴリーの推移（既存店　前年同月比・前々年同月比）　［図表1-22　p32］
『スーパーマーケット白書　2024年版』全国スーパーマーケット協会　2024.2
　　◇2023年　惣菜カテゴリー既存店前年同月比　［図表1-24　p33］
　　◇惣菜の購入頻度（1か月当たり）　［図表4-5　p84］
　　◇惣菜の1か月当たりの平均購入回数（性年代別）　［図表4-6　p84］
　　◇カテゴリ別購入先　上位3位（惣菜・弁当）　［図表4-12　p87］

相場（スーパーマーケット）

『スーパーマーケット白書　2019年版』全国スーパーマーケット協会　2019
　　◇2018年　主な青果相場　平年比と前年差　［p18］
　　◇2018年　主な水産品相場　平年比と前年差　［p19］
　　◇2018年　主な畜産相場　平年比と前年差　［p20］
『スーパーマーケット白書　2022年版』全国スーパーマーケット協会　2022
　　◇2021年　主な青果相場の動き（平年比と前年差）　［図表1-17　p24］
　　◇2021年　主な水産相場の動き（小売価格の推移）　［図表1-20　p27］
　　◇2021年　主な畜産相場（平年比と前年差）　［図表1-22　p30］
『スーパーマーケット白書　2023年版』全国スーパーマーケット協会　2023.2
　　◇2022年　主な青果相場　平年比と前年差　［図表1-17　p25］
　　◇2022年　主な畜産相場の動き　［図表1-21　p31］
『スーパーマーケット白書　2024年版』全国スーパーマーケット協会　2024.2
　　◇2023年青果相場　前年比と平年比　［図表1-19　p26］

ソーシャルメディア

『広告白書　2013』日経広告研究所　2013.7
　　◇広告メディアとして利用しているソーシャルメディア　［p34］
『広告白書　2019年度版』日経広告研究所　2019.7
　　◇購買行動におけるソーシャルメディア利用（1位の商品ジャンルを抜粋）　［p44］

ソーシャルメディア広告

『広告白書　2021年度版』日経広告研究所　2021.8
　　◇ソーシャル広告費の推移　［p77］
『情報メディア白書　2022』ダイヤモンド社　2022.3
　　◇ソーシャル広告市場〈2020年〉［Ⅰ-11-16　p185］
　　◇ソーシャルメディアの情報利用、広告利用〈2020年度〉［Ⅰ-11-17　p185］
『情報メディア白書　2023』ダイヤモンド社　2023.2

◇ソーシャル広告市場〈2021年〉[図表Ⅰ-11-16　p179]

ソーシャルメディアマーケティング
　　⇒企業サイト，企業ブログ，動画共有サイト，SNS をも見よ

『広告白書　2019年度版』日経広告研究所　2019.7
　◇マーケティング活動で重点を置くインターネット分野・今後強化したい分野（複数回答）〔インターネットとマーケティング戦略〕　[p210]
　◇インターネットの利用目的（複数回答）〔インターネットとマーケティング戦略〕　[p211]
　◇情報利用するソーシャルメディア，広告利用するソーシャルメディア（複数回答）〔インターネットとマーケティング戦略〕　[p211]
　◇インターネット関連の担当範囲（複数回答）〔インターネットとマーケティング戦略〕　[p212]
　◇インターネット関連の費用で広告宣伝部予算に含まれるもの（複数回答）〔インターネットとマーケティング戦略〕　[p212]

『広告白書　2020年度版』日経広告研究所　2020.9
　◇広告メディアとして利用するソーシャルメディア　[p20]
　◇インターネットの利用目的（複数回答）〔インターネットとマーケティング戦略〕　[p209]
　◇マーケティング活動で重点を置くインターネット分野・今後強化したい分野（複数回答）〔インターネットとマーケティング戦略〕　[p209]
　◇情報利用するソーシャルメディア，広告利用するソーシャルメディア（複数回答）〔インターネットとマーケティング戦略〕　[p210]
　◇広告メディアとして利用しているSNSの目的（複数回答）〔インターネットとマーケティング戦略〕　[p212]

『広告白書　2021年度版』日経広告研究所　2021.8
　◇利用しているソーシャルメディア〔広告主企業〕　[p17]
　◇現在，SNS上でのプロモーション活動について思うことで当てはまるものを一つのみ選んでください。〔コロナ禍〕　[p51]
　◇「企業公式アカウントからの情報収集やコミュニケーション」を目的に今後もSNSを利用したいですか？　[p57]

『ソーシャルメディア白書　2012』翔泳社　2012.2
　◇ソーシャルメディアマーケティングにおける現状の問題　[xi]
　◇ソーシャルメディアマーケティングの年間予算（活用度別）　[4-1-62　p230]
　◇ソーシャルメディアマーケティングの年間予算（活用満足度別）　[4-1-63　p230]
　◇今後のソーシャルメディアマーケティングの予算増加意向（活用度別）　[4-1-64　p231]
　◇今後のソーシャルメディアマーケティングの予算増加意向（活用満足度別）　[4-1-65　p231]
　◇ソーシャルメディアマーケティングに対する社内理解・浸透度（活用度別）　[4-1-66　p232]
　◇ソーシャルメディアマーケティングに対する社内理解・浸透度（活用満足度別）　[4-1-67　p232]
　◇ソーシャルメディアマーケティングの取り組み・活用度（活用度別）　[4-1-68　p233]
　◇ソーシャルメディアマーケティングの取り組み・活用度（活用満足度別）　[4-1-69　p233]
　◇ソーシャルメディアマーケティングのチーム体制（活用度別）　[4-1-70　p234]
　◇ソーシャルメディアマーケティングのチーム体制（活用満足度別）　[4-1-71　p234]
　◇ソーシャルメディアマーケティングの業務フロー構築（活用度別）　[4-1-72　p235]
　◇ソーシャルメディアマーケティングの業務フロー構築（活用満足度別）　[4-1-73　p235]
　◇ソーシャルメディアマーケティングの教育プログラム整備（活用度別）　[4-1-74　p236]
　◇ソーシャルメディアマーケティングの教育プログラム整備（活用満足度別）　[4-1-75　p236]
　◇ソーシャルメディアマーケティングのリスク対策（活用度別）　[4-1-76　p237]

◇ソーシャルメディアマーケティングのリスク対策（活用満足度別）　［4-1-77　p237］
◇ソーシャルメディアマーケティングの効果測定（活用度別）　［4-1-78　p238］
◇ソーシャルメディアマーケティングの効果測定（活用満足度別）　［4-1-79　p238］
◇ソーシャルメディアマーケティングのKGI測定（活用度別）　［4-1-80　p239］
◇ソーシャルメディアマーケティングのKGI測定（活用満足度別）　［4-1-81　p239］
◇ソーシャルメディアマーケティングにおける現在の課題（活用度別）　［4-1-92　p245］
◇ソーシャルメディアマーケティングにおける現在の課題（活用満足度別）　［4-1-93　p245］
◇ソーシャルメディアマーケティングにおいて今後想定される課題（活用度別）　［4-1-94　p246］
◇ソーシャルメディアマーケティングにおいて今後想定される課題（活用満足度別）　［4-1-95　p246］

ソフトウェア開発

『ソフトウェア開発データ白書　2012-2013』情報処理推進機構　2012.9
　◇卸売・小売業の工程別FP生産性の基本統計量（新規開発、IFPUGグループ）　［図表8-5-6　p253］
　◇卸売・小売業の工程別FP生産性の基本統計量（改良開発、IFPUGグループ）　［図表8-5-28　p261］
　◇卸売・小売業の工程別SLOC生産性の基本統計量（新規開発、主開発言語グループ）　［図表8-6-6　p269］
　◇卸売・小売業の工程別SLOC生産性の基本統計量（改良開発、主開発言語グループ）　［図表8-6-28　p277］

損益分岐点

『中小企業白書　平成9年版』大蔵省印刷局　1997.5
　◇小売業の損益分岐点比較（資本金規模別）　［第2-3-7図　p224］

【た】

タイ（小売関係）

『通商白書　2013』勝美印刷　2013.8
　◇タイの年度別店舗数推移　［コラム第8-3図　p155］
『通商白書　2019』勝美印刷　2019.10
　◇タイの小売売上高指数（前年同月比）の推移　［第Ⅰ-3-4-16図　p77］

大規模小売店

『規制緩和白書　97年版』大蔵省印刷局　1997.9
　◇大規模小売店舗　［（表）1　資78］
『首都圏白書　平成22年版』佐伯印刷　2010.7
　◇大規模小売店舗数の推移　［図表2-2-18　p50］
　◇大規模小売店舗従業者数の推移　［図表2-2-19　p50］
『首都圏白書　平成25年版』勝美印刷　2013.7
　◇大規模小売店舗数の推移　［図表2-2-18　p51］
　◇大規模小売店舗従業者数の推移　［図表2-2-19　p51］
『地域経済総覧（週刊東洋経済臨時増刊/Data Bank SERIES）　2024年版』東洋経済新報社　2023.9

◇大規模小売店施設数・売場面積〔市区別データ〕　〔p473〕
　『地域の経済　2012』日経印刷　2012.12
　　　◇大規模小売店の新規と廃止届出数　〔第1-2-19図　p27〕
　『中国地域経済白書　2013』中国地方総合研究センター　2013.9
　　　◇全店舗、既存店別の対前年増減率　〔図2.1.6　p18〕
　『土地白書　平成22年版』勝美印刷　2010.8
　　　◇大規模小売店舗数の推移　〔図表2-2-25　p64〕
　　　◇圏域別の大規模小売店舗の新設・廃止数　〔図表3-1-1　p99〕
　『土地白書　平成25年版』勝美印刷　2013.8
　　　◇大規模小売店舗の新設、廃止件数の推移　〔図表3-2-8　p110〕
　『土地白書　令和4年版』サンワ　2022.9
　　　◇大規模小売店舗立地法に基づく新設届出件数の推移　〔図表1-3-15　p23〕

大規模小売店舗立地法

　『地域の経済　2012』日経印刷　2012.12
　　　◇大規模小売店舗立地法　第5条第1項(新設)の届出件数　〔第1-2-17図　p26〕
　　　◇大規模小売店舗立地法　第6条第5項(廃止)の届出件数　〔第1-2-18図　p26〕

大規模店舗

　『九州経済白書　2010年版』九州経済調査協会　2010.2
　　　◇大規模店舗(新設)届出件数と届出店舗面積(九州7県)　〔図表2-2　p28〕
　　　◇2000年以降の大規模店舗届出面積の地域ブロック別構成比　〔図表2-3　p28〕
　　　◇店舗面積1万㎡以上の大規模店舗(新設)届出店舗床面積の推移　〔図表2-4　p29〕
　　　◇大規模店舗届出の業態、地場/域外企業の組み合わせ(九州・山口)　〔図表2-18　p40〕
　『中小企業白書　2004年版』ぎょうせい　2004.5
　　　◇大規模店舗の出店と来街者数の増加　〔第2-1-109図　p124〕
　　　◇大規模店舗の退店と来街者数の減少　〔第2-1-110図　p124〕

代金引換

　『東京の中小企業の現状(流通産業編)　平成29年度』東京都産業労働局　2018.3
　　　◇決済方法　代金引換〔小売業〕　〔図表Ⅱ-2-36　p156〕

タイム広告　⇒タイムCM を見よ

タイムCM

　『広告白書　平成16年版』日経広告研究所　2004.7
　　　◇番組CMを多く利用した上位50社(関東)　〔資料7-3　p248〕
　　　◇番組CMを多く利用した上位50社(関西)　〔資料7-4　p249〕
　　　◇番組・スポットCM合計秒数の上位50銘柄(2003年/関東)　〔資料7-5　p250〕
　　　◇番組・スポットCM合計秒数の上位50銘柄(2003年/関西)　〔資料7-6　p251〕
　　　◇番組・スポットCMの業種別、秒数区分別出稿量(2003年/関東)　〔資料7-7　p252〜253〕
　　　◇番組・スポットCMの業種別、秒数区分別出稿量(2003年/関西)　〔資料7-8　p254〜255〕
　　　◇ラジオ番組・スポットCM合計秒数の上位50社(関東)　〔資料8-1　p256〜257〕
　　　◇ラジオ番組・スポットCM合計秒数の上位50社(関西)　〔資料8-2　p258〜259〕
　『広告白書　2007』日経広告研究所　2007.7
　　　◇番組CMを多く利用した上位50社(関東)　〔資料11-3　p196〕
　　　◇番組CMを多く利用した上位50社(関西)　〔資料11-4　p197〕

たいむ　　　　　　　　　　統計図表レファレンス事典　商業・広告・マーケティング

　　◇番組・スポットCM合計秒数の上位50銘柄（2006年/関東）　［資料11-5　p198］
　　◇番組・スポットCM合計秒数の上位50銘柄（2006年/関西）　［資料11-6　p199］
　　◇番組・スポットCMの業種別，秒数区分別出稿量（2006年/関東）　［資料11-7　p200］
　　◇番組・スポットCMの業種別，秒数区分別出稿量（2006年/関西）　［資料11-8　p201］
　　◇ラジオ番組・スポットCM合計秒数の上位50社（関東）　［資料12-1　p202］
　　◇ラジオ番組・スポットCM合計秒数の上位50社（関西）　［資料12-2　p203］
『広告白書　2010』日経広告研究所　2010.7
　　◇東京キー5局のタイム広告費　［p88］
　　◇番組CMを多く利用した上位50社（関東）　［資料11-3　p203］
　　◇番組CMを多く利用した上位50社（関西）　［資料11-4　p204］
　　◇番組・スポットCM合計秒数の上位50銘柄（2009年/関東）　［資料11-5　p205］
　　◇番組・スポットCM合計秒数の上位50銘柄（2009年/関西）　［資料11-6　p206］
　　◇番組・スポットCMの業種別，秒数区分別出稿量（2009年/関東）　［資料11-7　p207］
　　◇番組・スポットCMの業種別，秒数区分別出稿量（2009年/関西）　［資料11-8　p208］
　　◇ラジオ番組・スポットCM合計秒数の上位50社（関東）　［資料12-1　p209］
　　◇ラジオ番組・スポットCM合計秒数の上位50社（関西）　［資料12-2　p210］
『広告白書　2013』日経広告研究所　2013.7
　　◇東京キー5局の年度別タイム収入の推移　［p57］
　　◇番組CMを多く利用した上位50社（関東）　［資料11-3　p198］
　　◇番組CMを多く利用した上位50社（関西）　［資料11-4　p199］
　　◇番組・スポットCM合計秒数の上位50銘柄（2012年/関東）　［資料11-5　p200］
　　◇番組・スポットCM合計秒数の上位50銘柄（2012年/関西）　［資料11-6　p201］
　　◇番組・スポットCMの業種別，秒数区分別出稿量（2012年/関東）　［資料11-7　p202］
　　◇番組・スポットCMの業種別，秒数区分別出稿量（2012年/関西）　［資料11-8　p203］
　　◇ラジオ番組・スポットCM合計秒数の上位50社（関東）　［資料12-1　p204］
　　◇ラジオ番組・スポットCM合計秒数の上位50社（関西）　［資料12-2　p205］
『広告白書　2016』日経広告研究所　2016.7
　　◇キー5局のタイム収入，スポット収入の年度別推移　［p68］
　　◇番組CMを多く利用した上位50社（関東）　［資料11-3　p230］
　　◇番組CMを多く利用した上位50社（関西）　［資料11-4　p231］
　　◇番組・スポットCM合計秒数の上位50銘柄（2015年/関東）　［資料11-5　p232］
　　◇番組・スポットCM合計秒数の上位50銘柄（2015年/関西）　［資料11-6　p233］
　　◇番組・スポットCMの業種別，秒数区分別出稿量（2015年/関東）　［資料11-7　p234］
　　◇番組・スポットCMの業種別，秒数区分別出稿量（2015年/関西）　［資料11-8　p235］
　　◇番組・スポットCM合計秒数の上位50社（関東）　［資料12-1　p236］
　　◇番組・スポットCM合計秒数の上位50社（関西）　［資料12-2　p237］
『広告白書　2019年度版』日経広告研究所　2019.7
　　◇番組CMを多く利用した上位50社（関東）　［資料11-3　p182］
　　◇番組CMを多く利用した上位50社（関西）　［資料11-4　p183］
　　◇番組・スポットCM合計本数の上位50社（2018年/関東）　［資料11-5　p184］
　　◇番組・スポットCM合計本数の上位50社（2018年/関西）　［資料11-6　p185］
　　◇番組・スポットCM合計秒数の上位50銘柄（2018年/関東）　［資料11-7　p186］
　　◇番組・スポットCM合計秒数の上位50銘柄（2018年/関西）　［資料11-8　p187］
　　◇番組・スポットCMの業種別、秒数区分別出稿量（2018年/関東）〔テレビ広告出稿量〕
　　　［資料11-9　p188］
　　◇番組・スポットCMの業種別、秒数区分別出稿量（2018年/関西）〔テレビ広告出稿量〕
　　　［資料11-10　p189］
　　◇番組・スポットCM合計秒数の上位50社（2018年/関東）　［資料12-1　p190］

◇番組・スポットCM合計秒数の上位50社（2018年/関西）〔資料12-2　p191〕
◇番組・スポットCMの業種別、秒数区分別出稿量（2018年/関東）〔ラジオ広告出稿量〕〔資料12-3　p192〕
◇番組・スポットCMの業種別、秒数区分別出稿量（2018年/関西）〔ラジオ広告出稿量〕〔資料12-4　p193〕

『広告白書　2020年度版』日経広告研究所　2020.9
◇番組CMを多く利用した上位50社（関東）〔テレビ広告〕　〔資料11-3　p182〕
◇番組CMを多く利用した上位50社（関西）〔テレビ広告〕　〔資料11-4　p183〕
◇番組・スポットCM合計本数の上位50社（2019年/関東）〔テレビ広告〕　〔資料11-5　p184〕
◇番組・スポットCM合計本数の上位50社（2019年/関西）〔テレビ広告〕　〔資料11-6　p185〕
◇番組・スポットCM合計秒数の上位50銘柄（2019年/関東）〔テレビ広告〕　〔資料11-7　p186〕
◇番組・スポットCM合計秒数の上位50銘柄（2019年/関西）〔テレビ広告〕　〔資料11-8　p187〕
◇番組・スポットCMの業種別、秒数区分別出稿量（2019年/関東）〔テレビ広告〕　〔資料11-9　p188〕
◇番組・スポットCMの業種別、秒数区分別出稿量（2019年/関西）〔テレビ広告〕　〔資料11-10　p189〕
◇番組・スポットCM合計秒数の上位50社（2019年/関東）〔ラジオ広告〕　〔資料12-1　p190〕
◇番組・スポットCM合計秒数の上位50社（2019年/関西）〔ラジオ広告〕　〔資料12-2　p191〕
◇番組・スポットCMの業種別、秒数区分別出稿量（2019年/関東）〔ラジオ広告〕　〔資料12-3　p192〕
◇番組・スポットCMの業種別、秒数区分別出稿量（2019年/関西）〔ラジオ広告〕　〔資料12-4　p193〕

『広告白書　2021年度版』日経広告研究所　2021.8
◇テレビ広告出稿量：番組CMを多く利用した上位50社（2020年1～12月/関東）　〔p96〕
◇テレビ広告出稿量：番組CMを多く利用した上位50社（2020年1～12月/関西）　〔p97〕
◇テレビ広告出稿量：番組・スポットCM合計本数の上位50社（2020年1～12月/関東）〔p98〕
◇テレビ広告出稿量：番組・スポットCM合計本数の上位50社（2020年1～12月/関西）〔p99〕
◇テレビ広告出稿量：番組・スポットCM合計秒数の上位50銘柄（2020年1～12月/関東）〔p100〕
◇テレビ広告出稿量：番組・スポットCM合計秒数の上位50銘柄（2020年1～12月/関西）〔p101〕
◇テレビの番組・スポットCMの業種別、秒数区分別出稿量（2020年1～12月/関東）　〔p102〕
◇テレビの番組・スポットCMの業種別、秒数区分別出稿量（2020年1～12月/関西）　〔p103〕
◇ラジオ広告出稿量：番組・スポットCM合計秒数の上位50社（2020年1～12月/関東）〔p138〕
◇ラジオ広告出稿量：番組・スポットCM合計秒数の上位50社（2020年1～12月/関西）〔p139〕
◇ラジオの番組・スポットCMの業種別、秒数区分別出稿量（2020年1～12月/関東）　〔p140〕
◇ラジオの番組・スポットCMの業種別、秒数区分別出稿量（2020年1～12月/関西）　〔p141〕

『広告白書　2022年度版』日経広告研究所　2022.8
◇テレビ広告出稿量：番組CMを多く利用した上位50社（2021年1～12月/関東）　〔p90〕
◇テレビ広告出稿量：番組CMを多く利用した上位50社（2021年1～12月/関西）　〔p91〕
◇テレビ広告出稿量：番組・スポットCM合計本数の上位50社（2021年1～12月/関東）〔p92〕
◇テレビ広告出稿量：番組・スポットCM合計本数の上位50社（2021年1～12月/関西）

たいむ　　　　　　　　　　　　　統計図表レファレンス事典　商業・広告・マーケティング

　　　〔p93〕
　　◇テレビ広告出稿量：番組・スポットCM合計秒数の上位50銘柄（2021年1～12月/関東）
　　　〔p94〕
　　◇テレビ広告出稿量：番組・スポットCM合計秒数の上位50銘柄（2021年1～12月/関西）
　　　〔p95〕
　　◇テレビの番組・スポットCMの業種別、秒数区分別出稿量（2021年1～12月/関東）　〔p96〕
　　◇テレビの番組・スポットCMの業種別、秒数区分別出稿量（2021年1～12月/関西）　〔p97〕
　　◇ラジオ広告出稿量：番組・スポットCM合計秒数の上位50社（2021年1～12月/関東）
　　　〔p130〕
　　◇ラジオ広告出稿量：番組・スポットCM合計秒数の上位50社（2021年1～12月/関西）
　　　〔p131〕
　　◇ラジオの番組・スポットCMの業種別、秒数区分別出稿量（2021年1～12月/関東）　〔p132〕
　　◇ラジオの番組・スポットCMの業種別、秒数区分別出稿量（2021年1～12月/関西）　〔p133〕
『広告白書　2023-24年版』日経広告研究所　2023.10
　　◇番組CMを多く利用した上位30社（2022年4月～23年3月/関東）〔テレビ広告〕　〔p208〕
　　◇番組CMを多く利用した上位30社（2022年4月～23年3月/関西）〔テレビ広告〕　〔p209〕
　　◇番組・スポットCM合計本数の上位30社（2022年4月～23年3月/関東）〔テレビ広告〕
　　　〔p210〕
　　◇番組・スポットCM合計本数の上位30社（2022年4月～23年3月/関西）〔テレビ広告〕
　　　〔p211〕
　　◇番組・スポットCM合計秒数の上位30銘柄（2022年4月～23年3月/関東）〔テレビ広告〕
　　　〔p212〕
　　◇番組・スポットCM合計秒数の上位30銘柄（2022年4月～23年3月/関西）〔テレビ広告〕
　　　〔p213〕
　　◇番組・スポットCMの業種別、秒数区分別出稿量（2022年4月～23年3月/関東）〔テレビ広告〕　〔p214〕
　　◇番組・スポットCMの業種別、秒数区分別出稿量（2022年4月～23年3月/関西）〔テレビ広告〕　〔p216〕
　　◇番組・スポットCM合計秒数の上位30社（2022年4月～23年3月/関東）〔ラジオ広告〕
　　　〔p238〕
　　◇番組・スポットCM合計秒数の上位30社（2022年4月～23年3月/関西）〔ラジオ広告〕
　　　〔p239〕
　　◇番組・スポットCMの業種別、秒数区分別出稿量（2022年4月～23年3月/関東）〔ラジオ広告〕　〔p240〕
　　◇番組・スポットCMの業種別、秒数区分別出稿量（2022年4月～23年3月/関西）〔ラジオ広告〕　〔p242〕
『情報メディア白書　1997年版』電通総研　1997.1
　　◇テレビ広告費（タイム・スポット）の地区別前年比　〔図表Ⅰ-12-5　p73〕
『情報メディア白書　2005』ダイヤモンド社　2004.12
　　◇業種別テレビCM総出稿量〈2003年/東京5社/番組CM＋スポットCM〉〔図表Ⅰ-8-15　p135〕
　　◇広告主別テレビCMトップ10〈2003年/東京5社/番組CM＋スポットCM〉〔図表Ⅰ-8-16　p135〕
　　◇広告主別テレビCM出稿量上位20社〈関東地区/番組＋スポット〉〔図表Ⅰ-12-14　p205〕
　　◇関東地区業種別年間テレビCM出稿量〈民放5局/番組＋スポット〉〔図表Ⅰ-12-15　p205〕
　　◇関西地区業種別年間テレビCM出稿量〈民放5局/番組＋スポット〉〔図表Ⅰ-12-16　p205〕
『情報メディア白書　2007』ダイヤモンド社　2007.1
　　◇広告主別テレビCM出稿量トップ10〈2005年/東京5社〔日本テレビ，TBS，フジテレビ，テレビ朝日，テレビ東京〕/番組CM＋スポットCM〉〔図表Ⅰ-9-11　p127〕
『情報メディア白書　2010』ダイヤモンド社　2010.1
　　◇広告主別テレビCM出稿量トップ10〈2008年/関東地区/民放5局＊合計/番組CM＋スポッ

トCM〉［図表Ⅰ-9-11　p127］
　　◇業種別年間テレビCM出稿量〈関東地区/民放5局合計＊/番組＋スポット〉［図表Ⅰ-13-13
　　　p198］
　　◇広告主別テレビCM出稿量上位20社〈関東地区/民放5局合計＊/番組＋スポット〉［図表Ⅰ
　　　-13-14　p198］
『情報メディア白書　2013』ダイヤモンド社　2013.1
　　◇広告主別テレビCM出稿量トップ10〈2011年/関東地区/民放5局合計/番組CM＋スポット
　　　CM〉［図表Ⅰ-8-11　p132］
『情報メディア白書　2023』ダイヤモンド社　2023.2
　　◇年間総CM出稿量〈民放BS7局合計/番組＋スポット/2021年4月～12月〉［図表Ⅰ-8-12　p137］
　　◇年間CM出稿量上位10社〈民放BS7局合計/番組＋スポット/2021年4月～12月〉［図表Ⅰ-
　　　8-13　p137］

台湾（広告費）

『情報メディア白書　2005』ダイヤモンド社　2004.12
　　◇媒体別広告費の構成（台湾）　［図表Ⅱ-2-26　p235］

宅配サービス

『スーパーマーケット白書　2016年版』新日本スーパーマーケット協会　2016.2
　　◇販売促進・サービス〔平成27年スーパーマーケット年次統計調査結果概要〕　［資料9-4
　　　p87］
『スーパーマーケット白書　2019年版』全国スーパーマーケット協会　2019
　　◇販売促進・サービス〔資料7.2018年スーパーマーケット業界の平均値〕　［資料7-4　p114］
『スーパーマーケット白書　2022年版』全国スーパーマーケット協会　2022
　　◇販売促進・サービス〔スーパーマーケット業界の平均値〕　［資料6-4　p114］
『スーパーマーケット白書　2023年版』全国スーパーマーケット協会　2023.2
　　◇販売促進・サービス〔スーパーマーケット業界の平均値〕　［資料6-4　p128］
『スーパーマーケット白書　2024年版』全国スーパーマーケット協会　2024.2
　　◇販売促進・サービス〔スーパーマーケット業界の平均値〕　［資料6-4　p132］
『東京の中小企業の現状（流通産業編）　平成26年度』東京都産業労働局　2015.3
　　◇スーパー等の宅配サービスの充実とその影響　［図表Ⅲ-3-18　p260］
『東京の中小企業の現状（流通産業編）　平成29年度』東京都産業労働局　2018.3
　　◇小売業態の変化の影響度　スーパー等の宅配サービスの充実　［図表Ⅱ-2-76　p208］

ターゲティング広告

『広告主動態調査　2024年版』日経広告研究所　2024.3
　　◇インターネットのターゲティング広告の利用の有無とその評価　［p16］
『広告白書　2022年度版』日経広告研究所　2022.8
　　◇利用しているターゲティング広告　［p56］
『ネット広告白書　2010』インプレスR&D　2009.9
　　◇中小広告主のターゲティング広告の利用意向［従業員規模別］　［資料6-1-77　p186］
　　◇中小広告主のターゲティング広告で絞り込みたい属性［従業員規模別］　［資料6-1-78
　　　p187］
　　◇ターゲティングされた情報が不要な理由（複数回答）　［資料6-2-19　p205］
　　◇受容可能なターゲティングされた情報（複数回答）　［資料6-2-20　p206］
　　◇有益と思えるターゲティングされた広告（複数回答）　［資料6-2-21　p207］
　　◇ターゲティングされた広告によりとると思う行動　［資料6-2-22　p207］

【ち】

チェーン店

『九州経済白書　2007年版』九州経済調査協会　2007.2
　　◇九州に本社を置くチェーンストア等の小売企業売上DI　［図表1-2　p49］
『九州経済白書　2010年版』九州経済調査協会　2010.2
　　◇ファスト化商品関連市場、ランキング上位チェーン企業の購買力1億円当り店舗数　［図表1-12　p9］
　　◇格安めがね主要チェーン店舗の出店構成　［図表1-13　p10］
　　◇コモディティ化商品関連市場、ランキング上位チェーン企業の購買力1億円当り店舗数　［図表1-15　p12］
　　◇小売、外食チェーン企業によるイノベーション活動の成功率　［図表2-14　p37］
　　◇小売、外食チェーン企業による新しい販売形態の成功率　［図表2-15　p38］
『商業施設計画総覧　2023年版』産業タイムズ社　2022.11
　　◇靴小売りチェーン大手出店　［p149］
　　◇靴小売りチェーン大手売り上げ　［p149］
『スーパーマーケット白書　2019年版』全国スーパーマーケット協会　2019
　　◇カフェチェーンのコーヒー価格と売上高の伸び率　［図表　p84］
『東京の中小企業の現状（流通産業編）　平成29年度』東京都産業労働局　2018.3
　　◇チェーン等への加盟状況〔小売業〕　［図表Ⅱ-2-56　p181］
『東京の中小企業の現状（流通産業編）　令和2年度』東京都産業労働局　2021.3
　　◇チェーン店等への加盟状況〔小売業〕　［図表Ⅱ-2-41　p173］
『百貨店調査年鑑　2021年度』ストアーズ社　2021.9
　　◇チェーンストア商品別売上高〈前年（同期、同月）比〉［第25表-2　p18～19］
『百貨店調査年鑑　2023年度』ストアーズ社　2023.9
　　◇チェーンストア商品別売上高　［3-(1)　p18～19］
　　◇チェーンストア商品別対前年同月比　［3-(2)　p18～19］

畜産（スーパーマーケット）

『スーパーマーケット白書　2019年版』全国スーパーマーケット協会　2019
　　◇2018年 主な畜産相場 平年比と前年差　［p20］
　　◇2018年 畜産カテゴリー 前年同月比（既存店）の推移　［p20］
　　◇畜産カテゴリー〔資料4.2018年スーパーマーケット月別カテゴリー動向〕　［資料4-3　p100］
『スーパーマーケット白書　2022年版』全国スーパーマーケット協会　2022
　　◇2021年 畜産カテゴリーの推移（既存店　前年同月比・前々年同月比）　［図表1-21　p28］
　　◇2021年 主な畜産相場（平年比と前年差）　［図表1-22　p30］
『スーパーマーケット白書　2023年版』全国スーパーマーケット協会　2023.2
　　◇2022年 畜産カテゴリーの推移（既存店　前年同月比・前々年同月比）　［図表1-20　p29］
　　◇2022年 主な畜産相場の動き　［図表1-21　p31］
『スーパーマーケット白書　2024年版』全国スーパーマーケット協会　2024.2
　　◇2023年 畜産カテゴリー既存店前年同月比　［図表1-22　p30］
　　◇2023年畜産カテゴリー購買データ　［図表1-23　p32］

地方都市

『企業戦略白書　Ⅷ（2008）』東洋経済新報社　2009.12
　　◇髙島屋の地方都市店舗　［表5-3-4　p185］
　　◇大丸の地方都市店舗　［表5-3-5　p186］
　　◇伊勢丹の地方都市店舗　［表5-3-6　p186］
　　◇三越の地方都市店舗　［表5-3-7　p186］

『土地白書　平成9年版』大蔵省印刷局　1997.6
　　◇中心都市、地方中小都市、地方町村の地価動向（住宅地・商業地別、地域別）　［図表5-2-2　p173～174］

『土地白書　平成16年版』国立印刷局　2004.7
　　◇人口10万人以上の地方都市における平均変動率と商業地の最高価格地の変動率の推移　［図表2-3-10　p197］

チャネル

『九州経済白書　2007年版』九州経済調査協会　2007.2
　　◇人口減少・少子高齢化への対策状況（販売チャンネル・店舗展開等）　［図表2-18　p88］

『消費社会白書　2016』JMR生活総合研究所　2015.12
　　◇チャネル別食品購入状況とコンビニエンスストアの利用状況　［図表8-2　p83］

『消費社会白書　2019』JMR生活総合研究所　2018.12
　　◇各チャネルの選択理由と期待　［図表8-14　p111］

『ネット広告白書　2010』インプレスR&D　2009.9
　　◇Yahoo！の利用者数上位のチャネル（2009年6月）　［資料3-1-2　p67］
　　◇Googleの利用者数上位のチャネル（2009年6月）　［資料3-1-3　p67］

中国

『インターネット白書　2016』インプレスR&D　2016.2
　　◇中国向け越境EC市場規模のポテンシャル　［資料1-3-4　p93］

『関西経済白書　2020』日経印刷　2020.10
　　◇社会消費品小売総額（2014年1月－20年5月）〔中国〕　［図2-CA-4　p70］

『ジェトロ世界貿易投資報告　2016年版』日本貿易振興機構　2016.10
　　◇中国の固定資産投資、小売売上高の伸び率　［図Ⅰ-3　p3］

『情報化白書　2004』コンピュータ・エージ社　2004.8
　　◇各機関による中国のEC市場規模の見通し　［図表3-2-10　p135］

『情報メディア白書　1997年版』電通総研　1997.1
　　◇中国の総広告費および対GNP比の推移　［図表Ⅱ-3-11　p222］

『情報メディア白書　2005』ダイヤモンド社　2004.12
　　◇放送事業者別広告費構成〈2004年〉（中国）　［図表Ⅱ-2-12　p231］

『情報メディア白書　2007』ダイヤモンド社　2007.1
　　◇放送事業者の広告収入［中国］　［図表Ⅱ-1-20　p219］
　　◇級別テレビ広告の出稿額［中国］　［図表Ⅱ-1-22　p219］
　　◇広告出稿上位5業種の出稿額［中国］　［図表Ⅱ-1-23　p219］

『世界経済の潮流　2013年　Ⅰ』日経印刷　2013.6
　　◇社会消費品小売総額　［第1-3-4図　p48］
　　◇一定規模以上小売販売総額（家電）　［第1-3-6図　p49］

『世界経済の潮流　2019年　Ⅰ』日経印刷　2019.9
　　◇小売総額〔中国〕　［第2-3-4図　p122］

ちゅうこ　　　　　　　　　　　　　統計図表レファレンス事典　商業・広告・マーケティング

　　◇商品小売総額の内訳（名目値・一定規模以上の企業）〔中国〕　〔第2-3-5図　p123〕
　　◇インターネット小売〔中国〕　〔第2-3-7図　p124〕
『世界経済の潮流　2022年　Ⅰ』日経印刷　2022.9
　　◇小売総額（名目）〔中国経済〕　〔第1-2-28図　p93〕
　　◇商品小売総額（名目）の主要品目〔中国経済〕　〔第1-2-29図　p93〕
『世界経済の潮流　2022年　Ⅱ』日経印刷　2023.3
　　◇小売総額（名目）〔中国経済〕　〔第1-2-49図　p77〕
　　◇家具・建材の小売〔中国経済〕　〔図6　p89〕
『世界経済の潮流　2023年　Ⅰ』日経印刷　2023.10
　　◇小売総額（名目）〔中国経済〕　〔第1-1-47図　p61〕
　　◇家具・建材の小売〔中国経済〕　〔第1-1-62図　p69〕
『世界経済の潮流　2023年　Ⅱ』日経印刷　2024.3
　　◇小売総額（名目）〔中国経済〕　〔第1-2-5図　p67〕
『通商白書　2010』日経印刷　2010.7
　　◇中国の小売売上高の推移　〔第1-1-2-20図　p44〕
　　◇中国におけるBtoC電子商取引市場の推移　〔第2-3-3-4図　p195〕
『通商白書　2013』勝美印刷　2013.8
　　◇中国の小売売上高の伸び率（前年同期比）の推移　〔第Ⅲ-2-3-2図　p251〕
『通商白書　2016』勝美印刷　2016.8
　　◇中国の品目別小売売上高伸び率の推移　〔第Ⅰ-3-1-8図　p106〕
　　◇中国の品目別小売売上高伸び率（2015年）　〔第Ⅰ-3-1-9図　p107〕
　　◇中国のネット販売額及び伸び率（2015年）　〔第Ⅰ-3-1-10表　p107〕
　　◇中国の小売売上高の伸び率（前年同月比）　〔第Ⅰ-3-1-11図　p107〕
『通商白書　2019』勝美印刷　2019.10
　　◇中国の小売売上高の伸び率（前年同月比）の推移　〔第Ⅰ-3-3-6図　p65〕
　　◇中国の小売売上高の主要品目別伸び率（2017年・2018年）　〔第Ⅰ-3-3-7図　p65〕
『通商白書　2022』経済産業省　2022
　　◇中国の小売売上高の推移　〔第Ⅰ-2-4-10図　p162〕
　　◇中国の小売売上高（業種内訳）〔第Ⅰ-2-4-11表　p162〕
『通商白書　2023』経済産業省　2023
　　◇中国の小売売上高の推移　〔Ⅰ-3-3-8図　p129〕
　　◇中国の小売売上高（品目内訳）〔Ⅰ-3-3-9図　p129〕
『日中経済産業白書　2014/2015』日中経済協会　2015.6
　　◇社会消費品小売総額の推移　〔図表23　p36〕

中国・四国地方

『中国地域白書　2015』中国地方総合研究センター　2016.6
　　◇単位当たり年間商品販売額の推移（小売業の売場面積1㎡当たり年間商品販売額）　〔p198〕
　　◇全国、中国地域の商業における事業所数、従業者数、年間商品販売額、売場面積　〔p199〕
　　◇単位当たり年間商品販売額の推移（卸売業の従業者一人当たり年間商品販売額）　〔p200〕
　　◇単位当たり年間商品販売額の推移（小売業の従業者一人当たり年間商品販売額）　〔p200〕
　　◇中国5県別にみた商業の事業所数、従業者数、年間商品販売額、売場面積　〔p201〕
『百貨店調査年鑑　2021年度』ストアーズ社　2021.9
　　◇中国各店　年間、商品別売上高〔2020年全国百貨店年間商品別売上高集計〕　〔p36〕
　　◇四国各店　年間、商品別売上高〔2020年全国百貨店年間商品別売上高集計〕　〔p37〕

◇中国・四国 基礎データ〔全国百貨店名簿/小売業商店数・百貨店売上シェアほか〕
　　　［p353］
　『百貨店調査年鑑 2022年度』ストアーズ社 2022.9
　　◇中国各店 年間、商品別売上高〔2021年全国百貨店年間商品別売上高集計〕　［p36］
　　◇四国各店 年間、商品別売上高〔2021年全国百貨店年間商品別売上高集計〕　［p37］
　　◇中国・四国 基礎データ〔全国百貨店名簿/小売業商店数・百貨店売上シェアほか〕
　　　［p353］
　『百貨店調査年鑑 2023年度』ストアーズ社 2023.9
　　◇中国各店 年間、商品別売上高〔2022年全国百貨店年間商品別売上高集計〕　［p36］
　　◇四国各店 年間、商品別売上高〔2022年全国百貨店年間商品別売上高集計〕　［p37］
　　◇中国・四国 基礎データ〔全国百貨店名簿/小売業商店数・百貨店売上シェアほか〕
　　　［p353］

中部地方
　　⇒名古屋圏，名古屋市 をも見よ
　『関西経済白書 2020』日経印刷 2020.10
　　◇小売店の年間販売額及び一店舗当たりの年間販売額の推移〔関西・関東・中部〕　［3.14.
　　　2 p254］
　　◇百貨店・スーパー販売額の推移〔関西・関東・中部〕　［3.14.3 p254］
　　◇コンビニエンスストア販売額の推移〔関西・関東・中部〕　［3.14.4 p255］
　　◇家電大型専門店販売額の推移〔関西・関東・中部〕　［3.14.5 p255］
　　◇ドラッグストア販売額の推移〔関西・関東・中部〕　［3.14.6 p255］
　『関西経済白書 2021』日経印刷 2021.10
　　◇百貨店・スーパー販売額前年同月比増減率の推移〔関西・関東・中部〕　［3.14.3 p272］
　　◇コンビニエンスストア販売額前年同月比増減率の推移〔関西・関東・中部〕　［3.14.4
　　　p272］
　　◇家電大型専門店販売額前年同月比増減率の推移〔関西・関東・中部〕　［3.14.5 p272］
　　◇ドラッグストア販売額前年同月比増減率の推移〔関西・関東・中部〕　［3.14.6 p273］
　『関西経済白書 2023』日経印刷 2023.10
　　◇百貨店・スーパー販売額前年同月比増減率の推移〔関西・関東・中部〕　［3.14.3 p236］
　　◇コンビニエンスストア販売額前年同月比増減率の推移〔関西・関東・中部〕　［3.14.4
　　　p236］
　　◇家電大型専門店販売額前年同月比増減率の推移〔関西・関東・中部〕　［3.14.5 p236］
　　◇ドラッグストア販売額前年同月比増減率の推移〔関西・関東・中部〕　［3.14.6 p237］
　『百貨店調査年鑑 2021年度』ストアーズ社 2021.9
　　◇中部各店 年間、商品別売上高〔2020年全国百貨店年間商品別売上高集計〕　［p34］
　　◇中部 基礎データ〔全国百貨店名簿/小売業商店数・百貨店売上シェアほか〕　［p295］
　『百貨店調査年鑑 2022年度』ストアーズ社 2022.9
　　◇中部各店 年間、商品別売上高〔2021年全国百貨店年間商品別売上高集計〕　［p34］
　　◇中部 基礎データ〔全国百貨店名簿/小売業商店数・百貨店売上シェアほか〕　［p295］
　『百貨店調査年鑑 2023年度』ストアーズ社 2023.9
　　◇中部各店 年間、商品別売上高〔2022年全国百貨店年間商品別売上高集計〕　［p34］
　　◇中部 基礎データ〔全国百貨店名簿/小売業商店数・百貨店売上シェアほか〕　［p295］

調味料（スーパーマーケット）
　『スーパーマーケット白書 2019年版』全国スーパーマーケット協会 2019
　　◇SCIデータでみる業態別商品購入先 調味料（2018年商品購入額構成比）　［参考 p51］
　　◇SCIデータでみるスーパーマーケットでの購入と商品市場規模の変化 和風基礎調味料カ

ちよくは　　　　　　　　　　　　　統計図表レファレンス事典　商業・広告・マーケティング

　　　テゴリー　〔図表2-4　p55〕
　　◇SCIデータでみるスーパーマーケットでの購入と商品市場規模の変化　その他調味料カテゴリー　〔図表2-5　p55〕
　　◇その他調味料類〔column SCIデータでみる81品目の消費者購入金額とスーパーマーケット業態シェア〕　〔p65〕
　　◇和風基礎調味料〔column SCIデータでみる81品目の消費者購入金額とスーパーマーケット業態シェア〕　〔p65〕
『スーパーマーケット白書　2022年版』全国スーパーマーケット協会　2022
　　◇その他調味料類〔資料1-1 SCIデータでみる81品目の消費者購入金額とスーパーマーケット業態シェア〕　〔p99〕
　　◇和風基礎調味料〔資料1-1 SCIデータでみる81品目の消費者購入金額とスーパーマーケット業態シェア〕　〔p99〕
『スーパーマーケット白書　2023年版』全国スーパーマーケット協会　2023.2
　　◇その他調味料類〔資料1-1 SCIデータでみる81品目の消費者購入金額とスーパーマーケット業態シェア〕　〔p113〕
　　◇和風基礎調味料〔資料1-1 SCIデータでみる81品目の消費者購入金額とスーパーマーケット業態シェア〕　〔p113〕
『スーパーマーケット白書　2024年版』全国スーパーマーケット協会　2024.2
　　◇その他調味料類〔資料1-1 SCIデータでみる81品目の消費者購入金額とスーパーマーケット業態シェア〕　〔p117〕
　　◇和風基礎調味料〔資料1-1 SCIデータでみる81品目の消費者購入金額とスーパーマーケット業態シェア〕　〔p117〕

直売所

　　　⇒水産物直売所，農産物直売所 をも見よ
『九州経済白書　2010年版』九州経済調査協会　2010.2
　　◇福岡県内主要直売所の概要　〔図表4-24　p78〕
『食料白書　1997年版』食料・農業政策研究センター　1997.3
　　◇O生活改善グループの構成員とA直売所　〔表Ⅳ-8　p132〕
『図説 食料・農業・農村白書　平成15年度』農林統計協会　2004.6
　　◇直売所販売額の品目構成比　〔図Ⅲ-32　p232〕

直販

『製造基盤白書（ものづくり白書）　2004年版』ぎょうせい　2004.6
　　◇直販を実施している企業の従業者数　〔図132-1　p229〕
　　◇直販を実施している企業の年間売上・出荷額　〔図132-2　p229〕
　　◇直販の販売形態　〔図132-3　p229〕
　　◇直販による年間売上・出荷額　〔図132-4　p230〕
　　◇総売上高に占める直販の割合　〔図132-5　p230〕
　　◇直販による売上・出荷額の伸び率　〔図132-6　p230〕
　　◇直販が黒字転換した企業の割合　〔図132-7　p231〕
　　◇直販に取り組んでから黒字になった時期　〔図132-8　p231〕
　　◇直販の形態別の黒字転換企業の割合　〔図132-9　p231〕
　　◇直販に取り組んでから黒字になった時期（直販の販売形態別）　〔図132-10　p231〕
　　◇直販による粗利率の既存流通経路との比較　〔図132-11　p232〕
　　◇直販部門の売上高営業利益率　〔図132-12　p232〕
　　◇直販で得られるメリット　〔図132-13　p232〕
　　◇直販事業の成功要因　〔図132-16　p233〕
　　◇直販事業の今後の方向性　〔図132-17　p233〕

◇直販事業の今後の方向性（インターネット販売）　［図132-18　p233］
◇直販事業の今後の方向性（通販）　［図132-19　p234］
◇直販事業の今後の方向性（実店舗）　［図132-20　p234］
◇直販事業の今後の位置付け　［図132-21　p234］
◇直販企業の例　［表132-22　p237］

チラシ
　⇒折込広告 をも見よ

『広告白書　2007』日経広告研究所　2007.7
　◇チラシの配布手段　［p76］

『広告白書　2010』日経広告研究所　2010.7
　◇チラシの配布手段　［p24］

『情報メディア白書　2007』ダイヤモンド社　2007.1
　◇カタログ・DM・チラシの年間発行部数　［図表Ⅲ-8-28　p277］
　◇売上高に占める広告宣伝費比率とカタログ・DM・チラシのレスポンス率　［図表Ⅲ-8-29　p277］

『情報メディア白書　2010』ダイヤモンド社　2010.1
　◇カタログ・DM・チラシの年間発行部数　［図表Ⅰ-14-12　p210］

『スーパーマーケット白書　2016年版』新日本スーパーマーケット協会　2016.2
　◇電子チラシの確認状況　［図表3-1-12　p33］
　◇2～3年前と比べたチラシの確認機会の変化　［図表3-1-13　p33］

賃貸料（店舗）

『ジェトロ白書・投資編　1997年』日本貿易振興会　1997.3
　◇高度商業地における土地価格および事務所・店舗スペースの年間床賃料の国際比較　［図Ⅲ-4　p70］

『土地白書　令和4年版』サンワ　2022.9
　◇主要都市の店舗賃料の推移　［図表1-4-10　p33］

【つ】

通信サービス会社

『インターネット白書　2004』インプレス ネットビジネスカンパニー　2004.7
　◇テレビCMのセンスがよい・面白いイメージの通信サービス会社ランキング　［資料3-2-9　p179］

通信販売
　⇒インターネット通販，オンラインショッピング，カタログ販売，ショッピングサイト，テレビショッピング をも見よ

『九州経済白書　2004年版』九州経済調査協会　2004.2
　◇通信販売の取扱商品上位10品目（2002年度・全国）　［図3-32　p73］

『九州経済白書　2010年版』九州経済調査協会　2010.2
　◇全国の業種別通信・カタログ販売額の推移　［図表5-20　p99］

『広告白書　2010』日経広告研究所　2010.7

つうしん

　　◇通信販売業界の広告宣伝費と売上高に占める割合　［p22］
　　◇利用している通販広告の媒体（複数回答）　［p22］
『交通政策白書　令和4年版』勝美印刷　2022.8
　　◇緊急事態宣言解除（2021年10月）以降の通信販売を利用する頻度の変化　［図表2-1-2-5　p132］
『情報メディア白書　1997年版』電通総研　1997.1
　　◇通信販売売上高　［図表Ⅰ-29-1　p169］
　　◇株式を公開している通販専業社の売上高　［図表Ⅰ-29-2　p169］
　　◇株式公開を行っている通販専業社の売上高　［図表Ⅰ-29-3　p169］
　　◇通販企業の取扱商品（1994年度）　［図表Ⅰ-29-8　p171］
　　◇受注方法（1994年度）　［図表Ⅰ-29-9　p171］
　　◇取扱全商品とオリジナル商品の平均アイテム数（1994年度）　［図表Ⅰ-29-10　p171］
　　◇通信販売購入商品（1995年）　［図表Ⅰ-29-11　p172］
　　◇通信販売年間購入金額（1995年）　［図表Ⅰ-29-12　p172］
　　◇通信販売利用の際の接触媒体と購入媒体（1995年）　［図表Ⅰ-29-13　p172］
『情報メディア白書　2007』ダイヤモンド社　2007.1
　　◇通信販売売上高　［図表Ⅲ-8-26　p277］
　　◇通信販売平均売上高と年間総受注件数　［図表Ⅲ-8-30　p278］
　　◇通信販売利用金額　［図表Ⅲ-8-36　p279］
　　◇通信販売年間利用率と年間利用回数〈個人〉［図表Ⅲ-8-37　p279］
　　◇通信販売利用媒体　［図表Ⅲ-8-39　p279］
　　◇通信販売での購入商品　［図表Ⅲ-8-40　p279］
『情報メディア白書　2010』ダイヤモンド社　2010.1
　　◇通信販売売上高　［図表Ⅰ-14-1　p208］
　　◇小売業総販売額に占める通販売上比率　［図表Ⅰ-14-2　p208］
　　◇業種別小売業総販売額の前年度比　［図表Ⅰ-14-3　p208］
　　◇売上原価率と広告費率　［図表Ⅰ-14-5　p209］
　　◇商品返品率　［図表Ⅰ-14-6　p209］
　　◇通販・通信教育売上上位250社の売上高シェア　［図表Ⅰ-14-7　p209］
　　◇主な総合通販事業者の売上高　［図表Ⅰ-14-8　p209］
　　◇主な通信教育・B to B通信販売事業者の売上高〈2009年〉［図表Ⅰ-14-9　p209］
　　◇通販広告媒体利用率　［図表Ⅰ-14-10　p210］
　　◇受注方法別の売上構成比　［図表Ⅰ-14-14　p211］
　　◇事業者が利用している受注方法　［図表Ⅰ-14-16　p211］
　　◇配送方法〈2007年度〉［図表Ⅰ-14-20　p212］
　　◇送料負担〈2007年度〉［図表Ⅰ-14-21　p212］
　　◇代金回収方法別の金額構成比〈2007年度〉［図表Ⅰ-14-22　p212］
　　◇年間利用率　［図表Ⅰ-14-30　p215］
　　◇年間利用回数〈2008年/利用者1人当たり〉［図表Ⅰ-14-31　p215］
　　◇購入利用媒体　［図表Ⅰ-14-32　p215］
　　◇年間利用金額〈利用者1人当たり〉［図表Ⅰ-14-33　p215］
　　◇代金支払い方法　［図表Ⅰ-14-34　p215］
　　◇主な便名別取扱荷物構成〈2008年度〉［図表Ⅰ-16-24　p230］
『情報メディア白書　2013』ダイヤモンド社　2013.1
　　◇通信販売売上高　［図表Ⅰ-14-1　p202］
　　◇小売業商業販売額に占める通信販売売上高比率　［図表Ⅰ-14-2　p202］
　　◇媒体別売上高構成〈JADMA会員社〉［図表Ⅰ-14-3　p202］

◇通販・通信教育売上上位300社の売上高シェア〈2011年6月期～2012年5月期〉［図表Ⅰ-14-5　p203］
　◇売上原価率と宣伝・広告費率〈JADMA会員社〉［図表Ⅰ-14-6　p203］
　◇商品返品率〈JADMA会員社〉［図表Ⅰ-14-7　p203］
　◇広告平均利用媒体数〈JADMA会員社〉［図表Ⅰ-14-9　p204］
　◇広告媒体利用率〈JADMA会員社〉［図表Ⅰ-14-10　p204］
　◇広告媒体別平均発行部数および売上高に占める媒体別レスポンス率〈JADMA会員社〉［図表Ⅰ-14-11　p204］
　◇広告媒体別最も多い配布手段　［図表Ⅰ-14-12　p204］
　◇受注方法別売上高構成〈JADMA会員社〉［図表Ⅰ-14-15　p205］
　◇受注用電話平均回線数〈JADMA会員社〉［図表Ⅰ-14-16　p205］
　◇フリーダイヤル平均回線数〈JADMA会員社〉［図表Ⅰ-14-17　p205］
　◇利用している配送方法〈2010年度/JADMA会員社〉［図表Ⅰ-14-18　p206］
　◇送料の負担状況〈JADMA会員社〉［図表Ⅰ-14-19　p206］
　◇利用している代金回収方法〈JADMA会員社〉［図表Ⅰ-14-20　p206］
　◇商品別売上高構成上位項目〈JADMA会員社〉［図表Ⅰ-14-21　p206］
　◇年間利用率　［図表Ⅰ-14-29　p209］
　◇年間利用回数〈2011年/利用者1人当たり〉［図表Ⅰ-14-30　p209］
　◇年間利用金額〈利用者1人当たり〉［図表Ⅰ-14-31　p209］
　◇購入に利用した媒体　［図表Ⅰ-14-32　p209］
　◇通信販売の申込手段　［図表Ⅰ-14-33　p209］
　◇主な購入商品　［図表Ⅰ-14-34　p210］
　◇代金支払手段　［図表Ⅰ-14-35　p210］
　◇通信販売の利用理由〈上位10項目〉［図表Ⅰ-14-36　p210］
　◇直近に利用した通信販売の企業・カタログ〈2011年〉［図表Ⅰ-14-37　p210］

『情報メディア白書　2016』ダイヤモンド社　2016.2
　◇通信販売売上高　［図表Ⅰ-12-1　p200］
　◇小売業商業販売額とそれに占める通信販売売上高比率　［図表Ⅰ-12-2　p200］
　◇通信販売・通信教育売上上位300社の売上高シェア〈2014年6月期～2015年5月期〉［図表Ⅰ-12-3　p200］
　◇売上原価率と宣伝・広告費率　［図表Ⅰ-12-6　p201］
　◇広告媒体別最も多い配布手段〈2013年度〉［図表Ⅰ-12-12　p202］
　◇広告媒体別売上高構成　［図表Ⅰ-12-13　p202］
　◇通信販売年間利用率　［図表Ⅰ-12-33　p208］
　◇通信販売年間利用回数　［図表Ⅰ-12-34　p208］
　◇通信販売年間利用金額　［図表Ⅰ-12-35　p208］
　◇購入に利用した広告媒体　［図表Ⅰ-12-36　p208］
　◇通信販売の申込み手段　［図表Ⅰ-12-37　p208］
　◇通信販売での購入商品〈2014年〉［図表Ⅰ-12-38　p209］
　◇通信販売の利用理由　［図表Ⅰ-12-40　p209］
　◇直近に利用した通信販売の企業・カタログ〈2014年〉［図表Ⅰ-12-41　p209］

『情報メディア白書　2019』ダイヤモンド社　2019.2
　◇通信販売売上高　［図表Ⅰ-12-1　p202］
　◇小売業商業販売額とそれに占める通信販売売上高比率　［図表Ⅰ-12-2　p202］
　◇通信販売・通信教育売上上位300社の売上高シェア〈2017年6月期～2018年5月期〉［図表Ⅰ-12-3　p202］
　◇商品返品率　［図表Ⅰ-12-7　p203］
　◇広告媒体利用率　［図表Ⅰ-12-9　p204］

つうしん　　　　　　　　統計図表レファレンス事典　商業・広告・マーケティング

　　◇広告媒体別売上高構成　［図表Ⅰ-12-10　p204］
　　◇広告媒体の平均利用数　［図表Ⅰ-12-11　p204］
　　◇媒体別年間発行部数　［図表Ⅰ-12-12　p204］
　　◇年間総受注件数　［図表Ⅰ-12-14　p205］
　　◇受注方法別売上高構成　［図表Ⅰ-12-16　p205］
　　◇受注用電話平均席数　［図表Ⅰ-12-17　p205］
　　◇利用している配送方法〈2017年度〉［図表Ⅰ-12-19　p206］
　　◇送料の負担状況　［図表Ⅰ-12-20　p206］
　　◇利用している代金回収方法　［図表Ⅰ-12-21　p206］
　　◇商品の平均単価/取り扱い商品数　［図表Ⅰ-12-22　p206］
　　◇商品別売上高構成上位品目　［図表Ⅰ-12-23　p206］
　　◇通信販売年間利用率　［図表Ⅰ-12-34　p210］
　　◇通信販売年間利用回数　［図表Ⅰ-12-35　p210］
　　◇通信販売年間利用金額　［図表Ⅰ-12-36　p210］
　　◇購入に利用した広告媒体　［図表Ⅰ-12-37　p210］
　　◇通信販売の申込み手段　［図表Ⅰ-12-38　p210］
　　◇通信販売での購入商品〈2017年〉［図表Ⅰ-12-39　p211］
　　◇代金支払い手段　［図表Ⅰ-12-40　p211］
　　◇通信販売の利用理由　［図表Ⅰ-12-41　p211］
　　◇直近に利用した通信販売の企業・カタログ〈2017年〉［図表Ⅰ-12-42　p211］
『情報メディア白書　2022』ダイヤモンド社　2022.3
　　◇通信販売売上高　［Ⅰ-12-1　p194］
　　◇小売業商業販売額とそれに占める通信販売売上高比率　［Ⅰ-12-2　p194］
　　◇通信販売・通信教育売上上位300社の売上高シェア〈2020年6月期〜2021年5月期〉［Ⅰ-12-3　p194］
　　◇売上原価率と主な販売費率　［Ⅰ-12-6　p195］
　　◇広告媒体利用率　［Ⅰ-12-8　p196］
　　◇広告媒体別売上高構成　［Ⅰ-12-9　p196］
　　◇広告媒体の平均利用数　［Ⅰ-12-10　p196］
　　◇利用している配送方法〈2020年度〉［Ⅰ-12-16　p198］
　　◇送料の負担状況　［Ⅰ-12-17　p198］
　　◇利用している代金回収手段　［Ⅰ-12-18　p198］
　　◇通信販売年間個人利用率　［Ⅰ-12-33　p202］
　　◇年間個人利用率〈2020年/性年代別〉［Ⅰ-12-34　p202］
　　◇購入する際にみた広告媒体　［Ⅰ-12-35　p202］
　　◇通信販売の申し込み手段〈2020年〉［Ⅰ-12-36　p202］
　　◇通信販売での購入商品〈2020年〉［Ⅰ-12-37　p203］
　　◇代金支払い手段　［Ⅰ-12-38　p203］
　　◇通信販売の申込み手段〈2020年〉［Ⅰ-12-39　p203］
『情報メディア白書　2023』ダイヤモンド社　2023.2
　　◇通信販売売上高　［図表Ⅰ-12-1　p188］
　　◇通信販売・通信教育売上上位300社の売上高シェア〈2021年6月期〜2022年5月期〉［図表Ⅰ-12-3　p188］
　　◇売上原価率と主な販売費率〔通信販売〕　［図表Ⅰ-12-6　p189］
　　◇広告媒体利用率〔通信販売〕　［図表Ⅰ-12-8　p190］
　　◇広告媒体別売上高構成〔通信販売〕　［図表Ⅰ-12-9　p190］
　　◇広告媒体の平均利用数〔通信販売〕　［図表Ⅰ-12-10　p190］
　　◇年間総受注件数〔通信販売〕　［図表Ⅰ-12-12　p191］

◇通信販売事業者が利用している受注方法　〔図表Ⅰ-12-13　p191〕
　　◇受注方法別売上高構成〔通信販売〕　〔図表Ⅰ-12-14　p191〕
　　◇顧客リスト数と有効顧客の割合〔通信販売〕　〔図表Ⅰ-12-15　p191〕
　　◇利用している配送方法〈2021年度〉〔通信販売〕　〔図表Ⅰ-12-16　p192〕
　　◇送料の負担状況〔通信販売〕　〔図表Ⅰ-12-17　p192〕
　　◇利用している代金回収手段〔通信販売〕　〔図表Ⅰ-12-18　p192〕
　　◇商品の平均単価/取り扱い商品数〔通信販売〕　〔図表Ⅰ-12-19　p192〕
　　◇商品別売上高構成比〔通信販売〕　〔図表Ⅰ-12-20　p192〕
　　◇通信販売年間個人利用率　〔図表Ⅰ-12-32　p196〕
　　◇年間個人利用率〈2021年/性年代別〉〔通信販売〕　〔図表Ⅰ-12-33　p196〕
　　◇購入する際にみた広告媒体〔通信販売〕　〔図表Ⅰ-12-34　p196〕
　　◇通信販売の申し込み手段〈2021年〉〔図表Ⅰ-12-35　p196〕
　　◇通信販売での購入商品〈2021年〉〔図表Ⅰ-12-36　p197〕
　　◇代金支払い手段〔通信販売〕　〔図表Ⅰ-12-37　p197〕
　　◇通信販売で購入した商品の返品経験〈2021年〉〔図表Ⅰ-12-38　p197〕

『スーパーマーケット白書　2016年版』新日本スーパーマーケット協会　2016.2
　　◇通信販売での購入実態(食品・生鮮品)　〔図表6-2-32　p70〕
　　◇通信販売で食品・生鮮品を購入する理由・しない理由　〔図表6-2-33　p70〕
　　◇今後の通信販売での購入意向(食品・生鮮品)　〔図表6-2-34　p70〕

『スーパーマーケット白書　2024年版』全国スーパーマーケット協会　2024.2
　　◇業態間シェア流出入(シェアは22年シェア→23年シェアを表す)〔購入金額〕　〔補足3　図表3　p75〕

『スマホ白書　2016』インプレスR&D　2016.6
　　◇1年間に利用した通信販売の広告媒体の推移　〔資料2-3-3　p128〕

『製造基盤白書(ものづくり白書)　2004年版』ぎょうせい　2004.6
　　◇直販事業の今後の方向性(通販)　〔図132-19　p234〕

『全国通信販売利用実態調査報告書　第30回』日本通信販売協会　2023.5
　　◇購入の際に見た通信販売広告　〔問2-2　p13〕
　　◇「実際の店舗」と「通信販売」の利用状況　〔問2-12　p32〕

『地域の経済　2016』メディアランド　2016.10
　　◇通信販売市場の推移(税込)　〔第2-3-9図　p77〕

『中国地域経済白書　2010』中国地方総合研究センター　2010.9
　　◇小売販売と通信販売の前年比増減率(全国)　〔図2.1.10　p36〕

『中国地域経済白書　2013』中国地方総合研究センター　2013.9
　　◇通信販売と各種小売店の対前年増減率(全国)　〔図2.1.11　p21〕

『通信白書　平成9年版』大蔵省印刷局　1997.5
　　◇通信販売におけるテレビ媒体による売上高の推移　〔第3-5-12図　p329〕

『東北経済白書　平成18年版』経済産業調査会　2007.1
　　◇百貨店、スーパー、通信販売の販売額の推移(全国)　〔p138〕

『ホビー白書　2019年版』日本ホビー協会　2019.11
　　◇ホビーの道具や材料の購入意識　6専門店と通販との品揃え比較(単一回答)　〔図表2-24　p90〜91〕
　　◇ホビーの道具や材料の購入意識　7専門店と通販との商品検索性比較(単一回答)　〔図表2-25　p92〜93〕

『モバイル・コミュニケーション　2012-13』中央経済社　2012.8
　　◇利用端末別の通信販売やオークションの経験の有無(MA)　〔資料3-7　p142〕
　　◇パソコンではなくケータイを使って通信販売やオークションを利用した理由(MA)　〔資

つうしん　　　統計図表レファレンス事典　商業・広告・マーケティング

　　料3-8　p143］
　　◇直近にパソコンを使い通信販売やオークションで購入した品物（MA）　［資料3-9　p144］
　　◇直近にパソコンを使い通信販売やオークションで購入した品物の金額（SA）　［資料3-10
　　p145］
　　◇直近にケータイを使い通信販売やオークションで購入した品物（MA）　［資料3-11　p146］
　　◇直近にケータイを使い通信販売やオークションで購入した品物の金額（SA）　［資料3-12
　　p147］
　『労働経済白書　平成22年版』日経印刷　2010.8
　　◇通信販売売上高の推移　［付1-(3)-4表　p236］

通信販売（年間利用回数）

　『情報メディア白書　2007』ダイヤモンド社　2007.1
　　◇通信販売年間利用率と年間利用回数〈個人〉［図表Ⅲ-8-37　p279］
　『情報メディア白書　2010』ダイヤモンド社　2010.1
　　◇年間利用回数〈2008年/利用者1人当たり〉［図表Ⅰ-14-31　p215］
　『情報メディア白書　2013』ダイヤモンド社　2013.1
　　◇年間利用回数〈2011年/利用者1人当たり〉［図表Ⅰ-14-30　p209］
　『情報メディア白書　2016』ダイヤモンド社　2016.2
　　◇通信販売年間利用回数　［図表Ⅰ-12-34　p208］
　『情報メディア白書　2019』ダイヤモンド社　2019.2
　　◇通信販売年間利用回数　［図表Ⅰ-12-35　p210］

通信販売（年間利用金額）

　『情報メディア白書　1997年版』電通総研　1997.1
　　◇通信販売年間購入金額（1995年）　［図表Ⅰ-29-12　p172］
　『情報メディア白書　2010』ダイヤモンド社　2010.1
　　◇年間利用金額〈利用者1人当たり〉［図表Ⅰ-14-33　p215］
　『情報メディア白書　2013』ダイヤモンド社　2013.1
　　◇年間利用金額〈利用者1人当たり〉［図表Ⅰ-14-31　p209］
　『情報メディア白書　2016』ダイヤモンド社　2016.2
　　◇通信販売年間利用金額　［図表Ⅰ-12-35　p208］
　『情報メディア白書　2019』ダイヤモンド社　2019.2
　　◇通信販売年間利用金額　［図表Ⅰ-12-36　p210］

通信販売（年間利用率）

　『情報メディア白書　2007』ダイヤモンド社　2007.1
　　◇通信販売年間利用率と年間利用回数〈個人〉［図表Ⅲ-8-37　p279］
　『情報メディア白書　2010』ダイヤモンド社　2010.1
　　◇年間利用率　［図表Ⅰ-14-30　p215］
　『情報メディア白書　2013』ダイヤモンド社　2013.1
　　◇年間利用率　［図表Ⅰ-14-29　p209］
　『情報メディア白書　2016』ダイヤモンド社　2016.2
　　◇通信販売年間利用率　［図表Ⅰ-12-33　p208］
　『情報メディア白書　2019』ダイヤモンド社　2019.2
　　◇通信販売年間利用率　［図表Ⅰ-12-34　p210］
　『情報メディア白書　2022』ダイヤモンド社　2022.3

◇通信販売年間個人利用率　［Ⅰ-12-33　p202］
　　◇年間個人利用率〈2020年/性年代別〉［Ⅰ-12-34　p202］

通信販売産業
　『情報メディア白書　2019』ダイヤモンド社　2019.2
　　◇通信販売産業構造図　［p201］

通信販売事業者
　『九州経済白書　2010年版』九州経済調査協会　2010.2
　　◇国内ネット通販の売上高上位企業(2008年度)　［図表5-7　p93］
　『情報メディア白書　2010』ダイヤモンド社　2010.1
　　◇売上規模別通販事業者構成〈JADMA会員社〉［図表Ⅰ-14-4　p209］
　　◇通販事業者主要受注指標　［図表Ⅰ-14-15　p211］
　『情報メディア白書　2013』ダイヤモンド社　2013.1
　　◇売上規模別通販事業者構成〈JADMA会員社〉［図表Ⅰ-14-4　p203］
　　◇主な総合通販、通信教育・BtoB通販事業者の売上高　［図表Ⅰ-14-8　p203］
　　◇通販事業者主要受注指標〈JADMA会員社〉［図表Ⅰ-14-13　p205］
　　◇通販事業者の利用受注方法〈JADMA会員社〉［図表Ⅰ-14-14　p205］
　　◇主なテレビ通販事業者のテレビ通販売上高　［図表Ⅰ-14-28　p208］
　『情報メディア白書　2016』ダイヤモンド社　2016.2
　　◇売上規模別通販事業者構成　［図表Ⅰ-12-4　p201］
　　◇通信販売企業の平均売上高　［図表Ⅰ-12-5　p201］
　　◇主な総合通信販売/通信教育事業者の売上高　［図表Ⅰ-12-8　p201］
　　◇通信販売事業者の利用受注方法　［図表Ⅰ-12-15　p203］
　　◇主なテレビ通販事業者のテレビ通販売上高　［図表Ⅰ-12-25　p205］
　『情報メディア白書　2019』ダイヤモンド社　2019.2
　　◇売上規模別通販事業者構成　［図表Ⅰ-12-4　p203］
　　◇通信販売企業の平均売上高〈2017年度〉［図表Ⅰ-12-5　p203］
　　◇主な総合通信販売/通信教育事業者の売上高　［図表Ⅰ-12-8　p203］
　　◇通信販売事業者の利用受注方法　［図表Ⅰ-12-15　p205］
　　◇主なテレビ通販事業者のテレビ通販売上高　［図表Ⅰ-12-25　p207］
　『情報メディア白書　2022』ダイヤモンド社　2022.3
　　◇通信販売企業の平均売上高〈2020年度〉［Ⅰ-12-4　p195］
　　◇売上規模別通販事業者構成　［Ⅰ-12-5　p195］
　　◇主な通販専業事業者・通信教育事業者の売上高　［Ⅰ-12-7　p195］
　　◇通信販売事業者が利用している受注方法　［Ⅰ-12-13　p197］
　　◇主なテレビ通販事業者の売上高　［Ⅰ-12-22　p199］
　『情報メディア白書　2023』ダイヤモンド社　2023.2
　　◇通信販売企業の平均売上高〈2021年度〉［図表Ⅰ-12-4　p189］
　　◇売上規模別通販事業者構成　［図表Ⅰ-12-5　p189］
　　◇主な通販専業事業者・通信教育事業者の売上高　［図表Ⅰ-12-7　p189］
　　◇主なテレビ通販事業者の売上高　［図表Ⅰ-12-22　p193］
　　◇インターネット通販主要企業の売上高〈2021年6月～2022年5月〉［図表Ⅰ-12-27　p194］
　　◇インターネットショッピングサイト運営業売上高　［図表Ⅰ-12-28　p195］

通信・放送衛星（市場規模）
　『通商白書　2010』日経印刷　2010.7

◇通信・放送衛星の商業市場規模　［第3-2-1-90図　p346］

【て】

ディスカウントストア
『九州経済白書　2010年版』九州経済調査協会　2010.2
　　◇ドラッグストア、ディスカウントストアの販売額増減率　［参考図表1　p16］
『商業施設計画総覧　2023年版』産業タイムズ社　2022.11
　　◇主要DS各社の営業収益と営業利益　［p137］
『新聞折込広告効果測定調査─調査レポート─』エム・エス・エス　2006.3
　　◇2004年　配布された新聞折込広告に対し閲読した枚数の割合　ディスカウントストア〔年齢別〕　［p54,120］
　　◇配布された新聞折込広告に対し閲読した枚数の割合　ディスカウントストア〔性別〕　［p54,120］
　　◇2004年　配布された新聞折込広告の利用有無　ディスカウントストア〔年齢別〕　［p76,128］
　　◇配布された新聞折込広告の利用有無　ディスカウントストア〔性別〕　［p76,128］
『物価レポート　'97』経済企画協会　1997.10
　　◇DSの小売物価に与えたインパクト　［図表3-2-4　p52］
『ホビー白書　2015年版』日本ホビー協会　2015.11
　　◇ホームセンター、100円ショップ、ディスカウントストアの店舗数　［図表2-6　p32］

デジタル化
『広告白書　2023-24年版』日経広告研究所　2023.10
　　◇デジタル化推進の状況〔広告宣伝組織の類型別〕　［p29］

デジタル広告
『広告白書　2020年度版』日経広告研究所　2020.9
　　◇マス4媒体由来のデジタル広告費の内訳　［p59］
『広告白書　2021年度版』日経広告研究所　2021.8
　　◇マス4媒体由来のデジタル広告費803億円の内訳　［p120］
『広告白書　2022年度版』日経広告研究所　2022.8
　　◇マスコミ4媒体由来のデジタル広告費　［p69］
　　◇マス4媒体由来のデジタル広告費1061億円の内訳　［p114］
『広告白書　2023-24年版』日経広告研究所　2023.10
　　◇デジタル広告の印象「ストレスを感じる」の該当率　［p45］
　　◇マス4媒体由来のデジタル広告費1211億円の内訳　［p100］
『情報メディア白書　2016』ダイヤモンド社　2016.2
　　◇PC/スマートフォンへのデジタル広告出稿状況　［図表Ⅰ-11-14　p191］
『情報メディア白書　2022』ダイヤモンド社　2022.3
　　◇雑誌広告費・雑誌デジタル広告費　［Ⅰ-2-14　p64］
　　◇マス4媒体由来のデジタル広告費　［Ⅰ-10-17　p170］
『通商白書　2022』経済産業省　2022
　　◇検索サービス、SNS、デジタル広告の市場シェア　［第Ⅱ-2-1-28図　p327］

『独占禁止白書　令和3年版』公正取引協会　2022.1
　　◇我が国における総広告費とデジタル広告費の推移　［第2図　p179］

デジタルサイネージ

『広告白書　2019年度版』日経広告研究所　2019.7
　　◇デジタルサイネージ国内市場規模推移と予測　［p92］

『広告白書　2021年度版』日経広告研究所　2021.8
　　◇デジタルサイネージ広告市場予測　［p147］

『広告白書　2022年度版』日経広告研究所　2022.8
　　◇デジタルサイネージの広告市場推計　［p139］

『広告白書　2023-24年版』日経広告研究所　2023.10
　　◇デジタルサイネージ広告市場推計　［p113］

『情報メディア白書　2013』ダイヤモンド社　2013.1
　　◇デジタルサイネージの広告効果〈2011年/JR東日本〉［図表Ⅰ-13-20　p194］

『情報メディア白書　2022』ダイヤモンド社　2022.3
　　◇デジタルサイネージメディア掲出状況〈2020年/JR東日本〉［Ⅰ-11-20　p186］

『情報メディア白書　2023』ダイヤモンド社　2023.2
　　◇デジタルサイネージメディア掲出状況〈2021年/JR東日本〉［図表Ⅰ-11-20　p180］

『ネット広告白書　2010』インプレスR&D　2009.9
　　◇デジタルサイネージ放映前後のクーポン利用状況変化　［資料4-1-2　p115］

デジタルマーケティング

『広告白書　2019年度版』日経広告研究所　2019.7
　　◇デジタルマーケティング専門担当者の有無〔インターネットとマーケティング戦略〕
　　　［p211］
　　◇デジタルマーケティングの外部機関への発注〔インターネットとマーケティング戦略〕
　　　［p212］

『広告白書　2020年度版』日経広告研究所　2020.9
　　◇デジタルメディアを使う目的（複数回答）〔インターネットとマーケティング戦略〕
　　　［p211］
　　◇マスメディアが展開しているデジタルメディアへの出稿の有無（複数回答）〔インター
　　　ネットとマーケティング戦略〕　［p211］

鉄鋼（卸売物価）

『物価レポート　'97』経済企画協会　1997.10
　　◇素材関連製品の国内卸売物価と輸入浸透度―鉄鋼　［図表1-5-6　p21］

デパート　⇒百貨店 を見よ

デビットカード

『東京の中小企業の現状（流通産業編）　平成29年度』東京都産業労働局　2018.3
　　◇決済方法　デビットカード〔小売業〕　［図表Ⅱ-2-40　p157］

出前（利用機会）

『スーパーマーケット白書　2016年版』新日本スーパーマーケット協会　2016.2
　　◇出前やデリバリー利用機会の変化（2〜3年前との比較）　［図表3-1-17　p34］

テレビ

『日本民間放送年鑑 '97』日本民間放送連盟　1997.12
　◇国内総生産、広告費とラジオ・テレビ営業収入の比較（民放全社）　［（表）　p689］
　◇国内総生産、鉱工業生産、広告費とラジオ・テレビ営業収入の伸び（民放全社）　［（表）p689］

テレビ広告

『広告白書　平成9年版』日経広告研究所　1997.7
　◇テレビ広告出稿量　［（表）7　p218～227］
『広告白書　2007』日経広告研究所　2007.7
　◇媒体別広告量（テレビ）　［資料4-2　p180］
『広告白書　2010』日経広告研究所　2010.7
　◇民法連研究所の見通し　［p131］
『広告白書　2021年度版』日経広告研究所　2021.8
　◇テレビ広告出稿量：スポットCMを多く利用した上位50社（2020年1～12月/関東）　［p94］
　◇テレビ広告出稿量：スポットCMを多く利用した上位50社（2020年1～12月/関西）　［p95］
　◇テレビ広告出稿量：番組CMを多く利用した上位50社（2020年1～12月/関東）　［p96］
　◇テレビ広告出稿量：番組CMを多く利用した上位50社（2020年1～12月/関西）　［p97］
　◇テレビ広告出稿量：番組・スポットCM合計本数の上位50社（2020年1～12月/関東）　［p98］
　◇テレビ広告出稿量：番組・スポットCM合計本数の上位50社（2020年1～12月/関西）　［p99］
　◇テレビ広告出稿量：番組・スポットCM合計秒数の上位50銘柄（2020年1～12月/関東）　［p100］
　◇テレビ広告出稿量：番組・スポットCM合計秒数の上位50銘柄（2020年1～12月/関西）　［p101］
『広告白書　2022年度版』日経広告研究所　2022.8
　◇2021年クリエイティブスコア（Cスコア）ランキング（個人全体）　［p84］
　◇テレビ広告出稿量：スポットCMを多く利用した上位50社（2021年1～12月/関東）　［p88］
　◇テレビ広告出稿量：スポットCMを多く利用した上位50社（2021年1～12月/関西）　［p89］
　◇テレビ広告出稿量：番組CMを多く利用した上位50社（2021年1～12月/関東）　［p90］
　◇テレビ広告出稿量：番組CMを多く利用した上位50社（2021年1～12月/関西）　［p91］
　◇テレビ広告出稿量：番組・スポットCM合計本数の上位50社（2021年1～12月/関東）　［p92］
　◇テレビ広告出稿量：番組・スポットCM合計本数の上位50社（2021年1～12月/関西）　［p93］
　◇テレビ広告出稿量：番組・スポットCM合計秒数の上位50銘柄（2021年1～12月/関東）　［p94］
　◇テレビ広告出稿量：番組・スポットCM合計秒数の上位50銘柄（2021年1～12月/関西）　［p95］
『広告白書　2023-24年版』日経広告研究所　2023.10
　◇スポットCMを多く利用した上位30社（2022年4月～23年3月/関東）〔テレビ広告〕　［p206］
　◇スポットCMを多く利用した上位30社（2022年4月～23年3月/関西）〔テレビ広告〕　［p207］
　◇番組CMを多く利用した上位30社（2022年4月～23年3月/関東）〔テレビ広告〕　［p208］
　◇番組CMを多く利用した上位30社（2022年4月～23年3月/関西）〔テレビ広告〕　［p209］
　◇番組・スポットCM合計本数の上位30社（2022年4月～23年3月/関東）〔テレビ広告〕　［p210］
　◇番組・スポットCM合計本数の上位30社（2022年4月～23年3月/関西）〔テレビ広告〕

統計図表レファレンス事典　商業・広告・マーケティング　　　　　　　　　　　　てれひこ

　　　　［p211］
　　◇番組・スポットCM合計秒数の上位30銘柄（2022年4月〜23年3月/関東）〔テレビ広告〕
　　　　［p212］
　　◇番組・スポットCM合計秒数の上位30銘柄（2022年4月〜23年3月/関西）〔テレビ広告〕
　　　　［p213］
　　◇番組・スポットCMの業種別、秒数区分別出稿量（2022年4月〜23年3月/関東）〔テレビ広告〕　　［p214］
　　◇番組・スポットCMの業種別、秒数区分別出稿量（2022年4月〜23年3月/関西）〔テレビ広告〕　　［p216］
『情報メディア白書　1997年版』電通総研　1997.1
　　◇テレビの業種別広告量トップ10（1995年）　［図表Ⅰ-32-10　p186］
『情報メディア白書　2005』ダイヤモンド社　2004.12
　　◇テレビの業種別広告出稿量トップ10〈2003年〉［図表Ⅰ-12-12　p204］
『情報メディア白書　2007』ダイヤモンド社　2007.1
　　◇テレビの業種別広告出稿量トップ10〈2005年〉［図表Ⅰ-13-11　p200］
　　◇級別テレビ広告の出稿額［中国］　［図表Ⅱ-1-22　p219］
　　◇ケーブルテレビネットワークの広告収入［アメリカ］　［図表Ⅱ-2-31　p232］
『情報メディア白書　2010』ダイヤモンド社　2010.1
　　◇テレビの業種別広告出稿量トップ10〈2008年〉［図表Ⅰ-13-10　p197］
　　◇ケーブルテレビネットワーク広告収入　［図表Ⅱ-1-23　p238］
『情報メディア白書　2013』ダイヤモンド社　2013.1
　　◇テレビの業種別広告出稿量トップ10〈2011年〉［図表Ⅰ-13-9　p191］
『情報メディア白書　2016』ダイヤモンド社　2016.2
　　◇地上波テレビの業種別広告出稿量トップ10〈2014年〉［図表Ⅰ-11-9　p189］
『情報メディア白書　2019』ダイヤモンド社　2019.2
　　◇地上波テレビの業種別広告出稿量トップ10〈2017年〉［図表Ⅰ-11-10　p191］
『情報メディア白書　2023』ダイヤモンド社　2023.2
　　◇地上波テレビの業種別広告出稿量トップ10〈2021年〉［図表Ⅰ-11-10　p177］
『デジタルコンテンツ白書　2022』デジタルコンテンツ協会　2022.9
　　◇2021年度在京民放キー局放送広告収入　［図表5-2-2　p108］

テレビ広告費

『広告白書　2007』日経広告研究所　2007.7
　　◇業種別広告費（2000年〜2006年）（テレビ広告費）　［資料3-4　p178］
『広告白書　2016』日経広告研究所　2016.7
　　◇2011年度から15年度までの全日帯視聴率の動向とスポット広告費の推移（日本テレビとフジテレビ）　［p67］
『広告白書　2020年度版』日経広告研究所　2020.9
　　◇テレビメディア広告費とインターネット広告費　［p77］
『情報通信白書　平成25年版』日経印刷　2013.7
　　◇日米およびアジア諸国のテレビ広告費とインターネット広告費の推移　［図表1-2-3-9　p126］
『情報メディア白書　1997年版』電通総研　1997.1
　　◇テレビ広告費の部門別構成（1995年度）　［図表Ⅰ-12-4　p73］
　　◇テレビ広告費（タイム・スポット）の地区別前年比　［図表Ⅰ-12-5　p73］
『情報メディア白書　2005』ダイヤモンド社　2004.12

てれひ

　　◇テレビ広告費　［図表Ⅰ-8-12　p135］
　　◇業種別テレビ広告費〈2003年〉［図表Ⅰ-8-13　p135］
　　◇テレビ広告費（アメリカ）　［図表Ⅱ-1-22　p223］
『情報メディア白書　2007』ダイヤモンド社　2007.1
　　◇テレビ広告費　［図表Ⅰ-9-8　p127］
　　◇業種別テレビ広告費〈2005年〉［図表Ⅰ-9-9　p127］
　　◇テレビ広告費［アメリカ］　［図表Ⅱ-2-23　p231］
『情報メディア白書　2010』ダイヤモンド社　2010.1
　　◇業種別テレビ広告費〈2008年〉［図表Ⅰ-9-9　p127］
『情報メディア白書　2013』ダイヤモンド社　2013.1
　　◇テレビ広告費　［図表Ⅰ-8-8　p132］
　　◇業種別テレビ広告費〈2011年〉［図表Ⅰ-8-9　p132］
『情報メディア白書　2016』ダイヤモンド社　2016.2
　　◇地上波テレビ広告費とテレビCM年間総出稿量　［図表Ⅰ-7-30　p137］
　　◇業種別地上波テレビ広告費〈2014年〉［図表Ⅰ-7-31　p137］
『情報メディア白書　2019』ダイヤモンド社　2019.2
　　◇地上波テレビ広告費　［図表Ⅰ-7-28　p136］
　　◇業種別地上波テレビ広告費〈2017年〉［図表Ⅰ-7-29　p136］
『情報メディア白書　2022』ダイヤモンド社　2022.3
　　◇地上波テレビ広告費　［Ⅰ-7-28　p128］
　　◇業種別地上波テレビ広告費〈2020年〉［Ⅰ-7-29　p128］
『情報メディア白書　2023』ダイヤモンド社　2023.2
　　◇地上波テレビ広告費　［図表Ⅰ-7-28　p124］
　　◇業種別地上波テレビ広告費〈2021年〉［図表Ⅰ-7-29　p124］
『デジタルコンテンツ白書　2019』デジタルコンテンツ協会　2019.9
　　◇新聞、雑誌、ラジオ、地上波テレビ、折込広告、インターネット広告の広告費の推移
　　　　［図表5-4-3　p130］
『デジタルコンテンツ白書　2022』デジタルコンテンツ協会　2022.9
　　◇新聞、雑誌、ラジオ、地上波テレビ、折込広告、インターネット広告の広告費の推移
　　　　［図表5-3-3　p115］

テレビCM

　　⇒スポットCM，タイムCM，テレビ広告 をも見よ

『インターネット白書　2004』インプレス　ネットビジネスカンパニー　2004.7
　　◇テレビCMのセンスがよい・面白いイメージの通信サービス会社ランキング　［資料3-2-9　p179］
『広告白書　2010』日経広告研究所　2010.7
　　◇テレビCMの新作投入本数　［p87］
『広告白書　2013』日経広告研究所　2013.7
　　◇2011年度と2012年度の企業別テレビCM放送回数ベスト10　［p58］
　　◇テレビCMの年間オンエア作品数の推移と増減率　［p59］
　　◇テレビCMの年間放送回数の推移と増減率　［p59］
『広告白書　2016』日経広告研究所　2016.7
　　◇テレビCMとインターネット広告についての自由回答分類　［p36］
　　◇2015年度BS局別の企業CM放送回数ベストテン（CM総合研究所調べ）　［p74］
『広告白書　2019年度版』日経広告研究所　2019.7

統計図表レファレンス事典　商業・広告・マーケティング　　　　　てれひ

　　◇民放系BS5局別の2018年度企業CM放送回数ベストテン　［p69］
　『広告白書　2020年度版』日経広告研究所　2020.9
　　◇2019年と2018年のCM放送回数上位5業種の局別放送回数〔テレビ広告〕　［p67］
　　◇2019年度産業分野別のCM放送回数〔テレビ広告〕　［p67］
　　◇企業別CM放送回数の年度別推移（CM総合研究所調べ、首都圏）〔テレビ広告〕　［p67］
　　◇民放系BS5局別の2019年度企業CM放送回数ベストテン　［p68］
　『広告白書　2021年度版』日経広告研究所　2021.8
　　◇2020年度 CMランキング AI値（個人全体）〔テレビ広告〕　［p90］
　　◇テレビの番組・スポットCMの業種別、秒数区分別出稿量（2020年1～12月/関東）　［p102］
　　◇テレビの番組・スポットCMの業種別、秒数区分別出稿量（2020年1～12月/関西）　［p103］
　『広告白書　2022年度版』日経広告研究所　2022.8
　　◇テレビCMとインターネット動画の一体化運用状況　［p72］
　　◇テレビCM予算のインターネット動画への振替意向　［p72］
　　◇テレビの番組・スポットCMの業種別、秒数区分別出稿量（2021年1～12月/関東）　［p96］
　　◇テレビの番組・スポットCMの業種別、秒数区分別出稿量（2021年1～12月/関西）　［p97］
　『広告白書　2023-24年版』日経広告研究所　2023.10
　　◇CM投下量（個人GRP）と広告認知率の関係　［p44］
　　◇CM接触回数と来店率の関係　［p47］
　　◇2022年度のCMクリエイティブスコア（Cスコア）ランキング（コア視聴層：男女13～49歳、関東地区）　［p91］
　『情報メディア白書　1997年版』電通総研　1997.1
　　◇業種別年間CM出稿量（1995年/関東・関西地区）　［図表Ⅰ-12-6　p73］
　　◇テレビCMの年間出稿量（関東地区/民放5局）　［図表Ⅰ-32-11　p187］
　　◇テレビCMの広告主別年間出稿量（番組スポット）トップ10（1995年/関東地区）　［図表Ⅰ-32-12　p187］
　　◇ネット・ローカルからみたテレビCMの業種別広告主数（1995年）　［図表Ⅰ-32-13　p187］
　　◇テレビCM認知率トップ10（1995年/東京30km圏）　［図表Ⅰ-32-32　p193］
　『情報メディア白書　2005』ダイヤモンド社　2004.12
　　◇テレビCM総出稿量〈2003年/東京5社〉［図表Ⅰ-8-14　p135］
　　◇業種別テレビCM総出稿量〈2003年/東京5社/番組CM＋スポットCM〉［図表Ⅰ-8-15　p135］
　　◇広告主別テレビCMトップ10〈2003年/東京5社/番組CM＋スポットCM〉［図表Ⅰ-8-16　p135］
　　◇テレビCMの年間出稿量〈関東地区/民放5局〉［図表Ⅰ-12-13　p205］
　　◇広告主別テレビCM出稿量上位20社〈関東地区/番組＋スポット〉［図表Ⅰ-12-14　p205］
　　◇関東地区業種別年間テレビCM出稿量〈民放5局/番組＋スポット〉［図表Ⅰ-12-15　p205］
　　◇関西地区業種別年間テレビCM出稿量〈民放5局/番組＋スポット〉［図表Ⅰ-12-16　p205］
　『情報メディア白書　2007』ダイヤモンド社　2007.1
　　◇テレビCM総出稿量〈2005年/東京5社〔日本テレビ，TBS，フジテレビ，テレビ朝日，テレビ東京〕〉［図表Ⅰ-9-10　p127］
　　◇広告主別テレビCM出稿量トップ10〈2005年/東京5社〔日本テレビ，TBS，フジテレビ，テレビ朝日，テレビ東京〕/番組CM＋スポットCM〉［図表Ⅰ-9-11　p127］
　　◇テレビCMの年間出稿量〈関東地区/民法5局〉［図表Ⅰ-13-12　p201］
　　◇テレビCM売上高と制作本数　［図表Ⅰ-13-13　p201］
　　◇広告主別テレビCM出稿量上位20社　［図表Ⅰ-13-14　p201］
　　◇関東地区業種別年間テレビCM出稿量　［図表Ⅰ-13-15　p201］
　『情報メディア白書　2010』ダイヤモンド社　2010.1
　　◇テレビCM総出稿量〈2008年/関東地区/民放5局＊合計〉［図表Ⅰ-9-10　p127］
　　◇広告主別テレビCM出稿量トップ10〈2008年/関東地区/民放5局＊合計/番組CM＋スポッ

トCM〉[図表Ⅰ-9-11　p127]
　　　◇テレビCM制作本数の推移　[図表Ⅰ-13-11　p198]
　　　◇テレビCMの年間出稿量〈関東地区/民放5局合計＊〉[図表Ⅰ-13-12　p198]
　　　◇業種別年間テレビCM出稿量〈関東地区/民放5局合計＊/番組＋スポット〉[図表Ⅰ-13-13　p198]
　　　◇広告主別テレビCM出稿量上位20社〈関東地区/民放5局合計＊/番組＋スポット〉[図表Ⅰ-13-14　p198]

『情報メディア白書　2013』ダイヤモンド社　2013.1
　　　◇テレビCM出稿量〈2011年/関東地区/民放5局合計〉[図表Ⅰ-8-10　p132]
　　　◇広告主別テレビCM出稿量トップ10〈2011年/関東地区/民放5局合計/番組CM＋スポットCM〉[図表Ⅰ-8-11　p132]

『情報メディア白書　2016』ダイヤモンド社　2016.2
　　　◇地上波テレビ広告費とテレビCM年間総出稿量　[図表Ⅰ-7-30　p137]

『情報メディア白書　2019』ダイヤモンド社　2019.2
　　　◇関東民放5局テレビCM年間総出稿量　[図表Ⅰ-7-30　p136]
　　　◇広告主別テレビCM出稿量上位10社〈2017年/関東5局〉[図表Ⅰ-7-31　p136]

『情報メディア白書　2022』ダイヤモンド社　2022.3
　　　◇関東5局テレビCM年間総出稿量　[Ⅰ-7-30　p128]
　　　◇広告主別テレビCM出稿量上位10社〈2020年/関東5局〉[Ⅰ-7-31　p128]
　　　◇地上波テレビの業種別広告出稿量トップ10〈2020年〉[Ⅰ-11-10　p183]

『情報メディア白書　2023』ダイヤモンド社　2023.2
　　　◇関東5局テレビCM年間総出稿量　[図表Ⅰ-7-30　p124]
　　　◇広告主別テレビCM出稿量上位10社〈2021年/関東5局〉[図表Ⅰ-7-31　p124]
　　　◇年間総CM出稿量〈民放BS7局合計/2021年4月～12月〉[図表Ⅰ-8-11　p137]
　　　◇年間総CM出稿量〈民放BS7局合計/番組＋スポット/2021年4月～12月〉[図表Ⅰ-8-12　p137]
　　　◇年間CM出稿量上位10社〈民放BS7局合計/番組＋スポット/2021年4月～12月〉[図表Ⅰ-8-13　p137]

『日本民間放送年鑑　'97』日本民間放送連盟　1997.12
　　　◇テレビ番組CM業種別広告量　[（表）　p695]
　　　◇テレビ番組CM月別広告量　[（表）　p695]
　　　◇テレビ番組CM出稿秒数の推移　[（表）　p695]
　　　◇テレビスポット業種別広告量　[（表）　p696]
　　　◇テレビスポット月別広告量　[（表）　p696]

『ファミ通ゲーム白書　2019』KADOKAWA　2019.7
　　　◇2018月分年ゲームソフトテレビCM　GRP換算値TOP20（ユーザー好感度）　[p288]
　　　◇2018年タイトル別のテレビCM・ゲーム雑誌出稿量　[p288～293]
　　　◇メーカー及びタイトル別のテレビCM・ゲーム雑誌出稿状況　[p294～295]
　　　◇2018年アプリゲームソフトテレビCM　GRP換算値TOP20（ユーザー好感度）　[p296]
　　　◇2018年アプリタイトル別のテレビCM・ゲーム雑誌出稿量　[p296～302]
　　　◇メーカー及びアプリ別のテレビCM・ゲーム雑誌出稿状況　[p303～304]

『ファミ通ゲーム白書　2022』KADOKAWA　2022.8
　　　◇オンラインゲームカテゴリのテレビCM年間総出稿GPR（個人％）　[図表2　p249]
　　　◇オンラインゲームテレビCM出稿者数（社）と1社あたり平均年間出稿GPR　[図表3　p249]
　　　◇2021年度ゲームソフトテレビCM放送回数TOP20とそのCM好感度　[p252]
　　　◇企業別　年間売上　TOP30メーカー及びアプリ別のテレビCM出稿状況　[p258～259]
　　　◇2021年　アプリゲームソフトテレビCM放送回数TOP20とそのCM好感度　[p260]
　　　◇企業別　年間売上　TOP30　メーカー及びアプリ別のテレビCM出稿状況　[p267～268]

統計図表レファレンス事典　商業・広告・マーケティング　　　　　　　　　　　てんしし

テレビショッピング

『情報メディア白書　2010』ダイヤモンド社　2010.1
　　◇テレビ通販市場規模　［図表Ⅰ-14-26　p213］
　　◇テレビ通販実施企業TOP10　［図表Ⅰ-14-29　p214］
『情報メディア白書　2013』ダイヤモンド社　2013.1
　　◇テレビ通販市場規模　［図表Ⅰ-14-26　p207］
　　◇主なテレビ通販事業者のテレビ通販売上高　［図表Ⅰ-14-28　p208］
『情報メディア白書　2016』ダイヤモンド社　2016.2
　　◇テレビ通販市場　［図表Ⅰ-12-24　p205］
　　◇主なテレビ通販事業者のテレビ通販売上高　［図表Ⅰ-12-25　p205］
『情報メディア白書　2019』ダイヤモンド社　2019.2
　　◇テレビ通販市場　［図表Ⅰ-12-24　p207］
　　◇主なテレビ通販事業者のテレビ通販売上高　［図表Ⅰ-12-25　p207］
『情報メディア白書　2022』ダイヤモンド社　2022.3
　　◇テレビ通販市場　［Ⅰ-12-21　p199］
　　◇主なテレビ通販事業者の売上高　［Ⅰ-12-22　p199］
『情報メディア白書　2023』ダイヤモンド社　2023.2
　　◇テレビ通販市場〔市場規模/通信販売全体に占めるシェア〕　［図表Ⅰ-12-21　p193］
　　◇主なテレビ通販事業者の売上高　［図表Ⅰ-12-22　p193］
『通信白書　平成9年版』大蔵省印刷局　1997.5
　　◇通信販売におけるテレビ媒体による売上高の推移　［第3-5-12図　p329］

展示（広告費）

『情報メディア白書　2010』ダイヤモンド社　2010.1
　　◇展示・映像ほか広告費　［図表Ⅰ-15-3　p218］
『情報メディア白書　2013』ダイヤモンド社　2013.1
　　◇展示・映像ほか広告費　［図表Ⅲ-5-22　p250］
『情報メディア白書　2016』ダイヤモンド社　2016.2
　　◇展示・映像ほか広告費　［図表Ⅰ-13-3　p212］
『情報メディア白書　2019』ダイヤモンド社　2019.2
　　◇展示・映像ほか広告費　［図表Ⅰ-13-2　p214］
『情報メディア白書　2022』ダイヤモンド社　2022.3
　　◇イベント・展示・映像ほか広告費　［Ⅰ-13-2　p206］

電子商店街

『独占禁止白書　平成19年版』公正取引協会　2007.10
　　◇電子商店街の市場規模推移　［第23図　p248］
　　◇電子商店街の取引に占める上位3社の割合（平成17年度）　［第24図　p249］

電子商取引

　　⇒B to B EC，B to C EC，EC（エレクトロニック・コマース）をも見よ
『大阪経済・労働白書　平成21年版』大阪府立産業開発研究所，大阪府商工労働部雇用推進室労政課　2010.2
　　◇電子商取引額の推移　［図表Ⅰ-2-26　p43］
　　◇電子商取引のメリット（大阪府内企業）　［図表Ⅰ-2-27　p44］
『関西経済白書　2019』丸善プラネット　2019.9

てんしし　　統計図表レファレンス事典　商業・広告・マーケティング

　　◇電子商取引利用者数と利用率　［図2-1-2-9　p48］
『九州経済白書　2010年版』九州経済調査協会　2010.2
　　◇消費者向け電子商取引の市場規模　［図表5-5　p92］
　　◇消費者向け電子商取引の市場規模と楽天（株）、ヤフー（株）のシェア（推計）　［図表5-8　p94］
『経済財政白書　令和4年版』日経印刷　2022.8
　　◇電子商取引利用率の地域差　［第3-3-11図　p258］
『ジェトロ世界貿易投資報告　2016年版』日本貿易振興機構　2016.10
　　◇米国の電子商取引額と小売業に占める比率　［図表Ⅲ-33　p93］
『消費者白書　平成25年版』勝美印刷　2013.7
　　◇電子商取引の市場規模は6年で2倍以上に　［図表1-1-8　p9］
　　◇「電子商取引」に関する消費生活相談は2009年度以降大きく増加　［図表3-3-5　p97］
『消費者白書　平成28年版』勝美印刷　2016.6
　　◇消費者向け電子商取引の市場規模の推移　［図表2-1-26　p85］
『消費者白書　令和元年版』勝美印刷　2019.7
　　◇越境的な電子商取引の推移　［図表Ⅰ-1-2-14　p31］
『情報化白書　1997』コンピュータ・エージ社　1997.6
　　◇電子商取引に関する法制度的課題　［Ⅲ-5-1-1表　p295］
　　◇欧州委員会のイニシアチブとしての電子商取引　［Ⅳ-3-1-3表　p345］
『情報化白書　2006』BCN　2006.10
　　◇主要各国の電子商取引規模　［図表4-1-6　p163］
　　◇企業の電子商取引の実施状況（従業者規模別）　［図表2-15　p371］
『情報化白書　2009』増進堂　2009.9
　　◇企業における電子商取引の実施率　［図表2-6　p305］
『情報サービス産業白書　2004』コンピュータ・エージ社　2004.5
　　◇電子商取引の業務別活用状況　［図表3-1-7　p143］
　　◇世界の地域別電子商取引市場（2002年）　［図表4-1-10　p211］
『情報通信白書　平成16年版』ぎょうせい　2004.7
　　◇ブロードバンドに対応した電子商取引の実施状況　［図表1　p62］
　　◇ブロードバンドに対応した電子商取引、販売促進によるメリット（複数回答）　［図表3　p62］
　　◇携帯端末に対応した電子商取引の実施状況　［図表4　p63］
　　◇携帯端末に対応した電子商取引、販売促進によるメリット（複数回答）　［図表6　p63］
　　◇日米の消費者向け電子商取引のブロードバンド・携帯端末対応状況　［図表2　p66］
『情報通信白書　平成22年版』ぎょうせい　2010.7
　　◇電子商取引の実施率　［図表3-1-3-13　p128］
　　◇情報通信ネットワークや電子商取引を利用する上での問題点　［図表3-1-3-14　p128］
『情報通信白書　平成25年版』日経印刷　2013.7
　　◇世界の電子商取引市場規模（世界上位5か国）　［図表1-1-3-15　p43］
『情報メディア白書　2010』ダイヤモンド社　2010.1
　　◇電子商取引（インターネット）市場〈2008年〉［図表Ⅰ-14-24　p213］
『情報メディア白書　2013』ダイヤモンド社　2013.1
　　◇電子商取引（インターネット）市場〈2011年〉［図表Ⅰ-14-23　p207］
『食料・農業・農村白書　平成22年版』佐伯印刷　2010.6
　　◇電子商取引の商品別販売額割合（2007年）　［図2-18　p71］

『世界統計白書　2010年版』木本書店　2010.6
　　◇主要国の電子商取引市場規模　［p596］
『中小企業白書　平成9年版』大蔵省印刷局　1997.5
　　◇ビジネス環境における電子商取引の役割(全産業)　［第2-1-16図　p114］
『中小企業白書　2007年版』ぎょうせい　2007.6
　　◇対消費者電子商取引市場規模　［第2-2-7図　p90］
『中小企業白書　2016年版』日経印刷　2016.6
　　◇電子商取引による効果　［第2-2-4図　p120］
『通商白書　2022』経済産業省　2022
　　◇小売売上に占める電子商取引の割合　［第Ⅰ-2-1-30図　p111］

電子マネー

『スーパーマーケット白書　2022年版』全国スーパーマーケット協会　2022
　　◇現在(2021年6月時点)、貴社で導入しているスマホ(QRコード)決済および電子マネー
　　　の種類をすべてお答えください。(複数回答)〔スーパーマーケットにおける「キャッシュ
　　　レス決済に関する実態調査(2021年実施)」結果概要〕　［資料8 Q6　p123］
『東京の中小企業の現状(流通産業編)　平成29年度』東京都産業労働局　2018.3
　　◇決済方法　電子マネー〔小売業〕　［図表Ⅱ-2-35　p155］

電通

『広告白書　2016』日経広告研究所　2016.7
　　◇電通(連結)の業績と財務諸表(国際会計基準：IFRS)　［p109］
　　◇電通(連結)の地域別の売上総利益(15年暦年)　［p111］
　　◇電通(単体)の業種別売上高(15年, 暦年ベース)　［p114］
『広告白書　2019年度版』日経広告研究所　2019.7
　　◇電通イージス・ネットワークの世界広告費の成長率予測　［p27］
　　◇マスメディアに占める電通のシェア(2018年)　［p102］
　　◇電通の累積M&A件数　［p103］
　　◇Dentsu 2017 and Beyond　［p104］
　　◇電通の売上総利益に占める海外事業とデジタル領域の構成比　［p104］
　　◇1人当たり総労働時間(年間)〔電通の中期計画〕　［p105］
　　◇1人当たり有給休暇取得率(電通)　［p105］
　　◇電通単体の総労働時間と売上総利益〔電通の中期計画〕　［p105］
『広告白書　2020年度版』日経広告研究所　2020.9
　　◇マスメディアに占める電通のシェア　［p100］
　　◇電通の売上総利益に占める海外事業とデジタル領域の構成比　［p101］
　　◇2019年の海外地域別オーガニック成長率〔電通グループ〕　［p103］
　　◇オペレーティング・マージンの推移〔電通グループ〕　［p103］
『広告白書　2022年度版』日経広告研究所　2022.8
　　◇電通グループの世界広告費予測　［p26］

電通広告統計

『広告白書　平成9年版』日経広告研究所　1997.7
　　◇電通広告統計広告出稿量の動向　［(表)5　p198〜199］

店舗

『企業戦略白書　Ⅷ(2008)』東洋経済新報社　2009.12

◇髙島屋の店舗別構成比率　［図5-3-1　p183］
　　　◇大丸の店舗別構成比率　［図5-3-2　p183］
　　　◇伊勢丹の店舗別構成比率　［図5-3-3　p184］
　　　◇三越の店舗別構成比率　［図5-3-4　p184］
　　　◇髙島屋の地方都市店舗　［表5-3-4　p185］
　　　◇大丸の地方都市店舗　［表5-3-5　p186］
　　　◇伊勢丹の地方都市店舗　［表5-3-6　p186］
　　　◇三越の地方都市店舗　［表5-3-7　p186］
『九州経済白書　2007年版』九州経済調査協会　2007.2
　　　◇（株）丸久の店舗分布　［図表1-21　p63］
　　　◇（株）丸久の店舗と地場大手他社店舗との比較（2006年）　［図表1-22　p63］
　　　◇人口減少・少子高齢化への対策状況（販売チャンネル・店舗展開等）　［図表2-18　p88］
『九州経済白書　2010年版』九州経済調査協会　2010.2
　　　◇過去2年間における新店舗フォーマットの開発動向　［図表2-6　p32］
　　　◇新しい店舗の売場面積と品揃え（アイテム数）のフォーマット（小売）　［図表2-7　p33］
　　　◇新しい店舗の店舗面積‥席数とメニュー・コンセプトのフォーマット（外食）　［図表2-8　p33］
　　　◇新しいフォーマットによる店舗の立地面での特徴（小売）　［図表2-10　p34］
　　　◇新しいフォーマットによる店舗の立地面での特徴（外食）　［図表2-11　p34］
　　　◇店舗フォーマットや開発手段別新店舗事業成功率等（小売）　［図表2-17　p39］
　　　◇新タイプ店舗の業態　［図表3-24　p54］
　　　◇新タイプ店舗の店舗・売場面積　［図表3-27　p54］
　　　◇新タイプ店舗の品揃え　［図表3-28　p54］
　　　◇新タイプ店舗の商品の志向性　［図表3-29　p57］
　　　◇新タイプ店舗の開発方法　［図表3-30　p58］
『ジェトロ白書・投資編　1997年』日本貿易振興会　1997.3
　　　◇高度商業地における土地価格および事務所・店舗スペースの年間床賃料の国際比較　［図Ⅲ-4　p70］
『情報通信白書　平成25年版』日経印刷　2013.7
　　　◇世界における顧客の購入先店舗内訳　［図表1-1-3-26　p47］
『情報メディア白書　1997年版』電通総研　1997.1
　　　◇店舗業種別販売額・売場面積比較（1994年）　［図表Ⅰ-1-15　p16］
『図説 農業白書　平成8年度版』農林統計協会　1997.5
　　　◇米小売業の販売所の登録状況及び店舗形態　［図Ⅲ-9　p149］
『スーパーマーケット白書　2016年版』新日本スーパーマーケット協会　2016.2
　　　◇店舗・センター状況〔平成27年スーパーマーケット年次統計調査結果概要〕　［資料9-1　p85］
　　　◇店舗状況〔平成27年スーパーマーケット年次統計調査結果概要〕　［資料9-8　p89］
『スーパーマーケット白書　2019年版』全国スーパーマーケット協会　2019
　　　◇店舗・センター状況〔資料7.2018年スーパーマーケット業界の平均値〕　［資料7-1　p112］
　　　◇店舗状況〔資料7.2018年スーパーマーケット業界の平均値〕　［資料7-8　p115］
『スーパーマーケット白書　2022年版』全国スーパーマーケット協会　2022
　　　◇店舗のデータ〔数字でみるスーパーマーケット2021〕　［p6］
　　　◇店舗・センター状況〔スーパーマーケット業界の平均値〕　［資料6-1　p113］
　　　◇店舗状況〔スーパーマーケット業界の平均値〕　［資料6-8　p116］
『スーパーマーケット白書　2023年版』全国スーパーマーケット協会　2023.2
　　　◇売場面積1200〜1600㎡の店舗データ〔数字でみるスーパーマーケット2022〕　［p6］

◇各種導入率・実施率・設置率〔数字でみるスーパーマーケット2022〕　[p8]
　　　◇店舗・センター状況〔スーパーマーケット業界の平均値〕　［資料6-1　p127］
　　　◇店舗状況〔スーパーマーケット業界の平均値〕　［資料6-8　p130］
　『スーパーマーケット白書　2024年版』全国スーパーマーケット協会　2024.2
　　　◇売場面積1200～1600㎡の店舗データ〔数字でみるスーパーマーケット2023〕　[p6]
　　　◇各種導入率・実施率・設置率〔数字でみるスーパーマーケット2023〕　[p8]
　　　◇店舗・センター状況〔スーパーマーケット業界の平均値〕　［資料6-1　p131］
　　　◇店舗状況〔スーパーマーケット業界の平均値〕　［資料6-8　p134］
　『通信白書　平成9年版』大蔵省印刷局　1997.5
　　　◇サイバー店舗の課題　［第1-4-25表　p124］
　『東京の中小企業の現状（流通産業編）　平成26年度』東京都産業労働局　2015.3
　　　◇主たる店舗の立地　［図表Ⅱ-2-13　p116］
　　　◇店舗の営業時間　［図表Ⅱ-2-21　p125］
　　　◇店舗の営業時間の変化　［図表Ⅱ-2-22　p126］
　　　◇主たる店舗の商圏範囲　［図表Ⅱ-2-24　p128］
　『東京の中小企業の現状（流通産業編）　平成29年度』東京都産業労働局　2018.3
　　　◇店舗の属性　［図表Ⅱ-2-14　p131］
　　　◇店舗の営業時間〔小売業〕　［図表Ⅱ-2-21　p140］
　　　◇店舗の営業時間の変化〔小売業〕　［図表Ⅱ-2-22　p141］
　　　◇店舗の商圏範囲　［図表Ⅱ-2-24　p143］
　　　◇来店客数の変化〔小売業〕　［図表Ⅱ-2-58　p185］
　　　◇平均客単価の変化〔小売業〕　［図表Ⅱ-2-59　p187］
　『東京の中小企業の現状（流通産業編）　令和2年度』東京都産業労働局　2021.3
　　　◇店舗の営業時間〔小売業〕　［図表Ⅱ-2-33　p161］
　　　◇店舗の商圏範囲〔小売業〕　［図表Ⅱ-2-35　p165］
　　　◇来店客数の変化〔小売業〕　［図表Ⅱ-2-48　p183］
　『土地白書　令和4年版』サンワ　2022.9
　　　◇主要都市の店舗賃料の推移　［図表1-4-10　p33］
　『ホビー白書　2015年版』日本ホビー協会　2015.11
　　　◇店舗の概況　［図表4-26　p79］
　　　◇藤久（株）の店舗展開（2015年6月期）　［図表4-33　p83］
　『ライフデザイン白書　2004-2005』第一生命経済研究所　2003.10
　　　◇店舗等の利用頻度　［図表4-11　p113］
　　　◇店舗等の月利用率（経済的ゆとり別、時間的ゆとり別）　［図表4-12　p114］
　　　◇店舗等の月利用率（買い物志向別）　［図表4-13　p115］

店舗改装

　『東京の中小企業の現状（流通産業編）　平成26年度』東京都産業労働局　2015.3
　　　◇主たる店舗の最新改装時期　［図表Ⅱ-2-16　p119］
　『東京の中小企業の現状（流通産業編）　平成29年度』東京都産業労働局　2018.3
　　　◇店舗の最新改装時期　［図表Ⅱ-2-20　p139］
　『東京の中小企業の現状（流通産業編）　令和2年度』東京都産業労働局　2021.3
　　　◇店舗の最新改装時期〔小売業〕　［図表Ⅱ-2-32　p159］

店舗数

　　⇒商店数 をも見よ

『九州経済白書　2004年版』九州経済調査協会　2004.2
　　◇飲食店の店舗数と従業者数の推移（九州8県）　［図2-5　p21］

『九州経済白書　2007年版』九州経済調査協会　2007.2
　　◇(株)丸久の売上高と店舗数の推移　［図表1-19　p62］

『九州経済白書　2010年版』九州経済調査協会　2010.2
　　◇ファスト化商品関連市場、ランキング上位チェーン企業の購買力1億円当り店舗数　［図表1-12　p9］
　　◇コモディティ化商品市場関連企業地場・域外別店舗数の全国比（九州7県）　［図表1-16　p12］

『厚生白書　平成9年版』厚生問題研究会　1997.6
　　◇購買生協の状況（1）店舗数　［詳細データ（表）1　p353］

『交通安全白書　令和元年版』勝美印刷　2019.7
　　◇コンビニエンスストアの店舗数の推移　［特集-第20図　p16］

『首都圏白書　平成9年版』大蔵省印刷局　1997.6
　　◇東京都における生鮮3品及び米穀店舗数の減少割合（昭和60年を100とする）　［図6-7-7　p252］

『首都圏白書　平成22年版』佐伯印刷　2010.7
　　◇立地別ショッピングセンター数（平成20年12月末現在営業中のもの）　［図表2-2-17　p50］
　　◇大規模小売店舗数の推移　［図表2-2-18　p50］

『首都圏白書　平成25年版』勝美印刷　2013.7
　　◇大規模小売店舗数の推移　［図表2-2-18　p51］

『首都圏白書　平成28年版』勝美印刷　2016.6
　　◇立地別ショッピングセンター数（平成26年12月末現在営業中のもの）　［図表2-2-15　p40］

『首都圏白書　令和元年版』勝美印刷　2019.7
　　◇首都圏のショッピングセンター（SC）店舗数　［図表2-1-29　p55］

『首都圏白書（首都圏整備に関する年次報告）　令和4年版』勝美印刷　2022.7
　　◇ショッピングセンター（SC）店舗数　［図表2-1-28　p58］

『商業施設計画総覧　2023年版』産業タイムズ社　2022.11
　　◇主なアパレル企業の売上高、店舗数　［p120］
　　◇メガネ企業の売上高、店舗数　［p154］

『情報メディア白書　1997年版』電通総研　1997.1
　　◇ビデオゲームチェーンの店舗数　［図表Ⅰ-15-14　p95］

『食料・農業・農村白書　平成25年版』日経印刷　2013.7
　　◇主要コンビニエンスストアの海外店舗数の推移　［図2-4-18　p124］

『食料・農業・農村白書　令和4年版』日経印刷　2022.6
　　◇日本食レストランの店舗数　［図表1-5-1　p79］

『図説　農業白書　平成8年度版』農林統計協会　1997.5
　　◇業態別にみた平均営業時間と店舗数の動向（試算）　［図Ⅲ-24　p177］

『スーパーマーケット白書　2016年版』新日本スーパーマーケット協会　2016.2
　　◇2015年スーパーマーケット販売統計調査期間集計結果（年間・四半期/エリア・保有店舗数）　［p82］

『全国大型小売店総覧（週刊東洋経済臨時増刊/Data Bank SERIES）　2024年版』東洋経済新報社　2023.8

◇都道府県別の店舗数、店舗面積　〔①　p18〕
　　◇開店年次別店舗数(既存店、都道府県別)　〔②　p19〕
　　◇店舗面積規模別店舗数(既存店、都道府県別)　〔③　p20〕
　　◇業態別店舗数(既存店、都道府県別)　〔④　p21〕
　　◇立地形態別店舗数(既存店、都道府県別)　〔⑤　p22〕
　　◇開店年次・店舗面積規模別の店舗数(既存店、全国計)　〔⑥　p23〕
　　◇開店年次・業態別の店舗数(既存店、全国計)　〔⑦　p24〕
　　◇開店年次・立地形態別の店舗数(既存店、全国計)　〔⑧　p24〕
　　◇市区町村別の店舗数、店舗面積　〔⑨　p25〕
『地域経済総覧(週刊東洋経済臨時増刊/Data Bank SERIES)　2024年版』東洋経済新報社　2023.9
　　◇コンビニ，家電大型専門店，ドラッグストア，ホームセンター〔店舗数・販売額・販売額増減率/都道府県別データ〕　〔p188〕
　　◇大規模小売店施設数・売場面積〔市区別データ〕　〔p473〕
『通商白書　2013』勝美印刷　2013.8
　　◇8番らーめんの国内外店舗数　〔コラム第8-2表　p155〕
　　◇タイの年度別店舗数推移　〔コラム第8-3図　p155〕
『通信白書　平成9年版』大蔵省印刷局　1997.5
　　◇サイバー店舗数の推移　〔第1-4-13図　p114〕
『デジタルコンテンツ白書　2010』デジタルコンテンツ協会　2010.9
　　◇書店数の推移　〔図表5-3-2　p125〕
『デジタルコンテンツ白書　2019』デジタルコンテンツ協会　2019.9
　　◇書店数の推移　〔図表5-5-4　p140〕
　　◇書店の総店舗数と坪数の推移　〔p179〕
『デジタルコンテンツ白書　2022』デジタルコンテンツ協会　2022.9
　　◇書店の総店舗数と坪数の推移　〔p158〕
『東京の中小企業の現状(流通産業編)　平成26年度』東京都産業労働局　2015.3
　　◇店舗数　〔図表Ⅱ-2-11　p113〕
『東京の中小企業の現状(流通産業編)　平成29年度』東京都産業労働局　2018.3
　　◇店舗数〔小売業〕　〔図表Ⅱ-2-11　p125〕
『東京の中小企業の現状(流通産業編)　令和2年度』東京都産業労働局　2021.3
　　◇店舗数〔小売業〕　〔図表Ⅱ-2-11　p132〕
『東北圏社会経済白書　2015年度』東北活性化研究センター　2016.3
　　◇東北圏の大型小売店の店舗数・面積の推移　〔p28〕
『東北圏社会経済白書　2018年度』東北活性化研究センター　2019.3
　　◇大型小売店の店舗数・面積の推移　〔p31〕
『土地白書　平成22年版』勝美印刷　2010.8
　　◇大規模小売店舗数の推移　〔図表2-2-25　p64〕
　　◇A市における立地別店舗数の推移　〔図表3-1-2　p100〕
　　◇B市における立地別店舗数の推移　〔図表3-1-5　p103〕
『土地白書　平成25年版』勝美印刷　2013.8
　　◇大規模小売店舗の新設、廃止件数の推移　〔図表3-2-8　p110〕
『土地白書　令和4年版』サンワ　2022.9
　　◇大規模小売店立地法に基づく新設届出件数の推移　〔図表1-3-15　p23〕
『ホビー白書　2015年版』日本ホビー協会　2015.11
　　◇大手チェーンの店舗数　〔図表2-5　p31〕

◇ホームセンター、100円ショップ、ディスカウントストアの店舗数　［図表2-6　p32］
　　◇文房具店数の推移　［図表2-7　p32］
『ホビー白書　2019年版』日本ホビー協会　2019.11
　　◇ホームセンター売上高および店舗数　［参考資料1-2　p107］

店舗着工面積

『土地白書　平成22年版』勝美印刷　2010.8
　　◇小売業の景況感と店舗の着工面積の推移　［図表2-2-24　p63］
　　◇店舗の規模別着工面積の推移　［図表2-2-26　p64］
『土地白書　平成25年版』勝美印刷　2013.8
　　◇規模別店舗着工面積の推移　［図表3-2-6　p109］
『土地白書　令和元年版』勝美印刷　2019.10
　　◇店舗着工面積の推移　［図表2-2-3-4　p82］
『土地白書　令和4年版』サンワ　2022.9
　　◇店舗着工面積の推移　［図表1-3-14　p23］

店舗面積

　　　⇒小売業（面積）をも見よ

『大阪経済・労働白書　平成21年版』大阪府立産業開発研究所，大阪府商工労働部雇用推進室労政課　2010.3
　　◇売場面積別大阪府内小売業商店数　［図表Ⅰ-2-28　p45］
『九州経済白書　2010年版』九州経済調査協会　2010.2
　　◇大規模店舗(新設)届出件数と届出店舗面積（九州7県）　［図表2-2　p28］
　　◇2000年以降の大規模店舗届出面積の地域ブロック別構成比　［図表2-3　p28］
　　◇店舗面積1万㎡以上の大規模店舗(新設)届出店舗床面積の推移　［図表2-4　p29］
　　◇新しい店舗の店舗面積‥席数とメニュー・コンセプトのフォーマット（外食）　［図表2-8　p33］
　　◇新タイプ店舗の店舗・売場面積　［図表3-27　p54］
『首都圏白書　平成9年版』大蔵省印刷局　1997.6
　　◇事務所・店舗等床面積の推移　［図4-1-7　p65］
　　◇事務所・店舗等床面積の推移　［図9-4-6　p316］
　　◇東京圏の事務所・店舗等の床面積のシェア推移　［図9-4-8　p317］
『首都圏白書　平成16年版』国立印刷局　2004.6
　　◇事務所・店舗等床面積の推移　［2-1　p147］
『首都圏白書　平成19年版』国立印刷局　2007.6
　　◇事務所・店舗等床面積の推移　［2-1　p87］
『首都圏白書　平成22年版』佐伯印刷　2010.7
　　◇事務所・店舗等床面積の推移産業　［2-1　p119］
『首都圏白書　平成25年版』勝美印刷　2013.7
　　◇事務所・店舗等床面積の推移産業　［2-1　p107］
『首都圏白書　平成28年版』勝美印刷　2016.6
　　◇事務所・店舗等床面積の推移　［2-1　p99］
『首都圏白書　令和元年版』勝美印刷　2019.7
　　◇全国・首都圏の事務所・店舗等の床面積の推移　［3-1　p121］
『首都圏白書（首都圏整備に関する年次報告）　令和4年版』勝美印刷　2022.7
　　◇全国・首都圏の事務所・店舗等の床面積の推移〔産業と教育の状況〕　［資料編3-1　p126］

『全国大型小売店総覧（週刊東洋経済臨時増刊/Data Bank SERIES）　2024年版』東洋経済新報社　2023.8
　　◇都道府県別の店舗数、店舗面積　［①　p18］
　　◇市区町村別の店舗数、店舗面積　［⑨　p25］
　　◇全国総店舗面積ランキング（市別）　［p1655］
　　◇全国平均店舗面積ランキング（市別）　［p1658］
『中小企業白書　2007年版』ぎょうせい　2007.6
　　◇規模別店舗総面積の推移　［第2-2-3図　p89］
『東北圏社会経済白書　2015年度』東北活性化研究センター　2016.3
　　◇東北圏の大型小売店の店舗数・面積の推移　［p28］
『東北圏社会経済白書　2018年度』東北活性化研究センター　2019.3
　　◇大型小売店の店舗数・面積の推移　［p31］
『土地白書　平成9年版』大蔵省印刷局　1997.6
　　◇事務所・店舗等の床面積の動向　［図表1-4-1　p18］
　　◇店舗・事務所の着工床面積　［図表4-3-2　p107］
『土地白書　平成22年版』勝美印刷　2010.8
　　◇店舗の規模別着工面積の推移　［図表2-2-26　p64］
『土地白書　平成25年版』勝美印刷　2013.8
　　◇規模別店舗着工面積の推移　［図表3-2-6　p109］
『土地白書　令和元年版』勝美印刷　2019.10
　　◇店舗着工面積の推移　［図表2-2-3-4　p82］
『土地白書　令和4年版』サンワ　2022.9
　　◇店舗着工面積の推移　［図表1-3-14　p23］

電話帳広告

『広告白書　2007』日経広告研究所　2007.7
　　◇広告掲載数と電話帳広告費　［p38］
　　◇電話帳発行版数・発行部数・掲載件数・ページ数・広告掲載数　［9　p184］
『広告白書　2010』日経広告研究所　2010.7
　　◇電話帳広告掲載数と広告費　［p61］
　　◇電話帳発行版数・発行部数・掲載件数・ページ数・広告掲載数　［9　p191］
『広告白書　2013』日経広告研究所　2013.7
　　◇電話帳広告掲載数と広告掲出料　［p83］
　　◇電話帳発行版数・発行部数・掲載件数・ページ数・広告掲載　［9　p186］
『広告白書　2016』日経広告研究所　2016.7
　　◇電話帳発行版数・発行部数・掲載件数・ページ数・広告掲載　［9　p216］
『広告白書　2020年度版』日経広告研究所　2020.9
　　◇電話帳発行状況〔広告掲載件数〕　［資料9　p168］

【と】

ドイツ（小売売上）

『世界経済の潮流　2013年　I』日経印刷　2013.6

とうかき　　　　　　　　　統計図表レファレンス事典　商業・広告・マーケティング

　　◇ドイツの小売売上と新車登録台数　［第1-4-10図　p81］
動画共有サイト
　『ネット広告白書　2010』インプレスR&D　2009.9
　　◇動画共有サイトにおける企業が公開している映像の視聴経験　［資料6-2-27　p210］
　　◇動画共有サイトにおける企業の映像公開に対する評価　［資料6-2-28　p210］
　　◇動画共有サイトにおける企業が公開している映像の視聴意向　［資料6-2-30　p211］
動画広告
　『観光白書　令和4年版』昭和情報プロセス　2022.8
　　◇オンライン動画広告視聴者の訪日意向　［コラム図表Ⅰ-1-1　p23］
　『広告主動態調査　2024年版』日経広告研究所　2024.3
　　◇広告媒体としての動画広告の評価　［p14］
　　◇動画広告利用の有無（複数回答）〔テレビ広告予算の振り替え意向・プランニング〕
　　　［p14］
　『広告白書　2016』日経広告研究所　2016.7
　　◇動画広告市場規模推計　［p22］
　『広告白書　2019年度版』日経広告研究所　2019.7
　　◇動画広告市場規模推計・予測（デバイス別）　［p80］
　『広告白書　2020年度版』日経広告研究所　2020.9
　　◇スマートフォン動画広告推定出稿量上位10広告主（2019年1月〜6月）　［p78］
　　◇動画広告市場規模割合　［p78］
　『広告白書　2021年度版』日経広告研究所　2021.8
　　◇動画広告費のインターネット広告媒体費における割合の推移　［p76］
　『広告白書　2022年度版』日経広告研究所　2022.8
　　◇動画広告の種別市場規模　［p71］
　　◇YouTubeの動画広告への評価　［p72］
　　◇テレビCMとインターネット動画の一体化運用状況　［p72］
　　◇テレビCM予算のインターネット動画への振替意向　［p72］
　　◇動画広告利用率　［p72］
　『情報メディア白書　2016』ダイヤモンド社　2016.2
　　◇インターネット広告（バナーおよび動画広告）出稿動向〈2014年度〉［図表Ⅰ-11-13　p191］
　『情報メディア白書　2019』ダイヤモンド社　2019.2
　　◇PCインターネット広告出稿動向〈バナーおよび動画広告/2017年度〉［図表Ⅰ-11-14　p193］
　『情報メディア白書　2023』ダイヤモンド社　2023.2
　　◇PCインターネット広告出稿動向〈バナーおよび動画広告/2021年度〉［図表Ⅰ-11-14　p179］
　　◇動画広告の利用の有無〈2021年度〉［図表Ⅰ-11-17　p179］
　『スマホ白書　2016』インプレスR&D　2016.6
　　◇動画広告市場（デバイス別）　［資料2-4-3　p143］
　『ネット広告白書　2010』インプレスR&D　2009.9
　　◇米国のオンラインビデオ広告成長予測（2007年―2013年）　［資料3-3-5　p109］
東急エージェンシー
　『広告白書　2019年度版』日経広告研究所　2019.7
　　◇東急エージェンシーの売上構成（2018年3月期）　［p110］
　『広告白書　2020年度版』日経広告研究所　2020.9

◇東急エージェンシーの売上構成（2020年3月期）　［p107］
『広告白書　2021年度版』日経広告研究所　2021.8
　　◇東急エージェンシーの売上構成（2020年3月期）　［p33］

東京圏

『関西経済白書　2020』日経印刷　2020.10
　　◇商業地地価の推移〔大阪圏・東京圏・名古屋圏〕　［12.5　p273］
『関西経済白書　2021』日経印刷　2021.10
　　◇商業地地価の推移〔大阪圏・東京圏・名古屋圏〕　［12.5　p290］
『首都圏白書　平成9年版』大蔵省印刷局　1997.6
　　◇東京圏の事務所・店舗等の床面積のシェア推移　［図9-4-8　p317］
『情報メディア白書　1997年版』電通総研　1997.1
　　◇テレビCM認知率トップ10（1995年／東京30km圏）　［図表Ⅰ-32-32　p193］
『情報メディア白書　2016』ダイヤモンド社　2016.2
　　◇消費者にとっての各メディアの広告の印象〈2015年／東京50km圏／12～69歳男女個人〉［図表Ⅰ-11-42　p197］
『情報メディア白書　2019』ダイヤモンド社　2019.2
　　◇消費者にとっての各メディアの広告の印象〈2018年／東京50km圏／12～69歳男女個人〉［図表Ⅰ-11-42　p199］
『情報メディア白書　2022』ダイヤモンド社　2022.3
　　◇消費者にとっての各メディアの広告の印象〈2021年／東京50km圏／12～69歳男女個人〉［Ⅰ-11-45　p191］

東京都

『広告白書　2010』日経広告研究所　2010.7
　　◇東京キー5局のスポット広告費　［p87］
　　◇東京キー5局のタイム広告費　［p88］
『広告白書　2013』日経広告研究所　2013.7
　　◇東京キー5局の年度別スポット収入の推移　［p57］
　　◇東京キー5局の年度別タイム収入の推移　［p57］
『広告白書　2016』日経広告研究所　2016.7
　　◇東京キー5局の2015年度スポットCM収入の業種別シェアランキング　［p69］
『情報メディア白書　2005』ダイヤモンド社　2004.12
　　◇接触が多い広告媒体〈2003年／東京都〉［図表Ⅰ-12-38　p211］
『情報メディア白書　2007』ダイヤモンド社　2007.1
　　◇接触が多い広告媒体〈2005年／東京都〉［図表Ⅰ-13-38　p207］
　　◇最も関心がある媒体〈2005年／東京都〉［図表Ⅰ-13-39　p207］
『情報メディア白書　2010』ダイヤモンド社　2010.1
　　◇インターネット広告評価〈東京都〉［図表Ⅰ-13-19　p199］
　　◇交通広告評価〈東京都〉［図表Ⅰ-13-29　p201］
　　◇屋外広告評価〈東京都〉［図表Ⅰ-13-33　p202］
　　◇興味を持つ屋外広告の種類〈東京都〉［図表Ⅰ-13-34　p202］
　　◇接触が多い広告媒体〈2008年／東京都〉［図表Ⅰ-13-46　p205］
　　◇最も信頼できる広告媒体〈東京都〉［図表Ⅰ-13-47　p205］
『情報メディア白書　2023』ダイヤモンド社　2023.2
　　◇ラジオ広告出稿量の対前年比〈2021年／東阪10局〉［図表Ⅰ-7-16　p120］

東京都（卸売業）

『首都圏白書　平成16年版』国立印刷局　2004.6
　◇東京都中央卸売市場における野菜の主な産地（数量ベース）　［図表2-2-21　p68］
『水産白書　令和4年版』農林統計協会　2022.8
　◇消費地卸売市場（東京都）における魚種別平均販売金額の推移　［図表特-2-10　p24］
『東京の中小企業の現状（流通産業編）　平成26年度』東京都産業労働局　2015.3
　◇卸売業の事業所数・従業者数・年間商品販売額　［図表Ⅰ-2-4　p15］
　◇都内卸売業の推移（事業所数・従業者数）　［図表Ⅰ-2-5　p15］
　◇都内卸売業の推移（年間商品販売額）　［図表Ⅰ-2-6　p16］
　◇卸売業の業種別構成比（事業所数）　［図表Ⅰ-2-7　p16］
　◇卸売業の業種別構成比（従業者数）　［図表Ⅰ-2-8　p17］
　◇卸売業の業種別構成比（年間商品販売額）　［図表Ⅰ-2-9　p17］
　◇都内卸売業の従業者規模別構成比（従業者数）　［図表Ⅰ-2-18　p22］
　◇都内卸売業の従業者規模別増減率（平成24年/平成21年）　［図表Ⅰ-2-19　p23］
　◇都内卸売業の従業者規模別増減率（平成24年/平成21年）　［図表Ⅰ-2-22　p25］
　◇卸売業の単位当たり年間販売額　［図表Ⅰ-2-23　p26］
　◇卸機能の強化（インターネット販売状況別）　［図表Ⅲ-1-5　p196］
　◇ネット卸売業の課題　［図表Ⅲ-1-12　p205］
『東京の中小企業の現状（流通産業編）　平成29年度』東京都産業労働局　2018.3
　◇卸売業の事業所数、従業者数、年間商品販売額（東京・全国、平成26年）　［図表Ⅰ-2-4　p17］
　◇卸売業の推移（事業所数、従業者数）（東京）　［図表Ⅰ-2-5　p17］
　◇卸売業の推移（年間商品販売額）（東京）　［図表Ⅰ-2-6　p18］
　◇卸売業の業種別構成比（事業所数）（東京、平成26年）　［図表Ⅰ-2-7　p19］
　◇卸売業の業種別構成比（従業者数）（東京、平成26年）　［図表Ⅰ-2-8　p20］
　◇卸売業の業種別構成比（年間商品販売額）（東京、平成26年）　［図表Ⅰ-2-9　p20］
　◇卸売業の従業者規模別構成比（事業所数）（東京、平成26年）　［図表Ⅰ-2-10　p21］
　◇1事業所当たりの年間商品販売額（東京）〔東京の卸売業〕　［図表Ⅰ-2-11　p22］
　◇業種構成〔卸売業〕〔東京の中小流通産業の経営動向〕　［図表Ⅱ-1-2　p39］
　◇取引形態〔卸売業〕　［図表Ⅱ-1-3　p40］
　◇所在地〔卸売業〕　［図表Ⅱ-1-4　p41］
　◇支社・支店・営業所の有無〔卸売業〕　［図表Ⅱ-1-5　p42］
　◇従業者規模〔卸売業〕　［図表Ⅱ-1-6　p43］
　◇従業者の平均年齢〔卸売業〕　［図表Ⅱ-1-8　p45］
　◇企業形態〔卸売業〕　［図表Ⅱ-1-10　p47］
　◇資本金〔卸売業〕　［図表Ⅱ-1-11　p49］
　◇流通系列関係〔卸売業〕　［図表Ⅱ-1-12　p51］
　◇創業時期〔卸売業〕　［図表Ⅱ-1-13　p53］
　◇年間売上高〔東京の流通産業の経営実態（アンケート結果）卸売業〕　［図表Ⅱ-1-14　p55］
　◇売上高の変化〔卸売業〕　［図表Ⅱ-1-15　p57］
　◇売上総利益額〔卸売業〕　［図表Ⅱ-1-16　p59］
　◇売上総利益額の変化〔卸売業〕　［図表Ⅱ-1-17　p61］
　◇経常損益額の変化〔卸売業〕　［図表Ⅱ-1-20　p67］
　◇仕入先総数〔卸売業〕　［図表Ⅱ-1-22　p69］
　◇仕入先総数の変化〔卸売業〕　［図表Ⅱ-1-23　p71］
　◇仕入先の見直し状況〔卸売業〕　［図表Ⅱ-1-25　p74］
　◇仕入活動の課題〔卸売業〕　［図表Ⅱ-1-27　p78］

◇一般消費者への販売割合〔卸売業〕　　〔図表Ⅱ-1-32　p86〕
　　◇保管業務〔卸売業〕　　〔図表Ⅱ-1-34　p89〕
　　◇在庫管理〔卸売業〕　　〔図表Ⅱ-1-35　p90〕
　　◇流通加工〔卸売業〕　　〔図表Ⅱ-1-36　p91〕
　　◇配送・輸送〔卸売業〕　　〔図表Ⅱ-1-37　p92〕
　　◇インターネット販売の状況〔卸売業〕　　〔図表Ⅱ-1-43　p99〕
　　◇競争環境の変化〔卸売業〕　　〔図表Ⅱ-1-47　p107〕
　　◇東京の立地環境〔卸売業〕　　〔図表Ⅱ-1-48　p109〕
　　◇卸機能の強化〔東京の流通産業の経営実態（アンケート結果）卸売業〕　　〔図表Ⅱ-1-49　p111〕
　　◇情報収集源〔卸売業〕　　〔図表Ⅱ-1-50　p112〕
　　◇外部相談先〔卸売業〕　　〔図表Ⅱ-1-51　p113〕
　　◇事業展開の方向性〔東京の流通産業の経営実態（アンケート結果）卸売業〕　　〔図表Ⅱ-1-52　p115〕
　　◇物流コストの割合〔卸売業〕　　〔図表Ⅲ-2-1　p247〕
　　◇流通の効率化のための情報システム予算〔卸売業〕　　〔図表Ⅲ-2-5　p255〕
　　◇年間売上高〔卸売業〕〔東京の流通産業に関するテーマ分析（アンケート結果）〕　　〔図表Ⅲ-3-2　p257〕
　　◇卸機能の強化〔卸売業〕〔東京の流通産業に関するテーマ分析（アンケート結果）〕　　〔図表Ⅲ-3-3　p258〕
　　◇事業展開の方向性〔卸売業〕〔東京の流通産業に関するテーマ分析（アンケート結果）〕　　〔図表Ⅲ-3-6　p261〕
『東京の中小企業の現状（流通産業編）　令和2年度』東京都産業労働局　2021.3
　　◇卸売業の事業所数、従業者数、年間商品販売額（東京・全国、2016年）　　〔図表Ⅰ-2-4　p17〕
　　◇卸売業の業種別構成比（事業所数）（東京、2016年）　　〔図表Ⅰ-2-5　p17〕
　　◇卸売業の業種別構成比（従業者数）（東京、2016年）　　〔図表Ⅰ-2-6　p18〕
　　◇卸売業の業種別構成比（年間商品販売額）（東京、2016年）　　〔図表Ⅰ-2-7　p19〕
　　◇卸売業の従業者規模別構成比（事業所数）（東京、2016年）　　〔図表Ⅰ-2-8　p20〕
　　◇取引形態〔卸売業〕　　〔図表Ⅱ-1-3　p36〕
　　◇所在地〔卸売業〕　　〔図表Ⅱ-1-5　p38〕
　　◇支社・支店・営業所の有無〔卸売業〕　　〔図表Ⅱ-1-6　p38〕
　　◇従業者規模〔卸売業〕　　〔図表Ⅱ-1-9　p41〕
　　◇従業者の平均年齢〔卸売業〕　　〔図表Ⅱ-1-10　p42〕
　　◇仕入先の見直し状況〔卸売業〕　　〔図表Ⅱ-1-32　p71〕
　　◇仕入活動の課題〔卸売業〕　　〔図表Ⅱ-1-33　p73〕
　　◇一般消費者への販売状況〔卸売業〕　　〔図表Ⅱ-1-37　p81〕
　　◇在庫管理〔卸売業〕　　〔図表Ⅱ-1-41　p87〕
　　◇事業展開の方向性〔卸売業〕　　〔図表Ⅱ-1-55　p113〕
　　◇東京の立地環境（卸売業）　　〔図表Ⅲ-2-2　p251〕

東京都（小売業）

『企業戦略白書　Ⅷ（2008）』東洋経済新報社　2009.12
　　◇新宿区のHI指数とNEF（百貨店のみ）　　〔表5-3-1　p179〕

『首都圏白書　平成9年版』大蔵省印刷局　1997.6
　　◇東京都における生鮮3品及び米穀店舗数の減少割合（昭和60年を100とする）　　〔図6-7-7　p252〕

『情報メディア白書　2005』ダイヤモンド社　2004.12
　　◇小売物価推移一覧表〈東京都区部〉〔図表Ⅲ-7-1　p262～263〕

とうきょ　　　　　　　　　　　　　　統計図表レファレンス事典　商業・広告・マーケティング

『情報メディア白書　2007』ダイヤモンド社　2007.1
　◇小売物価推移一覧表〈東京都区部〉［図表Ⅲ-3-1　p258］
『情報メディア白書　2010』ダイヤモンド社　2010.1
　◇主な小売物価の推移〈東京都区部/全国統一価格〉［図表Ⅲ-9-3　p287］
『情報メディア白書　2013』ダイヤモンド社　2013.1
　◇主な小売物価の推移〈東京都区部/全国統一価格〉［図表Ⅲ-7-3　p257］
『情報メディア白書　2016』ダイヤモンド社　2016.2
　◇主な小売物価の推移〈東京都区部/全国統一価格〉［図表Ⅱ-5-3　p247］
『情報メディア白書　2019』ダイヤモンド社　2019.2
　◇主な小売物価の推移〈東京都区部/全国統一価格〉［図表Ⅱ-5-3　p251］
『情報メディア白書　2022』ダイヤモンド社　2022.3
　◇主な小売物価の推移〈東京都区部/全国統一価格〉［Ⅱ-5-3　p243］
『東京都中小企業経営白書　平成15年版』東京都産業労働局産業政策部調査研究課　2004.3
　◇東京における商店数の推移　［図表Ⅲ-1-6　p128］
『東京の中小企業の現状（流通産業編）　平成26年度』東京都産業労働局　2015.3
　◇小売業の事業所数・従業者数・年間商品販売額・売場面積　［図表Ⅰ-2-10　p18］
　◇都内小売業の推移（事業所数・従業者数）　［図表Ⅰ-2-11　p18］
　◇都内小売業の推移（年間商品販売額・売場面積）　［図表Ⅰ-2-12　p19］
　◇小売業の業種別構成比（事業所数）　［図表Ⅰ-2-13　p20］
　◇小売業の業種別構成比（従業者数）　［図表Ⅰ-2-14　p20］
　◇小売業の業種別構成比（年間商品販売額）　［図表Ⅰ-2-15　p21］
　◇小売業の業種別構成比（売場面積）　［図表Ⅰ-2-16　p21］
　◇都内小売業の従業者規模別構成比（事業所数）　［図表Ⅰ-2-20　p24］
　◇都内小売業の従業者規模別構成比（従業者数）　［図表Ⅰ-2-21　p24］
　◇小売業の単位当たり年間販売額　［図表Ⅰ-2-24　p27］
　◇店舗数　［図表Ⅱ-2-11　p113］
　◇主たる店舗の立地　［図表Ⅱ-2-13　p116］
　◇商店街組織の形成・加盟状況　［図表Ⅱ-2-14　p117］
　◇商店街組織への加盟状況　［図表Ⅱ-2-15　p117］
　◇主たる店舗の最新改装時期　［図表Ⅱ-2-16　p119］
　◇主たる店舗の売場面積　［図表Ⅱ-2-20　p124］
　◇店舗の営業時間　［図表Ⅱ-2-21　p125］
　◇店舗の営業時間の変化　［図表Ⅱ-2-22　p126］
　◇主たる店舗の商圏範囲　［図表Ⅱ-2-24　p128］
　◇インターネット販売の状況　［図表Ⅲ-1-1　p192］
　◇仕入活動の課題（インターネット販売状況別）　［図表Ⅲ-1-2　p193］
　◇競争環境の変化（インターネット販売状況別）　［図表Ⅲ-1-4　p195］
　◇インターネット販売における売上高の変化　［図表Ⅲ-1-8　p200］
　◇インターネットでの販売形態　［図表Ⅲ-1-10　p203］
　◇インターネットでの販売形態の分布　［図表Ⅲ-1-11　p203］
　◇仕入活動の課題（インターネット販売状況別）　［図表Ⅲ-1-14　p207］
　◇消費者意識や購買行動の変化（インターネット販売状況別）　［図表Ⅲ-1-16　p209］
　◇取扱商品の魅力向上に向けた取り組み（インターネット販売状況別）　［図表Ⅲ-1-17　p210］
　◇決済方法（インターネット販売状況別）　［図表Ⅲ-1-18　p211］
　◇インターネット販売の開始時期　［図表Ⅲ-1-19　p212］
　◇インターネット販売における売上高の変化　［図表Ⅲ-1-21　p215］
　◇インターネットでの販売形態　［図表Ⅲ-1-22　p217］

統計図表レファレンス事典　商業・広告・マーケティング　　　　　　　　　　　　　　とうきよ

　　◇インターネットでの販売形態の分布　［図表Ⅲ-1-23　p217］
　　◇ネット小売業の課題　［図表Ⅲ-1-24　p219］
　　◇コンビニエンスストアの品揃え・サービスの充実とその影響　［図表Ⅲ-3-1　p242］
　　◇都市型小型スーパーの進出とその影響　［図表Ⅲ-3-5　p247］
　　◇郊外型ショッピングセンターの進出とその影響　［図表Ⅲ-3-10　p252］
　　◇インターネット販売の増加とその影響　［図表Ⅲ-3-14　p256］
　　◇仕入活動の課題（インターネット販売の増加の影響度別）　［図表Ⅲ-3-15　p257］
　　◇取扱商品の魅力向上に向けた取り組み（インターネット販売の増加の影響度別）　［図表Ⅲ-3-16　p258］
　　◇スーパー等の宅配サービスの充実とその影響　［図表Ⅲ-3-18　p260］
『東京の中小企業の現状（流通産業編）　平成29年度』東京都産業労働局　2018.3
　　◇小売業の事業所数、従業者数、年間商品販売額、売場面積（東京・全国、平成26年）　［図表Ⅰ-2-12　p23］
　　◇小売業の推移（事業所数、従業者数）（東京）　［図表Ⅰ-2-13　p23］
　　◇小売業の推移（年間商品販売額、売場面積）（東京）　［図表Ⅰ-2-14　p24］
　　◇小売業の業種別構成比（事業所数）（東京、平成26年）　［図表Ⅰ-2-15　p25］
　　◇小売業の業種別構成比（従業者数）（東京、平成26年）　［図表Ⅰ-2-16　p25］
　　◇小売業の業種別構成比（年間商品販売額）（東京、平成26年）　［図表Ⅰ-2-17　p26］
　　◇小売業の業種別構成比（売場面積）（東京、平成26年）　［図表Ⅰ-2-18　p26］
　　◇小売業の従業者規模別構成比（事業所数）（東京、平成26年）　［図表Ⅰ-2-19　p27］
　　◇1事業所当たりの年間商品販売額（東京）［東京の小売業］　［図表Ⅰ-2-20　p28］
　　◇業種構成〔小売業〕　［図表Ⅱ-2-2　p117］
　　◇所在地〔小売業〕　［図表Ⅱ-2-3　p117］
　　◇従業者規模〔小売業〕　［図表Ⅱ-2-4　p118］
　　◇従業者の平均年齢〔小売業〕　［図表Ⅱ-2-6　p120］
　　◇企業形態〔小売業〕　［図表Ⅱ-2-8　p122］
　　◇創業時期〔小売業〕　［図表Ⅱ-2-10　p124］
　　◇店舗数〔小売業〕　［図表Ⅱ-2-11　p125］
　　◇総売場面積〔小売業〕　［図表Ⅱ-2-12　p127］
　　◇商店街組織の形成状況　［図表Ⅱ-2-15　p132］
　　◇商店街組織への加盟状況〔小売業〕　［図表Ⅱ-2-16　p133］
　　◇土地の所有状況〔東京の流通産業の経営実態（アンケート結果）小売業〕　［図表Ⅱ-2-17　p135］
　　◇建物の所有状況〔東京の流通産業の経営実態（アンケート結果）小売業〕　［図表Ⅱ-2-18　p137］
　　◇店舗の営業時間〔小売業〕　［図表Ⅱ-2-21　p140］
　　◇店舗の営業時間の変化〔小売業〕　［図表Ⅱ-2-22　p141］
　　◇年間売上高〔東京の流通産業の経営実態（アンケート結果）小売業〕　［図表Ⅱ-2-25　p145］
　　◇売上高の変化〔小売業〕　［図表Ⅱ-2-26　p147］
　　◇売上総利益額〔小売業〕　［図表Ⅱ-2-27　p148］
　　◇売上総利益額の変化〔小売業〕　［図表Ⅱ-2-28　p149］
　　◇経常損益額の変化〔小売業〕　［図表Ⅱ-2-31　p153］
　　◇決済方法〔小売業〕　［図表Ⅱ-2-32　p154］
　　◇決済方法　現金〔小売業〕　［図表Ⅱ-2-33　p155］
　　◇決済方法　クレジットカード〔小売業〕　［図表Ⅱ-2-34　p155］
　　◇決済方法　電子マネー〔小売業〕　［図表Ⅱ-2-35　p155］
　　◇決済方法　代金引換〔小売業〕　［図表Ⅱ-2-36　p156］
　　◇決済方法　コンビニ支払〔小売業〕　［図表Ⅱ-2-37　p156］

とうきょ　　　　　　　　　　　　　　　　統計図表レファレンス事典　商業・広告・マーケティング

　　◇決済方法　銀行口座引落〔小売業〕　　〔図表Ⅱ-2-38　p156〕
　　◇決済方法　銀行口座振込〔小売業〕　　〔図表Ⅱ-2-39　p157〕
　　◇決済方法　デビットカード〔小売業〕　　〔図表Ⅱ-2-40　p157〕
　　◇仕入先総数〔小売業〕　　〔図表Ⅱ-2-46　p167〕
　　◇仕入先総数の変化〔小売業〕　　〔図表Ⅱ-2-47　p169〕
　　◇仕入先の見直し状況〔小売業〕　　〔図表Ⅱ-2-49　p172〕
　　◇最も多い仕入先〔小売業〕　　〔図表Ⅱ-2-50　p173〕
　　◇インターネット仕入高の割合〔小売業〕　　〔図表Ⅱ-2-52　p176〕
　　◇仕入活動の課題〔小売業〕　　〔図表Ⅱ-2-55　p180〕
　　◇チェーン等への加盟状況〔小売業〕　　〔図表Ⅱ-2-56　p181〕
　　◇主な顧客層〔小売業〕　　〔図表Ⅱ-2-57　p182〕
　　◇来店客数の変化〔小売業〕　　〔図表Ⅱ-2-58　p185〕
　　◇平均客単価の変化〔小売業〕　　〔図表Ⅱ-2-59　p187〕
　　◇取扱品目数〔小売業〕　　〔図表Ⅱ-2-62　p191〕
　　◇取扱品目数の変化〔小売業〕　　〔図表Ⅱ-2-63　p193〕
　　◇消費者意識や購買行動の変化で重視している事項〔小売業〕　　〔図表Ⅱ-2-69　p204〕
　　◇経営上の強み〔小売業〕　　〔図表Ⅱ-2-80　p215〕
　　◇インターネット販売の状況〔小売業〕　　〔図表Ⅱ-2-86　p221〕
　　◇事業承継の希望・方針〔小売業〕　　〔図表Ⅲ-1-2　p231〕
　　◇現実の後継者の状況〔小売業〕　　〔図表Ⅲ-1-3　p233〕
　　◇事業承継の希望・方針〔小売業〕　　〔図表Ⅲ-1-7　p239〕
　　◇現実の後継者の状況〔小売業〕　　〔図表Ⅲ-1-8　p241〕
　　◇年間売上高（小売業）〔東京の流通産業に関するテーマ分析（アンケート結果）〕　　〔図表Ⅲ-3-8　p263〕
　　◇土地の所有状況（小売業）〔東京の流通産業に関するテーマ分析（アンケート結果）〕　　〔図表Ⅲ-3-11　p266〕
　　◇建物の所有状況（小売業）〔東京の流通産業に関するテーマ分析（アンケート結果）〕　　〔図表Ⅲ-3-12　p266〕
　　◇IT利活用に伴う生産性の向上（小売業）〔東京の流通産業に関するテーマ分析（アンケート結果）〕　　〔図表Ⅲ-3-13　p267〕
『東京の中小企業の現状（流通産業編）　令和2年度』東京都産業労働局　2021.3
　　◇小売業の事業所数、従業者数、年間商品販売額、売場面積（東京・全国、2016年）　　〔図表Ⅰ-2-10　p21〕
　　◇小売業の業種別構成比（事業所数）（東京、2016年）　　〔図表Ⅰ-2-11　p21〕
　　◇小売業の業種別構成比（従業者数）（東京、2016年）　　〔図表Ⅰ-2-12　p22〕
　　◇小売業の業種別構成比（年間商品販売額）（東京、2016年）　　〔図表Ⅰ-2-13　p23〕
　　◇小売業の業種別構成比（売場面積）（東京、2016年）　　〔図表Ⅰ-2-14　p24〕
　　◇小売業の従業者規模別構成比（事業所数）（東京、2016年）　　〔図表Ⅰ-2-15　p24〕
　　◇所在地〔小売業〕　　〔図表Ⅱ-2-3　p124〕
　　◇従業者規模〔小売業〕　　〔図表Ⅱ-2-6　p127〕
　　◇従業者の平均年齢〔小売業〕　　〔図表Ⅱ-2-7　p128〕
　　◇店舗数〔小売業〕　　〔図表Ⅱ-2-11　p132〕
　　◇商店街組織の形成状況〔小売業〕　　〔図表Ⅱ-2-27　p152〕
　　◇商店街組織への加盟状況〔小売業〕　　〔図表Ⅱ-2-28　p153〕
　　◇土地の所有状況〔小売業〕　　〔図表Ⅱ-2-29　p155〕
　　◇店舗の営業時間〔小売業〕　　〔図表Ⅱ-2-33　p161〕
　　◇最も多い仕入先〔小売業〕　　〔図表Ⅱ-2-40　p172〕
　　◇仕入先の見直し状況〔小売業〕　　〔図表Ⅱ-2-42　p175〕
　　◇仕入活動の課題〔小売業〕　　〔図表Ⅱ-2-46　p180〕

◇主な顧客層〔小売業〕　〔図表Ⅱ-2-47　p181〕
　　◇来店客数の変化〔小売業〕　〔図表Ⅱ-2-48　p183〕
　　◇取扱品目数〔小売業〕　〔図表Ⅱ-2-53　p193〕
　　◇事業展開の方向性〔小売業〕　〔図表Ⅱ-2-72　p223〕
　　◇現実の後継者の状況〔小売業〕　〔図表Ⅱ-2-75　p229〕
『百貨店調査年鑑　2021年度』ストアーズ社　2021.9
　　◇東京各店 年間、商品別売上高〔2020年全国百貨店年間商品別売上高集計〕　〔p26〕
　　◇東京 基礎データ〔全国百貨店名簿/小売業商店数・百貨店売上シェアほか〕　〔p261〕
『百貨店調査年鑑　2022年度』ストアーズ社　2022.9
　　◇東京各店 年間、商品別売上高〔2021年全国百貨店年間商品別売上高集計〕　〔p26〕
　　◇東京 基礎データ〔全国百貨店名簿/小売業商店数・百貨店売上シェアほか〕　〔p261〕
『百貨店調査年鑑　2023年度』ストアーズ社　2023.9
　　◇東京各店 年間、商品別売上高〔2022年全国百貨店年間商品別売上高集計〕　〔p26〕
　　◇東京 基礎データ〔全国百貨店名簿/小売業商店数・百貨店売上シェアほか〕　〔p261〕
『物価レポート　'97』経済企画協会　1997.10
　　◇東京及び海外主要5都市における食料品の小売価格調査（農林水産省）　〔図表3　p86〕

東京都中央卸売市場

『建設白書　平成9年版』大蔵省印刷局　1997.8
　　◇東京都中央卸売市場の野菜入荷高（金額）における東京都からの距離帯別シェアの推移　〔図2-Ⅲ-4　p306〕
『国民の栄養白書　2016-2017年版』日本医療企画　2016.11
　　◇H27年キャベツ東京中央卸売市場入荷量・平均価格推移　〔図7　p100〕
『首都圏白書　平成16年版』国立印刷局　2004.6
　　◇東京都中央卸売市場における野菜の主な産地（数量ベース）　〔図表2-2-21　p68〕
『水産白書　平成19年版』農林統計協会　2007.6
　　◇冷凍マグロ類4種の価格の推移（東京都中央卸売市場（消費地市場））　〔p4〕
『図説 漁業白書　平成8年度版』農林統計協会　1997.5
　　◇東京都中央卸売市場における主な魚類の価格動向（7年）　〔図Ⅱ-5-5　p48〕
『図説 農業白書　平成8年度版』農林統計協会　1997.5
　　◇東京都中央卸売市場におけるトマトの月別・産地別取扱量　〔図Ⅰ-35　p66〕

統合型マーケティング

『広告白書　2019年度版』日経広告研究所　2019.7
　　◇統合型マーケティングのコミュニケーション面で重視する点　〔p33〕
　　◇最近の広告業界のトピックスのうち、重要な問題と考える項目（統合型マーケティング導入企業の回答上位10項目）　〔p34〕
　　◇メディア間の統合以外に、重要と考えられる統合（複数回答）〔統合型マーケティング〕　〔p214〕
　　◇統合型マーケティングの導入の有無　〔p214〕
　　◇統合型マーケティングコミュニケーションで重視すること（複数回答）　〔p214〕
　　◇統合型マーケティング運用上の課題（複数回答）　〔p214〕
　　◇統合型マーケティングの効果（複数回答）〔広告業界の課題〕　〔p216〕

倒産件数（スーパーマーケット）

『スーパーマーケット白書　2016年版』新日本スーパーマーケット協会　2016.2
　　◇倒産件数（2013年～2015年）〔スーパーマーケット業〕　〔p79〕

とうしこ　　　　　　　　　　　統計図表レファレンス事典　商業・広告・マーケティング

『スーパーマーケット白書　2023年版』全国スーパーマーケット協会　2023.2
　◇食品スーパーマーケットの倒産件数〔2022年のスーパーマーケット動向〕　〔図表1-29　p41〕

投資広告

『消費者白書　令和元年版』勝美印刷　2019.7
　◇副業や投資の広告に接して契約した又は契約することを検討した理由　〔図表Ⅱ-1-6-7　p200〕

投資対効果

『インターネット白書　2004』インプレス　ネットビジネスカンパニー　2004.7
　◇ネットショップの集客手段で最も投資対効果の高いもの（単数回答）　〔資料6-2-6　p299〕
　◇ネットショップが投資対効果を期待して取り組みたい対策　〔資料6-2-14　p303〕

東北地方

『地域の経済　2012』日経印刷　2012.12
　◇東北のスーパー及びコンビニエンス・ストア店舗数の推移　〔第2-2-30図　p109〕
　◇東北の1店舗当たりのスーパー販売額の推移　〔第2-2-32図　p110〕

『中小企業白書　2013年版』佐伯印刷　2013.8
　◇東北地方の大型小売店舗販売額の推移　〔第1-1-29図　p28〕

『東北経済白書　平成16年版』経済産業調査会　2004.12
　◇東北の大型小売店の低下要因（商品別寄与度）　〔図1-2-11　p10〕
　◇東北の家電量販店における販売動向　〔図1-2-13　p11〕
　◇東北の家電量販店における販売動向（寄与度）　〔図1-2-14　p12〕
　◇東北の商業の全国比（平成14年）　〔図2-2-1　p110〕
　◇東北における卸売業の推移と東北6県別動向　〔図2-2-2　p111〕
　◇東北の卸売業経営形態別構成比　〔図2-2-5　p112〕
　◇東北における小売業の推移と東北6県別動向　〔図2-2-7　p113〕
　◇東北の小売業経営形態別構成比　〔図2-2-9　p113〕
　◇東北の小売業従業者規模別構成比　〔図2-2-10　p114〕

『東北経済白書　平成18年版』経済産業調査会　2007.1
　◇東北の商業の全国比（平成16年）　〔図2-2-1　p116〕

『東北圏社会経済白書　2015年度』東北活性化研究センター　2016.3
　◇東北圏の卸売販売額・従業者数の推移　〔p27〕
　◇東北圏の小売販売額・従業者数の推移　〔p27〕
　◇東北圏の大型小売店の店舗数・面積の推移　〔p28〕
　◇スーパー販売額の推移（東北6県）　〔p49〕
　◇百貨店販売額の推移（東北6県）　〔p49〕
　◇コンビニエンスストア販売額の推移（東北6県）　〔p50〕
　◇事業所数（法人・個人・卸売・小売別）　〔p157～158〕

『東北圏社会経済白書　2018年度』東北活性化研究センター　2019.3
　◇卸売販売額・従業者数の推移　〔p30〕
　◇小売販売額・従業者数の推移　〔p30〕
　◇市町村の小売販売額（2016年）　〔p31〕
　◇大型小売店の店舗数・面積の推移　〔p31〕
　◇スーパーマーケット販売額の推移（東北6県）　〔p52〕
　◇百貨店販売額の推移（東北6県）　〔p52〕
　◇コンビニエンスストア販売額の推移（東北6県）　〔p53〕

『百貨店調査年鑑　2021年度』ストアーズ社　2021.9
　　◇東北各店　年間、商品別売上高〔2020年全国百貨店年間商品別売上高集計〕　〔p31〕
　　◇東北　基礎データ〔全国百貨店名簿/小売業商店数・百貨店売上シェアほか〕　〔p219〕
『百貨店調査年鑑　2022年度』ストアーズ社　2022.9
　　◇東北各店　年間、商品別売上高〔2021年全国百貨店年間商品別売上高集計〕　〔p31〕
　　◇東北　基礎データ〔全国百貨店名簿/小売業商店数・百貨店売上シェアほか〕　〔p219〕
『百貨店調査年鑑　2023年度』ストアーズ社　2023.9
　　◇東北各店　年間、商品別売上高〔2022年全国百貨店年間商品別売上高集計〕　〔p31〕
　　◇東北　基礎データ〔全国百貨店名簿/小売業商店数・百貨店売上シェアほか〕　〔p219〕

特区

『地域の経済　2006』日本統計協会　2007.2
　　◇大型店出店のための手続きを簡素化した特区の効果　〔第2-1-20表　p81〕

ドラッグストア

『関西経済白書　2019』丸善プラネット　2019.9
　　◇ドラッグストア販売額の推移　〔3.14.6　p233〕
『関西経済白書　2020』日経印刷　2020.10
　　◇ドラッグストア販売額の推移〔関西・関東・中部〕　〔3.14.6　p255〕
『関西経済白書　2021』日経印刷　2021.10
　　◇ドラッグストア販売額前年同月比増減率の推移〔関西・関東・中部〕　〔3.14.6　p273〕
『関西経済白書　2022』日経印刷　2022.10
　　◇ドラッグストア販売額前年同月比増減率の推移　〔3.14.6　p233〕
『関西経済白書　2023』日経印刷　2023.10
　　◇ドラッグストア販売額前年同月比増減率の推移〔関西・関東・中部〕　〔3.14.6　p237〕
『九州経済白書　2007年版』九州経済調査協会　2007.2
　　◇ドラッグストアの商品別売上構成と利益率(全国・2006年)　〔図表1-18　p61〕
『九州経済白書　2010年版』九州経済調査協会　2010.2
　　◇ドラッグストア、ディスカウントストアの販売額増減率　〔参考図表1　p16〕
　　◇2007年年間商品販売額の04年比(ドラッグストア)　〔図表3-17　p49〕
『商業施設計画総覧　2023年版』産業タイムス社　2022.11
　　◇ドラッグストア主要各社の出店動向　〔p71〕
『消費社会白書　2019』JMR生活総合研究所　2018.12
　　◇ドラッグストアとの比較による購入食品の違い　〔図表8-13　p110〕
　　◇各チャネルの選択理由と期待　〔図表8-14　p111〕
　　◇ドラッグストア利用における地域差　〔図表8-15　p112〕
『新聞折込広告効果測定調査―調査レポート―』エム・エス・エス　2006.3
　　◇2004年　配布された新聞折込広告に対し閲読した枚数の割合　薬品・化粧品〔年齢別〕　〔p62,124〕
　　◇配布された新聞折込広告に対し閲読した枚数の割合　薬品・化粧品〔性別〕　〔p62,124〕
　　◇2004年　配布された新聞折込広告の利用有無　薬品・化粧品〔年齢別〕　〔p84,131〕
　　◇配布された新聞折込広告の利用有無　薬品・化粧品〔性別〕　〔p84,131〕
『スーパーマーケット白書　2016年版』新日本スーパーマーケット協会　2016.2
　　◇地域別各業態店舗数増加率　〔図表6-2-26　p67〕
『スーパーマーケット白書　2023年版』全国スーパーマーケット協会　2023.2
　　◇スーパー・ドラッグストアでの食品購入金額の推移　〔図表2-3　p50〕

とらふい　　　　　　　　　　　　　統計図表レファレンス事典　商業・広告・マーケティング

　　◇2022年スーパー・ドラッグストアでの購入金額前年比の要因分解　〔図表2-4　p51〕
　　◇スーパーマーケットとドラッグストアの利用理由（複数回答）のスコア差　〔図表2-7　p52〕
『スーパーマーケット白書　2024年版』全国スーパーマーケット協会　2024.2
　　◇2023年スーパーとドラッグストアでの購入金額要因分解（前年比）　〔補足3 図表1　p75〕
　　◇ドラッグストアの食品カテゴリー構成比の推移〔売上における〕　〔補足3 図表2　p75〕
　　◇業態間シェア流出入（シェアは22年シェア→23年シェアを表す）〔購入金額〕　〔補足3 図表3　p75〕
　　◇スーパーマーケットとドラッグストアを利用する理由　〔補足3 図表4　p76〕
　　◇ドラッグストアのカテゴリー構成比推移　〔図表2　p93〕
『地域経済総覧（週刊東洋経済臨時増刊/Data Bank SERIES）　2024年版』東洋経済新報社　2023.9
　　◇コンビニ，家電大型専門店，ドラッグストア，ホームセンター〔店舗数・販売額・販売額増減率/都道府県別データ〕　〔p188〕

トラフィックゲート

『インターネット白書　2004』インプレス　ネットビジネスカンパニー　2004.7
　　◇トラフィックゲートの広告主　〔資料6-1-9　p293〕

トラフィック効果

『ネット広告白書　2010』インプレスR&D　2009.9
　　◇トラフィック（顧客誘導）効果の比較　〔資料2-2-3　p52〕

取扱商品

『インターネット白書　2004』インプレス　ネットビジネスカンパニー　2004.7
　　◇取扱商品　〔資料6-2-2　p297〕
『九州経済白書　2004年版』九州経済調査協会　2004.2
　　◇通信販売の取扱商品上位10品目（2002年度・全国）　〔図3-32　p73〕
『九州経済白書　2010年版』九州経済調査協会　2010.2
　　◇新しい店舗の売場面積と品揃え（アイテム数）のフォーマット（小売）　〔図表2-7　p33〕
　　◇新タイプ店舗の品揃え　〔図表3-28　p54〕
『消費者白書　平成28年版』勝美印刷　2016.6
　　◇「インターネット通販」の商品・サービス別構成比（2015年度）　〔図表3-1-16　p124〕
『消費者白書　令和元年版』勝美印刷　2019.7
　　◇「インターネット通販」の商品・サービス別構成比（2018年）　〔図表Ⅱ-1-3-15　p169〕
『情報メディア白書　2019』ダイヤモンド社　2019.2
　　◇商品の平均単価/取り扱い商品数　〔図表Ⅰ-12-22　p206〕
『情報メディア白書　2023』ダイヤモンド社　2023.2
　　◇商品の平均単価/取り扱い商品数〔通信販売〕　〔図表Ⅰ-12-19　p192〕
『東京の中小企業の現状（流通産業編）　平成26年度』東京都産業労働局　2015.3
　　◇コンビニエンスストアの品揃え・サービスの充実とその影響　〔図表Ⅲ-3-1　p242〕
『東京の中小企業の現状（流通産業編）　平成29年度』東京都産業労働局　2018.3
　　◇取扱品目数〔小売業〕　〔図表Ⅱ-2-62　p191〕
　　◇取扱品目数の変化〔小売業〕　〔図表Ⅱ-2-63　p193〕
『東京の中小企業の現状（流通産業編）　令和2年度』東京都産業労働局　2021.3
　　◇取扱品目数〔小売業〕　〔図表Ⅱ-2-53　p193〕
　　◇3年前と比較した取扱品目数の変化〔小売業〕　〔図表Ⅱ-2-54　p194〕
　　◇3年前と比較した取扱いカテゴリ数（品揃えの幅）の変化〔小売業〕　〔図表Ⅱ-2-55　p195〕

◇3年前と比較したカテゴリ内でのアイテム数（品揃えの深さ）の変化〔小売業〕　　〔図表Ⅱ
　　　　-2-56　p197〕
　　『ホビー白書　2019年版』日本ホビー協会　2019.11
　　　◇ホビーの道具や材料の購入意識　6専門店と通販との品揃え比較（単一回答）　〔図表2-24
　　　　p90～91〕

取次会社

　　『情報メディア白書　1997年版』電通総研　1997.1
　　　◇大手取次2社の売上高—トーハン　〔図表Ⅰ-1-9　p14〕
　　　◇大手取次2社の売上高—日本出版販売　〔図表Ⅰ-1-9　p14〕
　　　◇取次各社の売上高　〔図表Ⅰ-1-10　p14〕
　　『情報メディア白書　2005』ダイヤモンド社　2004.12
　　　◇大手取次2社の売上高　〔図表Ⅰ-2-11　p54〕
　　『情報メディア白書　2007』ダイヤモンド社　2007.1
　　　◇主な取次の売上高　〔図表Ⅰ-2-12　p48〕
　　『情報メディア白書　2010』ダイヤモンド社　2010.1
　　　◇主な取次の売上高　〔図表Ⅰ-2-12　p44〕
　　『情報メディア白書　2013』ダイヤモンド社　2013.1
　　　◇出版社取次売上高トップ10〈2011年〉〔図表Ⅰ-2-12　p60〕
　　『情報メディア白書　2016』ダイヤモンド社　2016.2
　　　◇出版社取次売上高トップ9〈2014年度〉〔図表Ⅰ-2-7　p69〕
　　『情報メディア白書　2019』ダイヤモンド社　2019.2
　　　◇主な出版取次の売上高　〔図表Ⅰ-2-6　p70〕
　　『情報メディア白書　2022』ダイヤモンド社　2022.3
　　　◇主な出版取次の売上高　〔Ⅰ-2-6　p62〕

トレーサビリティシステム

　　『九州経済白書　2004年版』九州経済調査協会　2004.2
　　　◇食品卸売業者のトレーサビリティ・システム導入に向けた考え方　〔図Ⅰ-13　p12〕

【な】

仲卸業

　　『図説　食料・農業・農村白書　平成15年度』農林統計協会　2004.6
　　　◇卸売業者及び仲卸業者の経営状況の推移　〔表Ⅰ-7　p69〕

名古屋圏

　　『関西経済白書　2020』日経印刷　2020.10
　　　◇商業地地価の推移〔大阪圏・東京圏・名古屋圏〕　〔12.5　p273〕
　　『関西経済白書　2021』日経印刷　2021.10
　　　◇商業地地価の推移〔大阪圏・東京圏・名古屋圏〕　〔12.5　p290〕

名古屋市

　　『土地白書　平成16年版』国立印刷局　2004.7

◇名古屋市（商業地）地価　［図表1-2-9　p38］
『百貨店調査年鑑　2021年度』ストアーズ社　2021.9
　　◇名古屋各店　年間、商品別売上高〔2020年全国百貨店年間商品別売上高集計〕　［p28］
『百貨店調査年鑑　2022年度』ストアーズ社　2022.9
　　◇名古屋各店　年間、商品別売上高〔2021年全国百貨店年間商品別売上高集計〕　［p28］
『百貨店調査年鑑　2023年度』ストアーズ社　2023.9
　　◇名古屋各店　年間、商品別売上高〔2022年全国百貨店年間商品別売上高集計〕　［p28］

【に】

日用雑貨（購入先）

『スーパーマーケット白書　2024年版』全国スーパーマーケット協会　2024.2
　　◇カテゴリ別購入先　上位3位(生鮮、加工食品、日用雑貨等)　［図表4-11　p87］

日経広告研究所

『広告白書　2010』日経広告研究所　2010.7
　　◇日経広告研究所の予測　［p132］
『広告白書　2013』日経広告研究所　2013.7
　　◇日経広告研究所の予測　［p167］
『広告白書　2016』日経広告研究所　2016.7
　　◇日経広告研究所の予測　［p18］

日配品（スーパーマーケット）

『スーパーマーケット白書　2019年版』全国スーパーマーケット協会　2019
　　◇2018年　日配カテゴリー　前年同月比（既存店）の推移　［p21］
　　◇SCIデータでみるスーパーマーケットでの購入と商品市場規模の変化　洋日配・冷凍食品カテゴリー　［図表2-8　p55］
　　◇商品カテゴリー別スーパーマーケットと他業態利用頻度（日配品）　［図表2-19　p59］
　　◇洋日配・冷凍食品〔column　SCIデータでみる81品目の消費者購入金額とスーパーマーケット業態シェア〕　［p66］
　　◇日配カテゴリー〔資料4.2018年スーパーマーケット月別カテゴリー動向〕　［資料4-5　p104］
『スーパーマーケット白書　2022年版』全国スーパーマーケット協会　2022
　　◇2021年　日配カテゴリーの推移(既存店　前年同月比・前々年同月比)　［図表1-24　p33］
　　◇洋日配・冷凍食品〔資料1-1　SCIデータでみる81品目の消費者購入金額とスーパーマーケット業態シェア〕　［p100］
『スーパーマーケット白書　2023年版』全国スーパーマーケット協会　2023.2
　　◇2022年　日配カテゴリーの推移(既存店　前年同月比・前々年同月比)　［図表1-23　p34］
　　◇洋日配・冷凍食品〔資料1-1　SCIデータでみる81品目の消費者購入金額とスーパーマーケット業態シェア〕　［p114］
『スーパーマーケット白書　2024年版』全国スーパーマーケット協会　2024.2
　　◇2023年　日配カテゴリー既存店前年同月比　［図表1-27　p36］
　　◇洋日配・冷凍食品〔資料1-1　SCIデータでみる81品目の消費者購入金額とスーパーマーケット業態シェア〕　［p118］

日本広告審査機構　⇒JARO（日本広告審査機構）を見よ
入荷量（卸売）
　『国民の栄養白書　2016-2017年版』日本医療企画　2016.11
　　　◇H27年キャベツ東京中央卸売市場入荷量・平均価格推移　［図7　p100］

【ね】

ネット卸売業
　『東京の中小企業の現状（流通産業編）　平成26年度』東京都産業労働局　2015.3
　　　◇ネット卸売業の課題　［図表Ⅲ-1-12　p205］

ネット小売業
　『東京の中小企業の現状（流通産業編）　平成26年度』東京都産業労働局　2015.3
　　　◇ネット小売業の課題　［図表Ⅲ-1-24　p219］

ネットショップ
　『インターネット白書　2004』インプレス　ネットビジネスカンパニー　2004.7
　　　◇ネットショップの開店歴　［資料6-2-1　p297］
　　　◇取扱商品　［資料6-2-2　p297］
　　　◇ネットショップの運営形態とモールの利用（主力店舗順）　［資料6-2-3　p298］
　　　◇ネットショップの代金決済手段　［資料6-2-4　p298］
　　　◇ネットショップの集客手段（複数回答）　［資料6-2-5　p299］
　　　◇ネットショップの集客手段で最も投資対効果の高いもの（単数回答）　［資料6-2-6　p299］
　　　◇ネットショップがアウトソーシングしている分野　［資料6-2-10　p301］
　　　◇ネットショップの売上高　［資料6-2-11　p302］
　　　◇ネットショップを運営する上での問題点　［資料6-2-13　p303］
　　　◇ネットショップが投資対効果を期待して取り組みたい対策　［資料6-2-14　p303］
　『情報通信白書　平成25年版』日経印刷　2013.7
　　　◇国内における実店舗・ネット店舗における顧客の購買行動　［図表1-1-3-16　p43］

ネット書店
　『情報メディア白書　2013』ダイヤモンド社　2013.1
　　　◇主なネット書店販売額〈書籍、CD・DVD〉［図表Ⅰ-2-15　p60］
　『情報メディア白書　2016』ダイヤモンド社　2016.2
　　　◇主なネット書店販売額〈書籍、CD・DVD〉［図表Ⅰ-2-10　p69］

ネットスーパー
　『インターネット白書　2012』インプレスジャパン　2012.7
　　　◇ネットスーパーの認知と利用状況［2011年－2012年］　［資料1-4-8　p65］
　　　◇ネットスーパーの認知と利用状況［性年代別］　［資料1-4-9　p65］
　『スーパーマーケット白書　2023年版』全国スーパーマーケット協会　2023.2
　　　◇ネットスーパーで購入する商品　［図表A-20　p106］
　　　◇ネットスーパーではなく店頭で購入したい理由　［図表A-21　p107］

ネット通販　⇒インターネット通販 を見よ
ネット・ローカル
『情報メディア白書　1997年版』電通総研　1997.1
　◇ネット・ローカルからみたテレビCMの業種別広告主数（1995年）　［図表Ⅰ-32-13　p187］

年間売上高
『広告白書　平成16年版』日経広告研究所　2004.7
　◇広告業の事業所数、従業者数及び年間売上高　［資料3-1　p224］
　◇広告業の業務種類別年間売上高　［資料3-3　p225］
　◇広告業の契約先産業別年間売上高　［資料3-4　p225］

『広告白書　2007』日経広告研究所　2007.7
　◇広告業の事業所数，従業者数及び年間売上高　［資料1-1　p170］
　◇広告業の業務種類別年間売上高　［資料1-5　p171］
　◇広告業の契約先産業別年間売上高　［資料1-6　p171］

『広告白書　2010』日経広告研究所　2010.7
　◇広告業の年間売上高　［p73］
　◇広告業の事業所数，従業者数及び広告業務年間売上高　［資料1-1　p176］

『広告白書　2013』日経広告研究所　2013.7
　◇広告業の事業所数，従業者数および広告業務年間売上高　［資料1-1　p172］

『広告白書　2016』日経広告研究所　2016.7
　◇広告業の事業所数，従業者数および広告業務年間売上高　［資料1-1　p200］
　◇広告業務の業務種類別年間売上高　［資料1-4　p201］
　◇広告業務の契約先産業別年間売上高（事業従事者5人以上）　［資料1-6　p201］

『広告白書　2019年度版』日経広告研究所　2019.7
　◇広告業の事業所数、従業者数および広告業務年間売上高　［p155］

『広告白書　2020年度版』日経広告研究所　2020.9
　◇広告業の事業所数、従業者数および広告業務年間売上高　［資料1　p155］

『広告白書　2021年度版』日経広告研究所　2021.8
　◇広告業の事業所数、従業者数および広告業務年間売上高　［資料1　p199］

『広告白書　2022年度版』日経広告研究所　2022.8
　◇広告業の事業所数、従業者数および広告業務年間売上高　［p211］

『広告白書　2023-24年版』日経広告研究所　2023.10
　◇広告業の事業所数、従業者数および広告業務年間売上高　［p191］

『こども服白書　2008』日本繊維新聞社　2007.10
　◇全国百貨店2006年度年間売上高　［p140〜145］

『東京の中小企業の現状（流通産業編）　令和2年度』東京都産業労働局　2021.3
　◇3年前と比較した年間売上高の変化〔卸売業〕　［図表Ⅱ-1-15　p47］
　◇直近決算の年間売上高〔卸売業〕　［図表Ⅱ-1-16　p48］
　◇3年前と比較した年間売上高の変化〔小売業〕　［図表Ⅱ-2-14　p135］
　◇直近決算の年間売上高〔小売業〕　［図表Ⅱ-2-15　p136］

『特定サービス産業実態調査報告書　広告業編　平成30年』経済産業統計協会　2020.1
　◇事業所数、従業者数、事業従事者数、年間売上高、年間営業費用、1事業所当たり及び1人当たりの年間売上高〔広告業/全規模の部・総合〕　［1-①-第1表　p32］
　◇業務（主業、従業）別の年間売上高〔広告業/全規模の部・総合〕　［1-①-第2表　p34］
　◇経営組織別の事業所数、従業者数及び年間売上高〔広告業/全規模の部・総合〕　［1-①-

　　　　第3表　p36〕
　　◇広告業務の業務種類別の該当事業所数及び年間売上高、契約先産業別の該当事業所数及び年間売上高〔広告業/全規模の部・総合〕　〔1-①-第5表　p42〕
　　◇事業所数、従業者数、事業従事者数、年間売上高、年間営業費用、1事業所当たり及び1人当たりの年間売上高〔広告業/全規模の部・都道府県別〕　〔1-②-第1表　p46〕
　　◇業務(主業、従業)別の年間売上高〔広告業/全規模の部・都道府県別〕　〔1-②-第2表　p48〕
　　◇経営組織別の事業所数、従業者数及び年間売上高〔広告業/全規模の部・都道府県別〕　〔1-②-第3表　p50〕
　　◇広告業務の業務種類別の該当事業所数及び年間売上高、契約先産業別の該当事業所数及び年間売上高〔広告業/全規模の部・都道府県別〕　〔1-②-第5表　p56〕
　　◇事業所数、従業者数、事業従事者数、年間売上高、年間営業費用、1事業所当たり及び1人当たりの年間売上高〔広告業/事業従事者5人以上の部・総合〕　〔2-①-第1表　p60〕
　　◇業務(主業、従業)別の年間売上高〔広告業/事業従事者5人以上の部・総合〕　〔2-①-第2表　p62〕
　　◇経営組織別の事業所数、従業者数及び年間売上高〔広告業/事業従事者5人以上の部・総合〕　〔2-①-第3表　p64〕
　　◇広告業務の業務種類別の該当事業所数及び年間売上高〔広告業/事業従事者5人以上の部・総合〕　〔2-①-第5表　p70〕
　　◇広告業務の契約先産業別の該当事業所数及び年間売上高〔広告業/事業従事者5人以上の部・総合〕　〔2-①-第6表　p72〕
　　◇事業所数、従業者数、事業従事者数、年間売上高、年間営業費用、1事業所当たり及び1人当たりの年間売上高〔広告業/事業従事者5人以上の部・都道府県別〕　〔2-②-第1表　p80〕
　　◇業務(主業、従業)別の年間売上高〔広告業/事業従事者5人以上の部・都道府県別〕　〔2-②-第2表　p82〕
　　◇経営組織別の事業所数、従業者数及び年間売上高〔広告業/事業従事者5人以上の部・都道府県別〕　〔2-②-第3表　p84〕
　　◇広告業務の業務種類別の該当事業所数及び年間売上高〔広告業/事業従事者5人以上の部・都道府県別〕　〔2-②-第5表　p90〕
　　◇広告業務の契約先産業別の該当事業所数及び年間売上高〔広告業/事業従事者5人以上の部・都道府県別〕　〔2-②-第6表　p92〕

『ファミ通ゲーム白書　2022』KADOKAWA　2022.8
　　◇企業別　年間売上　TOP30メーカー及びアプリ別のテレビCM出稿状況　〔p258〜259〕
　　◇企業別　年間売上　TOP30　メーカー及びアプリ別のテレビCM出稿状況　〔p267〜268〕

『ORICONエンタメ・マーケット白書　2015』オリコン・リサーチ　2016.3
　　◇書籍年間売上額の分類別・書店形態別売上状況　〔p82〕

年間販売額

『関西活性化白書　2004年版』関西社会経済研究所　2004.5
　　◇卸売業の年間販売額および一店舗当たりの年間販売額の推移　〔図3-28　p190〕
　　◇小売業の年間販売額および一店舗当たりの年間販売額の推移　〔図3-30　p191〕
　　◇大型小売店の年間販売額および一店舗当たりの年間販売額の推移　〔図3-31　p192〕

『関西経済白書　2007年版』関西社会経済研究所　2007.6
　　◇卸売業(上図)と小売業(下図)の年間販売額　〔図表2-16　p62〕

『関西経済白書　2010年版』関西社会経済研究所　2010.9
　　◇卸売業の年間販売額及び一店舗当たりの年間販売額の推移　〔図表 資1-25-2　p242〕
　　◇小売業の年間販売額及び一店舗当たりの年間販売額の推移　〔図表 資1-26-2　p243〕
　　◇大型小売店の年間販売額及び一店舗当たりの年間販売額の推移　〔図表 資1-27　p244〕

ねんかん　　　　　　　　　　　　　　統計図表レファレンス事典　商業・広告・マーケティング

『関西経済白書　2013年版』アジア太平洋研究所　2013.9
　◇小売業の年間販売額及び一店舗当たりの年間販売額の推移　［図表資Ⅰ-26-2　(14)］
『関西経済白書　2016』丸善プラネット　2016.10
　◇小売業の年間販売額および1店舗当たりの年間販売額の推移　［3.16.1　p197］
　◇大型小売店の年間販売額および1店舗当たりの年間販売額の推移　［3.17　p197］
『関西経済白書　2019』丸善プラネット　2019.9
　◇小売業の年間販売額及び1店舗当たりの年間販売額の推移　［3.14.2　p232］
『関西経済白書　2020』日経印刷　2020.10
　◇小売店の年間販売額及び一店舗当たりの年間販売額の推移〔関西・関東・中部〕　［3.14.2　p254］
『九州経済白書　2004年版』九州経済調査協会　2004.2
　◇飲食料品卸売業の年間販売額等の推移（九州8県）　［図3-5　p50］
『九州経済白書　2010年版』九州経済調査協会　2010.2
　◇九州・山口の小売店事業所数・年間商品販売額・売場面積の推移　［図表3-1　p43］
　◇2007年年間商品販売額の04年比（食料品スーパー）　［図表3-16　p49］
　◇2007年年間商品販売額の04年比（ドラッグストア）　［図表3-17　p49］
　◇2007年年間商品販売額の04年比（ホームセンター）　［図表3-18　p50］
　◇2007年年間商品販売額の04年比（その他スーパー）　［図表3-19　p51］
　◇九州・山口の小売業年間販売額（立地環境別）増減率　［図表4-2　p64］
『首都圏白書　平成9年版』大蔵省印刷局　1997.6
　◇卸売業の年間販売額の変化　［図4-4-16　p120］
　◇小売業の年間販売額の変化　［図4-4-18　p121］
『首都圏白書　平成16年版』国立印刷局　2004.6
　◇小売業年間販売額の変化（平成9年を100とした指数）　［図表1-2-15　p35］
『情報通信白書　平成25年版』日経印刷　2013.7
　◇事例の対象小売業種の年間販売額の推移　［図表1-3-3-17　p172］
『食料・農業・農村白書　平成25年版』日経印刷　2013.7
　◇年間販売金額規模別の農産物直売所の割合の推移　［図3-6-9　p247］
『食料・農業・農村白書　令和4年版』日経印刷　2022.6
　◇農産物直売所数（販売金額規模別）　［図表1-7-1　p93］
『地域の経済　2006』日本統計協会　2007.2
　◇年間商品販売額に占める中心商業集積地の比率　［第2-1-24図　p85］
『中国地域白書　2015』中国地方総合研究センター　2016.6
　◇単位当たり年間商品販売額の推移（小売業の売場面積1㎡当たり年間商品販売額）　［p198］
　◇単位当たり年間商品販売額の推移（卸売業の従業者一人当たり年間商品販売額）　［p200］
　◇単位当たり年間商品販売額の推移（小売業の従業者一人当たり年間商品販売額）　［p200］
　◇単位当たり年間商品販売額の推移（小売業の売場面積1㎡当たり年間商品販売額）　［p200］
『中小企業白書　平成9年版』大蔵省印刷局　1997.5
　◇小売業態別年間販売額　［第2-3-3図　p222］
　◇小売業の年間販売額業態別構成比　［第2-3-4図　p222］
　◇小売業の従業者1人当たり年間販売額の推移　［第2-3-9図　p226］
　◇業態別従業者1人当たり年間販売額の推移（小規模小売業）　［第2-3-10図　p226］
　◇卸売業の年間販売額　［第2-3-13図　p228］
『東京都中小企業経営白書　平成15年版』東京都産業労働局産業政策部調査研究課　2004.3
　◇商店数と年間販売額の規模別構成比　［図表Ⅲ-1-9　p129］
　◇商店数と年間販売額の地域別構成　［図表Ⅲ-1-11　p130］

『東京の中小企業の現状（流通産業編）　平成26年度』東京都産業労働局　2015.3
　　◇卸売業の事業所数・従業者数・年間商品販売額　［図表Ⅰ-2-4　p15］
　　◇都内卸売業の推移（年間商品販売額）　［図表Ⅰ-2-6　p16］
　　◇卸売業の業種別構成比（年間商品販売額）　［図表Ⅰ-2-9　p17］
　　◇小売業の事業所数・従業者数・年間商品販売額・売場面積　［図表Ⅰ-2-10　p18］
　　◇都内小売業の推移（年間商品販売額・売場面積）　［図表Ⅰ-2-12　p19］
　　◇小売業の業種別構成比（年間商品販売額）　［図表Ⅰ-2-15　p21］
　　◇卸売業の単位当たり年間販売額　［図表Ⅰ-2-23　p26］
　　◇小売業の単位当たり年間販売額　［図表Ⅰ-2-24　p27］
『東京の中小企業の現状（流通産業編）　平成29年度』東京都産業労働局　2018.3
　　◇卸売業の事業所数、従業者数、年間商品販売額（東京・全国、平成26年）　［図表Ⅰ-2-4　p17］
　　◇卸売業の推移（年間商品販売額）（東京）　［図表Ⅰ-2-6　p18］
　　◇卸売業の業種別構成比（年間商品販売額）（東京、平成26年）　［図表Ⅰ-2-9　p20］
　　◇1事業所当たりの年間商品販売額（東京）〔東京の卸売業〕　［図表Ⅰ-2-11　p22］
　　◇小売業の事業所数、従業者数、年間商品販売額、売場面積（東京・全国、平成26年）　［図表Ⅰ-2-12　p23］
　　◇小売業の推移（年間商品販売額、売場面積）（東京）　［図表Ⅰ-2-14　p24］
　　◇小売業の業種別構成比（年間商品販売額）（東京、平成26年）　［図表Ⅰ-2-17　p26］
　　◇1事業所当たりの年間商品販売額（東京）〔東京の小売業〕　［図表Ⅰ-2-20　p28］
『東京の中小企業の現状（流通産業編）　令和2年度』東京都産業労働局　2021.3
　　◇卸売業の事業所数、従業者数、年間商品販売額（東京・全国、2016年）　［図表Ⅰ-2-4　p17］
　　◇卸売業の業種別構成比（年間商品販売額）（東京、2016年）　［図表Ⅰ-2-7　p19］
　　◇小売業の事業所数、従業者数、年間商品販売額、売場面積（東京・全国、2016年）　［図表Ⅰ-2-10　p21］
　　◇小売業の業種別構成比（年間商品販売額）（東京、2016年）　［図表Ⅰ-2-13　p23］
『民力　エリア・都市圏・市区町村別指標＋都道府県別資料　マーケティングに必須の地域データベース　2015』朝日新聞出版　2015.8
　　◇業種別小売業年間販売額　［p401］
　　◇商店年間販売額　卸売業，小売業　［p401］
　　◇品目別商品小売年間販売額（2007年）　［p405］
　　◇スーパーマーケット　店舗数，年間販売額　［p417］
　　◇消費生活協同組合　組合数，組合員数，年間販売額（2012年度）　［p417］
　　◇大型小売店　商店数，年間販売額　［p417］
　　◇業態別小売業商店数・年間販売額　［p418］

【の】

農産物卸売市場

『国民の栄養白書　2016-2017年版』日本医療企画　2016.11
　　◇（参考1）卸売市場数の推移　［表2-2　p94］

農産物直売所

『九州経済白書　2004年版』九州経済調査協会　2004.2
　　◇農産物直売所の立地数（2001年）と飲食料品小売業の従業者増加数（1991～2001年）の構成比（九州7県）　［図3-36　p76］

のうしよ　統計図表レファレンス事典　商業・広告・マーケティング

『九州経済白書　2010年版』九州経済調査協会　2010.2
　　◇人口千人当り農産物直売所販売金額　［図表1-28　p24］
　　◇農産物直売所の地域ブロック別展開状況　［図表4-23　p77］
『食料・農業・農村白書　平成22年版』佐伯印刷　2010.6
　　◇農産物直売所の経済効果　［図3-85　p174］
『食料・農業・農村白書　平成25年版』日経印刷　2013.7
　　◇年間販売金額規模別の農産物直売所の割合の推移　［図3-6-9　p247］
『食料・農業・農村白書　令和4年版』日経印刷　2022.6
　　◇農産物直売所数（販売金額規模別）　［図表1-7-1　p93］
『食料・農業・農村白書　参考統計表　令和元年版』日経印刷　2019.7
　　◇農産物の加工、農産物直売所の事業体数及び1事業体当たりの販売金額　［図表1-7-2　p31］
　　◇農産物直売所の総販売金額と総販売金額1億円以上の割合　［図表1-7-4　p33］

農商工等連携事業計画

『食料・農業・農村白書　平成25年版』日経印刷　2013.7
　　◇農商工等連携事業計画の認定状況　［図3-6-8　p246］

【は】

廃業時期

『東京の中小企業の現状（流通産業編）　令和2年度』東京都産業労働局　2021.3
　　◇廃業を決意した時期〔卸売業〕　［図表Ⅱ-1-60　p122］
　　◇廃業を決意した時期〔小売業〕　［図表Ⅱ-2-77　p232］

配送

『情報メディア白書　2023』ダイヤモンド社　2023.2
　　◇利用している配送方法〈2021年度〉〔通信販売〕　［図表Ⅰ-12-16　p192］
　　◇送料の負担状況〔通信販売〕　［図表Ⅰ-12-17　p192］
『スーパーマーケット白書　2019年版』全国スーパーマーケット協会　2019
　　◇自宅までの配送サービスへの対応　［図表1-16　p29］

波及効果

『広告白書　平成9年版』日経広告研究所　1997.7
　　◇各産業の広告に対する波及効果　［表3-10　p114］
　　◇広告の各産業に対する波及効果　［表3-12　p116］
『広告白書　平成16年版』日経広告研究所　2004.7
　　◇広告の各産業への波及効果（2003年名目）　［表3-6　p142］
　　◇各産業の広告への波及効果（2003年名目）　［表3-7　p142］

博報堂

『広告白書　2010』日経広告研究所　2010.7
　　◇博報堂DYグループの主要子会社業績　［p100］
『広告白書　2013』日経広告研究所　2013.7
　　◇博報堂DYグループの主要子会社業績　［p86］

『広告白書　2016』日経広告研究所　2016.7
　　◇博報堂DYHとADKの業績　［p111］
　　◇博報堂DYグループの主要子会社の業績　［p112］
　　◇博報堂DYH（連結）の業種別売上高（16年3月期）　［p114］
『広告白書　2019年度版』日経広告研究所　2019.7
　　◇前中期経営目標(15年3月期〜19年3月期)（博報堂）　［p106］
　　◇新中期経営目標(20年3月期〜24年3月期)（博報堂）　［p107］

パソコン

『情報メディア白書　2016』ダイヤモンド社　2016.2
　　◇PC/スマートフォンへのデジタル広告出稿状況　［図表Ⅰ-11-14　p191］
　　◇PC/スマートフォンへの出稿および出稿予定の広告タイプ〈2014年〉［図表Ⅰ-11-15　p191］
『情報メディア白書　2019』ダイヤモンド社　2019.2
　　◇パソコン、スマートフォン用に流している広告コンテンツの形態〈2017年〉［図表Ⅰ-11-16　p193］
『情報メディア白書　2022』ダイヤモンド社　2022.3
　　◇PCインターネット広告出稿動向　［Ⅰ-11-14　p185］
『ネット広告白書　2010』インプレスR&D　2009.9
　　◇中小広告主のパソコンでのインターネット広告の不満点(複数回答)　［資料6-1-28　p154］
　　◇中小広告主のパソコンでのインターネット広告の出稿目的[広告種類別]　［資料6-1-47　p166］
　　◇中小広告主のパソコンでのインターネット広告の効果測定指標[広告種類別]　［資料6-1-54　p172］
　　◇パソコンでのインターネット広告を見た後の行動(複数回答)　［資料6-2-8　p198］
『モバイル・コミュニケーション　2012-13』中央経済社　2012.8
　　◇直近にパソコンを使い通信販売やオークションで購入した品物(MA)　［資料3-9　p144］
　　◇直近にパソコンを使い通信販売やオークションで購入した品物の金額(SA)　［資料3-10　p145］

パーソナライズド広告

『情報通信白書　令和5年版』日経印刷　2023.7
　　◇パーソナライズされた検索結果や広告等が表示されることへの不安感の有無　［2-2-3-6　p27］
　　◇パーソナライズされた広告が表示されることによる利用への影響　［2-2-3-7　p27］

パートタイム労働者

『スーパーマーケット白書　2019年版』全国スーパーマーケット協会　2019
　　◇スーパーマーケットのパート・アルバイト時間給の変化　［図表1-12　p27］

バナー広告

『情報メディア白書　2023』ダイヤモンド社　2023.2
　　◇PCインターネット広告出稿動向〈バナーおよび動画広告/2021年度〉［図表Ⅰ-11-14　p179］

番組CM　⇒タイムCM を見よ

販売価格

『スーパーマーケット白書　2016年版』新日本スーパーマーケット協会　2016.2
　　◇野菜の販売価格指数の推移　［図表1-2-9　p10］
　　◇果物の販売価格指数の推移　［図表1-2-10　p10］

はんはい　　　　　　　　　　　　　　　統計図表レファレンス事典　商業・広告・マーケティング

　　　◇魚介類の販売価格指数の推移　［図表1-2-11　p10］
　　　◇牛肉の販売価格指数の推移　［図表1-2-12　p11］
　　　◇豚肉の販売価格指数の推移　［図表1-2-13　p11］
　　　◇鶏肉の販売価格指数の推移　［図表1-2-14　p11］
　　　◇仕入原価DIと販売価格DIの推移　［図表6-2-12　p63］
　『スーパーマーケット白書　2022年版』全国スーパーマーケット協会　2022
　　　◇販売価格DIの推移　［図表1-14　p21］
　『スーパーマーケット白書　2023年版』全国スーパーマーケット協会　2023.2
　　　◇販売価格DI〔2022年のスーパーマーケット動向〕　［図表1-9　p20］
　『スーパーマーケット白書　2024年版』全国スーパーマーケット協会　2024.2
　　　◇販売価格DI〔2023年のスーパーマーケット動向〕　［図表1-11　p21］
　『中小企業白書　平成9年版』大蔵省印刷局　1997.5
　　　◇5年前と比較した小売業と卸売業の販売単価の変化（中小企業）　［第2-3-33図　p240］
　『東京の中小企業の現状（流通産業編）　令和2年度』東京都産業労働局　2021.3
　　　◇価格決定において重視している事項〔卸売業〕　［図表Ⅱ-1-36　p79］
　『独占禁止白書　平成9年版』公正取引協会　1997.12
　　　◇この1年間に小売業者における通常の販売価格を理由とする要請等があった事例（食肉加工品）　［表2　p172］
　　　◇この1年間に小売業者における通常の販売価格を理由とする要請等があった事例（婦人衣料品）　［表3　p172～173］
　『独占禁止白書　平成30年版』公正取引協会　2018.1
　　　◇販売価格や販売価格の広告・表示に関する指導・要請の有無（小売業者からの回答）　［第8図　p150］

販売額

　　　⇒卸売業（販売額），小売業（販売額），コンビニエンスストア（販売額），出版販売額，年間販売額，百貨店（販売額）をも見よ
　『関西活性化白書　2004年版』関西社会経済研究所　2004.5
　　　◇家電販売額（店舗調整後）　［図-10　p12］
　　　◇家電品目別販売額推移（店舗調整後）　［表-3　p12］
　『関西経済白書　2007年版』関西社会経済研究所　2007.6
　　　◇大型小売店販売額（全店）の伸び（関西・全国）　［図表1-13　p18］
　　　◇大型小売店販売額（既存店）の伸び（関西・全国）　［図表1-14　p18］
　『情報メディア白書　1997年版』電通総研　1997.1
　　　◇店舗業種別販売額・売場面積比較（1994年）　［図表Ⅰ-1-15　p16］
　『スーパーマーケット白書　2016年版』新日本スーパーマーケット協会　2016.2
　　　◇スーパーマーケット販売額　前年同月比の推移　［図表6-2-1　p60］
　『スーパーマーケット白書　2019年版』全国スーパーマーケット協会　2019
　　　◇業態別飲食料品販売額の推移　［図表2-2　p51］
　『中国地域経済白書　2010』中国地方総合研究センター　2010.9
　　　◇商業販売額の業種別前年比増減率（全国）　［図2.1.3　p28］
　『中小企業白書・小規模企業白書　2022年版』日経印刷　2022.7
　　　◇商業販売額指数の推移　［第1-1-6図　上－Ⅰ-6］

販売管理費比率

　『物価レポート　'97』経済企画協会　1997.10

◇家電小売業のマージン率、売上高営業利益率、販売管理費比率の推移―(1)新興家電量
　　　販店　［図表3-2-1　p50］
　　◇家電小売業のマージン率、売上高営業利益率、販売管理費比率の推移―(2)家電量販店
　　　上位10社　［図表3-2-1　p50］
　　◇家電小売業のマージン率、売上高営業利益率、販売管理費比率の推移―(3)中小電器店
　　　［図表3-2-1　p50］

販売効率

『東北経済白書　平成16年版』経済産業調査会　2004.12
　　◇大型小売店販売効率の推移　［p13］
　　◇卸売業販売効率全国比推移　［図2-2-3　p111］
　　◇卸売業業種別販売効率全国比　［図2-2-4　p111］
　　◇小売業販売効率推移　［図2-2-8　p113］
『東北経済白書　平成18年版』経済産業調査会　2007.1
　　◇卸売業販売効率全国比推移及び卸売業業種別販売効率全国比（平成16年）　［図2-2-4　p117］
　　◇小売業販売効率全国比推移及び小売業業種別販売効率全国比（平成16年）　［図2-2-7　p118］

販売先

『東京の中小企業の現状（流通産業編）　平成26年度』東京都産業労働局　2015.3
　　◇インターネット販売における販売先　［図表Ⅲ-1-9　p201］
『東京の中小企業の現状（流通産業編）　令和2年度』東京都産業労働局　2021.3
　　◇3年前と比較した販売先企業数の変化〔卸売業〕　［図表Ⅱ-1-34　p75］
　　◇インターネット販売における販売先〔卸売業〕　［図表Ⅱ-1-53　p109］
　　◇インターネット販売における販売先〔小売業〕　［図表Ⅱ-2-70　p220］

販売戦略

『通商白書　2010』日経印刷　2010.7
　　◇新興国市場開拓に向け販売・マーケティングで重視する戦略（対民間事業者向け、対個
　　　人消費者向け別）　［第3-2-1-32図　p308］

販売促進

『スーパーマーケット白書　2016年版』新日本スーパーマーケット協会　2016.2
　　◇販売促進・サービス〔平成27年スーパーマーケット年次統計調査結果概要〕　［資料9-4
　　　p87］
『スーパーマーケット白書　2019年版』全国スーパーマーケット協会　2019
　　◇販売促進・サービス〔資料7.2018年スーパーマーケット業界の平均値〕　［資料7-4　p114］
『スーパーマーケット白書　2022年版』全国スーパーマーケット協会　2022
　　◇販売促進・サービス〔スーパーマーケット業界の平均値〕　［資料6-4　p114］
『スーパーマーケット白書　2023年版』全国スーパーマーケット協会　2023.2
　　◇販売促進・サービス〔スーパーマーケット業界の平均値〕　［資料6-4　p128］
『スーパーマーケット白書　2024年版』全国スーパーマーケット協会　2024.2
　　◇販売促進・サービス〔スーパーマーケット業界の平均値〕　［資料6-4　p132］

販売促進費

『広告白書　2020年度版』日経広告研究所　2020.9
　　◇該当する予算費目〔広告費/販売促進費〕　［p20］
『広告白書　2021年度版』日経広告研究所　2021.8
　　◇新しいコミュニケーション手法の会計品目〔広告費/販売促進費〕　［p18］

はんはい　　　　　統計図表レファレンス事典　商業・広告・マーケティング

『有力企業の広告宣伝費―NEEDS日経財務データより算定―　2023年版』日経広告研究所　2023.9
　　◇連結販売促進費上位100社　　［p56］
　　◇単独販売促進費上位100社　　［p57］

販売費率

『情報メディア白書　2022』ダイヤモンド社　2022.3
　　◇売上原価率と主な販売費率　［Ⅰ-12-6　p195］
『情報メディア白書　2023』ダイヤモンド社　2023.2
　　◇売上原価率と主な販売費率〔通信販売〕　［図表Ⅰ-12-6　p189］

販売部数

『広告白書　2007』日経広告研究所　2007.7
　　◇雑誌広告費と販売部数　［p56］

【ひ】

東日本大震災

『食料・農業・農村白書　平成25年版』日経印刷　2013.7
　　◇被災県で生産された農産物の販売・利用の取組を行う店舗・イベントをどう思うか　［図1-2-21　p46］
『地域の経済　2012』日経印刷　2012.12
　　◇東北のスーパー及びコンビニエンス・ストア店舗数の推移　［第2-2-30図　p109］
　　◇被災3県の大型小売店販売額の推移　［第2-2-31図　p110］
　　◇東北の1店舗当たりのスーパー販売額の推移　［第2-2-32図　p110］

非効率性（小売業）

『経済白書　平成9年版』大蔵省印刷局　1997.7
　　◇小売業、銀行業及び電力業の非効率性の変化　［第2-2-3図　p154］

非食品

『スーパーマーケット白書　2022年版』全国スーパーマーケット協会　2022
　　◇2021年　非食品カテゴリーの推移（既存店　前年同月比・前々年同月比）　［図表1-26　p37］
『スーパーマーケット白書　2023年版』全国スーパーマーケット協会　2023.2
　　◇2022年　非食品カテゴリーの推移（既存店　前年同月比・前々年同月比）　［図表1-25　p38］
『スーパーマーケット白書　2024年版』全国スーパーマーケット協会　2024.2
　　◇2023年　非食品カテゴリー既存店前年同月比　［図表1-29　p40］

非正規社員（小売業）

『九州経済白書　2007年版』九州経済調査協会　2007.2
　　◇小売業従業者・正規・非正規社員数（法人・2004年）　［図表1-9　p53］
『労働経済白書　平成19年版』国立印刷局　2007.8
　　◇小売業における営業時間と正社員・非正社員構成の関係　［第2-(2)-32図　p125］

ビデオゲームチェーン
『情報メディア白書　1997年版』電通総研　1997.1
　　◇ビデオゲームチェーンの店舗数　［図表Ⅰ-15-14　p95］

ビデオソフト小売店
『情報メディア白書　2005』ダイヤモンド社　2004.12
　　◇主なビデオソフト小売店売上高〈セル/レンタル〉［図表Ⅰ-4-23　p93］
『情報メディア白書　2007』ダイヤモンド社　2007.1
　　◇主なビデオソフト小売店売上高〈セル/レンタル〉［図表Ⅰ-5-21　p88］
『情報メディア白書　2010』ダイヤモンド社　2010.1
　　◇主なビデオソフト小売店・レンタル店の売上高　［図表Ⅰ-5-24　p86］

ビデオレンタル店
『情報メディア白書　1997年版』電通総研　1997.1
　　◇ビデオレンタル店舗数　［図表Ⅰ-9-11　p58］
『情報メディア白書　2010』ダイヤモンド社　2010.1
　　◇主なビデオソフト小売店・レンタル店の売上高　［図表Ⅰ-5-24　p86］
　　◇ビデオレンタル店の経営指標〈2008年/1店舗当たり平均〉［図表Ⅰ-5-26　p87］
　　◇ビデオレンタル店1店舗当たりの平均面積と会員数　［図表Ⅰ-5-27　p87］
『情報メディア白書　2013』ダイヤモンド社　2013.1
　　◇ビデオレンタル店1店舗当たりの平均面積と会員数　［図表Ⅰ-4-27　p96］
　　◇ビデオレンタル店の経営状況〈1店舗平均〉［図表Ⅰ-4-28　p96］
『情報メディア白書　2016』ダイヤモンド社　2016.2
　　◇ビデオレンタル店1店舗当たりの平均面積と会員数　［図表Ⅰ-4-26　p104］
　　◇ビデオレンタル店の経営状況〈1店舗平均〉［図表Ⅰ-4-27　p104］
『情報メディア白書　2019』ダイヤモンド社　2019.2
　　◇ビデオレンタル店1店舗当たりの平均面積と会員数　［図表Ⅰ-4-28　p102］
　　◇ビデオレンタル店の経営状況〈1店舗平均〉［図表Ⅰ-4-29　p102］
『情報メディア白書　2022』ダイヤモンド社　2022.3
　　◇レンタル店の店舗規模の構成〈2020年〉［Ⅰ-4-26　p93］

人手不足（スーパーマーケット）
『スーパーマーケット白書　2019年版』全国スーパーマーケット協会　2019
　　◇スーパーマーケット人手不足の現状　［図表1-9　p27］
　　◇スーパーマーケットで人手が不足している部門（正社員、パート・アルバイト）　［図表1-10　p27］
　　◇スーパーマーケットにおける人手不足対策　［図表1-13　p28］
『スーパーマーケット白書　2024年版』全国スーパーマーケット協会　2024.2
　　◇人手不足がスーパーマーケットの運営に与える影響　［図表2-7　p46］
　　◇人手不足がスーパーマーケットの事業継続に与える影響　［図表2-8　p46］

100円ショップ
『商業施設計画総覧　2023年版』産業タイムズ社　2022.11
　　◇100円ショップ大手3社の出店実績および計画　［p90］
『ホビー白書　2015年版』日本ホビー協会　2015.11
　　◇ホームセンター、100円ショップ、ディスカウントストアの店舗数　［図表2-6　p32］

◇100円ショップ大手売上高　［図表4-37　p85］
　　◇（株）セリアの商品区分別売上高（2015年3月期）　［図表4-38　p85］
　　◇（株）キャンドゥ商品区分別売上高（2014年11月期）　［図表4-40　p85］
『ホビー白書　2019年版』日本ホビー協会　2019.11
　　◇セリアの商品区分別売上高（2019年3月期）　［図表1-36　p39］

百貨店

『関西経済白書　2016』丸善プラネット　2016.10
　　◇百貨店・スーパー・コンビニ販売状況　［図4-2-4　p98］
　　◇百貨店免税売上の推移（関西地区）　［図4-2-12　p101］
『関西経済白書　2019』丸善プラネット　2019.9
　　◇百貨店免税売上（関西地区）　［図3-2-12　p94］
『関西経済白書　2020』日経印刷　2020.10
　　◇百貨店免税売上（関西地区，前年同月比）　［図3-2-13　p105］
　　◇百貨店免税売上高指数の推移〔関西〕　［13.8　p278］
『関西経済白書　2021』日経印刷　2021.10
　　◇百貨店免税売上〔関西〕　［図3-2-11　p103］
　　◇百貨店免税売上高指数の推移〔関西〕　［13.8　p295］
『関西経済白書　2022』日経印刷　2022.10
　　◇百貨店免税売上　［図3-2-11　p82］
　　◇百貨店免税売上高指数の推移　［13.8　p255］
『関西経済白書　2023』日経印刷　2023.10
　　◇百貨店免税売上（関西地区）　［図3-3-11　p94］
　　◇百貨店免税売上高指数の推移〔関西〕　［13.8　p259］
『企業戦略白書　Ⅷ（2008）』東洋経済新報社　2009.12
　　◇百貨店の再編一覧（統合後売上高は2007年度の決算数字）　［表5-1-1　p154］
　　◇大手百貨店グループの2008年度の業績推移　［図5-1-1　p156］
　　◇大手百貨店グループの2008年度の業績推移（修正版）　［図5-1-2　p158］
　　◇大手百貨店の個別業績推移（2004年度～2007年度）　［図5-1-3　p159］
　　◇消費支出（百貨店）　［図5-2-2　p163］
　　◇10年（H6→H16）の加齢に伴う消費支出の変化（百貨店）　［図5-2-4　p167］
　　◇特定年齢階級層の百貨店における消費支出内訳　［表5-2-2　p170］
　　◇10年（H6→H16）の加齢に伴う「被服及び履物」消費支出の変化（百貨店）　［図5-2-6　p172］
　　◇新宿区のHI指数とNEF（百貨店のみ）　［表5-3-1　p179］
　　◇髙島屋の店舗別構成比率　［図5-3-1　p183］
　　◇大丸の店舗別構成比率　［図5-3-2　p183］
　　◇伊勢丹の店舗別構成比率　［図5-3-3　p184］
　　◇三越の店舗別構成比率　［図5-3-4　p184］
　　◇髙島屋の地方都市店舗　［表5-3-4　p185］
　　◇大丸の地方都市店舗　［表5-3-5　p186］
　　◇伊勢丹の地方都市店舗　［表5-3-6　p186］
　　◇三越の地方都市店舗　［表5-3-7　p186］
『九州経済白書　2010年版』九州経済調査協会　2010.2
　　◇九州における百貨店事業所数・売場面積の推移　［図表3-6　p45］
『こども服白書　2008』日本繊維新聞社　2007.10
　　◇全国百貨店2006年度年間売上高　［p140～145］
　　◇全国百貨店売上推移　［p151］

『商業施設計画総覧　2023年版』産業タイムズ社　2022.11
　　◇大手百貨店の業績　［p16］
『新聞折込広告効果測定調査―調査レポート―』エム・エス・エス　2006.3
　　◇2004年　配布された新聞折込広告に対し閲読した枚数の割合　準百貨店〔年齢別〕　［p57,122］
　　◇配布された新聞折込広告に対し閲読した枚数の割合　準百貨店〔性別〕　［p57,122］
　　◇2004年　配布された新聞折込広告の利用有無　準百貨店〔年齢別〕　［p79,129］
　　◇配布された新聞折込広告の利用有無　準百貨店〔性別〕　［p79,129］
『スーパーマーケット白書　2022年版』全国スーパーマーケット協会　2022
　　◇百貨店・外食店の売上高(2019年同月比増減率)　［図表2-5　p46］
『地域経済総覧(週刊東洋経済臨時増刊/Data Bank SERIES)　2024年版』東洋経済新報社　2023.9
　　◇百貨店・スーパー店舗数〔都道府県別データ〕　［p186］
　　◇百貨店・スーパー売場面積・販売額〔都道府県別データ〕　［p187］
『地域の経済　2006』日本統計協会　2007.2
　　◇閉店した百貨店(2000年以降)　［第2-1-5表　p72］
『地域の経済　2009』佐藤印刷　2010.2
　　◇百貨店事業所数の推移　［第1-3-3図　p25］
　　◇百貨店・ショッピングセンターの売上高増減率の比較　［第1-3-6図　p27］
『地域の経済　2016』メディアランド　2016.10
　　◇百貨店売上高(対前年比(税抜、既存店ベース))　［第1-1-3図　p4］
『通商白書　2004』ぎょうせい　2004.7
　　◇百貨店、総合スーパー、コンビニエンスストアの従業者数の推移　［第1-1-23図　p13］
　　◇百貨店、総合スーパー、コンビニエンスストアの従業者数(パート・アルバイト等を除く)　［第1-1-24図　p13］
『東北経済白書　平成18年版』経済産業調査会　2007.1
　　◇百貨店(既存店)商品別前年比の寄与度　［図1-2-9　p10］
『百貨店調査年鑑　2021年度』ストアーズ社　2021.9
　　◇主要指標〔2020年百貨店販売統計〕　［p12］
　　◇全国売上高―年間、地区別〔2020年年間(1～12月)全国百貨店売上高統計〕　［第1表　p16］
　　◇全国売上高―年間、商品別〔2020年年間(1～12月)全国百貨店売上高統計〕　［第2表　p16］
　　◇商業販売統計にみる2020年年間百貨店販売額　［2　p17］
　　◇全国百貨店年間地区別、商品別売上高総額　［p25］
　　◇東京各店　年間、商品別売上高〔2020年全国百貨店年間商品別売上高集計〕　［p26］
　　◇横浜各店　年間、商品別売上高〔2020年全国百貨店年間商品別売上高集計〕　［p27］
　　◇京都各店　年間、商品別売上高〔2020年全国百貨店年間商品別売上高集計〕　［p28］
　　◇名古屋各店　年間、商品別売上高〔2020年全国百貨店年間商品別売上高集計〕　［p28］
　　◇神戸各店　年間、商品別売上高〔2020年全国百貨店年間商品別売上高集計〕　［p29］
　　◇大阪各店　年間、商品別売上高〔2020年全国百貨店年間商品別売上高集計〕　［p29］
　　◇北海道各店　年間、商品別売上高〔2020年全国百貨店年間商品別売上高集計〕　［p30］
　　◇東北各店　年間、商品別売上高〔2020年全国百貨店年間商品別売上高集計〕　［p31］
　　◇関東各店　年間、商品別売上高〔2020年全国百貨店年間商品別売上高集計〕　［p32］
　　◇中部各店　年間、商品別売上高〔2020年全国百貨店年間商品別売上高集計〕　［p34］
　　◇近畿各店　年間、商品別売上高〔2020年全国百貨店年間商品別売上高集計〕　［p35］
　　◇中国各店　年間、商品別売上高〔2020年全国百貨店年間商品別売上高集計〕　［p36］

ひやつか　　　　　　　　　　　　　　　統計図表レファレンス事典　商業・広告・マーケティング

　　◇九州・沖縄各店　年間、商品別売上高〔2020年全国百貨店年間商品別売上高集計〕　［p37］
　　◇四国各店　年間、商品別売上高〔2020年全国百貨店年間商品別売上高集計〕　［p37］
　　◇全国百貨店月別、店舗別、商品別売上高〔2020年〕　［p39〜206］
　　◇北海道　基礎データ〔全国百貨店名簿/小売業商店数・百貨店売上シェアほか〕　［p211］
　　◇東北　基礎データ〔全国百貨店名簿/小売業商店数・百貨店売上シェアほか〕　［p219］
　　◇関東　基礎データ〔全国百貨店名簿/小売業商店数・百貨店売上シェアほか〕　［p233］
　　◇東京　基礎データ〔全国百貨店名簿/小売業商店数・百貨店売上シェアほか〕　［p261］
　　◇中部　基礎データ〔全国百貨店名簿/小売業商店数・百貨店売上シェアほか〕　［p295］
　　◇近畿　基礎データ〔全国百貨店名簿/小売業商店数・百貨店売上シェアほか〕　［p319］
　　◇中国・四国　基礎データ〔全国百貨店名簿/小売業商店数・百貨店売上シェアほか〕
　　　　［p353］
　　◇九州　基礎データ〔全国百貨店名簿/小売業商店数・百貨店売上シェアほか〕　［p375］
『百貨店調査年鑑　2022年度』ストアーズ社　2022.9
　　◇主要指標〔2021年百貨店販売統計〕　［p12］
　　◇全国売上高―年間、地区別〔2021年年間（1〜12月）全国百貨店売上高統計〕　［第1表
　　　　p16］
　　◇全国売上高―年間、商品別〔2021年年間（1〜12月）全国百貨店売上高統計〕　［第2表
　　　　p16］
　　◇商業販売統計にみる2021年年間百貨店販売額　［2　p17］
　　◇全国百貨店年間地区別、商品別売上高総額　［p25］
　　◇東京各店　年間、商品別売上高〔2021年全国百貨店年間商品別売上高集計〕　［p26］
　　◇横浜各店　年間、商品別売上高〔2021年全国百貨店年間商品別売上高集計〕　［p27］
　　◇京都各店　年間、商品別売上高〔2021年全国百貨店年間商品別売上高集計〕　［p28］
　　◇名古屋各店　年間、商品別売上高〔2021年全国百貨店年間商品別売上高集計〕　［p28］
　　◇神戸各店　年間、商品別売上高〔2021年全国百貨店年間商品別売上高集計〕　［p29］
　　◇大阪各店　年間、商品別売上高〔2021年全国百貨店年間商品別売上高集計〕　［p29］
　　◇北海道各店　年間、商品別売上高〔2021年全国百貨店年間商品別売上高集計〕　［p30］
　　◇東北各店　年間、商品別売上高〔2021年全国百貨店年間商品別売上高集計〕　［p31］
　　◇関東各店　年間、商品別売上高〔2021年全国百貨店年間商品別売上高集計〕　［p32］
　　◇中部各店　年間、商品別売上高〔2021年全国百貨店年間商品別売上高集計〕　［p34］
　　◇近畿各店　年間、商品別売上高〔2021年全国百貨店年間商品別売上高集計〕　［p35］
　　◇中国各店　年間、商品別売上高〔2021年全国百貨店年間商品別売上高集計〕　［p36］
　　◇九州・沖縄各店　年間、商品別売上高〔2021年全国百貨店年間商品別売上高集計〕　［p37］
　　◇四国各店　年間、商品別売上高〔2021年全国百貨店年間商品別売上高集計〕　［p37］
　　◇全国百貨店月別、店舗別、商品別売上高〔2021年〕　［p39〜206］
　　◇北海道　基礎データ〔全国百貨店名簿/小売業商店数・百貨店売上シェアほか〕　［p211］
　　◇東北　基礎データ〔全国百貨店名簿/小売業商店数・百貨店売上シェアほか〕　［p219］
　　◇関東　基礎データ〔全国百貨店名簿/小売業商店数・百貨店売上シェアほか〕　［p233］
　　◇東京　基礎データ〔全国百貨店名簿/小売業商店数・百貨店売上シェアほか〕　［p261］
　　◇中部　基礎データ〔全国百貨店名簿/小売業商店数・百貨店売上シェアほか〕　［p295］
　　◇近畿　基礎データ〔全国百貨店名簿/小売業商店数・百貨店売上シェアほか〕　［p319］
　　◇中国・四国　基礎データ〔全国百貨店名簿/小売業商店数・百貨店売上シェアほか〕
　　　　［p353］
　　◇九州　基礎データ〔全国百貨店名簿/小売業商店数・百貨店売上シェアほか〕　［p375］
『百貨店調査年鑑　2023年度』ストアーズ社　2023.9
　　◇主要指標〔2022年百貨店販売統計〕　［p12］
　　◇全国売上高―年間、地区別〔2022年年間（1〜12月）全国百貨店売上高統計〕　［第1表
　　　　p16］

統計図表レファレンス事典　商業・広告・マーケティング　　　　　　　　　　　　　　ひやつか

　　◇全国売上高─年間、商品別〔2022年年間（1～12月）全国百貨店売上高統計〕　〔第2表 p16〕
　　◇全国百貨店年間地区別、商品別売上高総額　〔p25〕
　　◇東京各店　年間、商品別売上高〔2022年全国百貨店年間商品別売上高集計〕　〔p26〕
　　◇横浜各店　年間、商品別売上高〔2022年全国百貨店年間商品別売上高集計〕　〔p27〕
　　◇京都各店　年間、商品別売上高〔2022年全国百貨店年間商品別売上高集計〕　〔p28〕
　　◇名古屋各店　年間、商品別売上高〔2022年全国百貨店年間商品別売上高集計〕　〔p28〕
　　◇神戸各店　年間、商品別売上高〔2022年全国百貨店年間商品別売上高集計〕　〔p29〕
　　◇大阪各店　年間、商品別売上高〔2022年全国百貨店年間商品別売上高集計〕　〔p29〕
　　◇北海道各店　年間、商品別売上高〔2022年全国百貨店年間商品別売上高集計〕　〔p30〕
　　◇東北各店　年間、商品別売上高〔2022年全国百貨店年間商品別売上高集計〕　〔p31〕
　　◇関東各店　年間、商品別売上高〔2022年全国百貨店年間商品別売上高集計〕　〔p32〕
　　◇中部各店　年間、商品別売上高〔2022年全国百貨店年間商品別売上高集計〕　〔p34〕
　　◇近畿各店　年間、商品別売上高〔2022年全国百貨店年間商品別売上高集計〕　〔p35〕
　　◇中国各店　年間、商品別売上高〔2022年全国百貨店年間商品別売上高集計〕　〔p36〕
　　◇九州・沖縄各店　年間、商品別売上高〔2022年全国百貨店年間商品別売上高集計〕　〔p37〕
　　◇四国各店　年間、商品別売上高〔2022年全国百貨店年間商品別売上高集計〕　〔p37〕
　　◇全国百貨店月別、店舗別、商品別売上高〔2022年〕　〔p39～206〕
　　◇北海道　基礎データ〔全国百貨店名簿/小売業商店数・百貨店売上シェアほか〕　〔p211〕
　　◇東北　基礎データ〔全国百貨店名簿/小売業商店数・百貨店売上シェアほか〕　〔p219〕
　　◇関東　基礎データ〔全国百貨店名簿/小売業商店数・百貨店売上シェアほか〕　〔p233〕
　　◇東京　基礎データ〔全国百貨店名簿/小売業商店数・百貨店売上シェアほか〕　〔p261〕
　　◇中部　基礎データ〔全国百貨店名簿/小売業商店数・百貨店売上シェアほか〕　〔p295〕
　　◇近畿　基礎データ〔全国百貨店名簿/小売業商店数・百貨店売上シェアほか〕　〔p319〕
　　◇中国・四国　基礎データ〔全国百貨店名簿/小売業商店数・百貨店売上シェアほか〕　〔p353〕
　　◇九州　基礎データ〔全国百貨店名簿/小売業商店数・百貨店売上シェアほか〕　〔p375〕

百貨店（販売額）

『関西活性化白書　2004年版』関西社会経済研究所　2004.5
　　◇百貨店販売額（前年同月比）の推移　〔図3-32　p193〕

『関西経済白書　2010年版』関西社会経済研究所　2010.9
　　◇百貨店販売額の推移　〔図表 資1-28　p244〕

『関西経済白書　2019』丸善プラネット　2019.9
　　◇百貨店・スーパー販売額　〔図3-2-4　p91〕
　　◇百貨店・スーパー販売額の推移　〔3.14.3　p232〕

『関西経済白書　2020』日経印刷　2020.10
　　◇百貨店・スーパー販売額（前年同月比）〔関西〕　〔図3-2-4　p102〕
　　◇百貨店・スーパー販売額の推移〔関西・関東・中部〕　〔3.14.3　p254〕

『関西経済白書　2021』日経印刷　2021.10
　　◇百貨店・スーパー販売額（前年同月比）〔関西〕　〔図3-2-4　p99〕
　　◇大阪府の百貨店売り場面積当たり販売額（前年度比）　〔図3-3-3　p106〕
　　◇百貨店・スーパー販売額前年同月比増減率の推移〔関西・関東・中部〕　〔3.14.3　p272〕

『関西経済白書　2022』日経印刷　2022.10
　　◇百貨店・スーパー販売額（前年同月比）　〔図3-2-2　p79〕
　　◇百貨店・スーパー販売額前年同月比増減率の推移　〔3.14.3　p232〕

『関西経済白書　2023』日経印刷　2023.10

◇百貨店・スーパー販売額(前年同月比)〔関西〕　〔図3-3-2　p90〕
　　◇百貨店・スーパー販売額前年同月比増減率の推移〔関西・関東・中部〕　〔3.14.3　p236〕
『九州経済白書　2010年版』九州経済調査協会　2010.2
　　◇百貨店における商品別販売額の推移(全国)　〔図表3-4　p45〕
　　◇九州における百貨店商品別販売額の推移　〔図表3-9　p46〕
『地域の経済　2006』日本統計協会　2007.2
　　◇百貨店販売額　〔第1-3-6図　p31〕
『地域の経済　2009』佐藤印刷　2010.2
　　◇百貨店販売額　〔第1-3-1図　p23〕
『地域の経済　2020〜2021』日経印刷　2021.12
　　◇百貨店の販売額の推移(地域別)　〔第2-2-8図　p100〕
『中国地域経済白書　2004』中国地方総合研究センター　2004.7
　　◇百貨店販売額(前年比増減率)の品目別増減寄与度　〔図2.1.3　p35〕
『中国地域経済白書　2007』中国地方総合研究センター　2007.9
　　◇百貨店販売額の品目別増減寄与度　〔図2.1.4　p48〕
『中国地域経済白書　2010』中国地方総合研究センター　2010.9
　　◇百貨店販売額の品目別増減寄与度　〔図2.1.4　p29〕
『中国地域経済白書　2013』中国地方総合研究センター　2013.9
　　◇百貨店販売額の品目別増減寄与度　〔図2.1.4　p16〕
『東北経済白書　平成18年版』経済産業調査会　2007.1
　　◇百貨店、スーパー、通信販売の販売額の推移(全国)　〔p138〕
『東北圏社会経済白書　2015年度』東北活性化研究センター　2016.3
　　◇百貨店販売額の推移(東北6県)　〔p49〕
『東北圏社会経済白書　2018年度』東北活性化研究センター　2019.3
　　◇百貨店販売額の推移(東北6県)　〔p52〕
『百貨店調査年鑑　2023年度』ストアーズ社　2023.9
　　◇商業販売統計にみる2022年年間百貨店販売額　〔2　p17〕

ビューアビリティ

『広告白書　2019年度版』日経広告研究所　2019.7
　　◇ビューアビリティへの対策　〔p39〕

費用項目(小売業)

『中小企業白書　平成9年版』大蔵省印刷局　1997.5
　　◇小売業の費用項目等の推移　〔第2-3-8図　p225〕

【ふ】

ファスト化商品

『九州経済白書　2010年版』九州経済調査協会　2010.2
　　◇ファスト化商品関連市場、ランキング上位チェーン企業の購買力1億円当り店舗数　〔図表1-12　p9〕
　　◇ファスト化商品市場関連上位企業の店舗売上高(全国、九州)　〔図表1-14　p11〕

ファーストフード店

『新聞折込広告効果測定調査―調査レポート―』エム・エス・エス　2006.3
　◇2004年 配布された新聞折込広告に対し閲読した枚数の割合　ファーストフード〔年齢別〕　[p58,122]
　◇配布された新聞折込広告に対し閲読した枚数の割合　ファーストフード〔性別〕　[p58, 122]
　◇2004年 配布された新聞折込広告の利用有無　ファーストフード〔年齢別〕　[p80,129]
　◇配布された新聞折込広告の利用有無　ファーストフード〔性別〕　[p80,129]

ファミリービジネス

『ファミリービジネス白書　2022年版』白桃書房　2021.12
　◇ファミリービジネス企業数及び業績：卸売業　[図表2-5-11①　p127]
　◇ファミリービジネス主要10社の指標：卸売業　[図表2-5-11②　p127]
　◇ファミリービジネス企業数及び業績：小売業　[図表2-5-12①　p133]
　◇ファミリービジネス主要10社の指標：小売業　[図表2-5-12②　p134]

付加価値生産性（企業）

『中小企業白書　平成9年版』大蔵省印刷局　1997.5
　◇法人企業の付加価値生産性、従業者1人当たり人件費、労働分配率（卸売業）　[20表　p22]
　◇法人企業の付加価値生産性、従業者1人当たり人件費、労働分配率（小売業）　[21表　p23]

福岡県

『九州経済白書　2010年版』九州経済調査協会　2010.2
　◇福岡県内主要直売所の概要　[図表4-24　p78]

副業広告

『消費者白書　令和元年版』勝美印刷　2019.7
　◇副業や投資の広告に接して契約した又は契約することを検討した理由　[図表Ⅱ-1-6-7　p200]

福島県

『地域の経済　2012』日経印刷　2012.12
　◇被災3県の大型小売店販売額の推移　[第2-2-31図　p110]

負債（小売関係）

『観光白書　令和4年版』昭和情報プロセス　2022.8
　◇宿泊業、飲食サービス業の規模別負債比率の動向（2019年～2021年）　[図表Ⅱ-12　p52]
『スーパーマーケット白書　2016年版』新日本スーパーマーケット協会　2016.2
　◇負債金額（2013年～2015年）〔スーパーマーケット業〕　[p79]
　◇負債金額トップ3　各種商品小売業（スーパーマーケット業）　[p79]
　◇負債金額トップ3　各種食品小売業　[p79]

不正広告　⇒アドフラウド を見よ

物価

『スーパーマーケット白書　2016年版』新日本スーパーマーケット協会　2016.2
　◇2～3年前と比べた物価全般の変化に対する消費者意識　[図表1-1-6　p6]
『通商白書　2010』日経印刷　2010.7

◇英国の小売販売及び物価の推移　［第1-2-2-27図　p76］

物流コスト（卸売業）

『東京の中小企業の現状（流通産業編）　平成29年度』東京都産業労働局　2018.3
　　◇物流コストの割合〔卸売業〕　［図表Ⅲ-2-1　p247］

不当表示（広告）

『消費者白書　平成28年版』勝美印刷　2016.6
　　◇不当表示の広告調査　［p57］

不当廉売

『独占禁止白書　平成16年版』公正取引協会　2004.11
　　◇小売業における不当廉売事案における迅速処理の状況　［第1-2表　p26］
　　◇小売業における不当廉売の注意件数（平成15年度）　［第1表　p264］

『独占禁止白書　平成19年版』公正取引協会　2007.10
　　◇平成18年度における小売業における不当廉売の注意件数　［第1表　p220］

『独占禁止白書　平成30年版』公正取引協会　2018.1
　　◇平成30年度における小売業に係る不当廉売事案の注意件数（迅速処理によるもの）　［第1表　p248］

『独占禁止白書　令和3年版』公正取引協会　2022.1
　　◇令和2年度における小売業に係る不当廉売事案の注意件数（迅速処理によるもの）　［第1表　p298］

『独占禁止白書　令和4年版』公正取引協会　2022.12
　　◇申告件数の推移〔小売業に係る不当廉売事案／それ以外の事案〕　［第4図　p26］
　　◇令和3年度における小売業に係る不当廉売事案の注意件数（迅速処理によるもの）　［第1表　p114］

『独占禁止白書　令和5年版』公正取引協会　2023.12
　　◇申告件数の推移〔小売業に係る不当廉売事案／それ以外の事案〕　［第3図　p27］
　　◇令和4年度における小売業に係る不当廉売事案の注意件数（迅速処理によるもの）　［第1表　p108］

プライベートブランド　⇒PB商品 を見よ

ブラジル（小売売上）

『通商白書　2013』勝美印刷　2013.8
　　◇自動車の販売台数推移（左）小売売上高の伸び（前年同月比）（右）　［第Ⅲ-2-4-35図　p268］

『通商白書　2019』勝美印刷　2019.10
　　◇ブラジルの小売り売上高伸び率の推移　［第Ⅰ-3-5-15図　p88］

フランス（小売売上）

『世界経済の潮流　2013年　Ⅰ』日経印刷　2013.6
　　◇フランスの小売売上と新車登録台数　［第1-4-19図　p84］

ブランディング

『広告白書　2019年度版』日経広告研究所　2019.7
　　◇ブランドマネージャー制の採用〔組織・活動・広告調査〕　［p207］
　　◇企業ブランディング（企業ブランドの構築や維持、拡張など）の目的（複数回答）　［p213］
　　◇企業ブランディングで重視すること（複数回答）　［p213］

　　　　◇企業ブランディングを重視しているか（複数回答）　［p213］
　　　　◇広告活動の長期的ブランディングと短期的販促活動の比重（複数回答）　［p214］
　『広告白書　2020年度版』日経広告研究所　2020.9
　　　　◇ブランドマネージャー制の採用〔組織・活動・広告調査〕　［p207］
　　　　◇企業ブランディング（企業ブランドの構築や維持、拡張など）の目的（複数回答）　［p213］
　　　　◇企業ブランディングで重視すること　［p213］
　　　　◇企業ブランディングを重視しているか　［p213］
　　　　◇広告活動の長期的ブランディングと短期的販促活動の比重　［p214］

ブランド

　『広告白書　2022年度版』日経広告研究所　2022.8
　　　　◇サイトのブランド別訪問者数　［p78］
　『独占禁止白書　平成16年版』公正取引協会　2004.11
　　　　◇小売業者及び卸売業者が応じたことのある有力ブランドメーカーからの要請（複数回答）　［図7　p222］
　　　　◇メーカー及び卸売業者が有力な企業ブランドを有する小売業者と取引するメリット（複数回答）　［図8　p222］
　　　　◇メーカー及び卸売業者が応じたことのある有力な企業ブランドを有している小売業者からの要請（複数回答）　［図9　p222］
　『ネット広告白書　2010』インプレスR&D　2009.9
　　　　◇自然検索と検索連動型広告の表示によるブランド意識の変化　［資料3-2-3　p81］

ブランドセーフティ

　『広告主動態調査　2024年版』日経広告研究所　2024.3
　　　　◇ブランド毀損の可能性があるサイトへの掲載対策〔インターネットと広告宣伝活動〕　［p17］
　『広告白書　2019年度版』日経広告研究所　2019.7
　　　　◇ブランドセーフティへの対策　［p39］
　　　　◇ブランド毀損の可能性があるサイトへの掲載対策（複数回答）〔インターネットとマーケティング戦略／広告〕　［p212］
　『広告白書　2020年度版』日経広告研究所　2020.9
　　　　◇ブランド毀損の可能性があるサイトへの掲載対策〔インターネットとマーケティング戦略／広告〕　［p212］

フリーダイヤル

　『情報メディア白書　2013』ダイヤモンド社　2013.1
　　　　◇フリーダイヤル平均回線数〈JADMA会員社〉［図表Ⅰ-14-17　p205］

フリーペーパー

　『広告白書　2007』日経広告研究所　2007.7
　　　　◇主な広告の種類［フリーペーパー，フリーマガジン］　［p21］
　　　　◇発行頻度［フリーペーパー，フリーマガジン］　［p21］
　『広告白書　2010』日経広告研究所　2010.7
　　　　◇フリーペーパー・マガジン広告費と伸び率　［p55］
　『広告白書　2013』日経広告研究所　2013.7
　　　　◇フリーペーパー・マガジン広告費と伸び率　［p77］
　『広告白書　2016』日経広告研究所　2016.7
　　　　◇フリーペーパー・マガジン広告費と伸び率　［p98］

『情報メディア白書　2010』ダイヤモンド社　2010.1
　　◇フリーペーパー・フリーマガジン広告費　［図表Ⅰ-3-1　p58］
『情報メディア白書　2013』ダイヤモンド社　2013.1
　　◇フリーペーパー・フリーマガジンの主な広告の種類〈2011年〉［図表Ⅰ-13-33　p197］
『情報メディア白書　2016』ダイヤモンド社　2016.2
　　◇フリーペーパー・フリーマガジン広告費　［図表Ⅰ-11-30　p195］
　　◇フリーペーパー・フリーマガジンの主な広告の種類〈2014年〉［図表Ⅰ-11-34　p195］
『情報メディア白書　2019』ダイヤモンド社　2019.2
　　◇フリーペーパー・フリーマガジン広告費　［図表Ⅰ-11-30　p197］
　　◇フリーペーパー・フリーマガジンの主な広告の種類〈2017年〉［図表Ⅰ-11-34　p197］
『情報メディア白書　2022』ダイヤモンド社　2022.3
　　◇フリーペーパー広告費　［Ⅰ-11-32　p189］
　　◇フリーペーパー・フリーマガジンの主な広告の種類〈2020年〉［Ⅰ-11-36　p189］
『情報メディア白書　2023』ダイヤモンド社　2023.2
　　◇フリーペーパー広告費　［図表Ⅰ-11-32　p183］
　　◇フリーペーパー・フリーマガジンの主な広告の種類〈2021年〉［図表Ⅰ-11-36　p183］

フリーマガジン

『広告白書　2007』日経広告研究所　2007.7
　　◇主な広告の種類［フリーペーパー，フリーマガジン］　［p21］
　　◇発行頻度［フリーペーパー，フリーマガジン］　［p21］
『広告白書　2010』日経広告研究所　2010.7
　　◇フリーペーパー・マガジン広告費と伸び率　［p55］
『広告白書　2013』日経広告研究所　2013.7
　　◇フリーペーパー・マガジン広告費と伸び率　［p77］
『広告白書　2016』日経広告研究所　2016.7
　　◇フリーペーパー・マガジン広告費と伸び率　［p98］
『情報メディア白書　2010』ダイヤモンド社　2010.1
　　◇フリーペーパー・フリーマガジン広告費　［図表Ⅰ-3-1　p58］
『情報メディア白書　2013』ダイヤモンド社　2013.1
　　◇フリーペーパー・フリーマガジンの主な広告の種類〈2011年〉［図表Ⅰ-13-33　p197］
『情報メディア白書　2016』ダイヤモンド社　2016.2
　　◇フリーペーパー・フリーマガジン広告費　［図表Ⅰ-11-30　p195］
　　◇フリーペーパー・フリーマガジンの主な広告の種類〈2014年〉［図表Ⅰ-11-34　p195］
『情報メディア白書　2019』ダイヤモンド社　2019.2
　　◇フリーペーパー・フリーマガジン広告費　［図表Ⅰ-11-30　p197］
　　◇フリーペーパー・フリーマガジンの主な広告の種類〈2017年〉［図表Ⅰ-11-34　p197］
『情報メディア白書　2022』ダイヤモンド社　2022.3
　　◇フリーペーパー・フリーマガジンの主な広告の種類〈2020年〉［Ⅰ-11-36　p189］
『情報メディア白書　2023』ダイヤモンド社　2023.2
　　◇フリーペーパー・フリーマガジンの主な広告の種類〈2021年〉［図表Ⅰ-11-36　p183］

ブログ

『ケータイ白書　2007』インプレスR&D　2006.12
　　◇携帯電話・PHSにおけるブログへのアフィリエイト広告掲載状況　［資料1-11-6　p130］

ブロードバンド

『情報通信白書 平成16年版』ぎょうせい 2004.7
　◇ブロードバンドに対応した電子商取引の実施状況 ［図表1 p62］
　◇ブロードバンドに対応した電子商取引，販売促進によるメリット（複数回答） ［図表3 p62］
　◇日米の消費者向け電子商取引のブロードバンド・携帯端末対応状況 ［図表2 p66］

『情報メディア白書 2010』ダイヤモンド社 2010.1
　◇ブロードバンド卸売回線数および回線シェア〈2007年9月末〉［図表Ⅰ-10-17 p155］

プロモーションメディア

⇒屋外広告，折込広告，交通広告，電話帳広告，フリーペーパー，フリーマガジン，DM（ダイレクトメール）をも見よ

『情報メディア白書 2023』ダイヤモンド社 2023.2
　◇プロモーションメディア広告費の推移 ［図2 p27］
　◇イベント・展示・映像ほか広告費 ［図表Ⅰ-13-2 p200］

【へ】

平均単価

『情報メディア白書 2019』ダイヤモンド社 2019.2
　◇商品の平均単価/取り扱い商品数 ［図表Ⅰ-12-22 p206］

『情報メディア白書 2023』ダイヤモンド社 2023.2
　◇商品の平均単価/取り扱い商品数〔通信販売〕 ［図表Ⅰ-12-19 p192］

閉店

『スーパーマーケット白書 2022年版』全国スーパーマーケット協会 2022
　◇2021年スーパーマーケット都道府県別閉店数 ［資料2-3 p107］

『スーパーマーケット白書 2023年版』全国スーパーマーケット協会 2023.2
　◇2022年スーパーマーケット都道府県別閉店数 ［資料2-3 p121］

『スーパーマーケット白書 2024年版』全国スーパーマーケット協会 2024.2
　◇2023年スーパーマーケット都道府県別閉店数 ［資料2-3 p125］

『地域の経済 2006』日本統計協会 2007.2
　◇閉店した百貨店（2000年以降） ［第2-1-5表 p72］

『デジタルコンテンツ白書 2019』デジタルコンテンツ協会 2019.9
　◇書店の開店（増床）・閉店（減床）推移 ［図表5-5-5 p141］

ペイパーコール広告

『インターネット白書 2007』インプレスR&D 2007.7
　◇ペイパーコール広告の認知［従業員規模別］ ［資料3-1-14 p158］

弁当（スーパーマーケット）

『スーパーマーケット白書 2016年版』新日本スーパーマーケット協会 2016.2
　◇惣菜や弁当の購入機会の変化（2～3年前との比較） ［図表3-1-16 p34］

『スーパーマーケット白書 2019年版』全国スーパーマーケット協会 2019

へんひん　　　　　　　　統計図表レファレンス事典　商業・広告・マーケティング

　　　◇商品カテゴリー別スーパーマーケットと他業態利用頻度（弁当・惣菜）　［図表2-22　p59］
『スーパーマーケット白書　2024年版』全国スーパーマーケット協会　2024.2
　　　◇カテゴリ別購入先　上位3位（惣菜・弁当）　［図表4-12　p87］

返品

『情報メディア白書　2023』ダイヤモンド社　2023.2
　　　◇通信販売で購入した商品の返品経験〈2021年〉［図表Ⅰ-12-38　p197］

返品率

『情報メディア白書　2010』ダイヤモンド社　2010.1
　　　◇商品返品率　［図表Ⅰ-14-6　p209］
『情報メディア白書　2013』ダイヤモンド社　2013.1
　　　◇商品返品率〈JADMA会員社〉［図表Ⅰ-14-7　p203］
『情報メディア白書　2019』ダイヤモンド社　2019.2
　　　◇商品返品率　［図表Ⅰ-12-7　p203］

【ほ】

ポイントカード

『スーパーマーケット白書　2016年版』新日本スーパーマーケット協会　2016.2
　　　◇人事環境〔平成27年スーパーマーケット年次統計調査結果概要〕　［資料9-3　p86］
『スーパーマーケット白書　2019年版』全国スーパーマーケット協会　2019
　　　◇ポイント還元事業時の店舗選択行動　［図表1-27　p34］
　　　◇スーパーマーケットで導入されているポイントカード種類　［図表1-28　p34］
　　　◇キャッシュレス決済ポイントとポイントカードの選択　［図表1-29　p35］
　　　◇ポイントカード・決済手段〔資料7.2018年スーパーマーケット業界の平均値〕　［資料7-3　p113］
『スーパーマーケット白書　2022年版』全国スーパーマーケット協会　2022
　　　◇ポイントカード・決済手段〔スーパーマーケット業界の平均値〕　［資料6-3　p114］
『スーパーマーケット白書　2023年版』全国スーパーマーケット協会　2023.2
　　　◇ポイントカード・決済手段〔スーパーマーケット業界の平均値〕　［資料6-3　p128］
『スーパーマーケット白書　2024年版』全国スーパーマーケット協会　2024.2
　　　◇ポイントカード・決済手段〔スーパーマーケット業界の平均値〕　［資料6-3　p132］

法人企業

『中小企業白書　平成9年版』大蔵省印刷局　1997.5
　　　◇法人企業の付加価値生産性、従業者1人当たり人件費、労働分配率（卸売業）　［20表　p22］
　　　◇法人企業の付加価値生産性、従業者1人当たり人件費、労働分配率（小売業）　［21表　p23］

放送事業

『情報メディア白書　2007』ダイヤモンド社　2007.1
　　　◇放送事業別広告費［韓国］　［図表Ⅱ-1-9　p217］
『日本民間放送年鑑　'97』日本民間放送連盟　1997.12
　　　◇総営業収入に占めるローカル営業収入の比率と対前年度比　［表5　p133］

◇エリア別のローカル営業収入の動向　［表8　p134～135］
　　　◇ローカル営業収入の構成比と対前年度比　［表6　p135］

放送事業者
『広告白書　2016』日経広告研究所　2016.7
　　　◇放送局からみた2016年度期待の広告出稿業種（複数回答）　［p81］
『広告白書　2019年度版』日経広告研究所　2019.7
　　　◇放送局からみた2019年度期待の広告出稿業種　［p75］
『広告白書　2020年度版』日経広告研究所　2020.9
　　　◇放送局からみた2020年度期待の広告出稿業種（複数回答）〔ラジオ広告〕　［p73］
『広告白書　2022年度版』日経広告研究所　2022.8
　　　◇放送局から見た2022年度期待の広告出稿業種（上位8業種、複数回答）　［p127］
『情報通信白書　平成19年版』ぎょうせい　2007.7
　　　◇地上系民間放送事業者の売上高に占める広告収入の割合　［図表2-2-4　p203］
『情報通信白書　平成22年版』ぎょうせい　2010.7
　　　◇地上系民間放送事業者の広告収入の推移　［図表4-4-1-4　p200］
『情報通信白書　平成25年版』日経印刷　2013.7
　　　◇地上系民間基幹放送事業者の広告収入の推移　［図表4-6-1-3　p370］
『情報通信白書　平成28年版』日経印刷　2016.8
　　　◇地上系民間基幹放送事業者の広告収入の推移　［図表5-1-7-3　p292］
『情報通信白書　令和元年版』日経印刷　2019.7
　　　◇地上系民間基幹放送事業者の広告収入の推移　［図表3-1-8-3　p241］
『情報メディア白書　2005』ダイヤモンド社　2004.12
　　　◇放送事業者別広告費構成〈2004年〉（中国）　［図表Ⅱ-2-12　p231］
『情報メディア白書　2007』ダイヤモンド社　2007.1
　　　◇放送事業者の広告収入［中国］　［図表Ⅱ-1-20　p219］
　　　◇主要放送事業者の広告収入［インド］　［図表Ⅱ-1-45　p225］

北海道
『百貨店調査年鑑　2021年度』ストアーズ社　2021.9
　　　◇北海道各店　年間、商品別売上高〔2020年全国百貨店年間商品別売上高集計〕　［p30］
　　　◇北海道　基礎データ〔全国百貨店名簿／小売業商店数・百貨店売上シェアほか〕　［p211］
『百貨店調査年鑑　2022年度』ストアーズ社　2022.9
　　　◇北海道各店　年間、商品別売上高〔2021年全国百貨店年間商品別売上高集計〕　［p30］
　　　◇北海道　基礎データ〔全国百貨店名簿／小売業商店数・百貨店売上シェアほか〕　［p211］
『百貨店調査年鑑　2023年度』ストアーズ社　2023.9
　　　◇北海道各店　年間、商品別売上高〔2022年全国百貨店年間商品別売上高集計〕　［p30］
　　　◇北海道　基礎データ〔全国百貨店名簿／小売業商店数・百貨店売上シェアほか〕　［p211］

ホビー
『ホビー白書　2015年版』日本ホビー協会　2015.11
　　　◇藤久（株）の店舗展開（2015年6月期）　［図表4-33　p83］
　　　◇藤久（株）店舗の単位あたり売上高　［図表4-34　p83］
『ホビー白書　2019年版』日本ホビー協会　2019.11
　　　◇ホビーの道具や材料の購入意識　6専門店と通販との品揃え比較（単一回答）　［図表2-24　p90～91］

◇ホビーの道具や材料の購入意識　7専門店と通販との商品検索性比較（単一回答）　［図表2-25　p92〜93］

ホームセンター

『九州経済白書　2010年版』九州経済調査協会　2010.2
　　◇2007年年間商品販売額の04年比（ホームセンター）　［図表3-18　p50］
『商業施設計画総覧　2023年版』産業タイムズ社　2022.11
　　◇ホームセンター各社の業績　［p109］
『新聞折込広告効果測定調査―調査レポート―』エム・エス・エス　2006.3
　　◇2004年　配布された新聞折込広告に対し閲読した枚数の割合　ホームセンター〔年齢別〕　［p53,120］
　　◇配布された新聞折込広告に対し閲読した枚数の割合　ホームセンター〔性別〕　［p53,120］
　　◇2004年　配布された新聞折込広告の利用有無　ホームセンター〔年齢別〕　［p75,128］
　　◇配布された新聞折込広告の利用有無　ホームセンター〔性別〕　［p75,128］
　　◇2001年　サイズによる接触状況構成比　ホームセンター〔新聞折込広告〕　［p92,133］
　　◇2002年　サイズによる接触状況構成比　ホームセンター〔新聞折込広告〕　［p92,134］
　　◇2004年　サイズによる接触状況構成比　ホームセンター〔新聞折込広告〕　［p92,134］
　　◇印象に残った箇所　ホームセンター〔新聞折込広告〕　［p97,135］
　　◇利用するきっかけ　ホームセンター〔新聞折込広告〕　［p99,137］
『スーパーマーケット白書　2024年版』全国スーパーマーケット協会　2024.2
　　◇業態間シェア流出入（シェアは22年シェア→23年シェアを表す）〔購入金額〕　［補足3　図表3　p75］
『地域経済総覧（週刊東洋経済臨時増刊/Data Bank SERIES）　2024年版』東洋経済新報社　2023.9
　　◇コンビニ，家電大型専門店，ドラッグストア，ホームセンター〔店舗数・販売額・販売額増減率/都道府県別データ〕　［p188］
『ホビー白書　2015年版』日本ホビー協会　2015.11
　　◇ホームセンター、100円ショップ、ディスカウントストアの店舗数　［図表2-6　p32］
　　◇ホームセンター市場の概念　［図表4-24　p78］
　　◇ホームセンターの客単価　［図表4-25　p79］
『ホビー白書　2019年版』日本ホビー協会　2019.11
　　◇ホームセンター売上高および店舗数　［参考資料1-2　p107］
　　◇商品別ホームセンター売上高　［参考資料1-3　p108］

ホームページ

『広告白書　平成16年版』日経広告研究所　2004.7
　　◇ホームページは広告としての役割を持っているか　［図1-8　p80］
　　◇ホームページの閲覧者を増やす工夫　［図1-9　p82］
　　◇ホームページを開設するメリット　［図1-10　p83］
　　◇ホームページにおける問題点（複数回答）　［図1-11　p86］

【ま】

マーケットシェア

『情報化白書　2006』BCN　2006.10

◇主な情報通信機器のマーケットシェア　［図表4-1-18　p168］
『電子工業年鑑　'97』電波新聞出版部　1997.3
　　　◇世界の半導体マーケットシェアの推移　［第4図　p228］
『ものづくり白書　2013年版』経済産業調査会　2013.7
　　　◇市場規模とマーケットシェア　［図123-2　p84］
　　　◇我が国企業が高いシェアを占める品目　［図123-3　p85］

マーケット指標

『経済財政白書　平成25年版』日経印刷　2013.8
　　　◇マーケット指標の推移　［第1-2-4図　p66］

マーケティング

　　　⇒ソーシャルメディアマーケティング，デジタルマーケティング，統合型マーケティング，マーケティング戦略 をも見よ

『広告主動態調査　2024年版』日経広告研究所　2024.3
　　　◇広告・マーケティング業務でのデジタル化の取り組み〔DX推進活動との連携・内容・目的〕　［p12］
『広告白書　2020年度版』日経広告研究所　2020.9
　　　◇広告・マーケティングへの先端技術の活用について〔インターネットとマーケティング戦略〕　［p212］
『ジェトロ貿易投資白書　2007年版』ジェトロ　2007.9
　　　◇今後の海外マーケティングの方向性（複数回答）　［図Ⅲ-6　p77］
『情報サービス産業白書　1997』コンピュータ・エージ社　1997.4
　　　◇価値実現のマーケティング（1996年版白書の戦略論）　［図表5-2-2　p222］
『情報通信白書　平成19年版』ぎょうせい　2007.7
　　　◇マーケティング・商品開発業務におけるICTシステム導入状況　［図表1-2-178　p132］
　　　◇マーケティング・商品開発業務における業務・組織改革実施状況　［図表1-2-179　p132］
　　　◇マーケティング・商品開発業務におけるICTシステム導入と業務・組織改革実施による効果　［図表1-2-180　p133］
『情報メディア白書　2019』ダイヤモンド社　2019.2
　　　◇マーケティング活動で重点を置くインターネット分野〈2017年〉［図表Ⅰ-11-17　p193］
『ネット広告白書　2010』インプレスR&D　2009.9
　　　◇大手広告主のマーケティング情報や媒体情報、広告商品情報入手先（複数回答）　［資料6-1-9　p140］
　　　◇中小広告主のマーケティング情報や媒体情報、広告商品情報入手先［従業者規模別］（複数回答）　［資料6-1-10　p140］
『DX白書　2021』情報処理推進機構　2021.12
　　　◇マーケティング面のDX推進の動機　［図表(付)25-14　p379］

マーケティング（リスク）

『ソーシャルメディア白書　2012』翔泳社　2012.2
　　　◇ソーシャルメディアマーケティングのリスク対策（活用度別）　［4-1-76　p237］
　　　◇ソーシャルメディアマーケティングのリスク対策（活用満足度別）　［4-1-77　p237］

マーケティング会社

『広告白書　平成16年版』日経広告研究所　2004.7
　　　◇World's Top 50 Marketing Organizations　［p266～267］

『広告白書　2007』日経広告研究所　2007.7
　　◇World's Top25 Marketing Organizations　〔15　p207〕

マーケティング戦略

『ケータイ白書　2007』インプレスR&D　2006.12
　　◇モバイルウェブサイトのターゲット（複数回答）　〔資料3-7-23　p233〕
　　◇モバイルウェブサイトで実施しているアクセス誘導対策（複数回答）　〔資料3-7-38　p240〕

『広告主動態調査　2024年版』日経広告研究所　2024.3
　　◇新しいコミュニケーション手法の採用の有無〔連動させるコミュニケーション/インターネットと広告宣伝活動〕　〔p15〕
　　◇広告・コミュニケーション活動で重視するポイント　〔p22〕

『広告白書　2007』日経広告研究所　2007.7
　　◇キャンペーンで組み合わせた媒体，中核に据えた媒体　〔p223〕
　　◇目標達成のために最も重視した媒体　〔p227〕

『広告白書　2019年度版』日経広告研究所　2019.7
　　◇マーケティング活動で重点を置くインターネット分野・今後強化したい分野（複数回答）〔インターネットとマーケティング戦略〕　〔p210〕
　　◇インターネットの利用目的（複数回答）〔インターネットとマーケティング戦略〕　〔p211〕
　　◇デジタルマーケティング専門担当者の有無〔インターネットとマーケティング戦略〕　〔p211〕
　　◇情報利用するソーシャルメディア、広告利用するソーシャルメディア（複数回答）〔インターネットとマーケティング戦略〕　〔p211〕
　　◇インターネット関連の担当範囲（複数回答）〔インターネットとマーケティング戦略〕　〔p212〕
　　◇デジタルマーケティングの外部機関への発注〔インターネットとマーケティング戦略〕　〔p212〕

『広告白書　2020年度版』日経広告研究所　2020.9
　　◇最近行った、または今後行うコミュニケーション〔マーケティング戦略〕　〔p18〕
　　◇広告メディアとして利用するソーシャルメディア　〔p20〕
　　◇インターネットの利用目的（複数回答）〔インターネットとマーケティング戦略〕　〔p209〕
　　◇マーケティング活動で重点を置くインターネット分野・今後強化したい分野（複数回答）〔インターネットとマーケティング戦略〕　〔p209〕
　　◇最近行った、または今後行う予定のあるコミュニケーションテーマ（複数回答）〔インターネットとマーケティング戦略〕　〔p210〕
　　◇情報利用するソーシャルメディア、広告利用するソーシャルメディア（複数回答）〔インターネットとマーケティング戦略〕　〔p210〕
　　◇新しいコミュニケーション手法の実施の有無（複数回答）〔インターネットとマーケティング戦略〕　〔p210〕
　　◇デジタルメディアを使う目的（複数回答）〔インターネットとマーケティング戦略〕　〔p211〕
　　◇広告メディアとして利用しているSNSの目的（複数回答）〔インターネットとマーケティング戦略〕　〔p212〕

『広告白書　2021年度版』日経広告研究所　2021.8
　　◇最近行った、あるいは今後行う予定があるコミュニケーションテーマ〔マーケティング戦略〕　〔p14〕
　　◇最近行った、今後行う予定がある企業の広告目標〔マーケティング戦略〕　〔p15〕
　　◇利用しているソーシャルメディア〔広告主企業〕　〔p17〕

『通商白書　2010』日経印刷　2010.7
　　◇新興国市場開拓に向け販売・マーケティングで重視する戦略（対民間事業者向け、対個人消費者向け別）　〔第3-2-1-32図　p308〕

マーケティング予算

『広告白書　2020年度版』日経広告研究所　2020.9
　◇予算の出所（複数回答）〔インターネットとマーケティング戦略〕　［p210］

『ソーシャルメディア白書　2012』翔泳社　2012.2
　◇ソーシャルメディアマーケティングの年間予算（活用度別）　［4-1-62　p230］
　◇ソーシャルメディアマーケティングの年間予算（活用満足度別）　［4-1-63　p230］
　◇今後のソーシャルメディアマーケティングの予算増加意向（活用度別）　［4-1-64　p231］
　◇今後のソーシャルメディアマーケティングの予算増加意向（活用満足度別）　［4-1-65　p231］

マージン率

『物価レポート　'97』経済企画協会　1997.10
　◇家電小売業のマージン率、売上高営業利益率、販売管理費比率の推移—(1)新興家電量販店　［図表3-2-1　p50］
　◇家電小売業のマージン率、売上高営業利益率、販売管理費比率の推移—(2)家電量販店上位10社　［図表3-2-1　p50］
　◇家電小売業のマージン率、売上高営業利益率、販売管理費比率の推移—(3)中小電器店　［図表3-2-1　p50］

マスコミ4媒体

　　⇒新聞広告，雑誌広告，テレビ広告，ラジオ広告　をも見よ

『観光ビジネス未来白書　2010年版』同友館　2010.3
　◇マスコミ4媒体広告費　［p168］

『広告白書　平成9年版』日経広告研究所　1997.7
　◇平成8年業種別広告費（マスコミ4媒体広告費）　［表1-2　p20］

『広告白書　平成16年版』日経広告研究所　2004.7
　◇2003年（平成15年）業種別広告費（マスコミ4媒体広告費）　［表1-2　p21］
　◇4媒体業種別広告量　［資料5-1　p228］

『広告白書　2007』日経広告研究所　2007.7
　◇2006年（平成18年）業種別広告費（マスコミ4媒体広告費）　［p50］
　◇業種別広告費（2000年～2006年）（マスコミ4媒体広告費）　［資料3-4　p176］
　◇4媒体業種別広告量　［資料4-1　p179］

『広告白書　2010』日経広告研究所　2010.7
　◇マスコミ4媒体広告売上高とそれ以外の伸び率　［p11］
　◇2009年業種別広告費（マスコミ4媒体広告費）　［p72］
　◇4媒体業種別広告量　［資料4-1　p186］

『広告白書　2013』日経広告研究所　2013.7
　◇2012年業種別広告費（マスコミ4媒体広告費の内訳）　［p22］
　◇4媒体業種別広告量　［資料4-1　p181］

『広告白書　2016』日経広告研究所　2016.7
　◇2015年業種別広告費（マスコミ4媒体広告費の内訳）　［p13］
　◇4媒体業種別広告量　［資料4-1　p211］

『広告白書　2019年度版』日経広告研究所　2019.7
　◇4媒体業種別広告量　［資料4-1　p163］

『広告白書　2020年度版』日経広告研究所　2020.9
　◇マス4媒体由来のデジタル広告費の内訳　［p59］
　◇4媒体業種別広告量〔マスコミ4媒体〕　［資料4-1　p163］

ますこみ

統計図表レファレンス事典　商業・広告・マーケティング

『広告白書　2021年度版』日経広告研究所　2021.8
　◇マス4媒体合計広告費とインターネット広告費の推移　［p75］
　◇マスコミ4媒体由来のインターネット広告費　［p77］
　◇マス4媒体由来のデジタル広告費803億円の内訳　［p120］
　◇4媒体業種別広告量　［資料4-1　p207］

『広告白書　2022年度版』日経広告研究所　2022.8
　◇マスコミ4媒体とインターネット広告費の推移　［p69］
　◇マスコミ4媒体由来のデジタル広告費　［p69］
　◇マス4媒体由来のデジタル広告費1061億円の内訳　［p114］
　◇4媒体業種別広告量　［資料4-1　p219］

『広告白書　2023-24年版』日経広告研究所　2023.10
　◇マス4媒体由来のデジタル広告費1211億円の内訳　［p100］
　◇業種別広告費の構成比とマス媒体内構成比（2022年）　［p199］
　◇4媒体業種別広告量（2022年4月～23年3月）　［p200］
　◇媒体別広告量（2022年4月～23年3月）〔マスコミ4媒体〕　［p201］

『情報メディア白書　1997年版』電通総研　1997.1
　◇4媒体の業種別広告費構成（1995年）　［図表Ⅰ-32-6　p185］

『情報メディア白書　2010』ダイヤモンド社　2010.1
　◇マス4媒体出稿量前年同期比の推移〈2008年〉［図表Ⅰ-13-6　p197］

『情報メディア白書　2016』ダイヤモンド社　2016.2
　◇業種別マスコミ4媒体広告費の媒体別構成比〈2014年〉［図表Ⅰ-11-5　p188］

『情報メディア白書　2019』ダイヤモンド社　2019.2
　◇業種別マスコミ4媒体広告費の媒体別構成比〈2017年〉［図表Ⅰ-11-6　p190］

『情報メディア白書　2022』ダイヤモンド社　2022.3
　◇マス4媒体由来のデジタル広告費　［Ⅰ-10-17　p170］
　◇業種別マスコミ4媒体広告費の媒体別構成比〈2020年〉［Ⅰ-11-6　p182］

『情報メディア白書　2023』ダイヤモンド社　2023.2
　◇マスコミ4媒体（新聞・雑誌・ラジオ・テレビ）の業種別広告費〈2021年〉［図表Ⅰ-11-5　p176］
　◇業種別マスコミ4媒体広告費の媒体別構成比〈2021年〉［図表Ⅰ-11-6　p176］

『デジタルコンテンツ白書　2007』デジタルコンテンツ協会　2007.8
　◇マスコミ四媒体広告費の推移　［p258］

『デジタルコンテンツ白書　2010』デジタルコンテンツ協会　2010.9
　◇マスコミ四媒体広告費の推移　［p194］

『デジタルコンテンツ白書　2013』デジタルコンテンツ協会　2013.9
　◇マスコミ四媒体広告費の推移　［p238］

『デジタルコンテンツ白書　2016』デジタルコンテンツ協会　2016.9
　◇マスコミ四媒体広告費の推移　［p250］

『デジタルコンテンツ白書　2019』デジタルコンテンツ協会　2019.9
　◇インターネット広告費におけるマスコミ四媒体由来のデジタル広告費　［図表5-4-4　p130］
　◇マスコミ四媒体広告費の推移　［p182］

『デジタルコンテンツ白書　2022』デジタルコンテンツ協会　2022.9
　◇マスコミ四媒体広告費の推移　［p161］

『日本新聞年鑑　'97/'98年版』日本新聞協会　1997.11
　◇4媒体業種別広告費　［表4　p372］

『日本民間放送年鑑 '97』日本民間放送連盟 1997.12
　　◇4媒体業種別広告費　[(表)　p693]

【み】

宮城県

『地域の経済　2012』日経印刷　2012.12
　　◇被災3県の大型小売店販売額の推移　[第2-2-31図　p110]

民間放送

『情報通信白書　平成19年版』ぎょうせい　2007.7
　　◇地上系民間放送事業者の売上高に占める広告収入の割合　[図表2-2-4　p203]
『情報通信白書　平成22年版』ぎょうせい　2010.7
　　◇地上系民間放送事業者の広告収入の推移　[図表4-4-1-4　p200]
『情報通信白書　平成25年版』日経印刷　2013.7
　　◇地上系民間基幹放送事業者の広告収入の推移　[図表4-6-1-3　p370]
『情報通信白書　平成28年版』日経印刷　2016.8
　　◇地上系民間基幹放送事業者の広告収入の推移　[図表5-1-7-3　p292]
『情報通信白書　令和元年版』日経印刷　2019.7
　　◇地上系民間基幹放送事業者の広告収入の推移　[図表3-1-8-3　p241]
『情報メディア白書　1997年版』電通総研　1997.1
　　◇テレビCMの年間出稿量〈関東地区/民放5局〉　[図表Ⅰ-32-11　p187]
『情報メディア白書　2005』ダイヤモンド社　2004.12
　　◇テレビCM総出稿量〈2003年/東京5社〉[図表Ⅰ-8-14　p135]
　　◇業種別テレビCM総出稿量〈2003年/東京5社/番組CM＋スポットCM〉[図表Ⅰ-8-15　p135]
　　◇広告主別テレビCMトップ10〈2003年/東京5社/番組CM＋スポットCM〉[図表Ⅰ-8-16　p135]
　　◇テレビCMの年間出稿量〈関東地区/民放5局〉[図表Ⅰ-12-13　p205]
　　◇関東地区業種別年間テレビCM出稿量〈民放5局/番組＋スポット〉[図表Ⅰ-12-15　p205]
　　◇関西地区業種別年間テレビCM出稿量〈民放5局/番組＋スポット〉[図表Ⅰ-12-16　p205]
『情報メディア白書　2007』ダイヤモンド社　2007.1
　　◇テレビCM総出稿量〈2005年/東京5社〔日本テレビ, TBS, フジテレビ, テレビ朝日, テレビ東京〕〉[図表Ⅰ-9-10　p127]
　　◇広告主別テレビCM出稿量トップ10〈2005年/東京5社〔日本テレビ, TBS, フジテレビ, テレビ朝日, テレビ東京〕/番組CM＋スポットCM〉[図表Ⅰ-9-11　p127]
　　◇テレビCMの年間出稿量〈関東地区/民法5局〉[図表Ⅰ-13-12　p201]
『情報メディア白書　2010』ダイヤモンド社　2010.1
　　◇テレビCM総出稿量〈2008年/関東地区/民放5局＊合計〉[図表Ⅰ-9-10　p127]
　　◇広告主別テレビCM出稿量トップ10〈2008年/関東地区/民放5局＊合計/番組CM＋スポットCM〉[図表Ⅰ-9-11　p127]
　　◇テレビCMの年間出稿量〈関東地区/民放5局合計＊〉[図表Ⅰ-13-12　p198]
　　◇業種別年間テレビCM出稿量〈関東地区/民放5局合計＊/番組＋スポット〉[図表Ⅰ-13-13　p198]
　　◇広告主別テレビCM出稿量上位20社〈関東地区/民放5局合計＊/番組＋スポット〉[図表Ⅰ-13-14　p198]

『情報メディア白書　2013』ダイヤモンド社　2013.1
　　◇テレビCM出稿量〈2011年/関東地区/民放5局合計〉［図表Ⅰ-8-10　p132］
　　◇広告主別テレビCM出稿量トップ10〈2011年/関東地区/民放5局合計/番組CM＋スポットCM〉［図表Ⅰ-8-11　p132］

『情報メディア白書　2019』ダイヤモンド社　2019.2
　　◇関東民放5局テレビCM年間総出稿量　［図表Ⅰ-7-30　p136］
　　◇広告主別テレビCM出稿量上位10社〈2017年/関東5局〉［図表Ⅰ-7-31　p136］

『情報メディア白書　2022』ダイヤモンド社　2022.3
　　◇関東5局テレビCM年間総出稿量　［Ⅰ-7-30　p128］
　　◇広告主別テレビCM出稿量上位10社〈2020年/関東5局〉［Ⅰ-7-31　p128］

『日本民間放送年鑑　'97』日本民間放送連盟　1997.12
　　◇国内総生産、広告費とラジオ・テレビ営業収入の比較（民放全社）　［（表）　p689］
　　◇国内総生産、鉱工業生産、広告費とラジオ・テレビ営業収入の伸び（民放全社）　［（表）　p689］

【め】

メガネ（小売）

『商業施設計画総覧　2023年版』産業タイムズ社　2022.11
　　◇メガネ企業の売上高、店舗数　［p154］

メキシコ（小売売上）

『通商白書　2019』勝美印刷　2019.10
　　◇メキシコの小売売上高の伸び率の推移　［第Ⅰ-3-5-7図　p86］

メディアミックス

『ネット広告白書　2010』インプレスR&D　2009.9
　　◇大手広告主のメディアミックスでのインターネット広告の利用経験　［資料6-1-64　p179］
　　◇中小広告主のメディアミックスでのインターネット広告の利用経験［従業員規模別］　［資料6-1-65　p179］

免税売上

『関西経済白書　2016』丸善プラネット　2016.10
　　◇百貨店免税売上の推移（関西地区）　［図4-2-12　p101］

『関西経済白書　2019』丸善プラネット　2019.9
　　◇百貨店免税売上（関西地区）　［図3-2-12　p94］

『関西経済白書　2020』日経印刷　2020.10
　　◇百貨店免税売上（関西地区，前年同月比）　［図3-2-13　p105］
　　◇百貨店免税売上高指数の推移〔関西〕　［13.8　p278］

『関西経済白書　2021』日経印刷　2021.10
　　◇百貨店免税売上〔関西〕　［図3-2-11　p103］
　　◇百貨店免税売上高指数の推移〔関西〕　［13.8　p295］

『関西経済白書　2022』日経印刷　2022.10
　　◇百貨店免税売上　［図3-2-11　p82］
　　◇百貨店免税売上高指数の推移　［13.8　p255］

『関西経済白書　2023』日経印刷　2023.10
　◇百貨店免税売上(関西地区)　［図3-3-11　p94］
　◇百貨店免税売上高指数の推移〔関西〕　［13.8　p259］

【も】

モバイル広告

『ケータイ白書　2005』インプレス　ネットビジネスカンパニー　2004.12
　◇ケータイ(モバイル)広告費　［資料4-3-1　p283］

『ケータイ白書　2007』インプレスR&D　2006.12
　◇モバイル広告クリック経験［パケット定額制加入者と非加入者別］　［資料1-12-1　p136］
　◇クリックしたモバイル広告の種類(複数回答)［パケット定額制加入者と非加入者別］
　　［資料1-12-2　p137］
　◇モバイル広告費の推移　［資料3-6-1　p203］
　◇モバイル広告の予測(2007年〜2011年)　［資料3-6-2　p203］
　◇モバイル検索連動型広告の市場予測　［資料3-6-4　p209］

『ケータイ白書　2010』インプレスR&D　2009.12
　◇モバイル広告費の推移　［資料3-4-1　p227］

『広告白書　2019年度版』日経広告研究所　2019.7
　◇パソコン、スマートフォンに出している、広告コンテンツの形態(複数回答)〔インターネットとマーケティング戦略〕　［p210］
　◇パソコン・スマートフォンに出している、取り引き別にみた広告形態(複数回答)〔インターネットとマーケティング戦略〕　［p211］

『広告白書　2020年度版』日経広告研究所　2020.9
　◇パソコン、スマートフォンに出している、広告コンテンツの形態(複数回答)〔インターネットとマーケティング戦略〕　［p209］
　◇パソコン・スマートフォンに出している、取り引き別にみた広告形態(複数回答)〔インターネットとマーケティング戦略〕　［p209］

『情報メディア白書　2005』ダイヤモンド社　2004.12
　◇モバイル広告費　［図表Ⅰ-12-34　p210］

『情報メディア白書　2007』ダイヤモンド社　2007.1
　◇出稿したモバイル広告の種類とタイプ〈2005年度〉［図表Ⅰ-13-33　p205］

『情報メディア白書　2010』ダイヤモンド社　2010.1
　◇モバイル広告費　［図表Ⅰ-13-20　p200］
　◇主なモバイル広告会社の売上高　［図表Ⅰ-13-21　p200］
　◇2008年度に企業が出稿したサイト　［図表Ⅰ-13-22　p200］
　◇モバイル広告接触状況〈2009年〉［図表Ⅰ-13-24　p200］

『情報メディア白書　2013』ダイヤモンド社　2013.1
　◇モバイル広告費　［図表Ⅰ-13-13　p193］
　◇スマートフォン向け広告出稿広告主の業務別構成比〈2011年〉［図表Ⅰ-13-14　p193］
　◇モバイル広告利用意向〈未出稿企業〉［図表Ⅰ-13-15　p193］

『情報メディア白書　2023』ダイヤモンド社　2023.2
　◇スマートフォンインターネット広告出稿動向〈2021年度〉［図表Ⅰ-11-15　p179］

『ネット広告白書　2010』インプレスR&D　2009.9
　◇中小広告主のケータイでのインターネット広告の不満点(複数回答)　［資料6-1-29　p155］

◇中小広告主のケータイでのインターネット広告の出稿目的［広告種類別］　［資料6-1-48
　　　p167］
　　◇中小広告主のケータイでのインターネット広告の効果測定指標［広告種類別］　［資料6-
　　　1-55　p173］
　　◇ケータイでのインターネット広告を見た後の行動（複数回答）　［資料6-2-9　p199］
　『モバイル社会白書　2007』NTT出版　2007.7
　　◇モバイル広告費の市場推移　［資料3-1-24　p130］
　　◇モバイルプロモーションの広告市場中の位置付け　［資料3-1-25　p130］

モバイルコマース
　『情報メディア白書　2023』ダイヤモンド社　2023.2
　　◇モバイルコマース市場規模（フィーチャーフォン/スマートフォン、タブレット）　［図
　　　表Ⅰ-12-24　p194］

最寄品
　『中小企業白書　平成9年版』大蔵省印刷局　1997.5
　　◇商品選択に関する消費者と小売業の認識（5年前と比較して最寄品購入時に重視するよう
　　　になった点）　［第2-3-36図　p245］
　　◇買物をする店舗の選択基準（最寄品）　［第2-3-44図　p252］

【や】

薬局
　『医療経営白書　2013年度版』日本医療企画　2013.10
　　◇業態数と1店舗当たりの商圏人口〔薬局〕　［表3　p210］

山口県
　『九州経済白書　2010年版』九州経済調査協会　2010.2
　　◇大規模店舗届出の業態、地場/域外企業の組み合わせ（九州・山口）　［図表2-18　p40］
　　◇九州・山口の小売店事業所数・年間商品販売額・売場面積の推移　［図表3-1　p43］
　　◇九州・山口の小売業年間販売額（立地環境別）増減率　［図表4-2　p64］

【ゆ】

ユーザー（広告）
　『広告白書　平成9年版』日経広告研究所　1997.7
　　◇広告の受け手（ユーザー）をとらえるデータ　［（表）C　p174〜178］

輸入広告
　『広告白書　2007』日経広告研究所　2007.7
　　◇2006年の輸入広告出稿量上位20社　［p59］
　『広告白書　2010』日経広告研究所　2010.7
　　◇2009年輸入広告上位20社　［p83］

ユーロ圏（小売）

『世界経済の潮流　2019年 Ⅰ』日経印刷　2019.9
　　◇ユーロ圏の個人消費・小売売上　［第2-4-3図　p142］
『世界経済の潮流　2022年 Ⅰ』日経印刷　2022.9
　　◇ユーロ圏の実質小売売上　［第1-2-44図　p112］
『世界経済の潮流　2022年 Ⅱ』日経印刷　2023.3
　　◇ユーロ圏の実質小売売上高　［第1-2-64図　p102］
『通商白書　2010』日経印刷　2010.7
　　◇ユーロ圏の小売売上高指数の推移　［第1-2-2-10図　p71］
『通商白書　2013』勝美印刷　2013.8
　　◇ユーロ圏諸国と英国の小売数量の推移　［第Ⅲ-2-2-30図　p245］
『通商白書　2022』経済産業省　2022
　　◇ユーロ圏の小売売上高指数の推移（国別）　［第Ⅰ-2-3-12図　p144］
　　◇ユーロ圏の小売売上高指数の推移（業種別）　［第Ⅰ-2-3-13図　p144］

【よ】

ヨーロッパ

　　⇒イギリス（小売関係），イタリア（小売売上），スペイン（小売売上），ドイツ（小売上），フランス（小売売上）　をも見よ

『情報化白書　2004』コンピュータ・エージ社　2004.8
　　◇ヨーロッパのEC市場（2002年および2006年）　［図表3-2-12　p136］
　　◇ヨーロッパの国別EC規模（2002年）　［図表3-2-13　p136］
『情報メディア白書　2005』ダイヤモンド社　2004.12
　　◇ヨーロッパの広告市場〈2002年〉［図表Ⅱ-3-15　p242］
『情報メディア白書　2007』ダイヤモンド社　2007.1
　　◇広告費［ヨーロッパ］　［図表Ⅱ-3-19　p242］
『情報メディア白書　2010』ダイヤモンド社　2010.1
　　◇広告費〈2008年〉［図表Ⅱ-3-10　p250］
『通商白書　2023』経済産業省　2023
　　◇欧州の小売売上高（品目別）　［Ⅰ-3-2-6図　p122］
『物価レポート　'97』経済企画協会　1997.10
　　◇ヨーロッパ各国の小売総売上高に占めるPB商品売上高の割合　［図表　p55］

【ら】

ライブコマースサービス

『広告白書　2019年度版』日経広告研究所　2019.7
　　◇ライブコマースサービスで買い物をする理由　上位5位　［p47］

ラジオ

『日本民間放送年鑑 '97』日本民間放送連盟 1997.12
　　◇国内総生産、広告費とラジオ・テレビ営業収入の比較（民放全社）　［（表）　p689］
　　◇国内総生産、鉱工業生産、広告費とラジオ・テレビ営業収入の伸び（民放全社）　［（表）p689］

ラジオ広告

『広告白書　平成9年版』日経広告研究所　1997.7
　　◇ラジオ広告出稿量　［（表）8　p228～231］

『広告白書　2007』日経広告研究所　2007.7
　　◇媒体別広告量（ラジオ）　［資料4-2　p180］

『広告白書　2019年度版』日経広告研究所　2019.7
　　◇番組・スポットCMの業種別、秒数区分別出稿量（2018年/関東）〔ラジオ広告出稿量〕［資料12-3　p192］
　　◇番組・スポットCMの業種別、秒数区分別出稿量（2018年/関西）〔ラジオ広告出稿量〕［資料12-4　p193］

『広告白書　2020年度版』日経広告研究所　2020.9
　　◇放送局からみた2020年度期待の広告出稿業種（複数回答）〔ラジオ広告〕　［p73］

『広告白書　2021年度版』日経広告研究所　2021.8
　　◇放送局からみた2021年度期待の広告出稿業種（複数回答）〔ラジオ広告〕　［p135］
　　◇ラジオ広告出稿量：番組・スポットCM合計秒数の上位50社（2020年1～12月/関東）［p138］
　　◇ラジオ広告出稿量：番組・スポットCM合計秒数の上位50社（2020年1～12月/関西）［p139］

『広告白書　2022年度版』日経広告研究所　2022.8
　　◇ラジオ広告出稿量：番組・スポットCM合計秒数の上位50社（2021年1～12月/関東）［p130］
　　◇ラジオ広告出稿量：番組・スポットCM合計秒数の上位50社（2021年1～12月/関西）［p131］

『広告白書　2023-24年版』日経広告研究所　2023.10
　　◇放送局から見た2023年度期待の広告出稿業種（複数回答）〔ラジオ広告〕　［p105］
　　◇番組・スポットCM合計秒数の上位30社（2022年4月～23年3月/関東）〔ラジオ広告〕［p238］
　　◇番組・スポットCM合計秒数の上位30社（2022年4月～23年3月/関西）〔ラジオ広告〕［p239］
　　◇番組・スポットCMの業種別、秒数区分別出稿量（2022年4月～23年3月/関東）〔ラジオ広告〕　［p240］
　　◇番組・スポットCMの業種別、秒数区分別出稿量（2022年4月～23年3月/関西）〔ラジオ広告〕　［p242］

『情報メディア白書　1997年版』電通総研　1997.1
　　◇ラジオの業種別広告量トップ10（1995年）　［図表Ⅰ-32-9　p186］
　　◇ラジオ/広告売上　［図表Ⅱ-1-18　p203］

『情報メディア白書　2005』ダイヤモンド社　2004.12
　　◇ラジオの業種別広告出稿量トップ10〈2003年〉［図表Ⅰ-12-11　p204］

『情報メディア白書　2007』ダイヤモンド社　2007.1
　　◇ラジオの業種別広告出稿量トップ10〈2005年〉［図表Ⅰ-13-10　p200］

『情報メディア白書　2010』ダイヤモンド社　2010.1

◇ラジオの業種別広告出稿量トップ10〈2008年〉［図表Ⅰ-13-9　p197］
『情報メディア白書　2013』ダイヤモンド社　2013.1
　　◇ラジオの業種別広告出稿量トップ10〈2011年〉［図表Ⅰ-13-8　p191］
『情報メディア白書　2016』ダイヤモンド社　2016.2
　　◇ラジオの業種別広告出稿量トップ10〈2014年〉［図表Ⅰ-11-8　p189］
『情報メディア白書　2019』ダイヤモンド社　2019.2
　　◇ラジオ総広告量の対前年比〈2017年〉［図表Ⅰ-7-16　p132］
　　◇ラジオの業種別広告出稿量トップ10〈2017年〉［図表Ⅰ-11-9　p191］
『情報メディア白書　2022』ダイヤモンド社　2022.3
　　◇ラジオ広告出稿量の対前年比〈2020年〉［Ⅰ-7-16　p124］
　　◇ラジオの業種別広告出稿量トップ10〈2020年〉［Ⅰ-11-9　p183］
『情報メディア白書　2023』ダイヤモンド社　2023.2
　　◇ラジオ広告出稿量の対前年比〈2021年/東阪10局〉［図表Ⅰ-7-16　p120］
　　◇ラジオの業種別広告出稿量トップ10〈2021年〉［図表Ⅰ-11-9　p177］

ラジオ広告費

『広告白書　2007』日経広告研究所　2007.7
　　◇業種別広告費（2000年～2006年）（ラジオ広告費）　　［資料3-4　p177］
『広告白書　2013』日経広告研究所　2013.7
　　◇ラジオ広告費の月別推移と前年同月比増減率　　［p62］
『広告白書　2016』日経広告研究所　2016.7
　　◇ラジオ広告費の月別推移と前年同月比増減率　　［p79］
『情報メディア白書　2005』ダイヤモンド社　2004.12
　　◇ラジオ広告費　［図表Ⅰ-7-12　p127］
『情報メディア白書　2007』ダイヤモンド社　2007.1
　　◇ラジオ広告費とラジオCM総出稿量　［図表Ⅰ-8-11　p119］
　　◇業種別ラジオ広告費〈2005年〉［図表Ⅰ-8-12　p119］
　　◇ラジオ広告費［アメリカ］　［図表Ⅱ-2-27　p231］
『情報メディア白書　2010』ダイヤモンド社　2010.1
　　◇業種別ラジオ広告費〈2008年〉［図表Ⅰ-8-13　p119］
『情報メディア白書　2013』ダイヤモンド社　2013.1
　　◇ラジオ広告費とラジオCM年間総出稿量　［図表Ⅰ-7-13　p125］
　　◇業種別ラジオ広告費〈2011年〉［図表Ⅰ-7-14　p125］
『情報メディア白書　2016』ダイヤモンド社　2016.2
　　◇ラジオ広告費とラジオCM年間総出稿量　［図表Ⅰ-7-12　p133］
　　◇業種別ラジオ広告費〈2014年〉［図表Ⅰ-7-13　p133］
『情報メディア白書　2019』ダイヤモンド社　2019.2
　　◇ラジオ広告費とラジオCM年間総出稿量　［図表Ⅰ-7-14　p132］
　　◇業種別ラジオ広告費〈2017年〉［図表Ⅰ-7-15　p132］
『情報メディア白書　2022』ダイヤモンド社　2022.3
　　◇ラジオ広告費とラジオCM年間総出稿量　［Ⅰ-7-14　p124］
　　◇業種別ラジオ広告費〈2020年〉［Ⅰ-7-15　p124］
『情報メディア白書　2023』ダイヤモンド社　2023.2
　　◇ラジオ広告費とラジオCM年間総出稿量　［図表Ⅰ-7-14　p120］
　　◇業種別ラジオ広告費〈2021年〉［図表Ⅰ-7-15　p120］

『デジタルコンテンツ白書　2016』デジタルコンテンツ協会　2016.9
　　◇新聞、雑誌、ラジオ、折込広告、インターネット広告の広告費の推移　［図表5-4-4　p161］
『デジタルコンテンツ白書　2019』デジタルコンテンツ協会　2019.9
　　◇新聞、雑誌、ラジオ、地上波テレビ、折込広告、インターネット広告の広告費の推移
　　　［図表5-4-3　p130］
『デジタルコンテンツ白書　2022』デジタルコンテンツ協会　2022.9
　　◇新聞、雑誌、ラジオ、地上波テレビ、折込広告、インターネット広告の広告費の推移
　　　［図表5-3-3　p115］
『日本民間放送年鑑　'97』日本民間放送連盟　1997.12
　　◇業種別ラジオ広告費の推移　［表4　p128］

ラジオCM
　　　⇒スポットCM，タイムCM，ラジオ広告　をも見よ
『広告白書　平成16年版』日経広告研究所　2004.7
　　◇ラジオ番組・スポットCM合計秒数の上位50社（関東）　［資料8-1　p256〜257］
　　◇ラジオ番組・スポットCM合計秒数の上位50社（関西）　［資料8-2　p258〜259］
『広告白書　2007』日経広告研究所　2007.7
　　◇ラジオ番組・スポットCM合計秒数の上位50社（関東）　［資料12-1　p202］
　　◇ラジオ番組・スポットCM合計秒数の上位50社（関西）　［資料12-2　p203］
『広告白書　2010』日経広告研究所　2010.7
　　◇ラジオ番組・スポットCM合計秒数の上位50社（関東）　［資料12-1　p209］
　　◇ラジオ番組・スポットCM合計秒数の上位50社（関西）　［資料12-2　p210］
『広告白書　2013』日経広告研究所　2013.7
　　◇ラジオ番組・スポットCM合計秒数の上位50社（関東）　［資料12-1　p204］
　　◇ラジオ番組・スポットCM合計秒数の上位50社（関西）　［資料12-2　p205］
『広告白書　2021年度版』日経広告研究所　2021.8
　　◇ラジオの番組・スポットCMの業種別、秒数区分別出稿量（2020年1〜12月/関東）　［p140］
　　◇ラジオの番組・スポットCMの業種別、秒数区分別出稿量（2020年1〜12月/関西）　［p141］
『広告白書　2022年度版』日経広告研究所　2022.8
　　◇ラジオの番組・スポットCMの業種別、秒数区分別出稿量（2021年1〜12月/関東）　［p132］
　　◇ラジオの番組・スポットCMの業種別、秒数区分別出稿量（2021年1〜12月/関西）　［p133］
『情報メディア白書　2005』ダイヤモンド社　2004.12
　　◇ラジオCM総出稿量〈2003年/東京5社〉［図表Ⅰ-7-13　p127］
　　◇業種別年間ラジオCM総出稿量〈2003年/東京5社〉［図表Ⅰ-7-14　p127］
　　◇広告主別ラジオCM出稿量トップ10〈2003年/東京5社〉［図表Ⅰ-7-15　p127］
『情報メディア白書　2007』ダイヤモンド社　2007.1
　　◇業種別年間ラジオCM総出稿量〈東京5社〉［図表Ⅰ-8-13　p119］
　　◇広告主別ラジオCM出稿量トップ10　［図表Ⅰ-8-14　p119］
『情報メディア白書　2010』ダイヤモンド社　2010.1
　　◇ラジオ広告費とラジオCM年間総出稿量　［図表Ⅰ-8-12　p119］
　　◇業種別ラジオCM総出稿量〈2008年/関東5局〉［図表Ⅰ-8-14　p119］
　　◇広告主別ラジオCM出稿量トップ10〈2008年/関東5局〉［図表Ⅰ-8-15　p119］
『情報メディア白書　2013』ダイヤモンド社　2013.1
　　◇業種別ラジオCM総出稿量〈2011年/関東5局〉［図表Ⅰ-7-15　p125］
　　◇広告主別ラジオCM出稿量トップ10〈2011年/関東5局〉［図表Ⅰ-7-16　p125］
『情報メディア白書　2023』ダイヤモンド社　2023.2

◇ラジオ広告費とラジオCM年間総出稿量　〔図表Ⅰ-7-14　p120〕
　　◇広告主別CM出稿量上位10社〈2021年/関東5局〉〔ラジオ広告〕　〔図表Ⅰ-7-17　p120〕
『日本民間放送年鑑　'97』日本民間放送連盟　1997.12
　　◇ラジオCM業種別広告量　〔（表）　p694〕
　　◇ラジオCM月別広告量　〔（表）　p694〕
　　◇ラジオCM出稿秒数の推移　〔（表）　p694〕

【り】

立地

『九州経済白書　2007年版』九州経済調査協会　2007.2
　　◇コンビニ立地困難地域の分布推移　〔図表1-41　p76〕
『九州経済白書　2010年版』九州経済調査協会　2010.2
　　◇新しいフォーマットによる店舗の立地面での特徴（小売）　〔図表2-10　p34〕
　　◇新しいフォーマットによる店舗の立地面での特徴（外食）　〔図表2-11　p34〕
　　◇日帰りレジャー地域の個人店の立地理由　〔図表4-28　p83〕
『国土交通白書　2007』ぎょうせい　2007.5
　　◇大規模商業施設（延べ床面積3,000㎡以上）の立地状況の推移　〔図表Ⅰ-2-2-3　p39〕
『中小企業白書　2007年版』ぎょうせい　2007.6
　　◇現在地に出店を決めた理由　〔第2-2-45図　p111〕
『東京の中小企業の現状（流通産業編）　平成26年度』東京都産業労働局　2015.3
　　◇主たる店舗の立地　〔図表Ⅱ-2-13　p116〕
『東京の中小企業の現状（流通産業編）　平成29年度』東京都産業労働局　2018.3
　　◇東京の立地環境〔卸売業〕　〔図表Ⅱ-1-48　p109〕
『東京の中小企業の現状（流通産業編）　令和2年度』東京都産業労働局　2021.3
　　◇立地環境〔小売業〕　〔図表Ⅱ-2-26　p151〕
　　◇東京の立地環境（卸売業）　〔図表Ⅲ-2-2　p251〕
『土地白書　平成16年版』国立印刷局　2004.7
　　◇小売店舗の面積規模と立地タイプ　〔図表1-3-63　p92〕
『土地白書　平成25年版』勝美印刷　2013.8
　　◇ショッピングセンターの立地動向　〔図表3-2-7　p109〕

リテールメディア広告

『広告主動態調査　2024年版』日経広告研究所　2024.3
　　◇リテールメディアの利用について〔広告出稿状況・担当部門・計上費目〕　〔図2　p3、13〕
『広告白書　2023-24年版』日経広告研究所　2023.10
　　◇リテールメディア広告市場規模推計・予測　〔p39〕

リードジェネレーション広告

『ネット広告白書　2010』インプレスR&D　2009.9
　　◇中小広告主のオンラインリードジェネレーション広告の認知度と利用状況〔従業者規模別〕　〔資料6-1-6　p138〕

流通系列関係

『中小企業白書　平成9年版』大蔵省印刷局　1997.5
　　◇メーカーと流通系列関係を持つ理由（中小小売業）　〔第2-3-25図　p236〕
『東京の中小企業の現状（流通産業編）　平成29年度』東京都産業労働局　2018.3
　　◇流通系列関係〔卸売業〕　〔図表Ⅱ-1-12　p51〕
『東京の中小企業の現状（流通産業編）　令和2年度』東京都産業労働局　2021.3
　　◇流通系列関係〔卸売業〕　〔図表Ⅱ-1-4　p37〕

流通経路（小売）

『水産白書　平成22年版』農林統計協会　2010.6
　　◇小売業の形態別の国内産水産物（生鮮・冷蔵・冷凍・塩蔵）の流通経路の比較　〔図Ⅱ-2-22　p66〕
『製造基盤白書（ものづくり白書）　2004年版』ぎょうせい　2004.6
　　◇直販による粗利率の既存流通経路との比較　〔図132-11　p232〕
『中小企業白書　平成9年版』大蔵省印刷局　1997.5
　　◇流通経路短縮化の有無（中小小売業）　〔第2-3-18図　p232〕
　　◇流通経路を短縮した理由（中小小売業）　〔第2-3-19図　p232〕
　　◇流通経路短縮化のための仕入先変更状況（中小小売業）　〔第2-3-20　p233〕

利用店舗

『インターネット白書　2010』インプレスジャパン　2010.6
　　◇オンラインショッピングと実店舗における消費意欲　〔資料7-5-2　p207〕
『九州経済白書　2007年版』九州経済調査協会　2007.2
　　◇業態別にみた家からの所要時間と利用頻度の関係（熊本県・2006年）　〔図表1-11　p55〕
　　◇業態別買物頻度と所要時間（熊本県・2006年）　〔図表1-15　p58〕
『ケータイ社会白書　2016-2017』中央経済社　2016.10
　　◇利用する店舗とICT端末の利用　〔資料5-24　p187〕
『ケータイ社会白書　2018-2019』中央経済社　2018.9
　　◇利用する店舗と頻度（SA）　〔資料5-20　p139〕
　　◇利用する店舗と頻度性年代別（SA）　〔資料5-21　p139〕
『スーパーマーケット白書　2016年版』新日本スーパーマーケット協会　2016.2
　　◇食品購入先「第3」利用店舗まで組み合わせ（週に1回以上利用）　〔図表6-2-27　p68〕
　　◇生鮮品購入先「第3」利用店舗までの組み合わせ　〔図表6-2-28　p68〕
　　◇食品購入先「第1」利用と「第2」利用店舗の2～3年前の利用傾向　〔図表6-2-30　p69〕
　　◇生鮮品購入先「第1」利用と「第2」利用店舗の2～3年前の利用傾向　〔図表6-2-31　p69〕
『スーパーマーケット白書　2019年版』全国スーパーマーケット協会　2019
　　◇キャッシュレス決済とスーパーマーケット利用店舗の選択　〔図表1-24　p33〕
　　◇ポイント還元事業時の店舗選択行動　〔図表1-27　p34〕
　　◇併用しているスーパーマーケットへの評価　〔図表2-24　p60〕
　　◇併用スーパーとのアクセス利便性の比較　〔図表2-25　p60〕
　　◇誰かと一緒に食材を買いに行く店舗　〔図表　p78〕
　　◇購入する食材を決めてから行く店舗　〔図表　p79〕
　　◇食材をゆっくり見て歩きながら購入する店舗　〔図表　p79〕
『スーパーマーケット白書　2022年版』全国スーパーマーケット協会　2022
　　◇食品購入に利用する店舗数〔感染拡大前、2021年12月時点〕　〔図表2-60　p65〕
　　◇今後、積極的に購入・利用することで応援したいと思うお店が　〔図表2-78　p73〕

『スーパーマーケット白書　2023年版』全国スーパーマーケット協会　2023.2
　　◇スーパーマーケットの店舗を選ぶ際に重視すること（複数回答）　［図表2-8　p53］
　　◇スーパーマーケットの利用理由と店舗重視店のスコア差　［図表2-9　p53］
　　◇スーパーマーケット選択時に料理に必要な材料が揃うことを重視するか　［図表3-3　p60］
　　◇ネットスーパーではなく店頭で購入したい理由　［図表A-21　p107］
『全国通信販売利用実態調査報告書　第30回』日本通信販売協会　2023.5
　　◇「実際の店舗」と「通信販売」の利用状況　［問2-12　p32］
『中小企業白書　平成9年版』大蔵省印刷局　1997.5
　　◇買物をする店舗の選択基準（最寄品）　［第2-3-44図　p252］
　　◇買回品の購入店舗　［第2-3-45図　p253］
　　◇買物をする店舗の選択基準（買回品）　［第2-3-46図　p253］
『ホビー白書　2019年版』日本ホビー協会　2019.11
　　◇ホビーの道具や材料の購入意識 6専門店と通販との品揃え比較（単一回答）　［図表2-24　p90～91］
　　◇ホビーの道具や材料の購入意識 7専門店と通販との商品検索性比較（単一回答）　［図表2-25　p92～93］
『モバイル社会白書　2022-2023』NTT出版　2022.10
　　◇利用する店舗と頻度［利用形態別］　［資料8-18　p243］
　　◇利用する店舗と頻度［性年代別］　［資料8-19　p244］

【れ】

冷凍食品（スーパーマーケット）

『スーパーマーケット白書　2019年版』全国スーパーマーケット協会　2019
　　◇SCIデータでみるスーパーマーケットでの購入と商品市場規模の変化 洋日配・冷凍食品カテゴリー　［図表2-8　p55］
　　　◇洋日配・冷凍食品〔column SCIデータでみる81品目の消費者購入金額とスーパーマーケット業態シェア〕　［p66］
『スーパーマーケット白書　2022年版』全国スーパーマーケット協会　2022
　　　◇洋日配・冷凍食品〔資料1-1 SCIデータでみる81品目の消費者購入金額とスーパーマーケット業態シェア〕　［p100］
『スーパーマーケット白書　2023年版』全国スーパーマーケット協会　2023.2
　　　◇洋日配・冷凍食品〔資料1-1 SCIデータでみる81品目の消費者購入金額とスーパーマーケット業態シェア〕　［p114］
『スーパーマーケット白書　2024年版』全国スーパーマーケット協会　2024.2
　　　◇洋日配・冷凍食品〔資料1-1 SCIデータでみる81品目の消費者購入金額とスーパーマーケット業態シェア〕　［p118］

【ろ】

労働生産性（卸売・小売業）

『関西経済白書　2007年版』関西社会経済研究所　2007.6
　　◇卸売・小売業の労働生産性　［図表2-79　p135］

◇卸売・小売業の労働生産性の要因（1990年度から2005年度までの増加率）　［図表2-80
　　　p135］
　『地域の経済　2012』日経印刷　2012.12
　　◇地域ブロック別の小売業の労働生産性（2007年）　［第3-2-3図　p157］
　　◇人口密度と小売業の労働生産性の関係（2007年）　［第3-2-4図　p158］
　『中小企業白書　2016年版』日経印刷　2016.6
　　◇中小小売業における労働生産性の分布状況　［第1-3-14図　p77］
　　◇大企業平均以上の労働生産性となる中小小売業者の業種別内訳（産業小分類別）　［付注
　　　1-3-3　p567］
　『通商白書　2013』勝美印刷　2013.8
　　◇卸売・小売業の労働生産性とTFP　［補論第1-12図　p327］

ロシア（小売売上）

　『通商白書　2010』日経印刷　2010.7
　　◇ロシアの小売売上高の推移　［第1-2-5-85図　p150］
　『通商白書　2013』勝美印刷　2013.8
　　◇ロシアの小売売上高、名目賃金の推移　［第Ⅲ-2-4-52図　p273］
　『通商白書　2019』勝美印刷　2019.10
　　◇ロシアの実質賃金と小売売上高（前年同月比）の推移　［第Ⅰ-3-6-6図　p99］

【ABC】

ADK（アサツー・ディ・ケイ）

　『広告白書　2016』日経広告研究所　2016.7
　　◇博報堂DYHとADKの業績　［p111］
　　◇ADK（単体）の業種別売上高（15年12月期）　［p114］
　『広告白書　2019年度版』日経広告研究所　2019.7
　　◇VISION 2020ロードマップ（アサツー・ディ・ケイ）　［p108］
　　◇ADKのROE推移（アサツー・ディ・ケイ）　［p109］
　　◇ADKの配当と配当利回り（アサツー・ディ・ケイ）　［p109］

BSテレビ広告　⇒衛星メディア関連広告 を見よ

B to B EC

　『インターネット白書　2004』インプレス ネットビジネスカンパニー　2004.7
　　◇BtoB ECの市場規模推移（1998年－2003年）　［資料6-2-23　p309］
　　◇2003年度BtoB ECのセグメント別構成比　［資料6-2-24　p309］
　『情報化白書　2004』コンピュータ・エージ社　2004.8
　　◇韓国における企業間ECの規模（業種別）　［図表3-2-7　p134］
　『情報化白書　2006』BCN　2006.10
　　◇日米のBtoB EC市場規模とBtoB EC化率（全体）　［図表2-3-1　p98］
　　◇日米のBtoB EC市場規模とBtoB EC化率（業種別）　［図表2-3-2　p99］
　『情報化白書　2009』増進堂　2009.9
　　◇広義BtoB EC市場規模の推移　［図表1-1-3-1　p92］
　　◇狭義BtoB EC市場規模の推移　［図表1-1-3-2　p93］

『情報化白書　2012』翔泳社　2011.11
　　◇日本の電子商取引市場規模推移（狭義BtoB）　［データ編/図表9-3　p272］
　　◇日本の電子商取引市場規模推移（広義BtoB）　［データ編/図表9-4　p272］
『情報通信白書　平成16年版』ぎょうせい　2004.7
　　◇事業者向け電子商取引市場（B2Beコマース市場）の推移　［図表2　p79］
『情報メディア白書　2005』ダイヤモンド社　2004.12
　　◇BtoB EC市場規模　［図表Ⅰ-11-17　p190］
『情報メディア白書　2007』ダイヤモンド社　2007.1
　　◇B to B EC市場規模　［図表Ⅰ-11-26　p183］
『情報メディア白書　2010』ダイヤモンド社　2010.1
　　◇B to B EC（企業間電子商取引）市場規模　［図表Ⅰ-12-28　p185］
　　◇主な通信教育・B to B通信販売事業者の売上高〈2009年〉［図表Ⅰ-14-9　p209］
『情報メディア白書　2013』ダイヤモンド社　2013.1
　　◇主な総合通販、通信教育・BtoB通販事業者の売上高　［図表Ⅰ-14-8　p203］
『情報メディア白書　2016』ダイヤモンド社　2016.2
　　◇B to B EC（企業間電子商取引）市場規模　［図表Ⅰ-10-8　p174］
『情報メディア白書　2022』ダイヤモンド社　2022.3
　　◇B to B EC（企業間電子商取引）市場規模　［Ⅰ-10-8　p168］
『中小企業白書　2016年版』日経印刷　2016.6
　　◇B to Bの電子商取引の市場規模及びEC化率の推移　［第2-1-17図　p106］
『中小企業白書　2019年版』日経印刷　2019.6
　　◇我が国のECにおける市場規模の推移（BtoB）　［第3-1-12図　p285］

B to C EC

『インターネット白書　2004』インプレス ネットビジネスカンパニー　2004.7
　　◇全体の売上に占めるB2Cの比率　［資料4-6-10　p261］
　　◇B to C ECの市場規模推移（1998年－2003年）　［資料6-2-21　p308］
　　◇2003年度B to C ECのセグメント別構成比　［資料6-2-22　p308］
『インターネット白書　2010』インプレスジャパン　2010.6
　　◇B toC―EC市場規模　［資料1-3-1　p63］
『インターネット白書　2016』インプレスR&D　2016.2
　　◇消費者向け（BtoC）のEコマース市場規模の推移　［資料1-3-1　p90］
　　◇消費者向け（BtoC）の商品カテゴリー別対前年伸び率とEコマース化率　［資料1-3-2　p90］
『インターネット白書　2019』インプレスR&D　2019.1
　　◇消費者向け（BtoC）のEコマース市場規模の推移　［資料1-3-1　p60］
　　◇消費者向け（BtoC）Eコマース市場の分類（2017年）　［資料1-3-2　p60］
　　◇消費者向け（BtoC）通販の主要商品カテゴリー別対前年伸び率とEコマース化率　［資料1-3-3　p61］
　　◇世界の各国別Eコマース（BtoC）市場規模（2017年）　［資料1-3-4　p64］
『インターネット白書　2022』インプレスR&D　2022.2
　　◇消費者向け（BtoC）のEコマース市場規模と物販Eコマース化率の推移　［資料2-1-2　p63］
　　◇消費者向け（BtoC）物販の商品カテゴリー別市場規模とEコマース化率（2020年）　［資料2-1-3　p65］
　　◇消費者向け（BtoC）物販の主要商品カテゴリー別市場規模の伸長率とEコマース化率の伸長率　［資料2-1-4　p65］
『観光白書　平成28年版』昭和情報プロセス　2016.8
　　◇業種別消費者向けEC（電子商取引）市場規模（2014年（平成26年））　［図表Ⅱ-32　p75］

『九州経済白書　2010年版』九州経済調査協会　2010.2
　　◇日本におけるBtoC ECの業種別市場規模　［図表5-6　p92］
『交通政策白書　令和元年版』勝美印刷　2019.9
　　◇BtoC電子商取引額の推移　［図表1-1-1-36　p24］
『交通政策白書　令和4年版』勝美印刷　2022.8
　　◇BtoC電子商取引額の推移　［図表1-1-1-20　p17］
『国土交通白書　2016』日経印刷　2016.7
　　◇BtoC-ECの市場規模およびEC化率の経年推移　［p236］
『消費者白書　令和元年版』勝美印刷　2019.7
　　◇国内の電子商取引（BtoC）市場規模の推移　［図表Ⅰ-1-2-9　p25］
『消費者白書　令和4年版』勝美印刷　2022.7
　　◇国内の電子商取引（BtoC）市場規模の推移　［図表Ⅰ-2-1-5　p39］
　　◇越境的な電子商取引（BtoC）市場規模の推移　［図表Ⅰ-2-1-6　p40］
『情報化白書　2004』コンピュータ・エージ社　2004.8
　　◇モバイルBtoC ECのセグメント別構成比（2003年）　［図表3-1-9　p127］
『情報化白書　2006』BCN　2006.10
　　◇日米のBtoC EC市場規模とBtoC EC化率（全体）　［図表2-3-3　p100］
　　◇日米のBtoC EC市場規模とBtoC EC化率（業種別）　［図表2-3-4　p100］
『情報化白書　2009』増進堂　2009.9
　　◇日米BtoC EC市場規模の推移（1998〜2007年）　［図表1-2-4-1　p163］
『情報化白書　2012』翔泳社　2011.11
　　◇日本の電子商取引市場規模推移（BtoC）　［データ編/図表9-2　p271］
『情報通信白書　平成16年版』ぎょうせい　2004.7
　　◇消費者向け電子商取引市場（B2Ceコマース市場）の推移　［図表1　p79］
『情報メディア白書　2005』ダイヤモンド社　2004.12
　　◇BtoC EC市場規模　［図表Ⅰ-11-18　p190］
『情報メディア白書　2007』ダイヤモンド社　2007.1
　　◇B to C EC市場規模　［図表Ⅰ-11-27　p183］
『情報メディア白書　2010』ダイヤモンド社　2010.1
　　◇B to C EC（消費者向け電子商取引）市場規模　［図表Ⅰ-12-29　p185］
『情報メディア白書　2013』ダイヤモンド社　2013.1
　　◇B to C EC（消費者向け電子商取引）市場規模　［図表Ⅰ-12-23　p180］
『情報メディア白書　2016』ダイヤモンド社　2016.2
　　◇B to C EC（消費者向け電子商取引）市場規模　［図表Ⅰ-10-9　p174］
　　◇電子商取引（B to C-EC）市場〈2014年〉［図表Ⅰ-12-27　p206］
『情報メディア白書　2019』ダイヤモンド社　2019.2
　　◇B to C EC（消費者向け電子商取引）市場規模　［図表Ⅰ-10-9　p176］
　　◇電子商取引（B to C‐EC）市場〈2017年〉［図表Ⅰ-12-27　p208］
『情報メディア白書　2022』ダイヤモンド社　2022.3
　　◇B to C EC（消費者向け電子商取引）市場規模　［Ⅰ-10-9　p168］
　　◇物販系分野のカテゴリー別B to C EC市場規模〈2020年〉［Ⅰ-10-10　p168］
　　◇電子商取引（BtoC-EC）市場〈2020年〉［Ⅰ-12-24　p200］
『情報メディア白書　2023』ダイヤモンド社　2023.2
　　◇電子商取引（BtoC-EC）市場〈2021年〉［図表Ⅰ-12-25　p194］
『中小企業白書　2019年版』日経印刷　2019.6

統計図表レファレンス事典　商業・広告・マーケティング　　　　　　　　　　　　　　　　CM

　　◇我が国のECにおける市場規模の推移（BtoC）　［第3-1-13図　p285］
　　◇従業員規模別に見た、BtoCのECにおける販売モデル（2017年）　［第3-1-16図　p287］
『中小企業白書・小規模企業白書　2022年版』日経印刷　2022.7
　　◇世界のBtoC-EC市場規模（推計）　［第2-2-133図　上－Ⅱ-220］
『通商白書　2010』日経印刷　2010.7
　　◇中国におけるBtoC電子商取引市場の推移　［第2-3-3-4図　p195］

CM
　　⇒テレビCM，ラジオCM をも見よ

『広告白書　2007』日経広告研究所　2007.7
　　◇06年の商品種類別年間CM総出稿量　［p61］
『広告白書　2010』日経広告研究所　2010.7
　　◇2009年度の広告主別新作CMの投入本数（2009年4月―2010年3月）　［p87］
『広告白書　2016』日経広告研究所　2016.7
　　◇企業別CM放送回数の年度別推移（CM総合研究所調べ，首都圏）　［p70］
　　◇産業分野別のCM放送回数　［p70］
　　◇正月三が日の放送CM本数と番組宣伝CM本数の推移（2001～16年）　［p71］
　　◇三が日の新作CM誕生数の推移（2012～16年）　［p72］
　　◇正月三が日のCM放送回数ベストテンの推移（2001年から3年ごと）　［p72］
　　◇三が日の銘柄別CM放送回数50位　2016年と2006年の比較　［p73］
『広告白書　2019年度版』日経広告研究所　2019.7
　　◇企業別CM放送回数の年度別推移〔対象：首都圏〕　［p67］
　　◇2018年度産業分野別のCM放送回数〔対象：首都圏〕　［p68］
　　◇2018年度と2017年度のCM放送回数上位5業種の局別放送回数　［p69］
『情報メディア白書　2005』ダイヤモンド社　2004.12
　　◇業種別年間CM出稿広告主数〈2003年度〉［図表Ⅰ-8-54　p146］
『情報メディア白書　2016』ダイヤモンド社　2016.2
　　◇広告主別CM出荷量上位10社〈2014年/関東5局〉［図表Ⅰ-7-14　p133］
　　◇広告主別CM出稿量上位5社〈2014年/関東5局〉［図表Ⅰ-7-32　p137］
『情報メディア白書　2019』ダイヤモンド社　2019.2
　　◇広告主別CM出稿量上位10社〈2017年/関東5局〉［図表Ⅰ-7-17　p132］
『情報メディア白書　2022』ダイヤモンド社　2022.3
　　◇広告主別CM出稿量上位10社〈2020年/関東5局〉［Ⅰ-7-17　p124］
『スポーツ白書　2014』笹川スポーツ財団　2014.2
　　◇アスリートのCM起用社数の推移　［表8-9　p205］
『日本民間放送年鑑　'97』日本民間放送連盟　1997.12
　　◇業種別年間CM出稿量（85年～96年）　［表3　p131］
『ファミ通ゲーム白書　2019』KADOKAWA　2019.7
　　◇放送回数　［図1　p278］
　　◇CM好感度　［図2　p279］
『ファミ通ゲーム白書　2022』KADOKAWA　2022.8
　　◇時系列グラフ放送回数　［図1　p242］
　　◇時系列グラフCM好感度　［図2　p242］
　　◇モバイルゲーム企業別 CM放送回数トップ20　［表1　p243］
　　◇モバイルゲーム・タイトル別CM好感度トップ20　［表2　p244］
　　◇家庭用ゲームソフト 企業別放送回数トップ20　［表3　p244］

CM

◇家庭用ゲームソフト　タイトル別CM好感度トップ20　［表4　p245］

CM起用社数

『スポーツ白書　2014』笹川スポーツ財団　2014.2
　　◇アスリートのCM起用社数の推移　［表8-9　p205］

CPM（インプレッション単価）

『ネット広告白書　2010』インプレスR&D　2009.9
　　◇各種メディアのターゲット別CPM比較表　［資料2-2-1　p50］

CSテレビ広告　⇒衛星メディア関連広告　を見よ

DI　⇒客単価DI，業況判断DI，競合状況DI，景気判断DI，収益DI　を見よ

DM（ダイレクトメール）

『広告白書　2007』日経広告研究所　2007.7
　　◇折込，DM，新聞広告費　［p31］
　　◇ダイレクトメールの配布手段　［p76］
『広告白書　2013』日経広告研究所　2013.7
　　◇DM受取後の行動　［p76］
『広告白書　2016』日経広告研究所　2016.7
　　◇DM受取後の行動　［p97］
『情報メディア白書　2007』ダイヤモンド社　2007.1
　　◇カタログ・DM・チラシの年間発行部数　［図表Ⅲ-8-28　p277］
　　◇売上高に占める広告宣伝費比率とカタログ・DM・チラシのレスポンス率　［図表Ⅲ-8-29　p277］
『情報メディア白書　2010』ダイヤモンド社　2010.1
　　◇カタログ・DM・チラシの年間発行部数　［図表Ⅰ-14-12　p210］

DS　⇒ディスカウントストア　を見よ

DX

『DX白書　2021』情報処理推進機構　2021.12
　　◇マーケティング面のDX推進の動機　［図表（付）25-14　p379］

EC（エレクトロニック・コマース）

　　　⇒電子商取引，B to B EC，B to C EC をも見よ

『インターネット白書　2004』インプレス ネットビジネスカンパニー　2004.7
　　◇ECへの取り組み状況　［資料4-6-9　p261］
　　◇来年度のECの売上増減見込み　［資料4-6-11　p262］
『インターネット白書　2016』インプレスR&D　2016.2
　　◇中国向け越境EC市場規模のポテンシャル　［資料1-3-4　p93］
『広告主動態調査　2024年版』日経広告研究所　2024.3
　　◇EC（Eコマース＝電子取引）利用の有無〔最も多い商品販売ルート・商品販売におけるECの割合〕　［p13］
『ジェトロ世界貿易投資報告　2022年版』日本貿易振興機構　2022
　　◇世界のEC小売市場規模（2021年）　［図表Ⅰ-62　〔1-4〕4］
　　◇主要5カ国の越境EC取引　［図表Ⅰ-63　〔1-4〕5］
　　◇日本企業のEC利用の有無　［図表Ⅰ-65　〔1-4〕5］

統計図表レファレンス事典　商業・広告・マーケティング　　　　　　　　　　　　　　　　　EC

『システム監査白書　97-98』コンピュータ・エージ社　1997.11
　　◇企業・消費者間EC推進プロジェクト　［表2-6-1　p110～111］
『情報化白書　2004』コンピュータ・エージ社　2004.8
　　◇企業間ECの市場規模推移　［図表3-1-2　p122］
　　◇企業間ECの現状（2003年）　［図表3-1-3　p123］
　　◇企業間ECのセグメント別構成比（2003年）　［図表3-1-4　p123］
　　◇企業－消費者間ECの市場規模推移　［図表3-1-6　p126］
　　◇企業－消費者間ECの現状（2003年）　［図表3-1-7　p127］
　　◇企業－消費者間ECのセグメント別構成比（2003年）　［図表3-1-8　p127］
　　◇調査会社別世界のEC市場規模予測　［図表3-2-2　p131］
　　◇アメリカ小売業のEC売上とEC比率　［図表3-2-5　p132］
　　◇各機関による中国のEC市場規模の見通し　［図表3-2-10　p135］
　　◇ヨーロッパのEC市場（2002年および2006年）　［図表3-2-12　p136］
　　◇ヨーロッパの国別EC規模（2002年）　［図表3-2-13　p136］
　　◇企業間ECの事例数推移　［図表3-3-1　p138］
　　◇業種別企業間EC事例の推移　［図表3-3-2　p139］
　　◇適用業務別企業間EC事例の推移　［図表3-3-3　p139］
　　◇企業間EC事例のキーワードの推移　［図表3-3-4　p140］
　　◇ECの導入率　［図表3-5-3　p156］
　　◇ECの実施率（件数、商流業務）　［図表3-5-4　p156］
　　◇ECの実施率（取引先数）　［図表3-5-5　p156］
　　◇ECのネットワーク　［図表3-5-6　p156］
　　◇ECのニーズ　［図表3-5-8　p157］
　　◇ECに関する問題点・課題　［図表3-5-9　p157］
『情報化白書　2006』BCN　2006.10
　　◇販売における主要EC導入目的　［図表2-3-5　p102］
　　◇その他主要各国におけるEC市場規模とGDP比（2004年）　［図表2-3-10　p104］
『情報化白書　2009』増進堂　2009.9
　　◇初期発展期のEC市場規模の推移　［図表1-1-3-3　p93］
　　◇本格発展期のEC市場規模の推移　［図表1-1-3-4　p94］
　　◇新たな高付加価値ECの展開期のEC市場規模の推移　［図表1-1-3-5　p94］
『情報通信白書　平成28年版』日経印刷　2016.8
　　◇eコマース市場規模の推移及び予測　［図表2-2-2-1　p87］
『情報メディア白書　2010』ダイヤモンド社　2010.1
　　◇インターネット通販主要企業の売上高とEC化率　［図表Ⅰ-14-27　p214］
『情報メディア白書　2016』ダイヤモンド社　2016.2
　　◇物販子分野のカテゴリー別EC市場規模〈2014年〉［図表Ⅰ-10-10　p174］
　　◇コマース/広告事業者の経営状況　［図表Ⅰ-10-25　p178］
『情報メディア白書　2019』ダイヤモンド社　2019.2
　　◇コマース/広告事業者の経営状況　［図表Ⅰ-10-25　p180］
『情報メディア白書　2022』ダイヤモンド社　2022.3
　　◇物販系ECプラットフォーム広告費　［Ⅰ-12-32　p201］
『情報メディア白書　2023』ダイヤモンド社　2023.2
　　◇物販系ECプラットフォーム広告費　［図表Ⅰ-12-31　p195］
『中小企業白書　2016年版』日経印刷　2016.6
　　◇対個人向けECの市場規模の推移　［第2-1-18図　p107］

307

EC

『中小企業白書　2019年版』日経印刷　2019.6
　　◇従業員規模別に見た、ECの利用状況(2017年)　［第3-1-14図　p286］
　　◇従業員規模別に見た、EC実施企業の利用目的(2017年)　［第3-1-15図　p287］
『独占禁止白書　平成30年版』公正取引協会　2018.1
　　◇eコマースの発展・拡大による競争状況への影響の有無(小売業者からの回答)　［第2図　p147］
『マルチメディア白書　1997』マルチメディアコンテンツ振興協会　1997.7
　　◇エレクトロニック・コマース市場の構成　［図表76　p326］

EC市場

『インターネット白書　2004』インプレス　ネットビジネスカンパニー　2004.7
　　◇BtoC ECの市場規模推移(1998年－2003年)　［資料6-2-21　p308］
　　◇BtoB ECの市場規模推移(1998年－2003年)　［資料6-2-23　p309］
『インターネット白書　2010』インプレスジャパン　2010.6
　　◇BtoC―EC市場規模　［資料1-3-1　p63］
『インターネット白書　2016』インプレスR&D　2016.2
　　◇消費者向け(BtoC)のEコマース市場規模の推移　［資料1-3-1　p90］
　　◇中国向け越境EC市場規模のポテンシャル　［資料1-3-4　p93］
『インターネット白書　2019』インプレスR&D　2019.1
　　◇消費者向け(BtoC)のEコマース市場規模の推移　［資料1-3-1　p60］
　　◇消費者向け(BtoC)Eコマース市場の分類(2017年)　［資料1-3-2　p60］
　　◇世界の各国別Eコマース(BtoC)市場規模(2017年)　［資料1-3-4　p64］
『インターネット白書　2022』インプレスR&D　2022.2
　　◇消費者向け(BtoC)のEコマース市場規模と物販Eコマース化率の推移　［資料2-1-2　p63］
　　◇消費者向け(BtOC)物販の商品カテゴリー別市場規模とEコマース化率(2020年)　［資料2-1-3　p65］
　　◇消費者向け(BtoC)物販の商品カテゴリー別市場規模とEコマース化率(2020年)　［資料2-1-3　p65］
　　◇消費者向け(BtoC)物販の主要商品カテゴリー別市場規模の伸長率とEコマース化率の伸長率　［資料2-1-4　p65］
『観光白書　平成28年版』昭和情報プロセス　2016.8
　　◇業種別消費者向けEC(電子商取引)市場規模(2014年(平成26年))　［図表Ⅱ-32　p75］
『九州経済白書　2010年版』九州経済調査協会　2010.2
　　◇日本におけるBtoC ECの業種別市場規模　［図表5-6　p92］
『国土交通白書　2016』日経印刷　2016.7
　　◇BtoC-ECの市場規模およびEC化率の経年推移　［p236］
『ジェトロ世界貿易投資報告　2022年版』日本貿易振興機構　2022
　　◇主要国のEC市場における動向　［図表Ⅰ-64　〔1-4〕5］
　　◇世界のEC小売市場規模(2021年)　［図表Ⅰ-62　〔1-4〕4］
『消費者白書　令和元年版』勝美印刷　2019.7
　　◇国内の電子商取引(BtoC)市場規模の推移　［図表Ⅰ-1-2-9　p25］
『消費者白書　令和4年版』勝美印刷　2022.7
　　◇国内の電子商取引(BtoC)市場規模の推移　［図表Ⅰ-2-1-5　p39］
　　◇越境的な電子商取引(BtoC)市場規模の推移　［図表Ⅰ-2-1-6　p40］
『情報化白書　2004』コンピュータ・エージ社　2004.8
　　◇企業間ECの市場規模推移　［図表3-1-2　p122］
　　◇企業－消費者間ECの市場規模推移　［図表3-1-6　p126］

◇調査会社別世界のEC市場規模予測　［図表3-2-2　p131］
　　◇各機関による中国のEC市場規模の見通し　［図表3-2-10　p135］
　　◇ヨーロッパのEC市場（2002年および2006年）　［図表3-2-12　p136］
　　◇ヨーロッパの国別EC規模（2002年）　［図表3-2-13　p136］
『情報化白書　2006』BCN　2006.10
　　◇日米のBtoB EC市場規模とBtoB EC化率（全体）　［図表2-3-1　p98］
　　◇日米のBtoB EC市場規模とBtoB EC化率（業種別）　［図表2-3-2　p99］
　　◇日米のBtoC EC市場規模とBtoC EC化率（全体）　［図表2-3-3　p100］
　　◇日米のBtoC EC市場規模とBtoC EC化率（業種別）　［図表2-3-4　p100］
　　◇その他主要各国におけるEC市場規模とGDP比（2004年）　［図表2-3-10　p104］
『情報化白書　2009』増進堂　2009.9
　　◇広義BtoB EC市場規模の推移　［図表1-1-3-1　p92］
　　◇狭義BtoB EC市場規模の推移　［図表1-1-3-2　p93］
　　◇初期発展期のEC市場規模の推移　［図表1-1-3-3　p93］
　　◇本格発展期のEC市場規模の推移　［図表1-1-3-4　p94］
　　◇新たな高付加価値ECの展開期のEC市場規模の推移　［図表1-1-3-5　p94］
　　◇日米BtoC EC市場規模の推移（1998～2007年）　［図表1-2-4-1　p163］
『情報化白書　2012』翔泳社　2011.11
　　◇日本の電子商取引市場規模推移（BtoC）　［データ編/図表9-2　p271］
　　◇日本の電子商取引市場規模推移（狭義BtoB）　［データ編/図表9-3　p272］
　　◇日本の電子商取引市場規模推移（広義BtoB）　［データ編/図表9-4　p272］
『情報サービス産業白書　2004』コンピュータ・エージ社　2004.5
　　◇世界の地域別電子商取引市場（2002年）　［図表4-1-10　p211］
『情報通信白書　平成16年版』ぎょうせい　2004.7
　　◇消費者向け電子商取引市場（B2Ceコマース市場）の推移　［図表1　p79］
　　◇事業者向け電子商取引市場（B2Beコマース市場）の推移　［図表2　p79］
『情報通信白書　平成28年版』日経印刷　2016.8
　　◇eコマース市場規模の推移及び予測　［図表2-2-2-1　p87］
『情報メディア白書　2005』ダイヤモンド社　2004.12
　　◇BtoB EC市場規模　［図表Ⅰ-11-17　p190］
　　◇BtoC EC市場規模　［図表Ⅰ-11-18　p190］
『情報メディア白書　2007』ダイヤモンド社　2007.1
　　◇B to B EC市場規模　［図表Ⅰ-11-26　p183］
　　◇B to C EC市場規模　［図表Ⅰ-11-27　p183］
『情報メディア白書　2010』ダイヤモンド社　2010.1
　　◇B to B EC（企業間電子商取引）市場規模　［図表Ⅰ-12-28　p185］
　　◇B to C EC（消費者向け電子商取引）市場規模　［図表Ⅰ-12-29　p185］
『情報メディア白書　2013』ダイヤモンド社　2013.1
　　◇B to C EC（消費者向け電子商取引）市場規模　［図表Ⅰ-12-23　p180］
『情報メディア白書　2016』ダイヤモンド社　2016.2
　　◇BtoB EC（企業間電子商取引）市場規模　［図表Ⅰ-10-8　p174］
　　◇BtoC EC（消費者向け電子商取引）市場規模　［図表Ⅰ-10-9　p174］
　　◇物販子分野のカテゴリー別EC市場規模〈2014年〉［図表Ⅰ-10-10　p174］
　　◇電子商取引（B to C-EC）市場〈2014年〉［図表Ⅰ-12-27　p206］
『情報メディア白書　2019』ダイヤモンド社　2019.2
　　◇BtoC EC（消費者向け電子商取引）市場規模　［図表Ⅰ-10-9　p176］

EC

　　　　◇物販系分野のカテゴリー別EC市場規模〈2017年〉［図表Ⅰ-10-10　p176］
　　　　◇電子商取引（B to C・EC）市場〈2017年〉［図表Ⅰ-12-27　p208］
　　『情報メディア白書　2022』ダイヤモンド社　2022.3
　　　　◇BtoB EC（企業間電子商取引）市場規模　［Ⅰ-10-8　p168］
　　　　◇BtoC EC（消費者向け電子商取引）市場規模　［Ⅰ-10-9　p168］
　　　　◇物販系分野のカテゴリー別BtoC EC市場規模〈2020年〉［Ⅰ-10-10　p168］
　　　　◇電子商取引（BtoC-EC）市場〈2020年〉［Ⅰ-12-24　p200］
　　『情報メディア白書　2023』ダイヤモンド社　2023.2
　　　　◇電子商取引（BtoC-EC）市場〈2021年〉［図表Ⅰ-12-25　p194］
　　『中小企業白書　2016年版』日経印刷　2016.6
　　　　◇BtoBの電子商取引の市場規模及びEC化率の推移　［第2-1-17図　p106］
　　　　◇対個人向けECの市場規模の推移　［第2-1-18図　p107］
　　『中小企業白書　2019年版』日経印刷　2019.6
　　　　◇我が国のECにおける市場規模の推移（BtoB）　［第3-1-12図　p285］
　　　　◇我が国のECにおける市場規模の推移（BtoC）　［第3-1-13図　p285］
　　　　◇越境ECの市場規模（推計）　［第3-1-40図　p321］
　　『中小企業白書・小規模企業白書　2022年版』日経印刷　2022.7
　　　　◇越境ECの市場規模の推移（推計）　［第2-2-134図　上－Ⅱ-220］
　　　　◇越境ECの利用状況　［第2-2-135図　上－Ⅱ-221］
　　　　◇実際に越境ECを利用している中小企業が直面している課題　［コラム 2-2-4①図　上－Ⅱ-222］
　　　　◇世界のBtoC-EC市場規模（推計）　［第2-2-133図　上－Ⅱ-220］
　　『通商白書　2010』日経印刷　2010.7
　　　　◇中国におけるBtoC電子商取引市場の推移　［第2-3-3-4図　p195］
　　『マルチメディア白書　1997』マルチメディアコンテンツ振興協会　1997.7
　　　　◇エレクトロニック・コマース市場の構成　［図表76　p326］

ECプラットフォーム広告

　　『情報メディア白書　2022』ダイヤモンド社　2022.3
　　　　◇物販系ECプラットフォーム広告費　［Ⅰ-12-32　p201］
　　『情報メディア白書　2023』ダイヤモンド社　2023.2
　　　　◇物販系ECプラットフォーム広告費　［図表Ⅰ-12-31　p195］

EDI（広告）

　　『情報メディア白書　2005』ダイヤモンド社　2004.12
　　　　◇新聞広告の送稿EDI（デジタル送稿）の取組み状況〈2003年度〉［図表Ⅰ-1-39　p47］
　　　　◇新聞広告の取引EDIの実施状況〈2003年度〉［図表Ⅰ-1-40　p47］

Facebook

　　『広告白書　2019年度版』日経広告研究所　2019.7
　　　　◇フェイスブックの広告売上高　［p81］

GDP比率

　　『情報メディア白書　1997年版』電通総研　1997.1
　　　　◇広告費の対国内総生産（GDP）比率　［図表Ⅰ-32-4　p184］

GNP比率

　　『情報メディア白書　1997年版』電通総研　1997.1

◇各国広告費の対GNP比及び媒体別広告費の割合（1995年）　［図表Ⅱ-3-10　p222］
　　◇中国の総広告費および対GNP比の推移　［図表Ⅱ-3-11　p222］

Google

　『情報化白書　2012』翔泳社　2011.11
　　◇グローバル検索広告市場におけるGoogleのシェア　［図表1-2-2　p11］
　『ネット広告白書　2010』インプレスR&D　2009.9
　　◇Googleの利用者数上位のチャネル（2009年6月）　［資料3-1-3　p67］

HI指数

　『企業戦略白書　Ⅷ（2008）』東洋経済新報社　2009.12
　　◇新宿区のHI指数とNEF（百貨店のみ）　［表5-3-1　p179］

ICT端末（消費者）

　『ケータイ社会白書　2016-2017』中央経済社　2016.10
　　◇利用する店舗とICT端末の利用　［資料5-24　p187］

ICT・IT利活用

　『情報通信白書　平成19年版』ぎょうせい　2007.7
　　◇マーケティング・商品開発業務におけるICTシステム導入状況　［図表1-2-178　p132］
　　◇マーケティング・商品開発業務におけるICTシステム導入と業務・組織改革実施による効果　［図表1-2-180　p133］
　『東京の中小企業の現状（流通産業編）　平成29年度』東京都産業労働局　2018.3
　　◇導入しているIT〔卸売業〕　［図表Ⅱ-1-39　p94］
　　◇3年前と比較した現在のIT利活用状況〔卸売業〕　［図表Ⅱ-1-40　p95］
　　◇現在と比較した3年後のIT利活用状況〔卸売業〕　［図表Ⅱ-1-41　p96］
　　◇IT利活用に伴う生産性の向上〔東京の流通産業の経営実態（アンケート結果）卸売業〕　［図表Ⅱ-1-42　p97］
　　◇導入しているIT〔小売業〕　［図表Ⅱ-2-82　p217］
　　◇3年前と比較した現在のIT利活用状況〔小売業〕　［図表Ⅱ-2-83　p218］
　　◇現在と比較した3年後のIT利活用状況〔小売業〕　［図表Ⅱ-2-84　p219］
　　◇IT利活用に伴う生産性の向上〔東京の流通産業の経営実態（アンケート結果）小売業〕　［図表Ⅱ-2-85　p220］
　　◇IT利活用に伴う生産性の向上（卸売業）〔東京の流通産業に関するテーマ分析（アンケート結果）〕　［図表Ⅲ-3-5　p260］
　　◇IT利活用に伴う生産性の向上（小売業）〔東京の流通産業に関するテーマ分析（アンケート結果）〕　［図表Ⅲ-3-13　p267］
　『東京の中小企業の現状（流通産業編）　令和2年度』東京都産業労働局　2021.3
　　◇ICTを活用した取組〔卸売業〕　［図表Ⅱ-1-46　p95］
　　◇3年前と比較したICTの利活用状況〔卸売業〕　［図表Ⅱ-1-47　p97］
　　◇現在と比較した3年後のICTの利活用状況〔卸売業〕　［図表Ⅱ-1-48　p99］
　　◇ICT利活用の進展に伴う業務の生産性向上〔卸売業〕　［図表Ⅱ-1-49　p101］
　　◇ICTを活用した取組〔小売業〕　［図表Ⅱ-2-63　p211］
　　◇3年前と比較した現在のICTの利活用状況〔小売業〕　［図表Ⅱ-2-64　p212］
　　◇現在と比較した3年後のICTの利活用状況〔小売業〕　［図表Ⅱ-2-65　p213］
　　◇ICT利活用の進展に伴う業務の生産性向上〔小売業〕　［図表Ⅱ-2-66　p215］

JARO（日本広告審査機構）

　『広告白書　平成9年版』日経広告研究所　1997.7

JR

　◇JAROの相談受付状況　［（表）17　p248～249］
　『広告白書　平成16年版』日経広告研究所　2004.7
　　◇JAROの相談受付状況（平成15年度）　［p272～273］
　『広告白書　2007』日経広告研究所　2007.7
　　◇相談と苦情件数［JARO］　［p97］
　　◇相談受付状況（2006年度）　［18　p209］
　『広告白書　2010』日経広告研究所　2010.7
　　◇相談受付状況（2009年度）　［19　p217～218］
　『広告白書　2013』日経広告研究所　2013.7
　　◇相談受付状況（2012年度）　［22　p215～216］
　『広告白書　2016』日経広告研究所　2016.7
　　◇相談受付状況（2015年度）　［20　p246］
　『広告白書　2019年度版』日経広告研究所　2019.7
　　◇相談受付状況（2018年度）〔日本広告審査機構〕　［18　p202～203］
　『広告白書　2020年度版』日経広告研究所　2020.9
　　◇相談受付状況（2019年度）〔日本広告審査機構（JARO）〕　［資料18　p202］
　『広告白書　2021年度版』日経広告研究所　2021.8
　　◇相談受付状況（2020年度）〔日本広告審査機構（JARO）〕　［資料6　p210］
　『広告白書　2022年度版』日経広告研究所　2022.8
　　◇相談受付状況（2021年度）　［p226］
　『広告白書　2023-24年版』日経広告研究所　2023.10
　　◇相談受付状況（2022年度）〔日本広告審査機構（JARO）〕　［p252］

JR東日本

　『情報メディア白書　1997年版』電通総研　1997.1
　　◇JR東日本の車内中吊ポスター内容別掲出本数構成　［図表Ⅰ-32-25　p191］
　　◇E電の車内まど上ポスター内容別掲出本数（1994年度）　［図表Ⅰ-32-26　p191］
　　◇JR東日本の交通広告に対する評価（1995年）　［図表Ⅰ-32-33　p193］
　『情報メディア白書　2013』ダイヤモンド社　2013.1
　　◇車両メディア掲出状況〈2011年/JR東日本〉［図表Ⅰ-13-17　p194］
　　◇ユニット別広告到達率〈2011年/平日/JR東日本〉［図表Ⅰ-13-19　p194］
　　◇デジタルサイネージの広告効果〈2011年/JR東日本〉［図表Ⅰ-13-20　p194］
　『情報メディア白書　2016』ダイヤモンド社　2016.2
　　◇車両メディア掲出状況〈2014年/JR東日本〉［図表Ⅰ-11-18　p192］
　『情報メディア白書　2019』ダイヤモンド社　2019.2
　　◇車両メディア掲出状況〈2017年/JR東日本〉［図表Ⅰ-11-19　p194］
　　◇ユニット別接触率〈2016年/JR東日本〉［図表Ⅰ-11-21　p194］
　『情報メディア白書　2022』ダイヤモンド社　2022.3
　　◇車両メディア掲出状況〈2020年/JR東日本〉［Ⅰ-11-19　p186］
　　◇デジタルサイネージメディア掲出状況〈2020年/JR東日本〉［Ⅰ-11-20　p186］
　　◇駅メディア（ポスターセット）掲出状況〈2020年/JR東日本〉［Ⅰ-11-21　p186］
　　◇駅メディア（SPメディア）掲出状況〈2020年/JR東日本〉［Ⅰ-11-22　p186］
　　◇駅メディア（サインボードセット）掲出状況〈2020年/JR東日本〉［Ⅰ-11-23　p186］

KGI（重要目標達成指標）

　『ソーシャルメディア白書　2012』翔泳社　2012.2

◇ソーシャルメディアマーケティングのKGI測定（活用度別）　［4-1-80　p239］
　　　◇ソーシャルメディアマーケティングのKGI測定（活用満足度別）　［4-1-81　p239］

NEF
　『企業戦略白書　Ⅷ（2008）』東洋経済新報社　2009.12
　　　◇新宿区のHI指数とNEF（百貨店のみ）　［表5-3-1　p179］

PB商品
　『スーパーマーケット白書　2016年版』新日本スーパーマーケット協会　2016.2
　　　◇PB商品〔平成27年スーパーマーケット年次統計調査結果概要〕　［資料9-5　p87］
　『スーパーマーケット白書　2019年版』全国スーパーマーケット協会　2019
　　　◇PB商品〔資料7.2018年スーパーマーケット業界の平均値〕　［資料7-5　p114］
　『スーパーマーケット白書　2022年版』全国スーパーマーケット協会　2022
　　　◇PB商品〔スーパーマーケット業界の平均値〕　［資料6-5　p115］
　『スーパーマーケット白書　2023年版』全国スーパーマーケット協会　2023.2
　　　◇PB商品〔スーパーマーケット業界の平均値〕　［資料6-5　p129］
　『スーパーマーケット白書　2024年版』全国スーパーマーケット協会　2024.2
　　　◇スーパーマーケットPB商品の利用　［図表3-2-10　p72］
　　　◇スーパーマーケットPB商品を購入する理由　［図表3-2-11　p73］
　　　◇PB商品〔スーパーマーケット業界の平均値〕　［資料6-5　p133］
　『物価レポート　'97』経済企画協会　1997.10
　　　◇ヨーロッパ各国の小売総売上高に占めるPB商品売上高の割合　［図表　p55］

POP広告
　『広告白書　平成9年版』日経広告研究所　1997.7
　　　◇POP広告業界実態調査　［(図)12　p237］
　『広告白書　平成16年版』日経広告研究所　2004.7
　　　◇POP（購買時点）広告市場　［資料11-1　p263］
　　　◇日本のPOP広告市場の大きさと推移　［資料11-2　p263］
　　　◇広告主の商品業種別POP広告売り上げ　［資料11-3　p263］
　『広告白書　2007』日経広告研究所　2007.7
　　　◇POP広告市場と伸び率　［p35］
　　　◇業種別POP広告の売り上げ（2005年度）　［p36］
　『広告白書　2010』日経広告研究所　2010.7
　　　◇POP広告市場と伸び率　［p59］
　　　◇業種別POP広告売り上げ　［p59］
　『広告白書　2013』日経広告研究所　2013.7
　　　◇タイプ別POP広告売り上げ　［p80］
　　　◇業種別POP広告売り上げ　［p80］
　『広告白書　2016』日経広告研究所　2016.7
　　　◇国内POP広告市場の伸びと大きさ　［p101］
　　　◇業種別POP広告売り上げ　［p102］
　『情報メディア白書　1997年版』電通総研　1997.1
　　　◇POP市場の業種別内訳（1995年度）　［図表Ⅰ-32-23　p190］
　『情報メディア白書　2005』ダイヤモンド社　2004.12
　　　◇POP広告売上高　［図表Ⅰ-12-22　p207］

313

QR

　　◇業種別POP広告売上高〈2003年度〉［図表Ⅰ-12-23　p207］
　　◇よく利用する主なPOP広告のタイプ〈2003年度〉［図表Ⅰ-12-24　p207］
　　◇POP広告の重要性〈2003年度〉［図表Ⅰ-12-25　p207］
『情報メディア白書　2007』ダイヤモンド社　2007.1
　　◇POP広告売上高　［図表Ⅰ-13-21　p203］
　　◇業種別POP広告売上高〈2005年度〉［図表Ⅰ-13-22　p203］
　　◇よく利用する主なPOP広告タイプ〈2005年度〉［図表Ⅰ-13-23　p203］
　　◇POP広告の重要性〈2005年度〉［図表Ⅰ-13-24　p203］
『情報メディア白書　2010』ダイヤモンド社　2010.1
　　◇POP広告売上高　［図表Ⅰ-13-40　p204］
　　◇業種別POP広告売上高〈2008年度〉［図表Ⅰ-13-41　p204］
　　◇タイプ別POP広告売上〈2008年度〉［図表Ⅰ-13-42　p204］
『情報メディア白書　2013』ダイヤモンド社　2013.1
　　◇POP広告売上高　［図表Ⅰ-13-34　p198］
　　◇業種別POP広告売上〈2011年度〉［図表Ⅰ-13-35　p198］
　　◇使用チャネル別POP広告売上〈2011年度〉［図表Ⅰ-13-36　p198］
　　◇タイプ別POP広告売上〈2011年度〉［図表Ⅰ-13-37　p198］
『情報メディア白書　2016』ダイヤモンド社　2016.2
　　◇POP広告売上高推移　［図表Ⅰ-11-35　p196］
　　◇業種別POP広告売上　［図表Ⅰ-11-36　p196］
　　◇使用チャネル別POP広告売上〈2014年度〉［図表Ⅰ-11-37　p196］
　　◇タイプ別POP広告売上〈2014年度〉［図表Ⅰ-11-38　p196］
『情報メディア白書　2019』ダイヤモンド社　2019.2
　　◇POP広告売上高　［図表Ⅰ-11-35　p198］
　　◇業種別POP広告売上〈2017年度〉［図表Ⅰ-11-36　p198］
　　◇使用チャネル別POP広告売上〈2017年度〉［図表Ⅰ-11-37　p198］
　　◇タイプ別POP広告売上〈2017年度〉［図表Ⅰ-11-38　p198］
　　◇業務内容別プロモーション売上構成比〈2017年度〉［図表Ⅰ-11-39　p198］
『情報メディア白書　2022』ダイヤモンド社　2022.3
　　◇POP広告売上高　［Ⅰ-11-37　p190］
　　◇業種別POP広告売上構成比〈2020年度〉［Ⅰ-11-38　p190］
　　◇小売業態別POP広告売上構成比〈2020年度〉［Ⅰ-11-39　p190］
　　◇機能別POP広告売上構成比〈2020年度〉［Ⅰ-11-40　p190］
　　◇業務内容別プロモーション売上構成比〈2020年度〉［Ⅰ-11-41　p190］
『情報メディア白書　2023』ダイヤモンド社　2023.2
　　◇POP広告売上高　［図表Ⅰ-11-37　p184］
　　◇業種別POP広告売上構成比〈2021年度〉［図表Ⅰ-11-38　p184］
　　◇小売業態別POP広告売上構成比〈2021年度〉［図表Ⅰ-11-39　p184］
　　◇機能別POP広告売上高別構成比〈2021年度〉［図表Ⅰ-11-40　p184］
　　◇業務内容別プロモーション売上構成比〈2021年度〉［図表Ⅰ-11-41　p184］
　　◇対象別プロモーション売上構成比〈2021年度〉［図表Ⅰ-11-42　p184］
『スーパーマーケット白書　2022年版』全国スーパーマーケット協会　2022
　　◇POPラベルは商品の購買意欲をかき立てるか　［図表5　p95］
　　◇POPラベルに求めることは何か（複数回答）　［図表6　p95］

QRコード決済

『情報メディア白書　2022』ダイヤモンド社　2022.3

◇コード決済の店舗利用状況　〔Ⅰ-10-21　p171〕

『スーパーマーケット白書　2022年版』全国スーパーマーケット協会　2022
　◇現在（2021年6月時点）、貴社で導入しているスマホ（QRコード）決済および電子マネーの種類をすべてお答えください。(複数回答)〔スーパーマーケットにおける「キャッシュレス決済に関する実態調査（2021年実施）」結果概要〕　〔資料8　Q6　p123〕
　◇貴社でスマホ（QRコード）決済を導入している理由について当てはまるものをすべてお答えください。(複数回答)〔スーパーマーケットにおける「キャッシュレス決済に関する実態調査（2021年実施）」結果概要〕　〔資料8　Q7　p124〕
　◇貴社でスマホ（QRコード）決済を導入後に感じたメリットについて当てはまるものをすべてお答えください。(複数回答)〔スーパーマーケットにおける「キャッシュレス決済に関する実態調査（2021年実施）」結果概要〕　〔資料8　Q8　p124〕
　◇貴社でスマホ（QRコード）決済を導入後に感じた手数料以外のデメリットについて当てはまるものをすべてお答えください。(複数回答)〔スーパーマーケットにおける「キャッシュレス決済に関する実態調査（2021年実施）」結果概要〕　〔資料8　Q9　p125〕
　◇スマホ（QRコード）決済の利用手数料について、売上の何％くらいまでなら取り扱いを続けようと思いますか。0～100までの数字でお答えください。(数字回答)〔スーパーマーケットにおける「キャッシュレス決済に関する実態調査（2021年実施）」結果概要〕　〔資料8　Q10　p125〕
　◇今後スマホ（QRコード）決済の種類（事業者）をどのようにしていきたいですか。貴社のお考えに最も近いものをお答えください。(単一回答)〔スーパーマーケットにおける「キャッシュレス決済に関する実態調査（2021年実施）」結果概要〕　〔資料8　Q12　p126〕
　◇スマホ（QRコード）決済の利用手数料対策として貴社で実施または検討されている施策はありますか。当てはまるものをすべてお答えください。(複数回答)〔スーパーマーケットにおける「キャッシュレス決済に関する実態調査（2021年実施）」結果概要〕　〔資料8　Q13　p127〕

SNS

『広告白書　2019年度版』日経広告研究所　2019.7
　◇意見広告実施前後のツイート数（シャボン玉石けん）　〔p56〕

『広告白書　2020年度版』日経広告研究所　2020.9
　◇広告メディアとして利用しているSNSの目的(複数回答)〔インターネットとマーケティング戦略〕　〔p212〕

『広告白書　2021年度版』日経広告研究所　2021.8
　◇現在、SNS上でのプロモーション活動について思うことで当てはまるものを一つのみ選んでください。〔コロナ禍〕　〔p51〕
　◇「企業公式アカウントからの情報収集やコミュニケーション」を目的に今後もSNSを利用したいですか？　〔p57〕

『広告白書　2022年度版』日経広告研究所　2022.8
　◇商品購入時におけるSNS利用（性年代比較）　〔p31〕

『消費者白書　令和4年版』勝美印刷　2022.7
　◇SNS上で見たことがある広告（SNS利用者）　〔図表Ⅰ-2-2-29　p85〕
　◇リンク先を確認した経験があるSNS上の広告（SNS利用者）　〔図表Ⅰ-2-2-30　p86〕
　◇「SNS上の広告のリンク先を確認した経験」と「チャンスと感じたら逃したくない」の関係(15-29歳)　〔図表Ⅰ-2-2-31　p87〕
　◇「SNSに表示された広告をきっかけとして商品・サービスを購入した経験がある」かどうか、という問への回答の割合（年齢層別・2016年）　〔【図表1】　p88〕
　◇「SNSに表示された広告をきっかけにした商品やサービスの購入に関して、トラブルや困った経験がある」かどうか、という問への回答の割合（2016年）　〔【図表3】　p89〕

『通商白書　2022』経済産業省　2022
　◇検索サービス、SNS、デジタル広告の市場シェア　〔第Ⅱ-2-1-28図　p327〕

『ネット広告白書　2010』インプレスR&D　2009.5

315

◇SNSにおける企業の公認コミュニティーへの参加状況　［資料6-2-23　p208］
◇SNSにおける企業の公認コミュニティーへの評価　［資料6-2-24　p208］
◇SNSにおける企業の公認コミュニティーへの意見（複数回答）　［資料6-2-25　p209］
◇SNSにおける企業の公認コミュニティーへの参加意向　［資料6-2-26　p209］

VTR（ビュースルーレート）
『ネット広告白書　2010』インプレスR&D　2009.9
　　◇広告商品とサイトコンテンツの親和性とVTR　［資料2-2-4　p52］
　　◇他サイトとの重複接触ユーザーのVTR　［資料2-2-5　p52］

WAP広告
『モバイル社会白書　2007』NTT出版　2007.7
　　◇WAP広告市場規模予測　［資料3-6-31　p273］

Yahoo！
『ネット広告白書　2010』インプレスR&D　2009.9
　　◇Yahoo！の利用者数上位のチャネル（2009年6月）　［資料3-1-2　p67］

YouTube
　　⇒動画共有サイト　をも見よ
『広告白書　2022年度版』日経広告研究所　2022.8
　　◇YouTubeの動画広告への評価　［p72］
『スーパーマーケット白書　2022年版』全国スーパーマーケット協会　2022
　　◇若者世代がYouTubeに影響されて購入したもの　［図表2-50　p61］

収録資料一覧

【あ】

『医療経営白書　2013年度版』日本医療企画　2013.10　ISBN978-4-86439-192-4
『医療白書　1997年版』日本医療企画　1997.10　ISBN4-89041-340-5
『インターネット白書　2004』インプレス　ネットビジネスカンパニー　2004.7　ISBN4-8443-1948-5
『インターネット白書　2007』インプレスR&D　2007.7　ISBN4-8443-2410-2
『インターネット白書　2010』インプレスジャパン　2010.6　ISBN4-8443-2878-0
『インターネット白書　2012』インプレスジャパン　2012.7　ISBN978-4-8443-3230-5
『インターネット白書　2016』インプレスR&D　2016.2　ISBN978-4-8443-9718-2
『インターネット白書　2019』インプレスR&D　2019.1　ISBN978-4-8443-9686-4
『インターネット白書　2022』インプレスR&D　2022.2　ISBN978-4-295-60074-9
『インターネット白書　2023』インプレスNext Publishing　2023.2　ISBN978-4-295-60186-9
『インターネット白書　2024』インプレスNext Publishing　2024.2　ISBN978-4-295-60252-1
『エネルギー白書　2022年版』日経印刷　2022.7　ISBN978-4-86579-324-6
『大阪経済・労働白書　平成16年版』大阪能率協会　2004.10
『大阪経済・労働白書　平成19年版』大阪府立産業開発研究所，大阪府商工労働部雇用推進室労政課　2007.9
『大阪経済・労働白書　平成21年版』大阪府立産業開発研究所，大阪府商工労働部雇用推進室労政課　2010.3

【か】

『海外労働白書　平成9年版』日本労働研究機構　1997.6　ISBN4-538-46072-9
『貸金業白書　平成8年版』全国貸金業協会連合会　1997.3
『過疎対策データブック―平成14年度過疎対策の現況　（平成16年1月）』丸井工文社　2004.1　ISBN4-88650-010-2
『過疎対策データブック―平成17年度過疎対策の現況　（平成18年12月）』丸井工文社　2007.1　ISBN978-4-88650-020-5
『過疎対策データブック―平成19年度過疎対策の現況　（平成22年2月）』丸井工文社　2010.3　ISBN978-4-88650-022-9
『過疎対策の現況　平成8年度版』丸井工文社　1997.8
『過労死等防止対策白書　令和元年版』勝美印刷　2019.10　ISBN978-4-909946-07-2
『観光白書　平成28年版』昭和情報プロセス　2016.8　ISBN978-4-907343-09-5
『観光白書　令和4年版』昭和情報プロセス　2022.8　ISBN978-4-907343-23-1
『観光ビジネス未来白書　2010年版』同友館　2010.3　ISBN978-4-496-04641-4
『観光ビジネス未来白書　2013年版』同友館　2013.4　ISBN978-4-496-04973-6
『観光ビジネス未来白書　2019年版』同友館　2019.4　ISBN978-4-496-05411-2
『関西活性化白書　2004年版』関西社会経済研究所　2004.5　ISBN4-87769-616-4
『関西経済白書　2007年版』関西社会経済研究所　2007.6　ISBN978-4-87769-631-3
『関西経済白書　2010年版』関西社会経済研究所　2010.9　ISBN978-4-87769-641-2
『関西経済白書　2013年版』アジア太平洋研究所　2013.9　ISBN978-4-87769-655-9

かん

『関西経済白書 2016』丸善プラネット 2016.10 ISBN978-4-86345-306-7
『関西経済白書 2019』丸善プラネット 2019.9 ISBN978-4-86345-434-7
『関西経済白書 2020』日経印刷 2020.10 ISBN978-4-86579-238-6
『関西経済白書 2021』日経印刷 2021.10 ISBN978-4-86579-286-7
『関西経済白書 2022』日経印刷 2022.10 ISBN978-4865793376
『関西経済白書 2023』日経印刷 2023.10 ISBN978-4-86579-391-8
『企業戦略白書 Ⅷ（2008）』東洋経済新報社 2009.12 ISBN978-4-492-52176-2
『規制緩和白書 97年版』大蔵省印刷局 1997.9 ISBN4-17-163572-1
『九州経済白書 2004年版』九州経済調査協会 2004.2
『九州経済白書 2007年版』九州経済調査協会 2007.2 ISBN978-4-903775-00-5
『九州経済白書 2010年版』九州経済調査協会 2010.2 ISBN978-4-903775-06-7
『九州経済白書 2019年版』九州経済調査協会 2019.2 ISBN978-4-903775-37-1
『経済財政白書 平成19年版』時事画報社 2007.8 ISBN978-4-915208-19-5
『経済財政白書 平成25年版』日経印刷 2013.8 ISBN978-4-905427-56-8
『経済財政白書 令和4年版』日経印刷 2022.8 ISBN978-4-86579-331-4
『経済白書 平成9年版』大蔵省印刷局 1997.7 ISBN4-17-180172-9
『警察白書 平成9年版』大蔵省印刷局 1997.9 ISBN4-17-182172-X
『警察白書 平成16年版』ぎょうせい 2004.10 ISBN4-324-07481-X
『警察白書 平成19年度版』ぎょうせい 2007.7 ISBN4-324-08227-0
『警察白書 平成22年度版』ぎょうせい 2010.7 ISBN4-324-09107-4
『警察白書 平成25年版』日経印刷 2013.7 ISBN978-4-905427-52-0
『警察白書 平成28年版』日経印刷 2016.7 ISBN978-4-86579-057-3
『警察白書 令和元年版』日経印刷 2019.7 ISBN978-4-86579-183-9
『警察白書 令和4年版』日経印刷 2022.10 ISBN978-4-86579-344-4
『ケータイ社会白書 2016-2017』中央経済社 2016.10 ISBN978-4-502-20171-4
『ケータイ社会白書 2018-2019』中央経済社 2018.9 ISBN978-4-502-28391-8
『ケータイ白書 2005』インプレス ネットビジネスカンパニー 2004.12 ISBN4-8443-2048-3
『ケータイ白書 2007』インプレスR&D 2006.12 ISBN4-8443-2336-9
『ケータイ白書 2010』インプレスR&D 2009.12 ISBN978-4-8443-2790-5
『建設白書 平成9年版』大蔵省印刷局 1997.8 ISBN4-17-181172-4
『広告主動態調査 2024年版』日経広告研究所 2024.3 ISBN978-4-904890-65-3
『広告白書 平成9年版』日経広告研究所 1997.7 ISBN4-532-64032-6
『広告白書 平成16年版』日経広告研究所 2004.7 ISBN4-532-64058-X
『広告白書 2007』日経広告研究所 2007.7 ISBN978-4-532-64074-3
『広告白書 2010』日経広告研究所 2010.7 ISBN978-4-532-64084-2
『広告白書 2013』日経広告研究所 2013.7 ISBN978-4-532-64090-3
『広告白書 2016』日経広告研究所 2016.7 ISBN978-4-532-64096-5
『広告白書 2019年度版』日経広告研究所 2019.7 ISBN978-4-532-64102-3
『広告白書 2020年度版』日経広告研究所 2020.9 ISBN978-4-532-64104-7
『広告白書 2021年度版』日経広告研究所 2021.8 ISBN978-4-532-64106-1
『広告白書 2022年度版』日経広告研究所 2022.8 ISBN978-4-296-11458-0
『広告白書 2023-24年版』日経広告研究所 2023.10 ISBN978-4-296-11903-5
『厚生白書 平成9年版』厚生問題研究会 1997.6 ISBN4-324-05193-3

『交通安全白書　令和元年版』勝美印刷　2019.7　ISBN978-4-909946-00-3
『交通政策白書　令和元年版』勝美印刷　2019.9　ISBN978-4-909946-03-4
『交通政策白書　令和4年版』勝美印刷　2022.8　ISBN978-4-909946-45-4
『国土交通白書　2007』ぎょうせい　2007.5　ISBN978-4-324-08219-5
『国土交通白書　2010』日経印刷　2010.7　ISBN978-4-904260-61-6
『国土交通白書　2013』日経印刷　2013.7　ISBN978-4-905427-49-0
『国土交通白書　2016』日経印刷　2016.7　ISBN978-4-86579-056-6
『国民健康・栄養の現状　平成22年』第一出版　2013.8　ISBN978-4-8041-1289-3
『国民健康・栄養の現状　平成29年』第一出版　2019.7　ISBN978-4-8041-1400-2
『国民生活白書　平成9年版』大蔵省印刷局　1997.11　ISBN4-17-190472-2
『国民の栄養白書　2016-2017年版』日本医療企画　2016.11　ISBN978-4-86439-463-5
『子ども白書　1997年版』草土文化　1997.9　ISBN4-7945-0725-9
『こども服白書　2008』日本繊維新聞社　2007.10　ISBN978-4-930956-10-1

【さ】

『再資源化白書　2021』サティスファクトリー　2022.9
『ジェトロ世界貿易投資報告　2010年版』ジェトロ　2010.9　ISBN978-4-8224-1091-9
『ジェトロ世界貿易投資報告　2016年版』日本貿易振興機構　2016.10
　ISBN978-4-8224-1160-2
『ジェトロ世界貿易投資報告　2022年版』日本貿易振興機構　2022
『ジェトロ白書・投資編　1997年』日本貿易振興会　1997.3　ISBN4-8224-0774-8
『ジェトロ貿易投資白書　2007年版』ジェトロ　2007.9　ISBN978-4-8224-1041-4
『システム監査白書　97-98』コンピュータ・エージ社　1997.11　ISBN4-87566-169-X
『首都圏白書　平成9年版』大蔵省印刷局　1997.6　ISBN4-17-219009-X
『首都圏白書　平成16年版』国立印刷局　2004.6　ISBN4-17-219016-2
『首都圏白書　平成19年版』国立印刷局　2007.6　ISBN978-4-17-219019-6
『首都圏白書　平成22年版』佐伯印刷　2010.7　ISBN978-4-903729-79-4
『首都圏白書　平成25年版』勝美印刷　2013.7　ISBN978-4-906955-12-1
『首都圏白書　平成28年版』勝美印刷　2016.6　ISBN978-4-906955-52-7
『首都圏白書　令和元年版』勝美印刷　2019.7　ISBN978-4-909946-01-0
『首都圏白書（首都圏整備に関する年次報告）　令和4年版』勝美印刷　2022.7
　ISBN978-4-909946-40-9
『小規模企業白書　2016年版』日経印刷　2016.6　ISBN978-4-86579-048-1
『商業施設計画総覧　2023年版』産業タイムズ社　2022.11　ISBN978-4-88353-357-2
『消費社会白書　2005』JMR生活総合研究所　2004.12　ISBN4-902613-03-4
『消費社会白書　2016』JMR生活総合研究所　2015.12　ISBN978-4-902613-43-8
『消費社会白書　2019』JMR生活総合研究所　2018.12　ISBN978-4-902613-50-6
『消費者白書　平成25年版』勝美印刷　2013.7　ISBN978-4-906955-11-4
『消費者白書　平成28年版』勝美印刷　2016.6　ISBN978-4-906955-53-4
『消費者白書　令和元年版』勝美印刷　2019.7　ISBN978-4-906955-97-8
『消費者白書　令和4年版』勝美印刷　2022.7　ISBN978-4-909946-42-3
『情報化白書　1997』コンピュータ・エージ社　1997.6　ISBN4-87566-163-0

| しょ | 収録資料一覧 |

『情報化白書　2004』コンピュータ・エージ社　2004.8　ISBN4-87566-296-3
『情報化白書　2006』BCN　2006.10　ISBN4-906657-70-2
『情報化白書　2009』増進堂　2009.9　ISBN978-4-424-53802-8
『情報化白書　2012』翔泳社　2011.11　ISBN978-4-7981-2512-1
『情報サービス産業白書　1997』コンピュータ・エージ社　1997.4　ISBN4-87566-161-4
『情報サービス産業白書　2004』コンピュータ・エージ社　2004.5　ISBN4-87566-294-7
『情報通信白書　平成16年版』ぎょうせい　2004.7　ISBN4-324-07441-0
『情報通信白書　平成19年版』ぎょうせい　2007.7　ISBN978-4-324-08260-7
『情報通信白書　平成22年版』ぎょうせい　2010.7　ISBN978-4-324-09117-3
『情報通信白書　平成25年版』日経印刷　2013.7　ISBN978-4-905427-50-6
『情報通信白書　平成28年版』日経印刷　2016.8　ISBN978-4-86579-060-3
『情報通信白書　令和元年版』日経印刷　2019.7　ISBN978-4-86579-172-3
『情報通信白書　令和4年版』日経印刷　2022.7　ISBN978-4-86579-326-0
『情報通信白書　令和5年版』日経印刷　2023.7　ISBN978-4-86579-366-6
『情報メディア白書　1997年版』電通総研　1997.1
『情報メディア白書　2005』ダイヤモンド社　2004.12　ISBN4-478-02311-5
『情報メディア白書　2007』ダイヤモンド社　2007.1　ISBN978-4-478-02313-6
『情報メディア白書　2010』ダイヤモンド社　2010.1　ISBN978-4-478-01217-8
『情報メディア白書　2013』ダイヤモンド社　2013.1　ISBN978-4-478-02397-6
『情報メディア白書　2016』ダイヤモンド社　2016.2　ISBN978-4-478-06848-9
『情報メディア白書　2019』ダイヤモンド社　2019.2　ISBN978-4-478-10739-3
『情報メディア白書　2022』ダイヤモンド社　2022.3　ISBN978-4-478-11556-5
『情報メディア白書　2023』ダイヤモンド社　2023.2　ISBN978-4-478-11770-5
『食料・農業・農村白書　平成19年版』農林統計協会　2007.10　ISBN978-4-541-03527-1
『食料・農業・農村白書　平成22年版』佐伯印刷　2010.6　ISBN978-4-903729-76-3
『食料・農業・農村白書　平成25年版』日経印刷　2013.7　ISBN978-4-905427-48-3
『食料・農業・農村白書　平成28年版』日経印刷　2016.6　ISBN978-4-86579-049-8
『食料・農業・農村白書　令和4年版』日経印刷　2022.6　ISBN978-4-86579-325-3
『食料・農業・農村白書　参考統計表　令和元年版』日経印刷　2019.7　ISBN978-4-86579-184-6
『食料白書　1997年版』食料・農業政策研究センター　1997.3　ISBN4-540-96125-X
『新規開業白書　2022年版』佐伯コミュニケーションズ　2022.7　ISBN978-4-910089-20-1
『新装　商業施設計画総覧　2024年版』産業タイムズ社　2023.11　ISBN978-4-88353-372-5
『新聞折込広告効果測定調査―調査レポート―』エム・エス・エス　2006.3
　ISBN4-902727-02-1
『水産白書　平成19年版』農林統計協会　2007.6　ISBN978-4-541-03498-4
『水産白書　平成22年版』農林統計協会　2010.5　ISBN978-4-89732-199-8
『水産白書　平成28年版』農林統計協会　2016.6　ISBN978-4-541-04096-1
『水産白書　令和元年版』農林統計協会　2019.7　ISBN978-4-541-04295-8
『水産白書　令和4年版』農林統計協会　2022.8　ISBN978-4-541-04374-0
『図説　漁業白書　平成8年度版』農林統計協会　1997.5　ISBN4-541-02262-1
『図説　食料・農業・農村白書　平成15年度』農林統計協会　2004.6　ISBN4-541-03165-5
『図説　水産白書　平成15年度』農林統計協会　2004.7　ISBN4-541-03167-1
『図説　農業白書　平成8年度版』農林統計協会　1997.5　ISBN4-541-02265-6
『図説　林業白書　平成8年度版』農林統計協会　1997.5　ISBN4-541-02266-4

『スーパーマーケット白書　2016年版』新日本スーパーマーケット協会　2016.2
『スーパーマーケット白書　2019年版』全国スーパーマーケット協会　2019
『スーパーマーケット白書　2022年版』全国スーパーマーケット協会　2022
『スーパーマーケット白書　2023年版』全国スーパーマーケット協会　2023.2
『スーパーマーケット白書　2024年版』全国スーパーマーケット協会　2024.2
『スポーツ白書　2014』笹川スポーツ財団　2014.2　ISBN978-4-915944-55-0
『スマホ白書　2012』インプレスジャパン　2012.3　ISBN978-4-8443-3169-8
『スマホ白書　2016』インプレスR&D　2016.6　ISBN978-4-8020-9081-0
『青少年白書　平成8年度版』大蔵省印刷局　1997.1　ISBN4-17-233071-1
『製造基盤白書（ものづくり白書）　2004年版』ぎょうせい　2004.6　ISBN4-324-07444-5
『世界経済の潮流　2010年Ⅰ』日経印刷　2010.6　ISBN978-4-904260-56-2
『世界経済の潮流　2013年Ⅰ』日経印刷　2013.6　ISBN978-4-905427-47-6
『世界経済の潮流　2019年Ⅰ』日経印刷　2019.9　ISBN978-4-86579-190-7
『世界経済の潮流　2022年Ⅰ』日経印刷　2022.9　ISBN978-4-86579-340-6
『世界経済の潮流　2022年Ⅱ』日経印刷　2023.3　ISBN978-4-86579-356-7
『世界経済の潮流　2023年Ⅰ』日経印刷　2023.10　ISBN978-4-86579-394-9
『世界経済の潮流　2023年Ⅱ』日経印刷　2024.3　ISBN978-4-86579-407-6
『世界統計白書　2010年版』木本書店　2010.6　ISBN978-4-905689-99-7
『世界統計白書　2013年版』木本書店　2013.9　ISBN978-4-904808-11-5
『世界統計白書　2015-2016年版』木本書店　2015.12　ISBN978-4-904808-17-7
『全国大型小売店総覧（週刊東洋経済臨時増刊/Data Bank SERIES）　2024年版』東洋経済新報社　2023.8
『全国通信販売利用実態調査報告書　第30回』日本通信販売協会　2023.5
『ソーシャルメディア白書　2012』翔泳社　2012.2　ISBN978-4-7981-2531-2
『ソフトウェア開発データ白書　2012-2013』情報処理推進機構　2012.9　ISBN978-4-905318-12-5

【た】

『男女共同参画の現状と施策　平成9年版』大蔵省印刷局　1997.7　ISBN4-17-259009-8
『地域経済総覧（週刊東洋経済臨時増刊/Data Bank SERIES）　2024年版』東洋経済新報社　2023.9
『地域の経済　2006』日本統計協会　2007.2　ISBN978-4-8223-3224-2
『地域の経済　2009』佐藤印刷　2010.2
『地域の経済　2012』日経印刷　2012.12　ISBN978-4-905427-37-7
『地域の経済　2016』メディアランド　2016.10　ISBN978-4-904208-51-9
『地域の経済　2020〜2021』日経印刷　2021.12　ISBN978-4-86579-300-0
『地球白書　2004-2005』家の光協会　2004.5　ISBN4-259-54651-1
『中国地域経済白書　2004』中国地方総合研究センター　2004.7
『中国地域経済白書　2007』中国地方総合研究センター　2007.9
『中国地域経済白書　2010』中国地方総合研究センター　2010.9
『中国地域経済白書　2013』中国地方総合研究センター　2013.9
『中国地域白書　2015』中国地方総合研究センター　2016.6　ISBN978-4-925216-15-9

『中小企業白書　平成9年版』大蔵省印刷局　1997.5　ISBN4-17-261072-2
『中小企業白書　2004年版』ぎょうせい　2004.5　ISBN4-324-07403-8
『中小企業白書　2007年版』ぎょうせい　2007.6　ISBN978-4-324-08215-7
『中小企業白書　2013年版』佐伯印刷　2013.8　ISBN978-4-905428-40-4
『中小企業白書　2016年版』日経印刷　2016.6　ISBN978-4-86579-047-4
『中小企業白書　2019年版』日経印刷　2019.6　ISBN978-4-86579-168-6
『中小企業白書・小規模企業白書　2022年版』日経印刷　2022.7
　ISBN（上）978-4-86579-317-8,（下）978-4-86579-318-5
『通商白書　2004』ぎょうせい　2004.7　ISBN4-324-07474-7
『通商白書　2010』日経印刷　2010.7　ISBN978-4-904260-60-9
『通商白書　2013』勝美印刷　2013.8　ISBN978-4-906955-18-3
『通商白書　2016』勝美印刷　2016.8　ISBN978-4-906955-59-6
『通商白書　2019』勝美印刷　2019.10　ISBN978-4-909946-05-8
『通商白書　2022』経済産業省　2022
『通商白書　2023』経済産業省　2023
『通信白書　平成9年版』大蔵省印刷局　1997.5　ISBN4-17-270172-8
『デジタルコンテンツ白書　2007』デジタルコンテンツ協会　2007.8　ISBN978-4-944065-16-5
『デジタルコンテンツ白書　2010』デジタルコンテンツ協会　2010.9　ISBN978-4-944065-19-6
『デジタルコンテンツ白書　2013』デジタルコンテンツ協会　2013.9　ISBN978-4-944065-22-6
『デジタルコンテンツ白書　2016』デジタルコンテンツ協会　2016.9　ISBN978-4-944065-25-7
『デジタルコンテンツ白書　2019』デジタルコンテンツ協会　2019.9　ISBN978-4-944065-28-8
『デジタルコンテンツ白書　2022』デジタルコンテンツ協会　2022.9　ISBN978-4-944065-31-8
『データベース白書　2004』データベース振興センター　2004.5　ISBN4-924777-18-8
『電子工業年鑑　'97』電波新聞出版部　1997.3　ISBN4-88554-469-6
『東京都中小企業経営白書　平成15年版』東京都産業労働局産業政策部調査研究課　2004.3
『東京の中小企業の現状（流通産業編）　平成26年度』東京都産業労働局　2015.3
『東京の中小企業の現状（流通産業編）　平成29年度』東京都産業労働局　2018.3
『東京の中小企業の現状（流通産業編）　令和2年度』東京都産業労働局　2021.3
『東北経済白書　平成16年版』経済産業調査会　2004.12　ISBN4-8065-1689-9
『東北経済白書　平成18年版』経済産業調査会　2007.1　ISBN978-4-8065-1718-4
『東北圏社会経済白書　2015年度』東北活性化研究センター　2016.3
『東北圏社会経済白書　2018年度』東北活性化研究センター　2019.3
『独占禁止白書　平成9年版』公正取引協会　1997.12
『独占禁止白書　平成16年版』公正取引協会　2004.11
『独占禁止白書　平成19年版』公正取引協会　2007.10
『独占禁止白書　平成30年版』公正取引協会　2018.1　ISBN978-4-87622-018-2
『独占禁止白書　令和3年版』公正取引協会　2022.1　ISBN978-4-87622-026-7
『独占禁止白書　令和4年版』公正取引協会　2022.12　ISBN978-4-87622-027-4
『独占禁止白書　令和5年版』公正取引協会　2023.12　ISBN978-4-87622-028-1
『特定サービス産業実態調査報告書 広告業編　平成30年』経済産業統計協会　2020.1
　ISBN978-4-86499-182-7
『土地白書　平成9年版』大蔵省印刷局　1997.6　ISBN4-17-290009-7
『土地白書　平成16年版』国立印刷局　2004.7　ISBN4-17-290016-X
『土地白書　平成22年版』勝美印刷　2010.8　ISBN978-4-9902721-2-8

『土地白書　平成25年版』勝美印刷　2013.8　ISBN978-4-906955-15-2
『土地白書　令和元年版』勝美印刷　2019.10　ISBN978-4-909946-06-5
『土地白書　令和4年版』サンワ　2022.9　ISBN978-4-9909712-6

【な】

『日中経済産業白書　2014/2015』日中経済協会　2015.6　ISBN978-4-88880-220-8
『日本新聞年鑑　'97/'98年版』日本新聞協会　1997.11　ISBN4-88553-095-4
『日本民間放送年鑑　'97』日本民間放送連盟　1997.12
『ネット広告白書　2010』インプレスR&D　2009.9　ISBN978-4-8443-2748-6

【は】

『犯罪白書　平成9年版』大蔵省印刷局　1997.10　ISBN4-17-350172-2
『犯罪白書　平成16年版』国立印刷局　2004.11　ISBN4-17-350179-X
『犯罪白書　平成19年版』佐伯印刷　2007.11　ISBN978-4-903729-16-9
『犯罪白書　平成21年版』太平印刷社　2009.11　ISBN978-4-7887-0880-8
『百貨店調査年鑑　2021年度』ストアーズ社　2021.9　ISBN978-4-915293-65-8
『百貨店調査年鑑　2022年度』ストアーズ社　2022.9　ISBN978-4-915293-66-5
『百貨店調査年鑑　2023年度』ストアーズ社　2023.9　ISBN978-4-915293-67-2
『ファミ通ゲーム白書　2019』KADOKAWA　2019.7
『ファミ通ゲーム白書　2022』KADOKAWA　2022.8
『ファミリービジネス白書　2022年版』白桃書房　2021.12　ISBN978-4-561-26760-7
『婦人白書　1997』ほるぷ出版　1997.8　ISBN4-593-58022-6
『物価レポート　'97』経済企画協会　1997.10　ISBN4-905833-03-5
『弁護士白書　2021年版』日本弁護士連合会　2021.12　ISBN978-4-902873-20-7
『ホビー白書　2015年版』日本ホビー協会　2015.11
『ホビー白書　2019年版』日本ホビー協会　2019.11

【ま】

『マルチメディア白書　1997』マルチメディアコンテンツ振興協会　1997.7　ISBN4-944065-06-X
『民力　エリア・都市圏・市区町村別指標＋都道府県別資料 マーケティングに必須の地域データベース　2015』朝日新聞出版　2015.8　ISBN978-4-02-331434-4
『メセナ白書　1997』ダイヤモンド社　1997
『ものづくり白書　2010年版』経済産業調査会　2010.6　ISBN978-4-8065-2853-1
『ものづくり白書　2013年版』経済産業調査会　2013.7　ISBN978-4-8065-2926-2
『モバイル・コミュニケーション　2012-13』中央経済社　2012.8　ISBN978-4-69750-0
『モバイル社会白書　2007』NTT出版　2007.7　ISBN978-4-7571-0218-7
『モバイル社会白書　2022-2023』NTT出版　2022.10　ISBN978-4-7571-0403-7

【や】

『有力企業の広告宣伝費―NEEDS日経財務データより算定― 2023年版』日経広告研究所 2023.9 ISBN978-4-904890-62-2

【ら】

『ライフデザイン白書 2004-2005』第一生命経済研究所 2003.10 ISBN4-87549-226-X
『レジャー白書 2019』日本生産性本部 2019.8 ISBN978-4-8201-2094-0
『連合白書 2005』コンポーズ・ユニ 2004.12 ISBN4-906697-11-9
『労働経済白書 平成19年版』国立印刷局 2007.8 ISBN978-4-17-543002-2
『労働経済白書 平成22年版』日経印刷 2010.8 ISBN978-4-904260-65-4
『労働白書 平成9年版』日本労働研究機構 1997.6 ISBN4-538-43072-2

【ABC】

『DX白書 2021』情報処理推進機構 2021.12 ISBN978-4-905318-76-7
『OECD日本経済白書 2007』中央経済社 2007.5 ISBN978-4-502-65880-8
『ORICONエンタメ・マーケット白書 2012』オリコン・リサーチ 2013.3 ISBN978-4-87131-091-8
『ORICONエンタメ・マーケット白書 2015』オリコン・リサーチ 2016.3 ISBN978-4-87131-095-6
『ORICONエンタメ・マーケット白書 2018』オリコン・リサーチ 2019.3 ISBN978-4-87131-098-7
『ORICONエンタメ・マーケット白書 2021』オリコン・リサーチ 2022.3 ISBN978-4-87131-202-8

統計図表レファレンス事典
商業・広告・マーケティング

2024年9月25日　第1刷発行

発　行　者／山下浩
編集・発行／日外アソシエーツ株式会社
　　　　　　〒140-0013 東京都品川区南大井6-16-16 鈴中ビル大森アネックス
　　　　　　電話(03)3763-5241(代表) FAX(03)3764-0845
　　　　　　URL https://www.nichigai.co.jp/

電算漢字処理／日外アソシエーツ株式会社
印刷・製本／シナノ印刷株式会社

© Nichigai Associates, Inc. 2024
不許複製・禁無断転載
〈落丁・乱丁本はお取り替えいたします〉　《中性紙北越淡クリームキンマリ使用》
ISBN978-4-8169-3023-2　　**Printed in Japan, 2024**

本書はデジタルデータを有償販売しております。
詳細はお問い合わせください。

統計図表レファレンス事典
芸術・文化・エンターテインメント

A5・370頁　定価13,200円（本体12,000円＋税10%）　2023.12刊

調べたいテーマについての統計図表が、どの資料の、どこに、どんなタイトルで掲載されているかをキーワードから調べられる索引。1997年～2023年に国内で刊行された白書・年鑑858種から、芸術・文化・エンターテインメントにする表やグラフなどの形式の統計図表8,200点を収録。

統計図表レファレンス事典
医療・介護・福祉２ (2013-2022)

A5・400頁　定価13,200円（本体12,000円＋税10%）　2023.5刊

調べたいテーマについての統計図表が、どの資料の、どこに、どんなタイトルで掲載されているかをキーワードから調べられる索引。2013～2022年に国内で刊行された白書・年鑑444種から、医療・介護・福祉に関する表やグラフなどの形式の統計図表1万点の情報を収録。

統計図表レファレンス事典
国防・軍事

A5・300頁　定価13,200円（本体12,000円＋税10%）　2022.11刊

調べたいテーマについての統計図表が、どの資料の、どこに、どんなタイトルで掲載されているかをキーワードから調べられる索引。2010～2022年に日本で刊行された白書・年鑑・統計集917種から、国防・軍事に関する表やグラフなどの形式の統計図表6,900点の情報を収録。

統計図表レファレンス事典
交通・運輸・旅行

A5・340頁　定価12,100円（本体11,000円＋税10%）　2022.10刊

調べたいテーマについての統計図表が、どの資料の、どこに、どんなタイトルで掲載されているかをキーワードから調べられる索引。1997～2022年に日本で刊行された白書・年鑑・統計集722種から、交通・運輸・旅行に関する表やグラフなどの形式の統計図表8,200点の情報を収録。

データベースカンパニー
日外アソシエーツ　〒140-0013　東京都品川区南大井6-16-16
TEL.(03)3763-5241　FAX.(03)3764-0845　https://www.nichigai.co.jp/